판례·사료로 읽는 한국법사강의

유민총서

09

판례·사료로 읽는 한국법사강의

| 심희기 지음 |

홍진기법률연구재단

머리말

저자가 대학 이상의 고등교육기관에서의 교재를 염두에 두고 강의서로 서의 한국법사 저술을 내놓은 것이 한국법제사강의(삼영사, 1997)였다. 그로부터 거의 25년이 지난 지금에서야 후속편으로서의 본서(판례·사료로 읽는 한국법사강의)를 상재(上梓)한다.

1997년에 한국법제사강의를 상재할 때는 일정한 방법론상의 고민이 선행되지 못하였었다. 그러나 이제 새로 상재하는 '한국법사강의'에는 저자만의 독특한 방법론이 지속적으로 관철되어 있다. 그것은 역사를 '과거와 현재와의 대화'로 보는 E. H. Carr의 방법론을 법의 역사에 응용하는 것이다. 저자의 방법론은 크게 다음과 같은 세 가지로 요약할 수 있다.

첫째, 저자는 과거의 법을 분석할 때 현재의 법과의 대화 속에서 분석하려고 노력했다. 이렇게 하면 조선시대의 법과 현대한국의 법이 상호적으로 살아 움직인다. 현재의 법을 심층적으로 분석할 줄 알아야 과거의 법도 생생하게 보이고 그 역(逆)도 가능해진다.

둘째, 저자는 과거의 법을 분석할 때도 항상 '케이스 분석 방법(a case method)'을 활용한다. 법사 서술의 묘미는 남들이 활용하지 못한 새로운 사료(史料)를 발굴하여 기존에 없던 서사(narrative)와 스토리텔링을 전개하는 데 있다. 이렇게 하지 않으면 제도적인 분석에 그쳐 생생한 현실을 이해하는데 장애가 되기 때문이다. 따라서 본서의 제목은 '판례와 사료로 읽는 한국법사강의'이다.

셋째, 저자가 심혈을 기울이는 영역은 무엇보다도 법담론 분석(an analysis

of legal discourse)에 있다. 현대에 사는 사람이 과거에 일어났던 사건의 사실(fact)이 무엇인지를 규명하는 것은 재미있는 작업이지만 사실상 거의 불가능한 일이다. 그러나 담론분석은 얼마든지 가능하다.

이외에도 법사(legal history) 기술을 어떻게 할 것인가에 관한 심층적인 고민이 있는 독자들에게는 Making legal history[1]류의 논저에 관심을 기울여 주시기를 권한다.

본서에 편집된 글들은 저자가 이미 학술지에 투고하여 심사를 통과한 논문들을 토대로 다시 읽어 보고 수정하고 보완한 글들이다. 글머리에 원래 게재되었던 학술지를 밝혔지만 부분적으로 수정을 경유하였으므로 본서에 편집된 글들은 과거의 논문 그대로가 아님을 밝혀 둔다.

다음에 본서는 논문집처럼 보이는데 왜 '강의'라는 명칭을 부여하였는가 하는 의문이 생길 것이다. 그 이유는 다음과 같다.

저자는 아주 이른 시절부터 저자의 강의를 수강하는 학생·독자들로 하여금 이런 방식의 법사 저술이 가능하다는 샘플을 보여주고 싶었다. 논문의 형태를 취하고 있지만 저자는 샘플을 염두에 두고 논문을 작성하였다. 따라서 독자는 하나하나의 챕터를 비판적으로 읽으면서 '나는 어떤 논제를 잡아 어떤 순서로 어떤 방향으로 기술하고 어떤 새로운 사료를 활용할 수 있을까?' 하는 문제의식을 가지고 개별적인 챕터를 읽어 주시기를 부탁드린다. 그래야 저자가 본서에 '강의'라는 제목을 단 의도가 살아날 수 있다. 본서를 읽고 그 논지에 동의하기를 원하는 것이 아니라 독자적인 저술로 나아가는 가교를 놓아 주는데 더 큰 의도가 있다. 극단적으로 본서를 읽고 독자가 정반대의 논증으로 나아가도 무방한 것이다. 다만 납득할 수 있는 학문적 방법론과 사료가 뒷받침되어야 한다. 부록으로 17개의 연습용 사료

---

1) Musson, Anthony & Stebbings, Chantal, *Making legal history : approaches and methodologies*(Cambridge ; New York : Cambridge University Press, 2012). 이 외에도 방법론적 고민을 토로한 많은 논저들이 있다.

를 제시하였다. 이 사료들 중 1~10의 사료들은 2021년 현재 어느누구도 그 사료를 활용하여 의미 있는 법사기술의 대상으로 활용된 적이 없는 생생한 사료들(raw materials)이다. 독자들이 그 사료를 주요 분석대상으로 삼아 창조적인 법사 기술로 나아갈 수 있게 되기를 희망한다. 그리하여 부록의 제목을 연습용 사료라 이름붙였다. 이 사료들은 모두 국사편찬위원회가 운영하는 한국사 데이터베이스(http://db.history.go.kr)에서 다운 받은 것이다. 한국사 데이터베이스는 실로 엄청난 데이터베이스이고 나날이 확장되고 있다. 이렇게 좋은 자료원(資料源)이 유능한 연구자의 활용을 기다리고 있다. 다음에 11~15의 사료들은 '역사적 부정의의 시정(Righting historical injustice)' 관련 사료들이다. 저자는 '역사적 부정의의 시정'을 법사 기술의 매우 중요한 영역으로 간주하고 있다. 11~15의 사료들을 활용한 연구논저들이 없지 않지만 법사학적 문제의식과 방법론으로 접근할 수 있는 주제는 얼마든지 남아 있다.

16, 17의 사료들은 일제강점기에 일본인 판사들이 조선의 관습법으로 선언한 사항을 현대한국의 법원이 답습해야 하는가 아니면 변용할 수 있는가 하는 문제에 대하여 논평해 보라는 취지의 사료들이다.

저자는 본서를 총 3부로 구성하였다. 제1부 근세조선에는 8개의 주제를 담았고 제2부 일제강점기에 2편, 제3부 현대한국에 3편의 주제를 담아 총 13편의 주제가 한 권의 책자로 묶였다. 저자는 역사를 '과거와 현재와의 대화'로 보지만 분석의 중점은 근세조선에 놓여 있다. 저자는 현대한국에서 발생하는 수많은 사건 사고를 보면서 그것들이 근세조선에서 전개된 법현상과 매우 연속성이 있음을 날이 갈수록 절감하고 있다. 본서에서 분석의 중점이 근세조선에 놓여 있는 이유는 바로 거기에 있다.

대학 이상의 고등교육기관에서의 교재를 염두에 두었다는 발상의 의도를 조금 더 소상하게 설명하면 다음과 같다. 독자들은 본서에 실린 논문을 읽으면서 "이런 주제도 있을 수 있구나, 이런 방법론도 있구나." 하면서 읽어 주시기를 바라며, 저자는 본서가 독자로 하여금 "그렇다면 나는 이런 주제를 이런 방법론으로 접근해 보아야지." 하는 식의 독자적인 창작의 세계로 나아가는 가교(架橋)로 활용되기를 희망한다. 근세조선의 문제가 현대한국의 문제와 동떨어진 문제가 아니고, 일제강점기에 형성된 관습법과 조서재판이 현대한국의 판례와 법실무로 이어져 아직도 법담론의 중추를 형성하고 있고, 사정(査定)의 효과에 대한 창설적 효력설로 고통받고 있는 시민들이 존재한다. '한국법사'로 이름 붙였지만 과거의 문제가 아니라 현재의 문제로 연결되기를 희망한다.

본서를 저술하는 데 재정적으로 토대가 된 사업이 있어서 이 자리를 빌려 감사의 말씀을 전한다. 제1편과 제2편, 제3편을 구상하고 수정·보완하여 하나의 저술로 묶는 작업은 2019년 대한민국 교육부와 한국연구재단의 지원을 받아 수행된 연구이다(NRF-과제번호)(NRF-2019S1A5C2A02082825).

마지막으로 위 논문들을 묶어 대학 이상의 고등교육기관의 강의교재로 다듬고 싶다는 저자의 소망을 흔쾌히 허락해 주신 홍진기법률연구재단의 따뜻한 배려에 감사드린다. 또한 저자로 하여금 연구와 저술에 몰두할 수 있도록 배려해 주신 연세대학교 법학전문대학원의 동료 교수님들께도 감사드린다.

2021년 3월
사암(俟菴) 씀

차 례

■ 머리말

제1부 근세조선

제1장 조선시대 결송입안이란 무엇인가?

제2장 근세조선의 민사재판의 실태와 성격

제5장 조선시대 민사재판에서 송관의 법문에의 구속

제6장 19세기 조선의 민사집행의 실태

제7장 1인상명 담론과 명청률

제2부 일제강점기

제3부 현대한국

제11장 민사의 형사화 현상의 진단과 억제방향

제1부
근세조선

제1장 조선시대 결송입안이란 무엇인가*

Ⅰ. 문제의 제기

조선시대 결송입안(決訟立案) 역주(譯註) 팀이 수집한 조선시대 결송입안은 73개(〈표1〉, 〈표2〉, 〈표3〉의 목록)이다. 미리 밝혀 둘 사항은 역주 팀의 견해와 저자의 견해가 다를 수 있다는 점이다. 견해가 갈릴 때 역주 팀 내부에서는 치열한 토론이 전개되지만 궁극적인 방침은 전임연구원 4인의 다수결로 정한다. 전임연구원들은 대부분 국사학 전공자인데 저자는 법사학 전공자이어서 저자가 전임연구원들의 방침에 동의하기 어려울 때가 있다. 견해 차이는 대부분 국사학자의 감각과 법사학자의 감각이 다를 수 있다는 점에 기인한다. 결송입안에 대한 학계의 이해가 발전도상에 있기 때문에 저자는 이 견해 차이를 공개적으로 드러내 놓고 토론을 통하여 보다 나은

────────────

* 이 글은 민족문화 제52집(2018. 12)에 "조선시대 결송입안 번역의 현황과 과제"라는 제목으로 게재(7~50)된 논문을 수정·보완한 것이다.

번역을 탐구하기 위한 의미 있는 징검다리로 삼고 싶다.

목록 31번 '1578년 홍해군 결급 입안'의 0256~0258행의 탈초 부분과 그 부분에 대한 역주 팀의 번역을 보자.

> 0256 節到付府接訟者李浚·李淳等狀 使議送內 狀辭 并以 憑閱
> 0257 兩邊立案 及僞造侤音可考公文 相考辨覈 公正決折為乎矣 春億□□(乙良)
> 0258 府良中 囚禁 帳籍移文相考 分揀施行向事 議送是齊

> 이번에 도착[到付]한 경주부에 사는 접송자(接訟者) 이준·이순의 등장에 대한 관찰사의 의송에 '소지의 사연[狀辭]을 아울러 조사하고 원고와 피고의 입안과 위조한 다짐, 상고할 만한 공문을 살피고 변핵해 공정하게 결절하되, 춘억은 경주부에 잡아 가두고 장적을 이문해 상고하고 분간 시행하라.'라는 의송입니다.

결송입안의 원문에 어려운 한자나 한문은 존재하지 않는다. 도부, 등장, 사의송, 빙열, 입안, 고음, 가고공문, 공정결절, 수금, 장적, 이문, 상고, 분간, 의송 등의 용어는 결송입안을 처음 접하는 사람에게는 어렵게 느껴지겠지만 조선시대 지방행정 사료나 재판 사료에 익숙한 사람에게는 자주 사용되는 상투적인 용어들이어서 낯설지는 않지만 그 섬세한 의미는 여전히 숙제로 남아 있다. 역주 팀 소속 전임연구원(연구교수)들이 오랜 연찬과 토론을 경유하여 일단 위와 같이 번역하여 보았지만 위와 같은 번역이 "평이하고 간결한 현대문 문체"[1]에 맞을 것인지 여부는 잘 모르겠다. 여기서는 아주 가벼운 쟁점 하나만 지적하겠다. 앞에 '관찰사의 의송에'라고 의송을 한 번 언급하였으므로 마지막에서는 의송을 빼고 '… 지시이었다' 정도로 하고 앞부분을 '관찰사의 의송은'이라고 처리하여 '의송'이 두 번 반복하여 언급

---

1) "평이하고 간결한 현대문 문체"의 지향은 한국고전번역원의 내부 자료인 『推敲必知-번역서 잘 만드는 책-』의 지침이다.

되지 않게 하는 것이 자연스럽지 않겠나 하는 생각이 든다. 그러나 원문에 의송이 두 번 나오기 때문에 전임연구원들은 그런 점을 반영하려고 의송을 두 번 반복 표기한 것으로 보인다.

여기서 저자가 지적하고자 하는 점은 결송입안 번역문제는 어려운 한문을 쉽게 풀어 쓰는 문제가 아니고 어떻게 하면 "평이하고 간결한 현대문 문체"에 맞게 결송입안 자료를 번역할 수 있을 것인가 하는 문제라는 점이다. 다음에 제기하고 싶은 점은 결송입안에 한문과 섞어 표기되는 이두(吏讀)를 어떻게 처리할 것인가 하는 점이다. 다음은 저자도 포함되어 있는 '대명률직해 역주 팀'이 번역한 대명률 125조 1항의 원문과 번역, 직해원문과 그 번역초안의 일부이다.

125-1 凡印造宝鈔, 与洪武、大中通宝及歷代銅銭相兼行使。其民間買売諸物, 及茶、塩、商税諸色課程, 並聴収受。違者, 杖一百。

125-1 보초(宝鈔)를 찍어내어 홍무통보(洪武通宝), 대중통보(大中通宝) 및 역대의 동전과 함께 사용한다. 민간에서 각종 물건을 사고 팔 때의 대금이나 차세, 소금세, 상업세 등 각종 세금은 모두 보초로 받도록 해준다. 어기면 장 100이다.

直 凡 鈔乙 印出爲 洪武大中通宝果 歷代銅銭良中 并以 用使爲齊 民間雜買 売及米麵雑税沙餘良 各色貢物良中 并計捧上爲乎矣 違者 杖一百齊
보초를 찍어내어 홍무통보·대중통보나 역대의 동전과 함께 사용한다. 민간의 각종 매매 및 미면잡세(米麵雑税)뿐 아니라 각종 공물에 대해 함께 계산하여 받되, 이를 어기면 장 100이다.

직해원문과 그 번역문을 읽어서는 무슨 뜻인지 알기 어렵다. 이 문제를 해결하는 방법은 직해문을 존중하되 대명률 원문을 참조하여 과감하게 의역을 감행하는 방법이다. 이두 전문가들은 직해문을 '과감하게 의역'하는 데 반대할 것으로 보인다. 그렇지만 역주 팀은 결송입안에 섞여 있는 이두를 번역할 때 이두 전문가가 취하는 엄밀성에 과도하게 집착하면 안 된다고 생각한다. 만약 그렇게 하면 주객(主客)이 전도되는 현상이 나타날 것이다. 결송입안 역주에서 문제되는 대표적인 사례는 '爲等如……是置有亦' 부분의 번역이다.

이 투식(套式)을 이두 사전의 사전적 의미로 번역하면 아주 어색한 번역이 된다. 상세한 논의는 '4. 2)'에서 하기로 하되 이 문제에 관한 저자의 잠정적 결론은 결송입안을 여러 번 읽어 그 내용을 숙지한 다음 문맥(context)에 맞게 다양하게 번역하여야 한다는 생각이다.

위의 두 가지 관점에 착안하여 저자는 결송입안 번역의 목표를 '현대 한국의 민사재판 절차와 형식·내용에 빗대어 현대 한국인이 자연스럽게 이해할 수 있게 하는 데 두어야 한다.'고 생각한다. 저자가 목표를 이렇게 설정하는 이유로 세 가지를 들 수 있다.

첫째, 결송입안은 기본적으로 조선시대의 민사 분쟁 처리 과정에서 생산된 문건이다. 결송입안에는 조선시대 민사재판의 실체규범과 절차규범이 용해되어 있다. 조선시대의 그것과 현대 한국의 그것 사이에 현격한 질적 차이가 있지만 상통하는 측면도 많이 있다. 양자 사이의 동질적인 측면과 이질적인 측면을 역주에 반영하려는 방침은 '과거와 현재의 대화'가 되는 측면이 있어 유익할 것으로 보인다.

둘째, 결송입안에는 조선시대의 성문법(大明律과 國典)이 알려주지 않는 법례(法例)와 관식(官式)이 행간에 용해되어 있어 사료의 심층적 이해에 도움을 준다. 예를 들어 결송입안에는 관작재주(官作財主), 기상(己上 혹은 記上), 친착결절(親着決折), 삼도득신(三度得伸), 골육상잔(骨肉相殘)의 구체적 사례가 스며들어 있다. 현재 연구자들조차도 관작재주 등의 의미에 관하여 네이버 사전류의 극히 피상적인 지식 밖에 갖고 있지 않다. 정작 궁금한 것은 관작재주 등의 법례(法例)를 탄생시킨 조선사회의 '구조적 문법' 자체이다. '구조적 문법'을 해독해 내는 작업이 쉬운 작업이 아니지만 그런 문제의식을 가지고 작업에 임하는 것과 그렇게 하지 않는 작업의 차이는 시간이 경과할수록 현격해질 것이다.

셋째, 현재 역주 팀은 결송입안에 대하여 아는 것 보다 모르는 것이 많다는 점을 솔직히 시인할 수밖에 없다. 예를 들어 보자. 결송입안에는 상송(相訟), 접송(接訟), 입송(立訟), 취송(就訟), 기송(起訟), 향소(向訴)라는 용어가 사용되고 있다. 이들이 비슷한 용어인 것 같기도 하고 용어들 사이에 미세한 뉴앙스 차이가 있는 것 같기도 하지만 아직 정확히 잘 모르겠다는 것이 솔직한 답변이다. 그렇기 때문에 역주 팀은 위의 용어들이 나오면 풀지 않고 원문의 용어를 그대로 쓰고 미세한 뉴앙스 차이는 후속하는 연구자의 연구에 맡기기로 하는 방침을 세웠다.

저자는 위와 같은 여러 가지 문제에 현명하게 대처하는 자세는 조선시대 결송입안을 현재 보다 좀 더 심층적으로 이해하려고 애쓰는데 있다고 생각한다.

II. 결송입안 '집성'과 3유형론

1. 결송입안 '집성'의 유익한 측면

역주 팀은 이미 개인 작업으로서의 정서·번역이 있는 결송입안도 모두 역주대상으로 포함시켰다. 그렇게 하면 얻을 수 있는 이익이 다대하기 때문이다. 1개의 결송입안만을 분석대상으로 하는 연구에 비하여 많은 결송입안(이른바 집성)을 분석대상으로 삼을 때 얻게 되는 이익은 한 두 가지가 아니다. 두 가지 이익만 예로 들어 보겠다.

첫째, 앞에서 언급한 의송(議送)의 앞에 나오는 초서 글자의 판독(判読)이 어렵다고 하자. 다른 결송입안을 검토하다가 의송의 앞에 나오는 글자가 선명하게 '使' 자인 경우가 있을 수 있다. 역주 팀은 73개의 결송입안을 3년 동안 지속적으로 검토하였으므로 이런 규모의 이익을 누렸다.

둘째, 역주 팀 탄생 이전의 연구자들은 결송입안에 여러 유형(type)이 있을 수 있다는 점을 상상하지 못했다. 그런데 73개의 결송입안을 검토하다 보니 가장 짧은 것은 낱장의 것, 글자 수 100자도 되지 않는 것(후술하는 이른바 요약형 입안)이 있는가 하면 글자 수 4만 5천 자이고 수십 장의 두루말이(목록 31번의 결송입안이다.)로 된 것도 있다. 글자 수 2만 5천 자의 것도 있고 1만 자가 넘는 것이 있는가 하면 3000자의 것도 있다. 역주 팀원 중 결송입안으로 석사학위논문을 준비하던 연구원(권이선)이 있어 저자가 그 연구원에게 결송입안을 유형화하여 파악할 수 있는지를 검토해 보라고 권유하였다. 결국 그 연구원은 현전하는 결송입안을 "①원본 점련형(原本粘連型[2]) 결송입안, ②등출 연서형(謄出連書型) 결송입안, ③낱장 형(型) 결송입안"의 3유형을 고안해 냈다. 그에 의하면 ①원본 점련형 결송입안이란 예를 들어 '원고의 소지(所志), 피고의 초사(招辭), 송관(訟官)의 결절이 기재된 입안'을 단순히 물리적으로 점련시킨 형식을 말한다. 다음에 ②등출 연서형 결송입안이란 "원본 점련 결송입안을 저본(底本)"으로 삼아 송관 측에서 약간의 가공(加工)을 가하여 작성하는 것인데 "소송 절차와 원척이 제출하는 증거문기 등 전체 과정이 여타의 형태에 비해 매우 충실히 기재되어 있는 편"인 결송입안이다. 다음에 ③낱장 형 결송입안이란 "소송의 원인과 원척의 소송 관련 행위, 송관의 판결이 요약의 방식으로 발급된 결송입안"이다. 권이선에 의하면 "②등출 연서형과 ③낱장 형은 모두 ①원본 점련 결송입안의 형태를 기본으로 등출되거나 요약·정리되어 발급"되었다.[3] 권

---

2) 권이선은 형(形) 자로 표기하였으나 유형화하였으므로 저자가 '형(型)'으로 변경하였다. 권이선은 목록 8번(1595년 밀양부 결급 입안), 목록 9번(1608년 봉화관 결급 입안), 목록 11번(1595년 밀양부 결급 입안), 목록 13번(1661년 경주부 단결 입안)이 이 유형에 속한다고 분류하였다.

3) 권이선, 「조선시대 결송입안 연구」, 한국학 중앙연구원 한국학 대학원 고문헌 관리학 전

이선 연구원은 2018년에 발표한 논문에서, 석사학위논문에서 명명하였던 '원본 점련형'과 '등출 연서형'의 명명은 그대로 두었지만 '낱장 형'이라는 명칭을 '요약형'으로 변경[4]하였다.

2. 3유형론에 대한 검토

권이선의 유형화는 매우 유용한 작업이고 결송입안을 한층 더 깊게 이해할 수 있는 계기를 마련하였다. 왜냐하면 종래의 연구자들은 결송입안에 하나의 유형만 있다고 생각하여 결송입안 연구에 활력이 떨어진 측면이 있기 때문이다. 종래의 연구자들은 권이선이 말하는 '②등출 연서형'을 결송입안의 기본형으로 간주하여 그것만 생각해 온 셈이다. 『유서필지(儒胥必知)』의 〈결송입안식〉도 이른바 '등출 연서형'을 염두에 둔 결송입안식이었다. 저자는 권이선의 '3유형론'을 수용하되 약간의 수정과 부연설명이 필요하다고 생각한다.

첫째, 조선시대에 등출이란 말이 자주 쓰인 것은 사실[5]이지만 역주 팀의 역주대상 결송입안에서는 단 1회만 사용[6]되고 있다. 또 '연서'라는 용어는 역주 팀의 역주대상 결송입안에서는 단 1회도 사용되고 있지 않다. 그러나 '연차(連次)'라는 용어는 비교적 많이 사용되고 있다.[7] 따라서 향후에 저자는 '등출 연서형'이라는 용어 대신에 '연차형(連次型)'이라는 용어를 사용하겠다. 다음에 ③요약형이라는 용어의 의미를 좀 더 구체화할 필요가 있다. 요약형이라는 용어에서는 '②연차형을 어떻게 요약'하였는지를 분명히 하

공 석사학위논문.

4) 권이선, 「조선시대 決訟立案의 유형별 특징과 발급양상」, 『고문서연구』 제52호, 한국고문서학회, 2018. 2, 205~234면.

5) 한국고전종합DB(http://db.itkc.or.kr)에 '謄出'이라고 치면 532건의 용례가 검색된다.

6) 목록 43번 1722년 안동부 결급 입안의 251행

7) 예를 들어 목록 2번, 15번, 47번의 입안에 연차라는 용어가 대단히 많이 사용되고 있다.

지 않으면 그 의미전달이 안되기 때문이다. 따라서 다음에서는 이른바 '②
연차형과 ③요약형'을 대비하여 양자의 실체를 좀 더 구체적으로 분석하고
싶다.

III. 연차형과 요약형의 비교

아무 기준 없이 연차형과 요약형을 설명하는 것은 무의미하다. 따라서
저자는 현대 한국의 제1심 민사판결문의 구성에 빗대어 연차형과 요약형을
비교분석해 보려고 한다.

1. 연차형 결송입안의 샘플

연차형 결송입안의 추상적 샘플로는 『유서필지』에 수록된 〈결송입안식〉
을 들 수 있고, 전형적인 실제 사례로는 '1662년 제주목관 입안'8)을 들 수
있다. 먼저 『유서필지』에 수록된 〈결송입안식〉의 원문은 다음과 같다.

> 初行年號某年某月日 某官立案
> ①9) 右立案爲決給事
> ② 節呈某人所志 云云是乎等乙用良 隻某捉來
> ③ 始訟次 某年月日 元告某年幾許 各戶牌準 白等 矣徒等 某物相訟事以 當
> 日始訟爲白在果 元隻中 如有滿限不就訟者是去等 依法典 親着人處 決給
> 敎事 各各白着名是齊
> ④ 同日 元告某更推白等 汝矣身亦 矣身云云敎味白齊 同日 隻某更招 白等

---

8) 고창석, 『제주도고문서연구』, 세림, 2002, 371~381면. 애석하게도 이 입안의 원문이미지
   자료를 입수하지 못하여 이 글에서는 고창석 교수가 정서한 바에 의존할 수밖에 없다.
9) 이 번호는 분석의 편의를 위하여 저자가 임의로 붙인 것이다.

元告某呈狀據 某物相訟根因 現告亦 推問教是臥乎在亦 矣身云云教味白
齊 各各白着名是齊

⑤ 同日 元告某隻某更招 白等 汝矣身 可考文書 各各現納亦 推考教是臥乎在
亦 元告某段 某某文書幷幾度 隻某段 某某文記幾丈 一時現納爲自去乎
彼此文記相考 處決教味 各各白着名是齊 同月某日 元告某更招 白等 隻
某所供云云是置有亦 矣身云云更良相考 處決教事 同日 隻某更招 白等
元告某所供如此 如此矣身云云 更良相考 處決教味 各各白着名是齊 同月
某日 元告某隻某更招 白等 汝矣身所訟某物 落漏除良 各各詳細花名 現
納亦 推考教是臥乎在亦 矣徒等 上項某物 各各別件花名 着名以納爲去乎
如有落漏之事是去 依法典處置教味 各各白着名是齊

⑥ 同日 元告某隻某更招 白等 汝矣身相訟未盡條件乙 更良現告亦 推考教是
臥乎在亦 矣徒等相訟根因段 各日招內之外 更無所達是去乎 依官式施行
教味 各各白着名

⑦ 爲等如 元隻招辭는 置有亦 元告段如此如此……隻某段 如此如此……是
乎等以 其人處 某物決給 立案于後爲遣 合行立案者 其着押

⑧ 後錄 依花名列書 印

연차형 결송입안에서 주목할 부분은 ①의 시면(始面) 기두(起頭), ②의 원
고의 소지와 피고를 법정에 출석시켰다(隻某捉來)는 취지의 기술, ③의 시
송다짐[始訟侤音], ④……⑤의 원고·피고·증인의 서면진술(白等과 更推白等,
更招白等)과 구두진술(白活), ⑥의 결송다짐[決訟侤音], ⑦의 송관의 결절 부
분, ⑧의 소쟁물의 後錄(목록)이다. 이렇게만 말하면 결송입안에 생소한 독
자에게 잘 감이 잡히지 않을 것이다. 따라서 연차형의 결송입안을 현대 한
국의 제1심 민사판결문 샘플과 비교하여 구체적으로 분석해 보겠다.

현대 한국의 제1심 민사판결문([부록 I])의 분석부터 시작해 보자. 현대
의 그것은 먼저 재판부가 증거에 의하여 파악한 사실관계를 '1. 기초사실'
이라는 제목으로 정리하고 난 다음 '2. 당사자의 주장(가. 원고의 주장 내
용, 나. 피고의 주장) 내용'을 요약하고, 다음에 '3. 판단'에서 사안에 대한

재판부의 법적 판단을 판시하고, 마지막으로 '4. 결론'에서 소송의 결론을 간략하게 제시('원고의 이 사건 청구는 이유 있으므로 이를 인용하기로 하여 주문과 같이 판결한다.')하는 구성을 취하고 있다. 이제 이에 비추어 연차형 결송입안을 분석해 보자.

①의 시면(始面) 기두(起頭) 부분은 '입안을 발급한다'는 취지의 상투적인 투식이다. ②의 원고의 소지 부분은 현대 한국의 민사판결문의 청구취지와 청구원인을 표시하는 부분으로 빗대어 관찰해 볼 수 있다. 현대 한국의 민사 소장(訴狀)에 표시되어야 하는 '청구취지와 청구원인'이 조선시대의 결송입안에서는 '근인(根因)'으로 포섭되고 있다. 원고의 제소가 있으면 관장에게는 반드시 이를 수리하여 응답하여야 할 의무가 발생한다. 대명률직해 357조(告狀不受理) 2항은 다음과 같이 규정하고 있다.

> "사송(詞訟)의 원고와 피고가 각자의 주(州)·현(県)에 있으면 원고가 피고의 소속 관사에 나아가 고소하고 처리하여 마무리 짓게 한다. 주·현(州·県)의 장관(長官)이 핑계를 대고 수리하지 않으면 죄가 또한 같다. (若詞訟元告*被論在兩処州県者, 聴元告就被論官司, 告理帰結. 推故不受理者, 罪亦如之).
>
> 直 諍訟事乙 原告人果 被告人果 兩処各在爲去等 原告人亦 被告人矣 所在官司進告 対決爲乎矣 官員亦 縁故推㫆 接狀推考不冬爲在隠 同罪齊"

대명률의 이 조문 때문에 조선의 지방관은 제소를 의미하는 소지(所志)가 접수되면 반드시 모종의 응답을 하여야 하였다. 그 응답을 조선에서는 제사(題辭) 혹은 데김(題音)으로 불렀고 제사 중 민사 분쟁에 대하여 승패를 판단하는 부분을 특히 결절(決折)이라고 불렀다.

다음에 ③의 시송 다짐[始訟侤音]은 '정당한 사유 없이 출정하여 응소하지 않으면 출정하여 응소한 사람에게 유리한 재판을 하여도 이의하지 않겠다.'는 취지의 서약을 하는 것이다. 현대 한국에서는 당사자 중 일방이 정

당한 사유 없이 출석하지 않으면 자백으로 간주하여 불출석자에게 패소판
결(불출석자가 피고인 경우)을 하거나 소를 취하(불출석자가 원고인 경우)
한 것으로 간주한다. 조선시대의 시송 다짐 절차는 현대 한국의 민사재판
의 정규 절차에 비추어 쉽게 이해할 수 있는 제도이다.

⑥의 결송 다짐[決訟侤音]은 '당사자가 필요하다고 생각하는 주장과 입
증을 다하여 더 이상 주장·입증할 것이 없음(따라서 변론종결·결심해도 좋
다)을 송관에게 고지하는 것'이다. ⑥의 결송 다짐 절차의 시행은 이른바
'관식(官式)'의 핵심에 해당하는 절차이다.

> "이른바 관식대로 한다는 것은 소송의 당사자인 갑(甲)과 을(乙)이 모두 미
> 진한 점이 없다고 확인한 뒤에야 비로소 결급하는 것을 말하는 것입니다.
> 설사 실제로 몽강이 순리를 거역했다 하더라도 그 죄는 의당 법대로 처단
> 해야 마땅하지 관식에 의거하지 않고 결송(決訟)할 수는 없는 일이며, 또
> 설사 몽강이 실제로 도망쳤다 하더라도 자연 친착(親着)하는 법이 있으니
> 원고(元告) 없이 송사를 결단할 수는 없는 일입니다. 법을 위배하고 몽롱하
> 게 처리한 죄를 징치하지 않을 수 없으니, 장례원의 그 당시 당상과 색낭청
> 을 모두 추고하도록 명하소서. (所謂依官式者, 訟者甲乙, 俱稱無未尽之事然
> 後, 始乃決折之謂也. 設使夢康実為順理拒逆, 其罪則自当依法科断, 不可無依
> 官式而決訟, 設使夢康実為逃走, 自有親着之法, 不可無元告而断訟. 其朦朧違
> 法之罪, 不可不懲, 掌隷院其時堂上 色郎庁, 並命推考)"10)

현대 한국의 재판장도 '당사자가 필요하다고 생각하는 주장과 입증을 다
하여 더 이상 주장·입증할 것이 없어야 결심(結審)'하므로 조선시대의 송관
이 당사자로부터 결송다짐을 받는 절차도 현대 한국의 민사재판의 정규 절
차에 비추어 쉽게 이해할 수 있는 제도이다.

다음에 ④……⑤는 현대 한국에서라면 원고·피고·증인의 법정에서의 서

---

10) 《국역 선조실록 선조 38년 6월 3일》

면진술(白等과 更推白等, 更招白等)과 구술진술(白活) 부분에 해당하는 것이
고 그것들은 현대 한국의 민사실무에서는 당사자의 의견서, 변론요지서, 변
론조서(辯論調書)에 담길 내용들이다. 현대 한국의 민사실무에서는 이 부분
을 모두 판결문에 기계적으로 옮겨 담지 않는다. 그렇게 하면 판결문이 너
무나 길어지기 때문이다.

　다음에 ⑦의 송관의 결절 부분에서 조선시대의 송관은 자신이 파악한 '1.
기초사실', '2. 당사자의 주장(가. 원고의 주장 내용, 나. 피고의 주장 내용)
을 요약한 다음에 '3. 송관의 판단'을 개진하고 마지막으로 '4. 결론'에서
소송의 승패를 제시(원고 혹은 피고에게 소쟁물을 결급 등)한다.

　요컨대 현대 한국의 민사실무의 입장에서 조선시대 결송입안을 바라 볼
때 가장 주목되는 부분은 ⑦의 송관의 결절 부분이다. 이 부분에서 조선시
대 송관의 법논증의 질이 드러나기 때문이다. 이제 권이선이 말하는 이른바
요약형의 결송입안이 어떤 것인지를 설명할 수 있는 단계에 이르렀다.

　④……⑤가 포함되기 때문에 연차형의 결송입안은 문자수가 매우 많은
편이다. 이에 비하여 요약형 결송입안에서는 연차형의 ②, ③, ④, ⑤, ⑥이
생략되고 ①의 단계에서 막바로 ⑦ 부분으로 이어진다. 사안이 복잡하면
⑦의 송관의 결절 부분의 분량도 늘어나고 사안이 간단하면 ⑦의 송관의
결절 부분도 매우 간단하게 나타난다. 아래에 '1644년 구례현 결급입안'(역
주 팀 목록 12번의 결송입안)의 탈초와 번역을 요약형 결송입안의 샘플로
제시하고 분석을 계속하겠다.

2. 요약형 결송입안의 원문과 번역문 샘플

001 順治一年二月卄四日　求禮縣立案
002 ①右立案爲決給事　⑦僧如遠如日等狀據
003 還俗双凜捉來　推閱 則如遠如日双凜等
004 皆是故僧海云上佐也　海云生時　其矣畓

005 <u>庫以</u> 三上佐處 平均分給 各授明文 而
006 双凜還俗 故如遠等 欲還其師所給之畓
007 <u>爲臥乎所</u> 財主旣已區處身死 則因某事
008 追奪 素無法例<u>叱</u>不喻 佛敎之
009 術 或如水益深 棄佛還俗 揆以法典 可
010 尙而不可罰也 同多乃員畓九斗落只
011 十八卜<u>庫乙</u> 還俗<u>爲在</u>双凜處 依故僧海
012 云別給明文 仍爲決給<u>爲遣</u> 後考
013 次 合行立案者
014 行縣監 [着押]

순치 1년(1644 인조22) 2월 24일 구례현 입안
이 입안은 결급(決給)을 위함.
승(僧) 여원(如遠), 여일(如日)의 등장(等狀)에 의거하여, 환속한 쌍름(双凜)을 잡아와 추열(推閱)했다. 승 여원, 여일, 쌍름 등은 모두 죽은 승 해운(海云)의 상좌(上佐)이다. 해운이 살아있을 때 그의 논을 세 상좌에게 평균분급(平均分給)하여 각각 명문(明文)을 주었는데, 쌍름이 환속(還俗)했으므로 여원 등이 그 스승이 준 논을 돌려받고자 했다.
재주(財主)가 이미 구처(區處)하고 죽었는데, 어떤 일로 인하여 추후에 빼앗는 것은 본디 법례(法例)가 아니다. 뿐만 아니라 불교(佛敎)의 술법이 지나치게 깊은 물이 되어 부처를 버리고 환속함은 법전(法典)으로 헤아리면 숭상하여 높일 만하니 벌줄 수 없다.
위 다내원 논 9두락지 18복을 환속한 쌍름에게 죽은 승 해운의 별급명문(別給明文)대로 결급(決給)하고, 후고(後考)하기 위해 이에 입안함.
행현감 [착압]

위에서 보듯이 요약형 결송입안의 문장은 연차형의 ②, ③, ④, ⑤, ⑥이 없이 ①의 단계에서 막바로 ⑦ 부분으로 이어진다. 그런데 역주 팀이 역주하여야 할 대상 중 '17세기 정재 단송안'(역주 팀 목록 21번 입안)이 있다. '사비논개 유학 김호민 상송결안(私婢論介 幼学金好敏 相訟決案)'이라는 제

목이 붙은 이 입안은 ⑦ 부분만으로 구성되었다. 아마도 이 입안은 형식상 '요약형의 결송입안'이었을 것으로 보이는데 문집(文集)에 수록하다 보니 ①의 기두 부분을 생략한 것 같다. 이 자료의 존재는 다음과 같은 추정을 가능하게 한다.

이 자료는 박태보(朴泰輔)(1654~1689)의 문집인 《정재집(定齋集)》에 정서체로 실려 있다. 송관의 결절 부분인 ⑦부분을 박태보의 후손은 선조(先祖)의 귀중한 문학적 작품으로 간주하여 선조의 문집(《정재집》)에 실은 것이다. 결송입안에서 ⑦부분이 차지하는 위상을 짐작할 수 있는 단서이다. ⑦ 부분만으로 구성된 것 치고는 글자 수가 비교적 많은 편에 속한다.

다음에 『한국지방사자료총서 보첩편(韓國地方史資料叢書 報牒編)』(驪江出版社, 1987~1990)에는 군현(郡縣)의 지방관이 상송(相訟)을 결절한 후 관찰사에게 결절의 내역을 보고하는 첩보가 가끔 실려 있다. '요약형의 결송입안'을 역주대상으로 포함시킨다(역주 팀의 목록 중 총 6편이다)면 『한국지방사자료총서 보첩편』에 가끔 등장하는 문건들을 역주대상으로 포함시키지 못할 이유가 없다. 그러나 이 프로젝트를 신청할 당시에는 이 사료의 존재를 알지 못하여 이것들은 역주 팀의 의무적인 역주대상에 포함되지 않았다. 그 중 하나를 소개하면 다음과 같다.

'乙丑(1745 英祖21) 十二月 二十八日 新決立案'(이하 '을축 신결입안'으로 약칭함)이란 제목의 이 문건(➡️제2장 근세조선의 민사재판의 실태와 성격 [자료Ⅱ])은 『유서필지 결송입안식』의 ①의 단계에서 막바로 ⑦부분으로 나아가 형태상 요약형이다. (A) 부분을 '법률적 3단논법'을 분석틀로 삼아 분석하면 (B) 訟官(尙州牧使)이 파악한 사실관계(Fact), (C) 그 사실관계에 법을 적용하면 도출되는 법적 판단(Application), (D) 분쟁과정에서 도덕적 비리를 저지른 피고의 징계(決笞五十度), (D) 차후에 결송내용과 다른 주장을 하는 사람이 생기면 이 결송입안을 증거로 삼아 고관(告官)하여 구제받으라는 취지의 문장의 순서로 전개되었다. (A), (B), (C) 부분의 구성은 현

대 한국의 제1심 판결의 구성(기초사실+당사자의 주장+법적 판단)과 비교
하여 낯설지 않은 문장흐름이다.

3. 을축 신결입안의 의미

《상산록》에 실린 을축 신결입안이 의미하는 바는 매우 중요하다.
《경국대전(經國大典) 이전(吏典) 고과(考課)》에 다음과 같은 조문들이 있다.

> ○ 每節季 刑曹·漢城府·開城府·掌隸院堂下官決訟道數啓聞 三朔內 漢城府·
> 掌隸院 小事則三十道 大事則二十道 刑曹 小事則五十道 大·中事則三十
> 道 不準者降一階 開城府則不拘道數 ○ 每歲季 本曹具諸司官員實仕及雜
> 故 觀察使具守令七事實跡啓聞七事 農桑盛 戶口增 學校興 軍政修 賦役
> 均 詞訟簡 奸猾息

위 조문들은 중앙에서 사송(詞訟)을 담당하는 관사에 정기적으로 사송
몇 건을 결절하였는지를 임금에게 계문하여야 할 의무를 부과하고, 지방의
송관에게는 수령 7사 중 하나인 '사송간(詞訟簡)'을 입증할 수 있는 사항을
관찰사에게 보고하여야 할 의무를 부과하고, 관찰사는 그 개요를 중앙정부
에 계문하여야 할 의무를 부과하는 조문이다. '을축 신결입안'은 상주목사
가 자신이 새로 결절한 사송 사건의 개요를 경상도 관찰사에게 보고하는
첩보였기 때문에 보첩류 문서철에 편철되었을 것이다.

중앙의 결송아문은 3개월 단위로 결송 회수를 임금에게 계문하여야 하
고, 지방 군현의 수령은 결송한 일이 있으면 관찰사에게 그 내역을 보고하
여야 한다. 또 의송소지를 접수한 관찰사가 척재관 등에게 청송을 지시하
였다면 송관은 반드시 그 결과를 관찰사에게 보고하여야 한다. 을축 신결
입안은 이런 사정을 입증해 주는 사료이다. 『한국지방사자료총서 보첩편』
에서는 이와 유사한 첩보를 다수 찾아 볼 수 있다.[11]

4. 소결

위와 같은 정황증거들에 기초하여 저자는 다음과 같이 추측한다.

권이선 연구원이 말하는 결송입안의 3유형 중 기본형은 요약형이다. 요약형은 당초 송관이 관찰사에게 보고하여야 하기 때문에 작성되었고 이것이 『한국지방사자료총서 보첩편 3책』 등에 편철되어 현전하고 있다. '요약'의 의미는 연차형의 포맷인 '①, ②, ③, ④, ⑤, ⑥, ⑦'의 '각 부분을 물리적으로 조금씩 요약'한 것이 아니라 『유서필지』〈결송입안식〉의 ②, ③, ④, ⑤, ⑥ 부분을 생략하고 ①에서 곧바로 ⑦로 나아가는 논증이라는 취지로 이해되어야 한다. 73개 목록 중에는 6개가 이에 해당한다.

다음에 '연차형(등출 연서형) 결송입안의 가치는 무엇인가?' 하는 의문이 들 것이다. 연차형 결송입안은 승소한 당사자가 가급적 많은 증거자료를 지니고 있으려고 소정(所定)의 질지[作紙]를 내고 ①, ⑦ 외에 ②, ③, ④, ⑤, ⑥의 전부를 등출(혹은 등서)하여 달라고 관에 요청하여 발급받는 결송입안이다. 73개 입안 중 가장 글자 수가 많은 31번 입안의 승소자는 먼저 ①, ⑦ 부분의 요약형 결송입안[12]을 받았지만 더 많은 증거자료를 확보하려고 질지를 내고 ②, ③, ④, ⑤, ⑥의 전부를 등출(혹은 등서)하여 달라고 관에 요청[13]하여 연차형의 전준입안(傳准立案)을 발급받은 것이다.

---

11) 영조(英祖) 14년(1738) 11월 초2일 순영(巡營)에 올린 보고(『嘉林報草』); 영조(英祖) 15년(1739) 10월 17일 순영(巡營)에 올린 보고(『가림보초』); 영조(英祖) 37년(1761) 4월 11일 순영(巡營)에 올린 보고(『烏山文牒』); 영조(英祖) 38년(1762) 3월 일 순영(巡營)에 올린보고(『오산문첩』); 영조(英祖) 38년(1762) 3월 초6일 순영(巡營)에 올린 보고(『오산문첩』); 영조(英祖) 37년(1761) 12월 일 태안(泰安)에 사는 현돌금(玄乭金)의 노주(奴主)를 변별(卞別)하는 결사(決辭)(『오산문첩』) 등. 이 외에 더 많은 사료가 수록되어 있다.

12) 김경숙, "고문서강독 : 1578년 경주 여주이씨 이준가의 노비결송입안", 『고문서연구』23호(한국고문서학회, 2003), 243~261면. 이 사안은 친착결절(親着決折)로 종결되었다.

13) "(1544행) 草溪居李春壽果 奴婢相訟爲白如可□(1545행) 春壽亦 最只元告以 自知理屈 累朔逃避 不現爲白去乙 矣徒等亦 依(1546행)法典 親着已畢 前訟官時 已曾決折受

다음 절에서는 역주 팀이 일상적으로 봉착하는 문제 중 대표적으로 세 가지만 거론하여 유익한 비평을 받고 싶다.

IV. 일상적으로 봉착하는 문제의 전형(典型) 세 가지

1. 기두어(起頭語 혹은 起首)

73개의 결송입안을 분석하여 통계를 내면 ①의 기두어 부분은 다음과 같이 다양하게 나타나고 있다. '爲……事'는 중국의 전통적 공문서의 기두 양식이고 '爲……事'의 가운데에 들어갈 내용은 차후에 전개될 문장의 요점을 드러내는 부분이다.[14]

> 右立案爲決給事(37건)[15]
> 右立案爲決折事(3건)
> 右立案爲斷決事(3건)
> 右立案爲成給事(5건)
> 右立案爲(1건)
> 右立案爲後考事(1건)
> 右立案爲憑後事(1건)

立案爲白乎矣 同葉秩乙 未及 (1547행) 謄書伝准乙仍于 葉秩良中 踏印<u>不得之際</u> 遽爾 迤罷 <u>玆以</u> 迄未 (1548행) 得踏印<u>爲白有昆</u> 同本秩乙良 依法例官上<u>爲白遣</u> 矣徒伝准 (1549행) <u>爲在</u> 立案良中 踏印<u>爲白只爲</u> (1550행) 行下<u>向教是事亦在</u> 謹言 (1551행) 郡守処分 (1552행) 万暦六年十月 日 所志 廿九 刑"

14) 吉川幸次郎·田中謙二, 『元典章の文体』(京都大学 人文科学研究所 元典章研究班, 1964), 399면.

15) 1662년 제주목관 입안도 이 유형에 속한다. 고창석, 앞의 책, 371면.

右爲決給事(1건)
右立案爲判決事(1건)
右立案爲決■事(1건)[16]

이 중 가장 많이 활용되고 있는 '右立案爲決給事'라는 기두어를 어떻게 번역할 것인가를 거론해 보자. "이 입안은 결급하는 일이다."[17]와 "이 입안은 판결하여 발급하는 일"[18]이라는 식의 선행 번역례가 있었다. 역주 팀은 "이 입안은 결급을 위함"으로 번역하는 것으로 방침을 세웠다. '종지사(이다)를 써서 번역하는 방침'과 '명사형으로 종지하는 방침'[19]의 두 가지로 갈리고 있는 셈이다. 의미에 차이가 있는 것이 아니므로 저자는 일관성만 있다면 어느 쪽도 무방하다고 생각한다.

2. '爲等如……是置有亦' 혹은 '為等如……相考為乎矣'[20]

하트러[爲等如]는 앞에 나오는 명사나 문건을 '모두 합하여' 혹은 '……등'의 뜻이다. 그런데 '爲等如……是置有亦'으로 연결되면 거의 예외 없이 송관의 결절이 이어진다. 따라서 글자 수가 많은 장문(長文)의 결송입안의 결말을 미리 알고 싶으면 '爲等如……是置有亦' 이하, 즉 『유서필지』〈결송입안식〉의 ⑦ 부분을 먼저 읽으면 된다. 이런 투식은 주로 연차형 결송입

---

16) 권이선, 앞의 논문, 앞의 책, 209면에서 재인용함.
17) 임상혁, "16세기의 결송입안과 소송", 『16세기의 고문서』(아카넷, 2004), 344면; 전경목외 옮김, 『유서필지』(사계절출판사, 2006), 350면.
18) 정긍식, "1517년 안동부 결송입안 분석", 『법사학연구』 35호(한국법사학회, 2007), 20면.
19) '為牒報事'를 '보고함'으로 번역하는 김현영, 『군위군의 조선시대 모습 : 의흥현 공사 역주본; 적라 정모 역주본』, 군위군문화원, 2010, 5면, 10면, 12면 등의 번역방침도 이 계열에 속하는 번역이다.
20) 1662년 제주목관 입안은 '爲等如' 없이 "元隻各人等 招辭及現納文記是置有亦相考為乎矣"로 시작하지만 크게 보아 이 유형에 속한다. 고창석, 앞의 책, 379면.

안에 등장한다. 요약형 결송입안에도 이 투식이 등장하는 경우가 있지만 드문 사례에 속한다. 이런 투식이 등장할 때 역주 팀은 많은 우여곡절 끝에 현재는 '이와 같이……이 있었다.'로 번역하는 방침을 세웠다. 이 결론은 이 두 문장에 관한 심층적인 검토 결과 얻은 결론이 아니라 결송입안의 앞 뒤 문맥을 고려하고 많은 케이스를 접하다 보니 자연스럽게 발현되는 결론이다. 원문존중주의(原文尊重主義)를 후퇴시키고 문맥주의(文脈主義)를 실천한 사례이다. 이 부분에 관한 선행 번역례는 어떠하였을까?

'爲等如……是置有亦'과 비슷한 취지로 보이는 투식인 '爲等如元隻招招是置有亦相考爲乎矣'(34번 1583년 나주목 결급 입안)를 임상혁은 "이 모두와 함께 원·피고의 진술들을 상고한다."로 새겼고[21], 정긍식은 이 부분을 "모두 원고와 피고 다짐이온 바로써 서로 살핀다."[22]로 번역하였다.『국역 유서필지』는 이 부분을 "통틀어……받았는데"로 번역[23]하였다. 이 부분의 번역은 그야말로 각양각색이었음을 알 수 있다.

이제 이 부분에 대한 저자의 생각을 개진할 차례이다. 다음의 용례는 '爲等如……是置有亦' 혹은 '為等如……是乎等用良相考爲乎矣'의 가운데에 들어가는 표현례를 열거한 것이다.

'兩邊侤音'(목록 3번 1533년 안동부 결절입안)
'元隻等招辭'(목록 9번 1608년 봉화관 결급입안)
'各人等招辭'(목록 16번 해남현 결급입안)
'白侤音'(목록 18번 1689년 영일현 결급입안, 목록 21번 17세기 정재 단송안)
'各人等白'(목록 20번 1698년 청도군 결급입안)
'招辭'(목록 22번 1705년 구례현 결급입안)

21) 임상혁, "1583년 김협, 고경기 소송에서 나타나는 법제와 사회상",『고문서연구』43호 (한국고문서학회, 2013), 151면.
22) 정긍식, 앞의 논문, 17면.
23) 전경목외 옮김, 유서필지, 2006, 354면.

'兩隻招辭'(목록 27번 1733년 구례현 결급입안)
'元隻招招'(목록 34번 1583년 나주목 결급 입안)
'元隻侤音(혹은 是乎等用良 相考爲乎矣)'(목록 2번 1517년 안동부 결절 입안)
'元隻招辭'(『유서필지』〈결송입안식〉)

위와 같은 용례에 비추어 볼 때 '爲等如……是置有亦' 혹은 '爲等如……是乎等用良 相考爲乎矣'의 의미는 다음과 같은 뜻으로 보인다.

첫째, 그 의미는 "지금까지 법정에 드러난 (예를 들어 '兩邊侤音'이면 양변의 다짐) 증거자료에 비추어 볼 때"의 의미이다. '相考爲乎矣'가 약간의 힌트를 제공하는 구절이다. 현대 한국의 민사실무에서는 자주 등장하는 투식이 아니지만 일제 강점기나 2000년대 초까지만 해도 민사 판결문에 많이 등장하던 '심안(審按)컨대', '안컨대'나 그 우리말 표현인 '살피건대'라는 투식어는 동아시아의 공통된 전통으로 보이는데 '相考爲乎矣'란 그 정도의 표현으로 보인다.

3. '…次'

결송입안에는 '…次'라는 표현이 자주 등장한다. 이것의 번역도 매우 곤혹스럽다. 가장 자주 나오는 것이 '추고차(推考次)'이다. 추고와 추문(推問)을 구별하여야 하는지도 곤혹스러운 부분이지만 지면관계상 여기서는 '추고차'에 집중하자. 임상혁은 이를 "따져보기 위하여"로 번역[24]하였고 정긍식은 "조사할 차로"로 번역[25]하였다. 정긍식은 차(次)를 '때, 터, 기회'라는 이두사전류의 글자풀이로 처리한 것 같다. 『국역 유서필지』는 '시송차(始訟次)'를 큰 고민 없이 가볍게 '시송함에'로 번역[26]하였다. 역주 팀은 오랜

---

24) 임상혁, 앞의 논문(2004), 344면.
25) 정긍식, 앞의 논문, 14면.
26) 전경목외 옮김, 앞의 책, 2006, 350면.

고민 끝에 '추고함'으로 번역하는 방침을 세웠다. 저자의 경험으로는 앞 뒤 문맥에 비추어 때로는 장래의 계획(시송하려고 하였다)으로, 때로는 과거형 (시송절차를 진행하였다)으로 번역하는 것이 적절하다. 그러나 어느 입장에 서도 다음(목록 6번 1560년 경주부 결급입안) 문맥의 '代訟次'를 어떻게 번역할 것인지 하는 문제는 난해하다. 아래에 앞의 것은 원문, 뒤의 것은 역주 팀의 번역이다.

014 金山接故崔世溫妻申氏所志內 今月初八日 呈議送為白乎矣 □□□源有病

015 乙仍于 子得忠 以代訟進送為白良尒 行下向事 嘉靖三十九年十一月日 所志題音內 隻人憑問

016 代訟次 題音是齊

금산에 사는 죽은 최세온의 처인 신씨가 낸 소지에, "이달 초 8일에 의송을 올렸는데, □□□이 본래 병이 있으므로 아들인 최득충崔得忠을 대송하려고 보냈으므로 행하해 주십시오."라는 가정 39년(1560, 명종15) 11월 일에 낸 소지의 뎨김[題音]에 "피고에게 빙문憑問하여 대송하라."고 뎨김했다.

문맥을 중시하지 않고 원문을 중시하는 원문존중주의의 입장에서의 번역은 위와 같은 어색한 번역을 초래한다. 위 번역은 1년 전의 역주 팀 번역이었는데 1년 전의 저자에게는 위와 같은 번역이 잘된 것인지 여부를 감별할 능력이 없었다. 그러나 만 2년 동안 57개의 결송입안을 이해하려고 씨름한 결과 현재 저자에게는 위 번역이 잘 되었는지 여부를 감별할 눈이 생겼다. 현재 저자는 '기본적으로 원문존중주의를 취하되 번역이 어색하면 과감히 문맥에 맞게 문장을 다듬어야 한다.'는 입장에 도달하였다. 이런 입장에서 저자는 다음과 같이 번역하고 싶다.

금산에 사는 죽은 최세온의 처인 신씨는 가정 39년(1560, 명종15) 11월 일에 낸 소지에서 "이달 초 8일에 의송을 올렸는데, □□□이 본래 병이 있으므로 아들인 최득충崔得忠을 대송하도록 보냈으므로 허락[行下]해 주십시오."라고 청원하였다. 이 청원에 대한 뎨김[題音]은 "피고에게 빙문憑問한 다음 대송하라."는 것이었다.

조선시대의 민사 쟁송에 임하는 지방관(관찰사와 수령 등)의 방침은 원칙적으로 양당사자의 자율을 최대한 존중하는 것이었다. 당사자가 친히 소송에 임하는 것이 원칙이었지만 당사자가 부녀자일 때는 그 친속(親屬 사안에서는 원고의 아들이다)이나 노비가 대송하는 것을 허용하되 상대방의 동의를 얻도록 권하는 것이 당시 송관들의 방침이었다. '피고에게 빙문'하라는 지방관의 지시는 이런 방침을 암시하는 것이다.

V. 결어

지금까지 지면관계상 역주 팀이 일상적으로 봉착하는 문제 세 가지만 거론하였는데 거론하지 않은 각론적인 수많은 세세한 사항들의 문제도 그 본질은 크게 다르지 않다.

마지막으로 명백히 모르는 것은 '미상(未詳)'으로 처리할 수밖에 없음을 솔직히 고백하지 않을 수 없다. 목록 31번 결송입안에 나오는 '수삼방삼(囚三放三)'(0357행, 0624행)이 좋은 예이다. 이 문제에 힌트를 주는《조선왕조실록》의 기사로 다음과 같은 것이 있다.

"유응룡 등이 다른 사람이 대신 갇히는 것은 폐단이 많으니 개정을 건의하다…… 지평 유응룡(柳應龍)이 아뢰기를, '구류(拘留)해야 할 가동(家僮)은 그 대가로 가포(價布)를 내게 하니, 백성들이 그 폐해를 입는 까닭으로 직접 인정(人丁)을 가두기로 했습니다. 그러나, 전일 가포를 받을 때에는 가동

1명에 가포가 반 필이었는데, 지금 사람을 사서 대신 갇히는 데에는 그 값이 3배나 되니, 폐단이 더욱 심합니다. 폐단을 없애는 절목(節目)을 마련하도록 하소서.' 하고, 영사(嶺事) 한치형(韓致亨)은 아뢰기를, '요즈음 외람하게도 가포를 징수함이 부산하므로 오부(五部) 관원에게 명하여 갇힌 가동을 보고하도록 했는데, 심한 사람은 그 가포를 많이 거두어, 보고하는 관사(官司)에 나누어 주니 이 풍습은 좋지 못합니다. 사람을 사서 대신하는 폐단은 비록 대간(臺諫)이 아뢴 바와 같으나, 죄를 지은 사람이 폐해를 입는 것은 돌볼 것이 없습니다.' 하니, 왕이 이르기를, '폐단을 구제하기 위하여 법을 만든 것이니, 만약 폐단이 전과 같다면 진실로 마땅히 다시 고쳐야 할 것이다.' 하였다. 특진관(特進官) 박안성(朴安性)은 아뢰기를, '인정(人丁)을 거두지 않으면 간사한 무리들이 3번 가두고 3번 석방하는 기한을 헤아려서, 가포(價布)를 준비하여 기다리고 피신하여 나타나지 않을 것이니, 인정을 가두는 법을 폐지할 수 없습니다.' 하였다.(御經筵 持平柳應龍曰：'應囚家僮者, 責出價布, 民受其弊. 故直囚人丁, 然前日徵價之時, 一僮之價, 只半匹. 今雇人代囚, 其直三倍, 弊更甚焉, 袪弊節目磨鍊.' 領事韓致亨曰：'近日猥濫徵價紛紜, 令五部員責報囚僮, 甚者多收其價, 分給所報各司, 此風不美. 買人之弊, 雖如臺諫所啓, 然有罪者受弊, 不足恤也.' 王曰：'欲以救弊而立法, 弊若如前, 則固當更之.' 特進官朴安性曰：'不囚人丁, 則奸詐之徒, 計其囚三放三之限, 備價而待, 隱避不見, 囚人丁之法, 不可廢也)"27)

조선시대에 '관식(官式)에 따른 상송(相訟)'이 되려면 원·피고가 송정(訟庭)에 출석하여 시송다짐을 해야 하는데 피고가 출석하지 않으면 더 이상 절차가 진행되지 않는다. 그런데 군현의 수령은 웬만해서는 피고를 강제로 잡아 오지 않는다. 이럴 경우 원고는 관찰사에게 의송을 올려 수령에게 피고를 강제로 송정에 잡아 오도록 지시하여 달라고 요청한다. 원고는 관찰사를 잘 설득하여 수령이 강제로 피고를 송정에 잡아 들여 상송에 대한 결절을 하도록 지시하는 데김[題音]을 받아 내야 한다. 결송입안을 보면 원고

---

27) 《국역 연산군일기 연산군 8년 4월 28일》

의 이 전략이 자주 성공하는 것처럼 보인다. 관찰사의 뎨김을 받아 원고가 그 뎨김을 군현 수령에게 전달[이를 '도부(到付)'라 한다.]하면 군현 수령은 이제 피고를 강제로 송정에 잡아 오는 절차에 착수한다. 많은 경우에 피고 는 이 사정을 알고 도피한다. 그러면 관아에서는 피고의 근친이나 노비 중 한 사람을 피고 대신 수금하여 피고의 출석을 심리적으로 독려한다. 이 때 그 수금기간이 오래되면 구류된 사람이 크게 다치거나 죽는 수가 있어 그 럴 기미가 보이면 관아에서는 구류 대상을 바꾼다. 이런 절차를 세 번쯤 반 복하는 것이 수삼방삼인 것으로 보인다. 결송입안을 번역하다 보면 이와 유사한 어려움에 자주 봉착하게 된다. 도리 없이 유사한 사료를 광범하게 찾아야 겨우 대강의 스토리를 짐작할 수 있을 뿐이다.

이제 지금까지의 논의를 총괄하여 잠정적인 결론에 대신하고자 한다.

첫째, 역주 팀이 선정한 73개의 결송입안을 모두 검토하되 반복적으로 읽어야 한다. 많이 읽을수록 문맥에 대한 감별력이 향상되기 때문이다.

둘째, 73개의 목록에는 빠져 있지만 새로운 관련 자료를 더 발굴하여 섭 렵하여야 한다. 샘플이 많을수록 좋은 번역을 선택할 확률이 높아지기 때 문이다. 『한국지방사자료총서 보첩편 총12책』에 수록된 관련 자료를 열심 히 탐독하면 할수록 감별력이 향상된다.

셋째, 원문존중주의를 여전히 중시하여야 하지만 어색한 번역이 될 때에 는 과감히 문맥에 따른 조절이 불가피(원칙적 원문존중주의와 예외적 문맥 중심주의의 병용)하다.

넷째, 결송입안에 대한 보다 업그레이드된 지식의 심화에 관심을 기울여 야 한다. 결송입안의 유형화 작업은 그 일환이다.

〈표 1〉역주대상 목록(1) : 1차년도 역주 대상 입안

문서 번호	문 서 명	소송 대상	원 고	피 고
1	1511년 장예원 결급 입안	노비	정승윤	원주관
2	1517년 안동부 결절 입안	노비	김효로	남처곤
3	1533년 안동부 결절 입안	토지	박련	배경복
4	1535년 청하관 결절 입안	노비, 가사, 재물, 토지	신숙, 장세륜	김극강, 유응현, 정세호
5	1560년 경주부 결급 입안	노비	이전인	반춘
6	1560년 경주부 결급 입안	노비	최득충	손광현, 손몽룡, 조복원, 손영, 정경희
7	1586년 장예원 결급 입안 (安家奴案)	노비	안로 처 윤씨 등	송인필 등
8	1595년 밀양부 결급 입안	가사, 토지	이정	고천지
9	1608년 봉화관 결급 입안	토지	권래 대노 희종	숭복
10	1614년 경주부 결급 입안	노비	이정	장산두
11	1614년 경산관 결급 입안	노비	전순부	권래
12	1644년 구례현 결급 입안	토지	승려 여원, 여일	승려 쌍름
13	1661년 경주부 단결 입안	토지	손광	이소근올미
14	1661년 서원현 결급 입안	노비	철생	정승철
15	1661년 한성부 결급 입안	가대(家垈)	정문부 노 사경	정대운
16	1686년 해남현 결급 입안	토지	임간 처 김씨	김만두
17	1688년 괴산군 결급입안	토지	김등	김금이
18	1689년 영일현 결급 입안	노비	이명규	설하윤
19	1694년 괴산군 단결 입안	토지	김승원	허경금
20	1698년 청도군 결급 입안	노비	이익규	홍유구
21	17세기 정재 단송안	노비	논개	김호민
22	1705년 구례현 결급 입안	토지	정운수	정시태
23	1707년 구례현 결급 입안	토지	강인신	정수영
24	1708년 구례현 결급 입안	토지	정수영	정시필
25	1708년 금천현 결급 입안	묘지	이지평댁 노 충남	김원준, 정보은가

문서 번호	문 서 명	소송 대상	원 고	피 고
26	1709년 해주목 단결 입안	봉사권, 봉사조 전답	고 윤탁 첩 임조이	윤상현
27	1733년 구례현 결급 입안	토지	승려 두총	박귀선
28	1755년 부안현 단결 입안	전기(箭基)	고철명, 전논봉	배익원
29	18세기 초 경주부 단결 입안	토지	임천일	이선익
30	1801년 부안현 성급 입안	가사(家舍), 토지	김기정	강재태

<표 2> 역주대상 목록(2) : 2차년도 역주 대상 입안

문서 번호	문 서 명	소송 대상	원 고	피 고
31	1578년 흥해군 결급 입안	노비	이춘수	이준, 이순
32	1583년 의성현 결결 입안	노비	이함	김사원
33	1583년 나주목 결급 입안	노비	윤원	임경수
34	1583년 나주목 결급 입안	토지	김협	고맹필
35	1584년 나주목 결급 입안	노비	정천희, 손한	나기년 등
36	1586년 나주목 결급 입안	노비	이지도	다물사리
37	16세기 결급 입안	토지	지헌	노방좌
38	16세기말~17세기 초 제주목 결급 입안	노비	홍경원 등 4인	이순달
39	1714년 곡성현 결급 입안	토지	남훈의 노	정운수
40	1716년 해남현 결급 입안	토지	김첨사 댁 노 화골	김여승, 김복명
41	1719년 구례현 결급 입안	토지	정시태	정운수
42	1722년 구례현 단송 입안	토지	최성우	박승산
43	1722년 안동부 결급 입안	토지	김복렴	장일경
44	1723년 구례현 결급 입안	토지	우상경	박성주
45	1725년 예안관 단결 입안	토지	관상	박경성, 박창무
46	1728년 구례현 단결 입안	토지	권대육	박정산
47	1731년 한성부 성급 입안	공인권	김지정	한성빈 등

48	1741년 단결 입안	토지	김선행	고배선
49	1741년 형조 결급 입안	노비	신용택	안취인
50	1751년 곡성현 결급 입안	봉사조 전답	마중명	진석록
51	1768년 안동부 결급 입안	토지	장세형	김약용
52	1773년 이천부 성급 입안	토지	정진태	정생원
53	1776년 예조 결급 입안	봉사	정학	장자 계후자파
54	1809년 언양관 결급 입안	토지	김정대	최종기
55	1821년 광주부 결급 입안	금양처	안씨 종중	안정옥
56	1822년 예조 성급 입안	금양처	오재진	충렬서원 유생
57	갑인년 교하군 성급 입안	토지	미상	이세좌

〈표 3〉 역주대상 목록(3) : 3차년도 역주 대상 입안

문서 번호	문 서 명	소송 대상	원 고	피 고
58	1629년 제주목 입안	노비	강계남, 부씨	홍희현
59	1635년 의령현 입안	노비	비 은월 외 2인	이중발
60	1646년 제주목 입안	노비	홍희현	강취황
61	1646년 구례현 입안	노비	미상	김근최
62	1662년 제주목 입안	노비	한자사 댁 노 을남	김대복 외 3인
63	1663년 제주목 입안	노비	강취황, 강수황	강대남, 강대원
64	1673년 장예원 입안	(사패) 노비	박씨 대노 일운	이배운
65	1684~1685년 예천군 입안	(노비) 신분	유후안 등	만생
66	16세기 안동부 입안	노비	김광악 노 만강	김현일
67	1718년 구례현 입안	토지	손진홍	김치구
68	18세기 안동부 단결 입안	노비	논금	서원 노복
69	입안	토지	유처	도성창
70	임오년 입안	진전	미상	미상
71	병오년 입안	토지	김만	최복남
72	병오년 입안	노비, 토지	홍종계	박일계
73	입안	토지	오시철	이문흠

[부록 I]

서울 중앙 지방 법원 2016. 4. 14. 선고 2015가합562791 판결
【정년확인청구】

【원 고】원고 (소송대리인 변호사 김○재)

【피 고】서울메트로 (소송대리인 법무법인 두우 담당변호사 고○별)

【변론종결】 2016. 3. 17.

【주 문】

1. 원고의 정년이 2019. 12. 31.까지임을 확인한다.

2. 소송비용은 피고가 부담한다.

【청구취지】

주문과 같다.

【이 유】

1. 기초사실

가. 원고는 1983. 1. 23.경 피고에 기능직 5급으로 채용되어 기관사로 근무하다가, 3차례 승진을 하였고, 현재는 ○○○○사업소 차장으로 근무 중이다.

나. 원고의 입사 당시 호적상 생년월일은 '1958. 12. 1.'로 등재되어 있었고, 인사기록 등에 원고의 생년월일이 '1958. 12. 1.'로 기재되었다.

다. 원고는 자신의 실제 생년월일과 다른 생년월일이 가족관계등록부에 등재되었다고 주장하면서 서울서부지방법원에 등록부정정신청을 하였고, 위 법원은 2013. 7. 19. 원고의 가족관계등록부상 생년월일을 '1958. 12. 1.'에서 '1959. 1. 9.'로 정정하는 것을 허가한다는 내용의 결정을 하였다. 이에 따라 같은 해 8.1. 원고의 가족관계등록부상 생년월일이 '1959. 1. 9.'로 정정되었고, 같은 해 8. 22. 원고의 주민등록번호도 '581201-*******'에서 '590109-*******'로 정정되었다.

라. 그 후 원고는 2013. 8. 22.경 피고에게 원고의 인사기록상 주민등록번호 및 정년퇴직 예정일을 위와 같이 변경된 생년월일에 맞추어 정정하여 줄 것을 요청하였으나, 피고는 같은 달 23.경 원고에게 정년퇴직일을 변경할 수 없다고 통보하였다. 다만 피고는 인사기록정보에 주민등록번호는 '590109-*******'로 변경하였다.

마. 피고의 인사규정시행내규 제55조는 '정년의 기준일을 당해 직원의 생년월일로 한다'라고 규정하고 있었는데, 2013. 6. 13. '임용시 제출한 직원의 연령을 확인할 수 있는 서류상의 생년월일로 한다'고 개정되었다. 이 사건과 관련된 인사규정시행내규(2013. 6. 13.자로 개정된 것) 및 인사규정(2013. 12. 17.자로 개정된 것)의 주요 내용은 다음과 같다.

&* 인사규정시행내규(2013. 6. 13. 개정된 것)[생략]

2. 당사자의 주장

가. 원고의 주장 내용

원고의 가족관계등록부상 생년월일이 잘못 등재되었기에 법원의 결정으로 생년월일을 정정하였음에도 불구하고, 피고는 원고의 입사 당시 잘못 기재한 생년월일을 기준으로 정년을 산정하였을 뿐만 아니라 인사규정시행내규 제55조 후단은 고용상 연령차별금지 및 고령자고용촉진에 관한 법률(이하 '고령자고용법'이라 한다) 제19조에 위반하여 무효라고 할 것인바, 원고의 정년은 실제 생년월일을 기준으로 산정한 2019. 12. 31.까지이므로, 이와 같이 정년이 연장되었음의 확인을 구한다.

나. 피고의 주장 내용

원고는 개정된 인사규정시행내규 제55조 후단이 시행된 이후 피고에게 인사기록상 주민등록번호 및 정년퇴직 예정일 변경을 요청하였던바, 원고는 변경된 인사규정시행내규에 따라 입사 당시 제출한 서류상의 생년월일을 기준으로 정년을 산정하여야 한다.

3. 판단

개정된 인사규정시행내규 제55조 후단은 직원의 정년산정일은 임용시 제출한 직원의 연령을 확인할 수 있는 서류상의 생년월일로 한다고 규정하고 있고, 원고는 위 인사규정시행내규가 개정된 이후에 피고에게 정년 연장을 요청한 사실은 앞서 본 바와 같다. 그러나 앞서 본 인정사실과 변론 전체의 취지를 종합하면 알 수 있는 다음과 같은 사정 즉, ① 피고의 인사기록카드의 기재는 근로자들이 입사시에 제출하는 호적부 내지 주민등록등본 등 신분관계를 증명하는 공문서를 기초로 하였는데, 이는 그 공문서의 기재사항이 진실에 부합할 것이라는 강한 전제 아래 근로자들의 실제 신분관계를 인사관리의 기초로 삼으려는 의사였다고 보이는 점, ② 인사기록카드의 기재사항의 변경이 생긴 경우에도 증빙서류를 갖추어 이를 변경하도록 되어 있는바, 이와 같이 잘못된 신분관계를 수정하고 증명 가능한 실제의 신분관계를 반영할 수 있는 절차를 두고 있는 것도 피고가 실제 신분관계를 기초로 인사관리를 하기 위한 것이라고 보이는 점, ③ 근로자의 육체적·정신적 능력을 제대로 반영할 수 있는 실제의 연령을 기준으로 하는 것이 근로자가 일정 연령에 도달할 것을 이유로 일률적으로 근로계약을 종료시키는 제도인 정년제의 성격에도 부합하는 점 등을 종합하면, 인사규정시행내규 제55조 후단에서 규정하고 있는 정년산정의 기준이 되는 '임용시 제출한 연령을 확인할 수 있는 서류'는 정년산정에 있어서 일응의 기준이 될 뿐이고, 그 이후에 제출되었다고 하더라도 진실한 내용이 기재된 공적서류임이 확인된다면 그 서류 또한 정년산정의 기준에 포함된다고 보아야 한다.

따라서 이 사건에서 원고의 정년 산정을 위한 생년월일은 실제 생년월일인 '1959. 1. 9.'이 되어야 하고, 이를 기준으로 산정한 원고의 정년은 피고의 인사규정 제32조, 인사규정시행내규 제55조에 따라 2019. 12. 31.이 되며, 피고가 이를 다투고 있는 이상 원고가 그 확인을 구할 이익도 있다.

4. 결론

그렇다면 원고의 이 사건 청구는 이유 있으므로 이를 인용하기로 하여 주문과 같이 판결한다.

판사권○중 (재판장) 박○숙정○철

주1) 2014. 1. 15.부터 시행, 개정 전에는 '만 58세'였음

제2장 근세조선의 민사재판의 실태와 성격*

Ⅰ. 머리말

근세조선의 민사재판의 실태를 세밀하게 파악할 수 있는 최적의 사료는 결송입안(決訟立案)이다. 저자가 이끄는 결송입안역주단(이하 '역주단'으로 약칭함)은 결락(缺落)이 있는 것까지 포함하여 73개의 결송입안을 수집하였다. 역주단은 대부분 초서 상태로 잔존하고 있는 결송입안을 탈초(정서화)한 다음 일반 연구자가 그 내용에 접근하기 쉽게 역주를 붙여 하나의 사료집성(史料集成)으로 출판하겠다는 취지로 한국학진흥사업단에 연구비 지원을 신청하였는데 그 신청이 채택되어 2016년 9월부터 3년 동안 그 작업을 수행하였다. 이 역주사업의 명칭은 '조선시대 결송입안집성 – 탈초 및 역주 –'이다. 이 사업이 순조롭게 수행되면 그 연구성과는 한국학연구성과 포털

───────────────

* 이 글은 법사학연구 제56호(2017. 10)(87~121쪽)에 게재된 논문을 수정·보완한 것이다.

에 게시되어 일반에 공개될 예정이다.

2017년 6월은 이 사업이 시작된 지 만 1년이 되는 시점이다. 저자는 위 사업의 연구책임자로서 2017년 6월에 '근세 한국, 중국, 일본의 민사재판의 실태와 성격'이라는 대주제로 '한중일 삼국의 근세 민사재판을 비교해 보는 자리를 마련하겠다'는 계획을 위 신청서에 포함시켰으며 아마도 그런 점이 좋은 평가를 받아 이 사업이 연구비지원대상으로 선정된 것으로 추측하고 있다. 조선시대 법제사를 연구하는 연구자가 '근세 중국·일본의 재판과 사법'에 관심을 기울이는 데는 대략 다음과 같은 이유가 있다.

저자의 문제 관심은 근세조선의 민사사법제도를 전체적·총체적·심층적으로 파악하는 데 있다. 이런 목표를 수행할 때 같은 시기의 중국의 그것을 학습하는 것은 절대적으로 필요한 작업이다. 왜냐하면 근세조선은 14세기 말부터 19세기초반까지 『大明律』을 조선의 기본법제로 채택하여 근 500년 동안 중국법을 학습하고 법실무에 직접 응용해 왔기 때문이다. 그 과정은 한마디로 말해 '중국법의 조선화(a koreanization of chinese law)'로 집약할 수 있다. 다음에 근세 일본(德川日本)은 중국법의 영향을 거의 받지 않은 상태에서 독자적인 사법제도를 발전시켜 왔기 때문에 근세조선의 그것을 탐구할 때 비교대상으로서 매우 유익한 연구대상이다.

II. 결송입안이란 무엇인가?

테라다 교수는 '청대 중국(淸代中國)의 민사재판의 실태와 성격'을 분석해 내는 데 최적의 사료로 190종의 판어(判語)와 10종의 주현당안(州縣檔案)을 제시하였다. 이에 대응하는 근세 일본(近世日本)의 사료는 아마도 재허류(裁許留)류(流)의 사료가 아닐까 한다. 청대 중국의 주현당안, 도쿠가와(德川) 일본의 '재허류'류의 사료에 필적하는 조선측 사료가 결송입안이라고 말할 수 있다. 형식은 매우 다르지만 내실을 분석해 낼 수 있는 1차 사료라는 점에서 '대응(對應)'이라는 용어를 사용하였다. 더 많은 수의 결송입안의 확보, 그리고 '중국의 판어'에 필적할 만한 조선측 대응사료의 발굴이 역주단이 수행해야 할 과제 중의 하나이다.

결송입안발굴과 소개·탈초·연구의 개척자 박병호(朴秉濠) 교수에 의하면 결송입안에 수록되는 내용은 "최초의 기송소지[起訟所志, 고장(告狀)으로도 표현된다. 청대 중국의 呈狀, 근세 일본의 目安에 대응]에서부터 쟁송의 결말에 이르기까지 당사자가 제출한 모든 소지, 제출된 모든 서증(書證), 이들에 대한 지방관(地方官)들의 중간결정[뎨김題音·題辭=청대 중국의 판(判)·비(批)·당유(堂諭)에 대응], 송관(訟官)·지방관(地方官)[청대 중국의 주현장관(州縣長官)·지방관, 근세 일본의 대관(代官)·감정봉행(勘定奉行)에 대응]의 질문과 당사자·증인의 초사(招辭), 송관의 현장검증사항(親審) 등을 한 자(字)도 빠짐없이 모두 기재하고 마지막에 송관이 인정한 사실과 송사의 승패에 관한 결론[당시의 용어는 결송(決訟)·결절(決折)·단결(斷決)·결급(決給) 등이다]을 시간 순서로 기재[1]하였다. 73개의 결송입안 중 가장 분량이 많은 것은 4만 자, 그 다음으로 긴 것은 2만 5천 자의 분량이고 1만 자가 넘는 것들도 상당수 있다. 정도의 차가 있지만 결락(缺落)이 있는 것이 더 많고 현재의 한국고문서학이 해독할 수 없는 난해한 초서와 문장도 있다. 이런 악조건 속에서 역주사업을 진행하는 것은 쉬운 일이 아니다.

현전(現傳)하는 결송입안의 사료적 특색이 있다. 청대 중국의 주현당안이나 근세 일본의 재허류(裁許留) 등은 아마도 관청(官廳)에서 보관(保管)하던 상태로 현전하는 것으로 보인다. 그러나 근세조선의 결송입안은 현재까지 그런 형태로 발견되지 않았다. 현전하는 결송입안은 결송(決訟)·결절(決折)·단결(斷決)(이하 '결송'으로 통일함)에서 승소한 가문이 수수료(手數料)(원문용어는 作紙)를 내고 관청에서 보관하던 재판기록을 등사[원문용어는

---

1) 朴秉濠, 『韓國의 傳統社會와 法』(서울大學校 出版部, 1985), 267면

‘전준(傳準)’ 혹은 ‘등급(謄給)’] 받아 승소 가문의 목적물(田畓, 林野, 奴婢)에 대한 권원(權原)을 입증하는 증거로 삼기 위하여 사가(私家)에서 보관하여 오다가 현대에 이르러 공공도서관(公共圖書館)·박물관(博物館) 등에 기증된 가문 문서군(家門文書群)(주로 ‘고문서집성(古文書集成)’류(流)의 서책으로 영인되어 연구자에게 제공되고 있다)에 간헐적으로 수록되어 있을 뿐이다. [자료II(excel file)](제1장 부록에 있으므로 여기에서는 생략함)는 역주단이 수집한 73개의 결송입안 일람표이다. 역주단은 비교적 보존상태가 좋은 11개를 선정하여 연대순으로 앞에 배열하여 집중적으로 검토하였다. 이 작업으로 역주단은 ‘결송입안이 어떤 자료’라는 점을 보다 심층적으로 파악할 수 있었고 역주 시작 만 1년이 경과하는 시점에 30건의 결송입안 역주를 완성하였다.

　2017년 국제회의를 준비하면서 저자는 『한국지방사자료총서(韓國地方史資料叢書) 보첩편(報牒編)』2)에도 간헐적으로 관련 자료들이 수록되어 있음을 발견하였다. 송관인 지방수령3)이 상송사건(相訟事件)에 대하여 결송하면 반드시 상급감독자인 관찰사(觀察使)4)에게 보고[원어는 첩보(牒報)]하여야 한다.5) 그리하여 첩보내용이 상송사건에 관련된 것일 경우 간헐적으로 관찰사에게 보고되었다. 그 중 일부가 『한국지방사자료총서 보첩편』에 수록된 것이다.

---

2) 『韓國地方史資料叢書 報牒編 12冊』(1987~1990, 驪江出版社)
3) 태 50 이하(笞五十以下)에 해당하는 사건을 직단(直斷)하는 권한을 가지고 있다.
4) 장형, 도형, 유형(杖·徒·流刑)에 해당하는 사건을 직단하는 권한을 가지고 있다.
5) “○ 죄인의 죄명과 처음 수금된 월일, 고신과 결죄(決罪)한 수(數)를 각각 그 관사(司)에서 10일 마다 녹계한다. 외방이면 계절의 끝에 아뢴다. 결송도 이와 같다(罪人罪名始囚日月拷訊及決罪數各其司每十日錄啓 外則節季啓【決訟同】)”이라는 조문은 『경국대전(經國大典) 형전(刑典) 휼수(恤囚)』에 수록된 후 19세기 말의 법전인 『대전회통(大典會通) 형전(刑典) 휼수(恤囚)』에 이르기까지 계속적으로 수록되었다.

III. 판정과 조정

2017년 6월에 개최된 동아시아 3국의 비교사적 회의의 공통주제는 민사 재판의 '성격'이다. '성격'이란 용어는 추상 수준이 높은 것이지만 그 본질이 '과연 근현대의 사법과 비교하여 크게 다르지 않은 것이었을까 아니면 질적으로 다른 것이었을까'를 논하는 수준의 논의이다. 이런 논의를 시작한 동아시아의 학자는 고(故) 시가슈조(滋賀秀三) 교수이다. 그는 판정(判定, judgment)의 의미를 "당사자의 수락 유무를 묻지 않고 당사자를 무조건 구속하는 권위 있는 제삼자(第三者)의 판정"이라고 좁게 설정하고, 이런 의미의 판정은 "청대 중국의 청송(聽訟)의 장(場)에는 존재하지 않았다"[6]고 진단한다. 조선법제사 연구자의 입장에서도 그의 진단은 중요하다. 왜냐하면 근세조선에서도 민사분쟁의 심리를 청송[혹은 청리(聽理)·청단(聽斷)]이라는 용어로 포섭하여왔기 때문이다. 시가 교수의 논증은 다음과 같이 계속된다.

청대 중국의 지방관이 (민사분쟁에 관하여) (어떤) 판단을 선시(宣示)하는 문서형식 중 주목할 만한 것은 [민(民)이 관(官)에 제기(提起)하는] 소장(訴狀)[원문용어는 정장(呈狀)]에 대한 관(官)의 코멘트인 비(批)[조선의 데김(題音·題辭)에 대응]와 법정심리 중 수시로 제시되는 관의 당유(堂諭)[조선의 결송(決訟)에 대응]가 있는데 판정에 보다 가까운 것은 당유이다. 당유에는 위와 같은 좁은 의미의 판정의 의미가 담겨 있지 않으며, 또한 청대 중국에는 달리 판정에 접근하는 용어가 없었다. 그런데 원칙적으로 단심제(單審制)였던 근세 일본의 재허(裁許) 절차의 재허에는 판정의 의미가 담겨 있었다. 청대 중국의 청송절차(이하 '청송'으로 약칭함)가 판정절차(이하 '판정'으로 약칭함)가 아니라면 청대 중국의 청송의 본질은 무엇일까?

시가 교수는 청대 중국의 청송의 본질을 조정(調停)으로 분석한다. 조정

6) 滋賀秀三, 續·淸代中國の法と裁判(創文社, 2009), 171면.

이라는 용어는 본래 '재판외(裁判外)의 분쟁해결방식(紛爭解決方式, alternative dispute resolution)'(이하 'ADR'로 약칭함)이라는 문제틀에서 자주 언급되는 개념이다. ADR은 크게 조정(調停, conciliation)과 중재(仲裁, arbitration)로 대별된다. 어느 것이나 분쟁당사자가 공평한 제삼자에게 의뢰하여 일정한 판단을 하도록 위탁한다. 분쟁당사자가 미리, 그 제삼자가 내리는 재정(裁定)에 무조건 복종할 것을 서약한 다음 절차에 들어가는 것이 중재이다. 그런데 제삼자의 재정(조정에서는 사실상 타협안)이 분쟁당사자에게 참고자료에 불과하고 그 재정을 분쟁당사자가 수락할 것인지 여부가 분쟁당사자의 선택(동의)에 달려 있으면 그 분쟁해결방식은 크게 보아 조정이다. 조정자는 보통 타협안을 제시하여 분쟁당사자에게 수락을 요청한다. 타협안은 분쟁당사자의 입장을 반반(半半)씩 절충하는 선의 해결책이 되어야 수락이 용이할 것이다.

1. 청대 중국의 청송(聽訟)과 근세 일본의 재허(裁許)

청대 중국의 청송과 근세 일본의 재허에 혹시 조정적 성격이 있는 게 아닐까 하는 의심을 불러일으키는 단서가 있다. 청대 중국에서는 지방관이 당유(堂諭)를 제시하기 전에 양당사자로 하여금 준의결장(遵依結狀)(대체로 당유를 준수하겠다는 취지의 서약서)을 제출하도록 권장하고 근세 일본에서도 재허를 내리기 전에 유사한 성격의 서약서(裁許請證文)를 제출하도록 권장되는 것[7]이 그것이다. 분쟁당사자로부터 장차 있을 재정을 준수하겠다는 서약서를 받는 것은 그 절차의 성격이 당사자의 동의(수락)에 기초한 것처럼 보이니 판정이라기보다는 조정이 아닌가 하는 의문이 제기되기 때문이다.

청대 중국의 당유의 문투는 근대 민사재판의 특색인 명령·확인·법률관

---

7) 滋賀秀三, 淸代中國の法と裁判(創文社, 1984), 254면.

계형성적8) 성격이 희박하고 마치 모종(某種)의 타협안을 제시하는 것 같은 성격이 드러난다. 당유를 준수하겠다는 서약서인 준의결장이 관에 제출되기 때문에 원리상 강제집행의 필요도 없는 것이 아닌가 하는 해석도 가능하다. 이런 점에 유의하여 시가 교수는 청대 중국의 청송의 본질을 '조정형 재정(調停型 裁定)'9)으로 보기도 한다. 그러나 시가 교수가 그렇게 분석하는 가장 큰 근거는 확정력 개념의 부재에 있다. 비(批)나 당유(堂諭) 중 판정에 보다 가까운 실체를 찾아내 그것을 판정(judgment)으로 설정10)한다고 하더라도 '끝없이 재소(再訴), 재심(再審)을 가능하게 하는 제도적 설계는 원리상 궁극적으로 판정절차로 평가하기 어렵다'는 것이 시가 교수의 사고방식인 것 같다.

2. 임의적 조정(任意的調停), 강제적 조정(强制的調停), 교유적 조정(敎諭的調停)

시가 교수의 청대 중국의 청송에 대한 자리매김 중 주목할 주장은 '교유적 조정(敎諭的調停)'론이다. 이 주장을 근세조선에 응용하려는 논자가 있을지 모르므로 이에 대하여 잠시 검토해 볼 필요가 있다.

조정에도 여러 유형이 있다. 임의적 조정(voluntary conciliation)이 있는가 하면 강제적 조정도 있다. D. F. Henderson은 근세 일본의 정촌(町村)의 명주(名主=村長) 단계에서 조정(원어는 內濟)이 강력히 권고되는 반면 재허

---

8) 예를 들어 '피고(被告)는 원고(原告)에게 대여금(貸與金)과 그 이자(利子)를 지급하라', '피고는 원고의 친생자(親生子)임을 확인한다' 등

9) 여기서 滋賀敎授가 사용하는 '재정(裁定)'이란 용어는 판정과 조정을 모두 포섭하는 광의적 표현이다. 국가가 제삼자의 자격에서 내리는 의사표시로서 판정과 조정을 모두 포섭하려는 중립적 개념이다.

10) 滋賀秀三와 달리 淸代中國의 청송을 판정으로 볼 수 있다는 견해도 있다. 佐立治人, 聽斷は法を以てし、調處は情を以てす－淸代の民事裁判の性格についての滋賀・寺田說に對する反論－關西大學法學論集, 64(2): 1-23(2014)

단계로 나아가는 것이 매우 회피되는 경향을 발견하고 그런 조정의 성격을 강제적 조정(coercive conciliation)으로 진단하였다. 그런데 정촌(町村)의 명주의 타협안 제시에는 설득적·교육적·교훈적인 성격이 강하게 드러난다. Henderson은 근세 일본에서는 이 설득적·교육적·교훈적인 성격이 강제적 측면보다 더 본질적인 것이라고 진단하고 이런 성격의 조정을 '교유적 조정(didactive conciliation)'이라고 분석하였다.

청대 중국에도 당유와 구별되는 조처(調處)라는 개념이 있었다. Henderson은 근세 일본의 나이사이(內濟), 전통중국의 조처, 현대 공산 중국의 조정의 본질을 모두 교유적 조정으로 분석할 수 있다고 진단하였다. 그런데 시가 교수는 Henderson의 나이사이에 대한 '교유적 조정론'을 청대 중국의 당유에까지 확장적용할 수 있다고 진단한 점에 독자성이 있다.

3. 청대 중국의 당유

시가 교수는 다음과 같이 말한다. "나이사이에 대응하는 것으로서 청대 중국에도 조처 혹은 화식(和息)이라는 용어가 있다. 그러나 화식이 좋은 것이니 무조건 관단[官斷, 아마도 청송절차에서 관의 청단(聽斷)을 지칭하는 것 같다]을 회피하려고 하는 것 같은 경향이 중국에서는 그렇게 현저하지 않다. 분석적으로 말하면 오히려 관단 자체가 교유적 조정이었다고 파악하지 않으면 안된다."11)

4. 시가 교수의 청단과 재허의 비교

흥미 있는 것은 시가 교수의 청단(청대 중국)과 재허(근세 일본)의 비교이다. 그에 의하면 "일본 에도(江戶) 시대에는 판정을 의미하는 재허(일본

---

11) 滋賀秀三, 淸代中國の法と裁判(創文社, 1984), 254면.

어로 사이쿄)라는 용어가 있었지만 청대 중국에는 이에 대응하는 것 같은 용어가 보이지 않는다. (중략) 많은 경우에 (에도 시대의 민사분쟁은) 나이 사이(內濟, 조정)로 해결되었지만 (중략) 만약 (당사자가) 재허를 거부하여 청증문(請證文)에의 서명을 거부하면 중추방(中追放)[12]이라는 매우 무거운 형벌이 수반되었다. 이와 같은 실체에 대응하는 표현으로 재허라는 용어가 있었지만 청대 중국에는 그와 같은-판결선고를 그 이전단계로부터 획연히 구별하는-절차적 실체가 없었기 때문에 용어 또한 없었다."[13]

5. 소결

그런데 오히라 교수는 근세 일본의 재허의 성격을 기본적으로 판정 (judgment)으로 보면서도 다른 한편 재허를 '교유적 조정형 재판의 관점에서 분석한다고 해도 유익한 측면이 있다'고 다소간 개방적 입장을 보이고, 또 Whigmore가 근세 일본의 재판을 조정적재판으로 자리매김한 사실을 소개하고 있어 인상적이다. 근세 일본의 재판의 성격에 대하여 시가 교수와 오히라 교수는 미묘한 차이를 보이고 있다. 재판이나 사법의 성격을 규정하는 일이 쉬운 일이 아니고 문제 제기 자체의 추상 수준이 높은 점을 알 수 있는 대목이다.

시가 교수의 '청대 중국의 재판=교유적 조정형 재판' 명제는 어디까지나 제도적 설계 차원 혹은 이념형적 차원의 논의로 보아야 하고 '판정이냐 조정이냐' 하는 양자택일적인 명제로 보지 않는 것이 좋겠다는 생각이 든다.

---

12) 江戶時代 追放刑(江戶10里四方外로 追放)의 一種이다. 重追放과 輕追放의 中間에 해당한다. 罪人의 田畑·家屋敷을 沒收하고 犯罪地·住居地 기타 要衝地에 出入이 禁止된다.
13) 滋賀秀三, 續·淸代中國の法と裁判(創文社, 2009), 172면.

IV. 근세조선의 민사재판의 성격

앞에서 청대 중국과 근세 일본의 민사사법에 대한 연구성과를 시가 교수, 테라다 교수와 오히라 교수의 진단을 중심으로 대략적으로 종합하였다. 이런 종합을 시도한 이유는 근세조선의 민사재판의 성격을 동아시아 3국의 민사재판의 성격이라는 거시적 관점에서 파악하면 어떤 특성이 드러날까 하는 점을 확인하고 싶어서이다. 잠정적이지만 다음과 같은 논의가 가능하지 않을까 한다.

1. 확정력 개념의 원리적 부재와
확정력 개념 획득을 위한 맹아적 시도

민사분쟁에 대한 지방관의 공권적 재정(裁定)이 있어도 동일 사안에 대한 상소(上訴)나 재소(再訴)가 거의 무제한으로 열려 있는 상황을 시가 교수는 청대 중국의 재판제도설계에 확정력 개념이 원리적으로 취약하다[14]고 진단하면서 청대 중국의 청송에 판정적 성격을 약화시키는 결정적 요인으로 파악한다. 청대 중국과는 대척적(對蹠的)으로 에도 시대의 재판제도설계는 단심의 종심제였다. 이 점에 착안하여 시가 교수는 "에도 시대의 재허가 청대 중국의 청단보다는 판정적 성격이 강했다"고 진단한다.

제도적 설계차원에서 볼 때 대명률과 대청율은 대동소이하다. 따라서 시가 교수는 대명률을 기본법제로 채택한 근세조선의 청송에 대하여도 비슷한 진단을 내릴지 모른다. 임상혁 교수는 삼도득신법(三度得伸法)의 존재, 과한법(過限法)의 운용 등을 들어 근세조선의 민사사법제도 설계에 확정력 개념을 긍정할 여지가 있다[15]고 진단한다. 그러나 그런 정도의 보완책 도

---

14) 滋賀秀三, 淸代中國の法と裁判(創文社, 1984), 254면.
15) 任相爀, 朝鮮前期 民事訴訟과 訴訟理論의 展開(2000, 서울大學校 法學博士學位論文),

입만으로 제도적 설계 차원에서 근세조선의 민사재판제도에 확정력 개념이 존재했다고 단언하기에는 주저되는 바 있다. 단심제로 보아도 손색이 없는 근세 일본의 제도적 설계와 비교하면 청대 중국과 근세조선의 민사사법제도에 확정력 개념이 희박하였음을 부정하기 어렵다. 근세조선에서는 상소제도가 애매[16]하고 삼도득신법이나 과한법이 무시되는 사례[17]가 있었기 때문이다.

그러나 근세조선에서 삼도득신법을 시행하고 과한법을 시행한 사실은 근세조선이 확정력 개념의 원리적 부재에서 오는 난맥상을 절감하고 이를 극복하려고 많은 노력을 경주하였음을 알려준다. 삼도득신법이란 동일사안에 대하여 두 번 이상 승소받은 원고가 있다고 가정할 때 피고든 원고든 더 이상의 제소를 불허하고 그 정도가 심하면 제소자를 비리호송률(非理好訟律)로 무겁게 처벌[18]하겠다는 발상이다. 과한법이란 어느 원고가 시정을 요구하는 법상태가 있을 때 그 법상태가 발생한 날부터 5년·30년·60년의 제소기한이 경과하면 제소를 거부(원문은 勿聽)하는 발상이다. 삼도득신법의 도입 현상에서는 상소와 재소가 거듭되는 사태를 목격하고 실체관계가 무엇인가를 분별하지 않고 순절차적인 관점에서 어느 순간부터는 더 이상의 심리를 허용하지 않겠다는 소송요건 유사의 관념을 엿볼 수 있다. 과한법이란 출소기한이나 제척기간에 근접하는 맹아적 법형상이다.

근세조선에서 간헐적으로 생성된 이와 같은 법형상의 출현을 저자는 '실

153~160면.

16) 지방수령의 決訟을 경유하지 않고 관찰사에게 바로 제소를 호소하는 議送이 허용되는 점, 이것과 구별되는 擊錚, 上言이 별도로 존재하는 점, 擊錚, 上言에 대하여 국왕이 응답하여도 재차 擊錚, 上言이 허용되기도 한 점 등을 지적할 수 있다.

17) 『牧民心書 刑典 聽訟下』에는 金尙默이 三度得伸法을 無視하는 事例를 言及하는데 丁若鏞은 金尙默을 非難하지 않는다.

18) "非理好訟擊錚者 杖一百流三千里"(『續大典 刑典 訴冤』); "○三度得伸云者 接訟三度之內 一隻再伸之謂也 再度見屈之後 更爲起訟者 以非理好訟律論 一落一勝則更訟 二度得勝之後則勿許更訟"(『續大典 刑典 聽理』)

체적 정의의 요구와 절차적 종국성을 도모할 필요성 사이에서의 고민과 표류'로 묘사하고 싶다. 동시에 다른 각도에서 보면 삼도득신법의 도입과 과한법의 다양한 운용은 확정력 개념 획득을 향한 맹아적 시도로 평가할 만하다.

2. 재허와 청송의 중간 쯤에 있는 결송

근세 일본에서는 가령 피고가 재허의 내용을 준수하지 않거나 이행하지 않으면 중추방(中追放) 등으로 무거운 벌칙으로 처벌되었다. 청대 중국에서는 그와 같은 법제가 존재하지 않았고, 오히려 피고로부터 강제로 준의결장을 받는 것이 위법으로 간주[19]되었다. 근세조선에서 비록 결송 내용이 근대 민사집행법에서처럼 관의 힘으로 집행된 것은 아니지만 근세 일본에서와 비슷하게 패소한 피고가 결송내용을 준수하지 않거나 이행하지 않으면 무거운 형사처벌이 가해질 수 있었다.[20]

근세조선의 민사절차에서 청대 중국의 준의결장과 유사한 제도나 관행을 찾아 볼 수 있을까? 준의결장이 일종의 서약서라는 점에서 시송다짐(始訟侤音)과 결송다짐(決訟侤音)을 떠올리게 된다. 시송다짐은 당사자 중의 일방이 그것을 한 때부터 일정한 기간(30日) 동안 송정(訟廷)에 불출석하면 송관으로 하여금 실체심리없이 불출석자에게 패소판정을 하도록 강제하려는 발상이다. 다음에 결송다짐은 당사자가 더 이상 추가로 제출할 증거가 없고 또 더 이상 주장할 의사가 없음을 선언하는 것이다. 당사자가 결송다짐을 하면 송관은 그때부터 결송을 준비하고 그 재판내용이 구비되면 결송

---

19) 滋賀秀三, 淸代中國の法と裁判(創文社, 1984), 254면.

20) "據執他人奴婢及決後仍執者 杖一百徒三年 徵役價給主…相訟奴婢畢決後 京中十日
　　近道三十日 遠道五十日內 具錄奴婢名數納官 過限不納者 杖八十…他人時執奴婢未
　　訟前放賣者 凡訟田·民己決後仍執者 並杖一百徒三年…凡山訟見屈後 不爲掘移 誣罔
　　擊錚者 以詐不以實律論 掘移納招後逃匿者 以決後仍執律論"(『經國大典 刑典 私賤』)

내용을 당사자에게 고지한다.

시송다짐과 결송다짐은 송관의 소송지휘를 용이하게 하는 신호(signal)일 뿐이고 결코 '송관의 결송을 따르겠다'는 서약이 아니다. 시송다짐과 결송다짐 없이 결송이 내려지는 경우도 있었다.

다음에 근세조선의 결송은 내용상 승패를 가르는 판정(判定)[21]이지 타협안의 제시가 아니었다.

다음에 "조정과 중재의 개념 구별에 의하면, 청대 중국에서 준의결장을 제출받는 것이나 근세 일본에서 재허 전에 서약서를 제출하도록 하는 것은 굳이 대입하자면 조정이 아니라 중재에 보다 가까운 것이 아닌지"라는 이 논문 심사자의 논평이 있다. 저자는 분쟁당사자가 공평한 제삼자에게 의뢰하여 일정한 판단을 하도록 위탁하는 ADR 중 "분쟁당사자가 미리, 그 제삼자가 내리는 재정(裁定)에 무조건 복종할 것을 서약한 다음 절차에 들어가는 것"이 중재라고 정의하였다. 첫째, 조선의 민사재판에서는 위와 같은 서약 유사의 절차를 찾아보기 어렵다. 둘째, 조선국가가 사인 간의 분쟁해결에 다소간 적극성을 보이지 않은 것처럼 보이는 것이 사실이다. 예를 들어 조선국가는 재판내용의 강제적 실현, 즉 강제집행에 큰 배려를 하지 않았다.

위와 같은 점들은 근세조선의 결송 절차에 판정적 성격을 부여하는 요인들이다. 제도적 설계 차원에서 비교평가하자면 근세조선의 결송은 판정적 성격이 강한 재허(근세 일본)와 판정적 성격이 매우 약한 청송(청대 중국)의 중간 어디 쯤에 있는 것으로 평가하고 싶다. 이런 평가는 잠정적인 것이고 좀 더 많은 결송입안 기타의 재판자료를 검토한 다음에 다시 평가할 필

---

21) "詞訟을 줄이고자 하는 자는 그 審理가 반드시 더디게 마련이다. 한번 聽斷한 후에는 그 소송이 다시는 일어나지 않도록 하기 위함이다…반드시 한 차례 밝게 決訟하여 한쪽이 이기고 한쪽이 지게 된 후라야 이에 일이 끝나는 것이다.(欲詞訟簡者 其斷必遲 爲一斷而不復起也…必經一番明決 一立一落而後乃可休息)"(『牧民心書 刑典 聽訟上』)

요가 있다.

3. 교유적 측면의 존재

근세조선의 청송에 교유적 측면이 존재함을 부정할 수는 없다. 19세기 초반에 저술된 대표적인 목민서는 청송을 백성교화의 중요수단으로 간주[22]하였고 지식인들은 예외 없이 공자의 정신을 받아들여 '식송의 첩경은 후륜(厚倫)에 있다'[23]고 생각했다. 근세조선에서는 청송에서뿐만 아니라 단옥(斷獄)에서조차 백성교화의 측면을 최우선으로 고려[24]하였다.

V. 추상적 규준 적용으로부터의 이탈가능성

1. 19세기 후반 산동성(山東省) 주현아문(州縣衙門)의 청단사례(聽斷事例)[25]

고령(高齡)의 노미망인(老未亡人)이 망부형제(亡夫兄弟)와 그 자녀들을 상대로 자신의 토지를 시가보다 높은 가격으로 매입하게 해 달라고 주현아

---

22) "聽訟이란 音聲과 氣色으로 百姓을 敎化시키는 것이요 無訟이란 나의 明德으로 達成하는 것이지 音聲과 氣色으로 達成하는 것이 아니다(聽訟者聲色以化民也 無訟者予懷明德不大聲以色也)."(『牧民心書 刑典 聽訟上』)

23) "倫理를 두텁게 하고 訟事를 막으니 사람들이 그 義에 感服한다.(厚倫息訟人服其義)" (『春亭集 卷12 神道碑銘』)

24) "刑罰은 百姓을 바르게 하는 最後手段이다. 自身을 團束하고 法을 받들어 嚴正하게 臨하면 百姓이 罪를 犯하지 않을 것이니 그렇다면 刑罰은 쓰지 않더라도 좋을 것이다.(刑罰之於以正民末也 律己奉法 臨之以莊 則民不犯 刑罰雖廢之可也)"(『牧民心書 刑典 慎刑』)

25) 寺田浩明, "権利と冤抑—清代聽訟世界の全体像", 法学第61卷第5號, 京都大學, 1997, 865~867면의 要約이다.

문에 요청하는 제소를 하였다. 망부형제측이 그렇게 하여야 할 계약상의
의무는 없었다. 사안의 실상은 곤궁한 노미망인이 친족들에게 생활비의 원
조를 구하는 것이었다. 사태의 본질을 간파한 지방관은 다음과 같은 청단
을 내렸다. "노미망인이 고집스럽게 시가보다 높은 토지가격을 원하고 있
고 망부형제측도 좀처럼 양보하지 않으려고 한다. 망부형제측의 거절은 정
리(情理)에 맞다. 그러나 골육을 중시하고 전재(錢財)는 가볍게 여겨야 한
다. 급할 때 노미망인이 도움을 청하면 망부형제측이 도움을 거절할 수 없
을 것이다. 그러므로 나는 공단(公斷)을 내린다. 피고는 양측이 제시하는 가
격의 중간가격으로 토지를 매입할 것을 명한다. 원고와 피고는 각각 공단
과 같은 내용의 준의결장(裁定受諾書)을 써내도록 하고 절차를 종결한다."

이 사례에서의 지방관의 청단에 대하여 테라다 교수는 "객관적인 루울에
기초하여 원고 피고 주장의 당부를 판정하는 작업이 아니고 (官이) 일정한
타협안을 제시하여 양측의 호양(互讓)과 융화(融和)를 도모하는 작업…정리
(情理)라는 수사(修辭)로 대표되는 당사자 간의 인간관계에 대한 배려와 형
평 감각의 중요성…미리 존재하는 객관적인 루울에의 준거(準據)는 없다.…
'구체적으로 실정화된 실체규범의 set'는 국가에도 민간에도 존재하지 않는
다."고 논평한다. 테라다 교수의 '개별주의적 분쟁해결'이라는 자리매김은
위 사례에서 극명하게 잘 드러나고 있다. 아마도 이런 재판의 가능성을 보
고 Weber는 그의 Sociology of Law에서 Kadijustiz[26]라고 형상화한 것이 아
닐까 한다.[27] 한국에서는 이런 재판을 '원님(守令)재판'이라고 하면서 '원칙

---

26) MAX WEBER, ECONOMY AND SOCIETY p.806 n.40(Guenther Roth & Claus
    Wittich eds., Ephraim Fischoh et al. trans., 1968)(defining kadijustiz as "the
    administration of justice which is oriented not at fixed rules of a formally rational law
    but at the ethical, religious, political, or otherwise expediential postulates of a
    substantively rational law")
27) 어느 논평자(문준영 교수)는 테라다 교수의 '개별주의적 분쟁해결'이라는 자리매김은
    Weber의 'Kadijustiz' 개념과 다르다고 지적한다. 저자가 그걸 모르는 바 아니다. 그러나
    저자가 보기에 테라다 교수의 '개별주의적 분쟁해결' 관념과 Weber의 'Kadijustiz' 개념

없는 재판'의 대명사로 간주하고 부정적으로 평가하는 경향이 있다.[28] 한
국법사학계는 결송입안 연구를 분석수단으로 삼아 이른바 '원님(守令)재판'
의 존부와 실태를 검증해야 하는 과제에 직면하고 있다.

이와 관련하여 미즈바야시(水林) 교수가 도쿠가와 일본(德川日本)의 재판
제도를 "재판관이 객관적인 준칙(準則)이나 증거(証拠)에 구속되지 않고 자
신의 재각(才覚)에 의해 자유롭게 사건에 대처하는 형태의 재판이고, 관리
적 재판이라고도 할 수 있는 것이었다"는 지적에 대하여 "도쿠가와 일본의
법과 국제(国制)의 원리적 측면을 적확(的確)하게 지적한 것으로서 탁견(卓
見)"이라는 오히라 교수의 평가는 매우 인상적이다.

2. 근세조선에서 전개된 유사논증의 사례

역주단은 2017년 현재 73개의 결송입안 중 30개만을 검토하였는데 그 중
에 산동성 주현아문의 청단사례와 유사한 논증을 보이는 결송은 아직 발견
하지 못했다. 정리(情理)라는 수사(修辭)가 결정적으로 작용한 케이스도 좀
처럼 보이지 않는다. 저자는 분석대상 샘플의 수를 좀 더 확장하여 보려는
의도에서 다른 유관사료(有關史料)를 찾아보고 있다. 『한국지방사자료총서
보첩편(1987~1990, 驪江出版社) 3』을 보다가 19세기 후반 산동성 사례와 비
교검토할 가치가 있는 사례를 하나 발견하였다. 이 사례는 경상도(慶尙道)
상산(商山)[상주(尙州)의 옛지명] 남장사 승(南長寺僧) 초잠(楚岑) 등 4人이
원고가 되어 사승(師僧) 의헌(義軒)으로부터 분급(分給)받은 토지(田畓)의

사이에는 이론적 친화성이 있다. 저자는 테라다 교수의 '개별주의적 분쟁해결'이라는 자
리매김과 Weber의 'Kadijustiz' 개념은 조선시대 지방관의 결송을 분석할 때 한번 쯤 분
석틀로 사용해 볼 가치가 있는 유용한 분석틀이라고 판단하여 이 논문에서 응용해 본
것이다. 향후에 좀 더 많은 재판사료를 발굴하여 분석을 계속해 나갈 작정이다.

28) 朴秉濠, 韓國의 傳統社會와 法(서울大學校 出版部, 1985), 265면에 '원님재판'이라는
명명법에 본문과 같이 부정적인 인식이 담겨 있다고 전제한다.

소유권 행사를 방해하는 의헌의 퇴속 후 양자(退俗後養子) 박태위(朴太謂)를 피고로 삼아 정당한 몫을 확인하여 달라는 취지로 상주 목사(尙州牧使)에게 제소한 사안이다. 그 자초지종은 상주 목사가 사실심리를 마치고 최종적으로 인정한 사실관계와 법적 의견을 요약하여 관찰사에게 보고한 문건[자료Ⅰ]에서 잘 드러나고 있다. 이하에서 이 사례를 검토한다.

〈乙丑[29] 十二月 二十八日 新決立案〉이란 제목의 이 문건은 내용상 결송입안의 마지막 결론 부분이다. 결송부분은 ⓐ 송관(상주 목사)이 파악한 사실관계(Fact, A), ⓑ 그 사실관계에 법을 적용하면 도출되는 분쟁당사자의 권리의무관계(Application, B,C), ⓒ 분쟁과정에서 비리를 저지른 피고의 징계(결태오십도, D), ⓓ 차후에 결송내용과 다른 주장을 하는 사람이 생기면 이 결송입안을 증거로 삼아 고관(告官)하여 구제받으라는 취지의 문장의 순서로 전개되었다. 역주단이 검토한 30개의 결송입안의 마지막 결론 부분은 예외 없이 모두 이와 유사한 문장구성을 보이고 있다.

먼저 ⓐ 송관이 파악한 사실관계(A)는 다음과 같다. 의헌이 출가(出家)하여 승려(僧侶)가 된 후 100두락(斗落)의 전답을 매득(買得)하였다. 의헌은 초잠 등 4인의 상좌(上佐)를 두었다. 상좌란 불가(佛家)에서 사승(師僧)의 대(代)를 이을 양자를 말한다. 의헌은 위 전답을 4인의 상좌에게 25두락씩 분급한 후에 퇴속(退俗)하였다. 퇴속후 의헌은 자신의 5촌 조카(五寸族下) 박태위를 양자로 정하였다(同姓入養). 그 후 의헌이 사망하였다. 의헌은 생전에 양자 박태위에게 16두락의 전답을 분급한 것 같다. 의헌이 4인의 상좌에게 25두락씩 분급한 사실을 알게 된 박태위가 불만을 품고 사술(詐術)을 계획하였다. 박태위는 자신의 친족이 모두 모이는 자리에 초잠 등 4인도 참석하도록 통지하고 자신의 양부 의헌이 초잠 등 4인의 상좌에게 25두락씩 분급한 문권(文券)을 가지고 오라고 요청하였다. 초잠 등은 좀 더 분급 받을 재산이 있을 것으로 기대하고 모임 장소에 나아가 분급문권(分給

---

29) 1745(英祖21)

文券)을 넘겨주었다. 박태위와 그 양모는 분급문권을 받자마자 불에 태워버렸다. 박태위와 그 양모는 의헌 등 4인의 상좌가 25두락씩 분급 받은 것이 '너무 많다(太過)'고 하면서 16두락씩만이 타당한 것으로 인정하는 취지에서 그런 내용의 문권을 새로 써서 초잠 등에게 교부하였다.

(B) 부분에서의 송관의 논증은 "박태위의 양부(義軒)가 원재주(元財主)의 입장에서 (4人의 상좌에게) 허급하였다면 (설사 의헌이) 아무 관련 없는 사람(行路之人)에게 허급하였다 하더라도 박태위에게는 할 말이 없는 것이 사리상 당연(事理當然)하다"는 것이었다.30) 그러나 송관의 논증은 여기서 끝나지 않고 굴절된다. 송관은 민사분쟁의 결송은 "종문권시행(從文券施行)"이 "법리상 당연(法理當然)"한데 당초의 원문권(原文券)은 불에 타 없어졌고 피고도 초잠 등의 16두락씩의 몫은 정당한 것으로 인정하는 취지로 새로 문권을 써서 원고들에게 주었으므로 원고측에게는 "16두락씩 합계 64두락을 결급(決給)"하고 "36두락(9두락×4인분=36두락)은 박태위에게 결급"한다는 것이다. 그러나 이 논증은 납득하기 어렵다. 종문권시행이란 말의 원래의 의미는 예를 들어 전답매매에서 대금의 액수문제로 매도인(賣渡人)과 매수인(買受人)이 다툴 때 정당한 매매가액은 문권에 적혀 있는 대로 판정한다는 의미이다. 그런데 이 사안에서 송관은 종문권시행의 의미를 원문권의 내용을 따라야 한다는 취지가 아니라 현재 남아 있는 문권에 적혀 있는 지분(1인당 16두락)을 따라야 한다는 취지로 활용하기 때문이다. 그러나 송관이 의도하는 진의는 속세의 양자에게 물려 줄 재산과 불가의 양자에게 물려 줄 재산 사이에 어느 정도 균형이 있어야 하고, 더구나 속세에는 의헌

---

30) 新補受教輯錄의 "有田畓僧人 身死之後 田土歸諸族屬 雜物則傳諸弟子 [順治丁酉承傳]"(0430번)이나 "僧人田畓 有四寸以上親 則與其上佐 折半分給 無上佐無四寸者 則屬公其田畓 仍給本寺 以助僧役 [康熙甲寅承傳]"(0431번)는 수교는 이 사안에 적용할 법령이 아니다. 위 법령들은 승인(僧人)이 승인 신분을 가진 채 사망했을 때의 조문인데 반하여 본문의 사안은 승인이 退俗한 후에 사망한 사안이다. 金甲周, 조선후기 僧侶의 私有田畓, 동국사학 15·16합집, 1981, 23면도 저자와 유사한 추론을 한다.

의 처(박태위의 양모)도 살아있는데 양모와 동거하면서 양모를 부양할 의
무가 있는 박태위에 대한 배려(36두락)가 필요하다는 생각이었을 것으로
보인다. 그런데 송관의 논증은 한 번 더 굴절된다. 박태위는 계략을 써서
초잠 등 4인의 상좌로 하여금 분급문권을 교부하도록 속여 문권을 불태웠
으니 그 행위는 불응지율(不應之律)[31]에 해당하므로 박태위에게 '결태 50
도(決笞五十度)'를 시벌(施罰)한다(60行)는 것이다.

　근세조선에서 이와 같은 법논증이 아주 예외적인 것이었을까? 조선후기
의 목민서에 다음과 같은 기술(記述)이 있다. 소작인이 소작료를 내지 않아
전주가 소작인의 전지를 빼앗는 것은 정당하지만 만약 전주가 부실(富實)
한 자이면 '양의선처(量宜善處)'하라는 것이다.[32] 또 "노비에 관한 송사는
법전에 실린 것이 번잡하고 기록이 많아서 의거할 수가 없으니 인정을 참
작하여 할 것이요 법문에만 구속될 일이 아니다."[33], "채대(債貸)에 관한 송
사는 마땅히 융통성이 있어야 할 것이니 혹은 엄중하게 빚을 독촉해 주기
도 하고 때로는 은혜롭게 빚을 덜어주기도 할 것이요 굳이 원칙만 고집할
것이 아니"[34]라는 목민서의 기술도 있다.

　근세조선에서 위와 같은 법논증은 비교적 예외적인 것이었지만 그렇다
고 해서 아주 비정상적인 논증도 아니었음을 알 수 있다.

---

31) 『大明律 刑律 雜犯 不應爲』의 '不應得爲而爲之'를 指稱하는 것으로 보인다.
32) "如或以臨農而本主奪耕來呈者 則曰 他矣田地 汝矣身果能勤農生穀 賭地或并作間着
　　實準給 則本主豈有奪耕之理乎 汝必懶農本主生憎而然也 推閱後理曲者當嚴治矣…雖
　　如此 田主若富實多田之人 則不可使被奪者臨耕廢農量宜善處"(治郡要訣)(內藤吉之助,
　　『朝鮮民情資料牧民編』(1942, 朝鮮印刷株式會社, 7~8면). 治郡要訣은 朝鮮後期에 作
　　成된 牧民書中 比較的 이른 시기인 英祖初期에 만들어진 것으로 推定되고 있고 丁若鏞
　　의 『牧民心書』에서도 자주 引用되는 文獻이다.
33) "奴婢之訟 法典所載 繁瑣多文 不可據依 參酌人情 不可拘也"(『牧民心書 刑典 聽訟下』)
34) "債貸之訟宜有權衡 或尙猛以督債 或施慈以已債 不可膠也"(『牧民心書 刑典 聽訟下』)

3. 민간관습규범(民間慣習規範)의 존부(存否)[35]

저자는 2012년에 '조선시대에 서양의 중세·근세에 보이는 관습법이 존재하였을까?'라는 문제를 제기하고 이를 검증하는 논문을 2편 발표하였다. 저자의 결론은 그럴 가능성이 희박하다[36]는 것이었다. 그러나 한국에는 이 결론을 납득하지 못하는 연구자들이 많이 있다. 이 자리에서 테라다 교수와 오히라 교수의 견해를 차용하여 저자의 주장을 다시 한번 보강하고 싶다.

『수교집록(受教輯錄)[37] 형전(刑典) 보충대(補充隊)』에 다음과 같은 수교가 있다. 이 수교는 " '골육상잔(骨肉相殘)이라서 (奴婢로) 부릴 수 없다'는 문장은 본래 법전에 실려 있지는 않으나, 민간에서 전해져 마치 법인 것처럼 간주되어 결송할 때 (송관이 그에 따라) 매번 속공(屬公)하니 심(甚)히 불편(不便)하다."[38]는 취지의 임시법령이었다. '민간에서 전해져 마치 법인 것처럼 간주된 규범'을 민간규범으로 부르기로 하자. 이 수교는 조선시대에 민간규범이 재판규범으로 사용된 사례가 있음을 증명하고 있다. 앞에서 상주 목사는 종문권시행(從文券施行)이 청송에서 준거해야 할 법리(法理)로 인정한 바 있다. 20세기 초의 어느 청원인(請願人)은 '종문권시행이 재재법전(載在法典)'이라고 착각[39]하고 있을 정도이다. 그러나 저자는 아직까지

---

35) 이 부분의 서술이 '왜 필요한가?' 하고 의문을 제기한 심사자가 있다. 이 논문은 근세조선의 민사재판을 전체적·총체적·심층적으로 파악하려는 목표를 가지고 작성되었다. '서양법제사적 개념인 이른바 관습법이 근세조선에서 제도적으로 재판규범으로 활용되었는가' 하는 점은 근세조선의 민사재판을 전체적·총체적·심층적으로 파악하려는 목표를 가지고 있을 때 매우 중요한 논점 중의 하나이다.

36) 朝鮮時代 支配層의 裁判規範과 慣習 -欽欽新書와 牧民心書를 素材로 한 檢證-, 法曹 2012. 2. 1.(通卷665)(5-38); 東亞細亞 傳統社會의 慣習法 概念에 對한 批判的 檢討, 法史學硏究 제46號(2012. 10. 31.)(205-246)

37) 1698년(肅宗24)

38) "骨肉相殘不得使喚之文 本不載法典 俚俗相傳 以爲有法 凡決訟之際 每爲屬公 甚爲 未便"(受教輯錄)(『原文譯註受教輯錄(2001) 911번』에서 인용함)

39) 『各司謄錄 京畿道篇3』京畿道各郡訴狀12 高宗 41年(1904, 光武八年) 四月日 請願書

법전이나 수교에 종문권시행이 법령으로 등록된 사례를 발견하지 못했다. '종문권시행'은 일종의 관습규범일 가능성이 있다. 그런데 『대전회통(大典會通) 형전(刑典) 사천(私賤)』에 『수교집록(受教輯錄)』의 위 조문의 내용을 부연 설명하는 취지의 조문이 나타난다. '골육상잔부득사환(骨肉相殘不得使喚)'이라는 민간규범은 성문의 국가법이 아니었지만 국가법처럼 간주되어 송관이 준거로 사용한 사례가 있어 문제가 발생하였는데 조선 정부는 결국 그 규범을 받아들이되 다만 그 적용범위를 '동생 4촌(同生四寸)'이내로 제한하는 정책을 택한 것이다.

　이처럼 조선시대에 민간규범이 재판규범으로 활용된 사례가 있고 국가가 그 민간규범을 받아들이되 다만 그 적용 범위에 제한을 가한 사례가 발견된다. 그러나 그런 사례가 대량으로 발견되거나 서양의 중세·근세의 관습법전 편찬에서 보는 것과같은 제도화로까지 발전되지는 못했다. '조선시대에 서양의 중세·근세에 보이는 관습법이 존재하지 않았다'는 저자의 과거의 진단은 이런 상황을 지적하는 것이지 조선시대에 민간규범이 재판규범으로 사용된 사례가 전혀 없다는 진단이 아니었음을 밝힌다. 종래 이 문제에 대한 논의는 조선시대에 민간규범이 재판규범으로 활용된 실증적 사례를 제시하지 못한 채 논의된 논쟁이었다. 저자는 이 논문에서 적어도 하나의 사례를 실증적으로 제시한 셈이다. 향후의 논의도 이처럼 실증적 사례를 제시한 다음에 전개되어야 의미가 있다. 조금 더 상세한 논의는 제 9장의 Ⅴ에서 부연설명하였다.

VI. 조정 불신과 결송이 선호되는
근세조선의 풍토

1. 조선전기(朝鮮前期)의 사송 정책(詞訟政策)

『경국대전(經國大典) 이전(吏典) 고과(考課)』에 다음과 같은 조문이 있다.

> "○ 春夏秋冬 四節季 끝 달에 刑曹·漢城府·開城府·掌隸院의 堂下官들은
> 決訟件數를 啓聞하여야 한다. 三個月內에 漢城府와 掌隸院의 堂下官은, 小
> 事는 30件, 大事는 20件, 刑曹의 堂下官은, 小事는 50件, 大·中事는 30件을
> 決訟하여야 하며 이에 달하지 못한 者는 一品階를 강등한다. 개성부의 당하
> 관은 그렇지 않다.(每節季 刑曹·漢城府·開城府·掌隸院堂下官決訟道數啓聞
> 三朔內 漢城府·掌隸院 小事則三十道 大事則二十道 刑曹 小事則五十道 大·
> 中事則三十道 不準者降一階 開城府則不拘道數)"

근세조선에서 늘어나는 사송문제의 해결방안으로 고려된 것은 청대 중
국이나 근세 일본과 같은 조정 활성화(調停活性化) 방향이 아니라 특이하게
도 송관의 결송건수를 늘리는 방향의 정책이었다.

2. 조선후기(朝鮮後期)의 사송 정책

조선후기의 어느 목민서에 "서로 싸우거나 수전(水田)에 물 대는 일로
다투는 등의 작은 일(小事)은 면풍헌(面風憲)으로 하여금 공정하게 처결하
게 하면 사송(詞訟)의 번거로움을 크게 생략할 수 있다"[40]는 기술이 있다.
면리(面里) 등 지연 공동체(地緣共同體)의 조정을 활용하면 건송(健訟)의 폐

---

40) "若大邑煩劇處 則如相鬪及水田爭水等小事 使該面(면)風憲從公處決 則詞訟煩劇弊大有
省矣"(治郡要法)(內藤吉之助, 『朝鮮民情資料牧民編』(1942, 朝鮮印刷株式會社, 67면[30])

를 감소시킬 수 있음을 말하는 것이다. 대명률(大明律)에도 이런 발상이 내
장되어 있었다.[41] 그러나 지연 공동체의 조정기능 활용은 오직 소사(小事,
작은 일)에 그쳐야 한다[42]는 것이 조선후기 지방관들의 결론이었다. 조선
후기 지방관 중에 지연 공동체의 조정활용을 중시한 지방관[43]도 있었다.
그러나 조선후기 지방관들의 다수는 지연 공동체가 조정을 공정하게 처리
할 것으로 전망하지 않았다. 조선후기의 목민서는 늘어나는 사송에 대비하
여 청단의 기회를 넓히는 방안(恢聽斷)을 모색했다. '업무시작 전이라도 제
소를 받고 업무종료 후에도 제소를 받으며 작은 사건(小者)은 서서 심리한
후 즉결처분하고 큰 사건(大者)은 세구(細究)한 후 곡직을 변별하되 결송하
기 전에는 관속(官屬)조차도 눈치채지 못하게 해야 한다' 등이 그들의 대처
방안[44]이었다. 이와 같은 조선후기 조선정부의 사송 정책은 조선전기의 사
송 정책과도 연속성이 있다.

중앙정부에서 이런 정책이 선택된 배경에는 조선 관료의 조정의 성공가
능성에 대한 회의적 전망 외에 그들이 다음과 같이 공자(孔子)의 가르침을
교조적으로 수용한 것이 또 하나의 요인이 된 것 같다.

3. 공자 사상(孔子思想)의 교조적 수용

『논어(論語)』에 "청송오유인야 필야 사무송호(聽訟吾猶人也 必也使無訟

---

41) 『大明律 刑律 雜犯 拆毁申明亭』의 申明亭이 地緣共同體의 調停場所였다.
42) "事若大段 則不可付諸面任也"(治郡要訣)(內藤吉之助, 『朝鮮民情資料牧民編』(1942, 朝
鮮印刷株式會社, 8면[13])
43) 鄕約施行에 積極的인 態度를 보이는 地方官이 이 부류(部類)에 속할 것이다.
44) "凡民訴之到官者 令訟者親呈官庭 毋令片刻阻滯 如有時急訴寃者 雖於朝衙前閉門後
卽許通入 凡兩民相訟 小者立加剖決 大者考閱兩造文案 平心細究 明白洞析 辨其曲直
使落者不能稱屈 然後卽加斷決 毋或曠日 未決之前 切勿使官屬 窺我意指 致生奸弊"
(牧民大方)(內藤吉之助, 『朝鮮民情資料牧民編』(1942, 朝鮮印刷株式會社, 170~171면
[72·73])

乎!)" 라는 문장이 있다. 통치자가 몸가짐을 잘하고 덕치(德治)를 베풀면 저절로 사송이 없어질 것이라는 발상이 이 문장의 본질이다. 조선의 국왕과 관료들은 논어의 이 말을 교조적으로 믿은 것 같다. 조선후기의 대표적 목민서인 『목민심서』에 다음과 같은 기술이 있다.

> "청송의 근본은 성의에 있고, 성의의 근본은 신독에 있다. 그 다음으로는 자신의 몸가짐을 규율하는 것이니 훈계하고 가르치며 억울함을 풀어주면 또한 쟁송이 없어질 것이다(聽訟之本 在於誠意 誠意之本 在於愼獨 其次律身 戒之誨之 枉者伸之 亦可以無訟矣)"[45]

이 인용문은 매우 짤막하지만 여러 가지 사실을 시사한다.

첫째, 조선의 국왕과 관료는 늘어나는 사송 문제를 해소하는 첩경은 근본적으로 국왕과 관료가 인격적 완성도를 높이는 것이라는 교조적 자세를 묵수하였다. 둘째, 위 인용문에는 청송에 임하는 조선의 국왕과 관료의 교유적 자세도 잘 드러나고 있다. 이 두 가지 아이디어가 합체된 용어가 이른바 '사송간(詞訟簡[46])'이었다.

---

45) 『牧民心書 刑典六條 聽訟上』

46) 사송간(詞訟簡)의 의미가 무엇인지를 설명하라는 심사자의 논평이 있었다. 사실 종래 많은 논평자들이 조선후기 민사사법의 이상으로 '사송간'이 설정되었다고 지적만 하고 그 의미에 대한 분석은 존재하지 않았다고 해도 과언이 아니다. 저자는 본문에서 어느 정도 사송간이라는 아이디어의 핵심이 드러났다고 생각한다. 사송간의 표어에는 다음과 같은 세 가지 관념이 포함되어 있다. 관료는 첫째, 사송이 많이 제기되지 않도록 다스리는 것이 좋다. 둘째, 그럼에도 불구하고 부득이 사송이 제기되면 신속하게 결단하여야 한다. 셋째, '사송이 많이 제기되지 않게 하는 첩경이 무엇인가'가 문제된다. 조선시대 관료들은 '다스리는 자가 인격적으로 완성되면 피치자가 그에 감화되어 자연스럽게 사송제기가 적어진다'는 공자의 발상에 동의한 것으로 보인다. 저자가 보기에 사송간에 포함되어 있는 위의 세 가지 아이디어는 과학적인 아이디어가 아닌 것 같지만 어쨌든 조선시대 관료들은 그와 같은 아이디어를 묵수한 것으로 보인다.

VII. 결어

저자는『한국지방사자료총서 보첩편 12책(1987~1990, 驪江出版社)』을 제
대로 검토하지 못하였다. 그러므로 이 논문은 잠정적 시론에 그칠 수밖에
없고 이 문제는 더 많은 사료를 섭렵한 다음 다시 재론될 필요가 있다.

비교의 관점이 근세조선법사 연구에 많은 자극과 시사를 주겠지만 이 자
리에서 특히 지적할 만한 사항은 다음과 같다.

첫째, 결송입안을 소재로 삼은 한국법사학자들과 한국사학자들의 연구논
문과 저서가 많이 있었지만 현전하는 사료들을 전체적·총체적으로 광범하
게 섭렵한 다음 '민사재판의 실태와 성격'이라는 문제의식에서 심층적으로
분석하려고 시도한 선행작업은 거의 없었다고 해도 과언이 아니다. 이 시
론은 위와 같은 시도를 감행한 데 의의가 있다.

둘째, 저자는 '근세의 민사재판의 실태와 성격'이라는 문제의식에서 시
작하였는데 테라다 교수와 오히라 교수의 논문과 저술은 협애하게 민사재
판만을 바라본 것이 아니라 그것을 연구 대상의 일부로 포섭하여 보다 광
대한 '민사분쟁해결제도전반'을 검토하고 있다. 이에 자극받아 저자도 '근
세조선의 민사조정의 실태와 성격'에까지 문제 관심을 확대하여야 한다는
문제의식을 갖게 되었다.

마지막으로 향후 시급하게 규명되어야 할 점 한 가지를 지적하고 싶다.

저자는 이 논문에서 확정력 개념 획득을 위한 맹아로서 삼도득신법의 도
입과 과한법의 운용을 들었는데 그것이 어느 정도 실효성 있는 성과로 이
어졌는지 검증이 필요하다.

[資料 I : 商山錄(1745~1746 奎章閣 古5120-42)]

01 乙丑⁴⁷⁾ 十二月二十八日 新決立案

02 右立案爲成給事 (A) 南長寺僧楚岑等與朴太謂田畓

03 相訟事良中 考見彼此文券 則太謂所現納文書一

04 狀段 係是其矣養父生時所衿得(給)者是遣 楚岑等四

05 人所現納文書四狀段 乃是太謂之所成給於其矣

06 養父身死後者是如乎 盖此所爭田畓是楚岑師

07 僧義軒爲僧時 所買得執持者是如可 義軒退俗後

08 以五寸族下朴太謂 定爲養子 以其矣田畓各各分

09 給於太謂及其矣爲僧時上佐四人處是乎矣 其矣

10 養子處 所成給文券良中 初無某田某畓庫員字號

11 卜數斗數區別懸錄之事是遣 只以若干田畓四字

12 朦朧書給乙仍于 同太謂憑此四字 敢生奸計又動

13 於其矣四寸朴善發等所嗾囑 其矣卽今次知田畓

14 之外同楚岑等處所給田畓并以欲爲都推分利之

15 計是乎矣 上項田畓旣是義軒爲僧時所買得者則

16 係是僧家之物叱分不喻 況祢義軒生時成券分給

17 於其矣上佐處是如之物 則楚岑等之永永次知事

18 理當然是乎等以 同義軒所衿給上佐處文券乙 使

19 之現納 則楚岑等言內 矣師僧小祥才過後 癸亥八

20 月分 朴太謂亦專人送言於矣等處日 其矣亡妻小

21 祥之日 適音一家齊會 趂此多人齊會之時切有相

22 議憑考事是如 矣師僧所衿給矣等處田畓文書乙

---

47) 1745(英祖21)

23 持是遣來會亦是白去乙 矣等不知有他計矣 以爲

24 矣師僧初喪葬及事祥日設齋時 矣等多數出債需

25 用之事乙 太謂旣已詳之 故或於其矣一家相會時

26 有所相議 而於師僧衿給之外 添給田畓以還報之

27 地 而有此索券之事是乎可 小無疑慮 依其言果爲

28 持去矣 同太謂及太謂一族諸人等 取見文書是白

29 如可 皆以爲各上佐處二十五斗落只式 衿給極爲

30 過多是如 仍爲執持文券 卽席燒火是遣 太謂更以

31 十六斗落只式 減數成文着署以給是乎等以 矣師

32 所分給本文書 卽今不現存是遣 只有太謂所成給

33 是在文券者 盖由於此是乎所 當其燒券之時 彼此

34 强弱固已不同叱分不喻 以其事出不意之故 雖未及

35 還奪是乎乃 其時曲折及矣等據理爭詰之事 太謂

36 必不敢隱諱是如 前後立旨現納爲㫆 太謂言內以

37 矣父小祥過後 矣身重得身病方在死境乙仍于

38 送人於矣父上佐處 同矣其等處衿給文券持是遣

39 來見之意 屢次傳及 則楚岑等果爲持來是如乎矣

40 身披見文書 則四上佐處畓二十五斗落只式 各各

41 衿給 而矣父親自着署是乎矣 伊時矣身一家諸人

42 及矣養母以爲其已退俗之後 衿給於上佐之畓未

43 免太過是如爲遣 矣養母奪取本券 則爲燒火後

44 更以十六斗落只式 矣身改成文券以給的實是如爲

45 臥乎所 (B) 毋論其矣身與其矣母 其爲奪取燒火 則明

46 白無疑是如乎 其矣養父旣以元財主許給 則雖給

47 行路之人 在太謂之道 無敢擧論 事理當然是去等

48 況㫆其矣父所給上佐之物 以生時所成之券乙乃

49 於其父已死之後 奪取燒火以爲滅跡之計者 原其

50 心術 固爲萬萬巧惡是遣 當初其矣父所給中九斗

51 式還奪者 亦極無據是去乙 其矣親給是在十六斗

52 落并以又欲專奪者又爲節節痛駁是在如中 以此

53 以彼楚岑等之當爲執持 太謂之不可還推不待兩

54 言而決是如乎事 當依當初義軒所分給是如二十

55 五斗落式 一一推給是乎矣 (C) 同義軒所成給文券旣

56 已火燒 則便是無憑可考叱分不喩 凡干訟案從文

57 券施行法理當然 不可以彼此口傳之言以爲准乙乃

58 于一依太謂所成券中斗數 各十六斗式 合六十四

59 斗落只庫乙 後錄決給於楚岑惠恩國則戒習等處

60 是遣 (D)太謂段爲先 以非理之律 決笞五十度後分付

61 退出爲去乎 (E)此後則汝矣等依此執持爲乎矣 太謂

62 如或有雜談橫奪之事是去等 則依告官持此憑考

63 向事

제3장 민사·형사 일체형 재판사례*

Ⅰ. 문제의 제기

　조선시대에는 오늘날의 형사재판에 상당하는 옥송(獄訟)과 민사재판에 상당하는 사송(詞訟)의 구분이 있었다. 하지만 옥송과 사송의 구별은 확연하지 않은 측면도 있었다. 예를 들어 1896년 07월 15일자로 당시 한성 재판소(漢城裁判所) 판사(判事) 이응익(李應翼)은 법부 대신(法部大臣) 한규설(韓圭卨)에게 "민법(民法) 형법(刑法)의 구분이 정해지지 않아 사무처리가 애매함이 있습니다. 묘송(墓訟)이 많은 데 발총(發塚) 죄범(罪犯)은 형사에 속함이 분명하지만 금장(禁葬) 일관(一欵)은 민사(民事)인지 형사(刑事)인지

———————————————————————————
* 이 글은 "朝鮮時代 刑事民事一體型 裁判事例의 分析"이라는 제목으로 서강법률논총 6(2), 2017, 3-30에 게재된 논문을 수정·보완한 것이다.

확실하지 않아 질품(質稟)하오니 사조(査照)하셔서 묘송의 민형사 구분(民刑事區分)을 지령(指令)하여 주시기 바랍니다"라고 질품[1]하였다.

조선시대의 법전(a legal code, 大明律과 國典)은 주로 형법과 행정법적 조문으로 구성되었고 간헐적으로 민사적 법규들이 섞여 있을 뿐이었다.[2] 또 사송의 경우에도 재판의 주체가 자주 원고나 피고, 증인을 체포, 구금하거나 고문을 가하는 수가 있었다. 이리하여 조선시대의 재판에 대하여 "민사와 형사가 완전히 분화되어 있지 못하였으며, 모든 재판은 경중의 차는 있으나 형벌을 결과하는 가능성을 내포하고 있다는 의미에서 거의 모든 재판은 형사 재판이었다."는 평가[3]가 있을 정도이다. 21세기 초반 현재에도 '민사의 형사화 현상이 지속되고 있는 것'[4]을 보면 위와 같은 평가는 자연스런 평가로 보인다. 그러나 아직까지 '형·민 미분리'의 측면(하나의 절차에서 민사재판과 형사재판이 동시에 행하여지는 측면)을 생생하게 보여주는 실증적인 사례는 법학계에 보고[5]된 적이 없다. 박병호 교수가 1972년에

----

1) 質稟書 第五百七十六號
2) 예를 들어《大明律 戶典 盜賣田宅》에는 범죄 행위인 도매(盜賣)가 있으면 "凡盜賣換易及冒認 若虛錢實契典買及侵占他人田宅者 田一畝 屋一間以下 笞五十 每田五畝屋三間加一等 罪止杖八十 徒二年 係官者 各加二等 ○ 若强占官民山場*湖泊*茶園*蘆蕩及金*銀*銅*錫*鐵冶者 杖一百*流三千里 ○ 若將互爭及他人田産妄作己業 朦朧投獻官豪勢要之人 與者*受者 各杖一百 徒三年"라는 형사 규정이 그 내용의 주요 부분을 구성하고 "田産及盜賣過田價 并逐年所得花利 各還官 給主"라는 민사 규정은 보충적으로 삽입되어 있다. 또《大明律 戶典 典賣田宅》에는 "凡典*買田宅 不稅契者 笞五十 仍追田宅價錢一半入官 不過割者 一畝至五畝笞四十 每五畝加一等 罪止杖一百 其田入官 ○ 若將已典賣與人田宅 朦朧重復典賣者 以所得價錢計贓 准竊盜論 免刺"라는 형사 규정이 그 내용의 주요 부분을 구성하고 위법행위자에 대하여 "限外逐年所得花利 追徵給主 依價取贖"라는 민사 규정은 보충적으로 삽입되어 있을 따름이다.
3) 박병호, 『전통적 법체계와 법의식』(서울대학교 출판부, 1972), 31면.
4) 심희기, "한국형 민사의 형사화 현상의 진단과 억제경향", 『연세대학교 법학연구 17권 4호』(2007. 12), 59~86면.
5) 한상권, "조선시대 詞訟 재판의 두 양태-해남윤씨가 소장 決訟 立案을 중심으로-", 『古文書研究 제44호』(2014. 2), 31~56면은 국사학과 고문서학의 측면에서 "민사와 형사가

출간한 위의 책에서 소개하는 자료는, 소지(所志)[6]에서 원고가 우선 피고의 형사처벌을 원하고 겸하여 민사청구를 하는 내용이 담겨 있을 뿐이다. 그런데 최근에 저자는 '1686년 전라도 해남현(海南縣) 결급 입안(決給立案)'에서 그런 모습을 생생하게 보여주는 기록을 발견하여 이하에서 그 내용을 상세히 소개하기로 한다. 이 기록을 분석하다 보면 '형사와 민사의 통합 현상'은 물론이고 '현대한국형 민사의 형사화 현상'의 역사적 뿌리까지 포착할 수 있어 그 해결책을 강구하는 데 유익할 것으로 보인다.

II~VII에서는 1686년 해남현 결급입안을 소재로 '조선시대 형사·민사 일체형 재판의 실태'를 상세히 분석하고, 해남현 사례가 보편성이 있는 사례인지를 검증하는 의미로 VIII에서 또 하나의 사례로서 1709년 해주목 단결 입안 사례를 추가적으로 분석해 보기로 한다.

II. 1686년 해남현 결급입안의 출처와 구성

이 자료는 『고문서집성 3-해남윤씨편 영인본-』(한국정신문화연구원, 1983)에 '1686년 임간(林揀) 처(妻) 김씨(金氏) 입안(立案)'이라는 제목으로 사진

병행된 형태로 사송이 진행된 재판양태"를 보여주는 고문서자료로 1686년 결송입안을 상세히 소개하고 있다. 그러나 이 논문은 "소송과 재판을 통해 권리 관계를 회복하려는 권리의식이 전통사회에 존재"함을 당연한 전제로 삼고 있다. 그러나 조선시대의 사송에서 사권(私權)의 존재를 인정할 수 있는지 여부는 치밀한 논증이 필요한 거대한 주제이다. 이 논문은 이런 근본적인 문제의식을 가지고 있는 점에서 위 논문의 시각과 다르다. 그러나 이런 근본적인 문제의식을 제외하고 미시적인 자료해석의 측면에서는 대부분의 분석이 일치한다. 이하 이 논문은 '한상권(2014)'으로 인용한다.

6) 소지란 오늘날의 청원서(請願書)에 해당한다. 소지 중 오늘날의 제소(提訴)에 상당하는 소지는 특히 기송 소지(起訟所志)라고 불렀다. 모든 소지를 일률적으로 오늘날의 제소로 보면 조선시대를 '소송 사회'로 오해할 위험성이 있다. 그러나 소지 중 기송 소지에 해당하는 소지는 그렇게 많지 않다.

판이 실려 있고 원소장처는 '해남 연동 해남윤씨(海南尹氏) 녹우당(綠雨堂)'
이다. 한국학중앙연구원에서 개설한 고문서자료관 웹사이트에 원문 이미지
와 1차 탈초한 정서본(正書本), 그리고 간단한 해제가 함께 실려 있다. 문제
는 이 입안의 내용을 '어떻게 이해할 것인가'에 있다. 이런 유형의 입안은
초서로 쓰여 있어 정서화 작업이 필요하고, 정서화를 한다 하더라도 그 내
용이 무엇인지를 파악해 내는 것은 또 다른 어려운 작업에 속한다. 이하에
서 저자가 이해한 사건의 내막을 요약하여 소개하고 논평을 부가하기로
한다.

총 124행으로 적혀 있는 이 고문서의 내용을 개략적으로 요약하면 대체
로 다음과 같다. 아마도 해남현의 아전(衙前)이 현청(縣廳)에 보관되어 있는
관련문서들을 빠른 속도로 등서(謄書)한 후 수수료(作紙)를 받고 관인(官印)
을 찍어 그 내용의 진실성을 증명한 후 원고 김씨(金氏)측에 발급한 것으로
보인다.

ⓐ 원고 김씨의 의송(議訟)을 수리(受理)하여 잔라도(全羅道) 관찰사(觀察
    使)가 해남(海南) 현감(縣監)에게 내린 일차 지시(3행~4행)
ⓑ 원고 김씨의 의송 내용(5행~14행)
ⓒ 피고[隻] 김만두(金萬斗)의 초사(招辭)(16행~21행)
ⓓ 김만두의 초사에 대한 원고 김씨의 반박(22행~29행)
ⓔ 증인[參訂] 임율(林律)의 초사(31행~36행)
ⓕ 해남 현감이 전라도 관찰사에게 한 일차 첩보(牒報)(36행~53행)
ⓖ 전라도 관찰사가 해남 현감에게 내린 2차 지시(53행~55行)
    1차 형추(刑推) 절차를 시행(施行)하였다는 취지의 설명
ⓗ 해남 현감이 피고 김만두에게 행한 1차 형추의 집행(56행~69행)
ⓘ 해남 현감이 증인 임율, 임화영에게 행한 1차 형추의 집행(69행~86행)
ⓙ 해남 현감이 전라도 관찰사에게 한 2차 첩보(86행~97행)
ⓚ 해남 현감의 2차 첩보에 대한 전라도 관찰사의 3차 지시(98행)
    가형(加刑, 2차 형추) 절차를 시행하였다는 취지의 설명

(l) 해남 현감이 김만두, 임율, 임화영에게 행한 2차 형추의 집행(99행~114행)

(m) 해남 현감이 전라도 관찰사에게 한 3차 첩보(114행~118행)

(n) 전라도 관찰사가 해남 현감에게 내린 4차 지시(119행)

(o) 해남 현감의 민사 문제 판결(決給)(120행~124행)

Ⅲ. 김씨의 의송 내용

통상의 사송은 억울함[冤抑]의 구제를 원하는 백성(元告[7])이 군현의 장관인 수령(守令)(현감·군수·부사 등)에게 억울함을 호소하고 그 구제를 요청[8]하는 것으로 시작된다. 그러면 수령은 처음에 원고의 주장이 맞다고 가정하고 잠정적인 조치(이를 題音, 題辭라고 한다)를 소지의 여백에 써준다. 그러나 이것은 일방(元告)의 주장에 의존하여 그것이 사실일 것이라고 믿고 내린 잠정적인 조치이므로 상대방[隻]의 대응에 따라 뒤집힐 수도 있다. 만약 상대방이 그 결론에 이의가 있으면 응소(應訴)할 것이다. 그러면 그때부터 본격적인 쟁송이 시작되는데 당시에는 이를 상송(相訟)이라고 불렀다. 일방적인 문제 제기가 아니라 서로 다른 입장에서 분쟁에 임하기 때문에 상송이라고 하는 것 같다. 상송은 놀라울 만큼의 품격을 지닌 대심 절차(對審節次)로 진행되었다. 상송의 본질은 조정(調停, conciliation이나 mediation)이 아니라 승패(曲直)를 가르는 정식의 판정(judgment, 決訟·決給·決折·斷決)절차였다. 만약 당사자 중 일방이 수령의 결송에 불복하면 수령의 재판이 오판(誤決)이라고 주장하면서 관찰사에게 호소할 수 있었다. 수령의 1차 결송이 오결이라고 주장하면서 백성이 관찰사에게 하는 원억의 호소를 당시에는 '의송(議送)'이라고 불렀고 그런 내용이 담긴 서면을 '의송 소지(議

---

7) 오늘날에는 원고(原告)로 쓰지만 조선시대의 용어는 원고(元告)였다.

8) 통상 '소지(所志)'로 불리운다.

送所志)'라고 불렀다.

그런데 1686년 사안에서는 원고가 해남 현감에게 먼저 호소하는 절차를 생략하고 직접 관찰사에게 의송을 제기하였다. 이런 행위가 혹시 월소(越訴)[9]가 되지 않을까 하는 의심이 제기된다. 그런데 1686년 사안에서 전라도 관찰사는 김씨의 의송을 월소로 판단하지 않았다. 그 이유가 무엇인지 향후에 규명이 필요하다.[10]

어쨌든 원고 김씨가 관찰사에게 요청한 사항은 두 가지였다. 하나는 김만두의 행위가 비리농간(非理弄奸)한 죄에 해당하므로 '김만두를 법에 따라 엄히 처벌해 달라'는 것이었다. 오늘날의 입장에서 논평하면 이 요청은 형사 고소에 해당한다. 또 하나는 김씨의 남편 임간이 살아 있을 때 김만두[金萬斗, 임간의 동생 매부(同生妹夫) 김남위(金南渭)의 자(子)]가 간청하여, 김만두가 선대(先代)로부터 상속받은 3두락의 논을 샀는데 임간측에서 논값을 일부 미지급하여 매매계약서를 작성하지 못하였지만, 김씨가 그 논의 점유를 인도받아 경작하던 상태에서 김만두가 그 논을 다른 사람에게 또다시 매각[11]하고 그 사람(제2매수인)이 그 논의 점유를 하면서 김씨측의 경작을 못하게 하니 그 논을 김씨가 돌려받게(推尋) 해 달라는 것이었다. 현대의 입장에서 분석할 때 이 요청은 민사적 권리구제 요청이다.

여기서 보는 것처럼 원억을 호소하는 조선시대의 백성[民]은 군현의 수령이나 관찰사에게 형사상의 요구와 민사상의 요구를 구분함이 없이 한꺼

---

9) "凡軍民詞訟 皆須自下而上陳告 若越本管官司 輒赴上司稱訴者 笞五十 若迎車駕及擊登聞鼓申訴 而不實者 杖一百; 事重者 從重論 得實者 免罪"《大明律 刑律 越訴》
10) 저자는 잠정적으로 다음과 같이 추측한다. 이 사안에서 원고 김씨가 송관(訟官)(해남 현감)이나 관찰사에게 요구하는 것은 원칙적으로 피고측의 위법행위에 대하여 무거운 형사 처벌을 요구하고 부수적으로 민사상의 조치까지 요구하는 것이었다. 피고와 피고를 도운 증인들의 위법행위의 형량(刑量)이 장 60 이상의 형벌에 해당하는데 그런 사건에 대한 사물관할은 관찰사에게 있었으므로 처음부터 관찰사에게 소지를 올리는 것이 그렇게 부당한 행위가 아닌 것으로 간주된 것일 수 있다.
11) 사료에서는 이 행위가 '도매(盜賣)' 혹은 '중복매매'로 지칭되고 있다.

번에 호소한다. 그러면 군현의 수령이나 관찰사도 형사상의 요구와 민사상
의 요구를 한꺼번에 충족시키는 방안을 강구하게 된다. 그런데 이 사료는
해남 현감이 민사문제의 심리에 앞서 형사 문제의 심리를 먼저 행하는 모
습(先正其罪後聽理)을 생생하게 보여주기 때문에 중요하다. 이것이 보편적
인 절차였는지 아니면 해남 현감의 이례적(異例的)인 절차수행이었는지 여
부를 유사한 자료를 확보하여 상세히 규명할 필요가 있다. Ⅷ에서 보는 바
와 같이 저자는 1709년 해주목 단결 입안 사례의 분석을 수단으로 해남 현
감의 행동은 보편적인 절차의 수행일 것으로 추측한다.

임간의 처 김씨는 김만두의 행위를 '비리로 농간한 죄'로 표현하였는데
만약 김씨의 주장이 사실이라면 김만두의 행위는 《大明律 戶律 도매전택
(盜賣田宅)》에 저촉되는 범죄행위였다. 이 구성요건의 형량은 도매한 전답
의 수량에 따라 가중된다. 태 50[전(田) 1무(畝) 이하]이 하한이고 장 100 도
2년(5무가 추가될 때마다 1등급 추가)이 상한이다. 사안의 재물은 논 3두락
이므로 두락을 무(畝)로 환산하는 방법을 구사하여야 정확한 형량이 계산
된다. 당시의 토지관할은 피고의 거주지를 재판적으로 삼는 법제[12]였다.
따라서 전라도 관찰사는 피고(김만두)의 거주지를 관할하는 해남 현감에게
"의송소지를 토대로 사실을 조사한 후, 상송하는 것이면 사목[13]대로 시행

---

12) "凡告謀反*逆*叛 官司不卽受理掩捕者 杖一百徒三年; 以致聚衆作亂, 攻陷城池及劫掠
人民者, 斬. 若告惡逆不受理者, 杖一百; 告殺人及强盜不受理者, 杖八十; 鬪毆*婚姻*
田宅等事不受理者, 各減犯人罪二等, 並罪止杖八十. 受財者, 計贓, 以枉法從重論. ○
若詞訟元告*被論在兩處州縣者, 聽元告就被論官司告理歸結. 推故不受理者, 罪亦如
之. ○ 若都督府*各部*監察御史*按察司及分司巡歷去處, 應有詞訟, 未經本管官司陳
告及本宗公事未絕者, 並聽置簿立限, 發當該官司追問, 取具歸結緣由句銷. 若有遲錯,
不卽擧行改正者, 與當該官吏同罪. 其已經本管官司陳告, 不爲受理, 及本宗公事已絕,
理斷不當, 稱誣冤枉者, 各衙門卽便句問. 若推故不受理, 及轉委有司, 或仍發原問官司
收問者, 依告狀不受理律論罪. ○ 若追問詞訟及大小公事, 須要就本衙門歸結, 不得轉
委. 違者, 隨事理輕重, 以坐其罪."《大明律 刑律 告狀不受理》; "凡訟一隻在外方則就訟
於隻在官 京法司勿爲推捉【本官誤決不得伸理者外冒法越訴者亦勿聽】"《大典會通 刑
典 聽理》

하라(憑狀覈處爲乎矣 事係相訟是去等 依事目施行向事 本官)."고 1차로 지시[14]하였다. 오늘날의 재판에 해당하는 업무지시를 관찰사가 하는 것이므로 조선시대의 재판은 기본적으로 행정활동의 일환으로 행하여졌음을 알 수 있다. 관찰사가 군현의 수령에게 일정한 사항을 지시하면 군현의 수령은 자신이 수행한 조치를 반드시 관찰사에게 보고[15]하여야 한다.

IV. 해남 현감의 사실 조사와 1차 보고(牒報), 관찰사의 2차 지시(回送)

해남 현감은 원고인 김씨와 피고 김만두를 모두 법정에 불러 진술을 들었다. 피고 김만두는 "그 논의 매매는 기한부 매매[禾利, 권매(權賣)]의 일종이다]였고 완전한 매매(永買)가 아니었습니다. 그래서 매매계약서(買賣成文, 明文)를 작성하지 않았습니다. 그 때 임간의 동생 임율, 임간의 전처의 아들 임화영이 그 사실을 잘 알고 증인으로 참여하였습니다."라고 말했다. 김만두의 진술이 사실이라면 임간의 처 김씨의 주장은 근거를 잃는 것이다. 원고 김씨는 "당시 논 값을 벼 10석으로 정한 후 9석은 즉시 지급하고, 나머지 1석을 추후에 지급하면 계약서를 작성하여 줄 것을 외숙(임간)과 조카(김만두) 사이에 철썩같이 약속하였는데 남편(임간, 김만두의 외숙)이 죽자 김만두는 '논값이 너무 싸다'며 '큰 소 한 마리를 더 주어야 계약서를

---

13) 이 사목이란 아마도 《大典後續錄 刑典 雜令》의 "○凡同腹族親相訟時 有忘其親睦 反以爲讎 凌辱尊長 刦脅卑幼 傷毁風敎者 先正其罪後 聽理"와 내용이 동일한 사목이 아닐까 한다. 한상권(2014, 50면) 참조. 유사한 조문들이 이후의 법전에 계속적으로 등장한다. 예를 들어 《大典會通 刑典 聽理》의 "○族親相訟 凌辱尊長 劫脅卑幼者 先正其罪後聽理 親兄·弟·叔·姪間無故起爲爭端者 啓聞科罪"

14) 당시에는 관찰사의 수령[訟官]에 대한 이 지시도 의송으로 표현하였다.

15) 당시에는 이를 '첩보(牒報)'라고 불렀다.

만들어 준다'고 하면서 계약서를 만들어 주지 않다가 이제는 다른 사람에게 중복하여 방매하였으니 정말로 음흉합니다. 남편의 동생 아우인 임율이 그 실상을 잘 알 테니 임율에게 물어 보십시오."라고 말했다. 그래서 해남 현감은 임율을 잡아 와 김씨, 김만두가 함께 있는 곳에서 임율에게 물었다. 임율은 처음에 '나는 전혀 모르는 일'이라고 답했다. 그러나 해남 현감이 보기에 임율이 무언가 숨기는 것처럼 보였다. 그래서 해남 현감은 임율을 회초리(笞杖)로 치면서 엄히 물었다. 그러자 임율은 "김만두가 (중략) 몰래 도매하였습니다."라고 말했다. 임율은 처음에 김만두의 도매 사실을 부인하였지만 회초리로 맞은 후 김만두의 도매 사실을 인정한 것이다. 임율의 자백[承服, 承款, 自服]이 진실인지 아니면 회초리로 맞아 거짓으로 자백한 것인지 여부는 알 수 없다. 여기서 '해남 현감에게 증인(임율)을 회초리로 치면서 신문할 권한이 법적으로 허용된 것인가' 하는 궁금증도 생긴다.

조선시대에는 현감에게 그렇게 할 권한이 있었던 것으로 간주된 것 같다. 군현의 수령은 태형 이하(태 10에서부터 태 50까지)의 범죄를 직단(直斷)할 수 있었다.[16] 그런데 대명률에는 불응위(不應爲)[17]라는 조문이 있었다. 이 조문은 추상성이 심해 현대한국에서는 '명확성 원칙에 반하여 위헌무효'의 판정을 받을 가능성이 있는 조문이지만 조선시대에는 비교적 작은 경범죄를 목격한 법관이 즉시 '태40 이상~장 80 이하'의 가벼운 형벌을 시벌할 수 있도록 하는 융통성 있는(catch-all) 조문으로 인식되고 또 그런 용도로 활용되었다. 이 사안에서 해남 현감은 자신이 보기에 증인(임율)이 무

---

16) "○文武官內侍府士族婦女僧人觀察使啓聞濟州三邑則節制使報觀察使啓聞】本曹開城府觀察使流以下直斷 各衙門笞以下直斷【不用刑衙門用皮鞭○節度使所管人軍務外所犯杖以上移文觀察使推斷《經國大典 刑典 推斷》

17) "마땅히 해서는 안 되는 일을 하면 태 40이다. 일의 이치상 무거운 행위이면 장 80이다. (凡不應得爲而爲之者 笞四十 謂律令無條 理不可爲者 事理重者 杖八十)"《大明律 刑律 雜犯 不應爲》김대홍, "조선시대 대명률 불응위(不應爲) 조에 관한 연구", 『법사학연구 49호』(2014. 4), 7~44면은 중앙 정부 차원의 불응위 조 활용사례를 추적하였으나 지방관 차원의 불응위 조 활용사례는 별도로 검토해 볼 필요가 있다.

언가 숨기는 것처럼 보였으므로 증인(임율)이 '마땅히 해서는 안 되는 일을 하는 것(태 40)'이라고 생각하여 이 조문을 활용한 듯하다.

다음에 원고 김씨의 주장이 맞다면 임율은 피고 김만두의 도매 범죄의 모의자 혹은 종범[18]이 된다. 임율과 임화영은 도매 행위의 증인으로 서명하였기 때문이다. 장 60 이상의 범죄의 혐의가 있는 자는 수금(囚禁)과 추문(推問)의 대상이 된다.[19] 뒤에서 보는 바와 같이 사형(死刑), 도형(徒刑)이나 유형(流刑)의 혐의가 있는 데 순순히 진술하지 않으면 고신(拷訊)을 할 수 있고 고신 때 사용하는 신장(訊杖)으로 치면서 묻는 절차를 당시 사람들은 형추(刑推)라고 불렀다. 조선시대의 법제상 수령이 자신의 독자적인 재량으로 형추할 수는 없었다. 수령이 피의자나 증인을 형추하고 싶으면 반드시 감독권자인 관찰사의 허락을 얻어야 했다.

해남 현감은 원고 김씨의 주장을 사실로 판단하고 관찰사에게 "① 얼마 안 되는 미지급 대금이 있다는 이유만으로 약속을 어기고 다른 사람에게 도매한 일은 (도덕적으로) 지극히 나쁜 일이고, ② 더구나 재산을 둘러싸고 3촌 숙질(叔姪)간의 다툼을 유발하는 행위는 강상(綱常)에 관계[20]되므로 김만두에게 칼(枷)을 씌어 엄히 수금하고 첩보하니 김만두의 비리 농간죄를 엄형으로 징계하라는 명령을 내려 주십시오. 임율은 임간의 동생이고 임화영은 임간의 전처의 아들인데 모두 김만두를 동정(同情)하고 김씨를 기망하여 김만두로 하여금 중복방매하게 하였으니 임율 임화영도 엄형하여 그 죄를 징계"할 것을 건의(原文史料Ⅰ, 36행~53행)하였다. 그랬더니 관찰사는 "임율 등의 정상이 해괴하니 보고한 대로 엄히 형을 가한 후 논보하라"고 해남 현감에게 2차로 지시(原文史料Ⅰ, 53행~55행)하였다.

---

18) "凡共犯罪者 以造意爲首 隨從者減一等 ○ 若家人共犯 止坐尊長 若尊長年八十以上 及篤疾 歸罪於共犯罪以次尊長"《大明律 名例律 共犯罪分首從》

19) "杖以上囚禁 文武官及內侍府士族婦女僧人啓聞囚禁"《經國大典 刑典 囚禁》

20) '강상(綱常)에 관계된다' 함은 윤리적으로 비난 가능성이 대단히 높은 행위라는 뜻이다.

V. 해남 현감의 1차 형추와 2차 보고

관찰사의 지시대로 해남 현감은 김만두, 임율, 임화영에게 형추(刑推) 절차를 집행하였다. 형추란 신장(訊杖)으로 치면서 진실을 말할 것을 종용하는 '합법적 고문'21)을 말한다. 해남 현감은 왜 관찰사에게 형추를 건의하였을까?

현감에게는 자신의 재량으로 형추를 시행할 권한이 없었다. 현감이 형추를 하고 싶으면 관찰사의 허락이 있어야 한다.22) 이 사안에서는 해남 현감이 전라도 관찰사에게 형추를 건의하였고 관찰사는 형추를 허락하였다. 종래 형추의 구체적인 모습은 거의 알려지지 않았었다. 그런데 이 자료에서 형추의 구체적인 모습이 아주 생생하게 묘사되고 있다.

형추는 ㉮ 수령(해남 현감)의 질문→㉯ 신장 30도의 집행→㉰ 형추 대상자의 확인 진술과 그 청취로서의 진술서 작성[추안(推案) 혹은 국안(鞫案)]의 순서로 진행된다. 김만두, 임율, 임화영 모두 해남 현감의 질문을 받고 신장 30도가 집행된 뒤 혐의(도매전택)에 대하여 자백하였다. 송관이나 관찰사가 피의자·피고인의 유죄를 인정하여 정해진 형벌을 집행하려면 반드시 피의자·피고인의 진지한 자백[遲晚]23)이 있어야 한다.24) 이런 의미의

---

21) 고신(拷訊)이라고도 한다. 당시에는 합법적 고문(a judicial torture)이었다. "凡應八議之人 及年七十以上 十五以下 若廢疾者 並不合拷訊 皆據衆證定罪 違者 以故失入人罪論 其於律 得相容隱之人 及年八十以上 十歲以下 若篤疾 皆不得令其爲證 違者 笞五十"《大明律 刑律 老幼不拷訊》杖罪 이상의 혐의가 있어야 囚禁의 대상이 되고 拷訊의 대상도 된다.("杖罪以上始合禁推"《唐律疏議 斷獄 囚應禁不禁》)

22) "凡拷訊【訊杖長三尺三寸上一尺三寸則圓徑七分下二尺則廣八分厚二分用營造尺以下端打膝下不至膁肕一次無過三十度《增》長三尺五寸】取旨乃行【庶人及犯盜者不○功臣議親拷訊啓請時竝錄功臣議親以啓】外則報觀察使【濟州三邑則報節制使】"《經國大典 刑典 推斷》

23) 사료에서는 이를 지만(遲晚, 늦게 승복하여 황송하다는 뜻)으로 표현하고 있다.

24) "凡獄囚徒流死罪 各喚囚及其家屬 具告所斷罪名 仍取囚服辯文狀 若不服者 聽其自理 更爲詳審 違者 徒流罪 笞四十 死罪 杖六十 ○ 其囚家屬 在三百里之外 止取囚服辯文

자백을 받는 절차를 결안(結案)이라고 한다.

형추의 실행 후 해남 현감은 '① 김만두, 임율, 임화영이 모두 위와 같이 승복하였다는 취지, ② 1차 형추만으로 그들의 죄를 용서할 수 없으니 다시 한번 더 형추가 필요하다'는 취지로 관찰사에게 2차로 보고(原文史料Ⅰ, 55行~97行)하였다. 그러자 관찰사는 "그 말이 맞으니 모두 가형(加刑)한 후 보고하라"고 3차로 해남 현감에게 지시(原文史料Ⅰ, 98行)하였다.

VI. 해남 현감의 2차 형추와 3차 보고

해남 현감은 관찰사의 3차 지시대로 1차 형추와 마찬가지의 절차로 2차 형추를 집행하였다. 김만두, 임율, 임화영은 신장 30도를 맞은 후 모두 중복매매(도매)하였음을 또 한 번 승복하였다

그러자 해남 현감은 '① 김만두, 임율, 임화영이 모두 위와 같이 승복하였다는 취지, ② 1차 형추와 2차 형추로 김만두, 임율, 임화영에게 충분히 징계가 된 것 같은데 더 이상 어떻게 해야 할지를 지시하여 달라'는 취지로 관찰사에게 3차로 보고(原文史料Ⅰ, 99行~118行)하였다. 그랬더니 관찰사는 "이미 형추를 2회 시행하였으니 형사 문제는 그만 종료하고 민사 문제에 대하여 시비(是非)를 가리라[25]"고 4차로 지시(原文史料Ⅰ, 119行)하였다.

결국 해남 현감과 관찰사는 김만두, 임율, 임화영에게 신장 30도를 2차례에 걸쳐 집행한 것으로 이들의 형사 사건 문제가 해결된 것으로 간주한 셈이다. 그러나 이 부분을 어떻게 논평하여야 할지 난감하다. 김만두, 임율, 임화영이 어떤 범죄를 범한 것인지, 그 범죄의 형량이 얼마인지를 정확히 논증하지 않고 개략적으로 신장 30도를 2차례 집행한 것으로 충분하다는

狀 不在具告家屬罪名之限"《大明律 刑律 獄囚取服辯》

25) 사료에서는 이것이 '분간(分揀)'으로 표현되고 있다.

식의 해남 현감과 관찰사의 논증은 막스 베버가 말하는 '형식합리적 사법 (formal rational justice)'으로 포섭되기 어려운 측면이 있다.

VII. 형사 문제 심판 후 민사 문제의 심판

김만두, 임율, 임화영에 대한 형사 처벌을 마무리 한 후 해남 현감은 논 3두락을 "당초 매득한 임간의 처 김씨의 것으로 결급하고 증빙으로 삼을 목적으로 입안함"이라며 민사판결을 선고(原文史料Ⅰ, 120行~121行)하였다.

이처럼 원고의 청구에 형사적인 것과 민사적인 것이 병합되어 있으면 조선시대의 지방관과 관찰사는 형사 문제 처리를 우선[先正基罪]시키고 민사 분쟁의 해결은 그 다음 문제로 생각하였다. 이런 식의 사고는 어디에서 온 것일까?

저자는 그 근원의 계기[一端]를 《대명률(大明律)》에서 찾을 수 있다고 생각한다. 조선왕조를 건설한 창업자들은 중국 명나라 주원장이 만들어 반포한 《대명률》을 통째로 조선의 기본법으로 선언하고[26] 법률문제가 생기면 일단 《대명률》을 찾아보고 그것이 조선에 수용하기 어려우면 조선적 변용을 가하는 방식으로 《대명률》을 활용하였다. 《대명률》에 기초하되 조선적 변용을 가한 조치들이 축적되어 체계화된 법전으로 응고된 것이 《경국대전(經國大典)》을 비롯한 각종의 국전이었다.

《大明律》은 태형(笞刑)에 해당하는 범죄를 경죄(輕罪), 도형(徒刑)에 해당하는 범죄를 초중죄(稍重罪), 유형(流刑)에 해당하는 범죄를 중죄(重罪)로 표현하고 있다.[27] 장형(杖刑)에 해당하는 범죄는 경죄보다는 무겁지만 초중

---

26) "用大明律"《經國大典 刑典 用律》; "依原典用大明律而原典續典有當律者從二典"《속 대전 형전 用律》

27) "徒者 謂人犯罪稍重 拘收在官 煎鹽炒鐵 一應用力辛苦之事 自一年至三年 爲五等 每

죄 보다는 가벼운 범죄일 것이고, 사형(死刑)에 해당하는 범죄는 당연히 중
죄일 것이다. 그런데 원고가 지방관에게 억울함을 호소하는 청구 원인이
순수하게 민사적인 것인, 이른바 순수한 사송일 때 그 절차를 규율하는 법
원(法源)은 무엇이었을까?

중국의 명률(明律)이나 청률(淸律)에는 순수한 사송 절차를 규율하는 규
정이 매우 드물었다. 《청률(淸律) 형률(刑律) 군민약회사송(軍民約會詞訟)》
의 한 조례(條例)는 순수한 사송을 작은 사건(細事)으로 명명하고 있다.[28]
이것은 순수한 사송이라면 '태형에 해당하는 경죄' 처리 절차에 준하여 처
리하라는 발상이다.

《경국대전(經國大典) 형전(刑典) 결옥일한(決獄日限)》에는 "凡決獄大事【死
罪】限三十日 中事【徒流】二十日 小事【笞杖】十日【從文券齊納 證佐俱到日始
計】"라는 조문이 있다. 이것은 군현의 수령이 사형에 해당하는 범죄[이를
'대사(大事)'로 표현하고 있다]를 인지하면 신속히 조사하여 30일 이내에
직속 상관인 관찰사에게 보고하여야 하는 '심리 및 상급 관사에의 보고기
한'을 설정한 것이다. 이 조문은, 지방관(수령)은 도형이나 유형에 해당하는
범죄[이를 '중사(中事)'로 표현하고 있다]를 인지하면 신속히 조사하여 인지
한 때로부터 20일 이내에 관찰사에게 보고하여야 하고, 장형(杖刑) 이하의
형벌에 해당하는 범죄[이를 '소사(小事)'로 표현하고 있다]를 인지하면 신속
히 조사하여 10일 이내에 관찰사에게 보고하여야 한다는 내용을 담고 있는
조문이다. 《경국대전》은 소사(小事)의 처리기한 10일의 기산점을 민사분쟁
에서 '증거가 되는 서류들이 모두 법정에 제출되고 증인이 법정에 도착한

杖一十 及半年 爲一等 加減 (中略) 流者 謂人犯重罪 不忍刑殺 流去遠方 終身不得回
鄕 自二千里至三千里 爲三等 每五百里 爲一等 加減《大明律 五刑圖》

28) "凡各省理事廳員 除旗人犯命盜重案 仍照例會同州縣審理外 其一切田土戶婚債負細
事 赴本州縣呈控審理 曲在民人照常發落 曲在旗人 錄供加看 將案內要犯審解該廳發
落 至控告在官人犯 不論原被 經州兩次拘傳 別無他故 抗不到案者 將情虛逃避之犯
嚴拿治罪"(http://lsc.chineselegalculture.org에서 재인용함)

날로부터 기산한다'고 규정하고 있다. 이 조문에는 은연중 다음과 같은 가정이 내포되어 있다.

현대의 입장에서 보면 순수한 민사분쟁이라도 그 분쟁을 심리하다 보면 당사자나 증인 중에 태형이나 장형에 해당하는 범죄를 저질렀거나 저지르는 사람이 있을 수 있으니 그런 경우에 사실 규명을 위하여 지방관은 적절히 태형을 시벌(施罰)해도 좋고 장형 이상의 시벌이 필요하다고 판단되면 관찰사에게 건의하여 허락을 얻어 신체형[신장(訊杖)과 태장(笞杖)]을 집행할 수 있다는 점이다.

요컨대 조선시대의 법관[法官, 수령(守令), 관찰사(觀察使), 한성부윤(漢城府尹), 형조(刑曹), 장예원(掌隸院)]에게 민사분쟁은 소사(小事)이고 형사 문제의 해결은 중사(中事)나 대사(大事)였으므로 형사적 청구와 민사적 청구가 동시에 요구되었을 때 조선시대의 법관(法官)이 형사 문제의 심판이나 처리를 우선시킨 것은 당시의 법제[《대명률》과 국전]에 합치되는 행동이었다.

Ⅷ. 1709년 해주목(海州牧) 단결 입안(斷決立案)의 내용

윤탁(尹逴)은 적처(嫡妻)와의 사이에 아들이 없고 첩[妾 임조이(林召史)]에게서 첩자(妾子) 윤해흥(尹海興)을 낳았다. 윤탁의 대상 날(大祥之日) 내외 제족(內外諸族) 7인이 모여 윤해흥의 신분을 양인(良人)으로 승격시키고 그가 승적 봉사(承嫡奉祀 적자를 이어 봉사)하도록 완문(完文)을 만들었다. 그런데 윤상현(尹商賢)이 이에 불만을 품고 윤탁의 신주(神主)와 전답(田畓)을 위력(威力)으로 겁탈(劫奪)하였다. 윤상현은 윤탁의 서제(庶弟) 윤일(尹逸)의 아들이다. 윤탁은 윤정문(尹挺門)의 적자(嫡子)였고 윤일은 윤정문의 첩자였다. 윤해홍의 모(母) 임조이가 해주 목사(海州牧使) A에게 문제 해결을 원하는 소지를 올리자 해주 목사 A는 소지의 뒷면에 "(1) 윤일의 아들이 신주를 빼앗아 가고 토지를 차지한 정상이 매우 놀라우니 마땅히 법에 의하여 과죄(科罪)할 만하다. (2) 그리고 그에게 신주를 윤해홍에게 옮겨주라고 엄하고 분명하게 분부했으니, 뒷날 만약 (이를) 거역하면 바로 관에 고하여 처치(處置)하라"는 제사를 써 주었다. 임조이측이 이 제사를 윤상현에게 보여 주었지만 윤상현이 위의 신주와 전답을 차지하고 윤해홍측에게 끝내 내주지 않았다.

임조이측은 이런 취지로 다시 해주 목사(海州牧使) B[29])에게 소지를 올렸다. 해주 목사 B는 '죄를 다스리고 논 3두락을 추심해 주려고 윤상현을 잡아 오라.' 는 제사를 내렸다. 임조이측이 이 제사를 윤상현에게 보여주었으나 윤상현이 여전히 그 제사에 순응하지 않았다. 임조이측이 다시 해주 목사 B에게 소지를 올렸다. 그 소지의 내용은 "차사(差使)를 보내 윤상현을 잡아 와, 종통(宗統)을 빼앗고 결급(決給)한 후에도 그대로 차지하여 관의 명령을 거역한 죄를 하나하나 무겁게 다스린 후 즉시 추심(推尋)하게 해 주십시오"하는 것이었다. 해주 목사 B는 "종통(宗統)을 빼앗은 한 가지 사안만으로도 한 집안의 큰 변고이다. 결급 후에도 그대로 차지하고 있다는 말은 재물을 두고 다툰 데에서 나온 듯하다. 한쪽 말만을 믿을 수 없으니 앞의 윤상현 및 그 문중의 공증인(公證人)인 윤중하(尹重夏), 이해조(李海朝), 조태환(趙泰煥) 등을 동시에 잡아 와 원고 임조이와 한 곳에서 조사하니, 모두 소지 내용과 같았다."고 말하고 또 "윤탁의 첩자 윤해홍을 그 문중에서 화회(和會)하여 양인으로 만들어 적통을 이어받도록 하자고 완문(完文)을 작성하는데 윤상현의 아버지 윤일까지 착명(着名)했다. 따라서 윤해홍에게 신주가 돌아가게 하고 토지와 노비를 주는 것이 사리에 마땅하다. 그런데 앞의 윤상현이, 윤해홍이 외롭고 약하다고 보아 제사를 받들 토지와 노

---

29) 그 사이 새 목사가 해주목에 부임하여 이렇게 표현하였다.

비를 그대로 차지하고 주지 않으니, 종통을 빼앗고 윤리를 무너뜨린 정상이 매우 놀랍다. 그러므로 관찰사께 보고하여 윤상현을 형추(刑推)한 후, 위의 적통을 이어받은 윤해홍이 사망하고 윤해홍의 아들 철퇴가 장성했다고 하므로 그의 선대의 신주를 철퇴에게 돌아가도록 하겠다."고 조치하였다.

임조이측이 해주 목사 A, 해주 목사 B에게 요청한 (1), (2)의 요청은 1686년 해남현 사례에서 원고 김씨측이 요청한 것과 비슷(먼저 피고의 악행을 징계한 후 민사청구에 응함)하다. 이로써 1686년 해남현 결급 입안을 소재로 분석한 '조선시대 형사·민사 일체형 재판의 실태'는 대체로 보편적인 현상이었을 것으로 추측할 수 있다.

IX. 결어

지금으로부터 약 10년 전 대법원의 형사실무연구회에서 저자는 '한국의 민사의 형사화 현상의 실태'를 보고[30]하고 그 해결방안을 논하는 심포지엄을 기획한 적이 있다. 당시 현직 법관을 비롯한 많은 참가자들이 굳이 '민사의 형사화 현상'을 '인위적으로 완화시키려는 정책을 수행할 필요가 있는가?' 하는 의문을 제기하여 내심 놀란 적이 있다.

'민사의 형사화 현상'이란, 궁극적으로는 민사구제를 원하는 원고가 민사구제에 전념하지 않고 굳이 피고를 형사 문제로 고소하여 수사를 개시하게 만들고 수사기록이 만들어지면 민사법원에 문서송부 촉탁을 요청하여 민사소송에서의 입증의 편의를 도모하는 현상을 말한다. 저자는 현대 한국의 '민사의 형사화 현상'의 역사적 뿌리의 한 부분은 조선시대의 '형사 민사 일체 재판 전통'에 있다고 진단한다. 21세기의 현대 한국에서도 민사의

---

30) 심희기, "한국형 민사의 형사화 현상의 진단과 억제경향", 『연세대학교 법학연구 17권 4호』(2007. 12), 59~86면.

형사화 현상이 흔하고 그것을 타파하기가 매우 어려운 현상의 밑바탕에는
뿌리 깊은 유교적 형사사법의 전통(厚倫息訟)이 자리 잡고 있는 것이 아닐
까 한다.

[原文史料Ⅰ: 1686년 海南縣 決給立案]

01 康熙二十五年 丙寅三月 日海南縣立案

02 右立案爲決給事 本縣居學生林揀妻金氏名呈

03 使議送內 憑狀覈覆爲乎矣 事係相訟是去等

04 依事目施行向事 本官是如題送是齊 所志內

05 去辛酉年十二月分 家翁同生妹夫金南渭子金

06 萬斗處 其矣衿得耕食是在 本縣縣山面伏在 珍字

07 畓三斗落只庫乙 家翁處放賣捧價資生爲良

08 結 多般懇請爲去乙 同畓價正租九石段 卽爲備給

09 是遣 一石段 從後備給次以 女矣身畊食爲如乎 不

10 意今者 同萬斗亦右畓庫乙 本縣居僧人尙能

11 處 隱然盜賣乙仍于 同僧尙能亦或稱買得 或

12 稱相換是如 萬端橫言爲旀 使如矣身不得下

13 手於其間是去乎 同僧人及萬斗弄奸之罪乙 嚴囚

14 本縣 依法重治後 同畓庫推尋事 行下爲只爲 議

15 送及所志是置有亦 右項僧人尙能金萬斗等 一時

16 招來 推閱爲如乎 同金萬斗招內段 數年禾利旀

17 其矣外三寸叔林揀處放賣是遣 本畓段不爲放

18 賣 而元無買賣成文之事乙仍于 其矣身田畓

19 庫乙 同僧尙能處放賣成文時 其矣外三寸叔林揀

20 同生弟林律 及同林揀前妻子林花英等 明知其由

21 並爲訂叅是如爲去乙 上項辭緣 元告女人金氏處

22 推問 則 當初 同畓價租十石以論定後 九石段

23 卽爲備給 而未給租一石 准給後 明文成給事 叔姪

24 間 如金石牢約是如乎 家翁身死後 畓價零星是如

25 大牛一隻 添價爲良沙乃可成文云云是如可 到今

26 他處重復放賣之狀 同萬斗所爲 誠極不測是

27 言乎旀 尤爲可據事段 女矣家夫生時 田畓庫放

28 賣時 家夫同生弟林律等 明白詳知是白置 其間實狀乙

29 同林律處 當問施行敎味招辭據 同林律捉來

30 一處推問 則 '全以不知' 以納招 而似有隱諱之意是

31 去乙 畧施笞杖嚴囚 則林律招內 其矣同生兄林揀

32 生時 去辛酉年分 其妹夫金南渭處 田畓庫乙

33 價本段以正租十三石論價後 七石段 卽其時備給

34 爲白遣 六石段終始不給乙仍于 明文段置 至于

35 累年不爲成給是白如乎 今年良中沙同僧尙能處

36 果爲隱然盜賣是如 納招是乎所以 各人等所供

37 觀之 則上項金萬斗段 乃以林揀之外三寸姪 而其

38 叔林揀生時 田畓庫乙 旣以定價買賣是去如中

39 雖未捧數石之價 而不爲成文是乎乃 惟當准

40 捧價本後 卽爲成文許給是去乙 不此之爲而隱

41 然盜賣他處之狀 極爲無據旀 不喻 三寸叔姪

42 間起訟爭詰 事係綱常則以其拘於詞訟停

43 止之一端 而不可無懲治乙仍于 同金萬斗着枷

44 嚴囚後 具由牒報爲去乎 各別嚴刑以懲

45 其非理弄奸之罪敎矣 林律段林揀之同

46 生弟是遣 花英段林揀之前妻子 而同萬斗

47 亦 僧人尙能處畓庫 放賣成文時 俱訂

48 叅着名爲有臥乎所 同林律花英等 以林揀

49 之子弟 其父兄生時萬斗處田畓庫 旣與買

50 得之事 而林揀死後到今與萬斗同情欺罔

51 其兄嫂繼母 而使之重復放賣之狀俱極

52 痛駭是去乎 上項林律花英等並爲嚴刑以

53 徵其罪事乙 道以行下爲只爲 諜報使書目內 林律

54 花英等情狀可駭 依所報各別嚴刑諜報向

55 事 回送是乎等乙用良 刑推次 丙寅正月二十五日

56 幼學金萬斗年三十五白等 同亦 去辛酉年分 汝

57 矣外三寸叔林揀處 畓三十斗落只庫乙 定價

58 放賣後 以其若干價 未捧之故 不爲成文是

59 如可 及其林揀身死後 田畓庫重復放賣於他

60 處之狀已極無據尒不喻 又與三寸叔妻金氏

61 今此畓庫相爭事 若以起訟端可駭 辭緣依

62 使回送 各別嚴刑施行敎味白齊 當日金萬

63 斗刑推一次 訊杖三十度 更推白等 矣身退

64 方 蠢蠢迷劣之人 以不知事理 而上項畓庫乙 矣

65 外三寸叔前 旣已放賣之後 及其三寸叔身死後

66 以其若干價租未捧之故 終不成文爲旀 同畓庫乙

67 他處重復放賣 而以至於三寸叔妻金氏果相訟

68 訟之罪 萬死遲晚爲白去等 分揀處置施行

69 敎味白齊 同日林律年六十 校生林花英年二十九 白

70 等 林律段 以林揀之同生弟 而外三寸姪金萬斗亦

71 同林揀處 畓三斗落只庫乙 明知其放賣之由

72 而及其林揀身死後 欺罔其寡嫂林揀之妻 而

73 與萬斗同謀 同畓庫 重復盜賣他處時 祭訂

74 着名 使兄嫂見奪畓庫 情狀誠極痛駭是

75 旀 花英段 乃以林揀之前妻子 其外四寸金萬斗

76 亦 其父生時畓庫放賣之由乙 明白詳知 而其父身

77 死後到今 與萬斗同情背繼母 同畓庫 使之指

78 嗾 重復放賣於他處成文時 祭訂着名以傷倫紀之狀

79 俱極可駭 辭緣依使回送 並只嚴刑施行敎

80 味白齊 當日林律 花英等 各刑推一次 訊杖三十度

81 更推白等 上項金萬斗亦矣父兄林揀前 同

82 畓三斗落只庫乙定價放賣後 以其若干

83 價未捧之故 不爲成文之由 聞之詳知 而以迷劣之

84 致 同畓庫乙 萬斗亦他處重復放賣時 明文中

85 同是着名之罪 並只遲晚爲白去乎 分揀處置施

86 行敎味 爲等如 各人等招辭是置有亦 上項金萬斗

87 林律花英等 依使回送 各嚴刑一次爲有去乎 同萬

88 斗等 俱是林揀之子弟姪是在如中 右項萬斗亦

89 同畓價旣捧半餘 而雖有數石價未捧是乎乃

90 其三寸叔前 旣賣畓庫乙 法不當重復放賣是

91 去乙 林揀死後 欺其寡嫂 而如是盜賣之狀

92 誠極無據是遣 又從以與三寸叔妻起訟爭

93 詰是乎所 不可一次刑推 而徵其罪惡是去等

94 更良嚴刑行下敎矣 林律花英等段置 旣知其

95 父兄畓庫買得之事 而只與萬斗同謀 背繼母

96 兄嫂 而以致重復盜賣 亦甚痛駭 則似不當分

97 揀是去乎 亦爲加刑以警日後事乙 道以行下爲只爲

98 諜報 使書目內 "所報誠然 並只加刑諜報向事"回送是

99 乎等乙用良 加刑次 丙寅二月十六日 金萬斗林律林

100 花英等 白等 汝矣等中金萬斗段 汝矣外三寸叔林

101 揀生時 畓三斗落只庫乙 明白放賣後 以其若干

102 價未捧之故 不爲成給明文爲旀 林揀死後 同畓

103 庫 又賣他處 以至於三寸叔妻金氏起訟爭詰之

104 狀 事極不測是旀 林律花英等段 乃以林揀之子弟

105 同萬斗亦 畓庫放賣之由乙 箇箇詳知 而林揀死後

106 同畓庫 與萬斗同情背繼母兄嫂 而重復放賣

107 之狀 誠極痛駭 辭緣依使回送 並只加刑施行

108 白齊 當日金萬斗林律花英等已受刑一次當日
109 加刑一次訊杖三十度 更推白等 矣徒等中 金萬斗
110 段 外三寸叔前 已放賣畓庫 重復放賣事段 與前
111 招辭無加減是白遣 林律花英等段 矣父兄前
112 萬斗已賣畓庫乙 同萬斗亦他處放賣明文訂
113 㫊着名之罪 今萬死遲晚爲白去乎 分揀處置施
114 行敎味 招辭是置有亦 右項金萬斗林律花英等
115 依使回送 加刑爲有在乎 同萬斗等 同惡相濟 其
116 三寸叔處 已賣畓庫 重復盜賣爲㫆 又與三
117 寸叔妻起訟之罪 已施二次之刑 則庶可懲惡
118 是去乎 何以處之爲乎乙喩 道以㫊商行下爲只爲
119 牒報 使書目內 "旣施二次之刑 今姑分揀向事" 回送
120 是乎等以 上項畓庫段 當初買得是在 林揀妻金
121 氏 收錄決給爲遣 以憑後考次 合行立案者
122 行縣監(着押)
123 縣山白也只 堂二員 珍字畓參斗落只 負數拾貳卜
124 印

[原文史料Ⅱ: 1709년 海州牧 斷決立案]

01 康熙四十八年己丑十月 日 海州牧斷決立案

02 右立案爲決給事 節呈本州所羅洞

03 居故尹湜妾林召史呈狀內 女矣身卽尹

04 挺門之嫡子湜之妾也 尹商賢 卽挺門之

05 妾子尹逸之子也 女矣家翁湜亦 以長子

06 長孫之嫡子 先世祭祀獨當奉行是如乎

07 不意身死乙仍于 先世奉祀及田民器物未

08 及區處 而矣家翁大祥之日 內外諸族咸

09 聚僉議 矣子海興身乙 許良 仍爲承嫡奉

10 祀之意 諸兄諸族七人 各各着名 完文成置

11 是在如中 矣家翁庶弟之子商賢亦 本以

12 好梦不測之人 遽生無厭之慾 不有門中

13 所成完文 矣家翁父母神主與田畓 威

14 力劫奪 而先世傳來文券及家翁衿付

15 文書 與家翁同姓三寸侍養文書 幷以 沒數

16 偸取爲有等以 前令監座政時 呈狀接訟

17 則矣身所志良中 背題內 尹逸之子奪去

18 神主 據執田庫之狀 極爲痛駭 從當依

19 法科罪是在果 其矣身處 並移神主出給

20 之意 嚴明分付爲去乎 日後若有拒逆之

21 事是去等 卽爲告官以爲處置之地事

22 題給 而矣身處 決給教是乎矣 不計官令

23 決後仍執 終不出給是乎等以 以此意 前日

24 呈狀 則治罪推給次 捉來亦 題辭教是去乙

25 徃示題辭 則益肆頑慢 視之尋常不

26 爲入來爲臥乎所 大槩矣子海興亦 雖

27 是妾子 旣是長子之子 商賢段置 亦是

28 矣家翁庶弟之子 則元無庶嫡之別是

29 去乙 況稱以其次子之子 欲占承重之狀 萬

30 萬無據是置 上項尹商賢發差捉來 曾

31 已奪宗 決後仍執 與官旨拒逆之罪一一

32 重治後 俾即推尋事 所志是置有亦

33 奪宗一款 人家大變 而決後仍執之語

34 似出於爭財之致 以一邊之言 不可所信是乎

35 等以 向前尹商賢 及其門中公證人尹重

36 夏李海朝趙泰煥等 一時捉來與元告

37 林召史 一處推覈 則一如狀辭是乎所

38 尹逴之妾子海興身乙 其門中和會許良

39 承嫡成給完文至於尹商賢之父逸着

40 名云 則海興處歸去神主 許給田民 事理

41 得宜是去乙 向前商賢亦 視其海興之

42 孤弱 奉祀田民 仍執不給爲有臥乎所 奪

43 宗敗倫之狀 極可痛駭是乎等以 報使

44 刑推後 同承嫡是在 海興身死是遣

45 海興之子鐵才+退生長是如乙仍于 其矣

46 先世神主 許歸鐵才+退31)處之意 分付爲㫆

---

31) 한글 소프트웨어에 '하나의 글자'가 없어 '才+退'로 표기하였다.

47 其奉祀祭位條田畓 及尹逴侍養

48 邊 其無後三寸尹榮門妻 李氏

49 許給是在 其文記所付畓庫 與尹

50 商賢所奪文記壹張立旨壹張等

51 推給於元告林召史處後 同田畓

52 庫段 別録于後爲㫆 斷決立案

53 成給爲遣 合行立案者

54 行判官 (着押)

55 後 所羅洞二里伏在

56 盡字畓 陸負貳束

57 履字田 壹負

58 同田 參負柒束

59 同田 五束

60 同田 壹負

61 同田 肆負柒束

  先世奉祀條

62 深字畓 陸束

63 同畓 柒束

64 同畓 肆負貳束

65 夙字畓 貳負陸束

  侍養邊祭位條

  (背面)

01 乾隆四十八年癸卯十一月二十六日 所羅洞伏在宗垈

02 履字田拾壹卜五束庫乙 尹涵處許給 (着名)(着署)

제4장 조선후기 전준과 관식의 준수에 관한
실증적 고찰*

I. 문제의 제기

　『濟州 於道 晋州姜氏·朝天 金海金氏·舊左 東萊鄭氏 古文書』(한국학중앙연구원 장서각, 고문서집성 110책, 2014)에 실려 있는 4개의 결송 입안(決訟立案)과 고창석 교수가 전하는 1662년 제주 목관 입안(濟州牧官立案)은 종래의 결송 입안 연구에서 부각되지 못했던 사항을 선명히 드러내 주고 있어 흥미를 끄는 사료들이다. 이 글에서 저자가 집중적으로 검토하려고 하는 제주 목관 입안 4개의 서지사항은 아래와 같다.

　　① 1629년 입안(고문서집성 110책, 입안2·3)1)(이하 이 입안은 '1629년 입

---

* 이 글은 古文書硏究 제54호(2019)에 "조선후기 전준과 관식의 준수에 관한 실증적 고찰"
　이라는 제목으로 게재(97~113)된 논문을 수정·보완한 것이다.
1) 한국학중앙연구원 장서각, 『고문서집성 110 : 濟州 於道 晋州姜氏 朝天 金海金氏 舊左
　東萊鄭氏 古文書』(2014) 306~317면. 탈초는 2018. 2. 4. 연세대학교 법학연구원 산하

안’으로 약칭한다.)

② 1646년 입안(고문서집성 110책, 입안4)[2](이하 이 입안은 ‘1646년 입안’으로 약칭한다.)

③ 1662년 입안(고창석, 제주도고문서연구)[3](이하 이 입안은 ‘1662년 입안’으로 약칭한다.)

④ 1663년 입안(고문서집성 110책, 입안5)[4](이하 이 입안은 ‘1663년 입안’으로 약칭한다.)

위의 4개의 결송 입안에서 저자가 특히 주목하고자 하는 사항은 송체를 갖춘[具訟體] 결송 입안에서 거의 예외 없이 언급되고 있는 ‘의관식(依官式)’의 의미 탐구와 일부의 결송 입안에 등장하는 문기 전준(文記傳准)의 의미 분석이다. 이 글의 방법론은 특정의 결송 입안이 담고 있는 특정한 분쟁의 내용 분석에 있지 않고 ‘분쟁 당사자[元隻]와 송관(訟官)’ 사이에 전개되는 법담론(法談論 legal discourses)의 일부를 발굴하여 심층적으로 분석하는 것이다.

19세기 중반쯤에 편찬된 것으로 추정되는《유서필지(儒胥必知)》의〈결송입안식(決訟立案式)〉이 제시하는, ‘결송 입안에 기재되어야 할 내용의 순서’는 ① 원고(元告)의 소지(所志)와 ‘피고(隻)를 법정에 데리고 오라’는 송관의 명령[題辭], ② 당사자 쌍방(元隻)의 시송 다짐[始訟侤音], ④ 송관의 문목(問目 혹은 推問=推考)과 이에 대한 답변인 당사자 쌍방의 추가 진술(更推白等)과 증인·참고인의 법정 진술[白等, 白活], ⑤ 당사자 쌍방의 가고 문서 현납(可考文書現納), ⑥ 당사자 쌍방의 결송 다짐[決訟侤音], ⑦ 송관의 결

결송 입안 역주팀의 세미나자료에 발표된 한상권 교수의 탈초를 자료로 이용하였다.

2) 한국학중앙연구원 장서각, 앞의 주1)의 책, 318~321면.

3) 고창석, 『제주도고문서연구』(세림, 2002)의 탈초(371~381면)를 자료로 이용하였다.

4) 한국학중앙연구원 장서각, 앞의 주1)의 322~329면. 탈초는 2018. 2. 4. 연세대학교 법학연구원 산하 결송 입안 역주팀의 세미나자료에 발표된 김경숙 교수의 탈초를 자료로 이용하였다.

절(決折), ⑧ 소쟁물 목록[後錄]의 순서이다.

《유서필지》〈결송 입안식〉에는 '당사자 쌍방의 원정(原情 혹은 元情)[5]'
이 누락되었는데 위의 ③ 1662년 입안과 ④ 1663년 입안에는 '당사자 쌍방
의 원정'이 ②와 ④ 사이에 추가되어 나타나고 있다. 저자가 보기에 '③ 당
사자 쌍방의 원정'이 ②와 ④ 사이에 추가되어야 논리적이다. 왜냐 하면 ①
원고의 소지에는 원고의 일방적 주장(主張, allegation of one party)만 담겨
있으므로 반대 당사자인 피고 측의 주장이 이른 시기에 먼저 드러나야 송
관이 분쟁의 전체적 개요[big picture]를 알 수 있기 때문이다. 이렇게 보면
③에서는 피고 측 원정만 있으면 충분하지 않은가 하는 의문이 제기될 수
도 있다. 그러나 17세기 제주목의 결송 입안식 설계자는 ①의 소지에 원고
측 주장이 충분히 소명(疏明)되지 않았을 수 있기 때문에 ①의 소지에 없는
내용을 추가적으로 원정에 담으라'는 취지로 그렇게 설계한 것으로 보인다.
①, ②, ③의 절차가 진행되면 송관은 당해 민사분쟁의 전체적인 개요를 일
찌감치 파악할 수 있게 된다.

위와 같은 문제의식에서 제주목의 4개 결송 입안을 자료로 삼아 저자는
향후 II.에서 상송(相訟)에서의 문기 전준(文記傳准)의 여러 모습을 분석하
여 보고, III.에서 상송에 위단이 없으려면 필요한 요건(官式=訟體)을 살펴
보겠다. 전준의 의미에 관하여는 1996년에 김현영의 선구적인 연구논문이
『고문서연구』(9·10 합집호)[6]에 발표되었는데 본고에서 집중적으로 검토한
상송에서의 문기 전준의 의미는 김현영이 1996년에 발표한 전준의 의미와
일단 다른 것처럼 보이면서도 공통되는 측면이 없지 않고, 1996년 이후 전
준의 의미를 분석할 수 있는 사료도 많이 축적[7]되어 있는 형편이다. 따라

---

5) 1629년 입안과 1663년 입안에서는 元情으로 표기되고 1662년 입안에서는 原情으로 표
    기되었다. 한국고전종합DB에 검색어를 元情으로 하여 검색하면 442건이 나오고 原情으
    로 하여 검색하면 3, 119건이 나온다.
6) 김현영, 「조선초기의 傳准에 대하여 : 1469년 '田養智妻河氏粘連文記」, 한국고문서학회,
    『고문서연구』 9·10, 1996.

서 Ⅵ.에서는 김현영의 선구적인 연구논문을 기초로 삼아 전준의 다양한 용례에 관한 재검토를 전개한다.

Ⅱ. 상송에서의 문기 전준(文記傳准)의 여러 모습

1. 《유서필지》〈결송 입안식〉의 기술

③의 1662년 입안과 ④의 1663년 입안을 보기 전에 저자는 '상송에서의 문기 전준(文記傳准)이란 무엇인가?' 라는 질문을 던지기 어려웠다. 그러나 ③의 1662년 입안은 이 질문에 자신 있게 답(상송의 일방 당사자가 반대 당사자가 제출한 문기의 '진정성을 인정·확인'하는 소송행위)할 수 있게 해주는 최적의 사료이다. 문기 전준의 의미를 이렇게 설정한 다음 《유서필지》〈결송 입안식〉을 다시 읽어 보기로 하자.

《유서필지》〈결송 입안식〉은 이 부분을 당사자 쌍방의 '가고 문서 현납(可考文書現納)'이라는 키워드로 기술하고 있는데, 《국역 유서필지》는 다음과 같이 이 부분에 대하여 의미 있는 주석을 붙이지 못하였음을 알 수 있다.

> 같은 날, 원고 ○○○와 척 ×××를 다시 공초하니 아뢰기를 " '너희들은 상고할 만한 문서를 각각 바치라'고 추고(推考)하셨기에, 원고 ○○○는 □□ 문서 모두 몇 통, 척 ×××는 □□ 문기 몇 장을 일시에 바치오니 피차의 문기를 살펴서 처결해 주십시오."라고 하였다. 그리고 각각 '백(白)'자를 쓰고 착명하였다(이하 하략).(同日 元告某隻某更招 白等 汝矣身 可考文書 各

---

7) 한국학 자료 포털(http://kostma.aks.ac.kr)에 傳准을 검색어로 검색하면 16건의 고문서가 검색되고 24건의 고문서 원문텍스트가 검색된다. 1996년 당시 김현영은 6개의 사료를 분석대상으로 삼아 전준의 의미를 추적하였다.

各現納亦 推考敎是臥乎在亦 元告某段 某某文書并幾度 隻某段 某某文記幾
丈 一時現納爲自去乎 彼此文記相考 處決敎味 各各自着名是齊)[8]

2. 1662년 입안이 보여 주는 문기 전준의 생생한 사례

1662년 입안이 보여 주는 문기 전준의 의미는 소송행위(動詞)로서의 전
준이다. 노비의 소유권 귀속 다툼을 담고 있는 1662년 입안에서 원고 대노
(代奴) 을남(乙男)은 장예원(掌隷院)의 전준[9] 문기(傳准文記) 1장(張)을 현납
(現納)하고, 1피고 김대복(金大福)은 노 장복(狀卜)의 명부 문기(名付文記) 1
통, 2피고 문태익(文太益)은 노 가이동(加伊同)의 명부 문기 1통, 3피고 노
최복(崔卜)은 비(婢) 막대(莫代) 등의 명부 문기 1통을 각각 현납하였다. 원
고가 현납한 문기를 전준하는 주체는 피고 측(1피고, 2피고, 3피고 전원)이
었고, 반대로 피고 측(1피고, 2피고, 3피고)이 현납한 문기를 전준하는 주체
는 원고였다.[10]

이런 상황은 ④의 1663년 입안에서 묘사하고 있는 쟁송에서도 그대로 재
현되고 있다. 1663년 입안에는 "원고 강취황(姜取璜), 강수황(姜受璜)은 만
력(萬曆) 48년(1620) 12월 25일자로 성치(成置)된 결득 입안(決得立案) 1통,
천계(天啓) 4년(1624) 11월 8일자로 성치된 결득 입안 1통, 만력 27년(1599)
에 작성된 동생등 화회 문기(同生等和會文記) 1통 등 총 3통의 문기를 제출
하였고, 피고(隻) 강대남(姜大男), 강대원(姜大元)은 숭덕(崇德) 3년(1638) 8
월 11일자로 성치된 입안 1통과 만력 27년(1599)에 작성된 동생 화회 문기

---

 8) 전경목 외 옮김, 『유서필지』(사계절, 2006), 352~353면.
 9) 이 문맥에서의 '전준'이란 김현영의 1996년 논문에서 규명한 전준의 의미, 즉 민원인이
    신청하는 사실증명요청(전준 신청 소지)을 관청이 접수하여 확인한 다음 확인사항을 문
    서로 적어 관원이 착압하고 관인을 찍어 돌려주는 것(전준 입안 발급)으로 본고에서 주
    제로 삼고 있는 문서 전준의 의미와는 구별되는 개념이다.
10) 고창석, 앞의 주3)의 책(2002), 396~402면.

1통 등 총 2통을 현납하였는데 '백자(白字) 2개에 착명(着名)이 있고 백자 2개에 수촌(手寸)이 붙어 있고 이에 대하여 관서답인(官署踏印)'이 있다."는 기재가 있다. 이 기재의 의미는, '피고 측은 원고가 제출한 문기를 전준하고, 피고 측은 원고 측이 제출한 문기를 전준하였다'는 취지이다.

3. 문기 전준의 추상적 의미

문기 전준의 의미를 현대 증거법의 용어를 빌려 추상화하면 문기 전준이란 '상송에서 당사자 일방이 반대 당사자가 제출한 문기의 진정성을 인정·확인하는 소송행위'로 해석할 수 있다. 문기 전준의 의미를 좀 더 분석하면 상송 당사자 일방의 전준행위는 ⓐ 상송의 반대 당사자가 현납한 문기의 진정성을 인정·확인하는 소송행위이다. 조선시대의 사료상 이 행위는 '白'자를 쓴 후 전준자가 '착명' 혹은 '수촌'하는 것으로 표시된다.

4. 거역 불착(拒逆不着)과 전준장(傳准丈)

1614년 경주부 결급입안[11]에는 다음과 같은 거역불착의 사례가 나온다.

'(전략) 앞의 비 분이는 매득한 호노 두을원에게 후소생과 함께 빗기[斜給]한다' 라는 관사문기이다. 피고 장산두는 거역하고 착명하지 않음. 재추문에 진술함. '원고 이정이 제출한 문기를 전준할 때 거역하여 착명하지 않은 이유는, 원고 이정이 매득했다는 문기를 제출하였지만, 제 부친 생시에 매득한 문기도 있어 (이를) 부화입안한 바 있습니다. 방매한 본문기를 함께 받아 상고하시고 결급해 주시라는 뜻으로 다짐하고 착명합니다.' (向前婢分 伊乙良 買得爲有在 戸奴豆乙元亦中 後所生并以 斜給事 官斜文記是乎事 隻

11) 한국정신문화연구원, 『古文書集成 65 : 慶州 玉山 驪州李氏 獨樂堂篇 國學振興研究事業推進委員會 編』(2003)

張山斗 拒逆不着 更招白等 元告李定現納文記傳准時 拒逆不着情由段 元告
李定買得是如 文記現納爲良置 矣父生時買得 亦有文記爲有如乎 付火立案爲
有昆 放賣本文記并以 取考決給敎味 佫音着名爲有齊)(36~40행)

이 사안에서 피고 장산두는 원고가 제출한 문기에 대한 전준을 거부하고
거역불착하였다. 그 이유는 자신의 권원(權原)을 입증하는 문기와 배치되는
내용을 보여주는 원고 측 현납문기가 제출되었기 때문이다. 피고 장산두는
간접적으로 원고 측 현납문기의 진정성을 부인한 것이다.

1625년 안동부에서 발급한 것으로 추정되는 결송 입안에는 "元告元隻各
各現納文記傳准丈良中 例爲同着名事是去等 □…□ 拒逆不着爲乎辭緣"[12]이
란 문장이 나온다. 상송의 일방 당사자가 상대방이 제출[現納]한 문기의 진
정성을 인정·확인하는 행위는 보통 전준장에 백(白) 자를 쓰고 착명하는
것이다. 그런데 위 문장은 당사자들이 전준장에 착명하는 것이 보통의 관
행[13]이지만 당사자 일방 혹은 쌍방이 전준장에 착명하지 않을 수가 있음을
시사한다. 1614년 경주부 결급입안에서 보듯이 전준을 거부하는 행위는 사
료에서 '거역 불착(拒逆不着)'으로 표현되고 있다. 거역 불착이라는 용어는
전준장이라는 문서형식이 있음을 시사한다. 당사자 중 일방이 전준장에 거
역 불착하면 송관은 필시 그 이유를 묻기 마련이다. 당사자가 제시하는 거
역 불착의 근거는 사료에서 대부분 상대방이 현납한 문기가 위조(僞造) 문
기라는 사실을 이유로 삼는다.[14]

상대방이 증거로 제출한 문기가 위조라고 하면서 그 진정성에 의문을 표

---

12) 한국학중앙연구원 장서각, 『고문서집성1 : 禮安 光山金氏 後彫堂篇』(2011)

13) 특단의 사정이 없는 한 일방당사자는 반대 당사자가 제출한 문기의 진정성을 인정한다.
   그런 사례로 "彼此各各傳准 官署踏印 受出爲白有齊"(1708년 구례현 결급입안, 204~
   205행)를 들 수 있다.

14) 문숙자, 「조선전기 무자녀망처재산(無子女亡妻財産)의 상속(相續)을 둘러싼 소송사례
   (訴訟事例)」, 『古文書研究』, 5권 1호, 1994, 44면; 위 1625년 안동부 입안, 한국학중앙
   연구원 장서각, 『고문서집성1 : 禮安 光山金氏 後彫堂篇』(2011)

시하는 소송행위를 현대 증거법에서는 '증거의 진정성(authenticity)을 부인하는 행위'라고 표현한다. 당사자 일방이 반대 당사자가 제시한 증거의 진정성에 의문을 제시하는 사유를 소명(疏明)하면 문서 제출자는 그 문서가 진정한 문서임을 입증하여야 한다. 반대로 상송의 일방 당사자가 증거로 제출한 문기를 전준하는 반대 당사자의 소송행위를 현대 증거법에서는 '증거의 진정성을 인정·확인하는 소송행위'로 파악한다.

　요컨대 조선시대 상송에서의 문기 전준 절차의 존재와 그 활용방식은 현대 증거법의 관점에서 쉽게 납득되는 자연스런 소송행위였음을 알 수 있다.

5. 전준과 거역 불착의 효과

　당사자 일방이 상대방이 제출한 문기를 전준하면 어떤 효과가 생길까? 특단의 사정이 없는 한 송관은 그 문기가 위조된 문기인지 여부를 더 이상 검토할 필요가 없다. 다시 말하여 일방 당사자가 반대 당사자가 현납한 문기를 전준하면 문기 현납자는 그 진정성을 입증하여야 하는 부담을 덜 수 있다.

　그러나 어떤 문기가 상송의 반대 당사자에 의하여 전준되었다 할지라도 송관이 직권으로 위조 여부를 검토하여 그 진정성을 부인할 수도 있다. 조선시대의 송관은 때로 위조 여부의 규명 없이 자신의 소신에 따른 사실 인정을 하고 그 소신에 따른 결절을 하기도 한다.[15] 그러나 결절하여야 하는 부담이 많은 송관이 당사자가 전준한 문기의 진정성을 굳이 직권으로 검토하는 수고를 들일 것이라고 짐작하기는 쉽지 않다. 반대로 어떤 문기가 상송의 상대방에 의하여 거역 불착되면 조선시대의 송관은 그 문기를 증거로

---

15) 문숙자, 앞의 논문(1994)에서 언급하는 최득충과 손광현의 노비쟁송사안에서의 송관의 결절이 이 예에 속한다.

채택할 수 없는가? 다시 말하여 상송의 상대방이 거역 불착한 문기를 송관이 증거로 채택하여 결절하면 위단(違端)인가?

당사자 일방이 거역 불착한 문기라 할지라도 송관이 그 문기를 감별하여 그 진정성을 인정할 수도 있고 이것은 위단이 아니다.

다음에 승소를 원하고 패소를 피하려는 당사자는 함부로 전준을 거부하고 함부로 거역 불착하지 않을까? 그럴 수도 있지만 상당한 이유 없이 함부로 전준을 거부하고 함부로 거역 불착하면 송관에게 나쁜 인상을 주기 때문에 조선시대의 당사자는 전준과 거역불착을 함부로 행사하지 못하였을 것이다. 1662년 입안(③)에서 원고와 피고는 상대방이 제출한 증거문서를 모두 전준하였다. 거역불착하는 것이 유리한 소송행위였지만 확실한 근거 없이 함부로 거역불착하지 못하는 사례를 보여준다.

요컨대 문기 전준과 거역 불착의 소송행위들은 한편에서는 문기의 진정성 입증에 소모되는 시간을 절약하고 다른 한편에서는 송관의 최종적인 판단[결절]에 도움을 주는 당사자의 중요한 소송행위였다.

6. 진술증거에 대한 거역불착 사례의 희소성

'연차형(連次型) 결송 입안'에서 가장 많은 글자 수를 채워주는 부분은 ④ 송관의 문목(問目, 推問=推考)과 이에 대한 답변인 당사자 쌍방의 추가 진술(更推白等)과 증인·참고인의 진술(白等, 白活)이다. 이것들은 현대 증거법의 증거 분류 방식으로는 진술증거 혹은 인증(人證)에 해당하는 증거들이다.

현대 증거법의 증거 분류 방식에 따라 분석할 때 문기(文記)는 대체로 물증(物證)에 속한다. 지금까지 저자는 문기(文記)에 대한 전준·거역 불착 사례만 보았고 일방 당사자가 반대 당사자의 진술증거를 인정하지 않는 거역 사례는 보지 못했다. 일방 당사자가 반대 당사자의 진술증거를 부정하려면

거역할 일이 아니고 자신이 제시하는 증거의 신빙성을 높이고 상대방이 제
시하는 증거의 신빙성을 탄핵하면 될 일이다. 조선시대 사료에서 문기(文
記)에 대한 전준·거역 불착 사례만 나타나고 일방 당사자가 반대 당사자의
진술증거를 부정하는 전준·거역 사례가 나타나지 않는 사실도 현대 증거법
의 입장에서 볼 때 쉽게 납득할 수 있는 자연스런 현상이다.

III. 상송에서의 위단(違端)과 의관식(依官式)의 의미

1. 1629년 쟁송에서의 원고 측의 위단 주장

조선시대 사료에서 '사송(詞訟)에서 당사자의 결함 있는 소송행위'를 표
현하는 가장 광범한 용어가 위단(違端) 혹은 위격(違格)이라는 용례이다. 노
비의 소유권 귀속 다툼 분쟁이 담겨 있는 1629년 입안(①)에서는 '상송 절
차의 진행에 위단이 있다는 평가를 받지 않으려면 필요한 요건'이 송관이
아니라 당사자로부터 언급되고 있어 흥미롭다. 이 입안에서는 크게 보아 2
개의 상송사건이 언급되고 있는 데 앞선 상송사건을 '1625년 쟁송', 나중
상송사건을 '1629년 쟁송'으로 특정하기로 하자.

1625년 쟁송에서 당시의 제주 목관인 성안의(成安義)에게 불리한 결절
(官作財主)을 받은 원고 측(1원고인 姜繼男과 2원고인 夫氏)은 새로 부임한
다른 제주 목관 박명부(朴明榑)에게 다시 상송을 제기하면서 1625년 쟁송
의 송관이었던 성안의의 결절에 불복하는 이유를 제시하였다. 불복하는 이
유를 제시하려면 앞의 쟁송의 개요를 제시하지 않을 수 없고 그렇기 때문
에 우리는 앞의 쟁송의 개요를 알 수 있다. 결과적으로 원고 측(1원고인 강
계남과 2원고인 부씨)의 위와 같은 주장이 새로 부임한 송관(박명부)에게
수용되어 1629년에는 원고 측(1원고인 강계남과 2원고인 부씨)이 승소하게

된다.

1629년의 원고 측은 상송이 '위단 없는 상송'이 되려면 "시송(始訟)·원정(元情)·갱추(更推)·거역불착(拒逆不着)"의 절차가 관식(官式)대로 진행된 다음에 결송 입안이 결급(依官式後 決給)"(1629년 입안 99행)되어야 하는데 관작재주(官作財主)로 결말이 난 1625년 쟁송에서 송관이었던 성안의는 "불봉원정·갱추(不捧元情·更推)"하고 오직 "(1625년 당시의 원고 측의 일방적인) 주장만으로 (원고 측에) 결급(主張叱[以] 決給)"(1629년 입안 100~101행)하였으므로 1625년 결절이 위단(즉 誤決)이라고 주장하였고 1629년의 송관(박명부)은 결과적으로 원고 측의 이 주장을 수용하여 1625년 결절과 다른 결절을 하였다.

원고 측(1원고인 강계남과 2원고인 부씨)의 주장이 사실이라면 1625년 쟁송 시에 송관이었던 성안의는 ①과 ③의 절차만 진행한 후 결절(관작재주)한 것이다. 1629년 쟁송의 원고 측은 이 점을 지적하며 다른 송관이 부임하자 1629년의 쟁송을 시작하였다.

2. 의관식(依官式)의 의미에 대한 관료 측의 인식

상송이 위단 없는 상송 진행이 되려면 '시송·원정·갱추 등의 절차가 관식대로 진행된 다음에 결송 입안이 결급되어야 한다'는 발상은 1629년에 쟁송을 제기한 원고 측과 이를 수용한 송관(박명부)에게만 특유한 일방적인 생각이었을까 아니면 조선시대에 통용되던 보편적인 루울이었을까?

《선조실록 38년(1605) 6월 3일》자에 다음과 같은 기사가 실려 있다.

> 헌부가……또 아뢰기를, "곽산 군수(郭山郡守) 이신(李愼)은, 지난 해에 거상(居喪) 중인 사대부의 첩을 훔쳤다는 소문이 파다하기에 헌부에서 그녀를 잡아다가 치죄하고 방면했는데, 이번에 군(郡)으로 싣고 가면서 조금도 거리낌 없이 싣고 갔으며, 더구나 거관(居官)하면서 다스리지 못한다는 비난

이 있습니다. 파직을 명하소서. 대저 청송(聽訟)을 할 때에는 始訟·元情·文記現納 절차를 진행한 뒤에 양 당사자 측에 위단(違端)이 없는지 여부를 세밀하게 따지게 한 뒤에 관식(官式)에 의거하여 결급(決給)하는 것이 바로 격례(格例)입니다. 그런데 훈련 봉사(訓練奉事) 이몽강(李夢康)의 정소(呈訴)에 '전 정랑(正郞) 임학령(任鶴齡)의 처(妻) 이씨(李氏)와 노비 문제로 서로 소송을 벌였는데 [송관 이신(李愼)이 : 저자 보역함] 관식(官式)에 의거하지 않고 결급했다.' 하였습니다. 이에 신들이 질문[作文]을 상고해 보니, 결등공사(決等公事)의 입안(立案) 내에 '이몽강은 [송관(李愼)이 : 저자 보역함] 관식에 의거하여 공초(供招)를 받을 때에 순리(順理)를 거역했을 뿐 아니라 공공연히 도주하였으며 한편으로는 형조에 이문(移文)했으니, 노비는 임학령의 처 이씨에게 결급한다.' 하였습니다. 이른바 관식대로 한다는 것은 소송의 당사인 갑(甲)과 을(乙)이 모두 미진한 점이 없다고 확인한 뒤에야 비로소 결절하는 것을 말합니다. 설사 실제로 몽강(夢康)이 순리를 거역했다 하더라도 그 죄는 의당 법대로 처단해야 마땅하지 관식에 의거하지 않고 결송할 수는 없는 일입니다. 설사 몽강이 실제로 도주하였다 하더라도 자연 친착(親着)하는 법이 있으니 원고(元告) 없이 송사를 결단할 수는 없는 일입니다. 흐리멍텅하게 법을 위배한 죄를 징계하지 않을 수 없으니, 장예원의 그 당시 당상(堂上)과 색낭청(色郞廳)을 모두 추고하도록 명하소서.(憲府啓⋯⋯ "郭山郡守李愼, 上年間偸竊士大夫居喪之妾, 所聞騰播, 自憲府捉致其女, 治罪放之. 今者李愼載去于郡, 略不畏忌, 加以居官, 顯有不治之誚, 請命罷職. 凡聽訟之際, 始訟元情文記現納後, 兩邊違端, 備悉推詰, 始捧依官式決給, 是乃格例也. 訓鍊奉事李夢康呈稱: '與前正郞任鶴齡妻李氏, 奴婢相訟, 不捧依官式決給.'云. 臣等相考作文, 則決等立案內以爲: '李夢康依官式捧招時, 非但順理拒逆, 公然逃走, 一邊移文刑曹, 奴婢則任鶴齡妻李氏處決給.'云. 所謂依官式者, 訟者甲乙, 俱稱無未盡之事然後, 始乃決折之謂也. 設使夢康實爲順理拒逆, 其罪則自當依法科斷, 不可無依官式而決訟, 設使夢康實爲逃走, 自有親着之法, 不可無元告而斷訟 其朦朧違法之罪, 不可不懲, 掌隷院其時堂上 色郞廳, 竝命推考."16)

---

16)《국역 선조실록 38년(1605) 6월 3일》

장예원의 송관 이신으로부터 패소결절(落科)을 받은 이몽강(李夢康)이 부당한 결절을 받았다고 조정에 호소하였다. 이몽강은 "당사자가 더 이상 진술할 것이 없고 제출할 추가적인 증거가 없을 정도로 충분히 주장과 입증을 한 후에 비로소 송관이 결절하는 방식으로 소송이 진행되어야 관식대로 하는 것(依官式)이고 그것이 격례(格例)"인데 송관 이신은 그렇게 하지 않고 단지 원고 이몽강으로부터 초사를 받을 때 이몽강의 초사가 순리에 어긋난다는 점에 집착하고 또 원고가 공연히 도망하였다는 점에만 사로잡혀 충분한 변론(즉, 충분한 주장과 입증) 없이 피고(임학령의 처 이씨)에게 결급하여 위법한 결절을 하였으니 징계(추고)하여야 한다는 것이 사헌부의 상주(上奏) 내용이고 왕이 이를 따르고 있다.

상송을 관식대로 진행하는 것의 핵심은 '양 당사자에게 충분히 주장과 입증을 할 기회를 주는 것'이고 그것은 사료에서 '양 당사자가 함께 더 이상 주장·입증할 것이 없다는 진술을 받아 내는 것'(訟者甲乙俱稱無未盡之事)으로 표현된다. 이런 내용을 《유서필지》〈결송 입안식〉은 "元告某隻某更招 白等 汝矣身相訟未盡條件乙 更良現告亦 推考敎是臥乎在亦 矣徒等相訟根因段 各日招內之外 更無所達是去乎 依官式施行敎味 各各白着名"으로 표현하고 있다. 결송 입안에는 대체로 이런 취지의 당사자들의 발언이 '결송다짐(決訟侤音)'이나 결송다짐을 전후하여 기재되고 있다.

요컨대 송관의 입장에서 볼 때 의관식(依官式)의 가장 포괄적인 의미는, ① 원고의 상송 소지(所志)가 제출되면 원고와 피고가 송정에 출석하게 하여야 하고, ② 당사자 쌍방(元隻)이 송정에서 시송 다짐(始訟侤音)을 하게 하여야 하며, '③ 당사자 쌍방의 원정'이 제출되게 하여야 하고, ④ 송관의 문목(問目)과 이에 대한 답변인 당사자 쌍방의 추가진술(更推白等)과 증인·참고인의 진술(白等)이 송정(訟庭)[17]에 제출되게 하여야 하고, ⑤ 당사자 쌍

---

17) 한국고전종합DB에 검색어를 訟庭으로 하여 검색하면 448건이 나오고 訟廷으로 하여 검색하면 2건이 나온다.

방으로 하여금 가고 문서를 현납(可考文書現納)하게 한 후 문기 전준 절차를 격식대로 진행하여야 하고, ⑥ 양 당사자에게 충분히 주장과 입증을 할 기회를 주어 결국 양 당사자로부터 이구동성으로 더 이상 주장·입증할 것이 없다는 진술[이것이 당사자 쌍방이 하는 결송 다짐(決訟侤音)이다]이 나오게 한 다음 결송 입안에서 ⑦ 송관(訟官)의 결절(決折)과 ⑧ 소쟁물 목록(後錄)을 제시하는 순서로 상송 절차가 진행되게 하여야 하는 것이다.

고창석 교수가 전하는 1662년 입안은 위와 같은 의관식의 기본적인 요소를 모두 구비한 상송절차 진행의 모습을 가장 잘 보여주는 사례이다.

3. 1625년 안동부 입안에서 송관이 거론하는 기타의 위단들

1625년 안동부 입안에서 송관은 당사자의 소송행위에 대하여 다음과 같은 위단을 거론하여 흥미를 자아낸다.

㉮ 피고 박희천이 제출한, 장예원에 올린 소지에는 관인만 찍혀 있고 착서(着署)하지 않았고, ㉯ 매득 문기에는 본문기를 함께 주었는지의 여부는 원래 거론하지 않았다. 입안 끝부분에 재주 김수은이 적3촌 김현길에게 올린 문기에는 노비가 모두 기재되어 있다고 하니, 이는 법례에 크게 어긋난다. 그리고 ㉰ 증인과 필집의 초사를 받은 곳에는 그 이름을 쓰지 않고 착명만 했으니, 또한 법에 어긋난다. ㉱ 문기를 사출받을 때에는 100일 안에 소지를 올리고, 1년 안에 사출하는 것이 법례이다. 그런데 이 사안에서는 15달이 지난 뒤에야 몽롱하게 사출했으니 더욱 위격에 해당한다.(隻 朴希天所納 掌隷院呈所志內 只爲踏印 不爲着署爲有旀 買得文記內 本文記幷給與否段 元不據論爲有乎矣 立案末端良中 財主金守隱 嫡三寸金賢晧亦中 許上文記內 奴婢幷付是如爲臥乎所 大違法例爲旀 證筆捧招處 不書其名 只爲着名爲 有臥乎所 亦爲違法爲旀 凡文記斜出 百日內告狀 期年內斜出 乃是法例是去乙 此則過十五朔然後 朦朧斜出爲有臥乎所 尤爲違格爲齊)(317~327행)

IV. 전준의 용례와 그 의미에 관한 재검토

앞의 II.에서는 상송에서의 문기 전준(文記傳准)의 여러 모습을 자료가 허용하는 한 상세히 분석하여 보았다. 이하에서는 상송 맥락이든 상송 맥락이 아니든 가리지 않고 전준이라는 용어가 구사되는 다른 문맥을 발굴하여 전준의 다양한 용례를 추가적으로 검토한 후 마지막으로 전준이라는 용어의 핵심적인 의미를 탐색해 보기로 한다. 이런 문제 관심의 선구적 연구는 김현영의 「조선초기의 傳准에 대하여 : 1469년 田養智妻河氏粘連文記」라는 1996년 논문(이하 '김현영 논문'으로 약칭한다)이다. 이 논문이 제시하는 전준의 의미는 단일하지 않고 여러 가지 측면에 걸치고 있다. 이 점을 염두에 두면서 이하에서 '김현영 논문'에서 활용하지 못한 다른 사료들까지 함께 활용하여 전준의 용례와 그 의미에 관한 재검토를 시도하겠다.

1. 본문서 존재의 전제와 등서

1578년 홍해군 결급입안[18]에 다음과 같은 기재가 있다.

기매 소생이 동금인지 여부는 조부 이구가 거주한 고령의 각 년 장적을 찾아 다시 살펴 시행해 주십시오. 정묘년(1567, 명종22) 도망비가 스스로 나타나 초사를 받은 입안은 당시 법에 의해 받은 다짐입니다. 찾아내지 못한 집안 문서들이 많지만 그 중 다짐에 의거해 도망간 후 거주지에 살고 있는 비 및 그 소생을 찾아오려고 본문기를 전준했습니다. 경주부에서 그때 성첩했기에, 초계군의 첩정을 제출합니다. 상고해 시행해 주십시오.(其每所生同今與否乙良 祖父李耉所居 高靈官上 各年帳籍退伊相考施行敎是矣 丁卯年逃婢自現取招立案段 其時依法受出 侤音爲有如乎 數多家藏中 趂時搜覓不得爲

白置 同婢侤音據 逃後止接處 及所生推尋<u>次以</u> 本文記傳准 慶州了 其時成貼
草溪郡牒呈 現納<u>爲去乎</u> 相考施行<u>爲白齊</u>(904~908행)

인용문에서 보는 것처럼 전준에는 무언가 기존에 이미 존재하는 본문서
(여기서는 本文記[19])를 전제하고, 그 본문서의 내용을 등서(謄書 copy)한다
는 취지가 담겨 있다.[20] 따라서 전준을 청원하는 소지는 전준 소지(傳准所
志)[21]라고 부를 수 있고 그 청원을 들어 주는 입안은 전준 입안(傳准立
案)[22]으로 부를 수 있다. 이런 견지에서 김현영 논문은 '1469년 田養智妻河
氏粘連文記'를 "형태상으로는 점련문기이지만 내용상 전준 문기(정확히 말
하면 전준 입안)"라고 자리매김하고 그 의미를 "전양지의 처 하씨가 동생
및 삼촌 등에게 노비와 토지 등을 許與하고 傳准立案(한 문서)"으로 자리매
김한 바 있다. 김현영 논문은 또한 전준 행위를 "원문서의 副本을 만드는
것"으로 이해(138면)하였다. 틀린 말은 아니지만 그가 말하는 '부본'의 의미
를 좀 더 분명히 해야 할 필요가 있다. '부본'이란 말이 누구나 이해할 수
있는 상식적인 용어가 아니기 때문이다.

　현행 형사소송법상 공소장 부본(형사소송법 254조 2항, 266조)이 있다.

---

19) 본문기 전준의 또 하나의 사례로 1676년 박종로(朴宗老) 불망기(不忘記)를 들 수 있다.
(放賣成文以納爲㫆 證人段 私奴栗上是白遣 訂保段 妻父陳莫男是白遣 筆執段矣身自
筆著名着署以納爲白遣 自宅以矣身所持慶尙道高靈官斜出本文記乙 或有閪失之患是
乎去 同本文記傳准爲白遣 此奴婢拾口乙 亦卽斜出爲有如乎 卽今自同宅點閱本文記中
此奴婢等爲有敎矣 右婢仁介所生成伯亦 矣身以當初落漏是可 至…)

20) 또 1578년 홍해군 결급입안의 다음 문맥 참조 "慶州居■…■(李浚) 李淳[着名] 右謹
言所志■(矣)■(段)矣徒等亦草溪居李春壽果奴婢相訟爲白如可■(李) 春壽亦最■(只)
■(元)告以自知理屈累朔逃避不現爲白去乙矣徒等亦■(依) 法典親着已畢前訟官時已
曾決折受立案爲白乎矣同葉秩乙未及 謄書傳准乙仍于葉秩良中踏印不得之際遽爾適罷
玆以■■(矣徒)…"

21) "同文記傳准以給爲白只爲 行下向敎是事 行縣監主處分 順治十二年十月 日 所志"
(1655년 尹別坐宅 首奴 愛順 所志)

22) "右立案所志內乙用良斜只傳准向事合行 立案者 府使[署押]"(1469년 田養智妻河氏粘
連文記)

검사가 기소할 때는 관할법원에 공소장 원본과 부본을 동시에 함께 제출하여야 한다. 검사로 하여금 원본 외에 부본을 제출하게 하는 이유는 피고인에게 송달하기 위해서이다. 공소장 원본과 부본은 제목만 다르고 내용은 전혀 동일하다. 검사는 공소장 원본과 부본을 동시에 만들되 다만 제목만 다르게 붙여서 관할법원에 접수시킨다. 그러나 조선시대의 전준 문서는 원본과 동시에 만들어지는 것이 아니고 당초에는 원본만 만들되 화재로 원본이 불타 없어졌을 때 등 부득이한 경우에만 관의 인증을 받아 만들어진다.

다음에 현행 민사소송법에서는 문서에 대하여 원본(元本)·정본(正本)·등본(謄本)·초본(抄本)의 구분을 하여 달리 인식하고 있다. 원본이란 그야말로 가장 처음에 만들어지는 원문서(original document)를 말한다. 정본이란 문서의 등본 중 특히 정본이라 표시한 등본으로서 원본과 같은 효력이 인정되는 문서를 말한다. 등본이란 원본 전부의 사본(copy)이고 초본은 그 일부의 사본이다. 또 인증기관이 공증한 등본을 인증등본으로 부르기도 한다.[23] 조선시대의 전준 문서는 어딘가에 전준 표시가 행하여지므로 정본의 측면이 있다. 또 원본 전부를 등서하는 경우(이 때에는 등본의 성격을 갖는다)도 있고 원본의 일부만 등서하는 경우(이 때에는 초본의 성격을 갖는다)도 있다.

2. 공적 인증

본문서의 내용을 등서하는 행위를 공신력 있는 개인이 할 수 있는 행위로 인정하는 법제를 운용할 수도 있다. 로마시대 이래 서양의 공증인(公證人 notary) 제도가 그러하다. 그러나 조선 국가는 서양식의 공증인 제도를 인정하지 않고 공신력 있는 등서행위는 오직 국가만이 할 수 있는 행위로 설계하였다. 조선 국가는 원문서의 등서를 스스로 하기도 하고 民에게 맡

---

23) 이시윤, 『신민사소송법(제8판)』(박영사, 2014), 490~491면.

기기도 하였지만 공적인 인증의 주체는 항상 국가로 설정하였다. '1721년 (강희 60년) 正月十七日 扶安縣傳准'을 보자. 이 고문서는 김현영 논문에서 이미 인용(137면)한 사료이다. 이 고문서는 '扶安縣傳准'이란 제목이 붙은 문서이고 내용상 입안에 해당한다. 傳准의 표시가 있어 이 문서가 원본이 아님을 분명히 한 다음 이 문서는 기존에 존재하는 혹은 기존에 존재하였던 '康熙五年丙午七月■...■金璊前明文'의 내용을 글자 하나 빠뜨리지 않고 그대로 기재하고 문서의 앞과 뒤에 그 내용이 원문과 전혀 같음을 표시하는 취지의 기재를 하였으며, 마지막 부분에 '모종의 분쟁이 생기면 이 문서를 증거로 사용하라'는 취지를 덧붙였다. 이처럼 '전준'이란 용어에는 조선 국가가 등서한 내용의 진정성을 보증하는 취지를 담고 있다.

3. 현대 증거법의 최우량증거제출의 원칙과의 관계

고도로 발전된 증거법을 운용하는 커먼 로 국가들(common law countries)에서는 원본과 사본이 공존하는 경우에 당사자는 반드시 원본만을 증거로 제출하여야 한다는 원칙을 견지하고 있고 이 루울을 최우량 증거제출의 원칙(best evidence rule)이라고 한다. 한국 대법원도 이 원칙을 도입(대법원 2015.4.23. 선고 2015도2275 판결)한 바 있다. 그러나 최우량 증거제출의 원칙을 관철시키는 현대의 증거법제에서도 원본을 제출하기 어렵거나 기타 부득이한 경우에는 예외적으로 사본제출을 허용한다.[24] 따라서 조선시대의 문서 전준 관행과 법제는 현대 증거법제의 견지에서도 쉽게 납득될 수 있는 법제였다.

---

24) 심희기, 「문서와 최량증거 규칙」, 박상기외『문서와 범죄』(2017, 집현재, 71~86면)

4. 진정성 인정 행위와 공적인 등서 인증 행위의
   공통분모의 탐색

앞의 II.에서 저자는 문기 전준의 전준 행위를 '상송에서 당사자 일방이
반대 당사자가 제출한 문기의 진정성을 인정·확인하는 소송행위'(이하 이
를 '진정성 인정 행위'로 약칭한다)로 해석하였다. 그런데 전준에는 김현영
논문이 밝힌 바와 같이 무언가 기존에 이미 존재하는 본문서를 전제하고
그 본문서의 내용을 등서(謄書 copy)한다(이하 이를 '등서 인증 행위'로 약
칭한다)는 취지도 담겨 있다. 진정성 인정 행위와 공적인 등서 인증 행위의
공통분모를 찾을 수 있을까?

저자는 이런 의문의 해답을 풀 수 있는 단서로 1625년 안동부 입안25)과
1662년 입안(③)을 논의하고 싶다. 이 문서들에서는 서로 다른 의미의 '전
준'이 하나의 문건에 동시에 사용되고 있어서 모종의 단서를 제공할 수 있
다고 보기 때문이다. 1625년 안동부 입안의 "元告元隻各各現納文記傳准丈
良中 例爲同着名事是去等 □…□ 拒逆不着爲乎辭緣"26)이란 문장에서 사용
된 傳准은 '반대 당사자가 상대방이 제출한 문서의 진정성을 인정하는 소
송행위'의 의미로 사용된 것이다. 그런데 피고의 진술 중에 "이번에 원고
노 만강이 김광계 댁의 노라고 하고, 전준 문기를 가지고 억지로 빼앗으려
고 계획했으니 일이 매우 부당합니다(節 元告 奴萬江亦 金光繼宅奴稱云 傳
准文記以 橫奪之計 事甚不當是去等)(215~217행)." 부분에서의 전준은 공적
인 등서 인증 행위의 의미로 사용된 것이다. 위 고문서 작성자는 서로 다른
의미의 전준을 큰 거부감 없이 하나의 동일한 문서에서 자유로 구사하고
있다. 또 1662년 입안(③)의 "同日 隻金大福·文大益·奴崔卜 元告乙男 掌隷院
傳准文記 傳准 萬曆四十三年乙卯二月初十日 贈嘉善大夫…" 부분을 보자.

---

25) 한국 정신문화 연구원, 『鑛山金氏 烏川古文書』(1992)
26) 한국학중앙연구원 장서각, 『고문서집성1 : 禮安 光山金氏 後彫堂篇』(2011)

"掌隷院傳准文記 傳准"에서 앞의 전준은 '공적인 등서 인증'의 의미로 사용
된 것이고 뒤의 전준은 '반대 당사자가 상대방이 제출한 문서의 진정성을
인정하는 소송행위'의 의미로 사용된 것이다. 이런 현상이 가능한 이유는
무엇일까? 저자는 다음과 같이 추정하고 싶다.

   첫째, 전준의 '傳' 자에는 '본문서 존재의 전제와 그 등서(copy)'의 의미
가 담겨 있고 '공적 인증'의 의미는 '准' 자에 담겨 있다. '准'자에 담겨 있
는 의미가 '공적 인증'임은 准戶口에서 가장 극명하게 나타난다. 准戶口란
관에 보존하던 호적대장에서 해당 戶의 戶口 사항을 베껴서 발급하거나 戶
首 측에서 작성하여 제출한 초안에 관이 인증만 한 것을 의미하였다.27) 准
戶口의 '准' 자의 핵심적인 측면은 '관에서 그 내용을 인증'28)하는 측면이
었다.

   둘째, '상송에서 당사자 일방이 반대 당사자가 제출한 문기의 진정성을
인정·확인하는 소송행위'도 전준이라는 용어로 파악하는 관행의 뿌리는
'准'자가 담고 있는 의미의 부분적 차용 발상에서 비롯된 것으로 추정된다.
본래 '准' 자에는 국가가 문서의 특정 기재내용의 진정성을 인증한다는 취
지가 부착되어 있는데 국가가 아닌 사적 개인이 특정 문서의 진정성을 인
정·확인한다는 점에서 '准'과 유사한 측면이 있다고 생각한 것이다. 이렇게
생각하면 사적 개인이 특정 문서의 진정성을 인정·확인하는 행위를 '准'으
로만 표기하여도 좋은데 왜 굳이 '전' 자 까지 넣었을까 하는 의문이 제기
된다. 거기까지는 저자가 해명할 형편에 있지 않다.

---

27) 문현주, 「조선후기 호구단자(戶口單子)와 준호구(準戶口)의 작성과정 연구 -경주부(慶州
   府)의 호구단자와 준호구를 중심으로-」, 『고문서연구』 38권(2011. 2), 155~186면.
28) 1771년 이귀재(李貴才) 준호구(準戶口)의 앞부분은 "乾隆三十六年四月日三陟府傳准"
   으로 시작된다.

제5장 조선시대 민사재판에서
송관의 법문에의 구속*

Ⅰ. 문제의 제기

1. 종래의 허술한 원님재판론 비판

조선시대 군현수령(郡縣守令)의 재판을 지칭하는 용어 중 대중적으로 잘 알려진 용어가 '원님재판'이라는 용어이다. 그런데 그 의미는 매우 허술하다. 어떤 일간지의 논설위원은 수사·기소권과 심판권이 분리되지 않은 규문주의 재판(inquisitorial system)을 떠올린다.[1] 이 발상은 삼권분립 하의 근대적인 형사재판제도를 기준으로 삼고 그것과 다른 모습의 조선시대의 재판을 원님재판으로 파악하는 발상이다. 이렇게 보면 조선시대의 원님재판은 중세유럽의 규문주의적 재판과 다를 것이 없게 되어 조선시대의 재판을

─────────────

* 이 글은『원광법학 제34권 제3호』(2018. 9), 67~84면에 게재된 논문을 수정·보완한 것이다.
1) 2010년 4월 7일자 국민일보의 변재운 논설위원의 칼럼 원님재판.

군이 원님재판으로 부를 이유가 없어진다. 그러나 서양중세법사 연구자들은 서양중세의 형사재판을 원님재판으로 파악하여 이러저러한 논평을 가하는데 동의하지 않을 것이다. 다음에 국사학자로서 왕성하게 법제사적 저술 활동을 하고 있는 심재우 교수도 '원님재판'이라는 용어에 규문주의 재판이라는 의미를 부여하는 것에 크게 반대하지 않는다. 그는 원님재판이 "일정한 절차나 원칙도 없이 수령이 제멋대로 판결을 내렸을 것"이라고 생각하기 쉽지만, "그런 엉터리 같은 수령이 왜 없었겠느냐마는 조선시대 소송제도 자체가 미비했다거나 운영이 허술했다고 단정 지어서는 곤란하다"[2]고 주장하면서 증거를 들어 위와 같은 편견을 시정하려는 노력을 기울이고 있다. 심재우 교수가 원님재판의 정의를 내린 적은 없지만 위의 언급을 토대로 그가 비판하는 원님재판 개념을 반대로 추정하면 그는 '소송제도가 미비하거나 운영이 허술한 재판', '원칙 없이 원님이 제멋대로 하는 엉터리 재판'을 원님재판론의 핵심요소로 보는 것 같다. 물론 그는 조선시대 원님의 재판이 엉터리 재판이 아니었다는 점을 입증하는 데 주력하여왔다. 그러나 그는 '어떤 제도가 허술하지 않은 재판인가'를 판정하는 기준을 제시하지 않으며, 또 '원칙 없이 제멋대로 하는 엉터리 재판'의 실례를 제시한 바도 없다. 원고(元告)[3]가 제소하면 일방의 말만 믿을 수 없으니 원고와 피고를 관정(官庭)에 출석시켜 변론하게 하고, 또 구술변론만으로는 분쟁의 근본 원인을 변별하기 어려우니 서면진술서를 제출시키는 소송절차[4]를 민사재판의 원칙적 절차로 운영한 조선시대의 민사재판절차가 과연 미비하거나 허술한 재판절차였는지 반문하고 싶다.

판사, 변호사를 경유하여 현재는 법학교수로 활동하고 있는 신평 교수는

---

2) 沈載祐, 『네 죄를 고하여라 : 법률과 형벌로 읽는 조선』(산처럼, 2011) 124~136면.

3) 'plaintiff'를 의미하는 당사자를 오늘날 '原告'로 번역하여 사용하지만 조선시대에는 이를 元告로 지칭하였었다.

4) "一邊之言有難取信 彼此元隻 一處對卞 而以口伸之言 亦難卞別 所爭根因 使之原情現告", 1698년의 청도군 결송입안, 『고문서집성 65』, 25~28행.

2008년 발표된 논문에서 전통적 사법체계의 중심을 이루는 것이 '원님재판'이라고 보면서 원님재판의 의미를 수령이 "사건의 실체를 파악해 나가는 과정에서 형식에 구애받지 않고, 다양한 수단을 구사하여 재판의 목적을 달성하는 것"[5]으로 파악하였다. 그 역시 원님재판의 실례를 제시한 바 없다. 그러나 조선시대의 민사재판이 정식으로 성사되려면 '상송(相訟)[6]'으로서 구비되어야 할 최소한의 품격[당시에는 이를 송체(訟體)라고 불렀다]이 필요하였고, 일정한 위단(違端)이 발견되면 송관은 소송장애를 선언하여야 했고, 송관은 당사자나 증인의 진술의 진실성과 결절[결절(決折) 현대의 판결에 해당한다] 후의 이행을 담보하기 위하여 당사자 등에게 수시로 다짐(이른바 侤音)을 요구하여야 했고, (현행민사소송절차에서도 납득될 수 있는) 증거의 진정성(眞定性 authentication)을 담보하기 위한 절차[착명(着名)과 문서전준(文書傳准), 감봉(監封)]를 운영[7]하였는데 "형식에 구애받지 않는 절차"라고 할 수 있는지 의심스럽다. 고문서연구(古文書研究)등의 학술지에는 특정의 결송입안 자료를 심층적으로 분석하는 논문이 수십 차례 발표된 바 있다. 이른바 '원님재판'의 실태를 기술하거나 분석하고 싶은 연구자가 있다면 그런 논문들을 치밀하게 분석한 다음에 자신의 논의를 전개하면 되는데 종래의 논자들은 그런 학술적인 노력을 기울이지 않았다. 다른 한편 특정의 결송입안 자료를 심층적으로 분석했던 고문서 연구자들(대부분 국사학자들이었다)에게는 그 '재판에서 전개된 법적 논변·논증의 성격'을 분석하려는 시점(視點)이 결여되어 있었다.

---

5) 신평, "한국의 전통적 사법체계와 그 변형", 『경북대학교 법학논고 제28집』(경북대학교 법학연구원 2008. 6), 486면.

6) 상송(相訟) : 원고, 피고가 모두 송관 앞에 출석하여 시송다짐(始訟侤音)을 한 다음에야 비로소 상송이라고 지칭할 수 있었다.

7) 심희기, "조선시대 詞訟에서 제기되는 문서의 眞正性 문제들", 『古文書研究 제46호』(한국고문서학회, 2015. 2), 91~115면.

2. 조선시대 민사재판의 실상을 생생하게 보여주는 사료

조선시대 민사재판의 실태를 생생하게 보여주는 사료에 어떤 것이 있을까? 가장 좋은 사료는 오늘날의 판결문과 같이 법적 판단(judicial decision making)을 보여주는 사료이다. 조선시대에는 민사재판에 임하는 관료를 송관(訟官)(지방의 군현수령과 관찰사, 중앙의 장례원·한성부·형조의 관료), 쟁점에 대한 송관의 판단(decision, ruling)을 결절(決折)로 불렀으므로 이하에서도 송관, 결절이라는 명칭을 사용하겠다. 송관의 결절 외에 당사자(원고와 피고)의 법적 논변(legal argument)까지 풍부하게 수록된 사료이면 더욱 좋을 것이다. 실정법[대명률(大明律)과 국전(國典)] 조문의 해석을 둘러싸고 송관과 다른 송관, 당사자들이 치열하게 논쟁을 벌이는 모습이 드러나는 사료이면 더더욱 좋다.

이런 문제의식으로 사료를 찾아볼 때 최적의 분석대상은 각종의 결송입안(決訟立案)이다. 현전하는 70여 개의 결송입안 중 가장 분량이 많은 것은 한자(漢字)로 4만 자, 그 다음으로 긴 것은 2만 5천자의 분량이고 1만 자가 넘는 것들도 상당수 있다. 정도의 차가 있지만 결락(缺落 잘려나간 부분)이 있는 것이 더 많고 현재의 한국고문서학이 해독할 수 없는 난해한 초서와 문장도 있다. 결송입안 외에 각종의 연대기(年代記), 등록(謄錄), 등급(謄給), 보첩(報牒) 류에서도 유용한 정보를 얻을 수 있다.

지금까지 저자가 읽어 본 결송입안 중 '원칙 없이 원님이 제멋대로 하는 엉터리 재판'이라는 느낌을 주는 결송입안은 아직까지 없었다. 조선후기의 지방관들은 소송에서 유리한 판정을 청탁하는 간찰을 많이 받은 것이 사실이다.[8] 송관이 뇌물(關節)을 받고 부당한 재판을 하였다면 그것은 부패

---

8) 김현영, "지방관의 청념(稱念) 서간을 통해 본 조선말기 사회상 ─1884~1885년에 민관식(閔觀植)이 받은 간찰을 중심으로─", 『고문서연구 제49호』(한국고문서학회, 2016), 131~155면.

문제(腐敗問題)이다. 이 글은 부패의 실태를 논하는 논문이 아니고 '사법(司法)의 성격과 존재형식'을 문제 삼는 논문이다.

3. 막스 베버의 카디 사법 개념

앞에서 원님재판을 언급한 세 사람의 견해를 소개하였지만 세 사람이 말하고 싶었던 속내를 좀 더 이론적으로 다듬어 본다면 막스 베버의 카디 사법(Kadijustiz 혹은 Khadi-justice) 개념이 아닐까 한다. 카디 사법이란 판사가 미리 주어진 일반적 규칙(general rule)에 얽매이지 않고 사안에 특유한 정상(情狀)을 찾아내 그때그때 가장 합리적인 해결책을 제시하는 사법[9]을 말한다. 막스 베버는 전근대의 이슬람, 인도, 중국에서 카디 사법이 행해졌다[10]고 생각했다. 오늘날은 막스 베버가 전근대의 이슬람, 인도, 중국에 대한 정보가 깊지 못하여 잘못된 결론을 내렸다는 비판이 많고 한 걸음 더 나아가 카디 사법 개념, 그의 4가지 이념형 자체가 적실성(適實性)이 없다는 비판이 제기되고 있다.[11] 그러나 저자는 조선시대 법제사의 연구수준이 깊지 못하기 때문에 더 깊은 논의로 나아가기 전에 잠정적으로 조선시대 사법의 실태를 서양 중세나 동아시아의 다른 근세국가의 그것과 비교분석

---

9) 카디 사법의 사례로 솔로몬식 재판을 들 수 있다. 한 아이의 친모라고 주장하는 두 여인이 있었다. 솔로몬 왕이 '그 아이를 둘로 나누어 각각 하나씩 가지라'고 판결하였더니 한 여인이 소송을 포기하였다. 그러자 솔로몬이 기다렸다는 듯이 소송을 포기한 여인을 친모로 판정하고 다른 여인을 크게 징계하였다는 이야기가 솔로몬 재판의 줄거리이다. 솔로몬 왕의 지혜를 칭송하는 스토리텔링이다. 그러나 솔로몬식 재판에는 어두운 측면도 있다. 솔로몬식 재판에는 법관이 사전(事前)에 미리 정해진 추상적인 규칙에 따라 재판하지 않고 다른 요인을 재판에 반영할 수 있다는 전제를 깔고 있기 때문이다.

10) Robert M. Marsh, "Weber's Misunderstanding of Traditional Chinese Law" in *American Journal of Sociology*. Sep. 2000, Vol. 106 Issue 2, 281면 이하.

11) Duan LIN and Po-fang TSAI, "Max Weber's Traditional Chinese Law Revisited: A Poly-Contextuality in the Sociology of Law" in *Taiwan Journal of East Asian Studies*, Vol. 10, No. 2(Issue 20), Dec. 2013, 33~69면.

하는 도구로서 막스 베버의 카디 사법 개념이 유용할 수도 있다고 생각한
다. 특히 위에서 보듯이 아직도 한국에서는 원님재판론이 대중들에게 깊게
각인되어 있으므로 그런 편견을 시정하기 위하여서도 이하에서 막스 베버
(이하 '베버'로 약칭한다)의 카디 사법의 핵심개념을 제시하고 조선시대 송
관의 민사재판이 카디 사법 개념으로 포섭될 수 있는 사법인지 여부를 법
논증 분석의 방법론으로 채택하여 검증해 보려고 한다. 저자의 결론은 조
선시대 수령의 민사재판을 카디 사법이나 그 아류(亞流)인 원님재판 개념
으로 포섭하려는 시도는 부적절하다는 문제를 제기하는 것이다.

카디(Kadi 혹은 Khadi)란 본래 이슬람 세계의 재판관을 지칭하는 용어이
다. 베버는 카디 사법을 근대서유럽의 사법과 비교하면 '형식 합리성(formal
rationality)의 세 가지 중요한 요소가 희박한 극단적인 사법'으로 설정한다.
그는 카디 사법은 판사가 법적 판정을 내릴 때 일반적 규칙(general rule)에
따라 재판하지 않고 순수하게 자의적인 판정(the form of pure arbitrariness)
을 한다[12]고 한다. 분쟁해결을 의뢰받은 조선시대의 송관이 미리 주어진
규범에 구속되지 않고 그때그때 자신이 옳다고 생각하는 규범과 재량에 따
라 사실을 탐구하고 조정(調停)안을 제시하거나 승패를 가리는 결절이 수
시로 행해진다면 카디 사법적인 측면이 구현되는 것이다. 베버는 역사상
가장 합리화된 법의 형태는 고전 로마법에 이성적 가공을 가하여 재탄생시
킨 프랑스와 독일의 민법에서 찾아볼 수 있다고 진단하였다. 프랑스 민법
과 독일 민법을 조합(mix)하여 생성된 현행 한국 민법은 총 1,118개조로 구
성되어 있고 그 총칙(인, 능력, 법률행위, 대리, 무효와 취소, 기한, 조건, 소
멸시효 등)은 고도로 합리화된 법전법(法典法, the codified law)의 전형(典

---

12) 예를 들어 부모는 자녀를 훈육할 때 극단적인 경우를 제외하면 법 규칙의 제약을 받지
않고 자신의 선택에 따라 훈육한다. 반려동물의 소유자도 거의 아무 제약 없이 반려동물
을 키운다. 노예소유자도 노예를 거의 자신의 뜻대로 사역·활용한다[Douglas W. Perez,
Paradoxes of Police Work, 2nd Edition(Cengage Learning, 2010), 49면].

型)을 잘 보여준다.

조선시대의 송관이 참조한 대명률(大明律)과 국전(國典 경국대전·속대전·대전통편·대전회통이 대표적인 국전이다)에도 낮은 수준의 법전법(法典法)의 성격이 있다. 물론 그 합리화·형식화의 정도는 프랑스와 독일의 민법과 비교할 수 없을 정도로 낮다. 그러나 장차 그 합리화·형식화의 정도를 세밀하게 검토할 필요는 있다.

어떤 시기와 어떤 장소에서의 사법(司法)이 '형식 합리적'이라고 판단하려면 검증되어야 할 세 가지 중요한 요소가 있다. (1) 분쟁해결기준으로서 미리 설정된 규칙(rule)이나 원칙(principle)이 존재할 것, (2) '법 원리'와 '비법적 원리' 사이의 구분이 명확할 것, 다시 말하면 법의 독자성(autonomy of law) 현상이 존재할 것, (3) 법과 비법적 규범(예를 들어 도덕)의 분리경향이 있을 것[13]이 그것들이다. (2)와 (3)은 상호 연관되어 있어 굳이 분리시킬 필요는 없을지 모른다. 법(law)과 비법적 규범(non-legal norm)과의 분리는 분쟁해결절차의 발달로 구현된다. 형식 합리적이지 못한 사법(司法)에서는 실체와 무관한 절차규칙의 발달이 미비하다. 예를 들어 현대 한국에서는 민사재판절차를 규율하는 민사소송법과 민사집행법이 있고 그 내용을 습득하려면 많은 공부가 필요하다. 영어권 국가에서는 매우 복잡한 증거법의 덩어리가 있어 역시 그 내용을 습득하려면 많은 공부가 필요하다. 조선시대의 실정 민사법은 대명률과 국전의 여기저기에 분산되어 수록되어 있는데 민법과 형법의 구분이 확연하지 않은 것은 물론이고, 민사소송법(현행 한국법은 총 512개조), 민사집행법(현행 한국법은 총 312개조), 형사소송법(현행 한국법은 총 493개조)이 크게 발달하지 못한 것이 사실이다. 베버의 용어를 사용하여 표현하면 조선시대의 실정민사법은 형식 합리성이 크게 진척되지 못한 상태였음이 분명하다.

---

13) David M. Trubek, "Max Weber on Law and the Rise of Capitalism" in *WISCONSIN LAW REVIEW*, 1972 number3, 733면 이하.

그러나 조선시대의 사법을 고도로 발전하고 분화한 현대 서유럽의 사법과 비교하는 것은 비교의 적실성이 없다. 조선시대의 사법을 합리적으로 비교분석하는 방법은 서양 중세나 동아시아의 다른 근세국가의 그것과 비교분석하는 방법일 것이다. 저자가 연구책임자로 있는 연구단은 2016년 9월부터 3년 동안 이 작업을 진행하였다.

위에서 언급한 카디 사법, 형식 합리성 등의 용어는 분석틀(frame of reference)로서의 이념형(ideal-type)적 개념이다. 어느 특정한 케이스에서 간혹 카디 사법과 유사한 모습이 드러난다고 하더라도 더 많은 비율로 형식 합리적인 사법이 드러날 수도 있다. 또 하나의 케이스에서 형식 합리적인 사법의 측면과 카디 사법적 측면이 동시에 나란히 드러날 수도 있다. 또 조선시대의 사법에서 카디 사법적인 사법이 발견된다는 진단이 나온다고 해서 조선시대의 사법이 후진적이라는 부정적 평가를 하려는 것도 아니다. 현 상황에서 필요한 작업은 조선시대의 사법의 실태를 사료(史料)에 입각하여 정밀(精密)하게 실증(實證)하고 논증하는 일이다. 만약 조선시대의 송관이 결절에 임하여 일반적 규칙(general rule)에 따라 판단하고 실제로는 법에 공백(gap)이 있는 경우에서조차 마치 기존의 법을 '공백이 없는 루울의 시스템(a gapless system of rules)'으로 간주하여 판단을 내리는 사례가 발견된다면 초보적인 상태로나마 형식 합리적인 측면이 구현되는 셈이다.

4. '민사 재판'의 의미

심재우 교수는 "청(淸)나라 가경(嘉慶) 연간(1796~1820)에 안후이성, 류안저우 고을의 지방관은 10개월의 재임 기간 중 1,360건의 소송안건을 처리했다"고 하면서 "조선시대의 소송이 전국적으로 얼마나 빈번했는지"를 추산하려고 "1838년(현종4) 전라도 영암군수가 그 해 7월 한 달 동안 백성들이 올린 민장(民狀)"의 개수를 토대로 영암군수는 "하루에 최소한 여섯 건의 민장을 처리"해야 했으므로 "조선후기 지방관들은 과중한 소송부담을 안고 있었다"[14]고 추정하였다. 그러나 청나라의 소송통계는 원고와 피고 사이에 민사 분쟁이 있고 정식으로 제소가 되어 지방관의 심리와 재판이 시작되었거나 시작될 가능성이 있는 단계에 도달한 사건만을 가리킨다. 조선시대에는 그럴 정도로 민사 분쟁이 숙성(熟成)되었을 때 비로소 '상송(相訟)'이라고 불렀다. 태종 6년(1406) 12월에 사헌부(司憲府)가 수령의 포폄(褒貶) 기준으로 건의한 조목 중에 "노비소유권을 다투는 상송(相訟)이 몇 건인데 그 중 결절(決折)한 것은 몇 건이며 잡송(雜訟)은 몇 건이었는가(奴婢相訟幾道內 決折幾道 雜訟幾道)"를 살펴보자는 조목[15]이 있었다. 각종 《사송유취(詞訟類聚)》류 책자에 실려 있는 〈청송식(聽訟式)〉의 '송(訟)'이란 원고와 피고가 함께 관정에 출석하여 변론을 시작(始訟)한 정도로 숙성된 케이스를 지칭한다.[16] 《영암군소지등서책(靈巖郡所志謄書冊)》에 등재된 사건 중 상송(相訟)단계에 도달한 것은 소수에 그칠 것이고, 《영암군소지등서책(靈巖郡所志謄書冊)》만으로는 어느 사건이 상송단계에 도달한 사건인지 여부를 판별하기 어렵다. 또 《민장치부책(民狀置簿冊)》류의 사료만으로는 조선시대의 송관과 당사자가 주고받은 법적 논변을 추출해 내기가 불가능하다. 조선후기 소송을 탐구대상으로 삼은 조윤선이 소송의 의미를 "소장을 올려 쌍방이 서로 동일한 목적을 가지고 시비를 가리거나 소유주를 확인하는 경우만"으로 좁혀 설정한 것[17]은 저자가 말하는 상송을 대상으로 삼겠다는 생각이므로 적절한 방법론이었다. 그러나 조윤선에게도 상송단계에 도달한 사건에서 조선시대의 '송관의 법논증과 당사자의 법적 논변을 추출해 내겠다'는 문제의식은 희박하였다.

---

14) 沈載祐, 앞의 책(네 죄를 고하여라 : 법률과 형벌로 읽는 조선), 127~128면.

15) 태종실록, 태종 6년(1406) 12월 20일.

16) 예를 들어 《결송지남(決訟指南)》[鄭肯植·任相爀 編著, 十六世紀 詞訟法書 集成(한국법제연구원, 1999), 463~464면].

17) 趙允旋, 『조선후기 訴訟 연구』(국학자료원, 2002), 13면.

16세기 말에 송관을 역임한 것으로 추정되는 신번(申漢)은 3년의 재임 기간 중 총 20여 건의 상송사건을 결절(任居三載 決折二十餘度)[18]하였다. 신번은 연간 평균 7건의 상송사건을 결절한 것이다. 조선후기에 군현의 개수가 330개 정도이므로 전국적으로 연간 2,300건의 상송 사건이 있었다고 추정할 수 있다. 여기에는 중앙정부 차원의 결절건수가 포함되지 않으므로 그것까지 합하면 그 수는 늘어날 것이다. 조선 초기의 노비쟁송 건수가 666건에서 12,797건, 쟁송 대상 노비인원 수가 2000명, 2500명, 4848명, 4708명 등으로 거론되는 것[19]과 비교하여 볼 때 조선후기의 상송 건수가 크게 늘어난 것으로 보기는 어렵다.

70개의 결송입안 중 본 논문에서 집중적으로 검토하고 싶은 것은 1698년의 청도군 입안[20]이다. 이 입안에서는 조선시대 민사 분쟁의 실상이 잘 드러나고 있고 민사 분쟁을 청리(聽理)하는 송관의 법적 판단(judicial decision making)의 평균적인 모습을 보여주고 있어 전형성(典型性)과 대표성(代表性)이 있다.

18) 鄭肯植·趙志晩·田中俊光 역주,『잊혀진 法學者 申漢 : 譯註大典詞訟類聚』(민속원, 2012), 310면.

19) 鄭肯植·任相爀 編著,『十六世紀 詞訟法書 集成』(한국법제연구원, 1999), 22~23면.

20) 이 결송입안의 원소장처는 경주 옥산 여주이씨 독락당·치암 종택·장산서원이고 영인본은『고문서집성 65 경주 옥산 여주이씨 독락당편』(한국정신문화연구원, 2003), 529~536면에 수록되어 있다.

II. 1698년의 청도군 결송입안의 분쟁사례와 상송의 3주체의 법적 논변의 분석

1. 이익규의 의송 소지와 관찰사의 지시

경주(慶州)에 거주하는 유학(幼學) 이익규(李益圭)는 현재 청도(淸道)에 살고 있는 자신의 노(奴) 종원(終元)이 양처(良妻) 일춘(日春)과 교가(交嫁)하여 낳은 노 3구와 비(婢) 2구[이하 '소쟁 노비(所爭奴婢)'로 약칭함]의 소유권이 자신에게 있음을 확인해 달라는 취지로 경상도 관찰사(이하 '관찰사'로 약칭함)에게 의송(議送 관할 하에 있는 송민이 관찰사에게 호소하는 행위)을 올렸다. 이익규가 의송을 올린 계기는 의흥(義興)에 거주하는 유학 홍유구(洪有九)가 종원과 일춘의 집에 찾아와 소쟁 노비의 주인이 자신이라고 주장하면서 노주(奴主)로서의 행세를 하기 시작하고 종원과 일춘 측도 이익규가 원하지 않는 행위[홍유구의 화명수봉(花名收捧) 요구에 응하여 화명을 제공하자 이익규는 그것을 반주(叛主)의 정상(情狀)으로 의심한 것이다]도 엿보인 데 기인한다. 이익규는 관찰사에게 소쟁 노비의 소유권 확인과 더불어 "청도 군수에게 지시를 내려 부당하게 말썽을 일으킨 홍유구를 수금(囚禁)하고 율문에 따라 무겁게 처벌(行關淸道郡 嚴囚作梗之人 依律重治)"해 달라고 청원하였다. 이익규에게 상송 의사가 엿보이지만 아직 이 단계에서는 상송이 숙성된 상태가 아니다. 관찰사는 청도 군수에게 "사실을 규명하여 공연침탈이 맞는지 노비의 주인이 누군지 당사자들을 잡아들여 엄히 수금하고 침탈이 맞으면 금지(公然侵奪先賢家 至于贓獲何許人是隱喻 捉來嚴囚禁斷)"하라고 지시하였다.

2. 청도 군수의 1차 청리(聽理)와 관찰사에게의 1차 첩보(牒報)

관찰사의 지시에 따라 청도 군수(靑道郡守)는 원고와 피고를 모두 관정(官庭)에 출석시켜 양 당사자가 소쟁 노비(5구)의 소유권이 자신에게 있다고 주장하는 논거를 진술하게 하였다. 이 단계에서는 이미 시송이 시작되고 상송이 숙성된 상태에 도달하였으므로 청도 군수에게는 이제 사건을 청리(聽理)하여 최종적으로 결절할 의무[대명률 357조(告狀不受理) 2항[21]]가 생긴다.

(1) 피고 홍유구 주장의 요지

소쟁 노비의 모(母)는 일춘인데 일춘의 모는 일개(日介)이고 일개의 모는 향춘(香春)이다. 이 점에 대하여는 원고 측도 다투지 않는다. 홍유구 주장의 핵심은 '향춘은 홍씨(洪氏) 집안에서 부리던 비(婢)였는데 계사(癸巳)년(1593, 선조26)에 도망한 도비(逃婢)였고 소쟁 노비의 모 일춘은 그 손녀이므로 소쟁 노비도 자신의 소유'[노비종모법(奴婢從母法) 기타의 법문의 합리적 해석의 결과]라는 것이었다.

홍유구가 승소하기 위하여 필요한 것은, ⓐ 향춘이 자신의 집안에서 부리던 비였다는 사실, ⓑ 향춘이 어느 순간부터 적법한 이유 없이 도망하였다는 사실, ⓒ 소쟁 노비의 모 일춘이 홍유구 가문에서 도망한 비 향춘의 손녀라는 사실을 연속적으로 입증하는 일이었다. 홍유구는 ⓐ 사실의 증거

21) "사송(詞訟)의 원고와 피고가 각자의 주(州)·현(縣)에 있으면 원고가 피고의 소속 관사에 나아가 고소하고 처리하여 마무리 짓게 한다. 주·현(州·縣)의 長官이 핑계를 대고 수리하지 않으면 죄가 또한 같다.(若詞訟元告*被論在兩處州縣者, 聽元告就被論官司, 告理歸結. 推故不受理者, 罪亦如之). [直] 諍訟事乙 原告人果 被告人果 兩處各在爲去等 原告人亦 被告人矣 所在官司進告 對決爲乎矣 官員亦 緣故推旀 接狀推考不冬爲在隱 同罪齊"[한상권외 6인 공역, 『대명률직해 전5권』(한국고전번역원, 2018. 12)]

로 홍유구 가문에서 소장하고 있던 문기(文記)에 향춘의 이름이 등장하고 있음을 들고, ⓑ 사실의 증거로 임란 이후 호적(戶籍)에 향춘의 이름이 도비(逃婢)로 현록(懸錄)되어 있음을 들었다. 그러나 홍유구는 ⓒ 사실의 증거를 들지 못하였다.

(2) 이익규 주장의 요지

홍유구의 입론(立論)이 주로 실체적 법률관계의 형성[노비종모법(奴婢從母法 등)]을 주장하고 입증하는 방향의 논변이었다면 이익규의 입론은 일종의 시효항변을 주장하고 입증하는 방향의 논변이었다. 예를 들어 이익규는 홍유구의 ⓐ, ⓑ 사실의 주장과 그 증거에 대한 반박을 시도하지 않고 다른 방향의 논변을 전개하였다.

첫째, 이익규는 ㉮ 소쟁 노비들로부터 노비주(奴婢主)로서의 실효적 지배를 40여 년 동안 지속하여 왔다(四十餘年無弊收貢使喚)(32행, 130행)는 점을 들었다. 권원(權原)을 주장하는 홍유구의 논변에 대항하여 이익규는 소쟁 노비에 대한 실효적 지배(無弊收貢使喚)를 주장하는 방향의 논변을 전개하였다.

둘째, 이익규는 《대전후속록(大典後續錄)(1543, 중종38)》에 처음 등장하는 2개의 수교(受敎)를 찾아내 그 수교가 지금 이 사안에 적용된다고 주장하였다. 《경국대전(經國大典)(1485, 성종16)》에는 등재되어 있지 않고 그 후에 정립되어 《대전후속록》에 등재된 2개의 수교는 다음과 같다.

> "[60年 過限法 : 저자의 용어법] 양인·타인노비를 모점(冒占)하고 혹은 노양처소생(奴良妻所生)이라 칭하고 혹은 조상에게서 전급 받은 노비이지만 도망노비라고 칭하면서 소유권을 다툴 때, 당신(當身)(피모점자·도망노비)이 현존하지 않고 일[事, 모점·도망 등]이 60년 이전에 발생한 것이면 청리(聽理)하지 못한다.(凡冒占良人及他人奴婢 或稱奴良妻所生 或稱祖上逃亡奴婢 爭訟 而非當身見存 事在六十年以前者 勿許聽理)[正德十年三月十二日 本

曹受敎]"(《大典後續錄 刑典 決獄日限》)

"[물허진고환천법(勿許陳告還賤法) : 저자의 용어법] 2대(二代)에 걸쳐 연속하여 양역(良役)으로 행세한 자에 대하여는 그 자가 본래 천민(賤民)임을 진고(陳告)함을 허용하지 않는다.(連二代良役者 勿許陳告還賤)[正德十三年十一月初九日 承傳]"(《大典後續錄 刑典 賤妾子女》)

이하에서 앞의 조문을 '60년 과한법', 뒤의 조문을 '물허진고환천법'으로 약칭하기로 하자. 이익규는 설사 홍유구의 ⓐ, ⓑ 사실의 주장이 사실이라 하더라도 향춘의 도망 시점이 지금부터 100여 년 전의 일이므로 ㉯ '60년 과한법을 적용하여 홍유구의 주장을 배척해야 한다'고 주장한 것이다. 이익규의 '60년 과한법' 적용론에 대하여 홍유구는 ⓓ《經國大典 戶典 田宅》조의 다음 조문을 인용하여 '60년 과한법'은 자신의 사안에 적용이 없다고 반박하였다.

"전택(田宅) 소유권을 주장하는 자가 있을 때 소유권을 침탈당한 때부터 5년이 지났으면 청리하지 않는다. 그러나 도매(盜賣)당한 때의 본래의 권리자, 상송(相訟) 중이고 아직 결절이 없는 때, 자손 중 일부가 부모의 전택을 독차지하여 다른 자손이 균분을 주장할 때, 남의 논밭의 임차인이 영원히 집지(執持)하려고 할 때, 남의 가택에 세들어 사는 자가 영원히 집지하려고 할 때는 기한이 없다. ○ 고장(告狀)은 제출하였지만 입송(立訟)하지 않고 5년을 경과한 자의 쟁송도 역시 청리하지 않는다. 노비도 같다(凡訟田宅過五年則勿聽 盜賣者·相訟未決者·父母田宅合執者·因並耕永執者·賃居永執者 不限年 ○ 告狀而不立訟過五年者 亦勿聽 奴婢同)."

《경국대전(經國大典) 호전(戶典) 전택(田宅)》의 이 부분을 '과오년물청법'으로 약칭하기로 하자. 홍유구는 이 사안이 '과오년물청법'의 예외 중 '부모전택합집(父母田宅合執)'에 해당한다고 주장한 것이다.

(3) 청도 군수의 관찰사에게의 1차 첩보

청도 군수는 우선 홍유구가 ⓐ 사실의 점을 입증하기 위하여 제출한 문기(文記)에 향춘의 이름이 등장하지만 일개(日介)·일춘(日春)이 향춘의 자손이라는 점을 입증할 추가적인 증거가 없음(雖有逃婢香春之名 日介日春之爲其子孫 無他可據)을 약점으로 지적하였다. 청도 군수는 또 임란 이후의 호적에 향춘이 도망비(逃婢)로 현록되어 있음을 확인하였지만, 설사 소쟁 노비가 도망비 향춘의 자손이라 하더라도 그들을 환천(還賤)하려면 '집착(執捉)하여 고관(告官)'하는 절차를 밟아야 하는데[22] 사안에서 홍유구는 그런 절차를 밟지 않고 사적으로 화명을 받아내 '노(奴)와 주(主)가 말을 맞춘 것이 아닌가' 하는 의심을 하게 만드는 형적(私自推尋 以捧花名 則奴主符同之跡)이 있음을 하나의 위단(違端)으로 평가하였다.

청도 군수는 원고인 이익규에게도 약점이 있음을 지적하였다. 이익규는 일춘(日春)이 매식년(每式年) 청도군의 호적에 노의 양처(奴良妻)로 현록(懸錄)[23]되어 있음을 주장하였지만 일춘(日春)이 이씨(李氏) 가문의 문기 등에 등장하는 점을 입증하지 못하였다. 청도 군수는 이 점을 이익규 측의 큰 약점(大段違端)으로 평가하여 양측 모두에게 취약점이 있다고 보고 자신이 전결하기 적당하지 않다면서 관찰사의 지시를 청하였다(俱爲不當是乎矣 以郡守孤陋所見 不敢率爾斷決是乎等以 兩邊原情謄書上使爲去乎 道以參商行下爲只爲 報巡營).

---

22) "外方詞訟 務停後·務開前 以春分日爲務停 秋分日爲務開 除十惡·奸盜·殺人·捉獲付官逃奴婢·仍役據奪奴婢等 據執·盜耕·盜賣他人田地同. 一應關係風俗·侵損於人外 雜訟竝勿聽理. 京中 則惟恒居外方者 聽歸農. 其臨決觀勢 欲歸農者勿聽"(《經國大典 刑典 停訟》)

23) "奴終元之良妻日春帳籍 則內外四祖 皆以良人懸錄 而母名段 果以日介懸錄 所謂日介 果是香春之所 生 則日介之父金乙生 戶籍良中 必以妻香春懸錄"(41~45행).

(4) 관찰사의 회송

관찰사는 이 분쟁 사안에서 가장 중요한 논점을 60년 과한법의 적용에 있다고 보고 청도 군수에게 다음과 같이 지시하였다.

"위단(違端)을 논하기로 하면 그 경중이 매우 현격[24]하다. 60년 과한법은 법전에 있는 조문인데, 하물며 본 사안은 100년 전에 발생한 사안이다. 결송(決訟)의 도(道)는 무슨 신명(神明)한 견해로 하는 것이 아니고 오직 법전(法典)을 준수(遵守)하는 길일뿐이다. 이익규에게 결급하면 사리(事理)와 법례(法例)에 어긋나지 않을 것이다. 상고(相考)하여 시행하라.(論以違端 輕重殊懸焉 非當身現存 事在六十年 則勿許聽理 自是法典 況百年之久乎 決訟之道 自無神明所見 則惟當一遵法典 道之所見 決給於李益圭 不悖於事理法例 相考施行向事)"(144행~150행)

청도 군수는 관찰사의 회송대로 소쟁 노비의 소유권이 원고 이익규측에 있음을 확인(依使回送 決給於慶州居幼學李益圭處)하였다. 이익규에게 승소결절을 한 것이다.

그런데 당사자들의 법적 논변은 청도 군수와 경상도 관찰사의 법적 판단에 영향을 미쳤을까 아니면 전혀 영향력이 없었을까?

이익규는 이 사안에 60년 과한법이 적용되어야 한다고 주장한 반면 홍유구는, 이 사안은 '60년 과한법'의 적용이 없는 예외적인 사안이라고 주장하였다. 이익규는 '60년 과한법'과 '물허진고환천법'을 '조종조의 대경대법(祖宗祖 大經大法)'으로 칭하면서 "이 사안에 그 법들을 적용하지 않으면 어디에 적용한단 말인가?"라고 반문하고 또 '조업노비물한년(祖業奴婢勿限年)'이라는 홍유구의 주장에 대하여는 물한년법은 사손(使孫 법정상속인)중 일부가 합집사용(合執使用)한 사안이거나 도매(盜賣)로 재산을 잃은 자에게 적용되는 것이지 본 사안에는 적용이 없다(其矣等言內 祖業奴婢勿限年是如

---

24) 피고 홍유구측의 위단(違端)의 정도가 심하다는 취지로 보인다.

爲良置 法典內 使孫中 合執使用是去乃 合執盜賣是去等 有勿限年之法 子孫之
相訟 則有勿限年之法 而至於如此等事 亦有勿限年之法乎)고 주장하였다.

관찰사는 이익규의 이 법적 논변을 타당한 논변으로 채택한 것이다.

3. 일준법전(一遵法典)

이 글의 주제와 관련하여 주목하여야 할 관찰사의 논변 중 가장 주목할
부분은 "결송(決訟)의 도(道)는 무슨 신명(神明)한 견해로 하는 것이 아니고
오직 법전(法典)을 준수(遵守)하는 길일 뿐"이라는 논변 부분이다. 이 논변
은 과장된 수사적(修辭的 rhetorical) 표현일까?

16세기 말에 송관(訟官)을 역임한 것으로 추정되는 신번(申瀿)은 자신이
편찬한《대전사송유취(大典詞訟類聚)》발문(跋文 현대의 서문에 해당)에서
결절(決折)에 임하는 자신의 자세를 "법률에 따라 결절하여(상관으로부터)
한 번도 견책을 받지 않았다(每依法律 一無見責)"[25]고 술회하였다.

18세기 말부터 19세기 초까지 조선의 송관을 역임한 바 있는 정약용(1762~
1836)은《목민심서(牧民心書) 봉공6조(奉公六條) 수법(守法)》에서 다음과 같
이 논하였다.

"법(法)이란 군주의 명령(君命)이니 법을 지키지 않음은 곧 군주의 명령을
좇지 않는 것이다. 신하된 자가 감히 그렇게 할 수 있겠는가? 책상 위에
《대명률》1부와《대전통편》1부를 놓아두고 항상 찾아보아 그 '조례(條例)'
를 잘 알고 있어야 이로써 법을 지키며 명령을 시행하고 소송을 판결하며
일을 처리할 수 있다. 무릇 법조(法條)가 금지하는 바는 조금이라도 범해서
는 안 된다. 비록 전해 내려오는 읍례(邑例)가 시행 된 지 오래 되었다 하더
라도 진실로 왕법(王法)에 현저히 거슬리고 벗어난 것이라면 왕법(王法)을

---

25) 鄭肯植·趙志晩·田中俊光 역주, 앞의 책(잊혀진 法學者 申瀿 : 譯註大典詞訟類聚), 310면.

범할 수 없다.(法者君命也 不守法是不遵君命者也 爲人臣者其敢爲是乎 案上
置大明律一部 大典通編一部 常常披閱 具知條例 以之守法 以之行令 以之決
訟 以之處事 凡法條所禁者 不可一毫干犯 雖流來邑例 沿襲已久 苟於王法 顯
相違越者 不可犯也)"

정약용은 조선시대의 법을 '군주의 명령(君命)'으로 파악하고 그 구체적
발현형태로 《대명률》과 《대전통편》을 언급하고 있으며, 《대명률》과 《대전
통편》을 '왕법(王法)', '국법(國法)'으로도 표현하고 있다. 이하에서 《대전통
편》 등은 국전(國典)으로 약칭하겠다.

원고인 이익규는 저자가 60년 과한법(過限法), 물허진고환천법(勿許陳告
還賤法), 과오년물청법으로 명명한 조문들을 때로는 '국전(國典)', 때로는
'조종조 대경대법(祖宗祖大經大法)', 때로는 '신반사목(新頒事目)' 등으로 지
칭하고 있다. 베버가 말하는 일반적 규칙(a general rule)이란 수범자가 누구
이든, 사안의 성격이 무엇이든 가리지 않고 무차별적으로 적용되는 규칙을
말한다. 대명률과 국전은 조선의 신민(臣民) 모두가 준수하여야 할 일반적
규칙이었기 때문에 송관이 아닌 당사자도 변론에서 대명률과 국전을 스스
럼없이 인용하여 자신에게 유리한 주장과 입증을 전개할 수 있었다.

이 논문에서 검토한 1698년의 청도군 입안의 분쟁사례와 법적 논변은 그
중의 하나일 뿐이지만 저자는 지금까지 청도군 사례와 다른 방향의 결송입
안을 발견하지 못했다.

III. 당사자의 오결(誤決) 주장

조선시대의 법과 법전법(法典法 a codified law)이란 군주의 관료에 대한
명령(君命)이기 때문에 조선시대의 송관은 규범적으로 법전의 문리(文理)에
구속되는 것 같은 외관을 보였다. 그런데 이것이 혹 겉치레에 불과한 것이

아닐까?

전경목 교수는 조선후기 산송(山訟)사례에서 "하급심을 거치지 않고 월소(越訴)를 하거나 상급심의 판결을 하급심에서 따르지 않는 일 등이 아주 빈번하게 일어난 사실"을 발견하고 '사법제도의 문란' 현상으로 진단한다.[26] 그러나 조선시대의 법제를 정밀히 다시 진단하면 이 진단은 번복될 수 있다. 전경목 교수는 권리구제를 원하는 청원자가 군현수령의 결절을 기다리지 않고 그 윗 단계인 관찰사에게 막바로 의송을 제기하는 사례를 월소(越訴)라고 진단하지만 그런 의송제기를 합법화시키는 조문[각종 국전의 형전(刑典) 소원(訴冤)[27])이 있다. 결송입안 중에 관찰사에 대한 의송으로 시작하는 분쟁사례는 드물지 않다. 반면에 조선시대에는 송관으로 하여금 법을 무시할 수 없도록 심리적으로 압박하는 기제(機制 mechanism)가 작동되었다. 그 기제는 오결(誤決) 제도였다.

송관이 당사자의 정당한 법적 논변을 외면하여 결절하면 억울하다고 생각하는 당사자는 상급관사나 다음에 부임하는 수령에게 오결(誤決)을 주장하여 시정(是正)을 요구할 수 있었다. 이 시정요구는 소원(訴冤)이라는 절차를 경유하여 궁극적으로 군주의 귀에 들어갈 수도 있었다. 송관(訟官)의 오결이 드러나면 오결한 송관은 형사처벌을 받거나 행정적 징계를 받게 된다. 상송 사건을 "적정(適正)하게 결절(決折)하지 못한 관원을 처벌하는 오결관리결죄법(誤決官吏決罪法)이 제정된 것은 1405년(태종 5)이었다.

조선시대에는 오결(誤決)을 혼미오결(昏迷誤決)과 지비오결(知非誤決)로 구분하였다. "소장을 접수한 송관이 진위분간(眞僞分揀)을 제대로 하지 못하여 판결을 그르친 것이 혼미오결이며 원척(元隻)의 강약(强弱)을 변별하여 외강능약(畏强淩弱 강한 자를 두려워하여 약한 자를 능멸함)하는 게 지

26) 전경목, "山訟을 통해서 본 조선후기 司法制度 운용실태와 그 특징", 『법사학연구 18호』 (한국법사학회, 1997), 6면.
27) "訴冤抑者 京則呈主掌官 外則呈觀察使 猶有冤抑 告司憲府 又有冤抑 則擊申聞鼓."

비오결(知非誤決)"[28])이었다. 전경목의 지적처럼 삼도득신법(三度得伸法)이나 과한법이 자주 무시된 것이 사실이지만, 송관이 그렇게 한 동기는 '오결(誤決)을 시정해야 한다'는 강박관념 때문이었다. '오결(誤決)은 반드시 시정되어야 한다'는 믿음은 비효율적인 사고방식일지는 몰라도 이 사고방식에서 유래하는 현상을 가지고 '원님재판론'이나 '카디 사법론'과 연결시키는 것은 논리적이지 않다.

요컨대 조선시대의 송관은 항상 자신의 판단이 잘못되면 오결로 지목되어 궁극적으로 군주의 심사를 통하여 형사처벌이나 징계를 받을 위험에 노출되어 있었다. 그러나 우리가 오결 제도에서 간취하여야 할 사실은 송관으로 하여금 자의적인 결절(이른바 원님재판 혹은 카디 사법)을 하지 못하도록 하는 구조적·심리적인 기제가 작동하고 있었다는 점이다.

IV. 결어

조선시대 송관의 민사재판은 베버의 카디 사법 개념으로 포섭될 수 있는 사법이었는가?

이 논문의 결론은 다음과 같다.

첫째, 조선시대 민사재판에 임하는 송관(訟官)은 상당한 정도로 당시의 실정법의 법문에 구속되었다.

둘째, 송관(訟官)이 법문의 내용을 기계적으로 적용하지 않고 다소간 융통성 있게 적용하는 사례가 없지 않았다. 그러나 이 사례가 첫째의 자리매김을 번복해야 할 정도로 자주 행하여졌다는 증거는 없다. 물론 향후 이런 유형의 사례들이 있는지를 좀 더 검증하여 첫째의 자리매김을 수정할 필요

---

28) 한상권, "조선시대 詞訟에서의 誤決과 再訟", 『古文書研究 51호』(한국고문서학회, 2017. 8), 113~143면.

가 있는지를 재검증해 볼 필요가 있다.

셋째, 종래의 막연하고 허술한 원님재판론은 재고될 필요가 있다.

넷째, 조선시대의 민사사법은 적어도 카디 사법으로 포섭되는 사법이 아닌 것 같다. 카디 사법이란 막스 베버가 실체 비합리적 사법(substantive irrational justice)의 예로 든 사법이고 솔로몬식 재판처럼 송관의 자의와 재량으로 케이스 바이 케이스의 기조(ad-hoc base)로 행하여지는 사법이다. 조선시대 송관이 그런 식으로 결절한 사례를 대량으로 찾기는 어렵다.

제6장 19세기 조선의 민사집행의 실태*

Ⅰ. 문제의 제기

현대 한국에서는 민사집행법이 시행되어 민사재판의 승소인은 확정된 판결내용대로 자신의 권리가 실현될 것이라는 기대를 해도 좋다고 말할 수 있다. 그런데 조선시대에도 그러한 기대를 할 수 있었을까? 조선시대 민사쟁송의 내용과 절차를 소상히 보여주는 사료로는 결송입안(決訟立案)만한 사료가 없다. 그런데 결송입안을 읽으면서 가졌던 의문은 과연 '조선의 현실사회에서 송관(訟官)의 결송 내용[題音]대로 집행이 되었을까?' 하는 점

* 이 글은 古文書硏究 제57호(2020. 8)에 "19세기 조선의 민사집행의 실태"라는 제목으로 게재(219~241)된 논문을 수정·보완한 것이다.

이었다. 이 의문을 해소하기 위하여 저자는 이하에서 각종의 민장치부책(民狀置簿冊)류와 의송등서책(議送謄書冊)류, 그리고 고문서 기록을 사료로 활용하여 19세기 조선의 민사[2] 집행의 실태의 몇 가지 단면(斷面)들을 논증하려고 한다.

먼저 II, III, IV, VI에서 19세기 조선의 채권자·산주는 채권·묘지권 만족을 위하여 채무구금(imprisonment for debt) 수단의 사용을 강하게 청원(請願)하지만 송관은 그 수단의 사용을 꺼리고 가급적 채무구금을 최후수단으로만 활용하려는 자세를 보이고 있음을 논증한다. V에서는 "패소인이 수령의 데김대로 이행하지 않는 경우를 대비하여 국가의 성문법은 어떤 조치를 마련하고 있었을까?"를 살펴본다. VII에서는 관찰사가 송관에게 채무구금을 지시하는 사례를 실증적으로 드러낸다. VIII에서는 채무자 감옥(debtor's prison)의 기능을 겸하는 19세기 조선의 감옥을 논증하며, IX에서는 조선 정부가 채무구금의 최대 애용자였던 사실을 논증한다. X에서는 징벌적 형사사법 시스템과 채무구금의 관계를 논증한다.

이 논문의 결론은 다음과 같다. 고도로 합리화된 법제에서는 채무구금이 불법화되거나, 그렇지 않다 하더라도 채무구금은 비형사적 처분으로 운영되었다. 서양 중세의 채무자 감옥이 이 범주에 속한다. 조선 중기부터 출현한 구류간(拘留間)이 사옥(私獄)으로 표현된 것을 보면 구류간의 발상은 서양 중세의 채무자 감옥에 필적하는 존재였다. 19세기 조선의 채무구금은 형사적 프로세스의 일부로 편입되어 있다는 점에서 서양 중세의 채무자 감

---

2) 조선시대에는 민사와 형사가 확연히 구분되지 않았으므로 민사(民事)라고 표현하는 것이 부적절할 수 있다. 그러나 저자는 '직단(直斷)권이 군현의 수령에게 있으며, 다툼의 중점이 재산권과 신분권의 귀속에 있고, 또 다툼의 중점이 상대방의 처벌에 있지 않은 분쟁'을 민사 분쟁으로 파악하고자 한다. 다음에 이 글에서 '소송'이라 하지 않고 굳이 '쟁송'이라 칭하는 이유는 조선시대에 '소송(訴訟)'이라는 표현보다 '쟁송(爭訟)' 혹은 '상송(相訟)' 혹은 대송(對訟)이라는 용어가 더 많이 사용되었는데 그 중에서 쟁송이라는 용어는 현대한국에서도 친숙하게 사용되고 있기 때문이다.

옥과 다른 카테고리에 속한다.

II. 최후수단으로서의 채무구금

19세기 조선의 전형적인 민사 쟁송은 채송(債訟)과 산송(山訟)이었다. 기한부로 화폐[錢]나 화폐대용물[米·布·木]을 빌린 피고가 기한 내에 원리금을 갚지 못하면 채권자인 원고(原告, 당시의 용어는 元告이다.)가 피고의 채무 이행을 구하는 쟁송이 채송이고, 권한 없이 원고의 묘역(墓域) 내에 몰래 투장(偸葬)한 피고의 무덤을 이굴(移掘)하게 해 달라고 요구하는 쟁송이 산송이었다. 채송 사료보다 산송 사료가 더 많으므로 이하에서는 일단 산송 사료를 중심으로 살펴보지만 산송에서 나타나는 집행의 실태는 채송에서도 거의 비슷하게 나타날 것으로 추측된다. '누가 정당한 산주(山主)인가?' 혹은 '채권(債權)이 정당하게 성립하였는가?'를 따지는 문제에 대하여도 할 이야기가 많지만, 그 문제는 다른 기회에 논하기로 하고, 여기서는 오로지 19세기 조선의 민사집행의 실태에 집중하여 그 전형적인 모습을 그려보고 싶다.

저자가 분석대상으로 삼고 싶은 첫째 사안은 『고문서집성2: 부안 부안김씨편』(한국정신문화연구원, 1998)에 수록된 이속(吏屬) 신동환(辛東煥) 가문과 양반 김기순(金基淳) 가문의 산송 사안이다. 최근에 위 책의 역주본[3]이 출간되어 이하에서는 위 역주본에 의거하여 위 사안을 분석할 것이다.

기록상 가장 이른 시기에 등장하는 쟁송 문서는 1845년 11월에 김기순 등(이하 '원고'로 지칭한다)이 신씨측(이하 '피고'로 지칭한다)의 투장행위를 지적하여 부안 현감에게 "피고측(신희숙)을 법정으로 잡아다 법을 어기고 몰래 투장한 죄와 아랫사람이 윗사람을 능멸한 죄[4]를 우선 엄하게 다스

---

3) 안승준 외 역주, 『부안 우반 부안김씨 고문서 역주』(한국학중앙연구원출판부, 2017)

리고, 그 아들의 무덤을 즉시 파가도록 해 주십시오”라는 취지의 등장(等
狀)(3-42, 102쪽, ①)이다. 이 등장의 여백 부분에 표기된 부안 현감의 뎨김
은 “면임(面任)으로 하여금 산도(山圖)를 그려 오게 하라. 분산(墳山)이 있는
곳의 면임. 9일”이었다. 19세기 조선은 ‘누구든지 아직 주인이 없는 산지(山
地)에 장례를 치를 수 있다.’는 전제가 통용되고 있던 시기였다. 인가(人家)
에서 가까운 곳, 풍수지리상 명당(明堂)인 곳, 경제성 있는 송추(松楸)가 우
거진 곳을 힘 있는 가문에서 먼저 넓게 차지하는 풍조[이른바 산지광점폐
(山地廣占弊)]가 만연되었고, 역시 인가에서 가까운 곳, 풍수지리상 명당인
곳, 경제성 있는 송추(松楸)가 우거진 곳에 장례를 치르려고 하는 이속(吏
屬)과 평민(平民)·천민(賤民)도 늘어나기 시작하여 19세기는 ‘산송(山訟)의
시대’라고 말하여 이상할 것이 없는 시대가 되어버렸다. 아마도 원고 가문
에서 먼저 차지한 산지의 국내(局內) 부근에 피고측에서 죽은 이를 입장(入
葬)시킨 것 같다. 누구나 산지에 임의로 경계를 세워 ‘이 지역은 우리 가문
의 묘역’이라고 선언하는 것을 허용할 수는 없으므로 당시의 법전(法典)에
는 신분의 등급에 따라 묘역의 한계를 설정하는 기준이 마련되어 있었다.
가장 기초가 되는 기준은 ‘보수(步數)’와 ‘좌립구견(坐立俱見)’이라는 기준
이었다. 원고 가문에서는 피고측의 입장처(入葬處)가 자신들 선조 묘역의
‘보수(步數)’ 안에 해당한다든가 혹은 자신들 선조 묘역으로부터 ‘좌립구견
처(坐立俱見處 앉아서도 보이고 서서도 보이는 가까운 거리라는 취지)’라고
주장하면서 이를 입증하여야 할 의무가 생겼고, 반대로 피고측에서는 자신
들의 입장은 원고 가문의 보수 밖의 장소이고, 또 그 묘역은 김씨측 선조들
묘소로부터 ‘좌립불구견처(坐立不俱見處)’라고 주장하면서 이를 입증하여
야 할 의무가 생기게 된 것이다. 이럴 경우 송관이 직접 현장에 나가 피고
측의 입장이 투장인지 여부를 검증하는 것[이를 친심(親審)이라고 한다]이
바람직하였지만 친심할 여유가 없었던 송관은 면임 등에게 ‘산도(山圖)를

---

4) 김기순측은 사대부 집안이고 신씨측은 이속(吏屬)이어서 이런 표현을 한 것으로 보인다.

그러 오라'고 지시한 후 산도가 도착할 때까지 심리(審理)를 유보하였다. 원고측이 '11월 9일자 뎨김'을 피고측에게 보여주자 피고측이 원고측에게 "합의를 보자."고 청하여 '1846년 2월 중순까지 이장하겠다'는 취지의 수기[手記, 고음(侤音)으로 부르기도 한다.]를 작성하여 주었다. 그러나 1846년 5월이 되도록 피고측은 이장하지 않았다. 원고측은 1846년 5월에 부안 현감에게 다시 등장(等狀)을 올려 "신동환을 법정으로 잡아다가 이장하라는 뜻으로 엄명하게 분부"할 것을 청원하였다(3-43, 103쪽 ②). 이 청원에 대한 부안 현감의 뎨김은 "이미 수기를 발급해 놓고 기한이 지나도록 파 가지 않는 것은 너무도 근거가 없는 것이다. 엄하게 다스려 파 가는 것을 종용하고, 즉시 잡아 오되 (원문 결락) 완강히 거부하면 다시 (원문 결락)", "파낼 것을 종용하기 위하여 즉시 잡아 오라. 장자(狀者)에게. 초8일"이라는 것이었다. 피고를 잡아 오는 일을 원고(장자)에게 지시하면 피고가 순순히 응할지 의심스럽다. 과연 피고가 응하지 않아 원고측은 11일쯤 다시 소지를 올려 부안 현감에게 "엄한 차사(差使)를 파견하여 법정으로 잡아 와서 완강하게 거부한 죄를 무겁게 다스리시고, 그가 투장한 무덤을 즉시 파 가게 해 주십시오."라고 청원하였다. 이 소지에 대한 부안 현감의 뎨김은 "누차(屢次)에 걸친 관부(官府)의 제사(題詞)가 지엄한데도 잡아들이라는 명에 응하지 않고 있으니, 너무도 무엄하다. 본 일이 아니라 (관명에 불응한 죄를) 엄하게 다스리기 위해 그 자를 잡아 올 것. 주인(主人) 11일"이라는 것이었다. 뎨김의 뒤에 '주인'이라고 쓴 것의 의미는 원고측이 현감의 뎨김을 면주인에게 보여주고 면주인과 원고측이 협력하여 피고를 잡아 오라는 지시를 내린 것이다. 이 지시는 부안 현감의 지시대로 실현되었을까?

신동환이 부안현에 끌려 와 "며느리에게 산기(産期)가 있으니 49일이 지나는 21일 이후 윤5월 10일까지 파가겠다."고 다짐한 것을 보면 부안 현감의 지시는 일단 실현된 것으로 보인다. 그러나 신동환은 '윤5월 10일까지 파가겠다.'는 다짐을 이행하지 않았다. 이리하여 원고측은 다시 윤5월 어느 날 소지를 올려 "따로 엄한 차사(差使)를 파견하여 신동환을 법정으로 잡아 온 다음 매우 완강하게 거부한 죄는 장(杖)을 쳐서 가두시고, 투총은 즉시 파 가게 해서 천지에 사무친 사대부가의 원한이 풀어지게 해 주십시오."라고 청원하였다. 이에 대한 현감의 뎨김은 "다음 달 20일 이후에는 산전(産前)이든 산후(産後)든 따지지 않고 장을 쳐서 가두고 종용하여 파낼 것이다. 그 사이는 길어야 한 달을 넘기지 않을 것이니 우선 물러가 잠시 기다려라. 14일"(3-45, 105~106쪽, ③)이었다. 여기서 '장을 쳐서 가두고 파낼 것을 종용한다(嚴杖捉囚督掘)'는 표현에 주목할 필요가 있다.

이 문귀에 징벌(懲罰)의 취지가 스며들어 있기는 하지만 이 문귀에서 주목해야 할 포인트는 '피고가 의무(이굴)를 이행할 때까지 가두어 두겠다'는 취지의 메시지이다. 현대 한국에서는 이런 방식의 의무이행 종용은 간접강제를 허용하는 야만적인 조치로 평가되어 원칙적으로 금지된다. 현대 한국의 민사 강제집행법은 '직접강제 우선의 원칙', '물적 집행의 원칙'을 추구하기 때문이다. 이에 반하여 착수독굴(捉囚督掘, 이굴을 종용하는 간접수단)이나 착수독봉(捉囚督捧, 금전 채권의 실현을 종용하는 수단)은 간접강제 수단이자 인적 집행 수단이다. 현대 한국에서는 착수독굴이나 착수독봉을 민사유치 혹은 채무구금5)으로 자리매김하면서 가급적 쓰지 말아야 할 수단으로 지목할 것이다.

지금까지의 분석에서 드러나는 사실은 19세기 조선의 채권자는 채권 만족을 위하여 채무구금(imprisonment for debt) 수단의 사용을 강하게 청원하지만, 송관은 그 수단의 사용을 꺼리고 가급적 그것을 최후수단으로만 활용하려는 자세를 보이고 있었다는 점이다.

---

5) 채무자를 감옥에 구류(拘留)하고 채무자나 그의 친족이 갚을 때까지 구류를 계속함으로써 채무자나 그의 친족이 채무를 이행하도록 간접적으로 강제하는 조치를 지칭한다. 현대법에서는 물적 집행이 원칙이고, 인적 집행은 예외적으로만 인정[호문혁, 「독일 강제집행법에 관한 연구」, 『서울대학교 법학』 41권 4호, 124~125쪽]되기 때문에 민사 구류나 채무구금은 원칙적으로 금지된다.

피고(신동환)측은 1846년 8월이 되도록 이굴하지 않았다. 그리하여 원고
측은 8월에 부안 현감에게 다시 소지를 올려 "따로 엄한 차사를 파견하여
저 신동환을 법정으로 잡아 온 다음 형구를 씌워 엄하게 가두고 즉시 투총
을 파 가도록 해 주십시오."라고 청원하였다. 이에 대한 부안 현감의 뎨김
은 여전히 "명절(名節)이기 때문에 기한을 정하여 풀어 준 것이다. 만일 이
기한이 지나면 장을 쳐서 가두고 파낼 것이니 기다렸다가 다시 정소(呈訴)
하라. 17일."(3-46, 106~107쪽 ④)이었다. 이 뎨김을 보면 신동환은 짧게 한
차례 구금을 당하였지만 이굴하지 않은 상태에서 명절을 구실로 석방되었
음을 알 수 있다. 다른 한편 19세기 조선에서 채무구금이 실현되어도 모진
채무자는 채무를 이행하지 않는 수가 있으며, 국가측은 이런저런 이유로
채무구금을 오랜 기간 지속시키지 않으려 하였음을 알 수 있다.

원고측은 9월에 다시 소지를 올려 "신동환을 법정으로 잡아다 법을 무시
한 죄를 엄히 다스리시고, 그가 투장한 투총은 속히 파 가도록 해 주십시
오."라고 청원하였다. 이에 대한 부안 현감의 뎨김은 "이 소장(訴狀)이 없었
어도 이미 마음속으로 생각하고 있었다. 우선 물러가 열흘을 기다리면, 마
땅히 종용하여 파낼 길이 있을 것이다. 10일."(3-46, 107~108쪽 ⑤)이었다.
부안 현감의 이 뎨김은 오히려 이전의 뎨김보다도 소극적인 것이었다.

원고측은 10월에 다시 부안 현감에게 소지를 올려 "관가(官家)에서 엄하
게 패(牌)를 낸 상황에서도 아무렇지 않게 보아 굳이 소환에 응하지 않은
것이 몇 번인지 알 수 없으니, 이것이 관가의 명령을 심하게 능멸한 일이
아니겠습니까? (중략) 신동환에 대해서는 따로 엄한 차사를 파견하여 법정
으로 잡아 온 다음 엄하게 장을 쳐서 수감하고, 사대부 집안 역대 산소 주
맥(主脈)의 압핍(壓逼)한 곳에 있는 천한 아전의 투총을 즉각 파 가게 해 주
십시오."라고 청원하였다. 이에 대한 현감의 뎨김은 "이미 패를 내어 종용
하여 출두하게 하였다. 9일."(3-47, 108~109쪽 ⑥)이었다.

부안 현감의 이 뎨김은 ⑤의 뎨김보다는 적극적인 것이었지만 원고측을

만족시킬 수 있는 수준의 것은 아니었다. 부안 현감 차원에서는 일이 성사되기 어렵다고 생각한 원고측은 그 해 11월에 한 단계 수준을 높여 전라도 관찰사에게 의송(議送)을 올리는 작전을 구사하였다.

원고측 의송 소지의 골자는 "기한을 정하여 즉시 파 가라는 뜻으로 엄정한 제사(題辭)를 내려 저희 불초한 후손들로 하여금 피눈물을 흘리며 원망하는 일이 없도록 해 주시기를 천만 바라 마지않습니다."라는 것이고 이에 대한 관찰사의 뎨김은 "조사하여 파내라. 본관(本官) 초1일"(3-49, 109~110쪽 ⑦)이라는 것이었다. 관찰사의 뎨김은 부안 현감의 그것보다는 강력한 어조(語調)였다. 명령을 받는 수명자(受命者)는 부안 현감이므로 수명자가 장민·주인·차사일 경우와는 격(格)이 사뭇 다르기 때문이다. 그러나 관찰사의 뎨김은 "조사하여 파내라."는 것이므로 조사결과 원고의 청원에 근거가 없으면 원고의 청원을 거부할 수 있어서 그 강제력의 정도가 현저히 센 것은 아니었다.

III. 관찰사의 뎨김 이후의 상황 전개

전라도 관찰사가 원고의 의송 소지에 뎨김을 써 준 날짜는 1846년 12월 초1일이었다. 원고측은 이 소지와 뎨김을 12월 초6일 부안현에 접수[도부(到付)]시키고 12월 7일자로 "신동환의 투총은 장을 쳐서 수감하여 독촉해 파내기를 감영의 제사대로 하도록 해 주십시오."라는 소지를 올려 청원하였다. 이에 대한 부안 현감의 뎨김은 "패(牌)를 낼 일이다. 형방(刑房)에게. 7일."(3-50, 110~111쪽 ⑧)이었다. 이 뎨김의 수명자가 형방인 것으로 미루어 볼 때 신동환은 일시적으로 부안현에 잡혀 왔을 것으로 보인다. 그러나 다음 소지에서 보는 것처럼 여전히 이굴은 실현되지 않았다.

해를 넘겨 1847년 8월에 원고측은 다시 부안 현감에게 소지를 올려 "신동환에 대해 엄한 차사를 파견하여 법정으로 잡아 온 다음, 한편으로는 완강히 버티는 죄를 바로잡으시고, 한편으로는 투총을 파가게 해 주소서."라고 청원하였다. 이에 대한 현감의 뎨김은 "관가의 명령이 내려진 상황에서 어찌 감히 미적거릴 수 있단 말인가? 즉시 대령하게 하여 처결하게 하라. 신민(辛民)에게. 13일."(3-52, 114쪽 ⑨)이었다. 이 뎨김의 수명자는 피고인 신동환측이었다. 아마도 원고측이 소지와 소지에 쓰인 현감의 뎨김을 피고측에게 보여 주었을 것이고 그러면 피고측이 부안 현감의 지시를 읽을 수 있었을 것이다. 피고측이 위와 같이 추상같은 현감의 지시를 이행하였을까?

다음과 같은 원고측의 소지가 있기 때문에 피고측이 여전히 현감의 지시를 이행하지 않았음을 알 수 있다. 사료 ⑨의 소지가 성공하지 못하자 원고측은 재차 소지를 올려 "신동환을 법정으로 잡아 와서 엄하게 장을 치고 가둔 다음 그 아들의 투총을 즉시 파 가게 하도록 해 주소서."라고 청원하였다. 이에 대한 현감의 뎨김은 "신(辛)가놈을 잡아 오라. 장민(狀民)에게. 10일."(3-53, 115쪽 ⑩)이었다. 『고문서집성 2: 부안 부안김씨편』(한국정신문화연구원, 1998)에 수록된 이속(吏屬) 신동환(辛東煥) 가문과 원고(金基淳) 가문의 산송의 전말은 여기서 끊긴다. 그 이후 이 사건이 어떻게 진행되었는지 알 수 없지만 쉽게 해결되었을 것 같지 않다.

이굴을 원하는 원고측은 피고측의 이행을 담보하는 수단으로 채무구금을 요구하지만 현감과 관찰사는 그것을 최후수단으로만 활용하였음을 알 수 있다. 물론 구금상태를 견디는 것은 매우 괴로운 것이기 때문에 채무구금으로 이행이 강제된 케이스도 많을 것이다. 그러나 그 육체적 괴로움을 견뎌내는 피고측의 끈질긴 저항이 있는 경우에는 채무구금만으로 채권·묘지권을 만족시킬 수 없었음을 알 수 있다. 요컨대 19세기 조선에서 채무구금은 일정한 정도로 집행의 실효성을 보여줄 수 있었겠지만 19세기 조선의 채권자가 만족할 정도로 효율적인 수단은 아니었다.

IV. 송관의 한두 번의 용서

19세기 조선의 송관은 패소인이 뎨김대로 이행하지 않아도 한두 번쯤은 용서하고 말로 타이르는 자세를 취하였다. 송관은 패소[落科]인이 뎨김[題音]대로 이행하지 않아도 한두 번쯤 언어로 질책하기는 하지만 패소인이 자발적으로 이행할 때까지 지리할 정도로 인내하는 모습을 보였다. 승소인의 입장에서는 송관의 이런 자세가 매우 답답하게 느껴졌을 것이다. 『詞訟錄 1891년 2월 20일』에 다음과 같은 기록이 있다.

> ㉛ "南邊面 笛峴 鄭寅春 呈以 : 韓班龍直 偸葬於不盈尺之地 屢次落科 終不移葬事.
> 題 : ⓐ 屢次落科 又爲納侤 終不移去 民習駭然 ⓑ 事當嚴杖督掘是矣 姑爲容恕 卽爲掘去 更無煩訴向事 彼隻"[6]

남변면 적현에 사는 정인춘(鄭寅春)이 충청도 진천현(鎭川縣)에 올린 소지(所志)의 요점은 "한씨 양반 용직(龍直)이 채 한 자(尺)가 되지 않는 땅에 몰래 매장하여 여러 번 패소[落科]하였으면서도 끝내 이장하지 않고 있습니다. (그가 이장하도록 관에서 조치해 주십시오.)"라는 것이었다. 이에 대한 진천 현감의 뎨김[題][7]은 "ⓐ 누차 패소하고 또 (기한까지 이장하겠다는) 다짐을 제출[納侤]하고서도[8] 끝내 이장하지 않으니 민습이 놀랍다. ⓑ

---

6) 이영훈·오영교·김선경·윤정애 편, 『韓國地方史資料叢書 民狀篇 제9책 詞訟錄(奎古 5125~19)(642쪽)』. 이하 이 책은 '제9책 …쪽'의 형식으로 인용한다. 제9책의 『詞訟錄 (奎古5125~19)』 부분은 역주서(최윤오 옮김, 『재판으로 만나본 조선의 백성 : 충청도 鎭川 사송록』 혜안, 2013)가 출간되었다. ㉛부분의 번역은 역주서 121번(114쪽)에 있다. 향후 역주서를 활용할 때는 '역주서…번(…쪽)'의 형식으로 인용한다.
7) 대한제국기에 뎨김[題]은 '지령(指令)'이라는 용어로 변경된다. 예를 들어 『訴狀指令案』 (古5125-29)은 19세기 중반 이후의 『민장치부책』과 동일한 형식과 체제를 갖추고 있다.
8) 다짐을 제출[納侤]한 사실은 제9책 600쪽; 역주서 44번(76쪽)에 기록되어 있다.

마땅히 엄히 장(杖)을 쳐서 이장을 종용할 일이지만, ⓒ 한번 용서해 줄 테니 즉시 이장하여 정인춘이 번거롭게 다시 호소하지 않게 하라. 피고(彼隻)"⁹⁾의 취지이다. ⓒ와 같이 패소인의 불이행이 있어도 송관이 바로 처벌절차로 돌입하지 않고 한두 번 용서하는 모습을 보이는 사료는 얼마든지 더 제시할 수 있다.¹⁰⁾ 송관이 한두 번 용서하는 이유는 피고측이 도덕적으로 회개하여 뎨김 내용을 이행하거나 원고와 피고가 화해할 것을 기대하기 때문이다.¹¹⁾

　ⓐ 부분의 기술은 19세기 조선의 민사집행의 실태를 잘 드러내고 있다. 누군가가 송관[군현단위의 守令]으로부터 여러 번 승소 처분[得訟]을 받아들고, 또 패소인(落科者)으로부터 언제까지 뎨김 내용을 이행하겠다는 이행각서[侤音]¹²⁾까지 받아 내도, 패소인이 뎨김 내용을 이행하지 않는 경우는 앞(II.와 III.)에서 보듯이 비일비재하였다. 아래의 사료 ㊷, ㊸도 이 점을 보여주는 사료들이다. ㊷는 수령을 경유하여 관찰사에게의 호소(議送)를 여러 차례 경유하여도 일이 원만히 해결되지 않는다는 호소이다. 이 점은 앞(II.와 III.)의 사례에서도 실증되고 있다.

　㊷ "沔川 閔參議宅奴 順吉 呈以 : 矣宅畓券見奪於治下二西牛上居李致水 而屢呈議送 尙無妥結之日 又爲往訴於本府矣 至蒙押上之提飭 故玆以到付特爲押上裁判之地事
　　題 : 依府題 李致水 有査實事 狀民眼同李致水 捉待向事 主人"¹³⁾

9)　이하『詞訟錄(奎古5125~19)』의 번역은 역주서를 참조하되 동의하기 어려운 부분은 저자가 조금씩 변경하였다. 따라서 만약 오역이 있다면 그 책임은 저자에게 있다.

10)　일부만 적시하면 역주서 43번(76쪽); 역주서 114번(111쪽); 역주서 121번(114쪽); 역주서 154번(127쪽); 역주서 194번(144쪽)등이 있다.

11)　"官令之下 一向不悛 是何惡習是喻 事當懲勵 姑爲容恕是在果 翻然改悟 無至更訴向事"[역주서 194번(144쪽)]

12)　이승일, 근대 이행기 소송을 통해 본 전통 민사재판의 성격 ～ 侤音의 소송상의 의미를 중심으로~,『古文書研究』제51호, 2017. 8, 285~316쪽

㊸ "二東東里 李圭錫 呈以 : 民之曾祖山 壓腦之地 南面 大谷 李在文 偸埋 其父 而屢經 府題官拷 一向不掘事
題 : 納侤也 府題也 前後文蹟 若是昭然 理之當掘 推此可知 督掘次 牽待 向事 狀民"[14]

조선에서는 법제상 사력구제(私力救濟, self-help)가 허용되지 않았으므로[15] 피고측[彼隻]이 수령의 뎨김 내용대로 이행하지 않으면 승소측은 다시 또 수령과 관찰사에게 뎨김 내용의 실현을 구하는 소지를 제출하는 수밖에 없었다. 앞(II.와 III.)의 사례와 ㊶이 그런 사정을 잘 보여주는 사료들이다.

패소인이 수령의 뎨김대로 이행하지 않는 경우를 대비하여 국가의 성문법은 어떤 조치를 마련하고 있었을까?

V. 위금취리율(違禁取利律)과 결후잉집률(決後仍執律)

(51) "據執他人奴婢及決後仍執者, 杖一百徒三年, 徵役價給主。其不均分執者·合執專利者, 論罪後, 其應得奴婢, 屬公。田宅同。"(『經國大典 刑典 私賤』)

(52) "他人時執奴婢未訟前放賣者, 凡訟田·民已決後仍執者, 竝杖一百徒三年。"

13) 『詞訟錄(牙山)(奎想白古349·1035~Sa78)』(己亥(1899) 2월 초3일)(제9책 6쪽)
14) 『詞訟錄(牙山)(奎想白古349·1035~Sa78)』(己亥(1899) 2월 초4일)(제9책 10쪽)
15) "英宗四年, 本曹啓目, "近來兩班, 託以推奴徵債, 私門結縛, 以劍石鋪地, 倒置赤身, 勒捧手記。若不別樣處置, 無以懲戢。 黃壽仁, 囚禁科罪之意, 敢啓。" 判付內, "亂削鬢髮, 置諸劍石, 其何律文。其在勵百之道, 不可循例照律, 黃壽仁, 勿限年, 遠地定配。" 『秋官志 卷8 考律部 考律部 續條四 私門用刑 私門濫刑』 사력구제(私門結縛 私門用刑 私門濫刑)한 양반을 "勿限年 遠地定配"에 처한 사례이다. 또 각주 17번의 사료도 사력구제 금지를 담고 있는 사료이다.

(『續大典 刑典 聽理』, 『大典會通 刑典 聽理』)

(53) "凡山訟見屈後, 不爲掘移, 誣罔擊錚者, 以詐不以實律論。掘移納招後逃匿者, 以決後仍執律論。官吏之決折有違法理者, 以知非誤決律論。"(『續大典 刑典 聽理』, 『大典會通 刑典 聽理』)

(54) "山訟을 見屈ᄒᆞ야 掘移ᄒᆞ기로 納侤ᄒᆞᆫ 後에 逃匿ᄒᆞᆫ 者ᄂᆞᆫ 笞 一百에 處ᄒᆞ고, 該塚은 自官掘移ᄒᆞᆷ이라. 民事訴訟에 落科ᄒᆞ야 納侤ᄒᆞ고 逃避ᄒᆞᆫ 者ᄂᆞᆫ 笞 一百에 處ᄒᆞᆷ이라."(『刑法大全 第4編 律例上 第3章 斷獄及訴訟所干律 第1節 訴訟違犯律 第281條 [掘移納侤逃匿])

(55) "民事訴訟에 落科ᄒᆞ야 納侤ᄒᆞ고 逃避ᄒᆞᆫ 者ᄂᆞᆫ 笞 一百에 處ᄒᆞᆷ이라."(『刑法大全 第4編 律例上 第3章 斷獄及訴訟所干律 第1節 訴訟違犯律 第282條 納侤逃避』)

(56) "其負欠私債違約不還者, 五貫以上 違三月 笞一十 每一月加一等 罪止笞四十. 五十貫以上 違三月 笞二十 每一月加一等 罪止笞五十. 二百五十貫以上 違三月 笞三十 每一月加一等 罪止杖六十. 並追本利給主. 若豪勢之人 不告官司 以私債强奪去人孳畜産業者 杖八十, 若估價過本利者 計多餘之物 坐贓論 依數追還. 若准折人妻妾子女者 杖一百 强奪者加二等 因而奸占婦女者絞. 人口給親 私債免追."(『大明律 戶律 錢債 違禁取利』)

(56)은 일정 규모 이상의 사채(私債)를 일정 기간 이상 갚지 않는 행위에 대하여 태10부터 태50까지의 가벼운 형벌을 부과하는 대명률(大明律)의 조문이다. 사채의 규모가 250관 이상이 되기는 쉽지 않았으므로[16] 대명률의 채무불이행죄에 대한 비난은 매우 낮은 편에 속하였다. 참고로 현대 한국에서는 채무불이행 자체를 처벌하는 법규가 존재하지 않고, 만약 채무불이

16) 노혜경, 「조선후기 형정권의 분화 -구류간을 중심으로-」, 『조선시대사학보』 70, 2014, 276쪽.

행죄를 신설하자는 제안이 생기면 거센 비난과 반대에 부닥칠 것이다. 그러나 조선의 위정자들은 채무불이행을 최대 태50 혹은 장80으로 처벌하는 대명률에 만족할 수 없었다. 그리하여 조선정부는 형량 상한이 장100 도3년인 결후잉집률을 제정하여 운용하였다. ⑤1, ⑤2, ⑤3은 수령의 뎨김 내용을 이행하지 않는 패소인의 행위를 '결후잉집(決後仍執)'으로 지칭하면서 뎨김 내용 이행을 강화하려는 조선의 위정자들의 구상을 보여주는 사료들이다. ⑤4, ⑤5는 그와 같은 조선시대적 발상이 대한제국(大韓帝國) 시대에도 연장되고 있음(訴訟違犯律의 제정)을 보여준다.

그런데 수령의 뎨김 내용을 이행하지 않는 패소인이 생길 때 조선후기의 수령은 즉시 결후잉집률이나 위금취리율의 집행에 착수하였을까?

그렇지 않았다. 패소인이 뎨김 내용을 이행하지 않을 때 진천 현감은 ⓑ에서 보는 것처럼, 바로 관찰사에게 보고하거나 체벌(笞刑)을 시벌하지 않고, 한 번쯤 용서하여 패소인이 뎨김 내용을 이행할 기회를 더 준다. 19세기 조선의 수령들은 왜 이렇게 하였을까?

'처벌이 능사가 아니고 교화(敎化)가 우선'이라는 예주종법(禮主從法), 덕주형보(德主刑輔) 식 발상이 작용하였을 수 있다. 이 발상이 현실로 실현되는 수도 있었다.

요컨대 패소인이 뎨김내용대로 이행하지 않을 경우 수령(守令)의 선택지는 원칙적으로 ① 피고를 잘 설득하여 피고가 자신의 잘못을 인정하고 마음을 바꾸어 자발적으로 뎨김 내용을 이행하도록 독려[17]하거나, ② 피고로부터 언제까지 뎨김 내용을 이행하겠다는 다짐을 받아 원고에게 주거나(이것이 '納侤'이다), ①, ②와 동시 또는 ①, ②를 전후하여, ③ 이행하지 않으면 엄장(嚴杖)하겠다고 위협하는 것 중의 하나였다. 다음에 '事當嚴杖督掘'

---

17) 예를 들어 "杏井面 下里 李宅洙 呈以 : 火田還退事 蒙題到付于尹弁 則終不應從事 題 : 官令之下 一向不悛 是何惡習是喩 事當懲勵 姑爲容恕是在果 飜然改悟 無至更訴向 事 彼隻"[역주서 194번(144쪽)(제9책 672쪽)]

(⑪ ⓑ)이란 패소인에게 '엄장(嚴杖 신장으로 보인다)을 쳐서 이장을 종용하는 것이 마땅하다.'는 취지의 수령의 발언이다.

『사송록 1891년 1월 초10일』에는 다음과 같은 기록이 있다.

⑤ "만승면(萬升面) 만죽(晩竹)의 노비 박득종의 소지[呈以] : 양반 신은조(愼恩祚)는, 제 아우가 노름[雜技] 빚이 있다고 칭하면서, 이웃에 거주하는 피고(申氏) 양반에게 (제가) 맡겨둔[任置] 약장(藥粧)을 빼앗아 갔으니, (이것을) 돌려받게 해 주십시오.

녜김[題] : 설혹 마땅히 받을 물건[當捧之物]이 있고 갚을 사람이 이미 도망하여 몸을 숨겼으나, 그의 형에게 요구하는 것은 무슨 도리인가? 끝내 집을 뒤지는 것은 더욱 매우 놀라우며, 타인의 살림살이[什物]가 또한 그중에 있었다. 노름빚이 있다고 해서 족징(族徵)을 하거나 집을 뒤지거나, 심지어 다른 사람의 물건까지 받아 내는 것은 이미 법에서 금지하고 있는데도, 피고 양반은 홀로 공변된 법을 무시하는가? 낱낱이[這這] 돌려주도록 하고, 만약 예전처럼 계속 가지고 있으려 한다면, 곧 잡아서 엄히 다스리고[捉致痛懲] 마땅히 영에 보고하여 조율[報營照律]할 것이다. 피척(萬升面 晩竹 朴奴 得從 呈以 : 愼班 恩祚 稱有矣弟 雜歧債 隣居申班之任置藥粧奪去 卽爲推給事.

題 : 設或有當捧之物 當者旣爲逃躱 而徵於其兄 是何道理 末來搜家又極駭然 而他人什物 亦在其中 以雜歧之債族徵也 搜家也 至於推人之物 自在法禁 愼班獨無公法乎 這這還給是矣 若一向執留 則捉致痛懲是遣 事當報營照律向事 彼隻)"18)

⑧ "이곡면(梨谷面) 장양(長楊)의 김장손(金長孫)의 소지(呈以) : 제 아버지의 묘소 근처 방(동면) 화성에 이름을 알 수 없는 김가(金哥)가 몰래 매장하였으니 잡아서 독촉하여 파내게 해 주십시오.

녜김[題] : 김가가 고약한 사람을 얕잡아 보고 압근(狎近)하는 곳에 투장하였으니 이런 악습이 있는가? 즉각 굴이하여 장수독굴(杖囚督掘)당

18) 역주서 6번(58~59쪽)(제9책 585~586쪽)을 참조하여 저자가 다소 변경하였다.

하는 지경에 이르지 않도록 하라. 피척"19)

⑤에서 보는 것처럼 수령의 뎨김에 나타나는 '착치통징(捉致痛懲)'이란 관찰사에게 첩보하여 형사처벌에 필요한 절차(報營照律)를 진행시키겠다는 엄포였다. 그런 취지는 ⑤에서 더 선명히 드러난다.

이처럼 민장치부책류의 사료를 훑어보면 19세기 조선의 수령은 주로 ①, ②, ③의 수단을 선택하였고 채무구금은 최후수단으로 선택하였음을 알 수 있다.

VI. 채무구금을 요구하는 채권자·묘지권자

뎨김 내용의 이행을 간절히 원하는 소지 제출자[狀者]는 큰 틀에서 수령이 일단 ④의 프로세스를 진행시키도록 종용하되, 그 수단이 자신이 원하는 방향으로 작동되도록 유도하였다.

형사사법절차(criminal justice system)의 가동(稼動)이 예상되는 사안 중 본래 분쟁의 실상이 민사구제(채권만족20) 등)에 있는 사안들은 착수독굴(捉囚督掘)·착수독봉(捉囚督捧)으로 불리우는 특유의 채무구금(imprisonment for debt, 다른 용어로 '구류(拘留)'도 있다.) 성격의 방향으로 운영되었다. 이 부류의 용어들은 정규의 법령집이나 공식사료에는 잘 등장하지 않고 주로 민장치부책류와 고문서류에 등장하고 있어 종래 연구자들로부터 주목을 받지 못했던 키워드들이다.

⑥ "北二 窠城 洪直烈 呈以 : 郭順命 捉囚督掘 其兄塚事

---

19) 역주서 14번(63~64쪽)(제9책 589쪽)을 참조하여 저자가 다소 변경하였다.
20) 민장치부책류에서는 '推給'으로 표현된다.

題 : 過限不掘 事甚痛駭 卽爲捉來向事 主人"21)

⑥② "囚禁咸義黙 呈以 : 特爲放釋 則姜寡之錢 當趁卽備報事
題 : 在囚則必圖放釋 放釋則必圖不報矣 無死姜寡 何時俸錢乎 必於今月
內 準報後放釋向事"22)

⑥③ "北二 書堂 寡安氏 呈以 : 媤叔特爲放送 則姜寡俄當辦報事
題 : 姜寡有必捧之物 汝矣媤叔 有必不報之意 無論老妄之如何 家勢之如
何 備給後 始可蒙放向事"23)

⑥④ "淸州 李源星 呈以 : 姜汝祖 捉囚督掘其偸葬事
題 : 汝旣得訟 而有更査事 故彼隻使之更爲率待矣 初不率來暴惡官庭 極
爲可駭向事"24)

⑥①, ⑥②, ⑥③이 담고 있는 스토리는 다음과 같은 것이다. 곽순명은 자신의
형이 사망하자 죽은 형을 홍직렬의 산국(山局) 안에 투장한 것 같다. 홍직
렬은 곽순명 형의 무덤을 반드시 이장하게 하려고 연기 현감에게 착수독굴
할 것을 요청하였다. 착수독굴의 의미는 '곽순명 측의 사람 하나를 수금(囚
禁)시키고 곽순명측이 그 의무를 이행할 때까지 석방되지 않게 하는 것'이
다. 구금이라는 견디기 어려운 고통(捉囚)을 수단으로 삼아 의무(移掘, 給
錢) 이행을 종용(督掘·督捧)하려는 발상이다. 그러나 연기 현감은 홍직렬의
요청을 받아들이지 않고 면주인(面主人)에게 곽순명 측의 사람 하나를 잡
아오라고 지시하였다(⑥①). 그런데 ⑥②에 등장하는 함의묵(咸義黙)은 아마도
이미 독굴(督掘)의 취지로 착수(捉囚)되었을 것으로 추측된다. 수금되어 있

---

21) 『詞訟錄(燕岐)(國立한 34~33)(이하 이 자료는 '詞訟錄(燕岐 1858) 제9책(313쪽)' 형식
으로 인용한다.』

22) 『詞訟錄(燕岐1858) 제9책(315쪽)』

23) 『詞訟錄(燕岐1858) 제9책(315~316쪽)』

24) 『詞訟錄(燕岐1858) 제9책(355쪽)』

는 상태가 너무나 괴로워 함의묵은 연기 현감에게 "석방시켜 주면 채권자 강씨 과부에게 갚을 돈을 즉시 갚겠다."고 다짐하였다. 함의묵이 고통을 못이겨 장자(狀者, 강씨 과부)에게 채무를 이행하도록 종용하는 것이 착수독봉이 노리는 바이다. 연기 현감은 "갇혀 있는 사람은 반드시 석방되기를 고대하지만 석방되면 반드시 갚지 않을 것이다. 강씨 과부가 언제 돈을 돌려받을 수 있겠는가? 반드시 이달 안에 네가 갚은 뒤에야 너는 석방될 수 있다."고 답하였다(⑥②). 이번에는 함의묵 가문에 시집 온 과부 안씨가 "시숙인 함의묵을 특별히 석방해 주시면 강씨 과부에게 당장 갚겠습니다."고 다짐하였다. 연기 현감은 또 한 번 냉담하게 "강씨 과부는 반드시 받아야 할 물건이 있는데 너의 시숙은 반드시 갚지 않을 마음을 가지고 있을 것이다. 함의묵에게 노망(老妄)이 있든 말든, 가세(家勢)가 어떻든 갚을 돈을 마련해야 비로소 석방의 은전을 받을 수 있다."고 말했다(⑥③).

19세기 중반 이후에 발견되는 민장치부책류 사료에서 이와 유사한 사례들은 얼마든지 더 발굴할 수 있다.

⑥④ "溫陽 張文煥 呈以 : 民之七代祖 承旨公 山所腦後暗埋隱■之天安加■
里 崔公龍 今旣探知 捉囚督掘事
題 : 無難犯贓於士夫家 局內 當禁之地 已極痛駭 且究厥暗埋屢隱 則亦可
知其理屈矣 嚴飭督掘次 崔公龍 卽刻捉待向事 差使 狀民"25)

---

25) 『詞訟錄(牙山)(奎想白古349·1035~Sa78)』(이하 이 사료는 '詞訟錄(牙山)'으로 인용한다.) [1899년 5월 24일(제9책 82쪽)].

VII. 관찰사가 채무구금을 지시하는 사례

1. 閔承旨宅奴 今鳳 v. 全聖道 사례

⑦ "京居閔承旨宅奴今鳳狀內, 矣宅昨年七月分, 江陵蓬坪員 畓二十九斗落及橫城 內井谷面員 畓十二斗落, 田八日耕, 草家十一間 折價四千八百兩 買得於京居魚平山宅矣. 所謂 全聖道爲名漢, 此田庄, 渠以高永壽之所費錢懸保云, 中間沮戲, 不得秋收, 特爲江橫兩邑 更爲量案成給, 秋收賭地, 一一推給事.
　　題 : 觀此狀辭, 全民所爲, 成極無據, 同全民捉致詳査, 嚴繩其悖習, 兩年秋收, 這這推給, 仍囚報來向事. 隻在官"[26]

　서울 사는 민승지댁 노 금봉의 의송 소지는 "민승지 댁에서 작년(1890) 7월에 강릉의 연평원 답 29두락과 횡성 내정곡면원 답 12두락, 전 8일경, 초가 11간을 4800냥을 주고 서울 사는 어평산댁에서 매득하였는데 전성도라는 이름을 가진 자가, 그 전장(田庄)은 '고영수가 사용한 비용의 담보'라고 주장하며 중간에서 훼방을 놓아 추수할 수 없게 하니 특별히 위 강릉과 횡성의 양안(量案)을 다시 성급하여 주시고, 추수(秋收)와 도지(賭地)를 낱낱이 받게 해 주십시오."라는 내용이었다. 이에 대한 관찰사의 뎨김은 "이 민장의 말대로라면 전성도의 행위는 극히 근거가 없다. 위 전성도를 잡아들여 자세히 조사하고, 그 패습(悖習)을 벌주고, 양년의 추수는 낱낱이 받게 하고, 이어서 전성도를 감옥에 가둔 후에 보고하라. 척재관"이라는 것이었다.

---

26) 國史編纂委員會, 『各司謄錄27 江原道편1 議送謄書册』 [1891년 11월 15일(502쪽)]

2. 朴召史 v. 洪敬先 사례

⑫ "邑下朴召史狀內, 小女之夫 生時, 江陵 洪敬先處 淸人錢 三千兩 權德秀
尹敬化等 立得付給, 而過限不報, 同爲懲給後, 洪敬先處推尋次, 屢次議
送, 終不得捧, 特下處分, 洪漢處 右錢二千二百三十二兩, 這這推給事.
題 : 果如狀辭, 洪漢之所爲, 無異强盜也, 即爲捉囚, 同錢依所訴 督推後
報來是矣, 如或推諉, 同洪漢 定將羅 押上于巡中營向事 隻在官"27)

박조이의 의송 소지 내용은 "제 남편이 살아 있을 때 청인전(淸人錢) 3천
량을 빌려 강릉 사는 홍경선에게 주었는데, 홍경선이 기한이 지나도록 갚
지 못하여 대신 갚아 주었습니다. 홍경선으로부터 추심하려고 여러 번 의
송을 올렸지만 끝내 받지 못했습니다. 특별히 처분하시어 홍가 놈으로부터
위 돈 2232냥을 받게 해 주십시오." 였다. 관찰사는 "사실이 장사(狀辭)대로
라면 홍가 놈의 행위는 강도와 다르지 않으니 척재관(隻在官)은 즉시 홍가
를 잡아 감옥에 가두고 소지대로 그 돈을 받아 낸 후 보고하라. 만약 책임
을 전가하면 장라(將羅)를 정하여 순중영(巡中營)에 압송하라."

3. 李生員宅奴 福禮 v. 崔厚奉 사례

⑬ "今勿山面居 李生員宅奴 福禮狀內, 矣上典 先祖山, 在於本村, 以墓直則
山下居 崔厚奉擧行矣, 同厚奉 局內一隅, 居之父與祖入葬, 禁養松楸 無
難斫伐, 特爲松價這這推給事.
題 : 果如狀辭, 崔厚奉之所爲, 誠爲痛愡 發差捉來, 嚴杖枷囚, 詳査推給
向事 本官"28)

이생원대 노 복례의 의송 소지 내용은 "상전 선조의 산은 본촌에 있는데

---

27) 國史編纂委員會, 『各司謄錄27 江原道編1 議送謄書册, 1891년 11월 30일(508쪽)』
28) 國史編纂委員會, 『各司謄錄27 江原道編1 議送謄書册, 1891년 12월 초6일(511쪽)』

산밑에 사는 묘지기 최후봉이 묘터 한쪽 국내(局內)에 자신의 부와 조의 무덤을 쓰고 금양하던 송추를 함부로 작벌하였으니 송가(松價)를 낱낱이 받아 주십시오."라는 것이었다. 관찰사의 뎨김은 "사실이 장사(狀辭)대로라면 최후봉의 행위는 진실로 고약하다. 본관은 차사를 보내 잡아들여 엄장을 치고 칼을 씌워 가둔 다음 상세히 조사하여 (송추 값을) 받아주라."는 것이었다.

4. 진천 현감의 처분

㊶의 제사에 따라 정인춘은 바로 당일(1891년 2월 20일) 현감의 지시를 한용직(韓龍直)에게 보여주며 이장(移葬)을 요청하였다. 그러나 한용직이 무시하자 정인춘은 다음 날(1891년 2월 21일) 진천 현감에게 다시 한번 한용직의 장수독굴(杖囚督掘)을 요청하였다. 이번에도 진천 현감은 "즉각굴이(卽刻掘移)"하라는 지시를 반복[29]하고 있다. 정인춘은 4월 5일에도 억울하고 답답함을 호소하였지만 진천 현감은 "즉위굴이(卽爲掘移)"라는 지시만 반복[30]하고 있다. 그러나 다음에서 보는 바와 같이 진천 현감은 관찰사의 지시가 있으면 두말없이 관찰사의 지시를 따른다.

㊼ "栢谷面 九壽 金源成 呈以 : 矣身父在囚於淸安縣 甚爲冤枉 故往呈議迩 玆以到付事
    題 : 當依 營題文 移于淸安 押來更査 以爲報營向事"[31]

김원성(金源成)이 진천현에 올린 소지 내용은 "저의 아비는 청안현의 옥에 갇혀 있는데 너무나 억울합니다. 그래서 영문에 가서 의송한 끝에 그 의

---

29) 『詞訟錄(鎭川) 1891년 2월 21일(제9책 645쪽)』[역주서 128번(117쪽)]
30) 『詞訟錄(鎭川) 1891년 4월 5일(제9책 706쪽)』[역주서 281번(181쪽)]
31) 『詞訟錄(鎭川) 1891년 2월 21일(제9책 649쪽)』[역주서 136번(121쪽)]

송을 가지고 왔습니다."라는 것이었다. 진천 현감은 "마땅히 영제(營題)에 따라 청안현에 이문하여 압래하여 다시 조사하여 영문에 보고하겠다."는 제사를 내려 주었다.

㉠, ㉡, ㉢사례에서 나타나는 현상의 공통점은 다음과 같은 점이다. 의송 소지의 초점은 패소인의 부도덕한 범죄행위의 징벌보다 승소인이 입은 손해를 변상받는 데 있었다. 또 관찰사의 척재관·본관에 대한 데김의 초점도 패소인의 부도덕한 범죄행위의 징벌보다는 승소인의 손해를 변상해 주는 데 있다. 조선의 성문법(大明律과 國典)에는 이런 방향의 사법제도 운영에 관하여 명시하는 바가 없으므로 '착수독봉·착수독굴' 방향의 규범적 내용들이 한쪽 방향으로 고착화된다면 그것들은 관습적인 규범이 될 것이다.

VIII. 채무자 감옥(debtor's prison)의 기능을 겸하는 19세기 조선의 감옥

감옥을 순수하게 도덕에 기반한 형벌을 집행하는 수단으로 활용하지 않고, 채무자 감옥('착수독봉·착수독굴'하는 방향)으로 활용하면 그것은 거의 유럽의 중세에 채무자 감옥(debtor's prison)이 수행했던 기능과 유사한 메카니즘을 작동시키는 것이다. 18세기의 조선에서도 통상의 감옥과 구별되는 별도의 수용시설이 등장하여 논의의 대상이 된 적이 있다. 조선측 사료에서는 구류간(拘留間)으로 지칭되고 연대기 사료에서는 이 시설을 사옥(私獄)으로 지칭하기도 한다.[32] 조선의 군주들은 이 시설을 부정적으로 평가하여 그 존재가 보고되기만 하면 철폐할 것을 지시하지만, 그 필요성(확실한 부세 수취수단) 때문에 이 시설들은 현실에서 자주 부활되었다.

---

32) 노혜경, 「조선후기 형정권의 분화 -구류간을 중심으로-」, 『조선시대사학보』 70, 2014, 271~305쪽.

어쨌든 감옥이 수행하는 실제의 기능이라는 각도에서 19세기 조선의 감옥을 바라보면 19세기 조선의 감옥도 부분적으로 채무자 감옥과 비슷한 기능을 수행하였다고 말할 수 있다. 로마법을 계수한 근세·근대 유럽의 법제, 그리고 근대 유럽의 법제를 계수한 일제강점기의 법제는 채무자 감옥 현상을 다음과 같이 부정적으로 바라본다. 20세기 초에 조선에서 사법 실무를 담당하였던 일본인 관료들은 좌담회에서 다음과 같이 회고(回顧)하였다.

> "(전략) 법률의 대부분은 불비합니다. 그 중에서도 절차에 관한 법규가 가정 불완전합니다. 예를 들어 민·형사를 불문하고 피고인을 구류·투옥하며 증인이나 참고인 등을 모두 고문하는 것이라든가 또 판결의 형식에 관해서도 개국 504년에 법률로 규정했는데도 불구하고 소장(訴狀) 한 모서리에 한두 줄의 지령(指令)을 쓰는데 불과한 정도의 상태입니다."33)

> "지금 생각하면 (중략) 기이한 감이 있는 것은 채무자의 재산에 대하여 강제집행을 구할 수 있는 채권자는 채무자의 유치를 신청할 수도 있다고 하는 규정입니다. 이 민사유치의 규정은 (중략) 법무보좌관 시대부터 폐지하기로 결정했는데 왜 민사소송규칙에 이를 인정34)했는가 하면 '당시는 민사의 집행기관은 전연 없고 또 오래된 관례이므로 일본 사법관의 손으로 운용의 묘를 기한다면 잠시 이를 존치하는 편이 좋지 않겠는가?' 라는 의견이 많았던 것으로 생각됩니다. 그러나 이 조항에 관해서는 역시 폐해가 있었던 것으로 보이며 그 후 곧 이는 폐지되었습니다."35)

일제강점기부터 조선에서는 채무자 감옥 현상을 금지하고 억제하는 방향의 역사가 진전되게 되었다. 그러나 현대 한국에서도 채무자 감옥의 잔

---

33) 남기정역, 『日帝의 韓國 司法府 侵略實話』, 育法社, 1978, 48쪽.
34) 이홍수·田中正身, 『日韓文對照 韓國民刑訴訟法註解』 1909, 廣學書鋪, 138조-141조 (308~311쪽)
35) 남기정역, 『日帝의 韓國 司法府 侵略實話』, 育法社, 1978, 88쪽

상이 대단히 깊숙하게 남아 있고 부분적으로 제도화된 부분도 없지 않다. 예를 들어보자. 현행 민사집행법에는 채무자가 정당한 사유 없이 재산명시 기일에 불출석하거나, 재산목록 제출을 거부하거나, 선서를 거부하면 법원의 결정으로 20일 이내의 감치(監置)에 처할 수 있다는 조문(68조 채무자의 감치 및 벌칙)이 있다. 대략 연간 3만 명 정도가 감치되고 있다고 한다. 또 최근에 이혼 뒤 양육비를 제대로 지급하지 않는 전(前) 배우자에게 감치 명령을 내릴 수 있는 기간이 3개월에서 6개월로 2배 늘어났다. 감치는 의무자가 의무를 이행할 때까지 유치장 등 특정 장소에 가두어 두는 조치이므로 이 조치는 구래(舊來)의 채무구금이 현재까지 잔존하는 제도라 할 수 있다.

　로마에서도 채무불이행으로 인한 구금이 기원전 5세기경에 존재하였던 것 같다. 초기 로마법인 12표법(Leges Duodecim Tabularum)에 채권자의 요청이 있는 경우 사건이 심리될 때까지 채무자를 체포, 구금할 수 있도록 하는 규정이 있었다. 그러나 로마에서는 일찍이 기원전 326년에 채무자의 구금을 허용하는 법이 폐지되어 채무불이행자에 대한 구금이 불법화되었다. '채무자를 구금하여 두고 그의 가족이 빚을 갚을 때까지 시설에 유치하여 둔다'는 사고는 로마를 제외한 거의 모든 문화권에서 유사한 모습을 찾아볼 수 있을 정도로 전근대 사회, 심지어 현대의 멜라네시아·아프리카 지역에서는 보편적으로 발견되는 관행이다.36)

---

36) Jay Cohen, "The history of imprisonment for debt and its relation to the development of discharge in bankruptcy" in The Journal of Legal History, 3:2, 153~171(1982); Kevin Costello, "Imprisonment for Debt in early Nineteenth Century Ireland, 1810~1848" in UNIVERSITY COLLEGE DUBLIN Working Papers in Law, Criminology & Socio-Legal Studies Research Paper No.09/2013 ; Jerry White, Mansions of Misery: Biography of the Marshalsea Debtors' Prison, The Bodley Head, London, 2016; Rachel Well, "Debt Imprisonment and the City" in History Workshop Journal, Issue 87, Spring, 2019, pp.283~289. Neil L. Sobol, "Charging the Poor: Criminal Justice Debt & Modern-Day Debtors' Prisons" in MARYLAND LAW REVIEW, VOL. 75, p.512.

영국에서는 1066년 노르만 정복 때까지 채권자가 채무불이행자를 노예화하는 것이 허용되었었다. 1267년에는 채무불이행자에 대한 구금을 허용하는 규정이 만들어졌으며, 1285년에는 채권자의 부탁에 따라 보안관(sheriff)이 채무불이행자를 즉각적으로 체포·구금할 수 있도록 하는 규정이 제정되었다. 영국인들이 북아메리카로 이주, 정착하면서 이 법들은 미국에 계수되었다. 18세기 무렵부터 '채무자 수용시설'에 대한 반성론이 대두되어 19세기에는 몇몇 주들이 채무불이행자에 대한 구금을 금지하는 주헌법을 제정하였으며, 20세기 초에는 대부분의 주들이 주헌법이나 주의회법률로 채무불이행자에 대한 구금을 금지하기에 이르렀다.[37] 세계사적으로 볼 때 채무자 수용시설 현상이 점차 약화되는 이유는 어디에 있을까?

첫째, 채무자가 구금되어 있는 동안에는 그가 일을 아예 할 수 없게 되므로 채무구금제도는 전사회적으로 볼 때 유익한 발상이 아니다. 둘째, 채무불이행자를 구금하는 것은 채무자 본인과 가족에게 과도한 고통을 준다. 이리하여 대한민국도 가입·비준한 '시민적 및 정치적 권리에 관한 국제규약' 11조는 '누구든지 계약상 의무의 이행불능만을 이유로 구금되지 아니한다(No one shall be imprisoned merely on the ground of inability to fulfill a contractual obligation)'고 규정한다. 현행 형사법상 채무불이행 자체를 범죄로 규정하거나 채무불이행을 처벌하는 발상과 연결되는 조치는 부정적인 평가를 받고 있다.

19세기 조선의 채무구금 현상은 유럽식 근대법의 견지에서는 부정적으로 평가되지만, 근세조선의 법제, 특히 민사쟁송 관련 사료를 분석할 때 이 현상을 무시하고 조선의 사법 시스템을 심층적으로 분석하는 것은 거의 불가능한 일이다. 착수독봉·착수독굴이라는 키워드를 잘 알고 있으면 민장치부책류와 고문서류의 국역이 매우 용이하게 된다. 반대로 이를 모르면 도

---

37) Becky A. Vogt, "STATE V. ALLISON: IMPRISONMENT FOR DEBT IN SOUTH DAKOTA" in *South Dakota Law Review*, 2001, pp.338~348.

처에서 오역(誤譯)이 발생한다.

IX. 채무구금의 최대 애용자였던 조선 정부

⑨ "色吏與牟利輩符同偸竊者, 移送捕盜廳, 定限督捧後, 移本曹照律處置。
過限終不納者, 蕩滌, 以計贓律論。"(『續大典 刑典 贓盜』, 『大典會通 刑
典 贓盜』)

⑨ "斗淳曰, 向者竝與犯贓朝臣家僮, 捉囚督捧矣。因乖沴之大燬, 不得已保放
矣。晉州邸連, 亦尙不刷納云, 誠甚駭然矣。上曰, 寧有如許法紀乎? 斗淳
曰, 三邸吏, 謹當更囚督捧矣。"(『승정원일기 철종 13년(1862) 9월 5일』)

⑨ "傳曰, 釜山前後僉使之所犯公貨督捧事, 纔有政府覆啓矣。今若循例議處,
則雖或爲徵礪 之道, 亦必無捧出之方, 自廟堂分付秋曹, 所犯人家僮, 一一
捉囚, 期於準捧以聞, 則當有處分矣, 就囚諸人, 姑爲放送"(『승정원일기
고종 2년(1865) 3월 1일』)

⑨ "議政府啓曰, 釜山前後僉使, 所犯公貨, 捉囚家僮, 期於準捧以聞, 命下
矣。前僉使申泰善, 所犯一千六百兩, 今已畢納, 其外諸人處, 更爲嚴飭秋
曹, 刻期督捧之意, 敢啓。傳曰, 知道。"(『승정원일기 고종 2년(1865) 3
월 5일』)

⑨ "第三條 本法律에 犯ᄒ야 被逮ᄒ 者를 結審責納日로 起ᄒ야 終身 以下
에 處ᄒ 者ᄂ 六個月이며, 死刑에 處ᄒ 者ᄂ 一個年으로 定限督納호ᄃᆡ,
過限ᄒ거든 依律處斷홈이라。"(『法律 第三號 公貨欠逋人處斷例』)

색리(色吏)가 모리배와 공모하여 관물(官物)을 훔치면 포도청으로 이송하

여, 기한을 정하여 변상하도록 독려한 후 형조로 이송하여 조율처치한다
(⑨1). 조신(朝臣)이 장죄를 범[犯贓]하면 조신 대신 그 집안의 가동(家僮)을
착수독봉한다(⑨2). 부산(釜山)의 전·후 첨사(前後僉使)가 공화(公貨)를 횡령
하였다. 통상의 절차를 진행하면 큰 효과를 보지 못할 테니 범인들의 가동
을 일일이 착수하여 독봉하자는 건의가 있었고 군주가 이 건의를 재가하였
다(⑨4). 그리하였더니 성과를 보았다(⑨3). 19세기 조선에서는 국고손실이
발생할 때마다 채무구금 수단의 채택이 케이스 바이 케이스의 기조로 수행
되었지만 거기서 얻은 노하우를 토대로 대한제국기에는 이를 추상화시킨
법률(公貨欠逋人處斷例)이 제정되었다.

　　채무구금 수단의 최대 애용자는 조선정부였다. 지방 차원에서도 수령들
은 부세징수를 위하여 착수독봉을 애용[38]하였다. 참고로 메이지 시대의 일
본국에서는 민간 부문의 채무구금은 금지시켰지만[39] 국세징수분야에서는
채무구금을 공식적으로 허용하였다.[40] 淸代 중국에서도 민간 부문에서의
채무구금이 존재하였다.[41]

X. 징벌적 형사사법 시스템과 채무구금의 관계

　　앞(VI, VII, VIII, IX)에서 저자는 조선 감옥이 부분적으로 채무자 감옥 기능
을 수행하였던 측면을 논증하는 데 주력했다. 그러나 조선의 사법 시스템

---

38) 『詞訟錄(鎭川) 1891년 2월 21일(제9책 669쪽)』 [역주서 187번(141쪽)]

39) 三谷忠之, 日本の民事執行制度の歴史及び近時の民事執行法改正について, 香川法
学 33巻 3・4号, 2014, pp.65~84.

40) 小柳春一郎, 「明治期の國税滯納處分制度」, 『税大ジャーナル』 14, 2010.6., pp.1~22.

41) C. R. Boxer, *South China in the Sixteenth Century: Being the Narratives of Galeote
Pereira*, Fr. Gaspar Da Cruz, O.P. [and] Fr. Martín de Rada, O.E.S.A., Works Issued
by the Hakluyt Society, 1847

에서는 감옥이 결옥(決獄) 순간까지 미결수를 구금하는 미결감옥의 측면에
서 작동하고 있었고 오히려 이 측면이 조선의 사법시스템의 본류(本流)에
해당한다. 우리는 양자의 측면을 잘 구별할 필요가 있다. 아래의 사례는 부
도덕한 행위를 징벌하여 궁극적으로 예(禮)와 덕(德)을 현양(顯揚)하려는 조
선 사법의 작동 모습들을 보여준다.

> ⑩ "南面 松楔 單呈以 : 設楔于今四五年 而楔中別任 不善禁松
> 題 : 犯斫之誰某 初不報來 指稱別任之不善禁護 事深糊塗 別任段 自本洞
> 爲先嚴杖二十度後 形止報來向事 公員"42)

> ⑩ "弘農駕馬尾 李召史 狀以 : 同村 金水萬 素以悖惡之類 外上酒不給是如
> 無數毆打矣女 捉來嚴懲事
> 題 : 如此悖惡漢 不可不嚴懲 自捕廳 嚴杖四十度後 監杖向事"43)

> ⑩ "道內 平昌郡民人等狀 : 邑下居退吏 高弼謨爲名漢 素以悖惡之種 前等座
> 政時 身爲下吏 凌辱官庭矣 今此依甘辭 押送次捉致 則厥漢突入官庭 語
> 逼犯分 特爲多發校卒 捉致法勘事
> 題 : 高漢罪犯 至凶統牌 不可晷刻容貸 故發遣巡中營校卒 眼同橫教 與本
> 邑將差 押送于橫鎭之意 已有於邑報及諸吏等狀之題向事"44)

⑩, ⑩는 피의자에 대한 군현의 수령 수준에서의 조치이고, ⑩은 피의자
에 대한 관찰사 수준에서의 조치이다. 송계(松楔) 별임(別任)의 금호(禁護)
작업이 부실하자 남면 송계에서 별임에 대한 징계를 수령에게 요청하였다.
그러자 연기 현감은 공원(公員)에게 "먼저 동(洞)에서 엄장(嚴杖) 20도를 시

42) 『詞訟錄(燕岐1858) 제9책(305~306쪽)』
43) 『韓國地方史資料叢書 民狀篇 第四册 民狀置簿册(靈光)(奎27609~1)(1870년 6월 24일
   (26쪽)』
44) 國史編纂委員會, 『各司謄錄27 江原道編1 議送謄書册, 1891년 12월 초6일(506쪽)』

벌(施罰)한 후 상황을 보고하라."고 지시(⑩)하였다. 홍농(弘農) 가마미(駕馬尾)의 김수만(金水萬)이 마을에서 주정(酒酊)하면서 행패를 부린다는 보고를 받고 영광 군수는 포청(捕廳)에 "김수만을 잡아들여 엄장 40도를 시벌하고 상황을 보고하라."고 지시(⑩)하였다. 평창군의 퇴리(退吏) 고필모가 수령이 집무하는 장소에서 안하무인격의 행위를 반복하자 평창군민들이 강원도 관찰사에게 이의 시정을 요구하는 의송을 올렸다. 관찰사가 즉시 "고필모를 횡성진(橫城鎭)까지 압송하라."는 지시를 내렸다. ⑩, ⑩, ⑩은 모두 당시로서는 부도덕하다고 평가되는 범죄행위들을 징벌하고 궁극적으로 교화가 펴지기를 도모하는 도덕적 형사사법 시스템이 작동하는 모습을 그리고 있으며, 여기서 채무자 구금 기능의 측면은 거의 보이지 않는다. 이 사료들과 다음 사료를 비교해 보자.

　⑩ "서암면(西岩面) 입장(笠長) 박천인(朴千仁)의 소지[呈以] : 당초의 산송일[山訟事]은 차가(車哥)가 자기 손으로 굴총(掘塚)하였고 늑굴(勒掘)한 것이 아니니 삼종(三從)을 즉시 석방해 주십시오.
　　데김[題] : 너의 삼종(三從)의 죄는 감배(勘配)함이 마땅하나 용서할 테니 차가와 화해하여 식송하라(西岩面 笠長 朴千仁 呈以 : 當初山訟事 車哥自手掘塚 果非勒掘 三從卽爲放釋事.
　　題 : 汝之三從罪當勘配 姑爲容恕是在果 與車哥 和好以爲息訟向事)."[45]

　아마도 삼종(三從 박천인의 삼종친으로 보인다.)은 수령으로부터 패소처분(落科)을 받고도 이굴하지 않아 보영(報營)되어 착수독굴 처분을 받아 수감되었던 것 같다. 그런데 삼종이 투장했던 묘를 스스로 이굴[自手掘塚]하였다. 이 사실을 원고 박천인(朴千仁)이 수령에게 전하면서 석방을 요청하였다. 아마도 박천인과 차가(車哥) 사이에 화해가 성립되었을 것이다. 원고 박천인이 이 사실을 진천 현감에게 전하자 진천 현감이 삼종을 감배(勘配) 절

─────────────
45) 『詞訟錄(제9책 670쪽)』[역주서 189번(142쪽)]을 참조하여 저자가 다소 변경하였다.

차에 회부하지 않고 석방하였다. 이렇듯 19세기 조선의 감옥은 '부도덕한 범죄행위를 징벌하고 교화를 도모하는 감옥으로서의 기능'을 수행하는 도중에 부수적으로 '채무자 감옥의 기능'을 수행하고 있었다.

채무자 중에는 채무이행 능력이 있는데도 고의적으로 채무이행을 하지 않는 악덕 채무자가 있다. 그런가 하면, 당초에는 성실하게 채무를 이행하려 하였으나 자신이 감당할 수 없는 외부적인 사정으로 채무를 이행하지 못하는 채무자도 있다. 채무구금을 부정적으로 평가하는 법제는 후자의 채무자를 보호하려는 발상에 기초하고 있다. 악덕 채무자는 어떤 방책을 써도 단속하기 어렵다. 발전된 '합리적 사법제도(rational justice)' 하에서 채무구금은 민사사법제도는 물론이고 형사사법제도에도 도입되지 않는 것이 바람직하다고 간주되고 있다. 19세기 조선의 채무구금은 징벌적 형사사법 시스템의 초기 절차에 올라타 민사집행의 실효를 도모하는 절차로 기능하였다.

첫째, 19세기 조선의 채무구금이 작동하려면 일단 채무자의 형사규범 위반이 인정되어야 한다. 결후잉집율(장100 도3년)과 위금취리율(태20부터 태50까지)이 그 근거형률이었다. 둘째, 19세기 조선의 법제상 형신(刑訊) 권한은 관찰사급에 보류되어 있으므로 채무로 인하여 구금된 자에게 형신 기타의 물리력을 가하려면 관찰사(지방)와 형조(수도권)의 이니셔티브가 작동하거나 궁극적으로 관찰사와 형조의 승인이 필요했다. 그러나 단순한 수금(囚禁)은 수령의 재량으로 행하여진 것 같다.

고도로 합리화된 법제에서는 채무구금이 불법화되거나, 그렇지 않더라도 채무구금은 비형사적 처분으로 운영되었다. 서양 중세의 채무자 감옥이 이 범주에 속한다. 조선 중기부터 출현한 구류간(拘留間)이 사옥(私獄)으로 표현된 것을 보면 구류간의 발상은 서양 중세의 채무자 감옥에 필적하는 존재였다. 19세기 조선의 채무구금은 형사적 프로세스의 일부로 편입되어 있었다는 점에서 서양 중세의 채무자 감옥과 다른 카테고리에 속한다.

제7장 1인상명 담론과 명청률*

Ⅰ. 문제의 제기

하나무라 요시끼(花村美樹, 1894 출생, 이하 '하나무라'라 약칭함)는 1968년 조선학보(朝鮮學報) 제48집에 '(조선에서의) 1인상명(一人償命)[1]'이라는 짤막한 논문을 발표하였다. 그 논문의 요지는 "조선[李朝]은 국초부터 대명

─────────────────────

* 이 논문은 법사학연구 51(2015. 4)에 게재된 "1인상명 談論에 대한 再考"을 수정·증보한 것이다.

1) 하나무라는 그 의미에 대하여 본문에 있는 것처럼 '一個의 생명에 대하여는 1개의 생명으로 갚게 한다'는 정도로 다소 막연하게 파악하였다. '1인상명'이라는 용어법은 명대에 출현하여 조선에 전파되었고 청대에도 형사실무에서 익숙하게 사용된 용어법이다. 조선초기의 문헌은 '償命'을 '행흉인을 죽여 죽은 자의 목숨을 갚게 하는 것(償酬也 償命謂殺其行凶之人 而酬報死人之命也)'(新注無冤錄, 한국과학기술사자료대계 의약학편 49, 여강출판사, 1988, 150면)으로 정의하였다. 명·청대 중국인들과 조선시대의 조선인들이 이 용어를 어떤 의미로 사용했는지 자체가 상세한 분석의 대상이다.

률을 의용하기로 하였지만, ① 수인이 공동하여 1인을 모살(謀殺)(기수)(305
조²))한 경우에 국왕은 명률이 정함(305조)과 달리 1인상명이라는 독특한
법리를 내세워 재판[裁判]한 사례가 특필할 만하다. 그(1인상명) 유래를 추
적하면 ② 당시의 정치체제가 국왕의 재단을 명률보다 우선시킬 가능성이
있는 것, 즉 명률의용은 장식[文具]에 불과하고 국민성이 generous 하여, 율
이 정한 바에 충실히 따르는 것에 의미를 두지 않은 것에 기인"하고, "③
(조선인은) 1개의 생명에 대하여는 1개의 생명으로 갚는데(償, 抵) 그치게
하는 것이 보다 인도적"이라고 생각하였다는 것이다. 나아가 그는 이 현상
에서 "④ 이조의 명율 의용의 의미, 형사재판의 실태를 볼 수 있다."고 진
단하였다.

하나무라는 1918년 8월 조선총독부 사법관시보(司法官試補)로 임용된 것
을 계기로 조선 땅을 밟았다. 그는 경성제국대학(京城帝國大學) 교수로 임
용된(1925) 이후 나이토 요시노스케(內藤吉之助)와 더불어 한국법제사를 전
문적으로 연구한 학자에 속한다.³) 그는 일본으로 돌아간 이후에도 위 논문

---

2) 저자는 '대명률직해 역주팀'에 소속되어 5년째 역주작업을 하였는데 이 팀에서는 대명률
에 조문번호를 붙여 특정하였다. 이 조문번호 특정은 대조를 위하여 일단 영문번역본
[JIANG YONGLIN, The Great Ming Code, 2004, 홍무 30년률]의 그것을 따르려고 노
력하였지만 대명률직해(만송본)(홍무 22년률)의 조문순서와 충돌할 때는 대명률직해의
조문순서를 더 우선시하였다.

3) 하나무라는 1918년 8월 조선총독부 사법관시보가 되어 조선으로 건너 와서 경성지방법
원 검사국에 근무했다. 1920년 5월 경성지방법원 판사, 1922년 12월 경성복심법원 판사
를 역임하였다. 1923년 7월 총독부 법무국 사무관으로 전직되었고 1924년 12월 경성복
심법원 판사에 복직했다. 1925년 3월 경성법학전문학교 교수가 되었고, 경성제국대학 교
수로 승진하여 1935년에 이른다. 그의 한국법제사 관련업적으로 중요한 것은 "朝鮮戶籍
令施行手續解說"(1924, 朝鮮總督府 法務事務局編, 京城: 朝鮮司法協會(宮本元 著,
朝鮮戶籍法令釋義에 편철됨); 朝鮮法制史(朝鮮史學會 朝鮮史講座, 1925), "公選の投
票に關する罪に就て"(朝鮮 2월, 제141호, 1927년); "中華民国国民政府の司法制度並
に刑事法規(一, 二, 三)"(司法協会雑誌 9-6,7,8, 1930); "經濟六典について"(法學論
纂, 京城帝國大學法文學會 第一部論集 第五册, 1932); "李朝に於ける刑罰の理論"
(治刑 10-10, 1932); "殺害後の財物の奪取について: 宮本元判事の反駁に對する反

을 통하여 조선법사에 대한 관심을 지속시켰는데 위 논문이 발표(1968)된 이후 벌써 50년 이상이 지났다.

하나무라는 위 논문에서 1인상명의 담론을 막연히 '이조실록(李朝實錄)'에서 목격하였다(위 논문, 231면)고 말하지만 그 정확한 전거는 밝히지 않았다. 저자는 6년 째 소규모로 운영되는 '흠흠신서 독회'에 참여하였었는데 흠흠신서의 '상형추의(祥刑追議)' 부분에서 1인상명의 담론이 전개되고 있는 부분을 여러 군데4)에서 목격하였다. 그 장소들을 접할 때마다'이 담론의 근거와 실체'가 무엇인지 궁금해했었다. 그러던 차에 우연히 하나무라의 위 논문을 접하게 되었다. 처음에는 그의 논지에 이끌렸지만 시간이 지날수록 그의 논지가 과연 신뢰할 만한 논지인지 의심을 품게 되었다. 1인상명 담론을 언급한 한국인 연구자에 의한 논저는 찾을 수 없었지만 명·청

駁"(司法協會雜誌 第12卷 第8號, 1933); "祠院特に済州三姓祠について"(小田先生頌寿記念会 編, 小田先生頌寿記念朝鮮論集, 京城: 大阪屋号書店, 1934); "大明律直解攷(一, 二)"(法学協会雑誌 54-1,2, 1936);《校訂大明律直解(1936)》의 교정·훈점·해설; '高麗律'(京城帝國大學法學會 편, 朝鮮社會法制史研究, 1937); "親族に対する犯罪"(小野清一郎 編, 牧野教授還暦祝賀刑事論集, 東京: 有斐閣, 1938);《秋官志(1939)》의 교정·훈점; "前間恭作大人のことこども"(書物同好會 編, 書物同好會會報 15, 京城: 大成書林, 1942); "賊盜處斷例攷1, 2"(法學會論集 第13冊 第4號, 1942); "賊盜処断例"(佐伯千仭 編, 現代刑事法学の諸問題: 宮本博士還暦祝賀, 東京: 弘文堂書房, 1943); "新中国の司法制度"(京城帝国大学大陸文化研究会 編, 大陸文化研究(続), 東京: 岩波書店, 1943); "逃走罪"(日本刑法学会 編, 刑事法講座 第7卷 補卷(刑法 第5), 東京: 有斐閣, 1953); "京城帝大の 全貌"(삼천리 제13권 제3호, 1941) 등이 있다(하나무라의 논저목록 작성에는 장경준 교수의 미발표초고, "花村美樹 선생의 대명률직해 교정에 대하여"를 참조하였다). "京城帝大の 全貌"에서는 자신을 '刑法, 刑訴'를 담당하는 '教授', 內藤吉之助를 法制史 과목을 담당하는 교수(기타 朝鮮史學은 末松保和, 商法은 竹井廉, 民法, 民訴는 栗原一男, 憲法 行政學은 松岡修太郎, 國際私法은 長谷川理衛, 民法, 民訴는 松坂佐一, 法理學은 尾高朝雄, 商法은 西原寬一, 行政法은 鵜飼信成, 國際公法은 祖川武夫, 民法, 民訴는 有泉亨)로 묘사하였다.
4) 정본흠흠신서, 상형추의1, 首從之別 01번 獄案(384~386쪽), 상형추의2, 07번 옥안(409~410쪽), 상형추의2 11번 옥안(418~421쪽)(다산학술문화재단 교감·표점 정본 여유당전서 30 흠흠신서 I, 이하 '정본흠흠신서 I'로 약칭함)

대의 재판사료를 분석학 문헌에서 출현하는 1인상명 담론을 정면으로 분석한 메이저의 1980년 논문[5]을 발견하였다. 저자가 보기에는 명·청대의 재판문헌에서 출현하는 1인상명 담론에 관한 한 메이저의 이 논문이 가장 높은 이해수준을 보여주고 있다. 이 논문은 조선에서 전개된 1인상명 담론사례들을 발굴하여 상세한 분석을 가하고 하나무라의 논지를 논평하려는 논문이다. 후술하는 바와 같이 1인상명 담론은 조선 특유의 담론이 아니고 원(元)·명(明)·청(淸)의 법률문헌에서 출현한 것인데 그것이 조선에 전래되어 조선에서도 수용된 담론으로 보인다. 그러므로 원(元)·명(明)·청(淸)의1인상명 담론사례들과 조선의 그것을 비교하는 것이 매우 유용한 분석방법일 될 것이다. 다음에 이 논문의 주제에 접근하려면 당률(唐律), 명률(明律)·청률(淸律)에 대한 매우 상세한 지식이 필요하다. 그동안 국내 연구자들이 즐겨 사용하였던 대명률직해나 대명률강해 정도의 극히 간략한 주석서만으로는 이 문제를 분석하는 데 별 도움이 되지 않고 중국에서 생산된 당률(唐律), 명률(明律)·청률(淸律)에 대한 여러 주석서들'[6]을 다수 활용할 필요가 있다.

하나무라는 위 논문에서 1인상명의 논의를 '이조실록'에서 목격하였다고 하였는데 그의 기억이 맞다면 '조선왕조실록 데이터베이스'[7]에서 어렵지 않게 그 개소를 찾을 수 있어야 한다. 1인상명의 논의를 한국사 관련 데이터베이스에서 찾는 것은 어려운 일이 아니었지만[8] 매우 짧은 문장들이어

---

5) M. J. Meijer, AN ASPECT OF RETRIBUTION IN TRADITIONAL CHINESE LAW, *T'oung Pao*, Vol. LXVI, 4~5(1980)(199~216)(이하 이 논문은 'Meijer, 면수'의 방식으로 인용한다.)

6) 그 대강의 목록은 이 논문의 참고문헌에 약자표시를 하여 열거하였다.

7) http://sillok.history.go.kr/

8) 예를 들어 孝宗實錄, 효종 3年(1652) 12月 16日자; 備邊司謄錄 英祖 4年(1728) 07月 20日자; 承政院日記 英祖 4年 07月 13日자; 英祖 18年 12月 11日자; 英祖 20年 12月 10日자; 英祖 39年 11月 25日자; 正祖 6年 11月 16日자; 正祖 7年 08月 13日자; 司法稟報(乙) 28 報告書 第六號 등.

서 상세한 비교분석을 하기에는 적절하지 않다. 오직 흠흠신서에 나오는 1
개의 옥안만이 비교적 철저한 분석을 가하기에 적합한 실체를 지니고 있어
이 논문에서는 주로 이 1개의 옥안을 중심으로 하고 다른 방증자료들을 부
가적으로 활용하겠다.

II. 1인상명 담론이 전개되는 18세기말의
   배홍적 옥사

황해도(黃海道) 문화현(文化縣)의 백성 배홍적이 그 어머니 이 조이(李召
史, 이하 '이 조이'로 약칭함)와 공동으로 배 학대를 구타하여 치사시킨 혐
의로 獄事가 성립9)되었다(1783년 7월 成獄). 이 사안의 가장 유력한 적용법
조는, 하나무라의 지적[謀殺조(305조)]과 달리, 대명률 313조(鬪毆及故殺人)
제3항의 '동모공구(同謀共毆)' 부분이었다. 313조 3항의 의미를 정확히 알
아야 적절한 사료해석이 가능하다. 아래에서 313조 3항의 原文을 제시하고
민감한 부분에 대하여는 '明·淸代 중국에서 발간된 각종의 大明律·大淸律
註釋書들'을 찾아 각주로 주석을 붙였다. 조선에서 실용화된 大明律直解,
大明律講解 등에서는 참고할 만한 주석을 발견하기 어려웠다. 국역은 저자
가 잠정적으로 시도한 것이고 저자의 독해방식을 독자에게 정확히 전달하
기 위하여 괄호 안에 보역(補譯)을 추가하였다.

"[① 凡鬪毆殺人者 不問手足他物金刃 並絞 ② 故殺者 斬10)] ③ 若'同謀共
毆'人 因而致死者 以致命傷爲重 下手者 絞 原謀11)者 杖一百 流三千里 餘人

---

9) 옥사가 성립되었다는 것은 대체로 현대한국의 기소에 상당한 증거가 구비된 상태를 말한다.
10) 1항과 2항은 원문만 제시한다.
11) 唐律의 유사조문에서는 '原謀'를 '元謀'로 표기하였다[308조 同謀不同謀毆人: "諸同
謀共毆傷人者 各以下手重者爲重罪 元謀減一等 從者又減一等 若元謀下手重者 餘各

各杖一百[만약 (복수의 행위자들이) 타인의 '공동구타를 공모'12)하였는데 그로 인하여 (피구타자가) 사망에 이르면13), 치명상을 (초래한 행위를) 중하게 여겨14) (치명상을 초래한) 下手者(실행행위자)는 교형, 原謀者는 장 100 유 3000리15), 餘人은 각각 장 100이다16)."

관원들(檢官, 觀察使, 刑曹의 官員, 國王)의 조사·심리 과정에서 이 옥사의 사실관계는 '同謀共毆' 사안, 그 중에서는, '㉯ (복수의 행위자 사이에 현장에서 의사합치가 성립되어) 공동으로 구타하였지만 공동으로 (구타할 것

減二等 至死者 隨所因爲重罪.] 그래서 그런지 명·청대의 주석서나 사료에서는 '原謀'와 '元謀'를 구별 없이 사용하고 있다. 여기서는 대명률직해의 율문을 따라 '原謀'로 표기한다.

12) 공동구타를 함께 모의: "同謀共毆에는 세 가지 뜻이 있다. ㉮ 함께 (구타할 것을) 모의하고 또 (실제로) 공동으로 구타하는 것이 있고, ㉯ 공동으로 구타하였지만 (구타할 것을 사전에) 함께 모의한 일은 없는 것이 있고, ㉰ 처음에는 (구타할 것을) 함께 모의하였지만 끝내 공동으로 구타한 사실이 없는 것이 있다.[同謀共毆有三意 ㉮ 有同謀終又共毆者 ㉯ 有共毆而不同謀者 ㉰ 有始旣同謀終不共毆者]"《집해 1499쪽》

13) 만약……사망하면: "만약 타인과 더불어 1인에 대하여 함께 구타할 것을 모의는 하였지만 죽이고자 하지는 않았는데 그 사람이 받은 상해로 인하여 죽으면 '타인을 공동으로 구타할 것을 함께 모의하였는데 (그로) 인하여 사망에 이르게 한 것'이다.[若與人同謀共毆一人未欲殺人 而其人乃因傷而死則曰同謀共毆人因而致死]"《집해 1500쪽》

14) 치명상을…여겨: "치명상(직접 사망을 초래한 상해, fatal blow)을 중하게 여긴다'는 것은 다음을 이른다. 가령 갑이 을·병·정과 더불어 타인을 공동으로 구타할 것을 모의하고 각자가 실행하여 (그 결과 각각의 하수에서 상해가 발생하였을 지라도, 치명상이 을의 하수(행위)에서 나왔으면 을이 마땅히 교형이고, 갑은 元謀가 되므로 장 100 유 3000리이고, 병·정은 餘人이 되어 각각 장 100이다. 만약 치명상이 혹 갑(의 행위)에서 나왔으면 갑이 교형, 을·병·정은 餘人이다.[以致命傷爲重 謂如甲與乙丙丁謀毆人 雖各下手有傷 而致命之傷 則出於乙 則乙當坐絞 甲爲元謀 杖一百流三千里 丙丁爲餘人 各杖一百 若致命之傷 或出於甲 則甲坐絞 而乙丙丁爲餘人矣]"《석의 권19 10쪽》

15) 원모인은 장 100 유 3000리 : "화의 실마리를 마련한 것을 처벌할 뿐이다.[罪其爲禍端耳]"《집해 1501쪽》

16) 여인은……장 100이다: "그 공동으로 악한 짓을 하며 서로 도운 마음을 책망하는 데 그치는 것은 그것이 造意나 致命에 비할 것이 아니기 때문에 불쌍히 여기는 것이다.[止責其有同惡相濟之心 矜其非造意致命之比也]"《소의(하) 304쪽》

을 사전에) 모의한 일은 없는 사안' 으로 전제되었다. 그리고 이 옥사에 대한 조사·심리 과정에서 가장 논란이 된 것은 누가 '치명상을 일으킨 下手者'였는가 하는 점이었다. '同謀共毆(치사)[17]' 사안에서는 세 가지의 행위패턴이 전제되어 있는데 (치명상을 초래한) '하수자'(실행행위자)의 형량(絞)이 가장 높고, 그 다음이 '원모자(原謀者)[18]'(장 100 유 3000리), 그 다음이 '餘人'(장 100)이다. 그러므로 형량이 가장 높은 '치명상을 일으킨 하수자가 누구인가' 하는 점이 1차적 관심사가 되었다.

배 학대의 사망에 원인을 제공한 것으로 의심받은 사람은 여러 명이었지만 여러 가지 정황으로 보아 적어도 '치명상을 일으킨 하수자'는 배홍적과 이 조이(배홍적의 母) 중 한 사람인 것으로 간주되었다.

초검관(初檢官)은, ⓐ 여러 증인들이 '홍적이 먼저 발로 찼다'고 증언하였고, ⓑ 실인(實因)[19]은 '피척(被踢, 발로 채임)'인데, ⓒ 발로 걷어차는 것은 부녀(이 조이)의 행위가 아님을 논거로 삼아, 배홍적을 '치명상을 일으킨 하수자'로 지목[20]하였다. 그러나 초검관은 이 조이의 실행행위(삽鍤으로 타격한 행위)가 '가장 독한 행위'(其毆打最毒)임을 부기(附記)하였다. 그런데 同推 과정에서 두 가지의 변수가 발생하였다. 첫째, 동추관이 보기에, '처음에 싸움을 시작한 것과 나중의 범행을 저지르기까지 모두 이 조이의 손에서 나왔으므로 배홍적을 '치명상을 일으킨 하수자'로 단언할 수 없고,

---

17) 325조(투구)에는 '同謀共毆(傷人)' 조문이 있어 이와 구별하기 위하여 '同謀共毆(치사)'로 표기한다.

18) 원모인일 뿐 치명상을 일으킨 하수자(행위자)는 아닐 경우로 한정된다. 원모자이면서 또 치명상을 일으킨 하수자(행위자)이면 이 자의 책임이 가장 무겁다. 다른 한편 원모자의 역할만 하고 하수에 전혀 가담하지 않아도 하수자 다음으로 책임이 무거운 것으로 간주되었다.

19) 증수무원록(법제처 법제자료 78집, 1975, 126쪽)은 실인을 '사망의 근본원인'(致命根因卽實因)으로 정의한다.

20) 정본흠흠신서(다산학술문화재단 교감·표점 정본 여유당전서 30 흠흠신서 I, 이하 '정본흠흠신서 I'로 약칭함), 상형추의02, 首從之別11(418~421쪽).

차라리 이 옥사는 '둘 중 누가 치명상을 일으킨 하수자'인지를 알 수 없는 사안(莫知誰是下手重者)이었다. 동추관이 이런 판단을 하게 된 근거는 다음 과 같은 사정 때문이었다:

"만약 범인의 情實을 살펴보면 홍적은 특히 (범행당시 아직) 인지능력이 박 약한 어린애였고, 겨우 사람의 모습을 갖춘 데 불과하나, 그 어미(이 조이) 가 싸움에 끼어들어 합세하는 것을 보고, (피해자 배학대의) 상투를 거머잡 고 한 다리로 걷어찬 것이 치명처(要害)에 적중한 것입니다. 그 어미 이 조 이는 표독한 성질이 얼굴에 드러났고, 강건한 기운이 남자보다 더하였습니 다. 처음에 싸움을 시작한 것과 나중의 범행을 저지르기까지 모두 이 (여자 의) 손에서 나왔으므로 그 남편은 그가 '삽으로 난타'(以鍤亂打)한 사실을 숨기지 못하였고 여러 사람의 초사도 모두 (이 여자의 맹렬한) 구타를 증언 하였습니다. 천도(天道)는 지극히 공정하여 스스로 저지른 행위에서 도망치 지 못하였습니다.[若論犯人之情實, 則弘績特一幼駭殘劣, 僅具人形之物, 目 見其母之合戰, 捽執髻子,【本文云上土】一脚踢去, 而適中要害,【是遣】其母 李召史, 則悍惡之性, 發於面目, 勁健之氣, 勝於男子. 當初之搆釁, 末流之行 兇, 都出於此手, 故其夫莫掩其以鍤亂打, 諸招皆證'其所毆尤猛,' 天道至公, 自作難逃.]"

둘째, 2차 형추(刑推 합법적 고문)시에 이 조이가 獄中에서 瘐死(受刑·饑 寒·疾病 등으로 사망함)하였다. 그러자 동추관은 다음과 같은 '1인상명의 논변'으로 나아간다:

"(현재) 홍적이 홀로 살아남았는데 常法에 구애되어 또 홍적까지 죽이면 이 는 '응당 죽어야할 한 사람21)'(배학대)을 죽인 사건에서, '두 사람의 의심스 러운 생명'(이조이와 배홍적)으로 대가를 치르게 하는 것이어서 실로 聖王 이 법을 제정한 본뜻이 아닙니다. 무원록에 '복수의 사람이 타인을 구타하

---

21) 배학대가 친족부녀와 상간(相姦)한 혐의를 받았기 때문이다.

면 치명흔을 집정하기가 매우 어렵다. 만약 죽은 자의 몸에 두 개의 상흔이 있되 (그 두 개가) 모두 치명이 가능한 곳이고 (중략) (그 두 개가) 두 사람(의 하수의 결과)이면 1인은 상명이오 1인은 불상명’이라 하였으니 이 조문을 방조(旁照)하는 것이 좋겠습니다.[而弘績獨存, 若拘常法, 又殺弘績, 則是殺一當死之人, 償二可疑之命, 實非聖王制法之本意. 《無冤錄》日 :, ‘聚衆打人, 最難定致命痕, 如死人身上有兩痕, 而皆可作致命, (중략) 若是兩人, 則一人償命, 一人不償命.’ 此條最宜旁照.]”

황해도 관찰사도 동추관의 견해에 동의를 표하였다.

“시비(是非)가 돼지를 풀어놓은 데서 처음 발단되어 간통을 하였다는 치욕까지 씻고자 한 바, 모자(母子)와 숙질(叔姪) 중 수범과 종범을 분간할 수 없고 머리채를 거머잡고 때렸는지 (발로) 차고 짓밟았는지 실인 역시 밝혀내기 어려운데 하나의 옥사에 두 사람이 목숨을 내놓는다는 것은 잘못된 형정(刑政)인 듯합니다.[釁始起於放豚. 恥欲雪於奔鶉. 母子叔姪. 首從莫卜. 捽打踢踏. 實因難明. 一獄兩償 恐欠失刑.]”22)

국왕(正祖)은 황해도 관찰사의 견해를 수용하여 다음과 같이 지시하였다:

“도신(道臣, 관찰사)의 발사(跋辭) 중에 ‘(같이 가둬 놓고) 함께 추고하다가 그 어머니가 먼저 죽었는데 지금 만약 그 아들을 다시 법으로 다스린다면 이는 하나의 옥사에 두 사람이 목숨을 내놓게 되는 것입니다.’라는 말은 참으로 의견이 담긴 말이라고 하겠다. 그러나 형조의 복계(覆啓)에, ‘배홍적이 오로지 빠져나가려고만 하는 것이 은연중 그 어머니에게로 죄를 돌리려는 것’이라고 논열(論列)한 것이 있는데, 이는 참으로 그러하다. 하나의 옥사에 두 사람의 범인은 마땅히 불쌍히 여겨야 하겠지만 인륜을 해치고 풍속을

---

22) 審理錄 13권(1784년 3월); 이와 유사한 논증이 행하여진 사례로 “刑曹啓目粘連, 海州牧殺獄罪人趙靑音獄事段, 靑音之兄, 本以同犯, 旣死杖下, 則一獄兩償, 有違法例, 次律傅生, 恐非失刑, 上裁, 何如? 判付內, 依回啓施行”(承政院日記 純祖 20년 5月 20日자).

무너뜨린 일은 더더욱 엄히 징벌하여야 한다. 배홍적을 사형을 감하여 정배하되, 도신으로 하여금 엄한 형장을 세 차례 가한 다음 유배지로 보내도록 하라(1784년 5월 29일).[(전략) 道臣跋詞中, 同囚並推, 其母先斃, 今若復置其子於法, 則便是'一獄二償命'云者, 儘有意見. 而卿曹覆啓, 以弘績之專事掉脫, 隱然歸罪於其母, 有所論列, 此則誠然矣. 一獄兩犯, 在所當恤, 傷倫敗俗, 尤屬嚴重, 弘績, 【段】減死定配, 【爲乎矣】令道臣, 嚴刑準三次, 發配.]"

　국왕은 관찰사의 견해에 동의를 표하였으면서도 형조의 의견을 배척하지 못하여 '이 조이가 먼저 옥사한 사실'을 무시하는 듯하였지만 3개월 후 다시 배홍적의 석방을 명한다.[23] 이와 같은 사태전개는 조선에서 1인상명 담론이 실무에서 관철되는 가장 전형적인 사례로 보인다.

　이 사례의 분석을 통하여 우리는 적어도 다음과 같이 논평할 수 있다.

　조선의 국왕이나 관원들이 1인상명이라는 독특한 법리를 내세워 형사사건을 처리하려는 사안이 상당수 발견되는 것은 사실이다. 그러나 그 담론이 활용되는 문맥은 주로 모살조(305조)가 아니라 투구급고살인조(313조) 중에서도 3항의 '동모공구치사' 부분의 포섭과정에서였다. 모살조를 적용할 때는, 규정의 구조상 '치명상이 누구에 의한 것인가'를 밝힐 필요가 없다. 그런데 배홍적 옥사에서는 치명상에 관한 논의가 중요하게 부각되었다. 따라서 모살조는 배홍적 옥사에 적용되지 않은 것으로 보인다.[24]

---

23) 《국역일성록 8월 3일자》
24) 다른 사안인 정본흠흠신서 I, 상형추의1, 首從之別 01번 獄案(384~386쪽)에서는 '分首從'이 중요한 작업으로 등장하는데 모살조(305조)를 적용할 사안이면 이런 작업을 할 필요가 없다. 모살조(305조)에는 후술하는 바와 같이 공동가담자를 보다 세분하여 규율하는 별도의 방침이 마련되어 있다.

III. 1인상명 담론의 실무적인 전거 : 무원록(無冤錄)

배홍적 옥사(獄事)의 동추관은 '1인상명 담론'의 전거를 무원록으로 설정하였다. 그러므로 이하에서는 '1인상명 담론'이 전개되는 무원록의 관련 부분을 상세히 검토하여 보기로 한다.

1. 무원록의 관련 부분

배홍적 옥사의 동추관이 시신에 대한 검험(檢驗)을 행하고, 발고(發告)·집정(執定)된 '정범(正犯)·피고(被告)'를 조사·심리할 때 반드시 참고하여야 할 매뉴얼이 있었다. 그 매뉴얼의 핵심부분은 무원록에 담겨 있었다. '1인상명 담론'의 전거가 될 만한 무원록의 관련 부분은 다음과 같다:

"복수의 사람이 타인을 구타하면 치명흔(致命痕)을 집정하기가 매우 어렵다. 만약 죽은 자의 몸에 두 개의 상흔이 있되 (그 두 개가) 모두 치명이 가능한 곳이고 이것이 한 사람의 하수(의 결과)면 해로울 것이 없다(그 자를 마땅히 상명하여야 하니 비록 두 상흔의 경중을 분변하지 않아도 해로울 것이 없다). 그러나 (그 두 개가) 두 사람(의 하수의 결과)이면 1인은 상명이오 1인은 불상명이니 반드시 두 개의 상흔 중에서 가장 무거운 것을 집정하여 치명흔으로 삼아야 한다.[聚衆打人이 最難定致命痕이니 如死人身上에 有兩痕호되 皆可致命이오 此兩痕이 若是一人下手則無害(其人當償命이니 雖不分兩痍之輕重이라도 亦無害라)이어니와 若是兩人이면 則一人은 償命이오 一人은 不償命이니 須於兩痕中에 斟(參)酌 最重者하야 爲致命이라 한다]"(上篇 檢覆 屍帳式)25)

정약용도 유사한 사건에 대한 논평에서 다음과 같이 무원록의 이 부분을

---

25) 송철의외 역주, 역주 증수무원록언해(서울: 서울대학교출판부 2004), 191~192를 참조하여 저자가 임의로 손질을 가하여 번역하였다.

인용하여 자신의 논지를 전개한 바 있다:

> "신근안 : 무원록에 '(생략)'라 이릅니다. 지금 이 맹삼의 상흔은 액로와 협
> 륵에 있는데 이 두 개의 상흔이 있는 장소는 모두 치명처입니다. 나무 몽둥
> 이로 액로를 때린 자는 한량이고 그 형태는 피가 엉키고 딱딱하였습니다.
> 발로 협륵을 찬 자는 소근인데 그 (상흔의) 빛깔은 약간 푸르스름하고 부드
> 러웠으니 소근은 마땅히 차범입니다. 그러나 검안은 '신부를 채인 것 같다'
> 하고, 또 '누구의 범죄행위인지는 알 수 없습니다' 하였습니다. [臣謹按《無
> 冤錄》曰 : "如死人身上有兩痕, 皆可致命, 此兩痕, 若是一人下手, 則無害,
> 若是兩人, 則一人償命, 一人不償命, 須於兩痕中, 斟酌最重者 爲致命." 今此
> 孟三之傷, 在於額顱脅肋, 是兩痕皆可致命者也. 椎打額顱者汗良, 而其形血癥
> 堅硬, 足踢脅肋者小斤, 而其色微靑柔軟, 則小斤當爲次犯. 然檢案, 似有腎卓
> 被踢之說, 又不知其何人所犯也.]"[26]

이로 미루어 볼 때 조선의 관원이 '1인상명 담론'을 펼칠 때의 실무적인
근거중 하나는 무원록임이 분명하다. 그런데 문제는 무원록의 그 담론이
'명·청률과 별도의 담론'인가 아니면 '명·청률의 근저에 내재되어 있는 담
론'인가 하는 점이다. 하나무라는 '1인상명 담론'이 '명·청률과는 관계없
는', '조선 특유의 담론'인 것으로 의심하였었다. 이 점의 규명이 이하에서
의 과제이다.

1인상명 담론의 실무적인 근거가 무원록이라면 그 담론이 '조선 특유의
담론일 것'이라는 하나무라의 추측은 일단 의심이 가는 추측이다. 왜냐하
면 무원록도 그 기원을 추적하면 원대(元代)의 중국에서 출간된 저술이며
이것이 고려를 경유하여 조선에 전래되어 조선적 변용을 받은 책[27]이기 때

---

26) 정본흠흠신서, 상형추의02, 수종지별07(409~410쪽)(이 옥사는 1785년에 성옥된 사건이다.)
27) 조선에서 활용된 무원록은 『신주무원록』(1440), 『증수무원록』(1748), 『증수무원록언해』
　　(1796)였다. 최해별, 송(宋), 원(元)시기 검험(檢驗)지식의 형성과 발전: 세원집록(洗冤集
　　錄)과 무원록(無冤錄)을 중심으로, 『中國學報』 69, 2014; 金澔, 新註無冤錄과 조선전기

문이다. 그런데 '명·청대'의 법의학 실무서인 세원록(洗冤錄)에도 무원록의 '1인상명 담론'과 거의 동일한 담론이 기술되어 있다.[28]

IV. 1인상명 담론과 명·청률의 모살·동모공구(치사)

1. 모살인조(305조)의 내용

복수의 행위자들이 타인에게 유형력을 가하여 사망의 결과를 초래하는 케이스를 예상하고 있는 대명률의 조문을 찾아보면 모살인(謀殺人)(305)조와 투구급고살인(鬪毆及故殺人)(313)조 중 제3항인 동모공구(同謀共毆)치사(致死) 부분이다. 고살(故殺) 부분은 복수의 행위자들이 타인에게 유형력을 가하여 사망의 결과를 초래하는 케이스를 예상하고 있지 않다[29]. 따라서 우리가 주목할 부분은 '모살인과 동모공구치사의 이동(異同)'이다. 동모공구 부분에 대하여는 앞에서 자세히 인용하였으므로 여기서는 '모살인조만'을 아래에 제시한다:

의 檢屍,『法史學硏究』 27, 2003; 장윤희, 近代語 資料로서의 증수무원록언해,『韓國文化』 27, 2001; 高淑姬, 조선시대 중국 실용전문서적의 전래와 수용:《無冤錄》을 중심으로,『중국소설론총』, 2014 참조

28) "凡聚衆打人最難定致命痕. 如死人身上有兩痕皆可致命, 此兩痕, 若是一人下手則無害, 若是兩人, 則 一人償命, 一人不償命. 須是兩痕內斟酌得最重者爲致命."(洗冤集錄)

29) "투구살·고살은 모두 1인의 일시적인 일(에서 나오는 범죄)이므로 율문에 '爲從'의 죄를 규정하지 않았다.(중략) 뜻이 있어 죽이는 것을 '고의'라 한다. (그 고의는) 타인이 알 수 없다. 만약 타인이 (그 고의를) 더불어 알았다면 '함께 모의한 것'이고 (모살이지) '고살'이 아니다.[鬪毆故殺員出自一人一時之事 故律不著爲從者之罪 (중략) 有意而殺之曰故意 非人所知 若人得與知則爲同謀 非故殺也]"《집해 1498~1499쪽》

"凡謀殺人 造意者 斬 從而加功者 絞 不加功者 杖一百 流三千里 殺訖乃坐
○ 若傷而不死 造意者 絞 從而加功者 杖一百 流三千里 不加功者 杖一百
徒三年 ○ 若謀而已行 未曾傷人者 杖一百 徒三年 爲從者 各杖一百 但同謀
者 皆坐 ○ 造意者 身雖不行 仍爲首論 從者不行 減行者一等 ○ 若因而得財
者 同强盜 不分首從 皆斬[① 살인을 (공동)모의하(여 기수이)면30) 조의한
자는 참형31)이고 (조의자를) 따라 가공32)한 자는 교형이고 (동모하기는 했

────────────

30) 살인을⋯모의하면 : "모의한다는 것은, 계획을 세우고 방책을 생각하여 은밀히 해칠 것
   을 도모하는 것으로서, 혹은 칼날로써, 혹은 독약으로써, 혹은 물·불로 몰아넣어, 혹은
   刑獄에 (걸리도록) 誣陷하는 따위이다. 만약 원한이 있어 고의로 살해하면 (고살이 아니
   라) 모두 謀殺이라고 이른다.[謀者 計議 籌策 潛圖賊害 或以刀刃 或以毒藥 或駈赴水
   火 或誣陷刑獄之類. 但有讎嫌 故行殺害者 俱謂謀殺.]《소의(하)281쪽》

31) 살인을⋯⋯참형이고 : "무릇 마음에 두고 자꾸 생각하여, 계책을 세우고 모의를 정하여,
   살인할 뜻을 세우고 살인할 방법을 생각해 내는 것을 造意라고 한다.[凡處心積慮, 設計
   定謀, 立意殺人, 而造出殺人方法者, 是謂造意.]《집주 654쪽》

32) 따라 가공 : '從而加功'의 범위에 대하여 주석서에 따라 미묘한 차이가 드러난다. "따라
   서 일을 돕는다 함은, 함께 죽일 것을 공모하고 살해 당시에 돕는 것이다. 비록 직접
   살인의 실행행위를 하지 않았더라도 당시 함께 길을 막거나 혹은 위협하거나 (길을) 막
   아 도망할 길이 없게 하면, 이와 같은 부류가 모두 일을 도운 것이다[從而加功者 謂同謀
   共殺 殺時加功者. 若雖不下手殺人 當時共相擁道 或恐嚇 遮阻使之無所逃竄 如此之
   類 並是加功]《강해》; "만약 그 모의를 따라 힘을 보태어, 비록 직접 실행하지 않았더
   라도, 謀殺할 때에 혹은 推逼거나 혹은 위협하거나 혹은 그를 위하여 망을 보거나 혹
   은 행선지를 가리켜 주거나 하여 말 한 마디, 손가락 하나라도 힘을 보탰으면 모두 加功
   이다.[若隨從其謀 而助其力 雖不下手 但於謀殺之時 或相推逼 或相恐嚇 或爲其瞭望
   或指點去處 曾助一言一指者 俱爲加功.]《소의(하) 281쪽》; "加功이란 힘을 보태어 실
   행하는 것을 이른다. 舊說에 이르기를 '망을 보는 것, 밀거나 붙잡는 것이 모두 加功이
   다.'라고 했는데, 무릇 밀거나 붙잡는 것은 그 情狀이 비교적 무거워서 이를 加功이라고
   해도 괜찮으나, 망보는 것은 함께 모의하는 경우 항상 이 (역할을 맡은) 사람이 있다.
   (망본 사람까지) 과연 加功으로 처벌한다면, 비록 백 명, 열 명이라도 모두 교형으로 처
   벌하게 된다. (따라서 망본 것은 제외하고) 반드시 힘을 보태어 실행한 것만이 이에 해당
   한다.[加功謂助力下手也. 舊說謂: '瞭望推擁 俱爲加功.' 夫推擁 其情較重 謂之加功
   猶可. 若瞭望 則同謀皆有之. 果坐加功 雖百千人 俱坐絞矣. 須助力下手 爲是.]《전석
   권19 2쪽》; "功은 殺人하는 일이다. 加는 힘을 쓰는 것을 이른다. 그러므로 실행하여
   사람을 죽이거나 상해를 입혀야 비로소 加功이라 이른다. 만약 현장에서 망보거나 위협
   하거나 逼迫하거나 둘러싼 사람은 모두 이른바 加功하지 않은 것이다. 만약 망보는 것

지만 살해 현장에서) 가공하지 않으면 장 100 유 3000리이다. 사망의 결과
가 발생하여야 처벌한다. ② 만약 상해를 입혔으나 (피해자가) 죽지 않으면,
조의자는 교형이고 (조의자를) 따라 가공하면 장 100 유 3000리이고[33] (따
랐으되) 가공하지 않으면 장 100 도 3년이다. ③ 만약 모의하고 나서 이미
실행하였으나 타인에게 상해를 입히지 않았으면,[34] (조의자는) 장 100 도

등을 加功으로 간주한다면, 아마도 너무 많은 사람을 모두 교형으로 처벌하게 될 것이
다. 뒤의 條例 내의 註에서 '반드시 때리는 것을 도와 상처가 重해야 비로소 加功으로써
교형으로 논한다.'고 밝혔는데 그 뜻이 매우 분명하다. 만약 독약으로 살인하려고 모의하
여, 이를 위해 (독약을) 만들어 주어 먹게 하면 역시 加功이다.[功者, 殺人之事也; 加者,
用力之謂也. 故下手殺人傷人, 方謂加功. 若在場瞭望恐嚇, 逼迫擁衛之人, 皆所謂不加
功也. 如將瞭望等皆作加功, 則恐多人俱坐絞矣. 後條例內註明 '必助毆傷重, 方以加功
論絞', 其義甚明. 若謀用毒藥殺人, 而爲之和合與喫者, 亦爲加功.]《집주 654쪽》

33) 따라……3000리이고 : "일을 도운 사람이 만약 兵器를 지니고 있었으면 兇徒에 관한
條例(⇨325조 鬪毆의 條例)의 充軍(규정)을 끌어다 本法을 다 적용해야 한다.[加功之
人 若持有兵器 當引兇徒例充軍 方盡本法.]"《전석 권19 2쪽》
34) 타인에게……않았으면 : "그 사람(피해자)이 혹 저항하여 싸움을 벌여서 (살해를) 면하거
나 혹 숨어서 자신(의 목숨)을 보전한 것을 이른다.[謂其人或拒鬪而獲免 或隱匿而自全
者.]"《전석 권19 2쪽》; "혹 (피해자가) 스스로 저항하여 싸움을 벌이거나, 혹 다른 사람
의 救護를 만나 벗어나거나, 혹 (자기를 죽이려 한다는) 소식을 알고 피하거나, 혹 그
때에 이르러 도망쳐서 자신(의 목숨)을 보전하여, 그 사람이 상해를 입지 않은 것이다.
[或自己拒鬪, 或遇人救護而得免, 或知風引避, 或臨時脫逃而自全, 其人尚未受傷.]"
《집주 652쪽》; "상고하건대 誤殺律(⇨315조 戲殺誤殺過失殺傷人) 내에서, '어떤 사람
을 죽이려고 모의했는데 잘못하여 곁에 있던 사람을 죽이면 故殺로 논한다'고 하였고,
註에서 '상해를 입은 것은 말하지 않았는데, (그 경우에는) 鬪毆로 논한다'고 하였다. 무
릇 죽인 것은 故殺에 따르고 상해를 입힌 것은 鬪毆에 따른다는 것은 실행하여 죽이거
나 상해를 입힌 사람을 처벌하는 것만 (말한 것)이다. 그 발의한 사람과 함께 모의한 사
람이 혹 행했거나 혹 행하지 않은 경우에 어떻게 科斷하는가? 만약 여전히 본율(이 조)
의 (제1항) 이미 죽인 경우, (제2항) 이미 상해를 입은 경우의 죄에 따르면 너무 무겁고
또 故殺로 논한 法과 부합되지 않는다. 예컨대 죽이려고 모의한 대상은 趙甲인데 실행
한 자가 잘못하여 錢乙을 죽이거나 상해를 입혔다면, (錢乙은) 그 (죽이려고) 모의한 대
상인이 아니어서 그 모의한 바의 뜻을 잃은 것이니, 어찌 발의한 자와 함께 모의한 자에
게 (이 조의) 이미 죽인 죄, 이미 상해를 입은 죄를 가할 수 있겠는가? 殺傷을 당한 곁의
사람에 대해서는 이미 실행한 자가 상응하는 처벌[故殺]을 받게 되나, 발의하고 함께 모
의하여 죽이려고 한 대상인은 원래 상해를 입지 않았으므로, (이 조 제3항의) '이미 행하

3년이고 따른 자(爲從者)35)는 각각 장 100이다. 단 함께 모의한 자는 모두 처벌한다. ④ 조의자는 비록 몸소 실행하지 않았다 하더라도 그대로 수범으로 삼아 논한다36). 따른 자(從者)는, 실행하지 않았으면 실행한 자(의 형량)에서 1등급을 감한다.37) ⑤ 만약 이로 인하여 재물을 얻으면 강도와 같이 (취급하여) 수범과 종범을 구분하지 않고 모두 참형이다.38)]"

였으나 사람에게 상해를 입히지 않은 경우'에 따라 科斷하는 데 그쳐야 하며, (그것이) 情과 法의 형평인 듯하다. 자세한 것은 誤殺 本律(⇨315조 戲殺誤殺過失殺傷人)에 자세히 나와 있다.[按: 誤殺律內, '謀殺人誤殺旁人者, 以故殺論', 註云: '不言傷, 仍以鬥毆論.' 夫殺照故殺, 傷照鬥毆, 則止坐下手殺傷之人矣. 其造意與同謀之人, 或行或不行者, 何以科之? 若仍照本律已殺·已傷之罪, 則太重, 且與以故殺論之法不符. 如所謀殺者趙甲也, 而下手者誤殺傷錢乙, 則非其所謀之人, 失其所謀之意, 豈可加造意同謀者已殺已傷之罪? 所被殺傷之旁人, 已有下手者抵罪, 而造意同謀所欲殺之人, 原未受傷, 則應止照已行而未傷人科斷, 似爲情法之平. 詳見誤殺本條.]《집주 652~653쪽》

35) 따른 자 : "이미 '상해를 입히지 않았'고 했으니, 도운 것과 안 도운 것을 구별할 수가 없다. 그저 '爲從'이라고만 말할 수 있을 따름이다.[旣曰 '未傷' 則未有加功不加功可辨 但可曰爲從而已.]《소의(하) 281쪽》

36) 조의자는……논한다 : "당률에서 사람을 고용하여 죽이면 역시 똑같이 처리한다.[唐律 雇人殺者 亦同.]《전석 권19 2쪽》

37) 따른 자……감한다 : "만약 그 謀議에 따르기만 하고 함께 가서 살인하지 않은 경우, (함께 모의한 사람이) 이미 죽였으면 행하여 일을 도운 것에서 1등급을 감하여 장 100 유 3000리이고, (함께 모의한 사람이) 상해를 입혔으나 죽지 않았으면 행하되 일을 돕지 않은 것에서 1등급을 감하여 장 90 도 2년 반이고, 상해를 입히지 않았으면 따른 자에서 1등급을 감하여 장 90이다.[若止曾從其謀議 而不曾同去殺人者 如已殺 減行而加功一等 杖一百流三千里 傷而不死 減行而不加功者一等 杖九十徒二年半 未曾傷人 則減從者一等 杖九十.]《소의(하) 281쪽》; "만약 그 모의에 따랐으되 행하지 않았으면, 행하되 일을 돕지 않은 자에서 1등급을 감한다. 살인의 경우 장 100 도 3년, 사람에게 상해를 입힌 경우 장 90 도 2년 반, 사람에게 상해를 입히지 않은 경우 장 90이다.[若從其謀而不行 減行而不加功者一等. 殺人者 杖一百徒三年, 傷人者 杖九十徒二年半, 未傷人者 杖九十.]《전석 권19 2쪽》 살인의 경우 '從謀而不行者'에 대한 처벌이 《소의》에서는 '行而加功者'에서 1등급 감하여 장 100 유 3000리라고 되어 있으나, 《전석》과 《집주》에서는 '行而不加功者'에서 1등급 감하여 장 100 도 3년으로 되어 있다.

38) 만약……참형이다 : "무릇 살인을 모의하고 남의 재물을 취하지 않으면, (이는) 단지 원수를 갚으려는 것일 뿐, 그 재물에서 이익을 얻으려는 것은 아니다. 그러므로 종범은 약간 減輕할 수 있다. 만약 謀殺로 말미암아 죽인 사람의 재물을 취하면 강도와 같게 되므

로 강도와 같이 처리하여 수범과 종점을 구분하지 않고 모두 참형이다. 그러나 강도는 뜻이 재물을 얻음을 위주로 하므로, 재물을 얻으면 모두 참형이다. 謀殺은 뜻이 살인을 위주로 하므로, 그로 말미암아 재물을 얻은 경우, 반드시 일을 돕고 贓을 나누어야 비로소 (强)盜와 같이 논한다. 그 함께 모의한 자로서 행하고 贓을 나눠 갖지 않은 경우, 贓을 나눠 가졌으되 행하지 않은 경우, 행하지도 않고 贓도 나눠 갖지 않은 경우는 그대로 謀殺의 本律로 科斷한다. 그가 공모했던 애초에 원래 살인을 위한 것이었지 (목적이) 재물을 얻음에 있지 않았기 때문이다. '共謀爲盜'條(⇨302조)를 보면 유추할 수 있다. [夫謀殺人, 不取人之財, 特以報仇怨耳, 非利其財也. 故爲從ỵ得以未減. 若因謀殺而得所殺人之財, 猶之强盜矣, 故同强盜, 不分首從皆斬. 然强盜意主于得財, 則但得財者皆斬, 謀殺意主于殺人, 則因而得財者, 必加功分贓, 方а盜論. 其同謀者, 行而不分贓, 分贓而不行, 與不行又不分贓者, 仍以謀殺本律科斷, 以其共謀之初, 原爲殺人, 不在得財. 觀共謀爲盜條可推矣.]《집주 652쪽》;《전석 권19 2쪽》에도 대동소이한 내용이 있다.; "질문: '가령 어떤 사람이 다른 사람의 재물을 노려 砒霜을 주어 먹게 하여 재물을 얻었는데, (피해자가) 죽지 않았으면 어떻게 과단하는가? 재물을 얻지 못했으면 어떻게 과단하는가? 또 예컨대 다른 사람이 몸에 재물을 지니고 있는 것을 보고 취하려고 하나 계책이 마땅치 않아, 麻藥을 주어 먹게 하여 말을 못 하게 하고서 재물을 얻으면 어떻게 과단하는가?' 답: '砒霜은 독약이다. 그 마음먹은 것이 이미 반드시 그를 죽게 하려는 것이다. 재물을 얻으면 「사람을 謀殺하여 재물을 얻은 죄」(이 조 제5항)를 물어 强盜(⇨289조)의 죄와 같이 처리해야 한다. 만약 재물을 얻지 못했으면 「상해를 입혔으나 죽지 않은 경우의 죄」(이 조 제2항)를 물어야 한다. 麻藥은 (먹으면) 단지 일시적으로 말을 할 수 없게 되나, 원래 살인하려는 뜻은 없다. 그저 「약으로 사람의 정신을 혼미하게 하여 재물을 노린 죄」(⇨289조 强盜 제2항)를 물어 「강도를 이미 행하였으나 재물을 얻지 못한 경우의 죄」(⇨289조 强盜 제1항)와 같이 처리한다(장 100 유 3000리)."[問曰: '假如人欲謀人財 將砒霜與喫得財 不死 何斷 不得財 何斷? 又如見人有財在身 欲取不便計[《집주》에 인용된 《전석》에는 이 '計'자가 없다] 將麻藥與喫 使不能言 得財者 何斷?' 答曰: '砒霜乃毒藥也. 其設心 已必實之死. 得財者 宜問以謀殺人得財, 同强盜之罪. 如不得財 宜問以傷而不死之罪. 麻藥特一時不能言語 原無殺人之意 止宜問以藥迷人圖財罪 同强盜已未得財之罪.']《전석 권19 2쪽》; "麻藥을 먹어 재물을 취한 행위에 대한 《전석》의 견해를) 상고하건대 본래 재물을 노려 이로 말미암아 약으로써 (남의 정신을) 혼미하게 하면, 따로 强盜조(⇨289조) 내의 本律이 있고, 謀殺조와는 관계가 없으니, 어찌 군이 췌언할 필요가 있겠는가?[按: 本爲圖財, 因以藥迷, 自有强盜條內本律, 與謀殺條無涉, 何必贅言?]"《집주 653쪽》

2. '가담의 패턴'을 기준으로 본 '모살인(기수)'과 동모공구(치사)의 이동

'모살인(기수)'의 가담 패턴을 형량이 높은 순서로 나열하면 '造意(斬)', '從而加功(絞)', '(從而)不加功(장 100 유 3000리)', '爲從(장 100 유 3000리)'의 4가지이다. 이에 반하여 '동모공구(치사)'의 가담 패턴을 형량이 높은 순서로 나열하면 '(치명상을 초래한) 下手'(絞), '原謀(장 100 유 3000리)', '餘人(장 100)'이다.

모살인(기수)에서 형량이 가장 높은 '造意'는 '동모공구(치사)'의 '原謀'와 비슷한 성질의 행위패턴처럼 보이지만 명·청률의 입법자는 양자를 질적으로 현격히 다른 것으로 파악하였다. 모살인에서는 조의가 가장 책임이 무겁지만 '동모공구(치사)'의 '原謀'는 책임이 가장 무거운 행위가 아닌 것으로 집정되었다. 왜 그런가?

모살인조의 조의자의 마음(心)은 '상대방을 죽이고자 하는 마음'임에 반하여 '동모공구(치사)'의 '原謀자'의 마음(心)은 '상대방을 구타하고자 하는 마음'에 그친다. 또 '동모공구(치사)'에서 치사라는 결과는 '原謀자'에게 뜻밖의 결과이다. 이에 반하여 대상자(target)의 사망이라는 결과는 모살인조의 조의자에게 뜻밖의 결과가 아니다. 따라서 모살인조의 조의자는 '비록 몸소 실행하지 않았다 하더라도 여전히 수범(首犯)'으로 간주된다. 그러나 '동모공구(치사)'에서 가장 책임이 중한 자는 '原謀자'가 아니라 '사람의 사망'이라는 객관적으로 중한 결과를 야기한 '(치명상을 초래한) 下手자'로 간주되고 있다.[39]

---

39) 《집주 682쪽》 참조

3. '모살인(기수)'조와 동모공구(치사)조가 예상하는 '償命=抵命'자의 수

명·청률의 입법자가 예상하는 가해그룹의 형량구상을 '償命=抵命(피해 그룹의 생명을 침해하면 가해그룹의 생명침해로 죄 값을 치르게 한다는 발상이다)'의 각도에서 분석해 보자. 동모공구(치사)조가 예상하는 '償命=抵命'해야 할 자의 수는 1명(치명상을 초래한 下手者)임에 반하여, 모살(기수)조가 예상하는 '償命=抵命'해야 할 자의 수는 최소 2명(造意者斬 從而加功者絞)이다. 여기서 다음과 같은 잠정적인 추정을 해 볼 수 있다.

무원록과 세원록의 '1인상명, 1인불상명' 담론은 아마도 송형통·명률·청률의 '동모공구(치사) 부분'과 친화성이 있는 담론으로 보인다. 메이저(Meijer)의 논문에서 검토된 명·청대의 사안들도 모두 '동모공구치사'사안들이었다.

다음에 무원록과 세원록의 규정만으로 모든 것이 해결되지는 않는다. 무원록과 세원록의 규정은 사실규명작업에 오랜 시간(3,4년 혹은 7,8년)이 소요되고 그 기간중에 누군가가 먼저 사망하는 사태를 염두에 둔 규정이 아니다. 그러므로 우리가 연구대상으로 삼고 있는 사료들을 이해하려면 또 다른 '법제적 전거(律 또는 條例)'가 필요하다. 그 법제적 전거는 1588년(萬曆 16)을 전후한 시기에 출현[40]하였다.

4. 1588년(萬曆 16)의 明나라의 조례(條例)

1588년(萬曆 16)에 명 황제가 하명한 조례에 다음과 같은 내용이 있다:

"지금부터 심록관원(審錄官員)은 동모공구(치사)同謀共毆(致死)조의 (치명

---

40) Meijer, 201쪽.

상을 초래한) 하수자(下手者)의 혐의를 받아 심리가 진행 중이다가 아직 결말이 나지 않았는데 우연히 원모나 조구 중상지인이 감옥에서 죽거나 (이들이 심리를 위하여 이송되는) 도중 병으로 죽으면 '저명(抵命)'한 것에 준한다. 만약 (유형이 결정되어 발배된 후) 집에서 병으로 죽으면 함부로 저상(抵償)할 수 없고 하수인은 율문대로 처벌한다.(萬曆十六年正月題奉欽依今後 審錄官員 凡審共毆下手擬絞人犯 果於未結之前 遇有原謀·助毆重傷之人監斃在獄 與解審中途因而病故者 准其抵命. 若係配發事結之後 在家病亡者 不得濫改抵償 仍將下手之人依律處決)"[41]

이 조례의 취지는 다음과 같은 것이다. 공구치사 사안이 발생하면 치명상을 초래한 자가 목숨으로 갚아야 한다는 것이 율문의 취지이다. 그런데 누가 치명상을 초래하였는지 판정되지 않은 상태에서 원모자나 조구자가 감옥에서 죽거나 이송 도중에 병으로 죽으면 가해 그룹에서 저명이 발생한 것으로 인정해 주라는 것이다. 그러나 이렇게 하면 이 법리가 남용될 우려가 있고 '살인자사'의 법리의 위엄에 손상이 생긴다. 그래서 이 법리의 남용을 억제하는 발상이 추가되었다. 그것은 가해 그룹 중 1인에게 유배형이 결정되고 집행되어 그 1인이 집에서 병으로 사망하는 것은 가해 그룹 중 1인이 정당하게 저상한 것으로 치부할 수 없다는 것이다. 그런데 거의 동일한 내용의 조례가 청률조례에도 실려 있다.[42] 이 조례의 취지를 청률의 저명한 주석가 심지기(沈之奇)는 다음과 같이 논한다:

"元謀助毆之人 監斃病故 卽准抵命. 蓋律意止欲 '一命一抵' 彼死于毆 此死于監內·途中 均非正命 足以相抵. 況元謀·助毆 皆同是致死之人 旣已因此而死 若仍絞下手 是以兩命抵之矣. 此例補律之未備 可謂仁之至·義之盡也."[43]

---

41) 《집해 1503~1504쪽》

42) 《집주 686쪽》

43) 《집주 687쪽》

심지기에 의하면 이 조례의 취지는 다음과 같은 것이다:

비록 (치명상을 초래한) 하수(下手)자가 아닌 원모(元謀)·조구(助毆)자가 감옥에서 병으로 사망해도 '1인이 상명된 것'으로 간주해도 좋다. 피살자가 (구타를 당하여 비명으로) 죽은 것이나 원모·조구자가 '감옥에서 형추(刑推)·병(病) 등으로 사망하는 것'이나 모두 자신의 명(命)에 죽은 것이 아니므로 서로 대등하게 취급할 수 있다. 만약 그것과 무관하게 (심리를 계속하여 치명상을 초래한) 하수자를 교형으로 벌하면 한 사람의 억울한 희생을 두 사람의 생명으로 죄값을 치르게 하는 것이(어서 부당하)다. 이 조례는 율문의 미비점을 보충하는 것이고 어짐(仁)의 지극함과 의로움(義)의 극진함이라고 말할 수 있다.

5. 숙종대(肅宗代) 대명률부례(大明律附例)의 조선 전래

동모공구치사 사안에서 치명상을 가한 하수인의 혐의를 받는 자가 조사·심리를 받는 중에 다른 공범(이른바 原謀와 餘人, 특히 原謀)의 옥중 병사(獄中病死)는 1588년(만력 16)에 明 황제가 하명한 조례(이하 '만력 16년 조례'로 약칭한다)의 요건을 충족하는 하수인(으로 지목받고 조사·심리 중인 자)은 사형을 면할 수 있다. 앞에서 상세히 소개한 배홍적 옥사에서 배홍적은 다른 공범(그의 모친 이조이)이 옥중에서 병사하자 결과적으로 감경되어 사형을 면하였다. 조선의 국왕(정조)은 '만력 16년 조례'를 알고 그런 처분을 내렸을까 아니면 '만력 16년 조례'의 존재를 몰랐지만 다른 법리(예를 들어 유죄의 확신을 내릴 수 없는 疑獄일 때의 參酌減律)를 근거로 '만력 16년 조례'의 문언과 합치하는 처분을 내린 것일까?

현재까지 입수할 수 있는 사료만으로 이 질문에 확실히 답하기는 어렵다. 그런데 아마도 국왕은 '만력 16년 조례'를 알고 그런 처분을 내렸을 가능성이 있다. 이하에서는 이렇게 추정할 수 있는 정황들을 논증하려고 한다.

첫째, 숙종14年(1688) 6月 8日에 '대명률부례(大明律附例) 1질(秩)을 등사(繕寫)하여 올린다'는 서문중(徐文重)의 차자(箚子)가 승정원일기에 기록[44]되어 있다. 이 기사는 대명률부례를 언급한 조선측 사료 중 가장 이른 시기의 기록이다.

둘째, 정조실록 1年(1777) 7月 15日자에 다음과 같은 기사가 있다:

> "대신과 형조 당상을 소견하였다. 형조 판서 장지항이 아뢰었다. '반인 정한룡이 환도로 사람을 공격하여 무릎뼈가 절반이나 떨어져 나갔고, 상해를 입은 사람이 그 상해로 인해 치명했는데, 율문 내용에 지체를 부러뜨리거나 넘어뜨린 것으로 인하여 뼈가 부수어지거나 낙태하게 되면 수족으로 했거나 다른 것으로 했거나를 막론하고 모두 고한이 50일이라고 했습니다. 정한룡은 고한을 헤아리건대, 50일에서 겨우 하루를 지나게 되었는데, 《대명률부례》에는 원래의 고한(辜限) 50일 이후에 만일 본상으로 인하여 치명하게 되면 원래의 고한 외에 20일의 고한을 더한다는 조례가 있습니다. 선왕 무자년 6월에 평안도 살인 옥사의 계본에 따라 내리신 전교 내용에는 고한이 이미 지나버리게 된 것 때문에 해당 율관을 결곤하여 영구히 태거하라고 하신 명이 있었으니, 청컨대 대신들에게 물어보소서.' 영의정 김상철 등이 말했다. '선조께서 내리셨던 분부는 곧 율관이 낮추었다 높이었다 한 짓을 신칙한 것이고, 살인 옥사를 가리키지 않은 것이 분명하고도 적실한 것입니다. 정한룡을 성옥해야 함은 다시 의심스러울 것이 없습니다.' 전례에 따라 성옥하도록 명하였다.(戊寅 召見大臣刑曹堂上 刑曹判書張志恒啓言: "泮人鄭漢龍以環刀擊人, 膝骨半落, 被傷人因本傷致命, 而律文中: '以打跌肢體破骨墮胎者, 無問手足他物, 皆限五十日' 漢龍辜限計五十日, 纔過一日, 而《大明律附例》, 有 '元辜限五十日外, 若因本傷致命, 則限外二十日加辜限' 之例 而先王戊子六月, 因平安道殺獄啓本, 所下傳敎中, 以辜限已過, 有當該律官決棍永汰之命, 請詢大臣" 領議政金尙喆等曰: "先朝下敎, 卽申飭律官之低

仰, 非指殺獄明的者 漢龍成獄, 更無可疑" 命依例成獄)"

이 밖에도 영조 년간에 영조가 여러 차례 대명률부례를 인용하면서 국정을 지휘한 기사를 확인할 수 있다. 구한말이 되면 전라남도 재판소 판사 조종필(趙鍾弼)이 의정부 찬정(議政府贊政) 법부대신(法部大臣)에게 '대명률부례를 간판(刊板)하여 하송(下送) 하여 줄 것'을 요청45)하기에 이른다. 다나까 도시미쓰도 2008년에 발표한 논문에서 조선후기에 대명률부례가 실무에서 폭넓게 활용된 사례를 제시46)한 바 있다. 조선에서는 '대명률부례', 혹은 '부례 대명률'로 불리는 조례가 중국에서는 '문형조례(問刑條例)'로 더 잘 알려져 있다. 이 논문의 심사자 중 한 사람은 효종대에도 1인상명 논증이 행하여졌으므로 대명률부례의 조선전래 시기를 좀 더 앞당길 수 있지 않겠나 하는 논평을 하였다. 있을 수 있는 추정이지만 더 이상의 방증이 없는 이상 단언하기는 어렵다.

이로 미루어 볼 때 국왕(정조)은 대명률부례에서 '만력 16년 조례'47)의 내용을 알고 있는 상태에서 배홍적의 감형과 석방을 명한 것으로 추정할 수 있다. 그런데 특이한 것은 '만력 16년 조례'나 그에 상응하는 내용의 규범은 조선의 국전(國典)이나 수교(受教), 수교정례(受教定例), 수교등록(受教膽錄) 등에 등재되지 않았다.48) 국전이나 수교 등에 등재되지 않은 중국측의 조례(條例)가 조선의 실무에서 사안해결을 위하여 적용되거나 유추적용되는 사례가 있음을 확인할 수 있다.

---

45) 司法稟報(乙) 26 [보고서 57호, 光武四年八月三十日(1900년8월30일자)].

46) 田中俊光, 朝鮮後期の刑事事件審理における問刑条例の援用について, 『朝鮮史研究会論文集』第46集, 2008.10, 97~124면.

47) 《부례(하) 241쪽》

48) 정긍식 외 3인편, 『朝鮮後期 受教資料 集成(Ⅰ)-刑事篇: Ⅰ(2009), Ⅱ(2010)』, 奎章閣 所藏本(서울: 한국법제연구원)에서도 '만력 16년 조례'나 그에 상응하는 내용의 규범은 찾아보기 어렵다.

6. 소결

1인상명 담론은 조선에서만 발견되는 특이한 담론이 아니다. 현재까지의 연구수준에 의하면 그것은 '만력 16년 조례'에서부터 나타나기 시작하여 중국에서는 '청말(淸末)'에 이르기까지 그 논변이 지속되었고 조선에서는 효종대나 영조대부터 실무에서 활용되기 시작하여 구한말까지 이어지고 있었다. 심지기는 《대청률집주》에서 이를 '일명일저(一命一抵)'로 표현하였지만 그것이 의미하는 바는 조선의 1인상명 발상과 동일할 것이다. 조선후기부터 조선인들이 스스럼없이 1인상명 담론을 전개하는 현상은 조선인들의 '명·청률'활용이 심화·발전되어 간 증거이지 '명·청률'활용으로부터의 이탈이 아니다.

V. 결어

첫째, 하나무라의 진단 중, 조선의 국왕이나 관원들이 1인상명이라는 독특한 법리를 내세워 형사사건을 재판하려는 사안이 효종대(孝宗代)·영조대(英祖代) 이후 상당수 발견되는 것은 사실이다. 또 이 현상이 보이는 것은 유교적 신념의 '인(仁)'과 관련이 있음도 사실인 것으로 보인다. 그러나 이 현상을 가지고 조선의 "정치체제가 국왕의 재판을 명률보다 우선시킬 가능성이 있는 것, 즉 명률의 의용은 장식물(文具)에 불과하고 국민성이 관대하여, 율(律)이 정한 바에 충실히 따르는 것에 의미를 두지 않은 것에 기인"한다고 논단한 것은 잘못인 것 같다. 조선인들이 스스럼없이 1인상명 담론을 전개하는 현상은 조선인들의 '명·청률' 의용이 심화·발전되어 간 증거이지 '명·청률' 의용으로부터의 이탈의 증거가 아니다. 그러나 이 현상에서 "④ 이조의 명률의용의 의미, 형사재판의 실태를 볼 수 있다"는 하나무라의 진단은 여전히 유효하다.

둘째, Meijer는 형안회람(刑案匯覽) 등 청대의 판례집에서 여러 케이스를 발굴하여 매우 치밀한 분석을 가하였다. 청대의 판례들과 조선후기의 판례들을 비교분석하는 것은 흥미 깊은 주제이지만 현재로서는 그런 작업을 수행할 만큼 충실한 조선측 사료가 확보되지 못하여 그 작업은 장래의 과제로 남겨둔다.

셋째, 서양의 법학자들은 명·청대의 중국에서 1인상명 담론이 전개되고 실천되는 것을 보고 '중국법계의 형식성(formality)의 취약성'을 연상하기 쉽다. 예를 들어 서양의 중국학자들은 명·청대의 중국인들이 유죄인 자(guilty criminals)를 철저히 밝히려고 하지 않고 일종의 대리복수(the acceptance of retribution by proxy)만으로 만족하려고 하는 경향성을 연상한다.[49]이런 발상이라면 조선후기의 형사사법은 '명·청대의 중국보다도 더 형식성(formality)이 취약한 형사사법'의 모습으로 비추어질 것이다. 그러나 1인상명이라는 하나의 현상만을 가지고 조선의 형사사법, 나아가서는 조선사법의 특성을 자리매김하려는 것은 성급한 논단이다. 조선사법의 특성을 자리매김하려면 규명하여야 할 측면들이 아직도 대단히 많이 남아 있기 때문이다.

---

49) Derk Bodde and Clarence Morris, *Law in Imperial China : exemplified by 190 Ch'ing Dynasty cases*, (Philadelphia: University of Pennsylvania Press, 1973), pp.331~332; Geoffrey MacCormack, *The Spirit of Traditional Chinese Law*(University of Georgia Press, 1996), pp.122~131.

제8장 율해변의·율학해이·대명률강해의 상호관계*

Ⅰ. 문제의 제기

당률(唐律)과 대명률(大明律)을 토대로 삼기는 하였지만 일정한 특정 시기에 '여조형률(黎朝刑律)'이라는 독자적인 대법전을 만들어 쓴 베트남의 여조(黎朝)[1]와 달리 조선은 경국대전(經國大典) 등의 국전(國典)에서 대명률을 포괄적으로 수용하는 전략[2]을 취하였다. 그럼에도 불구하고 조선에서

───────────────

* 이 논문은 법사학연구, 53호(2016.04.)에 게재된 논문을 수정·보완한 것이다.

1) Ta Van Tai, "Vietnam's Code of the Lê Dynasty(1428~1788)" in *The American Journal of Comparative Law*, Vol. 30, No. 3(Summer, 1982), pp.523~554; Ta Van Tai(trans. and ed.), The Le Code, 3 vols, 1994; 유인선, 베트남 여조형률의 체재와 내용~당률의 계수와 관련하여~, 법사학연구 27호(2003).

2) 예를 들어 《經國大典·續大典·大典通編·大典會通 刑典 用律》의 "用大明律"

독창성이나 독자성을 부여할 만한 대명률 주석서가 출현한 것 같지는 않
다. 그런데 일단의 연구자들은, 대명률강해(大明律講解)(이하 '강해' 혹은
'증보전 강해'로 약칭함)를, 적어도 세종대 이후 구한국 시대까지 수백 년
에 걸쳐 조선의 재판 실무에서 가장 보편적으로 활용된 대명률 '주석서'[3]
라는 관점에서 바라보고 있다. 이와 더불어 현재까지 강해의 최초의 편집
자와 편집지는 '중국인, 중국'이었을 것이라는 추정[4]이 우세하였었다. 그런
데 2015년에 다나카 도시미쓰(田中俊光, 이하 '다나카'로 약칭함)는 '(증보
전) 강해의 편집지·편집자는 조선·조선인'이었을 것이라는 추정[5]을 하고
있다. 이 추정이 사실이라면 강해는 중국계 율령에 대한 조선 최초의 독자
적인 주석서가 되는 셈이고 (증보전) 강해의 실체에 대한 보다 본격적인 연
구와 분석이 필요하게 된다. 설사 강해의 '주석서로서의 독자성'이 미약하
다 하더라도 그 중요성에 비추어 강해의 위상을 철저히 검토하는 작업은
여전히 필요한 작업이다. 강해의 편집자와 편집시기는 불명(不明)[6]이지만
최근 다나카는 세종실록 기사를 근거로, 강해는 늦어도 15세기 중엽에 '조
선에서 간행'되었는데, 명률을 형사법의 규준으로 삼았던 조선에서 "(증보
전 강해는) 조선 형사법의 타당한 운용을 지탱한 우수한 주석서"였다고 자
리매김하였다. 강해가 "율관을 양성하는 지정교과서로서 왕조말기까지 폭
넓게 이용"[7]된 것은 사실이겠지만 저자는 이 글에서 강해가 과연 (1) '주석

---

3) 정긍식·조지만, 해제 대명률강해(서울대학교 규장각, 2001)[이하 '정·조(2001)'로 인용
   함], 22면; 정긍식, 조선전기 중국법서의 수용과 활용(서울대학교 법학 제50권 제4호,
   2009.12)[이하 '정(2009)'으로 인용함], 47~52면.
4) 정(2009), 46쪽에서는 "강해가 (중략) 함께 수입되었다"고 적고 있어 강해의 편자가 중국
   인일 것이라고 가정하고 있다. 이렇게 추정한 최초의 연구자는 하나무라였다. 花村美樹,
   大明律直解攷, 『法学協会雑誌』 54(1936), 318면[田中俊光(2015)에서 재인용함].
5) 田中俊光, '朝鮮刊『大明律講解』について'[『東洋法制史研究会通信』第28号(2015
   年2月)], 이하 이 자료는 '田中俊光(2015)'로 인용한다.
6) 정·조(2001), 22면; 정(2009), 47면.
7) 田中俊光(2015).

서'를 지향한 문헌이었는지, (2) '주석서로서의 독자성'을 인정할 만한지, (3) 과연 '우수'하다고 말할 수 있는지, 세밀한 검증을 하려고 한다.

이 글은 이런 문제의식 하에 14~15세기의 중국에서 출현하여 조선의 실무에서 이용된, 선행하는 중국의 율령 주석서들과 강해를 비교하여 '강해'의 성격을 실증적으로 검증하려고 한다. 14~15세기의 중국에서 출현한 문헌 중 조선에 유입되어 이용된 대명률 관련 주석서로는 율학해이(律學解頤)[8](이하 '해이'로 약칭함), 율해변의(律解辯疑)[9](이하 '변의'로 약칭함), 율조소의(律條疏議)(이하 '소의'로 약칭함)의 3종이 중요하다. 따라서 이 글에서는 해이, 변의, 소의의 주석 단편(註釋斷片)과 강해의 주석 단편의 연관관계를 실증적으로 분석할 필요가 있다.

논증의 순서는 다음과 같다. 먼저 선행하는 3종의 주석서와 강해의 비교 연구에 필요한 몇가지 형식적인 지표들을 검토(II) 한 후, 강해에 추가된 주석 단편들을 변의의 그것과 양적·질적으로 비교(III, VI)한 다음 성종9년(1478)의 이계손(李繼孫)·이봉(李封)의 식물구청(食物求請) 사건의 의단(擬斷) 논쟁과 첨입(添入) 기사의 계기를 상세히 살펴본(V) 다음 증보강해[10]의 존재와 증보 내용을 증보전의 그것과 비교분석(VI)하여 강해의 위상을 재검토(VII)하는 순서로 논의를 전개하기로 한다.

변의, 소의, 강해는 각각 여러 판본이 전해지고 있지만 이 글은 서지학적 분석에 초점이 있는 것[11]이 아니고 '주석 단편의 내용적 비교'에 초점이 있

---

8) 정긍식, 조선본《律學解頤》에 대하여,『서울대학교 法學』제54권 제1호, 2013.3 [이하 이 논문은 정(2013)으로 인용한다], 47~74면.

9) 조선왕조실록에 '律學辨疑', '律解辨疑'로 표기되기도 하지만 '律解辯疑'라는 표기로 통일하기로 한다.

10) 종래의 연구자들은 한 가지 계통의 강해만 있는 것으로 상상하여 왔다. 그러나 후술(VI) 하는 바와 같이 다른 계통의 강해도 있다. 이하에서는 전자를 '증보전(增補되기 전의) 강해', 후자를 '증보강해'로 지칭하기로 한다.

11) 이런 방향의 본격적인 글은 장경준이 구결학회, 한국법사학회 공동 전국학술대회(2016. 1. 12. 서울대학교 규장각)에서 발표한 논문[조선에서 간행된 대명률 '향본(鄕本)'에 대

다. 분석의 기초로 삼을 분석 대상은 연구자에게 접근이 용이한 '영인본이나 복사본'[12])으로 설정하였다.

II. 비교연구에 필요한 형식적인 지표들

전근대 동아시아, 특히 중국에서 출현한 주석서는 다종·다양하여 그 특징을 묘사할 때 일정한 형식적인 특성의 분석이 선행될 필요가 있다. 여기서는 문제를 확대시키지 않고 14~15세기의 조선왕조실록에서 언급되는 대명률 관련 주석서 중 律解辯疑[13])(이하 '변의'로 약칭함), 律學解頤(이하 '해이'로 약칭함), 律條疏議(이하 '소의'로 약칭함), 강해 등 4종의 주석서의 형식적 특성을 묘사하는데 필요한 몇 가지 외견적 지표들을 검토해 보기로 한다. 이들 4종의 주석서는 각각 많은 종류의 다양한 판본이 있다. 이 글에서는 다양한 판본 중 연구자들에게 접근이 용이한 인쇄본이나 연구자들에게 배포할 목적으로 영안된 영인본[14])을 분석대상으로 삼기로 한다. 이 외

하에]이다.

12) 율해변의는 明初에 何廣이 撰한 것으로 알려져 있는데 여기서는 楊一凡·田濤 主編, 中國珍稀法律典籍續編 제4册(黑龍江人民出版社, 2002), 율학해이[撰者는 慈利丞 蕭思敬이라는 사실이 經國大典註解에 실려 있고 落帙이지만 序文이 있다.]는 최종고 교수 소장본[낙질본을 최종고 교수가 소개하여 존재가 알려졌지만, 현 소장처는 확인할 수 없다[崔鍾庫, 法史餘滴(29): 律學解頤, 법률신문 1987. 6.). 정(2009), 52쪽에서 재인용], 대명률강해는 서울大學校 奎章閣 영인(2001, 이 책은 1903년의 法部印頒本을 영인한 것이다), 율조소의[張楷, 律條疏議(1467)]는 楊一凡편, 中國律學文獻 제1집 제2책(黑龍江人民出版社, 2004 영인)을 분석대상으로 삼았다.

13) 조선왕조실록에 '律學辯疑'로 표기되기도 하지만 율해변의가 더 정확한 표기로 보인다.

14) 율해변의는 明初에 何廣이 撰한 것으로 알려져 있는데 여기서는 楊一凡·田濤 主編, 中國珍稀法律典籍續編 제4册(黑龍江人民出版社, 2002), 율학해이는 최종고 교수 소장본, 대명률강해는 서울대학교奎章閣 영인(2001, 이 책은 1903년의 法部印頒本을 영인한 것이다), 율조소의는 楊一凡편, 中國律學文獻 제1집 제2책(黑龍江人民出版社, 2004)을

견적 지표만 가지고 분석해도 주석서로서의 강해의 특성이 어느 정도 드러
난다.

첫째, 대명률 중 홍무(洪武) 22년(1389)율과 홍무30년(1397)율의 율본문
(律本文)은 그 자체에 상당한 분량의 주석(율중주 律中註)을 담고 있다. 이
하에서는 이런 류의 주석 단편(註釋斷片)을 주석서가 행하는 별도의 '순수
한 주석'(이하 '순주석'으로 약칭한다)과 구별할 필요가 있으므로 율본주
(律本註), 혹은 '본주(本註)'로 약칭하기로 한다. 변의, 해이, 강해는 율본주
에 대한 주석을 담고 있지 않지만 소의는 가끔 율본주에 대한 주석도 담고
있다.

저자는 중국에서 출현한 전근대 중국 율에 대한 주석서 중 특히 출중한
3개의 주석서를 당률소의(唐律疏議, 653),15) 전석(箋釋, 1612), 집주(輯註,
1715)16)로 꼽고 있다. 이 3대 주석서들은 수많은 율본주를 담고 있을 뿐만
아니라 율본주에 대한 주석도 담고 있다. 이런 정보를 추가하여 사후적으
로 판단하면 14~15세기에 출현한 4종의 문헌 중에는 (율조)소의가 가장 충
실한 주석서의 형식을 취하고 있다.

둘째, 대체로 충실한 주석서는 주석자가 주석하고자 하는 율(律)이나 조
례(條例)의 본문을 생략 없이 온전히 (대체로 먼저 큰 활자로) 제시한 다음
행(行)을 바꾸거나 혹은 종서(縱書)로 시작되는 주석 지점을 위(上段)에서부
터 몇 글자 낮추거나 혹은 글자 크기를 작게(예를 들어 율본문이 단행(單
行)이라면 주석 부분을 쌍행(雙行)으로 하거나 조금 작게 하는 것) 하여 주

분석대상으로 삼았다.

15) 이 글에서는 長孫無忌, 官版 唐律疏議(653)(律令研究會편, 汲古書院, 1975 영인)를 전
　　거로 삼았다.

16) '전석'은 王樵 私箋 王肯堂 集釋,《大明律附例箋釋》(1612)(東京大 소장)을 약칭한 것이
　　고, '집주'는 沈之奇, 大淸律輯註(上)(下)(1715)(懷效鋒·李俊 點校, 法律出版, 2000)[이
　　책은 中国政法大学 図書館藏인데 清康熙五十四年(1715)에 沈之奇 自刻本을 底本으
　　로 삼은 것이다] 의 약칭이다.

석 단편을 덧붙인다. 당률소의와 전석이 이런 형식을 취한다. 14~15세기에
출현한 4가지 문헌 중에는 소의가 이런 형식을 취하고 있다. 그런데 문헌
중에는 율본문(律本文)의 전문(全文)을 제시하지 않고 주석이 필요한 율본
문의 일정 부분을 '律云…'등으로 특정한 다음 '謂', '議曰', '講曰', '解曰',
'問曰', '笞曰'을 표시한 후에 주석 단편을 덧붙이는 형식의 주석서도 있다.
위의 4가지 문헌 중에는 해이가 이런 형식을 취하는 '약식의 주석서'이다.
변의에는 율본문을 전부 제시하는 곳도 있고 주석의 대상이 아닌 부분은
'止'자를 써서 생략(예를 들어 ○○○…(止)…○○○)하고 주석하고자 하는
율문의 일부만 제시하는 곳이 많다. 대체로 율본문이 간단할 때는 변의도
율의 본문 전부를 제시하지만 율본문의 문장이 길고, 주석자가 그중 일부
에 대하여만 주석하고자 할 때(아마도 지면 생략을 위해서일 것이다)는 율
본문을 과감히 생략하는 전략을 구사하고 있다. 강해는 먼저 율본문을 율
본주까지 모두 온전히 제시한 다음, 율본문의 일정 부분을 '律云…' 등으로
특정하지 않고, 주석하고자 하는 율본문의 마지막 부분에 '講曰', '解曰'이
라는 두 가지 포맷으로 주석 단편을 덧붙이고 있다. '강해'라는 제목은 이
점에 착안한 용어법으로 보인다.

　셋째, 서문(序文), 후서(後序), 발(跋) 등에서 주석서의 편집자와 편집연대
를 밝히고 있는 대부분의 주석서는 율에 대한 주석을 붙일 때 선행하는 전
거(典據)가 있으면 그 전거를 밝히고[17] 주석 단편을 붙인다. 변의와 해이에
서 '疏議曰'로 시작할 때 그 부분의 전거는 율조소의가 아니라 唐律疏議이
다. (율조)소의는 당률소의[18]뿐만 아니라 예기(禮記),[19] 가어(家語),[20] 서
(書)[21] 등 유교 경전까지 수시로 전거로 인용하면서 주석을 덧붙이고 있다.

---

17) 예를 들어 전거가 唐律疏議일 때 '唐律疏議云', 혹은 '禮記曰'의 방식이다.
18) 예를 들어 소의(상), 93면.
19) 예를 들어 소의(상), 94면.
20) 예를 들어 소의(상), 94면.
21) 예를 들어 소의(상), 104면.

빈도가 그리 높지 않지만 변의와 해이에도 유교 경전을 전거로 인용하는 장소가 없지 않다. 어떤 주석서가 이 전거를 밝히고 있는가 여부는 그 주석서의 품격(品格)을 가늠하는데 하나의 지표가 될 수 있다. 선행하는 전거를 밝히지 않고 주석자 스스로의 주석을 붙일 때는 그 주석서의 명칭을 선행시켜 '…曰' 하기도 한다. 예를 들어 선행하는 전거가 없이 율조소의의 편집자가 스스로 주관적인 견해를 주석 단편으로 추가할 때 율조소의는 '疏議曰'의 형식을 취한다. 그런데 4종의 문헌 중 유일하게 증보전 강해에서만 이와 같이 전거를 밝히는 장소를 찾아보기 어렵다.[22]

넷째, 서문이나 발문이 있는 주석서는 그런 것이 없는 주석서보다 품격이 높은 주석서일 가능성이 있다. 주석서를 만드는 작업은 매우 어려운 작업이다. 서문이나 발문을 써서 그 유래를 밝히고 누가 편집자인가를 밝히려고 하는 것은 자연스럽고 품격 있는 일이다. 역시 4종의 문헌 중 유일하게 강해('증보전 강해'와 '증보강해' 모두가 그렇다)에서만 서문이나 발문을 찾아보기 어렵다.

이제 이런 형식적·외견적 지표들을 가지고 강해의 품격을 가늠해 보자. 강해의 위상을 '대명률 주석서'로 설정하면 그 품격은 4종의 문헌 중 가장 떨어지는 것이 아닌가 하는 인상을 지울 수 없다. 그렇게 보는 이유는 다음과 같다.

첫째, 현재까지 서문이나 발문이 있는 강해는 학계에 보고된 바 없다.

둘째, 강해는 율본문(율본주까지 포함)이 끝나는 지점 다음에 음각(陰刻)으로 '講曰', 혹은 '解曰'로 표시되는 부분에서부터 주석이 시작됨을 알린 후 율본문 보다 작은 활자로 (보통 쌍행의) 주석을 덧붙이기 시작한다. 그

---

22) 장경준 교수가 발견한 이른바 '증보판 대명률강해(이하 '증보강해'로 약칭한다. 장 교수는 이를 '을해자 계통 강해'로 특정한다.)에 비로소 이런 식으로 '전거를 밝히는 부분'이 추가되고 있다. 그러나 조선에서 널리 유포된 '증보전 강해'에는 전거를 밝히고 있는 판본을 찾아 보기 어렵다.

런데 저자는 현재까지 증보전 강해에서 전거를 밝힌 부분을 발견하지 못했다. 장경준 교수에 의하면 증보강해는 조선에서 널리 유포되지 않았다. 증보전 강해가 조선에서 널리 유포되고 실무에서 활용된 것을 보면 증보전 강해에 모종의 장점이 있었음을 짐작할 수 있다. 이하에서 어떤 장점이 있었을까를 추정해 보기로 하자.

강해와 소의는 율본문과 본주를 생략 없이 전부 제시하는 점에서 변의나 해이보다 장점이 있다. 특히 실무에서 상관(上官)의 지시에 따라 어느 사안에 대하여 적절한 조문이 어떤 것인지를 정확히 제시하여야 하는 이른바 조율(照律)·안율(按律) 작업의 1차적 담당자는 율학(律學), 율생(律生), 검률(檢律)이었다. 이들에게 강해는 변의나 해이보다 매우 편리한 책자였을 것이다. 왜냐하면 변의나 해이에는 보통 율본문과 율주의 전문이 수록되어 있지 않은 데 비하여 강해는 율본문과 율주까지 모두 온전히 담고 있기 때문이다. 그러나 강해의 이 장점은 소의 앞에서는 장점이 될 수 없다. 소의도 율본문과 율본주를 생략없이 전부 제시하기 때문이다. 그런데 완성된 책자를 기준으로 판단할 때 소의는 강해보다 전체의 면수가 2배를 훨씬 넘고 책수도 6책~10책 이상에 달하는 거질(巨帙)의 문헌이었다. 이에 비하여 강해는 면수도 작고 책수도 보통 3책 이내에 불과하여 지니고 다니거나 찾아보는데 훨씬 용이 하였을 것이다.

III. 순수한 주석 단편들의 양적 비교 : 변의와 강해

지금부터는 주석 단편들의 양(量)을 수단으로 4종의 문헌들을 평면적으로 비교해 보기로 한다. 외견상 추가되는 주석 단편의 양은 소의가 가장 많을 것같다. 대략 국판 크기 포맷으로 영인된 영인본(상, 하 2책)의 면수(율본문과 주석을 합한 것이다)를 합하면 소의는 1,346면이나 되는 데 비하여 해이는 소자 쌍행(小字雙行)이 없는 큰 글씨로 쓰어진 것(율본문 보다는 주석이 훨씬 많다)인데 대략 국판 크기 258면에 지나지 않는다. 강해는 본문과 주석 단편을 합하여 대략 국판 크기 520면의 분량이고 변의(긴 율본문은 생략된 부분이 많다)는 국판 크기 296면의 분량이다. 소의, 강해에는 율본문과 율주가 포함되어 있으므로 편자(編者)가 덧붙인 순수한 주석 단편의 양의 총합만을 계산하면 그 양은 상당한 정도로 줄어들 것이다.

다음에 이 글의 분석대상인 변의는 현대적인 텍스트용 활자로 인쇄한 인쇄본이므로 변의에 포함된 순수한 주석 단편들만의 총합의 분량은 훨씬 더 늘어날 것이다. 따라서 여기서는 우선 임의의 두 종류의 문헌만을 상대적으로 비교하는 방식(상대적 비교방식)을 취한 다음 종합적인 분석으로 나아가기로 한다. 저자가 제일 먼저 선택한 '상대적 비교'의 대상은 변의와 증보전 강해(이하 '강해'는 '증보전 강해'를 지칭한다)이다. 변의와 강해에 추가된 주석 단편들의 양적 비교를 먼저 해 보려는 것이다. 그중에서도 여기서는 명례율 47개조 중 제일 마지막에 자리잡고 있는 '도류천사지방(徒流遷徙地方)(47조)'을 제외한 46개조에 율본문을 주석한 순수한 주석 단편들만을 순전히 양적으로 비교해 보기로 한다. 편의상 '대명률직해'(이하 '직해'로 약칭한다)의 대상이 된 명례율23) 조문에 앞에서부터 일련번호(1조~ 46조)를 붙이기로 한다. 변의와 강해의 대상이 된 명례율 조문의 배열순서는 직해의 대상이 된 명례율의 조문배열순서와 차이가 있지만 그 조문의 총수(46조)는 같다. 편의상 이하의 조문특정은 직해의 대상이 된 대명률24) 조문의 배열순서를 따르기로 한다.

첫째, 주석 단편의 양과 수가 적을망정 변의에는 46개조의 명례율 중 주

---

23) 학계의 정설은 22년율인데 최근에 18·19년율이라는 異說이 제기되었다. 박성종, 명률의 변천과 문체, 그리고 『대명률직해』의 저본, 『국어사연구』 17(국어사학회), 167~196면.
24) 홍무 22년율이라는 견해(花村 이후 주로 국내의 법사학자들의 견해)가 다수설이지만 홍무 18~19년율이라는 견해(박성종, 장경준)가 대두되고 있다.

석 단편이 전혀 없는 조문이 없다. 명례율만 그런 것이 아니라 나머지 6개의 六律(吏·戶·禮·兵·刑·工律) 전부가 그렇다. 그러나 강해에는 추가된 주석 단편이 없는 조문이 매우 많다. 그것을 구체적으로 지적해 보자. 명례율 46개조 중 추가된 주석 단편이 전혀 없는 조문의 수는 대명률직해의 조문 배열순서 기준 1~8조(8개조), 11조, 16조~19조(4개조), 30~34조(5개조), 36~40조(5개조), 43조, 44조, 46조 등 26개조에 이른다. 4종의 문헌 중 외견상 주석 단편의 양과 수가 가장 적을 것으로 추측되는 해이에서, 46개조의 명례율 조문 중 주석 단편이 전혀 없는 조문은 18개조문(4, 6, 7, 10, 11, 17, 18, 19, 20, 22, 30, 31, 32, 33, 38, 39, 40, 43조)에 불과하다. 주석 단편이 전혀 없는 조문이 26개조에 이른다는 사실은 강해의 주석 단편이 다른 3종의 대명률 주석서와 비교하여 얼마나 소략한 것이었는지를 알려 준다.

둘째, 주석서의 주석 단편들은 통상 특정 이슈에 대하여 '…曰'을 제시한 후에 전개된다. 그런데 강해의 어느 주석 단편이 그에 상응하는 변의의 어느 주석 단편 보다 양적으로 많은 경우는 거의 없다. 반대로 변의의 어느 주석 단편은 그에 상응하는 강해의 어느 주석 단편 보다 대체로 양적으로 많다. 따라서 변의와 강해에 추가된 순순한 주석의 양적 비교는 특정 조문에 대한 주석단편의 개수를 비교해 보는 것으로 충분하다.

1. 변의와 강해 양쪽에 모두 주석 단편이 있는 조문들의 수와 양적인 관계분석

변의와 강해 양쪽에 주석 단편이 붙어 있는 조문들은 9, 10, 12~15(4개조), 20~29(10개조), 35, 41, 42, 45조의 20개조이다.

첫째, 이 중에서 강해의 주석 단편의 개수가 변의의 그것과 동일하고 각각의 주석 단편의 내용도 거의 동일한 조문은 9조[25], 10조[26], 12조[27], 14

---

25) 應議者之父祖有犯 ; 변의는 '講曰', '解曰'로 시작되는 2개의 주석단편, 강해는 '강왈',

조28), 21조29), 22조30), 23조31), 24조32), 25조33), 26조34), 27조35), 28조36), 29조37), 41조38) 등 14개조이다.

둘째, 20개 중 13조39), 15조40), 42조41), 45조42) 등 4곳에서 강해의 주석 단편의 개수는 축소되어 나타나거나 혹은 주석 단편의 내용이 축소되어 나타난다. 축소의 내용은 예를 들어 변의의 주석 단편이 복수의 문장으로 구성되어 있을 때 강해의 주석 단편은 1개의 문장으로 축소되어 나타나는 따위이다. 변의의 주석 단편과 강해의 주석 단편의 관계에 대하여 다나카는 "그 내용이 거의 일치한다"43)는 정도로 분석하고 있지만 보다 정확한 묘사는 대체로 '강해의 주석 단편은 변의의 주석 단편을 축소한 것'이다.

대체로 '강해의 주석 단편은 98% 이상 변의의 그것을 거의 동일하게 옮

'해왈'로 시작되는 2개의 주석단편이 있는데 그 내용은 전혀 같다.

26) 軍官軍人犯罪免徒流 : 변의는 강왈 1개, 강해는 강왈 1개로 전혀 같다.

27) 以理去官 : 변의는 7개, 강해도 7개이다.

28) 除名當差 : 변의는 2개, 강해도 2개인데 그 내용이 완전히 동일하다

29) 老少廢疾收贖: 변의와 강해 각 6개이다.

30) 犯罪時未老疾: 변의와 강해 각 3개이다.

31) 給沒贓物 : 각 13개이다

32) 犯罪自首 : 변의와 강해 각 10개이다

33) 二罪俱發以重論 : 변의와 강해 각 6개이다.

34) 犯罪共逃 : 변의와 강해 각 3개이다

35) 共犯罪分首從 : 변의와 강해 각 2개이지만 그 중 하나의 주석은 강해의 주석이 매우 단촐하다.

36) 同僚犯公罪 : 변의와 강해 각 2개이다.

37) 公事失錯 : 변의와 강해 각 2개인데 강해에서 변의에 있는 주석단편 중 문장 하나를 생략했다.

38) 稱期親祖父母 : 변의와 강해 각 2개이다.

39) 無官犯罪 : 변의는 5개, 강해는 3개이다.

40) 流囚家屬 : 변의는 3개, 강해는 1개이다.

41) 稱與同罪 : 변의는 2개, 강해는 1개이다.

42) 稱道士女冠 : 변의는 3개, 강해는 2개이다

43) 田中俊光(2015).

거 놓았거나 대폭 혹은 약간 축소하여 전재(轉載)한 수준'이다. 그런데 명
례율 46개조 중 나머지 2개 조문의 하나인 20조(徒流人又犯罪)는 강해의 주
석 단편의 수가 변의의 그것보다 1개 더 많이 나타나는 특이한 사례이고,
35조(殺害軍人)의 주석 단편은 양자의 그것이 매우 다르게 나타나고 있어
그 연유가 무엇일지 궁금증을 불러일으킨다. 이하에서는 이 점을 검토해
보자.

2. 20조(徒流人又犯罪)

변의의 4군데의 주석 단편을 강해에서 모두 동일하게 옮겨 담았다. 변의
에 없는 (그러나 강해에만 있는) 주석 내용은 기껏해야 "已徒已流而又犯罪
者, 依律再科後犯之罪."라는 율본문에 대하여 "講曰 謂重犯而累科之"라는 7
字의 주석 단편을 추가한 데 불과하다. 7字가 추가되었다 하더라도 추가 전
의 내용과 추가 후의 내용이 달라지는 것은 아니다.

3. 35조(殺害軍人)

언뜻 보면 변의와 강해 양자(兩者)의 주석 단편의 내용이 크게 다른 것처
럼 보이지만
변의의 주석에 해이의 주석 일부를 적당히 덧붙여 가공(加工)한 수준[44]

---

44) 강해에는 '解曰'이라는 표제로 "本條云殺害者 謂其有意於謀故殺人者 仍將正犯餘丁抵
數充軍. 其或鬪毆戲殺 止因一時念恨 初無意於殺人 依律處死 不在將餘丁抵數充軍之
限. 又如正犯餘丁抵數充軍在役病故者 止於被害軍人戶丁 句丁補伍 不得再句正犯戶
丁"라는 주석단편이 부가되어 있다. 이 중 "殺害者 謂其有意於謀故殺人者 仍將正犯餘
丁抵數充軍." 부분은 변의의 '講曰' 주석(변의 55쪽)과 일치한다. 문제는 '其或鬪毆戲
殺' 이하의 부분이 '강해의 독자적 주석인가' 여부'이다. '其或鬪毆戲殺' 이하 부분은 해
이의 주석단편과 상당한 정도로 부합한다. '其或鬪毆戲殺' 이하 부분이 해이의 주석 단
편("鬪毆戲殺 止因一時念恨 蓋原其情 初無殺害之意 依律合死 不在將次丁 抵充軍役

에 불과하다.

IV. 주석 단편들의 질적 비교

지금까지는 부가된 주석 단편들의 형식적·외견적 측면과 양적 측면에 초점을 두어 4종의 문헌들을 비교 분석하였다. 이하에서는 질적 측면에서의 분석을 해본다.

1. 김맹린(金孟鏻)의 사차관거선(私借官車船)(106조) 사건의 의단(擬斷) 논쟁

성종24년(1493) 관원 김맹린이 함부로 관소유의 거선(車船)을 타인에게 빌려준 행위가 호율 사차관거선(私借官車船)(106조)[45]에 포섭될 수 있는 범죄로 적발되었다. 그런데 그 형벌 중 입관(入官)의 구체적인 방법에 대해서 '소의 주석'과 '변의·해이의 주석'이 다르기 때문에 어떤 문헌의 주석 단편을 따를 것인지가 문제되었다. 소의 주석은 "그 빌려쓴 날을 조사하여 1일당 고임전(雇賃錢) 60문(文)씩을 추징한다"[46]는 정액제(定額制) 방식이

若在役病故者 不得勾丁 仍於被害軍人 戶下勾補")과 완전히 일치하는 것은 아니지만 해이의 주석 단편의 내용이 강해의 주석 단편을 구상하는 데 지대한 영향을 준 것으로 판정하지 않을 수 없다.

[45) "감림(監臨)·주수(主守)가 관의 수레나 배, 점포나 가옥, 연자방아 따위를 사사롭게 자신이 빌려 쓰거나, 혹 그것을 타인에게 다시 빌려주거나, 다른 사람이 그것을 빌리면 각각 태 50이다. 날짜를 계산하여 고임전(雇賃錢)을 추징해서 관에 들인다. 고임전을 계산하여 죄가 무거우면 각각 좌장(坐贓)으로 논하되 1등급을 더한다(凡監臨、主守將係官車船、店舍、碾磨之類私自借用、或轉借與人、及借之者、各笞五十。驗日追雇賃錢入官。若計雇賃錢、重者、各坐贓論、加一等)."

46) "驗其借過之日 每日追雇賃錢六十文入官"

었다. 이에 반하여 변의와 해이의 주석은 "거선(車船) 이하는 대소(大小)가 같지 않고 그 사이에 차이가 있을 수도 있으니 모두 빌린 당시의 임료(賃料)에 따라야 하며, 정해진 가격에 준하여 값을 매겨서는 안된다"[47)]는 것이었다. 명례율(名例律) 급몰장물(給沒贓物)(23조)에 "그 장물의 액수를 계산할 때에는 모두 죄를 범한 지방과 범한 시점의 평균 물가에 따라 계산하여 죄를 정하되, 노임을 계산할 때에는 한 사람당 1일당 동전 60문으로 하고, 소, 말, 낙타, 노새, 나귀, 수레와 배(車船), 연자매, 점포, 가옥 따위는 범행 당시 그 지역의 임대료를 따르되,[48)] 임대료는 아무리 많더라도 각기 그 본래 가격을 넘을 수 없다."고 규정되어 있으니 그 조문과 호율 사차관거선(106조)의 문리를 정밀하게 논리적으로 따져 보면 변의와 해이의 주석이 더 타당한 것 같다. 그러나 이 대목에서 저자가 주목하는 것은 다른 데 있다.

'대명률 본문의 정확한 해석'이라는 문제가 발생하였을 때 관료들과 국왕이 전거로 삼을 만한 문헌으로 소의, 변의, 해이가 언급되고 있었지만 강해는 전혀 언급되고 있지 않다는 사실이다. 실제로 강해의 호율 사차관거선(106조)에는 이 문제에 도움이 될만한 주석 단편이 없다.[49)] 이런 사례는 또 있다.

2. 이수장(李守長)의 간동성종매(奸同姓從妹) 사건의 의단 논쟁

연산(燕山)2년(1496) 이수장이 동성종매(=從父姉妹)와 간음한 사건이 적발되었는데 적용[擬斷] 법조가 친속상간(親屬相奸)(392조)임에 대하여는 이

---

47) "本條云 驗日追雇賃錢入官者 謂照犯時民間合該雇賃値 亦不得過其本價 (중략) 自船以下 或大小不同 或間要有異 故依當時賃値 不可准常價時估"(변의 96면; 해이 57~58면).

48) 이 방침의 유래는 당률시대부터 였다. "人畜車庸, 船以下準賃"《唐律疏議 권11 職制 53 役使所監臨》.

49)《강해 170면》

론(異論)이 없었다. 문제는 동성종매와 간음하는 것이 '시마친(緦麻親)과 간음하는 것(형량은 杖一百 徒三年)'인지 아니면 그보다 더 형량이 무거운 '종부자매(從父姊妹)와 간음하는 것(형량은 絞)'인지 여부였다. 이 문제는 결국 율본문의 종부자매를 '자신(己)의 당자매(堂姊妹)'[50]로 읽어야 하는지, 아니면 부(父)의 당자매[51]로 읽어야 하는지의 문제였다. 후대(後代)의 주석서들[52]은 후자로 주석하였다. 그러나 이 대목에서도 저자가 주목하는 것은 '대명률 본문의 정확한 해석'이라는 문제가 발생하였을 때 관료들과 국왕이 전거로 삼을만한 문헌 중 소의, 변의, 해이는 언급되었지만 강해는 전혀 언급의 대상이 되지 못했고 실제로도 이 문제에 도움을 줄 만한 주석이 강해에는 존재하지 않았다는 사실이다.

3. 조선의 촌락사회에서 흔히 일어날 수 있는 범죄사건들의 적용법조들의 주석 단편들의 분석

조선후기의 민장류 사료(民狀類史料)들, 그리고 흠흠신서·추관지·심리록 등의 형사판례사료를 보면 조선의 촌락사회에서 흔히 일어날 수 있는 범죄사건들의 적용법조들은 투구급고살인(鬪歐及故殺人)(313조), 희살·오살·과실살상인(戱殺·誤殺·過失殺傷人)(315조), 투구(鬪毆)(325조), 보고한기(保辜限期)(326조) 등의 조문들이다. 이제 이 조문들에 대한 4종의 문헌들의 주

---

50) 이 해석이 맞으면 從父姊妹는 大功親 혹은 小功親이 되어 형량은 絞이다.《변의 260면》《해이 216면》은 이 입장의 주석이다.

51) 이 해석이 맞으면 출가(出嫁)한 종부자매(從父姊妹)는 시마친이 되어 형량은 杖一百 徒三年이다.《소의(상) 546면》은 이 입장의 주석이다.

52) 예를 들어 舒化,《大明律附例》(서울대학교 규장각, 2001), 441면; 王樵 私箋 王肯堂 集釋,《大明律附例箋釋》(1612)(東京大 소장)(권25 5장)과 沈之奇,『大淸律輯註』(上)(1715)(懷效鋒·李俊 點校, 法律出版, 2000)[이 책은 中国政法大学図書館蔵인데 清康熙五十四年(1715)에 沈之奇 自刻本을 底本으로 삼은 것이다](하 920쪽). 집주에 의하면 '父의 당자매'는 '從祖姑'로서 在室이면 小功, 出嫁이면 緦麻服이다.

석 단편들의 양과 질을 비교해 보기로 하자. Ⅲ에서는 변의와 강해에 추가
된 주석 단편들을 명례율에 한정하여 양적 비교를 행하였는데 혹시 각칙
(各則)인 6율(六律)에서는 다른 모습이 보이지 않을까 하는 의문을 해소할
필요가 있기 때문이다.

첫째, 투구급고살인(313조)에 관하여 변의에는 두 군데 주석이 있는데(변
의 204~205쪽) 비하여 강해의 주석은 1군데(강해 361쪽)에 불과하다. 그나
마 강해의 주석 단편의 내용은 변의의 그것과 동일하다. 참고로 해이의 주
석 단편도 1군데(해이 142쪽)에 불과하다.

둘째, 희살·오살·과실살상인(315조)에 관하여 변의에는 두 군데 주석 단
편이 있는데(변의 205~206쪽) 비하여 강해의 그것은 1군데(강해 363쪽)에
불과하다. 강해의 주석 단편의 내용은 역시 변의의 그것과 동일하다. 변의
에는 있고 강해에서 빠진 것은 오살(誤殺)에 관한 주석 단편이다. '오살이
희살·과실살상인과 어떻게 다른가' 하는 점은 주석이 없으면 상상하기 곤
란하므로 강해의 편집자가 강해를 대명률 주석서로 생각하였다고 가정할
때 오살에 관한 주석을 빠뜨린 것은 납득하기 어려운 발상이다. 해이에는
4군데(해이 143쪽)에 주석이 있다.

셋째, 투구(325조)에 관하여 변의에는 13군데 주석이 있는데(변의 212~
206쪽) 비하여 강해에는 3군데(강해 373~376쪽)에 주석이 부가되어 있다.
강해의 그 주석조차도 대부분 변의의 주석을 축소한 것에 불과하다. 해이
에는 주석 단편이 10군데(해이 149~153쪽)에 달한다.

넷째, 보고한기(326조)에 관하여 변의에는 한 군데 주석단편이 있는데(변
의 216쪽) 강해에도 1군데(강해 377쪽) 주석 단편이 있다. 강해의 그것은
변의의 주석 단편과 완전히 동일하다. 해이에는 한군데 주석 단편이 있는
데(해이 153쪽) 거기에는 보고한기를 이해하는데 대단히 중요한 정보가 담
겨 있다.

명례율이 아닌 다른 6율 중에서 조선의 촌락사회에서 발생가능한 대표

적인 조문들 4개를 선택하여 4종의 문헌의 주석 단편의 양과 질을 비교하여 보아도 강해의 주석 단편이 가장 양이 적고 질적으로도 소략하다는 평가를 하지 않을 수 없다.

4. 소결

이상의 분석으로부터 저자는 다음과 같은 논평을 할 수 있다.

14~15세기의 조선의 재판 실무에서 활용된 4종의 문헌 중에서 강해가 담고 있는 순주석은, 양과 질의 모든 측면에서 다른 문헌들에 비하여 상대적으로 가장 적고 가장 깊이가 얕은 것이었다. 강해가 "조선 형사법의 타당한 운용을 지탱한 우수한 주석서"였다는 논평은 적어도 강해가 출현한 시기를 전후하여 출현한 다른 3종류의 중국계 주석서와 상대적으로 비교할 때는 과장된 자리매김인 것으로 보인다. 이런 추정을 뒷받침하는 또 하나의 증거가 있다.

잡과(雜科)의 일종인 율과(律科)의 시험과목으로 경국대전에서는 "大明律(背講)과 唐律疏議·無冤錄·律學解頤·律學[53])辯疑·經國大典(이상은 臨文)"을 열거하였지만 대명률강해는 이 목록에서 빠져 있었다. 그 이유가 무엇일까? 율학해이·율해변의를 시험 보면 별도로 대명률강해를 시험할 필요가 없기 때문이었을 것이다. 아마도 경국대전의 편집자들은 율학해이·율해변의에 없는, 독자성 있는 주석이 강해에 없음을 알고 있었던 것으로 보인다.

---

53) '學'은 '解'의 誤字로 보인다.

V. 이계손(李繼孫)·이봉(李封)의 식물구청(食物求請) 사건의 의단 논쟁

성종9년(1478) 11월 11일 "경기 관찰사 이계손(李繼孫)이 황해도 관찰사 이봉(李封)에게 음식물을 청구하고, 이봉이 어육(魚肉) 등의 물품을 이계손에게 보낸 뒤에 또 해주(海州)·장연(長淵)·강령(康翎)·옹진(甕津)·용매(龍媒) 등지에 나누어 배정하여 약간의 물품을 준비하여 보낸" 사실이 적발되어 사헌부가 이들을 탄핵하는 취지로 국왕에게 "이계손과 이봉을 잡아다가 추국(拿來推鞫)"할 것을 청했다. 국왕(성종)이 의금부(義禁府)로 하여금 이계손과 이봉을 국문(鞫問)하게 하였다. 이봉 등 관원들이 보낸 어육은 자신들의 사유물이 아니라 관청에 보관되어 있는 물품이었거나 장차 백성으로부터 거두어들여야 할 물건들이었다. 이계손과 이봉의 행위를 어떻게 의단할 것인가 하는 문제는 당시의 관료들이나 국왕에게 풀기 어려운 난제(難題, hard case)의 하나였다. 4종류의 주석서는 이 문제를 푸는 데 별로 도움이 되지 못한 것 같다. 이 문제를 종국적으로 해결하여야 하는 국왕의 고민의 핵심은 '① 이계손과 이봉의 행위가 죄(罪)가 되는 것은 맞는 것 같은데, ② 어느 법조(法條)를 근거로 어떤 형벌을 부과하는 것이 적당할 것인가'하는 점이었다.

국왕이 ①의 판단을 하고 있음은 11월 12일의 "이계손이 음식물을 청구하였는데, 이런 풍조는 장려할 수 없는 일(李繼孫求請食物 此風不可長也)"이라는 논평과, "자식을 성혼(成婚)시킴에는 마땅히 자기 집의 물품을 써야 한다. 이계손이 지난번에 대사헌이 되었을 때 나는 옳은 사람이라고 여겼었는데, 뜻밖에 물품을 청구함이 이에 이르렀다. 사람을 알기란 역시 어려운 것(子息成婚 當用自家之物 繼孫嚮爲大司憲 子以爲可人 不意求請至此 知人尙亦難矣!)"이라는 논평에서 잘 드러나고 있다.

관찰사는 정2품(正2品)이므로 이들의 비리(非理)를 처벌할 때는 반드시 다관회의(多官會議)를 경유하여 국왕에게 상주[54]하여야 한다. 이 회의에서 여러 관료들이 '밝혀진 사실에 대한 정당한 법률적용'[55]이라는 각자의 논변을 펼치는데 그 논변이 흥미 깊은 분석의 대상이다.

쟁점 중의 하나는 이들의 행위가 뇌물(財, 賄賂)을 요구하고 뇌물을 준 행위인가 하는 점이었다. 어육(魚肉)을 뇌물로 볼 수 있다면 그들에게 관리수재(官吏受財)(367조)나 좌장치죄(坐贓致罪)(368조)의 적용 여부를 검토하여야 하는데 어육은 이계손의 딸의 혼사에 축하하러 온 손님들에게 제공되었기 때문에 음식물을 뇌물로 볼 수 있는지 의문이 제기되었다. 그렇다고 이를 뇌물로 보지 않으면 장차 비슷한 사례가 죄의식 없이 빈발하여 관료들과 국왕 사이에 후폐(後弊)가 걱정되는 측면도 인식되고 있었다.

어육을 뇌물로 볼 수 없다고 보았는지 의금부는 불응위(不應爲)(410조)를 적용하여 '이계손에게 장 80 이봉에게 장 60을 부과할 것'을 제안(의단)하였다. 이 제안을 토론대상으로 삼고 조정 관료와 국왕 사이에 추가적인 논쟁이 전개되었다.

(1) 일부의 관료들은 "ⓐ 이계손·이봉이 범한 것은 탐오(貪汚)하여 백성을 침학(侵虐)한 따위가 아니라, '예사(例事)'로서 먹을 것을 서로 보내고 받았을 뿐"이고 "요즈음 대소의 인원으로 혼인이나 장례 때에 관가(官家)의 힘을 입지 않는 자가 대체로 적으므로(近來大小人員婚姻喪葬, 不賴官家者蓋寡)" 음식물은 뇌물로 볼 수 없고, 따라서 이계손과 이봉의 행위를 굳이 형벌로 다스릴 필요가 없거나, 의금부가 제안한 대로 장 80이나 장 60에 처하는 것이 마땅한데, 그들의 고신(告身)을 모두 빼앗고 또 외방에 편배하는 것은 본율(本律)보다 지나친 듯(李繼孫·李封所犯, 非貪墨虐民之比, 以食物相贈遺而已, 今律應杖八十·六十, 而盡奪其告身, 且配於外, 似過本律)"하다는 의

---

54) 대명률 명례율 應議者犯罪(4조), 職官有犯(5조).

55) 이를 당시에는 '조율(照律)', 혹은 '의단(擬斷)'이라고 표현하였지만 이 글에서는 논의의 편의상 법률적용이라는 현대적 용어로 통일하기로 한다.

견을 피력하였다.

(2) 그런가 하면 일부의 관료들은 의금부의 제안이 너무 가볍다고 생각하여 ⓑ'더 높은 형벌을 주어야 한다'고 주장하고, 나아가 ⓒ 형벌로 다스릴 필요가 없다고 주장한 관료들의 처벌 절차를 시작(鞫問)할 것을 주장하였다.

(3) 국왕은, ⓐ의 쟁점에 대해서는 "먹을 것이 어찌 백성을 침학한 소치가 아니겠는가?(所謂食物, 豈非虐民所致歟?)"라고 판단하여 그것이 뇌물이 아니라는 주장을 배척하고, ⓑ의 쟁점에 대해서는 처벌가중론을 받아들여 이계손과 이봉의 고신(告身)을 거두고 이계손을 외방에 부처(付處) 하라고 명령하였으며, ⓒ의 쟁점에 대해서는 "무릇 수의(收議)는, 뭇 의논을 보아 옳으면 따르고 그르면 따르지 않는 것이다. 잘못 의논하였다 하여 죄준다면 뒷날 의득(議得)할 때에는 다 뇌동(雷同)하지 누가 이의(異議)를 말하겠는가?(若以誤議罪之, 則他日議得, 必皆雷同, 誰有異議乎?)"라며 강경파 관료들의 제안(ⓒ)을 배척하였다.

그런데 이 논쟁의 외중에 국왕과 사헌부 지평(持平) 안선(安璿)이 전개한 논변들이 주목된다. 당초 안선은 의금부의 제안보다 형벌이 높아야 한다고 주장하였을 뿐, 이를테면 이계손을 '외방에 부처(付處)'하라고 구체적인 형벌까지 주장한 것은 아니었다. 그런데 국왕이 아래로부터의 의논을 경유하지 않고 일방적으로 결론적인 처분(외방부처)을 내린 것이다. 안선은 그런 절차상의 부자연스러움을 "유사(攸司)의 조율(照律)은 가벼운데 전하께서 죄를 정한 것이 무거우면, 아마도 성상께 원망이 돌아갈 것이니, 율이 알맞지 않다면 유사에 명하여 고쳐서 조율한 뒤에 과죄하는 것이 마땅하겠습니다.(攸司之照律輕, 而殿下之定罪重, 臣恐怨歸於上, 律若不中, 命攸司改照後科罪宜矣)"라고 건의하였다. 이 주장에 기분이 상하였는지 국왕은 "그대가 임금에게 원망이 돌아간다고 말하였으나, 대저 상벌(賞罰)은 임금의 권한인데, 나는 상벌을 전제(專制)하지 못하느냐?(汝言怨歸于上, 夫賞罰乃人主之權

也, 予不得專制賞罰乎?)”고 반발하였다. 그러자 안선은 “신은 임금이 상벌을 전제하지 못한다고 한 것이 아닙니다. 전하께서 이미 유사(有司)에게 회부하여 가려서 다스리게 하셨으니, 율(律)이 알맞지 않다면 유사(攸司)를 시켜 고치게 하는 것이 옳을 것이며, 전하께서 스스로 죄의 등급을 더하시지는 말아야 할 것입니다.(臣非謂人君不得專制賞罰 殿下旣付有司辨治, 律若不中, 令攸司改之可矣, 不宜殿下自加其等也)”라고 다시 한번 비슷한 말로 대답하였다. 논리가 궁하였는지 국왕은 더이상 토론을 연장시키지 않았다. 그런데 국왕과 안선이 주고 받은 이 대화의 의미를 좀 더 천착하여 볼 필요가 있다.

무엇인가 ‘유죄라고 판단되는 사안’이 있지만 대명률과 국전에 마땅히 직접 끌어 쓸 만한 법조가 발견되지 않으면 조선시대의 국왕과 관료는 비슷한 법조문을 인율(引律)하여 비부(比附)하고 형량을 적절히 가중·감경할 수 있다. 이런 유추행위를 정당화시키는 조문이 단죄무정조(斷罪無正條)(37조)[56]이다. 성종과 안선의 대화는 은연중 ‘이 조문의 수범자(受範者)는 신료(臣僚)이지 군주(君主)가 아님’을 시사하고 있다. 인율비부를 시도하는 신료는 매우 복잡한 절차를 경유하여야 하고 최종적으로는 국왕의 재가를 받아야 한다. 그러나 국왕은 굳이 그럴 필요가 없다. 법제상으로는 그렇지만, 안선은 국왕이 그런 행동을 가급적 하지 않는 것이 바람직하다는 취지의 논변을 전개하고 국왕은 그 논변을 정면으로 나무라지 못했다. 그런데 여기서 저자가 이 대화를 주목하는 이유는 이 논쟁의 말미에 나타나는 안선

---

56) “율(律)과 영(令)에 기재된 것이 사정을 다 포섭할 수는 없으니, 만약 단죄할 때 규정된 법조문이 없으면 인율비부(引律比附)하여 죄를 더할 것은 더하고 줄일 것은 줄여 죄명을 심의하여 정한 다음 상급관사를 거쳐 형부에 보고하고, 형부에서는 죄명을 의논하여 정한 다음 주문한다. 만약 멋대로 결단하여 죄를 가볍게 하거나 무겁게 하면 고의나 실수로 죄를 가볍게 하거나 무겁게 한 것으로 논한다(凡律令該載不盡事理, 若斷罪而無正條者, 引律比附應加應減, 定擬罪名, 轉達刑部, 議定奏聞. 若輒斷決, 致罪有出入者, 以故失論.)”.

과 국왕의 다음과 같은 마무리 대화에 있다.

이계손을 외방에 부처하게 한 국왕의 조치[57]를 안선은 합리적으로 정당화시킬 수 있는 근거 조문을 대명률이나 국전에서 찾지 못한 것으로 보인다. 안선의 지적에 대하여 뾰족한 답변이 궁색했던 국왕은 자신의 명령의 근거를 '상벌(賞罰)은 인주지권(人主之權)'이라는 일반론으로 얼버무렸다. 안선은 국왕의 특지(特旨)를 '넓은 의미의 인율비부 행위'로 포섭할 수 있다고 선의(善意)로 해석한 다음 이 사안에서는 그런 인율비부행위가 논리적으로 정당화되기 어렵다고 판단한 것 같다. 그리하여 안선은 "이 두 사람에 대한 과죄(科罪)는 그러하나, 대저 비율(比律)하는 것은 옳지 않습니다. 죄에 합당하다면 죄를 받은 자도 그 죄에 승복(承服)하겠지만 죄에 합당하지 않다면 죄를 받았더라도 그 마음에 승복하지 않을 것입니다. 당초 율을 정할 때에 불응위(不應爲 410조)는 태(笞) 40대에 처하되 사리(事理)가 중한 자는 장(杖) 80대에 처하게 하였으니, 신의 생각으로는 이봉 등의 죄에 정률(正律)이 없다면 이 율에 맞추어야 하고, 본래 비율(比律)하여서는 안될 듯합니다."라고 건의하였다. 국왕이 좌우를 돌아보며 "어떠한가?"라고 물었다. 영사(領事) 윤필상(尹弼商)이 국왕을 도와 "죄가 율에 맞으면 율로 맞추겠으나, 율에 맞지 않는다면 어쩔 수 없이 비율(比律)하여 써야 합니다."라고 대답하였다.

더 이상의 깊은 논의[58]는 이 글의 초점과 맞지 않으므로 생략하지만 이 논의의 마무리 발언 격으로 안선은 다음과 같이 중요한 제안을 한다. "해이·변의의 주석 단편들을 대명률에 덧붙여 넣어(添入) 간행하면, 율을 적용할 때 상고하기에 편하고 착오가 거의 없을 듯합니다.(解頤·辨疑之書, 添入

---

57) 이 조치는 439조(斷罪引律令)의 용어법으로는 '特旨斷罪 臨時處治 不爲定律者'의 조치이다.

58) 상세한 논의는 김대홍, 조선초기 형사법상 인률비부에 관한 연구(서울대학교 박사학위논문, 2012)가 있지만 여기서는 생략한다. 깊은 논의는 별고에서 하기로 한다.

大明律刊行, 則用律之時, 便於考閱, 庶無誤矣.)" 이 제안에 국왕이 화답하여
(上曰可) "대명률 본문 안에 변의와 해이의 주석 단편을 절마다 첨입하여
인출(印出)하라"고 명령59)하였다. 저자는 이 대목에서의 국왕의 명령이 다
음에 논의할 증보강해의 출현과 깊은 관계가 있을 것으로 추정한다.

VI. 증보강해의 존재와 증보된 주석 내용의 분석

종래의 연구자들은 한 가지 계통의 강해만 있는 것으로 가정하여 왔다.
예를 들어 보자. 중국학자 황창건(黃彰健)은 '기영신간본(箕營新刊本) 강해
를 검토'60)한 다음 강해에 "율해변의와 율조소의의 주석이 모두 인용되고
있다'61)고 지적하였다. 다나까는 이 지적에 대하여 "율조소의 독자(獨自)의
주석은 대명률강해에서 찾아볼 수 없다."고 의문을 제기하였다. 황창건의
저술에는 또 "대명률강해 중에는 가정(嘉靖)5년(1526)에 간행된 대명률직인
(大明律直引)에 실린 석의(釋義)가 인용(引用)된 것이 있다."고 지적한 부분
이 있다. 저자가 확인한 고려대학교 소장본(내용상 증보강해 계통이고 활
자는 을해자 계통이다)에도 대명률직인의 석의를 인용한 부분이 있다. 이
에 대하여 다나까는 "그것은 강해가 아니고 17세기 후반에 조선에서 복각
(覆刻)된 대명률부례(大明律附例)일 것"이라고 추정하였다. 황창건은 '증보

---

59) 成宗實錄 9年(1478) 12月 11日. 현재 국내에는 증보강해(을해자) 계통의 문헌이 온전히
    소장되어 있지 않다. 후술하는 바와 같이 고려대학교 도서관에서 소장하고 있는 부분은
    형률의 일부에 불과하다. 그런데 증보강해 계통의 강해를 본 것으로 추정되는 황창건은
    증보강해의 斷罪無正條(37조) 부분에 해이의 주석과 소의의 주석을 전재(轉載)하였다고
    적었다. 黃彰健, 『明代律例彙編』(中央研究院 歷史語言研究所 專刊 七十五, 1979),
    1027~1028면.
60) 착오가 있는 것 같다. 箕營新刊本에는 증보강해가 없는 것으로 안다. 아마 다른 판본을
    보고 기영 신간본으로 착각한 것이 아닐까 한다.
61) 黃彰健, 앞의 책, 19면.

강해'를 보고 '강해에…記述이 있다'고 지적한 것인데, 다나까는 아마도 '증보전 강해'가 강해의 유일한 계통인 것으로 착각하고 "(증보전) 강해에는 그런 기술이 없거나 황창건이 착각했다."고 지적한 것이다. 그러나 장경준 교수가 논증하는 바와 같이 현재 국내외에 전해 오는 강해에는 두 계통의 강해가 있다. 위에서 저자가 상세히 분석한 '내용이 소략한 증보전 강해(현재 국내의 연구자들은 이 계통의 강해만 있는 줄 안다)'가 있는가 하면 황창건이 이용한, '대명률주석을 표방한 문헌들의 주석을 증보전 강해에 부가하여 충실히 첨입한 강해(증보강해)'가 있다. 황창건과 다나까는 모두 어느 한 계통의 강해만 있다고 가정한 것이다. 이하에서는 앞의 계통의 강해를 '증보전 강해', 후자 계통의 강해를 '증보강해'로 지칭하기로 한다. 이하에서 필요할 때는 양자를 구별하여 표기하되 그런 구별이 없이 강해라고 지칭할 때는 '증보전 강해'[62])를 지칭한다.

'IV의 3'에서는 조선의 촌락사회에서 흔히 일어날 수 있는 범죄사건들의 적용법조들로서 투구급고살인(313조), 희살·오살·과실살상인(315조), 투구(325조), 보고한기(326조)의 4개 조문을 특정하고 이 조문들에 대한 4종의 문헌들(변의, 해이, 강해, 소의)의 주석 단편들의 양과 질을 비교해 보았다. 여기서는 '증보강해'[63])의 내용을 증보전 강해의 그것과 개략적으로 비교분석해 보자. 특히 증보강해에서 증보전 강해 보다 추가(증보)된 것의 구체적 내용에 집중하기로 한다.

---

62) 2001년 영인되어 연구자들이 가장 많이 소장하고 있는 영인본 강해는 1903년에 출간된 법부판 강해를 영인한 것인데 계통상 '증보전 강해'에 속한다.

63) 이 논문에서는 증보강해 계통본으로 고려대학교 도서관 귀중서(고서/연간물) Collection E~고서 '대명률강해 乙亥字多混補字'를 활용하였다. 고려대학교 소장본은 7률 중 오직 '명례율과 형률의 일부'에 국한되지만 증보강해의 성격을 증보전 강해의 성격과 개략적으로 비교하는데 큰 지장은 없다.

1. 투구급고살인(313조)

증보전 강해에는 율문의 1, 2, 3항 다음에 단 한 군데의 주석[講日]이 추가되었을 뿐(361쪽)이다. 증보전 강해에서 율의 본문에 이어 추가된 부분은 변의에 있는 주석 단편 3곳(의왈, 강왈, 해왈) 중 첫 번째 부분(의왈)의 일부(204쪽)만이었다.

첫째, 증보강해는 증보전 강해의 주석 단편이 종료된 다음 부분에 바로 이어서 먼저 '(辯疑)'라고 표시한 다음 첫 번째 부분의 주석(의왈) 중 나머지 부분의 주석, 그리고 두 번째, 세 번째 주석(강왈, 해왈)을 모두 전재(轉載)하였다.

둘째, 증보강해는 변의의 주석 단편 전재에 이어 '(解頤)'라고 표시한 다음 해이의 주석 단편의 핵심 부분(142쪽)을 거의 전부 전재하였다.

셋째, 증보강해는 변의와 해이의 주석 단편 전재에 이어 '(律條疏議)'라고 표시한 다음 율조소의의 독자적인 주석 단편의 핵심 부분(하 303~304쪽)을 거의 전부 전재하였다.

2. 희살·오살·과실살상인(315조)

증보전 강해는 율문의 1,2,3항 다음에 단 한 군데의 짤막한 주석(강왈)만을 추가하였을 뿐이었다. 추가된 부분은 변의에 있는 주석 단편 2곳(의왈, 소의왈) 중 첫 번째 부분(의왈)이었다.

첫째, 증보강해는 증보전 강해의 주석 단편이 종료된 다음 부분에 '(辯疑)'라고 표시한 다음 증보전 강해에서 빠트린 두 번째 부분의 주석(疏議[64]曰)(205~06쪽)을 모두 전재하였다.

둘째, 증보강해는 변의의 주석 단편 전재에 이어 '(解頤)'라고 표시한 다

---

64) 여기서의 '疏議'란 율조소의가 아니라 唐律疏議이다.

음 해이의 주석 단편의 핵심 부분(143쪽)을 모두 전재하였다.

셋째, 증보강해는 변의와 해이의 주석 단편 전재에 이어 '(律條疏議)'라고 표시한 다음 율조소의의 독자적 주석 단편의 핵심 부분(하 308~10쪽)을 거의 전부 전재하였다.

3. 투구(325조)

투구(325조)는 형률 중 투구편(325조~346조 父祖被毆)의 첫 번째 조문이다. 율조소의는 각 편의 앞에 그 '법전사적 유래와 연혁을 서술하는 부분'(이하 '유래와 연혁'으로 약칭한다)을 담고 있는 것이 특징이다. 증보강해는 각 편의 앞에 율조소의에 실린 각 편의 '유래와 연혁'을 전재하였다. 다음에 증보전 강해의 주석 단편은 3군데였다. 이것은 변의의 주석 단편 13군데[차례로 의왈(1), 의왈(2), 문왈(3), 답왈(4), 의왈(5), 해왈(6), 의왈(7), 문왈(8), 답왈(9), 의왈(10), 문왈(11), 답왈(12), 의왈(13)] 중 3군데[차례로 변의의 의왈 (10)을 강왈로, 변의의 의왈(2)을 강왈로, 변의의 문왈(3)을 해왈]를 전재한 것이다.

첫째, 증보강해는 증보전 강해의 주석 단편이 종료된 다음 부분에 이어서 먼저 '(辯疑)'라고 표시한 다음 증보전 강해에서 빠진 나머지 주석 단편 전부[의왈(1), 답왈(4), 의왈(5), 해왈(6), 의왈(7), 문왈(8), 답왈(9), 문왈(11), 답왈(12), 의왈(13)](212~215쪽)를 전재하였다.

둘째, 증보강해는 변의의 주석 단편 전재에 이어 '(解頤)'라고 표시한 다음 해이의 주석 단편의 핵심 부분(149~53쪽)을 전부 전재하였다.

셋째, 증보강해는 변의와 해이의 주석 단편 전재에 이어 '(律條疏議)'라고 표시한 다음 율조소의의 독자적 주석 단편의 핵심 부분[(하) 332~33쪽]을 거의 전부 전재하였다.

넷째, 증보강해는 대명률직인(大明律直引)의 관련 주석 단편도 '(直引釋

疑)'라 표시한 다음 전재하였다.

4. 보고한기(326조)

증보전 강해에는 단 한 군데의 주석(강왈)만 있을 뿐이었다. 이 부분은 변의에 있는 주석 단편 1곳(의왈)(216쪽)을 전부 전재(轉載)한 것이었다.

첫째, 증보강해는 증보전 강해의 마지막 부분에 '(解頤)'라고 표시한 다음 해이의 주석 단편의 핵심 부분(153쪽)을 전부 전재하였다.

둘째, 증보강해는 해이의 주석 단편 전재에 이어 '(律條疏議)'라고 표시한 다음 율조소의의 독자적 주석 단편의 핵심 부분[(하) 338~41쪽]을 거의 전부 전재하였다.

셋째, 증보강해는 해이와 율조소의의 주석 단편 전재에 이어 '(唐律疏議)'라고 표시한 다음 당률소의의 보고한기 부분의 주석 단편을 또 전재하였다.

5. 소결

증보강해는 선행하여 출현한 3종의 문헌들(변의, 해이, 소의)의 주석 단편중 증보전 강해에 누락된 주석 단편을 찾아내 거의 기계적으로 증보전 강해에 첨입하는 방식으로 주석 단편을 증보한 것이라 말할 수 있다. 이것은 "대명률 본문 안에 변의와 해이의 주석 단편을 절(節)마다 첨입하여 인출하라."고 명령한 성종의 명령[성종9년(1478) 12월 11일자)]과 깊은 관련이 있을 것으로 보인다.

VII. 증보전 강해의 긴 생명력의 이유

지금까지의 검토를 통하여 증보전 강해에 부착된 주석 단편은 양적으로나 질적으로나 먼저 출현하였던 다른 3종의 문헌들(해이, 변의, 소의)의 그것보다 대단히 소략(疏略)한 것이었음을 알 수 있다. 증보전 강해의 편집자와 편집지가 '중국인, 중국'이었든지 아니면 '조선인, 조선'이었든지와 상관없이 증보전 강해에 '주석서로서의 독자성이나 독창성'을 부여하기는 어렵다. 이에 반하여 증보강해의 주석서적 성격은 의심의 여지가 없다. 다만 증보강해도 거의 전부 다른 선행하는 주석서의 주석 단편을 기계적으로 전재(轉載)한 수준이므로 그 주석의 독자성은 인정하기 어렵다.

현전하는 강해의 압도적인 판본들의 계통은 증보전 강해의 계통이다. 대명률 '주석서'로 보기에는 너무나 소략한 증보전 강해가 조선말기까지 널리 보급되어 활용된 이유는 그것이 주석서로서 유용(물론 전혀 무용하지는 않을 것이다)하였기 때문이라기보다는 다른 용도로서의 유용성 때문이 아닌가 하는 의심을 품어 봄직하다. 조선시대에 제작된 서적으로서, '주석이 전혀 부가되지 않은 순수한 대명률 판본'을 접하기는 현재 매우 어려운 상황이다. 전혀 없는 것은 아니지만, '주석이 부가되지 않은 순수한 대명률 판본'은 매우 희귀하다. 반면에 표지는 대명률인데 본문을 열어보면 강해인 서적이 대부분이다.

대명률을 형사법 기타의 기본적인 법원(法源)으로 채택한 조선에서 '주석이 전혀 부가되지 않은 순수한 대명률 판본'은 매우 희귀한 데 반하여 증보전 강해가 오랜 기간 매우 널리 보급된 이유를 어디서 찾아야 할까? '증보전 강해'는 군데군데 주석 단편을 담고 있지만 그 주석 단편들의 수는 최소한으로 억제된 것이므로 '증보전 강해'의 주안점은 오히려 대명률본문(율주를 포함)에 있었던 것으로 해석하는 것이 자연스러울 것 같다.[65]

---

65) 세종대(世宗代)의 '대명강해율(大明講解律)'이라는 명칭은 '주석서로서의 존재의의'보다

따라서 증보전 강해는 대명률 '주석서'라는 관점에서 바라보기보다 널리 보급된 '보급판 대명률'로 바라보아야 더 자연스럽다. 이에 반하여 증보강해는 주석서로서의 기능이 더 강조된 문헌임이 명백하다. 그러나 이 계통의 대명률강해(증보강해)는 조선시대 전시기를 통하여 널리 보급되거나 널리 활용되지 못했다.

다음에 강해의 편집자와 편집지는 중국인·중국이었을까 아니면 조선인·조선이었을까?

첫째, 증보강해의 편집자와 편집지는 조선인·조선이었을 가능성이 높다. 증보강해의 출현은 성종실록의 첨입(添入) 기사와 깊은 관련이 있다고 생각되기 때문이다.

둘째, 증보전 강해의 편집자와 편집지는 조선·조선인이었을 가능성이 있지만(다나까, 장경준) 단언하기는 어렵다. 조선초기의 사료들은 '조선인들조차도 증보전 강해의 편집자와 편집지를 몰랐던 것이 아닌가' 하는 추측을 하게 만든다. 조선인들에게는 증보전 강해의 편집자와 편집지가 '중국인·중국일까 아니면 조선인·조선일까'하는 문제의식이 아예 없었던 것으로 보인다.

───────────

는 '대명률 본문을 담은 문헌'이라는 취지가 전면에 드러난 용어법이 아닐까 한다.

제2부

일제강점기

제9장 일제강점 초기 식민지 관습법의 창출*

Ⅰ. 문제의 제기

현행 민법 제1조는 "민사(民事)에 관하여 법률에 규정이 없으면 관습법(慣習法)에 의하고 관습법이 없으면 조리(條理)에 의한다."고 규정하여 관습법의 법원(法源)성을 인정하고 있으며 민법 제106조[1]와 제187조[2]도 '관습

---

* 이 논문은 법사학연구 28호(2003. 10)에 게재된 논문을 수정·증보한 것이다.
1) 민법 제106조 (사실인 관습) 법령 중의 선량한 풍속 기타 사회질서에 관계 없는 규정과 다른 관습이 있는 경우에 당사자의 의사가 명확하지 아니한 때에는 그 관습에 의한다.
2) 민법 제185조 (물권의 종류) 물권은 법률 또는 관습법에 의하는 외에는 임의로 창설하지 못한다.

법' 혹은 '관습'의 보충적 법원성을 명시하고 있다. 현대 한국의 법원이나 법학자들은 '관습법', 혹은 '관습'을 확인하려고 할 때에는 일단 조선 통감부와 조선 총독부가 주체가 되어 조사한 각종의 '관습'을 참고하고 조선고등법원의 판례를 찾아보고 있다. 조선 통감부는 1906년부터 구관 관습조사를 수행하였다.3) 이 시기의 관습조사는 식민지 조선에 특유한 민사입법을 준비하기 위한 입법자료의 수집에 그 목적이 있었다. 1912년에 시행된 조선민사령4) 제11조는 "제1조의 법률 중 능력, 친족·상속에 관한 규정은 조선인에게 적용하지 아니한다. 조선인과 관계되는 전항의 사항에 대하여는 관습에 의한다."고 규정하여 1912년 이후에도 조선총독부는 조선의 구관조사를 계속적으로 수행할 필요가 있었다. 1912년 이후의 식민지 권력 기구의 구관(舊慣) 조사의 제1차적 목표는 입법자료의 수집이 아니라 재판의 준거 규범을 찾기 위한 것이 더 큰 목적이 되었다. 어쨌든 통감부 시기와 일제강점기의 관습조사 덕택에 현대 한국인들은 그 시기에 조사된 많은 양의 관습을 문자기록으로 확인할 수 있다.5) 그런데 1980년대부터 '통감부 시기와 일제강점기에 기록된 관습'이 어떤 성격의 것인가에 관하여 논쟁이 전개되고 있다.

　일련의 법사학적 연구들은 '조선 통감부와 조선총독부'(이하 '식민지 권력 기구'로 약칭함)에 의한 '관습 왜곡·무시의 가능성을 지적6)하거나 '관습

---

3) 정종휴, 『한국민법전의 비교법적 연구』(創文社, 1989), 110~139면; 이영미, 「조선통감부에 있어서 법무보좌관 제도와 관습조사사업(1)」, 『法學志林』 제98권 제1호, 201면.

4) 1912년(明治 45년) 3월 제령(制令) 제7호. 제11조와 짝을 이루는 제10조는 "조선인 상호 간의 법률 행위에 대하여는 법령 중 공(公)의 질서에 관계되지 아니하는 규정과 다른 관습이 있는 경우에는 그 관습에 의한다."고 규정하였다.

5) 일제 조선관습조사 토대 기초연구팀 편, 일제의 조선관습조사 종합목록(혜안, 2019); 왕현종, 이승일, 채관식 편, 일제의 조선 관습조사 자료 해제. 1, 부동산법조사회·법전조사국 관련 자료(혜안, 2019); 이영학 외편, 일제의 조선 관습조사 자료 해제 2, 법전조사국 특별조사서·중추원 관련 자료; 최원규 외편, 일제의 조선 관습조사 자료 해제 3(혜안, 2019)

왜곡·무시' 사실을 실증[7]하는 방향으로 진행되어 왔다. 그런데 위와 같은 '관습 왜곡·무시가능성의 시점'(이하 '왜곡론'으로 약칭함)을 취하면 납득할 수 없는 의문이 제기된다.

첫째, 만약 식민지 권력 기구가 의식적이든 무의식적이든 '관습 왜곡·무시'를 기도하거나 용인하려고 하였다면 1912년에 시행된 조선민사령 체제에서 '관습법 존중 주의'를 표방할 필요가 없었을 터인데 무엇 때문에 식민지 권력이 친족·상속에 관하여 '관습법 존중주의'를 표방하였을까 하는 의문이 제기된다.

둘째, 상식적으로 생각할 때 식민지 권력의 입장에서는 식민지 민중의 저항을 최소화하는 정책을 선택하는 것이 식민지배에 유익할 것이다. '식민지 권력과 식민지 민중의 권력 관계'(예를 들어 공법관계)나 혹은 '종주국 시민과 식민지 민중 사이의 민사관계'라면 몰라도 '식민지 민중 상호 간의 민사관계, 특히 가족관계'에 관하여는 유럽의 식민지 권력도 예외 없이 식민지 민중의 관습을 존중하는 정책을 수행하였다.[8] 따라서 식민지배 초기부터 식민지 권력이 친족·상속에 관한 관습 왜곡·무시 정책을 기도하였으리라고 의심하는 것은 자연스럽지 못한 발상이다. '표면적인 관습 존중주의 정책'의 배후에 '관습왜곡·무시'라는 '간교(奸巧)'가 있지 않았을까 하는 의심은 식민지 정책의 가혹함을 내포·암시하고 있어 민족주의적 정서에

6) 이상욱, 「한국상속법의 성문화과정」(경북대학교 법학박사학위논문, 1986); 이호규, 「한국 전통사회에 있어서의 단체적 소유」(서울대학교 법학석사학위논문, 1987); 정종휴, 『한국 민법전의 비교법적 연구』(창문사, 1989); 윤대성, 「일제의 한국관습조사사업과 민사관습법」, 『창원대학교 논문집』 13-1; 정긍식, 「일제의 관습조사와 의의」(한국법제연구원, 『국역관습조사보고서』, 1992), 10면 이하; 정긍식, 『한국근대법제사고』(박영사, 2001), 193면 이하.

7) 이상욱, 「한국상속법의 성문화과정」(경북대학교 법학박사학위논문, 1986); 이호규, 「한국 전통사회에 있어서의 단체적 소유」(서울대학교 법학석사학위논문, 1987)

8) M.B.Hooker, *Legal Pluralism, An Introduction to Colonial and Neo-colonial Laws*(Clarendon Press, 1975), pp.190~246.

부합할지 모르지만, 과연 그러한 의심이 실증적 분석으로 입증될 수 있을지 의문이다.

국사학자 이승일은 "한국 법사학 연구자들은 조선총독부의 관습법 정책을 '동화주의'라고 전제하면서 조선관습의 법적 부정을 통한 일본 민법의 수용이라는 관점에서 식민지 관습을 분석"하고 있다고 비판하고, "식민지 초기 조선총독부의 관습법에 대한 태도는 일본 민법으로의 일치화가 아니라 관습의 '법인화(法認化)' 정책"이었으며 "관습법 변경을 통하여 일본 민법을 수용하는 것은 극히 제한된 범위의 일이었다"고 다른 입장을 보이고 있다. 이승일은 기존의 법사학적 연구들이 "일본 정부와 조선총독부가 조선관습에 대해서 동일한 태도를 취하였다고 파악하지만, 조선총독부 법무국 내부문서와 개인소장문서, 일본 본국 정부의 내부문서들의 분석을 증거 자료로 삼아 "조선관습에 대한 조선총독부의 일관된 입장은 '일본 민법의 의용'이라기보다는 '성문법화'의 추진"[9]이었다는 새로운 주장을 펴고 있다. 그의 주장에 경청할 부분이 있다. 그러나 법사학자들의 문제제기는 '성문법화'의 추진을 부정하는 것이 아니라 그 추진의 내용적 방향을 문제삼는 것이므로 그의 주장은 법사학자들의 문제제기에 답한 것은 아니다.

특수소작(特殊小作)을 예로 들어 '관습 왜곡 가능성'을 실증한 정종휴 교수는 관습 문제를 고찰할 때 "① 실제 어떠한 관습이 행하여졌는가 ② 그 중 어떤 관습이 어느 정도 바르게 조사되어 관습으로서 인정되었는가, ③ 인정된 관습은 어느 정도 재판에서 채택되었는가"하는 점의 규명이 난제로 떠오른다[10]고 지적한 바 있다.

이 논문에서 분석대상으로 삼고자 하는 관습 영역은 '서자(庶子)의 제사상속권(祭祀相續權)[조선시대의 용어는 봉사(奉祀)와 입후(立後)이고 일제는 이를 제사상속(祭司相續)이라는 용어로 포섭하였다.]' 문제이다. 서자의 제

9) 이승일, 「조선총독부의 법제정책에 대한 연구」(한양대학교 문학박사학위논문, 2003), 5~6면.
10) 정종휴, 『한국민법전의 비교법적 연구』(창문사, 1989), 116면.

사상속권 문제를 분석대상으로 삼은 이유는 이 문제에 대하여 한국사학계
에서는 비교적 상세한 연구성과[11]를 축적하여 정교수가 제기한 ①의 문제
를 어느 정도 확인할 수 있는 단계에 도달하고 있으며, 일제강점기에 서자
의 제사상속에 관하여 구체적인 관습조사자료가 축적되어 있어 정교수가
제기한 ②의 문제도 어느 정도 검증할 수 있으며, 게다가 '조선고등법원판
결록' 중 이 문제와 관련된 2개의 판례가 발견되어 정교수가 제기한 ③의
문제까지 검증할 수 있기 때문이다. 두 개의 판결은 1913년(大正 2년) 5월
20일에 선고된 조선고등법원판결[12]) (이하 이 판결은 '1913년 판결'로 약칭
함)과 1917년(大正 6년)에 선고된 조선고등법원판결[13](이하 이 판결은 '1917
년 판결'로 약칭함)이다.

II. 1913년 판결

1. 1913년 분쟁 사안의 개요

이 사안은 민영익(閔泳翊)[14]과 민준식(閔俊植) 사이의 양자(養子)부인·확
인 분쟁사안이다. 민영익은 적처(嫡妻)(김예정)와 사이에 아들을 두지 못하

11) 배재홍, 「조선후기의 서얼허통과 신분지위의 변동」(경북대학교 박사학위논문, 1994.12);
   정긍식, 「조선초기 제사승계법제의 성립에 관한 연구」(서울대학교 법학박사학위논문, 1996.
   2); 정긍식, 「16세기 첩자의 제사승계권」, 『사회와 역사』 제53집(1998), 153~184면.
12) 고등법원 서기과 편찬, 『조선고등법원 민사판결록』(이하 『민사판결록』으로 약칭함) 제2
   권, 200~219면.
13) 가독상속권 확인 및 민적말소청구의 건(대정 6년 민상 제215호 같은 해 11월 27일 판결,
   제1심 경성지방법원, 제2심 경성복심법원, 상고인 송순억, 소송대리인 최진, 피상고인 송순
   극, 소송대리인 장도 윤학영. 고등법원 서기과 편찬, 『민사판결록』 제4권, 1018~1029면.
14) 민영익의 정치사상에 대하여는 노대환, 「민영익의 사상과 활동」, 『동북아』 7호(1998.7),
   210~228면을 참조할 수 있다.

였다. 민영익은 1885년(고종22년, 명치18)부터 외교관으로, 청(淸)나라 등에 장기간 파견되어 오랫동안 귀국하지 못하였다. 민영익은 1901년 이전 시기에 청나라 상하이에서 외국인과의 사이에 아들을 낳아 상하이에서 그 아들, 자신의 부친과 함께 생활하였으며, 이 사실을 김예정도 알고 있었던 것으로 보인다. 민영익이 청나라에 체재 중인 1901년(광무5년) 12월 김예정과 민준식의 실부모(생부모, 민영찬)가 민준식 입양에 관하여 합의하고 종회(宗會) 일부의 협의(協議)를 경유한 후 황실의 칙명까지 얻어 민준식은 민영익의 집안에 들어가 살았다. 그 후 민준식은 민영익을 대신하여 민씨 집안 조선(祖先)의 제사를 봉사하여 온 지 11년이 경과되었고 민준식은 그 사이 혼인까지 하였다. 민적부15)에도 민준식은 민영익의 양자로 입적되었다. 1910년 한일 합방 후 오랜 외국 생활을 마치고 귀국한 민영익은 '민준식이 자신의 민적에 양자로 등재되어 있으므로 민적을 경정(更正)·정정(訂正)해 달라'는 취지의 소송을 제기하였다.16) 민영익이 민적 정정신청을 하게 된 계기는 다음과 같다.

1911년 6월경 민영익이 민적 등본을 떼어보니 민준식이 자신의 양자로 등재되어 있어 민영익은 민적계에 민적정정신청을 내고 자신의 모(母)에게는 민준식을 친가(親家)에 복귀(復歸)하도록 상서(上書)하였다.17) 그러자 민준식은 '자신이 민영익의 적법한 양자임을 확인하여 달라는 취지의 반소(反訴)를 제기하였다. 민준식은 제1심(경성 지방법원)과 제2심(경성복심법

---

15) 융희3년(1909년) 법률 제8호 민적법(民籍法)에 의하여 작성된 장부이다. 경무 관서의 주관으로 경무관 또는 서장이 각 호에 나아가 그 이동을 실지 조사하여 편제한 장부로서 민중으로 하여금 가(家)의 흥폐(興廢), 신분의 득실변경 사항을 신고하도록 한 장부로 1910년 한일 합방 후에 작성된 호적부(戸籍簿)의 기초가 되었다. 이승일, 「조선총독부의 법제정책에 대한 연구」(한양대학교 문학박사학위논문, 2003), 118면.

16) 흥미 있는 사실은 민영익 자신도 서자 있는 집에 입양되었었다는 사실이다. 조선고등법원 서기과 편찬, 『민사판결록』 제2권, 204면. 민영익의 양부가 제2심 법정에서 행한 진술 참조.

17) 조선고등법원 서기과 편찬, 『민사판결록』 제2권, 203~204면.

원)에서 승소하였는데 패소한 민영익이 상고하여 조선고등법원에서 "민영
익에게 혈연관계 있는 서자가 있는데도 '동종지자(同宗支子)(민준식)'가 입
양된 것을 유효하다고 볼 수 있을 것인가" 하는 점에 관하여 최종적인 심
판을 하게 된 것이다.

민영익의 주장·입증은 문벌 양반문화의 억제를 지향하는 '조선시대의
국가법제[18)와 갑오개혁기의 의안'[19)을 주요논거로 삼아 전개되었다. 이에
반하여 민준식의 주장·입증은 조선시대의 국가법제와 갑오개혁기의 의안
은 '죽은 법'이라는 주장과 조선시대의 현실에서 통용되는 관습을 주요 논
거로 삼아 전개되었다. 1913년 조선고등법원은 결국 민준식에게 승소판결
을 하였다.

1912년 3월 공포된 조선민사령은 '조선인 사이의 친족·상속 관계'는 일
본 민법을 의용하지 않고 관습으로 규율한다는 취지이므로 제2심인 경성
복심법원(京城 覆審法院)은 정무총감(政務總監)에게 이 문제에 관한 조선의
관습이 어떤 것인지를 조회(照會)하였다.

원고와 피고가 주장하는 사실관계의 맥락을 잘 알아야 조회와 그 회답이
지향하는 바를 좀 더 정확히 파악할 수 있다. 원고와 피고의 주장사실의 불
일치 부분은 다음과 같다.

민준식(이하 '준식'으로 약칭함)은 자신이 입양될 때 "㉮ 민영익(이하 '영

---

18) 『대전회통』〈예전〉, 〈봉사〉조와 〈립후〉조.

19) '嫡妾俱無子 然後始許率養 申明舊典事", 서울대학교 규장각 소장 군군기무처, 〈議定存
案〉, 1894년 음 6월 28일; 〈양력 7월 30일〉자 議案[유영익, 『갑오경장연구』(일조각,
1990), 229면에서 재인용]. 1884년에 갑신정변을 주도한 급진개화파의 폐정개혁 정강
중 중요한 정강 중의 하나가 문벌 양반문화의 타파였다. "廢止門閥 以制人民平等之權
以人擇官 勿以官擇人事"(갑신정변정강 14조 중 제2조)(한국사연구회편, 『한국사연구입
문』(지식산업사, 1981), 443면에서 재인용), '문벌 양반문화의 타파'는 1894년~1895년의
갑오경장의 중요한 개혁목표이기도 하였다("劈破門閥班常等級 不拘貴賤 選用人才事"
(서울대학교 규장각 소장 군군기무처, 〈의정존안〉, 1894년 음 6월 28일 〈양력 7월 30일〉
자 의안)(유영익, 『갑오경장연구』(일조각, 1990), 229면에서 재인용).

익'으로 약칭함)의 처 김예정(이하 '예정'으로 약칭함)이 청나라에 있는 영익에게 통지하여 영익의 승낙을 얻었으며 ㉡ 민준식 입양을 허용하는 황제의 칙명을 받았다"고 주장하였다. 변론에서 영익은 준식의 ㉮의 주장을 부인하였으나 제1심, 제2심, 조선고등법원 모두 ㉮의 주장을 채용하여 민영익은 사실관계 측면에서 극히 불리한 입장에 놓였다.

2. 조회 의뢰 사항과 정무총감의 회답

1933년에 조선총독부 중추원에서 펴낸 민사관습회답휘집에는 경성 복심법원의 정무총감에 대한 조회 의뢰 사항과 정무총감의 회답[20]이 다음과 같이 실려 있다.

"○ 조회
① 서자가 있는 경우에 양자를 들일 수 있는지 여부
② 서자가 있는 경우에 양자를 들일 때 그 양자연조는 당연무효인가 아니면 단지 '양자에게' 상속권이 없는데 지나지 아니하는가?
③ 서자가 있는 경우에도 칙명이 있으면 적법하게 양자를 들일 수 있는지 여부, 이 경우에 양부가 될 자의 승낙을 요하는가 여부
④ 전항과 같은 경우에 칙명의 형식 여하(공식의 칙명을 요하는가, 단지 내유만으로도 족한가, 서면을 요하는가, 단지 구두만으로도 족한가)
⑤ 처는 부(성혼호주)의 허가 없이 부의 모와의 협의로 양자를 들일 수 있는가
⑥ 성혼호주의 양모는 그 의견으로 양자(손에 해당)를 들일 수 있는가
⑦ 호주가 다년 해외에 있어 제사를 봉사하지 못하는 경우에 가족 또는 친족은 호주를 위하여 양자를 들일 수 있는가

---

20) 조선총독부 중추원, 『민사관습회답휘집』(1933, 이하 『휘집』으로 약칭함) 63번, 양자에 관한 건[대정 원년(1912) 9월 25일 경성 복심법원 민사 제1부 재판장 조회], 같은 해 10월 8일 참 제10호 정무총감 회답(『휘집』, 107~110면)

⑧ 양자를 들일 수 있는 자는 반드시 성혼 남자임을 요하는가

⑨ 부가 처아닌 외국인과의 사이에 낳은 자도 전항의 서자라고 할 수 있는
가 여부

○ 회답

① 법제는 서자 있는 자의 양자들임을 인정하지 아니한다.[21] 예사를 받으
려면 적첩에 모두 아들이 없음을 이유로 함을 예로 한다. 만약 서자가
있으면 예사를 허용하지 않고 예사를 받는 자는 극히 적다.[22] 서자 있
음에도 불구하고 양자를 들이는 일이 왕왕 있다. 서자가 있기때문에 양
자연조가 무효로 된 일은 듣지 못했다. 양자는 당연 봉사자가 되고 이점
에 대하여는 예외가 없다.[23]

② 칙명으로 양자를 정한 전례(前例)는 드물게 있다. 개국 503년(1894) 이
후 광무5년(1901)까지 사이에 광무원년(1897) 12월 11일의 조에 의하
여 동월 24일 장예원으로부터 전현감 민영석의 자 정식[24]을 전판서 민
영익의 양사자로 립안을 성급한 사례가 있다. 기타 근족의 상소에 대한
비지에 의하여 장례원으로부터 입안을 성급한 사례 또한 있다. 다만 서
자 있는 경우에 대한 사례는 문적으로 빙거할 수 없다. 또한 이런 칙명·
비지에 관하여 특히 당사자의 승낙을 필요로 하는 것과 같은 문제에 대
하여 정례 있음을 알지 못한다.[25]

③ 전항의 칙명에 따르는 경우에는 조를 장례원에 내리고 장례원으로부터
입안을 성급하는 것으로 하고 조는 조서로서 궁내부대신의 이름을 서압
하고 칙명의 보를 영하는 것으로 한다.[26]

---

21) "(原)若嫡長子無後 則衆子 衆子無後 則妾子奉祀 嫡長子只有妾子 願以弟之子爲後者
聽 欲自與妾子別爲一支 則亦聽"(대전회통 〈예전〉 〈봉사〉조); "(原) 嫡·妾俱無子者告
官 立同宗支子爲後(兩家父同命立之 父歿則母告官. 尊屬與兄弟及孫 不相爲後) (續)
凡嫡長子無後者 以同宗近屬 許令立後 (補)每式年成籍時及科擧出榜後 考較本曹文書
私自立後者論罪 帳藉勿施 科榜拔去"(대전회통 〈예전〉 〈입후〉조).

22) 이 부분은 조회 제1항에 대한 회답으로 보인다.

23) 이 부분은 조회 제2항에 대한 회답으로 보인다.

24) 이 부분은 '민준식'의 오기·착각이거나 이명동인으로 보인다.

25) 이 부분은 조회 제3항에 대한 회답으로 보인다.

④ 처가 부를 놓아두고 부의 모와 협의한 후 양자를 들이거나 혹은 양친이
   될 자를 놓아두고 그 양모의 의사만으로 양자들일 수 있는 관습은 없
   다.27)

⑤ 호주가 다년 해외에 있어 제사를 지낼 자가 없는 경우라 하더라도 가족
   또는 친족이 호주의 양자를 들일 수 있는 관습은 존재하지 아니한다.28)

⑥ 양자를 들일 수 있는 자는 기혼자에 한한다.29)

⑦ 외국인인 여자가 낳은 자라 하더라도 서자인 점에 다름이 없다."30)

3. 조선고등법원 판결

조선고등법원의 판결은 다음과 같다.

"본건 상고는 이를 기각한다. 소송비용은 상고인의 부담으로 한다. 대전회
통의 예전 입후조에 …(중략)… 운운하고 있다 하더라도 그 규정은 실제로
행하여지지 않고 '피상속인에게' 적자 없고 서자 있는 경우에도 예사를 받
지 않고 양자를 들이는 데 지장이 없음은 서인이건 종친 국척임을 묻지 않
고 조선 일반의 관습이므로 원판결이 위와 같은 이유로 상고인의 항변을
배척한 것은 위법이 아니고 위 논지는 어느 것도 이유 없다"

이 판결내용과 회답의 관계를 분석하여 보자. 정무총감의 회답과 조선고
등법원의 판결내용만을 비교하여 보면 조선고등법원의 판결은 지나치게
과장된 것이고 편향된 것이다. "1. 서자가 있는 경우에 양자를 들일 수 있
는지 여부 2. 서자가 있는 경우에 양자를 들일 때 그 양자 연조(養子緣組)는
당연무효인가 아니면 단지 '양자에게' 상속권이 없는데 지나지 아니한가?"

---

26) 이 부분은 조회 제4항에 대한 회답임이 분명하다.
27) 이 부분은 조회 제5, 6항에 대한 회답임이 분명하다.
28) 이 부분은 조회 제7항에 대한 회답임이 분명하다.
29) 이 부분은 조회 제8항에 대한 회답임이 분명하다.
30) 이 부분은 조회 제9항에 대한 회답임이 분명하다.

하는 질의에 대하여 '서자 있음에도 불구하고 양자를 들이는 일이 왕왕 있다. 서자가 있기 때문에 양자 연조가 무효로 된 일은 듣지 못했다."는 회답이 있었고, "민준식의 입양에 관하여 황제의 칙명이 있었음"이 확인되자 조선고등법원은 위와 같이 강한 어조로 "적자 없고 서자 있는 경우에도 예사(禮斜)를 받지 않고 양자를 들이는 데 지장이 없음은 서인(庶人)이건 종친(宗親) 국척(國戚)임을 묻지 않고 조선 일반의 관습"이라고 지나치게 일반화시켜 판시하였다. '서자 있음에도 불구하고 양자를 들이는 일이 왕왕 있다'는 회답이라면 그것을 관습으로 보기 어려운 것이 상식이다. 가끔 있는 사안을 가지고 관습이라고 말할 수는 없기 때문이다. 다음에 회답에는 "만약 서자가 있으면 예사를 허용하지 않고 예사를 받는 자는 극히 적다."는 정반대되는 회답이 공존하고 있음에도 불구하고 조선고등법원은 위와 같은 지나친 일반화를 감행하고 있다. 그러나 1913년(대정2년) 6월과 1914년(대정3년)에 법원에 전달된 정무총감의 회답에는 1913년(대정2년) 5월에 선고된 조선고등법원판결의 내용과 사뭇 분위기가 다른 내용이 담겨 있어 1913년 5월에 선고된 조선고등법원판결이 조선의 관습을 지나치게 일반화시킨 것이 아닌가 하는 의심을 더욱 하게 만든다.

"○ 조회
조선인의 상속에서 적출자 없고 서남 1인이 있는 경우에 그 서자가 제사상속을 함에는 승적절차를 요하는 관습 있는가, 만약 있다면 그 관습을 행하지 않고 사실상 상속하였을 때는 그 상속의 효과 여하

○ 회답
적남자 없고 서남자 1인만 있는 경우에 그 서자가 제사상속을 함에는 모 또는 근친이 서자가 상속하도록 결정하는 관례가 있고 이를 승적(承嫡)이라 칭한다. 그리고 이 절차를 경유하지 아니하여도 사실상 이미 상속을 한 경우에는 그 상속의 효력은 보통의 경우와 다르지 않다.31)

○ 조회
① 조선에서는 서자 있는 경우에도 양자를 들일 수 있는 관습이 있는가 여
부 2. 위의 관습은 호주인가 가족인가 혹은 상민(常民)인가 양반(兩班)
인가를 묻지 아니하는가 여부. 참조 개국 503년 6월 28일 의안

○ 회답
① 조선의 법제상 서자 있는 자는 양자를 들일 수 없다 하더라도 실제에는
서류(庶流)를 비천하게 여기고 가계(家系)를 중시하는 자, 문벌 있는 자
등은 서자 있음에도 불구하고 양자를 들이는 일이 있어 관습상 유효한
것으로 인정되지만 갑오개혁 후 이 관습은 거의 개혁되었다. 그러나 지
금 아직 일부에서 행하여져 반드시 그것을 무효로 볼 수 없는 상황에
있다.
② 위의 사항은 호주 가족 상민 양반에 구별이 없다."32)

다음에는 서자의 제사상속권에 관한 조선후기의 실제의 관습은 어떠하
였는가를 살펴보자.

4. 조선후기 가계계승(家系繼承)에 관한 사례

서자의 제사상속권에 관한 치밀한 실증적 연구33)에 의하면 17세기 이후
에 적자를 두지 못한 피상속인의 서자의 가계계승에 관한 사례들은 대체로
다음과 같았다.
적자가 없고 첩자만 있는 양반 사족(士族)의 가계계승형태를 유형화시켜
파악하면 ⓐ 첩자가 승적 봉사하는 '첩자봉사형', ⓑ 피상속인이 첩자를 버

---

31) 84번 서자의 제사상속에 관한 건(대정2년 6월 14일 고등법원장 조회 동년 6월 19일 참
   제37호 정무총감 회답)(『휘집』, 137~138면).
32) 108번, 서자 있는 자의 양자에 관한 건(대정3년 1월 22일 광주지방법원 목포지청 조회
   동년 2월 6일 참제10호 정무총감 회답)(『휘집』, 171~172면).
33) 배재홍, 조선후기의 서얼허통과 신분지위의 변동(경북대학교 박사학위논문, 1994.12).

리고 동종지자를 양자 들여 가계계승을 하는 '立同宗支子爲後형', ⓒ 조상
의 제사는 동생에게 주고 자기는 첩자와 따로 일종을 이루는 '別爲一支형'
의 세 가지 카테고리로 구분할 수 있다. 적자가 없고 첩자만 있는 양반 사
족 가문에서 위의 세 가지 선택지 중 어느 해결책이 선택될 것인가 하는
문제는 '가장(家長)과 그 문중(門中)의 의사결정' 여하에 달려 있었다.

17세기 이후 양반 가문에서는 첩자를 버리고 동종지자 중에서 양자를 들
여 가계계승을 하는 ⓑ의 '입동종지자위후형'이 점차 증가하였다. 그러나
유학(幼學) 학생(學生) 층 등 하급양반들 사이에서는 첩자로 가계계승을 하
는 '첩자봉사형'도 많이 행하여졌다. 또 문관보다는 무관출신자가 첩자로
가계계승을 하는 비율이 높았다. 그러나 유현(儒賢), 청백리(淸白吏), 동서
반(東西班) 정직(正職) 출신의 고위양반층 가문에서는 대체로 첩자를 버려
두고 양자를 들여 가계계승을 하는 '입동종지자위후형'이 더 일반적이었
다.[34] 그러므로 "《대전회통 예전 입후》에 (중략) 운운하고 있다 하더라도
그 규정은 실제로 행하여지지 않고 적자 없고 서자 있는 경우에도 예사를
받지 않고 양자를 들이는 데 지장이 없음은 서인이건 종친 국척임을 묻지
않고 조선일반의 관습"이라는 조선고등법원의 판시는 구지배층의 관습을
하급양반, 무관출신, 중인, 서인층에게도 확장시키는 지나친 일반화였다고
말할 수 있다.

III. 1917년 판결

1. 호주 사후의 입동종지자위후형 입양 사례의 변화

1917년 분쟁 사안을 상세히 분석하면 식민지에서 관습이 형성되어 가는

---

34) 배재홍, 앞의 논문(1994), 253면.

과정의 일단을 엿볼 수 있다. 1917년 판결의 사실관계는 대단히 복잡하지만 단순화시키면 다음과 같다. 송순억은 송태현의 서자(庶子)인데 송태현은 적출자 없이 1917년(대정6년) 1월 5일 사망하였다. 송태현이 사망한 후 송태현의 처 김씨(金氏)는 동성지자(同姓支子)인 송순극을 양자로 들였다. 송순극은 1월 19일 경성부에 자신이 송태현의 양자이며 송태현의 호주권(家督)을 상속한 것으로 민적 변경을 신청하여 송순극의 요구대로 민적이 변경되었다. 그러자 서자 송순억이 송순극을 피고로 삼아 경성 지방법원에 민적말소청구소송을 제기하였다. 경성 지방법원은 정무총감에게 다음과 같이 조회하였으며 이에 대하여 정무총감은 다음과 같이 회답하였다.

"○ 조회
① 서출 남자만 두고 적출 남자 없는 부(호주)가 '생전에' 양자를 들이지 않고 사망한 경우에 서자가 당연히 망부(亡父)를 상속하는가, 혹시 양자가 될 만한 항렬자가 없는 경우에 한하여 '서자가' 망부를 상속하는 것이 관습인가, 대종손가인 경우와 그렇지 않은가에 따라 다른 것이 관습인가, 위의 경우에 망부의 정처(正妻)가 '동성지자를' 사후 양자(死後養子)로 들이면 서자가 상속할 수 없는가, 또한 문회(門會)는 정처의 의사에 반하여 사후 양자를 선정하여 서자가 상속하지 못하도록 할 수 있는가?

○ 회답
② 서자를 두었지만 적자가 없는 호주가 양자를 들이지 않고 사망한 경우에는 그 서자가 당연히 상속함을 본칙으로 하고 양자 삼을 만한 항렬의 자가 없을 때에 한하여 '서자가' 상속하는 관습은 없다. 그리고 '이것은' 대종가이든 아니든 다르지 않다. 그렇다 하더라도 망호주의 처는 위의 경우에 양자를 선정할 수 있는 관습이 일부 사회에 존재하기 때문에 그런 양자가 있는 경우에 서자는 상속할 수 없다. 문회는 망호주의 처의 의견에 반하여 양자를 선정할 수 없다. 그러나 그 가가 대종가일 때는 망호주의 처가 서자에게 상속시킬 의사가 있다 하더라도 문회가 양자를 선정할 수 있는 것이 종래의 관례이다. 그리고 그 양자가 되어야 할 자

에 대하여 망호주의 처와 문회의 의견이 다를 때에는 망호주의 처의 의견에 따르는 것으로 한다."35)

서출 남자만 두고 적출 남자 없는 부(호주)가 생전에 양자를 들이지 않고 '입동종지자위후형'의 유언도 남기지 않고 사망한 경우에 서자가 망부를 제사상속 하는 것이 관습인가 아니면 이 경우에도 유처(遺妻)와 문회(門會)는 '입동종지자위후형'의 입양을 하는 것이 관습인가가 1917년 분쟁의 쟁점이었다. 1913년의 조선고등법원 판결은 이 점에 관하여 명시하고 있지 않았지만 "적자 없고 서자 있는 경우에도 예사를 받지 않고 양자를 들이는 데 지장이 없음은 서인이건 종친 국척임을 묻지 않고 조선일반의 관습"이라는 강한 어조 속에는 이 경우에도 유처와 문회는 '입동종지자위후형'의 입양을 하는 것이 '조선 일반의 관습으로 파악하는 취지가 암시되어 있고 바로 그런 이유때문에 아래에서 보는 바와 같이 1917년 분쟁 사안에서 제1심과 항소심이 원고패소판결을 한 것이다. 변론 과정에서 피고측 변호인은 다음과 같이 주장하였다.

(1) 서출 남자만 두고 적출 남자 없는 부(호주)가 생전에 양자를 들이지 않고 사망한 경우에 서자가 망부를 상속하는 사례가 있지만 그 사례는 피상속인 가문에 동성 입양될 만한 항렬자가 없는 경우에 한하여 행하여지는 사례이며, (2) 망부의 정처가 동성지자를 사후양자로 들이면 그가 서자에 우선하여 상속하는 것이 조선의 관습이며 이런 관습은 특히 대종손가인 경우에 현저하다는 것이었다. 피고측 변호인의 위와 같은 주장에 일치하는 사례가 조선후기에 더러 발견되는 것이 사실이다. 경성 지방법원의 조회 제1항은 위와 같은 피고 측의 주장·변론에 촉발된 것이다.

<hr>

35) 195번, 서자급양자상속에 관한 건(대정5년 6월 10일 경성 지방법원장 조회 동년 9월 22일 조추발 제259호 정무총감 회답)(『휘집』, 285~288면). '대정5년'으로 되어 있는 것은 '대정6년'(1917)의 오기로 보인다.

그런데 그 조회에 대한 회답은 1913년의 조선고등법원 판결의 어조와 크게 다르다. "양자 삼을 만한 항렬의 자가 없을 때에 한하여 '서자가' 상속하는 관습은 없"고 또한 "그것은' 대종가이든 아니든 다르지 않다."는 정무총감의 회답은 1913년 당시의 정무총감의 회답·조선고등법원 판결의 뉴앙스와 크게 다른 것이다. 그렇다고 1917년 당시의 정무총감의 회답이 1913년 당시의 정무총감의 회답과 완전히 배치되는 것도 아니다. 1917년 당시의 정무총감의 회답은 "망호주의 처는 위의 경우에 양자를 선정할 수 있는 관습이 일부 사회에 존재하기 때문에 그런 양자가 있는 경우에 서자는 상속할 수 없다."는 것이어서 1913년 당시의 정무총감 회답과 같은 방향의 측면도 보이고 있다. 어쨌든 이 시기의 행정부서의 회답은 경성 지방법원을 당황시키는 측면이 있었다.

"양자 삼을 만한 항렬의 자가 없을 때에 한하여 서자가 상속하는 관습은 없"고 또한 "그것은 대종가이든 아니든 다르지 않다."는 정무총감의 회답은 원고 측에 유리한 회답이었지만 "망호주의 처는 위의 경우에 양자를 선정할 수 있는 관습이 일부 사회에 존재하기 때문에 그런 양자가 있는 경우에 서자는 상속할 수 없다."는 회답은 다시 피고 측에 유리한 회답이었기 때문이다. 행정부서의 회답에 이런 애매한 측면이 있음에도 불구하고 제1심인 경성 지방법원과 제2심인 경성 복심법원은 원고에게 패소판결을 선고하였다. 저자는 그 이유를 다음과 같이 추정한다.

행정부서의 회답에 일부 원고 측에 유리한 사정이 포함되었지만 "대전회통의 예전 입후조에 …(중략)… 운운하고 있다 하더라도 그 규정은 실제로 행하여지지 않고 '피상속인에게' 적자 없고 서자 있는 경우에도 예사를 받지 않고 양자를 들이는 데 지장이 없음은 서인이건 종친 국척임을 묻지 않고 조선 일반의 관습"이라는 상급법원의 선판례(1913년 조선고등법원판결)에 구속되는 하급법원으로서는 1913년 조선고등법원 판결의 어조가 너무도 강렬하였기 때문에 원고패소판결을 한 것이다. 그런데 1913년 분쟁 사안에서 패소한 민영익의 소송대리인으로 활약한 바 있는 최진(崔鎭)이 1917년 분쟁 사안의 원고측 대리인으로 나서고 있는 점이 흥미롭다. 최진은 문벌 양반사회였던 과거의 관습은 어떨지 몰라도 1894년의 갑오개혁으로 문벌 양반사회가 제도적으로 타파된 '최근의 일반적 관습'은 과거와 다르다는 '최근의 일반적 관습론'을 전개하면서 상고하였다. 최진이 상고이유에서 전개한 '최근의 일반적 관습론'은 "갑오개혁 때 서자 있는 자의 양자를 금하고 실제에 있어서도 서자를 놓아두고 양자를 들이는 자는 점점 그 수가 감소되고 있다."는 1914년 경성 지방법원장 대리의 조회에 대한 정무총감 회답36)에 잘 나타나고 있다. 최진은 결국 '최근의 일반적 관습론'을 전개하여 제1심과 항소심판결을 파기시키는 개가를 얻어 냈다. 조선고등법원의 판결은 다음과 같다.

---

36) 114번, 서자급양자상속에 관한 건(대정3년 3월 20일 경성 지방법원장 대리 조회 동년 4월 14일 참제29호 정무총감 회답); ○ 조회 …(생략)… ○ 회답 1. 조선에서는 법령상 서자는 제사·재산 및 호주에 관하여 당연 상속권이 있어도 실제로는 서자를 비천하게 보고 또 청관(淸官)에 임명되지 못하기 때문에 문벌 있는 자는 서자 있어도 타인의 적자를 양자로 들여 제사 기타의 상속을 받도록 함을 통례(通例)로 하고 이것이 일반의 관습이 되었지만 갑오개혁 때 서자 있는 자의 양자를 금하고 실제에 있어서도 서자를 놓아두고 양자를 들이는 자는 점점 그 수가 감소되고 있다. 그렇다 하더라도 아직 전연 그 흔적이 끊어짐에 이르른 것은 아니다. 금일에는 일면 서자에게 상속권 있음과 동시에 양자를 들이는 것도 역시 방해되지 아니하는 상태에 있다. 2. 서자가 제사상속을 할 때는 보통 조선(祖先)의 사당(祠堂)에 고하는 관례가 있는데 이를 칭하여 승적(承嫡)이라고 한다. 그러나 승적은 반드시 서자상속에 필요한 절차는 아니다. 사당에 고하지 않고 상속을 한 경우에도 역시 이를 승적이라 칭한다. 승적이란 말은 오히려 서자가 제사상속하는 것을 가리키는 것으로 해석하여야 한다. 3. 피상속인 기타 양자를 선정할 수 있는 자에게 서자 있는 경우에도 그는 선정을 할 수 있다(『휘집』, 179~180면). "갑오개혁 때 서자 있는 자의 양자를 금"하고 "실제에 있어서도 서자를 놓아두고 양자를 들이는 자는 점점 그 수가 감소되고 있"는데도 "적자 없고 서자 있는 경우에도 예사를 받지 않고 양자를 들이는 데 지장이 없음은 서인이건 종친 국척임을 묻지 않고 조선 일반의 관습"이라는 평가는 동의하기 어려운 평가이다. 성문법(《대전회통 예전 입후》)과 《갑오개혁의 개혁강령》에도 불구하고 행하여지는 "적자 없고 서자 있는 경우에도 예사를 받지 않고 양자를 들이는" 사례는 실정법규의 실효성의 취약성 사례이지 관습이나 관습법 사례가 아니다.

"ⓐ 조선인 사이에서는 호주인 피상속인에게 서출의 남자 있는 경우라 하
더라도 피상속인이 다른 곳으로부터 양자를 들인다. 그 양자는 상속에 관하
여 적출 남자와 동일한 관습상의 권리를 보유하는 관습이 존재한다는 점은
당원의 판례(대정3년 민상 제509호, 같은 4년 1월 29일 판결 가독상속권확
인청구사건 및 대정2년 민상 제8호 같은 해 5월 20일 판결 확인청구사건
참조)로서 판시하는 바이다. ㉮ 그러나 그것은 피상속인이 그 생전에 양자
연조를 맺거나 혹은 유언으로 양자를 지정하는 경우에만 유효로 함에 지나
지 아니하는 것이다. 그러므로 피상속인의 처 또는 친족 등이 피상속인에게
서출의 남자 있는데도 불구하고 피상속인의 사망 직후에 다른 곳으로부터
양자를 들이고 그로 하여금 피상속인의 가독을 상속할 수 있도록 하는 일
반 관습의 존재는 당원이 인정하는 바가 아니다. 대개 피상속인이 적출자가
없이 서출의 남자를 둔 경우에 그 서출의 남자가 상속권을 갖는 것은 조선
에서 상속에 관한 법칙으로서 승적절차를 밟을 필요도 없다 함이 당원의
거듭된 판례(명치43년 민상제14호 동년 2월 19일 판결 및 대정2년 민상제
128호 동년 7월 25일 판결 참조)이다. 종래 ㉯ 일부 사회, 특히 명문세가에
서는 서출의 남자 있음에도 불구하고 피상속인의 사망 후 그 유처 등이 바
로 다른 곳으로부터 양자를 들이고 그로 하여금 가독을 상속받게 하는 것
과 같은 사례가 없지 않다. 그러나 이와 같은 일은 명문세가 각자의 1개의
전단행위에 지나지 아니하여 관습법의 효력을 가지지 못하는 것이다."

조선고등법원판결의 ⓐ 부분의 판시는 1913년의 조선고등법원판결을 유
지하는 부분이고 ㉮ 부분의 판시는 당사자(소송대리인 최진)의 '최근의 일
반적 관습론'에 흔들려 종래의 판결의 취지를 사실상 일부 축소 제한하는
방향의 판시이다. 이렇게 보아오면 식민지권력측(조선총독부와 조선고등법
원)은 1913년 당시의 조선인의 관습과 1917년 당시의 조선인의 관습이 다
를 수 있으며 실제로 관습이 변화된 것으로 파악하였음을 알 수 있다. 그런
데 과연 4년이라는 짧은 세월에 '서자의 제사상속'에 관한 조선인의 관행
이 변화되었을까 하는 의문이 제기된다. 일제강점기 일본인 법조인들의 관
습론은 엄밀한 관습개념의 응용사례로 보기 어렵다.

최근에 이승일은 조선인들 사이에 협의이혼과 재판상 이혼이 1910년대에 급증하는 현상을 증거자료로 삼아 1910년대에 신관습이 생성되었을 가능성을 논증하고 있어 주목된다.

1905년에 제정된 형법대전(刑法大全) 단계에서 처(妻)가 제기하는 재판상 이혼이나 부처(夫妻) 합의에 의한 협의이혼은 제도화되지 않았다. 1911년에 출간된 관습조사 보고서에도 '조선에서는 협의이혼이나 재판상 이혼의 관행은 존재하지 않는다'고 기록되어 있다. 그러나 1918년 경성 복심법원은 "조선의 관습에 의하면 부부는 부(夫)의 부모의 동의에 의하여 협의상 이혼을 할 수 있다."고 판결하였다. 1909년에 제기된 이혼소송은 8건에 불과하였지만 1908년부터 1916년까지 사이에는 총 350건이 제기되었고 1917년부터 1921년까지 5년간은 무려 2300건이 제기되었다. 이런 증거들을 토대로 이승일은 1910년대에 구관습과 다른 신관습 출현의 가능성을 긍정하고 있다.[37] 법적으로는 신분제를 타파하고 문벌 양반사회 폐기를 지향한 1894년 갑오개혁의 성과, 그리고 1910년의 한일합방 이후의 식민지권력의 의도적인 사회변화정책의 결과 1910년대에 한국사회가 급격히 변화하고 있었을 가능성을 배제할 수는 없다. 그러나 위와 같은 현상은 종래의 법제나 관습이 동요하고 흔들리는 모습이지 '신관습이 생성되었다'고 말하는 것은 적절하지 않다. 종래의 법제나 관습이 동요하고 흔들리는 사태일 뿐이지 '이혼에 관한 새로운 규범이 형성되었다'고 말하려면 입증되어야 할 사항이 많이 있기 때문이다. 경범죄처벌법과 도로교통법 등 기초질서 관련 법규를 위반하는 사례는 대단히 많다. 그 위반사례가 많고 늘어나는 사태를 보고 신관습이 생성되었다고 말할 것인가?

---

37) 이승일, 조선총독부의 법제정책에 대한 연구(한양대학교 문학박사학위논문, 2003), 167~
174면.

2. '1개의 전단 행위'와 '관습법'의 구별

1917년 분쟁 사안에 관한 조선고등법원판결의 ㉯ 부분의 판시는 매우 중요한 현상을 보여주는 것이어서 주목된다. 조선고등법원은 일부의 사례가 확인된다 하더라도 '명문세가 각자의 1개의 전단행위에 지나지 아니하는 행위'(이하 편의상 '단순 관행'으로 약칭함)와 "관습법의 효력을 가지는 관습(이하 편의상 '관습법'으로 약칭함)"을 구별하였다.

막스 베버(Max Weber)는 '비국가법(비제정법, non-enacted law)의 발생학적 연속(the same continuum)'의 관점에서 관습(Sitte)→관습률(Convention)→관습법(Gewohnheitsrecht, customary law)을 다음과 같이 구분한다:[38]

> "어느 공동체에 속한 사람들이 어떤 사회적 행위를 단지 익숙하기 때문에 그 정당성에 대한 성찰을 하지 않고 다른 사람이 행위하듯 따라서 행위하되, 그 행위의 동기가 결코 다른 공동체구성원들이 심리적·물리적으로 강요하기 때문이라고 할 수 없는 경우 사회구성원의 반복적인 행위의 중첩은 관습(Sitte; customs)이다. 사회구성원의 반복적인 행위의 중첩이 있는데, 그 행위의 동기가 그 사람이 속한 공동체가 심리적으로나 물리적으로 요구하기 때문이라고 할 수는 없지만 다른 공동체구성원들이 그 행위를 하거나 하지 아니할 때 승인(approve)하거나 거부(disapprove)하는 태도를 의식하여 행위하는 단계에 도달하였을 때 그 행위는 관습률(Convention)이다. 사회구성원의 반복적인 행위의 중첩이 있는데, 그 행위의 동기가 그 사람이 속한 공동체가 심리적으로나 물리적으로 요구하기 때문, 즉 규범위반이 있으면 규범을 준수하도록 강제(coercive apparatus)가 행하여지는 단계에 도달하였을 때 그 규범은 관습법(Gewohnheitsrecht, customary law)이다."[39]

---

38) 이하의 서술은 저자의 '조선시대 지배층의 재판규범과 관습- 흠흠신서와 목민심서를 소재로 한 검증 -', 『法曹』 2012·2(Vol.665), 13~17면을 요약 재인용하였다.

39) Max Weber, Economy and society: an outline of interpretive sociology, edited by Guenther Roth and Claus Wittich, v. 2.,Bedminster Press, 1968, pp.319~320에서 의역함.

관습이란 사회구성원의 반복적인 행위의 중첩에 의하여 그 사회적 범위의 내부에서 규칙성을 갖기에 이른 행동 양식을 말한다. 관습은 일정 범위의 사회내부에서 대다수의 성원에게 구속력 있는 것으로 준수되어야 한다고 인식되고 있다는 점에서 개인의 생활영역 내부에서 반복적으로 행해지는데 불과한 습관과는 다르다. 관습은 사회 성원의 행동을 일정한 방향으로 규제하여 사회통제의 기능을 수행한다. 그러나 사회가 복잡하게 발전함에 따라 사회 성원에 대한 관습의 규제방식은 몇 단계로 구분하여 파악할 수 있다. 단순한 사회일수록 단계 구분은 불필요하고 복잡한 사회일수록 단계 구분이 필요해진다. 단계 구분의 기준은 관습으로부터 일탈한 구성원의 행동에 대하여 그 사회에서 어떠한 제재가 가해지는가 하는 데 달려 있다.

관습으로부터 일탈한 행동에 대하여 주위사람들이 (A) 심리적인 불쾌감을 갖게 되는데 불과한 경우(이 경우에 그 규범은 '관행'이다), (B) 일탈자에게 비난이 가해지는 경우에 그 규범은 '관습'이다. (C) 일탈자에게 조직적 강제가 가해지는 경우가 있고, 이 경우에 그 규범은 '관습법'이라 부를 수 있다. 사회구성원의 반복적인 행위가 (A), (B), (C)의 어느 단계에 도달한 것인가를 정확히 판별하는 것은 쉬운 일이 아니다.

김성학에 의하면 "중세유럽사에서 관습법(consuetudo, consuetudine, droit coutumier, custom, customary law, Gewohnheistrecht)은 '규범적인 행위규칙이자 재판소가 승인한 것(the normative rules of behavior and institutions that were given legal recognition by courts)'"이고, "그것이 유래한 공동체(community)에서만 타당하므로 보편적 성격과는 거리가 멀"고, "그것이 기억할 수 없을 정도로 오랜 과거로부터 간단없이 존재하여 왔으며, 그것이 구속력 있는 것에 대하여 사람들 사이에 일반적 동의가 형성되었음을 법정에서 증명하는 문제와 분리될 수 없으며", "관습법의 존재를 증언하는 사람은 그것에 대한 특별한 지식을 가지고 있는 그 지방사람"이어야 하고, "그들의 증언은 밀봉(密封)하여 서면으로 제출되어야 하며", "제출된 서면을 받은 판사는 그것이 구속력 있는 것인지를 케이스 바이 케이스로 결정"하며, "결정이 내리면 그 결정 자체가 관습법의 존재를 입증"하는 것이며, "관습법은 지방 공동체의 권리와 자유를 대변하는 것이므로 '왕국의 일반법'과 어깨를 나란히 하는 규칙들의 체계(a system of rules that was distinct from the general law of the realm)"이며, "관습법의 존재를 선언함에 있어 법률가와 재판소의 역할은 필수적"이었다.40)

　1906년부터 일본인 관료들이 집적하기 시작한 '慣習'41), '舊慣'42), '慣習法'43)이 막스 베버가 말하는 관습(Sitte)→관습률(Convention)→관습법의 어느 단계에 상응하는 것인지는 불분명하다. 일본인 행정관료들에게 이런 구분은 명확히 인식되지 못하였다. 그들이 작성한 문헌에는 어느 곳에도 관습·관습법의 정의가 명확히 드러나지 않고 있다.

　막스 베버의 관습법 개념에서 또 하나 중요한 점은 관습(Sitte)→관습률(Convention)→관습법의 어느 것이든 그것은 '개인의 습관(a personal habit)'이 아니라 '집단의 사회적 행위'(a collective way of acting, Massenhandeln)라는 점이다. 일본의 식민지 관료들이 조선의 관습을 조사할 때 이 점은 크게 의식되지 못하였다.44) 다른 한편 일본인 '사법(司法)관료'들은 '중세유럽법사의 용어법'과 판이하게 다른 관습법 개념을 가지고 있었다. 그들은 관습의 정의를 생략한 채, 관습과 관습법의 차이를 다음과 같이 '국민일반의 법적확신'이 있는가(있으면 관습법, 없으면 관습), '一地方에서 준수되는가'(관습), '전국적으로 준수되는가'(관습법)에 두었다:

---

40) Marie Seong-Hak Kim, "Law and Custom in the Choson Dynasty and Colonial Korea: A Comparative Perspective" in 66 J. Asian Studies, 2007, pp.1069~1070.

41) 朝鮮總督府, '慣習'調査報告書(1911年版, 1912年版, 1913年版의 3가지가 있다.)

42) 朝鮮總督府中樞院, 『朝鮮舊慣制度調査事業槪要』(1938)

43) 南雲幸吉, 『現行朝鮮親族相續法類集』[大阪屋號書店, 昭和10年(1935)]

44) 2면으로 된 韓國不動産法調査會, 慣習調査問題(1909)에는 이 점에 대한 언급이 없다.

"(前略)新舊 江華主人[45)]間 傳受錢[46)] 給與에 關한 慣習의 存否는 江華에서의 間屋[47)]間, 卽 '一地方의 一營業에 關한 慣習'의 存否는 '一般에게 通하는 慣習法'의 有無의 問題가 아니고 證據에 의해 決定하여야 할 事實問題이다."[48)]

"관습이 관습법이 되려면 법적 확신 하에 일반적 구체적으로 형성되어야 한다. 따라서 사실인 관습, 또는 일지방(一地方)의 관습 같은 것은 여기서 말하는 관습법이 아니다. 일지방의 관습 같은 것은 지방적 효력이 인정되기는 하지만 국민일반에게 효력없음은 물론 소위 관습법으로 인정되지 아니한다. 즉 [관습법은: 저자첨가] 不文이면서도 제정법과 동일한 효력이 인정되기에 이른 경우이다."[49)]

그러나 어느 관습에 '국민일반의 법적 확신'이 부착되어 있는지 여부를 '검증'하는 것은 매우 어려운 일이다. 법사회학자인 막스 베버는 그런 용어를 쓰지 않고 '규범위반이 있으면 규범을 준수하도록 조직적인 강제가 행하여지는가' 여부로 관습법과 관습, 관습률을 구분하였다. 다음에 '일지방에서 준수되는가'(관습), '전국적으로 준수되는가'(관습법)를 따지는 조선고등법원의 '관습-관습법' 구분방식이 다른 곳에서도 찾아볼 수 있는 구분방법인지는 장차 확인이 필요한 논법이다. 서양 역사상의 관습·관습법은 기원상 민족적이거나 지방적(local)인 것이다.

---

45) 여기서는 객쥬(客主)를 말하는 것 같다.

46) 현재의 권리금(權利金)에 해당하는 것 같다.

47) 현재의 도매상에 해당하는 것 같다.

48) [明治43年民上第204號, 明治44年民上第13號, 貸金及物品代金請求件, 明治44年2月15 朝鮮高等法院 判決] 이 문맥에서 간취되는 담론은 '一地方에서 遵守되는 不文社會規範'은 '慣習'이고 '全國的으로 준수되는 不文社會規範'은 '慣習法'이라는 것이다. 史料(官撰·私撰의 慣習資料集)에서 '通例', '一般慣習(法)' 등으로 표현되는 것은 모두 '全國的인 차원에서 준수되는 不文社會規範'을 지칭한다. 이 담론은 朝鮮植民地時代(1910~1945)에 定着되어 民族解放 以後의 南韓의 慣習法談論에서도 貫徹되고 있다.

49) 吉武繁, 위의 책(1931), p.8.

이처럼 식민지 시기에 '어느 관습의 존재가 확인'될 때 그것이 관습법이 되려면 그것이 '전국적으로 준수됨'이 증명되어야 하는데 그것을 확인하는 주체는 궁극적으로 조선고등법원(현대 한국에서는 대법원)으로 설정되었다. 식민지 시대의 사법관료들은 이를 확인하기 위하여 조선총독부중추원을 비롯한 자문기구에 諮問('照會'와 '回答'50))을 구하였지만 그 '자문에 대한 回答'을 그대로 따르지 않았고 자신들의 '條理'에 더 크게 의존하였다.51)

3. 입법자료수집 목적 관습조사와 분쟁해결 목적의 관습조사

통감부 시대인 1906년에 부동산법 조사회는 구한국의 부동산관습을 조사하였는데 그 조사방법은 조사원들이 경성, 인천, 개성, 평양, 수원, 대구, 부산, 마산 등 각지에 출장을 나가 현지의 조선인 관찰사와 부윤, 군수에게 조사항목에 관하여 묻고 그들이 응답한 내용을 조사원들이 기록하는 방식이었다. 이 조사방식을 당시에는 실지(實地) 조사로 불렀다. 물론 이때 통역

---

50) '照會'와 '回答'을 모은 자료집이 朝鮮總督府中樞院, 『民事慣習回答彙集』(1933)이다.
51) 穗積陳重은 吉武繁이 編輯한 『朝鮮親族相續法要論』, 巖松堂(1931)의 序에서 다음과 같이 日本의 經驗을 말하고 있다: "朝鮮의 民事關係에 있어서 一方에서는 依然 朝鮮慣習法이 適用되고 民法規定이 排斥되는 範圍가 있고, 他方에서 朝鮮慣習法을 廢止하여 새로이 民法規定이 適用되는 部分이 있다. 그 兩方面에 對하여 實用上·學問上 朝鮮慣習法의 研究가 各各 必要하다. 무엇이 現行의 慣習法인가를 確知하는 것이 매우 어렵다. 古書·舊記에 의하여 過去의 慣習法을 아는 것이 가능하지만 어느 時点 어느 地方에서 行하여지고 있는 現代의 살아 있는 慣習法을 捕捉하는 것은 매우 어렵다. 內地에서도 民法施行 前의 事項에 對하여는 民法規定을 適用하지 않고 當時의 成文法 또는 慣習法을 適用하였지만 民法施行 前에는 成文法 規定이 매우 不足하였기 때문에 많은 경우 慣習法이 適用되었다. 裁判所도 자주 이러저러한 것이 民法施行 前의 慣習이라고 말하면서 裁判을 하지만 많은 경우에 그러한 慣習法이 存在했다고 말할 根據가 매우 薄弱하다. 或은 裁判官이 實은 條理로 裁判하면서도 그것을 '우리나라 從來의 慣習이라고 稱한 것은 아닐까 생각되는 点이 없지 않다."

이 활용되었다. 관습조사과정에서는 일본인이 조선인에게 묻고 조선인이 응답한 내용이 통역을 매개로 다시 일본어로 번역되었다. 우메 겐지로(梅謙次郎)가 창안해 낸 이 조사방식[52]은 그 후에도 일본인들이 조선의 관습을 조사할 때 기본적인 방식으로 활용되었을 것이다. 이 조사방식은 입법자료를 수집하기 위한 목적의 관습조사방식(이하 이 방식을 '입법자료수집 목적 관습조사'로 약칭함)이다. 그러나 1912년 이후에는 다른 목적의 관습조사도 수행될 필요가 생겼다. 조선인으로부터 분쟁 해결을 청구받은 법원이 재판자료 확인 목적으로 행정부서(일제강점 초기에는 정무총감)에 조회를 요청하면 행정부서가 법원에 회답하기 위하여 관습을 조사하는 관행(이하 이 방식을 '분쟁해결 목적 관습조사'로 약칭함)이 광범위하게 진행된 것이다. '입법자료수집 목적 관습조사'와 '분쟁해결 목적 관습조사'는 관습조사의 목적이 다를 뿐 그 조사방식의 기본틀은 크게 다르지 않았던 것으로 추측된다.

그런데 '입법자료수집 목적 관습조사'에서는 어떤 관습이 '관행→관습→관습법' 중 어느 단계의 관습인지 명확히 구분되지 아니한 채 관습조사가 진행되었다. 그러나 조선에 설치된 법원의 판사들은 1910년대에 이미 관행·관습과 관습법을 구분하여 행정부서의 조회를 차별적으로 활용하였다. 식민지 권력기구 중 행정부서가 확인한 관습과 조선에 설치된 법원의 판사들의 판결에서 확인·선언된 관습법이 일치하지 않는 경우가 있다면 법원 판사들의 조리(條理)에 연유하는 것일 수 있다.

---

52) 이영미, 「조선통감부에 있어서 법무보좌관제도와 관습조사사업(二)」, 『법학지림』 제98권 제4호, 2001, 146면.

IV. 결어 : 식민지 관습법의 창출

패러다임 A의 법세(식민종주국)계에 사는 사람이 패러다임 B(식민지)의 법세계에 진출하여 패러다임 B의 재판제도를 패러다임 A의 법세계에 번역하려고 하는 상황을 가정해 보자. A에 속하는 법률가·법학자는 B에 속하는 법을 관습법이라고 자리매김하고 자신의 패러다임으로 B의 관습법을 번역한다. 이 경우에 필연적으로 선별·단순화·변형 현상이 발생하기 마련이다. 유럽 중세에 로마법으로 무장된 학식 법률가들이 중세 유럽의 지방적 관습법을 집대성할 때, 또 유럽인들이 아프리카를 식민지로 지배하고 토착인들의 관습법 규범을 문자화할 때에도 비슷한 현상이 발생하였다.53) 비슷한 현상이 일본 법조인들이 조선의 관습과 구관을 조사하여 일본 민법의 패러다임과 용어를 구사하여 정리할 때도 일어났다. "법전조사국→취조국→참사관실→중추원 등을 거치면서 조선의 친족 및 상속 관습에 관하여 법 규범으로 인정받았던 각종 회답안을 직접 작성하거나 결재권을 행사하면서 깊이 관여"한 오다 미끼지로(小田幹治郎)의 조선에서의 행적을 조사한 이승일은 오다의 행적에 대하여 다음과 같이 결론지었다.

> "조선총독부 내부에서 오다(小田)는 한국 관습을 가장 잘 이해하고 있었으나 관습을 그대로 인정하려는 것이 아니라 근대법적 시각, 좁게는 일본 민법이라는 문명적인 잣대로써 재구성하려고 하였으며 관습의 법제화라는 관점에서 보면 적극적인 개정론자였다고도 볼 수 있다."54)

---

53) H. Patrick Glenn, "The Capture, Reconstruction and Marginalization of Custom" in *The American Journal of Comparative Law*, Summer, 1997, Vol. 45, No. 3(Summer, 1997, Oxford University Press), pp.613~620; Derek Asiedu-Akrofi, "Judicial Recognition and Adoption of Customary Law in Nigeria" in *The American Journal of Comparative Law*, Summer, 1989, Vol. 37, No. 3(Summer, 1989, Oxford University Press), pp.571~593.

54) 이승일, 오다 미키지로(小田幹治郎)의 한국 관습조사와 관습법 정책, 부산대학교 한국민

식민지 시기 일본의 사법관료들의 조선상속 관습에 대한 인식, 조선시대의 상속 관행들, 법으로 인정받은 관습, 일본 민법 등 4자의 관계를 추적한 홍양희도 식민지 시대에 일본인들이 구축한 관습법의 본질을 식민지 관습법의 창출(invention)로 결론55)짓는다. 이런 관점에서 이른바 조선 관습법을 전면적으로 다시 조명해 볼 필요가 있다.

V. 조선적 관습의 시론적 탐구

그러나 조선의 사료(史料)를 정밀하게 분석하면 '조선적 관습'의 모습을 어느 정도 추출해 낼 수 있다. '통행지례(通行之例)', '통행지규(通行之規)', '통례(通例)', '통행규례(通行規例)'가 서양인들이 말하는 관습에 가장 가까운 실체였다.56) 관습조사에 임했던 일본의 법률가·법학자·관료들이 조선인들에게 '무엇이 조선의 관습, 관습법이었는가'라고 묻지 말고 무엇이 조선의 '통행지례, 통행지규, 통례, 통행규례였는가' 하고 물었다면 좀 더 유의미한 답이 나오지 않았을까? 이런 문제의식 하에 이하에서 서양적 관습 개념에 가장 가까운 조선적 실체를 탐구해 보자.

1. 정부측 담론(談論)에 등장하는 속례와 통행지례

조선인들에게도 실정법과 다른 속례(俗例)의 존재가 알려져 있었으며, 그 속례 중에는 지방적 특성이 있어 보다 보편적인 속례가 있을 수 있다고

족문화연구소, 한국민족문화 46(2013. 2.), 203면

55) 홍양희, 植民地時期 相續 慣習法과 '慣習'의 創出, 법사학연구 34(2006. 10), 128면.

56) 이 점에 관하여 선구적인 문헌은 문준영, 19세기 후반 지방사회에서 민소(民訴)와 청송(聽訟)실무 - 전라도 영광군 민장치부책(民狀置簿册)의 분석 -, 부산대학교 법학연구 제60권 제1호·통권99호 2019. 2, 277~317면이다.

상상되어 보다 보편적인 속례를 조선인들은 '통행지례, 통행지규, 통례'로 기록하였다. 다음은 이에 관한 사료들을 1600년대, 1700년대, 1800년대, 1900년대에 각각 하나씩 뽑아 나열한 것이다.

[1] "肅宗七年 本曹判書南龍翼所啓, '凡奴婢賣買 過十五日後勿爲還退 載在 法典, 至於賣買後逃亡者 限三年令本曹推給 或還徵價本 雖是俗例不載法典 又因故相臣李景奭陳箚 有勿限年歲竝許還退 故爭訟紛紜無所適從 必須受敎 可以奉行' 領議政金壽恒曰, '二周年使喚後逃亡 則勿令本曹推給 亦勿還徵本 價似可矣.' 上曰, '從之.'"[特敎定式 4.3. 本曹稟定 奴婢賣買限(숙종7년)(1681)]

[2] "유모인 신노비(新奴婢)를 받은 뒤에 그가 낳은 소생은 동생에게 나누 어주는 몫에 산입하지 않는다는 것은 그 유래가 이미 오래되었으니 번거롭 게 다시 고칠 수 없다. 가령 형제 한 사람이 유모인 신노비가 없는 데다 또 나누어 받을 다른 노비도 없다면 필시 짐 지고 물 긷고 할 수가 없어 생활 조차 할 수 없는 폐단이 있게 된다. 이러한 형제가 있을 경우에는 얻은 것의 1/4을 덜어내어 (그 형제에게) 급여하는 법이 전부터 시행돼 왔는데 『후속 록』을 찬집할 때 그 내용이 입록(入錄)되지 않은 까닭에 관리들이 적절히 따를 바가 없었다. 이제부터는 오래된 통행지례에 따라 시행한다(乳母新奴 婢得後所生 不入於同生分給之數 其來已久 不可紛紜更改 假令兄弟一人 旣 無乳母新奴婢 又無他奴婢可分得者 必有負汲不能生活之弊 其有如此者 除出 得者四分之一給與之法 在前行用而後續錄撰集時不爲入錄 故官吏莫適所從 今後則依久遠通行之例施行.) 嘉靖 甲辰(1544년, 중종39) 承傳"[受敎輯錄 刑典 私賤 883]

[3] "정성 왕후(貞聖王后) 빈전(殯殿)의 계찬(啓攢)을 발인(發靷) 하루 전에 행하고, 《상례보편(喪禮補編)》에 기재하도록 명하였다. 임금이 《오례의(五 禮儀)》에 '3일 전에 계빈(啓殯)한다'는 문구가 있다는 것을 가지고 대신에 게 문의하도록 명하였는데, 영중추부사 김재로(金在魯)가 말하기를, '그 문 세(文勢)를 살펴보건대, 이미 계빈의(啓殯儀)라고 말하였는데, 3일 전에 종 묘·사직에 고(告)한다는 것은 계빈(啓殯)하기 3일 전을 가리키는 듯하며,

그 날이란 계빈하는 정일(正日)을 가리키는 듯합니다. 지금 만약 종묘에 고하는 날에 찬궁(欑宮)을 철거한다면, 그 사이 며칠 동안 가리는 것이 없게 되어 참으로 매우 미안(未安)합니다. 사가(私家)의 일을 가지고 말한다면 발인(發靷)하기 하루 전에 조전(朝奠)으로 인하여 구(柩)를 궤연(几筵)에 옮긴다는 것을 고하고 이어서 청사(廳事)에 옮기게 되니, 예의(禮意)로 미루어 보면 계빈은 발인하기 하루 전에 있어야 마땅하고, 종묘 사직에 고하는 일은 계빈하기 3일 전에 있어야 마땅합니다.'하고, 판중추부사 이종성(李宗城)은 말하기를, '계빈하는 예(禮)는 장차 조조(朝祖)하려는 것이고, 발인하기 3일 전에 태묘에 고하는 것은 조조를 대신하는 것이니, 계빈하는 절차는 발인하는 전날 저녁에 있어야 마땅합니다.' 하고, 유척기(俞拓基)는 말하기를, '옛날에는 토감(土坎) 속에서 구(柩)를 꺼내어 그 구를 가지고 조조(朝祖)하였으므로, 전기(前期)에 빈소(殯所)를 헐어야 했지만, 지금은 옛날과 다르니 전기에 계빈(啓殯)하는 것은 공경하는 마음이 부족한 듯합니다. 신의 의논은 이종성(李宗城)과 같습니다.'하니, 임금이 하교하기를, '발인하기 하루 전에 계빈하는 것은 바로 왕공(王公)과 필서(匹庶)의 통행지례(通行之例)인데, 더구나 계빈하는 일이 옛날 제도와 다른 것이겠는가? 지금의 경우는 날마다 열지 않음이 없는데 어떻게 국한시킬 수 있겠는가? 대신의 의논을 따르는 것이 마땅하다.' 하였다.(命貞聖王后殯殿啓欑, 行於前一日, 載於《補編》上以《五禮儀》有前三日啓殯之文, 命問議大臣, 領府事金在魯言: '觀其文勢, 旣曰啓殯儀, 而前三日告廟社, 則似指啓殯前三日也, 其日似指啓殯正日也 今若告廟日撤欑, 則其間累日無所障蔽, 誠甚未安 以私家言之, 發靷前一日, 因朝奠, 告遷柩于几筵, 仍遷于廳事, 推以禮意, 啓殯, 當在於發靷前一日, 而告廟社當在啓殯前三日也.' 判府事李宗城言: '啓殯之禮, 所以將朝祖也, 發靷前三日告太廟, 所以替朝祖也, 啓殯之節, 當在於發靷之夕矣.' 俞拓基言: '古則土坎中出柩, 以柩朝祖, 故前期破殯, 而今則與古有異, 前期啓殯似欠敬. 臣議與李宗城同矣.' 上下敎曰: '引前一日啓殯, 卽王公匹庶通行之例, 況啓殯與古制異? 今則無日不啓, 一何局哉? 宜從大臣之議)"[영조실록 영조33년(1757) 5월 27일]

[4] "光武八年七月 日 訴狀

仁川郡 新峴面 忠勳屯 結民 李小大·李光業·姜東釗·劉泰仁·李建實 等

仁川 新峴面 安堵野에 伏在ᄒ온 前忠勳府屯畓 結合七結五十四負七束을 每

結에 以正租五石式, 爲常定例ᄒ와 幾百年應納于忠勳府이옵더니 甲午更張

後에 屯監이 不來ᄒ와 每結十石式定以賭與合結ᄒ고 每年收刷以去ᄒ와 結

民等處에 更無擧論이옵거늘, 忽於今者에 自本郡으로 承准訓令ᄒ고 己亥以

後五年結稅를 更爲督捧於結民等處ᄒ오니 更張後遵行已久이오되 一無令飭

이옵다가 何必己亥以後五年結稅를 合刷於今年이오며 屯監이 年年下來ᄒ와

盡刷無漏이온즉 結稅之納·未納이 果是該屯監之當責이옵고 實無結民等所負

이오니 不勝抑冤ᄒ와 往訴於本郡이온즉 題指如是이온 故로 玆에 帖連仰訴

ᄒ오니 參商이신 後 捉致五年屯監ᄒ야 嚴明辨覈ᄒ시ᄆ 使此殘民으로 無至

再徵呼冤之地, 伏望。光武八年 七月 日 內藏院卿 閣下

指令

仁川忠勳屯 結民 等 己亥以後五年結稅 捉致該屯監辨覈事 該屯을 己亥以後

로 永定賭支즉 結錢之作人責納이 係是通行之例이거늘 何關於該屯監乎아? 依

章程徵納홀 事. 光武八年(1904)九月十四日"(各司謄錄3, 京畿道各郡訴狀14)

이처럼 통행지례의 용례는 16세기, 17세기, 18세기, 19세기에 걸쳐 골고
루 발견되고 있다. [1]의 사료는 노비의 환퇴(還退, 되물림) 기한을 실정법
은 15일로 정하였는데 매수인이 노비를 인도받은 후 노비가 도망하면 매매
성립 후 3년까지는 형조가 도망 노비를 찾아 매수인에게 인도하여 주거나
매도인이 그 매입가격을 매수인에게 물어 주게 하는 것이 속례(俗例)라고
형조판서 남용익이 군주에게 전하는 사료이다. 남용익은 법전에 규정이 없
는 부분에 대하여 속례가 생겼는데 이 문제에 관하여 여러 논의가 분분하
니 군주의 수교(受敎)가 있어야 질서가 잡힐 것이라고 건의하였다. 그러자
영의정 김수항이 "노비를 인도받아 2년 이상 사환(使喚)하다 노비가 도망
하면 형조가 도망 노비를 찾아 매수인에게 인도하여 주거나 매도인이 그
매입가격을 매수인에게 물어 주게 하는 속례를 적용하지 말자."고 건의하

였고 군주가 이를 승인하였다. 성문 규범이 없는 곳에서 생성된 규범을 속례로 지칭하였고, 속례가 확인되자 그 속례의 규범성을 전부 부인하는 것이 아니라 일부는 승인(노비를 인도받아 2년 미만으로 사환한 경우)하고 일부(노비를 인도받아 2년 이상 사환한 경우)는 배척하는 모습이 보이고 있다.

[2]의 사료는 '유모인 신노비(新奴婢)를 분급받은 뒤에 그가 낳은 소생(所生)은 동생(同生)에게 나누어주는 몫에 산입하지 않는다'는 규범은 성문법전에 등록되어 있지 않지만 오래된 통행지례이므로 계속 시행하라는 취지의 지침이다. 관습적 규범은 성문화되지 않으면 잊혀지기 쉬우므로 성문화할 필요가 있다는 사실을 알려 주는 사료이다. 유럽 중세에 관습법전이 만들어지는 이유를 간접적으로 알려 주는 사료이다.

[3]의 사료에서는 '발인(發靷)하기 하루 전에 계빈(啓殯)하는 것은 바로 왕공(王公)에서부터 필서(匹庶)에 이르기까지 준수하는 규범이라고 언급되고 있다. 수범자의 범위가 넓어야 통행지례의 대접을 받기 쉽다는 사실을 알려 준다.

[4]의 사료에서는 결전(結錢)(경작지 규모에 비례하여 경작자로부터 국가가 받는 부세)의 납부는 임차인의 책임이라는 규범을 통행지례로 언급하고 있다. 전주(田主)가 농경지를 직접 경작하지 않고 전호(佃戶)에게 임대하여 전호가 경작하는 경우 결전의 납부책임이 누구에게 있는가 하는 점은 실정법에 없지만 임차인에게 있다는 것이 관습적 규범이라는 내용의 사료이다.

2. 예습과 통행지례

1833년(순조33) 전라도 익산(益山) 군수 이능수(李能秀)가 관찰사에게 보고한 민사분쟁 사안에서 소지(所志)를 올린 의원(醫員) 변득중은 자신에게 유리한 민간의 규범을 '통행지례'라고 주장하지만 상대방과 이에 동조하는 여산 부사는 이에 대하여 언급하지 않았다. 그런데 변득중에게 동정적인 관찰사는 그 민간 규범을 '습례(習例)'로 표현하고 있다. 이하에서는 이 사안을 소개하고 분석하겠다.

　　의원 변득중(邊得中)과 이길량(李吉良)이 약값[藥價]과 의료 수가[酬勞債]를 둘러싸고 다투었다. 변득중은 약값을 150냥이라고 주장하였고 이길량은 17냥이라고 주장하였다. 처음 소지를 받은 여산 부사는 관찰사에게 '이길량을 후하게 용서하고 변득중을 매우 죄주려고 합니다만 타당한지 모르겠습니다.'라고 보고하였다. 관찰사는 "병을 치료하는 의원이 약값을 조금 올려 받는 것은 본래 예습(例習)[57]인데, 효과를 본 사람이 약속을 어기고 약값을 주지 않았으니, 이것이 무슨 도리(道理)란 말인가? (중략) 양척(兩隻)을 익산군(益山郡)으로 이관하여 다시 상세히 조사한 다음 의견을 갖추어 논리해 보고하라는 뜻으로 이문(移文)을 보내어 시행하라."고 지시하였다. 관찰사의 지시에 따라 여산 부사는 지금까지의 소송기록을 익산군에 송부하여 익산 군수 이능수가 사안을 다시 심리하게 되었다. 약값과 의료 수가를 모두 요구하는 의원 변득중은 이능수 앞에서 다음과 같이 주장하였다.

　　"제가 5월부터 8월에 이르기까지 여산에 거주하는 이길량의 며느리에게 3, 4개월 동안 잇따라 침과 약을 사용한 결과 그녀가 말을 할 수 있고 걸을 수 있어서 시가(媤家)로 돌아갔습니다. 그 병이 지금까지 쾌차한 것은 모두 제가 시종 약으로 치료한 데서 나온 것인데, 이는 중인(衆人)이 다 같이 알고 있는 사실입니다. 그런데 이길량이, '약을 써봐도 효과가 없어서 강 의원(姜醫員)을 초청하여 치료했다.'라고 하니, 너무나도 터무니없습니다. 지금 만약 한 번 염탐해 보신다면 그녀의 병이 나았는지 여부와 강 의원이 왔는지 여부를 통촉할 수 있을 것입니다. 그리고 그간에 사용한 약값에 관해 약을 아는 사람들로 하여금 공평하게 논하여 절충해 정해 보니 1백 50냥이었습니다. 그런데 이길량이 외부에 선언하기를, '약값이 어찌 1백여 냥에 이르겠는가. 건재(乾材)의 가격으로 계산하면 70냥에 불과하니, 마땅히 70냥을 마련해 보상하겠다.…'고 해 놓고 필경에는 재물을 아끼는 마음을 억제하지 못하여 며느리를 살려준 은혜를 망각한 채 거짓말로 여산에 제소하여 여산에서는 단지 28냥으로 조정하였습니다.

제약(製藥)의 값은 건재의 값과 현저하게 차이가 나는데, 이는 의술을 시행하여 약을 파는 자들의 통행지례이고 서울과 지방은 더욱더 다릅니다. 예를 들면 청심환(淸心丸)의 약재 값은 환약 1개당 3전(錢)밖에 안 들어가지만 약을 파는 자는 모두 1냥을 받습니다. 소합원(蘇合元)의 약재는 값이 비싼 당재(唐材)가 많이 들어가므로 환약 1개마다 건재의 값보다 더 받으려고 하는 것은 사리(事理)상 정말로 당연합니다. 그런데 그가 지금 15냥의 건재 값으로 주려고 하니, 어찌 너무나 터무니없지 않습니까? 약재를 조제하여 치병한 수고는 전혀 무시하여 마치 약재상(藥材商)에게 기어이 헐값으로 사려고 다투는 것처럼 하니, 세상에 어찌 이처럼 불의(不義)한 사람이 있단 말입니까. 엎드려 바라오니, 분명하게 조사하여 감영(監營)에 보고해 주셨으면 합니다."

이길량은 이능수 앞에서 다음과 같이 주장하였다.

"저의 며느리가 산후(産後)에 풍담(風痰 : 폐렴균의 침입에 의해 폐에 생긴 염증)의 증세가 있어서 지난달 6월에 변 의원을 초치하여 그로 하여금 침과 약을 써보도록 하였습니다. 제가 김덕오(金德五 : 이길량의 며느리 W의 친정 아버지)의 편지를 받아 보니, 병세가 동정(動靜)이 없지 않아 더러 앉아 있을 때가 있다고 하였기 때문에 제가 그 소식을 듣고 매우 기쁘고 다행스러워서 그간에 돈이나 쌀을 가리지 않고 노고의 보답을 약간 한 일이 있었습니다. 그런데 8월에 이르러 변 의원이 하는 바를 보니, 장차 3, 4백 냥이 들어가는 약을 써보려고 하였는데, 그 의도가 병을 치료하는 데에 있지 않고 오로지 남의 재물을 탐하는 데에 있었으므로 다시금 그의 약을 사용해서는 안 되겠다고 여겼습니다. 그래서 은진(恩津)에 거주하는 강 의원(姜醫員)을 초청해 지금까지도 병을 치료하고 있습니다만 수족이 여전히 불인(不仁)합니다. 변 의원이 사용한 약값을 계산해 주지 않을 수 없기에 공론을 통해 약국(藥局)에서 약값을 산정해 보니 전후로 사용한 약값이 17냥에 불과하였습니다. 그런데 변 의원이 처음에는 약값을 1백 50냥으로 불렀다가 결국에는 70냥이라고 말하면서 억지로 추심하려고 하였기 때문에 제가 대답하기를, '약값을 이미 참작해 정하였는데, 70냥을 달라는 말은 천만 부당하다. 지금 만약 노고에 보답하는 도의로 돈을 더 달라고는 말할 수 있지만 약값으로 말한다면 비록 한 푼의 돈도 더 줄 필요가 없다.'라고 하였습니다. (중략) 그러나 3개월 동안 약으로 치료하였으나 결국 뚜렷한 효과가 없었고 또 약값을 관아에서 참작해 정하였는데, 28냥은 시가(時價)에 비해 10냥이 더 비싸므로 이 외에는 그에게 더 줄 돈이 없습니다."

익산 군수 이능수의 판단은 다음과 같다.

"여산 관아에서 참작해 정한 약값을 시가로 말한다면 과연 후하게 쳐주었습니다. 변득중은 황룡환(黃龍丸) 한 제(劑)의 값을 1백 20냥이라고 하였는데, 다른 의원들이 조제한 환약의 값은 비록 건재(乾材)가 다르더라도 어찌 약값을 10배로 논할 일이 있겠습니까. 15냥의 시가 또한 너무나 후하였다고 이를 만합니다. 다만 그 풍담(風痰)의 중병이 변 의원으로 하여금 3개월간 약으로 치료한 결과 이미 효과가 있고 해가 없다고 하였으니, 그가 탐욕을 부리지 않은 사람이라면 정말로 마땅히 그의 노고를 후하게 보상해야 할 것입니다. 그런데 이길량이 단지 재물만 아낄 줄 알고 노고에 보답할 뜻이 없는 바람에 의원으로 하여금 노고만 하고 공이 없어서 원망을 품고 호소하게 하였으니, 그의 소행을 따져보면 또한 매우 형편이 없습니다. 제사의 분부에 따라 사실을 조사하여 첩보하오니, 사또(使道)께서는 참고하고 상량하여 처분을 내려 주셨으면 합니다."

익산 군수의 보고를 받은 전라도 관찰사는 다음과 같이 지시하였다.

"그들에 대한 시비를 비록 확실하게 알 수는 없으나 기술을 파는 사람이 후한 대가를 요구하는 것은 본래 상정(常情)이고 병을 치료받는 집에서 약속을 어기고 박대하는 것은 나쁜 풍속(惡俗)에서 나온 것이다. 여산부의 처사가 매우 의아스러워 그 사안을 이관하여 조사하도록 한 것이다. 본 사안은 원래 대단한 것이 아니고 또 들은 바에 의하면 의술 역시 폐객(弊客)이라고 하니, 변 의원의 말을 어떻게 믿을 수 있겠는가? 그러나 병을 치료하는 집에서 후하게 보답했다면 억울하다고 하지 않았을 것이니, 약값과 의료 수가[酬勞償]를 적당히 헤아려 정해 곧바로 추급해 주라. 이길량은 사안을 다른 관청으로 이관하여 조사하라는 제사가 하달되었는데도 불구하고 지레 먼저 소장을 바쳐 번거롭게 하였으니, 그 무엄함이 극도에 달하였다. 그에게 형장 20대를 쳐서 징계한 다음 방면하라."

조선시대에도 어떤 이는 통행지례라고 주장하고 어떤 이는 그 존재를 인정하지 않고 있음을 알 수 있다. 또 지방관 사이에도 견해가 다를 수 있고 수령과 관찰사 사이에도 이견(異見)이 있을 수 있었다. 또 습례와 통행지례가 명확히 구분되어 사용되었는지도 확인이 필요하다.

요컨대 조선시대의 관습적 규범의 존재를 확인하는 일은 대단히 어려운 일이다. 조선시대의 실정법 조문 한 두 가지, 그리고 연대기 자료의 사례 몇 개를 가지고 당시의 관습을 추리해 내는 일은 너무나 조악(粗惡)한 논증이다.

그런데 조선인들에게는 '통행지례, 통행지규, 통례'를 조사하여 집대성하려는 발상(중세 프랑스에서의 관습법전 성립의 발상이다)이 발견되지 않는다. 또한 조선인들에게는 법원(法源)의 순서를 실정법→관습법→조리로 서열화하고자 하는 발상(현행 민법의 발상), '지역적 규범은 사실인 관습, 전국적 관습이 관습법이라는 발상'(《관습조사보고서》, 《민사관습회답휘집》 편찬자의 발상)도 존재하지 않았다. 지금부터라도 조선의 관습적 규범을 탐구하는 작업이 본격적으로 시작되어야 한다.

제10장 일제강점기 조서재판의 실태*

Ⅰ. 문제의 제기

현대 한국의 형사재판에서는 소송관계인의 '공판정에서의 진술' 이외에 '각종의 조서'(written records, 주로 수사 단계상 수사기관에 의하여 작성된 수사서류이거나 수사기관의 감정위촉·사실조회에 응하여 수사기관에 송부된 서류)가 피고인의 유죄인정에 크게 기여하고 있다.[1] 사실인정자(법원이

---

* 이 논문은 2004년도 한국학술진흥재단의 지원(KRF-2004-041-B00548)을 받아 형사법연구 제25호(2006. 6. 30), 331~354면에 게재된 논문을 수정·증보한 것이다.
1) 서울중앙지방법원 제24형사부 2004. 3. 30. 선고 2003고합1205 판결 중 판시 '제1사실

나 배심원)가 '소송관계인의 공판정에서의 진술'이나 직접 검증한 증거 이외에 '각종의 조서에 지나치게 의존하는 재판 현실'을 개탄하는 취지의 용어가 '조서재판'(調書裁判)[2]이다. '조서재판'의 극복은 2000년대 이후 진행되고 있는 '형사사법 개혁' 논의의 핵심화두[3]이다.

'현대 한국의 형사사법 현실의 한 단면(斷面)'을 보여주고 있는 '조서재판'의 관행은 '일제강점기 식민지 조선'에서 고착되어 민족 해방 후 60년이 경과한 2006년 현재에까지 지속되고 있음은 이미 한국의 형사법학계와 실무계에 잘 알려진 사실[4]이다. 그러나 일제강점기 '조서재판'의 실태를 상세히 검증한 작업은 아직 출현하지 아니하였다. 그 결과 '일제강점기의 조서재판'과 '현대 한국의 조서재판'의 이동(異同), 그 극복이 가능할 것인지 여부, 그 극복의 계기를 어디에서 찾을 것인지 등에 관한 실천적 프로그램의 모색이 막연한 상태에 있다. 본 연구는 위와 같은 문제의식에서 '일제강점기 조서재판의 실태'를 확인·검증하여 현재의 위치를 가늠하고 그 극복 방안 탐구의 기초자료를 제공하려는 작업이다.

II에서는 1912년 조선형사령과 '메이지 형사소송법' 시기(1912~1923)의 조서재판의 실태를 '메이지 형사소송법과 직접주의', '1912년 조선형사령과 직접주의'의 관점에서 조명한다. III에서는 '다이쇼 형사소송법' 시기(1924~

에 관한 증거의 요지' 부분은 극단적인 사례이다. 여기서는 무려 20회에 이르는 검사 작성의 피고인에 대한 피의자신문조서가 인용되고 있고 여러 건의 진술조서, 여러 건의 사실조회회신과 답변이 공판정의 진술과 상이함에도 불구하고 공판정 진술이나 반대당사자의 동의 없이 조서 그 자체로 증거로 인정되고 있다.

2) 車鏞碩, 調書裁判의 問題點과 證人裁判, 법률신문 1791~1793號(1988. 10)

3) 대법원, 바람직한 형사사법시스템의 모색 자료집(III), 138~141면 참조.

4) 신동운, 일제하의 형사절차에 관한 연구, 한국법사학논총(1991, 박영사), 401~417면; 신동운, 일제하의 예심제도에 관하여, 서울대학교 법학, 제27권 제1호, 1986, 149면 이하; 문준영, 한국검찰제도의 역사적 형성에 관한 연구(2004, 서울대학교 법학박사학위논문), 140면 이하; 형사소송법 일부개정법률안(2005. 12.)(사법제도개혁추진위원회, 사법개혁법률안, 2006. 1. 5., 415면)

1945)의 조서재판의 실태를 '1924년 조선형사령'과 '직접주의', '다이쇼 형
사소송법'과 '직접주의'의 관점에서 조명한다. IV에서는 조서재판을 생성시
킨 물적 조건과 조서재판에 수반되는 법적 현상들(고문의 폐해)을 추적한
다. V에서는 1954년 형사소송법이 일제강점기의 조서재판과 어느 정도로
연속되고 어느 정도로 단절되고 있는가 하는 점을 검토한다. 여기서는 법
전편찬위원회의 형사소송법요강안과 형사소송법 초안 심의단계의 논의를
검토하고 그것을 '1954년 형사소송법'의 입장과 대조한다. VI(결어)에서는
'실체적 진실발견 및 재판의 신속한 진행'을 이유로 조서재판의 정당성을
변호하려는 논증은 일제강점기의 조선형사령이 '검사와 사법경찰관에게 예
심판사에 버금가는 강제처분권을 부여한 논리'와 연결되기 때문에 '시민의
재판참여' 논의가 촉발되고 있고 그런 의미에서 현대 한국의 '조서재판 해
체'의 계기를 '시민의 재판참여'에 설정하는 문제의식이 생성되고 있음을
논증한다.

직접심리주의(이하 '직접주의'로 약칭함), 공판중심주의, 전문법칙은 모
두 조서재판을 부정적으로 평가하는 평가개념이다. 그러나 위의 세 가지
개념은 그 개념이 담고 있는 내포와 외연이 다기(多岐)하고 역사성을 가지
고 있는 개념이어서 이하의 논증에서는 무언가 명확한 한정을 가하지 아니
하면 생산적인 토론과 논증이 불가능하다. 이하의 논증에서 저자는 직접주
의를 19세기 이래 현재까지 그 기본구도가 지속되고 있는 독일 형사소송법
의 규정과 그에 관한 통설적인 해석에 의존하여 파악하고, 전문법칙은 현
행 미국연방증거법과 그에 관한 통설적인 해석에 의존하여 파악하여 일제
강점기와 현대 한국의 그것들과 비교하기로 한다.

II. '1912년 형사령'과 '메이지 법' 시기(1912~1923)와 직접주의

일제강점기의 조선이나 일본국의 형사실무에서는 미국 증거법이 발전시킨 전문법칙(hearsay rule)적 발상이 희박5)하였으므로 일제강점기의 조선이나 일본국의 형사실무를 비교법적 관점에서 규명하려는 목표를 가진 사람은 제1차적으로 직접주의적 관점에서 바라보아야 공평한 평가가 될 것이다.

19세기 후반 이후 독일 형사소송법상의 직접주의(Der Grundsatz der Unimittelbarkeit, the principle of immediacy)6)는 대체로 다음과 같은 내용을 담고 있다. 논의를 단순화시키기 위하여 이하에서는 당분간 '수사기관 작성의 피의자신문조서'(이하 '피신조서'로 약칭한다)와 '수사기관 작성의 참고인·감정인진술조서'(이하 '참고인조서'로 약칭한다)에 집중하기로 하자.

첫째, 참고인 조서는 '원칙적으로' 증거로 할 수 없다. 참고인의 진술을 증거로 삼으려면 공판법원은 반드시 참고인을 증인으로 출석시켜 구술주의 하에 진술시키고 그 공판정진술만을 토대로 심증을 형성하여야 한다.7)

---

5) "증인이 전문(傳聞)하여 지득(知得)한 사실상의 공술이라 하더라도 증언의 효력이 있다"[明治44년(1911), 7월 24일][司法協會, 朝鮮高等法院判例要旨類集, 昭和18년(1943), 12, 962면]; "증인의 공술 중 특정인으로부터 문지(聞知)한 사실의 공술 부분은 증거로 채용할 수 없는 것이 아니고 설사 공술이 증인의 이해에 관계된다 하더라도 그것을 채용함은 사실심 재판소의 직권에 속한다"[大正8년(1919) 5월 24일][司法協會, 朝鮮高等法院判例要旨類集, 昭和18년(1943) 12, 962면)

6) 독일인들은 오직 '인적 증거방법과의 교통의 직접'(좁은 의미의 직접주의, 형식적 의미의 직접주의)과 '사실인식의 직접'을 요구하는 직접주의(넓은 의미의 직접주의, 실질적 의미의 직접주의)를 구분하고 있는데 독일의 입법자료는 독일 형사소송법이 '좁은 의미의 직접주의(형식적 의미의 직접주의)'만을 채택한 것이라고 해석하고 있다. KLAUS GEPPERT, DER GRUNDSATZ DER UNMITTELBARKEIT IM DEUTSCHEN STRAFVERFAHREN, s. 125(1979), Mirjan Damaska, "Of Hearsay and Its Analogues" in 76 Minnesota Law Review, February, 1992, pp.449~450의 footnote 70)에서 재인용.

7) "[제1문] 사실의 증명이 사람의 지각에 의존하는 경우에는 공판에서 그 자를 질문하여야

여기에는 예외가 있다. 공판정에 출석한 증인의 기억력 회복을 돕기위하여 필요하거나 '전에 행한 진술'(참고인이 수사 단계에서 수사기관에게 행한 진술이 그 예이다)과 모순되는 진술을 할 때 수소법원은 공판정 진술을 탄핵하기 위하여 그 부분을 낭독할 수 있다.[8]

둘째, 자백이 포함되어 있는 피신조서는 검면피신조서이든 사경피신조서이든 증거로 할 수 없다. 여기에는 예외가 없다.[9] 이 부분은 매우 중요하다. 후술하는 바와 같이 독일 형소법과 달리 일제강점기와 현대 한국의 형소법과 형사실무는 피의자의 자백을 얻기 위하여, 그리고 그 자백조서를 공판정에서 피고인의 유죄를 입증하려고 피의자신문조서를 작성하여 왔다. 이 때문에 진술거부권의 인정 등 여러 장치를 동원하지만 수사과정에서의 고문시비는 끊이지 않고 있다.

셋째, 직접주의와 전문법칙에 유사한 증거 원칙을 근세조선에서 발전시킨 흔적은 현저하지 않다. 그러나 전문진술의 신빙성을 증인이 직접 경험한 진술에 비하여 낮게 평가한 사료가 발견되어 아래에 소개한다.

황해도 영유현(永柔縣)의 백성 김복동(金福同)이 사람의 발에 채여 사망

한다. [제2문] 이전의 질문을 녹취한 조서 또는 진술서의 낭독으로 질문에 갈음할 수 없다"(1877년의 독일 형소법 제249조; 현행 독일 형소법 제250조)

8) "[기억을 돕기 위한 조서의 낭독] ① 증인 또는 감정인이 이미 어떤 사실을 기억하지 못한다고 진술하는 경우에는 기억을 돕기 위하여 이미 행한 질문 조서 중 그에 관한 부분을 낭독할 수 있다. ② 전에 행한 진술과의 모순이 질문에서 나타나며 그 모순이 공판을 정지하지 아니하고는 다른 방법으로 확정되거나 제거될 수 없는 경우에는 전항과 동일한 조치를 취할 수 있다"(1877년의 독일 형소법 제252조; 현행 독일 형소법 제253조)

9) "[자백의 낭독 및 전에 행한 진술과 모순된 경우의 낭독] ① 판사의 조서 중에 포함되어 있는 공판피고인의 진술은 자백에 대한 증거조사의 목적으로 낭독될 수 있다. ② 전에 행한 진술과의 모순이 신문 중 발생하고 그 모순이 공판을 정지하지 아니하고는 다른 방법으로 확인되거나 제거될 수 없는 경우에는 전항과 동일한 조치를 취할 수 있다"(1877년의 독일 형소법 제253조; 현행 독일 형소법 제254조). 제1항에서 '판사의 조서'만을 언급하고 있으므로 그 반대해석으로 '수사기관 작성의 자백조서'는 예외 없이 증거로 사용될 수 없다.

하였다. 사망원인은 확실한데 누구의 발에 채였는지가 쟁점이 되었다. 영유
현령과 황해도 감사(監司)가 보기에 정범은 강득손(康得孫) 아니면 신장명
(申長明)이었다. 정범이 강득손이라고 하는 증인이 8명, 신장명이라는 증인
은 1명이었다. 그런데 강득손이라고 하는 증언은 전문(傳聞)이었고 신장명
이라는 증언은 직접 목격한 자의 증언이었다. 8개의 전문증언과 1개의 직
접증언의 신빙성에 대하여 당시 임금이었던 정조(正祖)는 다음과 같이 말
했다.

> "득손이라는 증언은 8개에 달하고 장명이라는 증언은 1개에 불과하다. 그
> 러나 보았다는 증언은 일관성이 있다. 적은 수로 많은 수를 대적할 수는 없
> 지만 (귀로 들었다는 진술은 신빙성이 약하지만 직접 보았다는 진술은 신
> 빙성이 높아) 1개의 진술이 8개의 진술을 압도할 수 있다(判付曰 得孫之證
> 多至八人 而俱出傳聞 長明之證 不過一人 而輒稱參見 有口同辭 少難敵衆 貴
> 目賤耳 一可服八(是遣)⋯⋯"10)

1. '메이지 법'과 직접주의

  '메이지(明治) 형사소송법'(1890년 시행)(이하 '메이지 법'으로 약칭함)과
이를 조선에 의용한 1912년 조선형사령(이하 '1912년 형사령'으로 약칭함)
체제에 구현된 '직접주의'의 모습의 검토로부터 시작하자.
  메이지 법의 관련 조문은 제90조, 제188조, 제189조, 제219조11)이다. 메

---

10) 丁若鏞, 欽欽新書 祥刑追議八 別人之誘三
11) "[제90조] 피고인의 자백, 관리의 검증조서, 증거물건, 증인과 감정인의 공술 기타 제반
   의 증빙은 판사의 판단에 맡긴다. [제188조] 조서를 작성한 사법경찰관은 검사 기타 소
   송관계인의 청구로 또는 재판소의 직권으로 증인으로 호출될 수 있다. [제189조] [제1문]
   예심에서 신문한 증인 또는 예심에서 감정한 감정인은 (공판정에: 저자첨가) 다시 호출
   될 수 있다. [제2문] 예심에서 작성된 증인의 공술서, (예심에서 감정한 감정인의: 저자첨
   가) 감정서는, 증인·감정인을 공판정에 다시 호출하지 아니할 때, 증인·감정인이 다시
   호출을 받아 출두하지 아니할 때, 또는 예심과 공판에서의 공술, 감정을 비교할 수 있을

이지 법의 이 규정들로부터 메이지 법이 과연 '직접주의 원칙'을 채택하였는가, 채택하였다면 어떤 내용의 '직접주의 원칙'을 채택하였는가를 확인하는 것은 쉽지 않다. 따라서 그 시기의 일본에서 제시된 학설과 실무의 태도를 검증·확인할 필요가 있다.

메이지 시기 일본의 법실무는 메이지 법이 '직접주의 원칙'을 채택하지 아니하였다는 해석 하에 움직였다. 학설의 대세도 법실무와 같은 입장이었다. 메이지 일본에서 이런 견해를 밝힌 대표적인 논자는 히라누마 기이찌로(平沼騏一郎) 검사였다. 그는 자신의 저술 속에서 아예 "메이지 법은 간접심리주의를 채택하였다."고 주장하였다. 그러나 메이지 법 제189조를 근거로 메이지 법이 '직접주의 원칙'을 채택하였다고 주장하는 것이 불가능한 것은 아니었다. 예를 들어 독일 형사소송법학의 영향을 받은 몇몇 논자들(富田山壽, 豊島直通)은 메이지 법 제189조를 근거로 메이지 법이 '직접주의 원칙'을 채택하였다고 주장하였다. 메이지 법에는 예심(豫審)에서 작성된 증인의 공술서(供述書), 예심에서 감정한 감정인의 감정서는 ⓐ 증인·감정인을 공판정에 다시 호출하지 아니할 때, ⓑ 증인·감정인이 다시 호출을 받아 출두하지 아니할 때, ⓒ 예심과 공판에서의 공술, 감정을 비교할 수 있을 때에 검사 기타 소송관계인의 청구, 또는 재판장의 직권으로 낭독하게 할 수 있음이 명시(제189조)되어 있다. 그러나 다음의 서면에 대하여 메이지 법에는 어떤 규정도 없다.

"1. 수명·수탁판사가 작성한 증인신문조서
2. 검사와 사법경찰관이 현행범에 대한 특별처분으로서 작성한 증인신문조서

때는 검사 기타 소송관계인의 청구로 또는 재판장의 직권으로 낭독하게 할 수 있다. [제219조] [제1문] 판사는 피고사건에 관하여 피고인을 신문할 수 있다. [제2문] 필요한 조서 기타 증빙서류는 서기로 하여금 낭독하게 하고 또한 증인의 공술을 듣고 기타 증빙의 조사를 할 수 있다. [제3문] 피고인의 자백이 있는 경우에 검사, 민사원고인(民事原告人)의 이의 없을 때는 다른 증빙을 조사하지 아니한다."

3. 공판과 예심에서 작성한 검증조서, 현행범에 대하여 검사·사법경찰관이 작성한 검증조서

4. 전(前)의 판결서, 전과 조서, 관청보고서와 증명서

5. 검사·사법경찰관이 비현행범에 대하여 작성한 관계인·피고인의 청취서(聽取書), 견분서(見分書)

6. 순사(巡査)가 작성한 소행(素行) 조서, 수사복명서(捜査復命書)

7. 검사·사법경찰관이 관계인으로부터 받은 시말서(始末書), 고소·고발장

8. 피고인이 예심에서 행한 자백조서"12)

메이지 법상 검사와 사법경찰관은 현행범·준현행범의 경우에만 '특별처분'으로서 피고인과 증인을 신문하고 조서를 작성할 수 있었다. 그러나 메이지 시대의 형사 실무상 검사와 사법경찰관은 비현행범 사건에서도 '피고인과 증인'13)을 경찰서에 호출(呼出)하여 문답형식의 질문을 하고 그들을 신문하여 그 문답내용을 서면화하고 진술자에게 서명날인을 시켰는데 검찰 실무와 사법경찰 실무에서는 이 서면을 '신문조서(訊問調書)'로 명명하여 장차 열릴 공판에서 증거로 제공하는 관행을 축적시켜 갔다. 그런데 당시 일본의 최고법원이었던 대심원(大審院)은 1892년(메이지25년)에 '사법경찰관이 작성한 피고인14)신문조서'를 무효로 판정하는 판결을 선고하였다.15) 그러자 그 이후에 일본의 사법경찰관은 명칭만을 종전의 '신문조서'에서 '청취서(聽取書)'로 고치고 내용은 종전대로 문답형식으로 기재하고 진술자와 작성자의 서명날인이 있는 문서를 작성하였고 검사는 이를 유죄 증거로 공판정에 제출하였다. 대심원은 1895년(明治28년)에 그런 형태의 청

---

12) 小田中聰樹(오다나까 도시끼), 刑事訴訟法の歷史的分析(日本評論社, 1975), 139~140면.

13) 메이지법상 '피의자, 피고인', '참고인과 증인'은 구별되지 아니하였다. 본문의 '피고인', '증인' 표현은 현행 한국 형사소송법의 피의자, 참고인을 의미한다.

14) 메이지 법은 피의자와 피고인을 구분하지 아니하였다. 문맥상 여기서의 '피고인'이란 다이쇼 법상으로는 피의자로 표현될 지위를 말한다.

15) 小田中聰樹(오다나까 도시끼), 刑事訴訟法の歷史的分析(日本評論社, 1975), 141면

취서도 "문답형식 등으로부터 볼 때 실체는 신문조서이므로 무효"임을 선
언하였다.16) 그러자 일본의 사법경찰관은 다시 문답체가 아닌 순수한 서술
체를 사용하여 서면을 작성하고 진술자의 서명날인도 받지 아니한 순수한
청취서 형식의 문서를 작성하였고 검사가 이를 유죄증거로 공판정에 제출
하기 시작했다.17) 이리하여 1897년(明治30년) 당시 일본의 재야법조계는
'형식상은 완전히 임의진술의 청취'이지만 실질상은 '신문조서'인 '사법경
찰관 작성의 청취서의 증거능력'을 '어떤 논리로 제한할 것인가' 하는 문제
를 고민하기 시작했다. 그러나 일본 대심원은 '순수한 서술체의 청취서'의
증거능력을 인정하였다.

> "비현행범 사건에서 사법경찰관이 수사권을 행사할 수 있는 범위를 안컨대,
> 이들 검사의 보좌기관은 조금도 강제처분을 사용하여 증거수집에 관하여
> 예심판사에 전속하는 직권을 침범할 수 없다 하더라도 그 이외에 있어서,
> 즉 상언(詳言)하면 그 수사처분의 상대방[對手]의 임의인 경우에 있어서는
> 어떠한 제한 없이 일체의 처분을 함에 방해됨이 없다. 따라서 피고 기타의
> 관계인이 응답을 거절한 경우에 응답을 강제할 수 없다 하더라도 그들이
> 요구에 응한 것이 아니라 자진하여 진술[申述]하는 경우에 이를 청취하고
> 그 진술의 취지를 명료하게 하기 위하여 질문할 수 있을 뿐만 아니라, 요구
> 로 인하여 출두하는 그들에 대하여 질문을 발하여 관계사항에 관하여 답술
> 을 추구[徵]하는 것도 역시 그 진술을 두고 임의로 나온 것이라고 말함에
> 방해됨이 없다. 따라서 이들의 경우에 그 수사의 전말(顚末)을 후일에 보존
> 하기 위하여 그 문답을 녹취하거나 질문을 생략하고 응답의 취지를 요약하
> 여 녹취하는 것은 모두 수사 관리의 자유에 속하고, 따라서 그 청취녹취서

---

16) 小田中聰樹(오다나까 도시끼), 刑事訴訟法の歷史的分析(日本評論社, 1975), 141면
17) 明治 25년(1892) 6월 30일 일본 대심원판결(법률신문 1875호, 4면); 일본 대심원 판결
   明治 28년(1895) 10월 25일 판결록 1집 3권 169면; '신문흔적이 없고 진술자의 서명날
   인도 없는 것을 이유로 무효가 아니'라는 판결은 明治 27년(1894) 8월 16일 법조기사,
   33호 515면[小田中聰樹(오다나까 도시끼), 刑事訴訟法の歷史的分析(日本評論社, 1975),
   139~141면에서 재인용]

의 문답체의 형식만을 포착하여 경솔히 강제신문이 있다고 단언할 수 없
다"(18. [舊] [문답체의 형식으로 작성된 사법경찰관의 청취서와 강제신문
의 유무])18)

"검사청취서란 검사가 수사처분으로 사건관계인의 임의의 진술을 녹취한
것으로서 형사소송법 제56조의 신문조서에 해당하지 아니한다. 따라서 그
진술자가 피의자이든 기타의 자이든 불문하고 그 진술을 청취함에 관하여
재판소 서기의 입회를 요하지 아니한다. 그러므로 청취서에 재판소 서기의
서명날인이 없어도 불법이 아니다."[17. 검사청취서는 본조(다이쇼 법 제56
조)의 신문조서가 아니다]19)

이상의 분석에 비추어 볼 때 메이지 법상 직접주의적 발상은 극히 희미
한 것이었음을 알 수 있다. 메이지 법 제189조를 근거로 메이지 법이 '직접
주의 원칙'을 채택하였다고 주장하는 소수설이 있었지만 메이지 법에 "자
백이 포함되어 있는 피신조서는 검면피신조서이든 사경피신조서이든 예외
없이 증거로 할 수 없다."는 취지(독일 형소법의 직접주의의 핵심내용의 하
나이다)의 주장을 할 계기는 전혀 존재하지 아니하였다.

2. '1912년 형사령'과 직접주의

1912년에 조선형사령(이하 '1912년 형사령'으로 약칭함)이 제정되어 조
선에 시행되었다. 메이지 법상 검사와 사법경찰관은 현행범·준현행범의 경
우에만 '특별처분'으로 피고인과 증인을 '신문'하고 조서를 작성할 수 있었
다. 그러나 조선(朝鮮)에서 검사(檢事)와 사법경찰관(司法警察官)은 현행범

---

18) [大審院 大正 2년(1913) 10월 21일 判決 刑錄19집 1003면, 刑抄錄 55권 6470면](日本
　　判例大成 16권 刑事訴訟法, 非凡閣, 昭和 11년(1936), 51면)
19) [大審院 大正 2년(1913) 10월 21일 判決 刑錄19집 1003면, 刑抄錄 55권 6470면][日本
　　判例大成 16권 刑事訴訟法, 非凡閣, 昭和 11년(1936), 51면]

사건이 아닌 통상의 사건에서도 그들이 주관적으로 '수사의 결과 급속(急速)한 처분(處分)을 요하는 것'이라고 사료(思料)하는 때에는 공소제기 전에 영장(令狀)을 발하여 검증, 수색, 물건차압(物件差押)을 하고 피고인, 증인을 신문하거나 또는 감정을 명할 수 있었다(1912년 형사령 제12조). 검사는 구류장(勾留狀)을 발하여 피의자의 신병을 확보한 후 20일 내에 공소를 제기하면 그 구류가 합법적인 구류로 인정되었다(1912년 형사령 제15조). 사법경찰관에게 구류장을 발할 권한은 없었으나 사법경찰관에게는 그 대신 14일간 피의자의 신병을 확보할 수 있는 구류명령권(留置命令權)이 부여되었다(1912년 형사령 제13조). 조선의 검찰, 경찰의 강제수사처분에는 메이지법 중 예심에 관한 규정이 준용되었다(1912년 형사령 제14조). 이것은 수사기관 작성의 각종 조서가 예심판사의 조서와 동일한 효력을 갖는다는 것을 의미[20]할 뿐만 아니라 조선에서는 검사와 사법경찰관이 예심판사·공판정 판사의 기능의 일부를 수행할 것이 기대되었음을 의미한다.[21] 검찰, 경찰의 강제처분권 행사의 요건은 '수사의 결과 급속한 처분을 요하는 것으로 사료한 때'라는 추상적인 기준이었으며 그것도 검찰, 경찰에게 재량권을 부여하기 위한 것이었으므로 아무런 통제장치가 마련되지 아니한 것이었다.[22]

20) "조선의 사법경찰관은 內地와 달리 사건이 급속을 요한다고 인정될 때에는 현행범이건 비현행범이건 묻지 않고 피의자의 구속 기타의 강제처분을 행할 법률상의 권한을 갖는다. 그리하여 수사의 단서는 경찰관리의 探知로부터 시작되는 경우가 많다. 사법경찰관은 事犯의 거의 대부분에 관하여 수사처분의 전반을 행하고 그 결과가 斷罪의 자료로 되어 그 직무는 예심판사, 검사와 동일할 정도로 실로 중요하다고 할 수 있다. 따라서 그 직무수행의 適否는 바로 피의자뿐만 아니라 일반민중의 利害休戚에 영향을 미치는 바 심대하여 한번이라도 타당한 조치를 행함에 실패하면 민중보호의 관청은 급기야 怨嗟의 표적으로 化하고 나아가 통치의 방침에 危懼感을 품도록 할 우려 없음을 담보하기 어렵다"〈警察部長에 대한 松寺高等法院 檢事長 訓示〉[1931년(昭和 6년) 8월](高等法院 檢事 山澤佐一 編纂, 高等法院檢事長訓示通牒類纂[1936년(昭和 11년) 5월] 136~137면)
21) 신동운, 日帝下의 豫審制度에 關하여(1986), 151면.
22) 신동운, 일제하의 형사절차에 관한 연구, 한국법사학논총(1991, 박영사), 409~410면.

메이지 법상 수사기관의 강제처분권은 제한되었지만 1912년 형사령은 수사기관의 강제처분권을 확대·강화시켰고 검사와 사법경찰관은 일상적으로 피의자신문·증인신문을 행하고 피고인신문조서·증인신문조서를 작성하여 공판정에 증거로 제출하였다.

III. '1924년 형사령'과 '다이쇼 법' 시행시기(1924~1945)와 직접주의

1922년 공포된 '다이쇼(大正) 형사소송법'의 1924년 실시에 맞추어 일제 (日帝)는 1924년에 조선형사령을 개정하였다. 1924년에 개정된 조선형사령'(이하 '1924년 형사령'으로 약칭함)이 조선에 의용한 '다이쇼(大正) 형사소송법'[23](이하 '다이쇼 법'으로 약칭함)은 메이지 법 시대에 일본 내에서 해석상 다툼이 있었던 '직접주의 채택 여부 논쟁'을 명문의 조문으로 해결하였다. 다이쇼 법 제343조는 "피고인, 기타의 자의 공술을 녹취한 서류로서 법령에 의하여 작성된 신문조서"의 증거능력을 명시적으로 인정[24]하였다. 다이쇼 법 시대의 대표적인 형사법학자 오노 세이이찌로(小野淸一郎)는 다이쇼 법상의 직접주의에 관하여 다음과 같이 서술하고 있다.

"증거조사에 관하여는 직접심리주의를 원칙으로 삼아 증거자료가 될 수 있는 한 직접 재판관의 인식에 달함을 이상으로 한다. 이 원칙은 사람의 진술

---

23) 그 개요에 대하여는 신동운, 일제하의 형사절차에 관한 연구, 한국법사학논총, 1991, 박영사, 411, 412면.

24) "① 피고인, 기타의 자의 공술을 녹취한 서류로서 법령에 의하여 작성된 신문조서가 아닌 것은 다음의 경우에 한하여 증거로 할 수 있다. 1. 공술자가 사망한 때 2. 질병 기타 사유로 공술자를 신문할 수 없을 때 3. 소송관계인의 이의가 없을 때 ② 구재판소(區裁判所)의 사건은 전항에 규정한 제한을 받지 아니한다"

에 관하여 기록에 의한 중개를 배척하려는 것이어서 절차의 방식에 관한 구두주의의 원칙과 상통한다. 그러나 이런 의미의 직접주의 또는 구두주의를 철저화시켜 서류에 의한 채증을 절대로 허용하지 아니하는 것은 실제상 도저히 행하기 어렵다. 때문에 형사소송법은 법령에 의하여 작성한 조서 같은 것은 완전한 증거력이 있는 것으로 하고 오직 '피고인 기타의 자의 진술을 녹취한 서류로서 법령에 의하여 작성한 신문조서가 아닌 것'은 진술자가 사망하였든가, 질병 기타의 사유로 인하여 다시 신문할 수 없든가, 소송관계인에게 이의가 없는 때 이외에는 이를 증거로 할 수 없는 것으로 하고 있다. 나아가 구재판소의 관할에 속하는 사건에 대하여는 이 제한에 따를 것이 요구되지 아니한다."[25]

이렇듯 다이쇼 법 제343조는 검사와 사법경찰관이 작성한 수사서류의 증거능력을 인정하여 '직접주의 원칙'을 명백히 부정하는 조문이었다.[26]

다이쇼 법도 메이지 법과 마찬가지로 검사와 사법경찰관의 강제수사를 예외적으로만 인정하였다. 수사기관은 비현행범 사건에서는 원칙으로 강제권한을 가지고 있지 않았기 때문에(법 제254조) 이론상 수사기관은 일일이 본인의 동의·승락을 얻어 조사를 할 수 밖에 없었다. 비현행범 사건에서 검사가 공소제기 전에 강제처분을 필요로 할 때는 그 소속지방재판소의 예심판사 또는 구재판소 판사에게 압수, 수색, 검증, 피의자의 구류와 피의자·증인신문, 감정 등 소송상의 강제처분 또는 강제적 권능에 의한 증거조사를 청구할 수 있을 뿐이었다(법 제255조 제1항). 다이쇼 시대의 대표적인 형사법학자 오노 세이이찌로(小野淸一郞)는 검사의 청구에 의한 판사의 처분을 다음과 같이 서술하고 있다.

"이 경우에는 판사에 의한 수사행위가 행하여지는 셈이다. 이 강제처분의

25) 小野淸一郞, 刑事訴訟法[日本評論社, 昭和 13년(1938)], 110면
26) 신동운, 일제하의 형사절차에 관한 연구, 한국법사학논총(1991, 박영사), 415면; 신동운, 일제하의 예심제도에 관하여, 서울대학교 법학, 제27권 제1호, 1986, 161~162면.

청구를 허용하는 이유는, 검사에게는 현행범 또는 요급사건의 경우를 제외
하면 강제권한이 없고 검사가 작성한 임의조사의 서류가 공판에서 증거력
을 갖지 못하는 경우가 있기 때문이다"27)

그러나 조선에서는 이미 피의자 구인, 증인신문, 검증, 감정 등의 '검사
와 사법경찰관의 강제수사'가 일상화되어 있었다. 이제 다이쇼 법 제343조
를 매개로 '1924년 형사령'에 근거를 갖는 조선의 수사기관 작성의 각종 조
서는 '법령에 의하여 작성된 신문조서'의 지위로 공인(公認)받게 되었다.

"검사가 조선형사령 제12조 제1항의 규정에 의하여 행한 피의자신문에 관
하여, 형사소송법 제56조의 규정에 따라 작성된 조서는 같은 법 제343조가
제외시킨 소위 법령에 의하여 작성한 신문조서에 해당하는 것으로 한다"
[昭和 7년(1932) 12월 1일]"28)

일제강점기의 식민지 조선에서 독일 형소법상의 직접주의나 혹은 그와
유사한 대용물은 실무상 전혀 작동하지 아니하였으며 그런 현실을 비판하
는 논설도 발견되지 아니한다. 따라서 현대 한국인의 입장에서 '공판중심
주의의 강화'를 목표로 삼을 때 최우선적으로 극복하여야 할 대상은 '직접
주의 원칙'을 명백히 부정하였던 '다이쇼 법'의 발상이고 그 다음은 '수사
기관 작성의 피의자신문조서와 참고인조서'의 전성시대를 초래한 '1912년,
1924년 형사령'의 발상이다.

---

27) 小野淸一郎, 刑事訴訟法[日本評論社, 昭和 13년(1938)], 88면
28) 司法協會, 朝鮮高等法院判例要旨類集, 昭和 18년(1943), 943면(조선고등법원판결록
    제19권 380면)

IV. 조서재판을 생성시킨 물적 조건과 조서재판에 수반되는 법적 현상들

전술한 바와 같이 일제강점기 조선에서는 검사와 사법경찰관이 예심판사·공판정 판사의 기능의 일부를 수행할 것이 기대되었다. 이런 기대를 생성시킨 물적 조건이 무엇이었을까?

> "조선 현하(現下)의 정세는 각지(各地)에 대개 수사 사건이 검사의 정원(定員)에 비하여 현저히 많아 검사는 그 번령(本領)을 발휘하기 어렵다. 검사는 거의 사법경찰관이 송치한 사건처리에 파묻혀 다른 일을 돌아 볼 여력이 없다. 그리하여 부득이 기의(機宜)의 처치로서 사전에 통첩(通牒)을 발(發)하여 직수사건(直受事件)이라 하더라도 특히 직접수사를 행할 필요가 있다고 사료되지 않는 한 사법경찰관에게 수사를 맡기도록 하여 겨우 그 과중(過重)한 부담(負擔)의 완화(緩和)를 도모하였다"〈檢事局 監督官에 대한 笠井 高等法院 檢事長 訓示〉(1935년 4월)[29]

일제강점기 조선에서 검사와 사법경찰관이 예심판사·공판정 판사의 기능의 일부를 수행할 것이 기대된 가장 근본적인 이유는 인건비가 많이 드는 판사와 검사 등 사법관의 정원을 줄여 예산을 절감하기 위한 것이었다.[30] 예산절감의 대가는 '사법경찰관의 고문자행과 부패현상의 만연(漫

---

29) [高等法院 檢事 山澤佐一 編纂, 高等法院檢事長訓示通牒類纂[昭和 11년(1936년) 5월][이하 이 책은 '1936년 훈시집'으로 약칭함, 이 책은 大正 9년(1920) 9월 이후 昭和 10년(1935년) 12월 31일 사이에 發하여진 歷代 高等法院 檢事長의 訓令 通牒, 會議席上에서 행한 訓示 講話 중 장래 例規가 되고 또 일상집무의 準繩으로 삼을 만한 것을 모두 輯錄한 것이다](1936년 훈시집, 162면). 사법경찰관의 고문자행과 부패현상을 억제하려는 訓示 通牒은 이 책 전편에 걸쳐 가장 큰 이슈를 구성하고 있다.

30) "인원의 부족으로 인한 업무의 과중과 적체는 식민지 시기 내내 문제되었다. 조선의 재야법조계가 인권유린의 해소방안으로 내걸었던 요구사항에는 판검사의 증원이 담겨 있었다" 상세는 문준영, 한국검찰제도의 역사적 형성에 관한 연구(2004, 서울대학교 법학

然)'이었다. 일제강점기 조선의 형사정책을 총괄한 고등법원 검사국장들은
예외 없이 사법경찰관의 고문자행과 부패현상을 억제하려고 무진 애를 썼다.

"고문은 근래 크게 감소하고 있습니다. 이것은 주로 각위(各位)의 부하(部
下)에 대한 지도가 온당함(宜)을 얻은 결과에 다름아닙니다. 그럼에도 불구
하고 아직 완전히 그 흔적이 끊이지 않음이 유감입니다. 생각건대 경찰관이
죄증(罪證)을 수집(蒐集)함에는 범인의 자백을 얻는 것보다 간편한 방법이
없고 또 조선인은 위갈(威喝) 또는 폭력을 사용하지 아니하면 진실을 실토
(實吐)할 자 없으므로 고문으로 죄증수집 함이 가장 첩경의 방법입니다. 그
러나 고문은 그로 인하여 얻는 이익을 보상할 수 없을 정도의 큰 폐해를
낳는 점을 생각하지 않을 수 없습니다. 고문의 폐는 외국인의 배일(排日)사
상 선전에 좋은 빌미(辭柄)를 주고 불영선인(不逞鮮人)의 독립운동에 좋은
구실(好餌)을 주고 양민에게 총독정치를 저주(咀呪)하게 만들어 제반의 행
정에 지장을 줌은 각위가 이미 아는 바일뿐만 아니라 재판상 실로 한심한
악영향을 발생시키고 있습니다. 무릇 형사사건의 증거자료로 가장 많은 양
을 차지하는 것은 경찰관의 조서입니다. 그래서 지금 그 조서가 고문 끝에
나온 것이면 증거의 태반은 이를 상실하게 된다고 아니할 수 없고 그 결과
피고는 무죄를 선고[言渡]받거나 그렇지 않더라도 증거박약함으로 인하여
적당한 형보다 현저히 가벼운 형에 처하여지는 폐해를 낳습니다. 실제로 이
런 예는 적지 않습니다. 거기에 더하여 '일사(一事)는 만사(萬事)'라고 고문
의 형적이 명료한 사건뿐만 아니라 다른 일반 사건에 대하여 까지 고문의
혐의가 덧붙여져 재판관의 심증을 해하는 때가 적지 않습니다. 이리 되면
간흉배(奸譎輩)들이 법망을 벗어나 형정(刑政)상 실로 한심한 결과를 발생
시킵니다. 형사정책은 과형(科刑)의 적정보다 범죄검거에 유루(遺漏)함이
없도록 함을 중시하여야 하고 범죄검거에 유루가 없도록 하는 것 보다는
죄증의 확실함이 더 중한 것입니다. 즉 형사정책은 죄증의 확실함을 제1위
에 두어야 하므로 고문을 하지 말아야 함은 다시 상설할 필요가 없습니다.
각위는 부하에게 이런 취지를 천명하여 고문근절을 기약하셔야 합니다. 사

박사학위논문), 123~126면 참조.

법관은 오로지 법령에 따라 행동하여 일반행정관에 비하여 자유재량의 범위가 극히 협소합니다. 그런데 근시(近時)는 법령의 운용에 관하여 그 형식적 해석이 왕성합니다. 그래서 오직 형식론에 사로잡히지 말도록 애써 시세에 순응하여 시대에 도달하여야 합니다. 특히 형사에 관하여는 형사정책에 의거하여 행동하여야 합니다. 자유재량의 범위는 구시(舊時)에 비하여 현저히 확장되었습니다. 그러므로 오직 법규의 자귀에 얽매여 시세에 적합하지 아니한 처치를 함은 검사가 애써 피하는 바입니다. 이런 의미로 검사는 정치상·경제상·사회상의 현상을 살필 필요가 있음은 물론입니다. 일반 보통의 일은 물론이고 특수한 것에 대하여도 경찰관이 통보하지 아니하면 알 수 있는 것이 없습니다. 그러므로 (경찰관은: 저자 첨가) 사건을 송치할 때 시(是)든 비(非)든 숨김없이 모두 검사에게 통보하도록 하여야 합니다. 경찰관이 그렇게 하지 아니하면 검사의 처분이 사정에 적합하지 않게 되고 때로 시정(施政)의 대방침에 저촉을 초래할 위험이 없다고 할 수 없습니다. 그러므로 경찰관은 사법경찰사무에 관하여는 검사와 일심동체(一心同體)가 되어 그 사이에 하등 숨기거나 치장하는 바 없이 일체의 사정을 보고하여 검찰처분에 잘못을 초래하지 않도록 부하에게 주의를 주실 것을 희망합니다."〈警察部長에 대한 中村 高等法院 檢事長 훈시〉(1921년 4월 29일)[31]

일제강점기 조선의 형사절차의 효율적 작동은 사법경찰관의 피의자신문, 증인신문, 감정인 신문의 원활한 행사와 그 결과의 조서화에 달려 있었음을 알 수 있다. 이 때문에 각급 사법경찰관리의 고문과 부패행위가 발각되었을 때 일제강점기의 경찰과 검찰국의 징계처분은 준엄할 수 없었다. 사법경찰사무에 관하여 '검사와 사법경찰관의 일심동체적 협조'가 불가피하였으므로 검찰국의 처분은 준엄할 수 없었으며 준엄하지 못한 만큼 민심은 이반되어 갔을 것이다. 조선총독부는 그런 사정을 알면서도 각급 사법경찰관리의 고문과 부패를 크게 나무라지 않았다.

---

31) 1936년 훈시집, 2~5면.

"一. 경찰관리의 고문을 근절하여야 함은 말할 필요도 없습니다. 그러나 종래 이에 대한 각위의 처치는 때로 관대함에 그치는 것이 아닌가 하는 느낌을 버릴 수 없습니다. 예를 들어 범정(犯情)이 가볍지 아니하고 피해정도가 낮지 아니하고 수단 역시 잔혹한 경우임에도 불구하고 단지 징계처분을 위임하거나 불기소처분에 붙인 경우 같은 것, 또 다소 의단(疑端)이 있는 안건으로 검사의 조사가 필요한 경우임에도 불구하고 경찰관리가 조사한 대로 만연 불기소처분에 붙인 경우 같은 것은 아무래도 이런 사범을 박멸(撲滅)하는 길이 아닙니다. 검사는 경찰관리와는 항상 동심일체가 되어 그 사이에 협조를 도모하고 원활함에 결루가 있어서는 아니되지만 그렇다 하더라도 너무나 협조에 지나쳐 자기직책에 대한 반성이 없으면 그 폐는 측량할 수 없는 바가 있을 수 있습니다. 각위는 이런 유의 범죄에 대하여도 일반예방을 고려하여 신중한 태도를 갖고 그 처치에 관하여 엄숙한 자세를 견지하여 그런 사범의 근절을 기하셔야 합니다. 덧붙여 경찰관리 중 고문에 아랑곳하지 아니하고 관위(官威)를 빙자하여 용이하게 인민을 상해하는 일이 자못 많은 것 같습니다. 이런 일은 민중으로 하여금 관헌(官憲)을 저주하게 하는 빌미가 될 뿐만이 아니므로 이런 사범에 대하여도 일반예방을 고려하여 빈발할 때는 상당히 엄중한 처치에 나아갈 것을 희망합니다.
一. 하급경찰관리의 수회사범(收賄事犯)이 자못 많습니다. 그리하여 지난번 경찰부장 회의 때 미죄검거(微罪檢擧)를 장려하도록 처치하여 장래는 범죄검거에 관한 수회사범이 종래보다 일층 증가할지 모르겠습니다. 각위는 이에 주의하여 증가의 징조가 있으면 일반예방을 고려하여 적당한 처치를 채택하여 주십시오"〈檢事局 監督官에 대한 中村 高等法院 檢事長 훈시〉(1921년 5월 9일)[32]

"一. 작년 이래 현저히 증가한 감이 있는 것이 하급경찰관리의 인민에 대한 상해죄이고 그 중 치사의 결과를 발생시킨 사건과 고문 때문에 상해 한 사건에 대하여는 지금 나까무라(中村) 검사장의 훈시 중에 언급하셨으므로 생략하고 단순상해죄에 관하여 一言하여 두겠습니다.
이런 종류의 사건은 피해가 경미한 경우가 많다 하더라도 그 중에는 3주간

---

32) 1936년 훈시집, 13면

혹은 1개월 간 치료를 요하는 것 같은 상당히 중한 상해의 경우가 없지 않습니다. 그 처분은 10 중 9는 거의 천편일률적으로 시담(示談, 합의)→고소취하→기소유예로 낙착되고 있습니다. 나는 여기서 억지로 처분의 당부를 비평하려는 것이 아닙니다. 그러나 피고는 경찰관리라는 일종의 권력을 가진 자이고 피해자는 대부분 그 관내에 거주하는 사인(私人)이므로 그 범죄의 원인 동기 범행의 모양 범죄후의 주변상황 등에 관하여는 특히 심심한 고려를 요하는 것이 있다고 사료합니다. 특히 일단 고소한 피해자가 10 중 9까지 고소취하를 한다는 말에 대하여는 과연 전부 임의 시담(任意示談)의 결과인지 여부에 유감이 없지 않고 다소 의문을 가지지 않을 수 없습니다. 특히 이점에 주의하여 주시기 바랍니다"〈檢事局 監督官에 대한 草場 高等法院 檢事 주의사항〉(1921년 5월 9일)[33]

'조서재판이 용인되는 체제'는 수사기관이 수사 단계에서 작성한 '각종 조서의 진실성'에 재판기관이 크게 의존하는 체제이므로 '조서가 진정하게 작성되도록 담보하는 장치'가 필요하였다. '조서작성 양식'이 법규화되고 그에 관한 판례가 집적되는 계기는 바로 여기에 있다.//여기까지

"一. 검사 또는 사법경찰관이 작성한 서류에 형식상의 결점(缺點)이 있는 일이 많습니다. 대부분의 것은 신문조서(訊問調書), 청취서(聽取書)의 간인 탈락[契印遺脫]입니다. 그 중에는 검사의 기소장 같이 중요한 서류에도 간인이 탈락된 것이 있습니다. 또 조서의 말미에 '피고에게 날인(捺印)시키다'라고 기재되어 있음에도 날인은 물론이고 간인조차 없는 것이 있습니다. 더욱이 형사령에는 '서류의 형식상의 결점은 당해관리가 보정할 수 있다'는 취지의 규정이 있음에도 공판 계속 중에 (타인에게: 저자 보충) 보정시킴은 체제의 온당함을 지키는 것이 아닐 뿐만이 아닙니다. 고등법원의 이 점에 관한 판례는 작성한 관리가 당시 현직에 있는 때에 한하여 보정할 수 있다는 취지이고 결코 무제한의 취지가 아닙니다. 따라서 작성관이 사직하여 퇴관하였을 때는 물론 전직(轉職), 전보(轉補)된 경우에는 보정이 불가능하게

---

33) 1936년 훈시집, 14~15면

되어 그 서류는 전연 무효로 귀결되는 결과 사건은 파기이송이 되고 만약 증거상 중요한 서류로서 다시 작성함이 불가능한 때는 결국 무죄판결을 받게 됩니다. 이런 실례는 적지 않으므로 1심 검사는 기소 전에 서류의 형식에 관하여 충분히 정밀하게 조사하시기를 바랍니다"(1921년 5월 9일)[34]

그러나 '조서작성 양식'을 법규화 한다 하더라도 사법관이 아니며 직업윤리가 투철하지 못한 하급경찰관리가 조서작성을 담당하므로 조서 안에 의식적이든 무의식적이든 원천적으로 신뢰할 수 없는 내용이 기재되는 사고는 발생하기 마련이다. 가장 극단적인 케이스는 다음과 같다.

"어느 사기사건 피의사건에서 피의자는 범의계속(犯意繼續) 하에 수회에 걸쳐 수인으로부터 사기를 행하였다는 혐의를 받아 어느 경찰서에서 조사를 받을 때 범죄사실을 전부 자백하고 또 피의자와 대질한 피해자 수명이 모두 '사기당하였음은 사실과 상위 없다'고 진술하여 송치되었음이 기록상 명백함에도 불구하고 검사국에서 조사를 받은 피의자는 경찰자백을 모두 번복·부인하여 검사가 당해 피해자 전부를 조사하였습니다. 피해자 은 모두 '피의자로부터 사기당한 바 없고 경찰서에서도 그런 진술을 한 바 없으며 경찰서에서 피의자와 대질한 적도 없다'고 진술하였습니다. 또 그 범죄 중 일부 범행 당시에 피의자는 범죄지에 현재하지 않았고 다른 道(장소)에 현재한 사실도 판명되었기 때문에 검사는 송치 실 전부를 '혐의 없음으로 불기소처분'한 사실이 있습니다. 위와 같은 결과는 사법경찰관리의 위신을 심히 실추시킵니다. 그(사법경찰관리)의 교양은 근래 추상적 의론(議論)으로 설명하는 경향이 많습니다. 물론 추상적 의론으로 교양함도 필요하지만 일면 전계(前揭)와 같은 구체적 실례를 들어 교양함이 더 효과적이라고 생각합니다. 또 교양에 임할 때 주의하여야 할 것은 크게 주의함과 동시에 추상(推賞)하여야 할 사항이 있으면 추상함도 필요하다고 생각합니다. 이 점에 대하여 일층 유의하여 교양목적을 달성할 것을 희망합니다"〈檢事局 監督官에 대한 山澤 高等法院 檢事長 希望事項〉, 〈사법경찰관리의 教養訓練

---

34) 1936년 훈시집, 14~15면

에 대하여〉(1938년 10월)〉[35]

V. 1954년 형사소송법과 일제강점기 조서재판 : 연속인가 단절인가?

1. 법전편찬위원회의 형사소송법요강안과 형사소송법초안 심의단계

1949년 1월 22일 대법원 회의실에서 개최된 법전편찬위원회 제6회 회의에서 성안된 '형사소송법요강안'(이하 '요강안'으로 약칭함)에는 조서재판을 극복하려는 문제의식이 엿보인다. 요강안 제7항이 그것이다.

"7. 소위 공판중심주의(당사자주의)를 채택하여 공판절차를 공판청구서로부터 시작하고 검찰관, 변호인에게 직접신문 및 반대신문의 권한을 인정하고 변호인이 없는 경우에는 피고인에게 그 권한을 인정할 것

○ 梁元一 위원(당시 판사)
본 문제는 극히 중대한 것이며 요는 종래의 공판절차에 있어서는 법관이 피고인의 진술을 듣기 전에 미리 기록을 읽고 선입관적인 심증을 얻거나 또는 심증의 기초를 관념해 가지고 비로소 피고인을 대하게 되니 여기에 자타가 용이하게 발견할 수 없는 오류가 혼입하기 쉬우므로 금반 신법의 의도는 여기에 착안하여 법관이 검사의 기소장만 가지고 심증에 있어 백지

---

35) 高等法院 檢事 齊藤榮治 編纂, 高等法院 檢事長 訓示通牒類纂[이하 이 책은 '1942년 훈시집'으로 약칭함, 이 책은 1920년(大正 9년) 9월 이후 1941년(昭和 16년) 6월 30일 사이에 발하여진 역대 高等法院 檢事長의 훈령 통첩, 회의석상에서 행한 훈시 講話 중 장래 例規가 되고 또 일상집무의 準繩으로 삼을 만한 것을 모두 輯錄한 것이다](1942년 훈시집, 268~269면)

로 피고인에게 대하여 법관이 자유심증의 소지를 순결케 하자는 데 근본적인 목표가 있는 것이다"[36]

문장의 흐름은 공소장일본주의를 지향하는 것처럼 보이지만 그 저변에 흐르는 문제의식은 '공판중심주의=조서재판의 극복'에 있다. 그러나 이 문제의식은 서서히 약화되기 시작한다. 1950년 1월 21일에 법전편찬위원회에서 형사소송법 중 공판에 관한 40여 개조의 법령을 토의·가결하였는데 그 내용의 일부를 당시의 신문은 다음과 같이 전하고 있다.

> "신설된 317조의2는 경찰에서 작성한 조사서 혹은 청취서도 다른 증거와 종합되는 때에만 범죄증거로 할 수 있다. 즉 '검사가 작성한 신문조서 이외의 서류 및 사법경찰관리가 작성한 서류는 타 증거와 종합되는 경우에 한하여 증거가 될 수 있다'는 것인데 이것은 이때까지의 공판에 있어서는 피고가 법정에서 경찰에서 받은 조사서 혹은 청취서의 내용을 부인하면 재판장은 이것을 채택하지 않았던 것인데 이제부터는 이러한 서류의 증거라도 다른 증거와 종합되는 때에는 채택하여 증거재료로 한다는 바 이는 재판의 엄중과 오판의 방지에 목적이 있다고 한다."

이 인용문에는 "이때까지의 공판에 있어서는 피고가 법정에서 경찰에서 받은 조사서 혹은 청취서의 내용을 부인하면 재판장은 이것을 채택하지 않았[다]"는 다소 이해하기 어려운 기술이 보인다. 사정은 이러하다. 미군정 법령 제176호에 의하여 조선형사령(1924년 형사령) 제12조가 폐지되자 검사와 사법경찰관이 피의자를 신문할 수 있는 법적 근거가 소멸되었다. 그 결과 다이쇼 법 제343조가 절대적 증거능력을 부여한 '법령에 의하여 작성된 신문조서'에 검사작성조서, 사법경찰관작성조서는 포함되지 않게 되어

---

36) '법전편찬위원회 총회 의사록 抄', 대한법리연구회, 법률평론 창간호(1949. 4), 33~35면 [신동운, 제정형사소송법의 성립경위(형사법연구 제22호, 221~222면에서 재인용)]

사법경찰관작성 피의자신문서, 검사작성 피의자신문조서는 이제 증거로 쓸 수 없게 되었다.[37] 그런데 1950년 1월의 법전편찬위원회의 형사소송법초안 심의단계에서는 "이러한 서류의 증거라도 다른 증거와 종합되는 때에는 채택하여 증거재료로 한다."는 방침으로 다시 선회하고 있음이 주목된다. "사법경찰관작성의 각종 서류를 다른 증거와 종합하여 증거로 할 수 있다."고 규정한 요강안 제317조의2는 사법경찰관작성의 각종 서류에 다시 증거능력을 인정할 수 있는 길을 연 것이다.[38]

2. 1954년 형사소송법과 직접주의·전문법칙

마지막으로 1954년에 제정된 '신형사소송법'(이하 '1954년 법'으로 약칭함)을 '일제강점기의 조서재판과의 연속과 단절'의 측면에서 분석하여 보자. 1954년 법의 관련 조문들은 제311~313조(증거능력), 제314조(증거능력에 대한 예외), 제315조(당연히 증거능력이 있는 서류), 제317조(진술의 임의성), 제318조(당사자의 동의와 증거능력)이다.[39]

---

37) 이에 부합하는 단기 4282년형상제97호 판례가 있다. 신동운, 형사사법개혁의 쟁점과 동향(21세기 형사사법개혁의 방향과 대국민법률서비스의 개선방안[II], 92~95면)

38) 1950년 1월 23일자 조선일보[신동운, 제정형사소송법의 성립경위(형사법연구 제22호, 167면)],

39) "제311조(증거능력) 공판준비 또는 공판기일에 피고인 또는 피고인 아닌 자의 진술을 기재한 조서, 법원 또는 법관의 검증, 감정의 결과를 기재한 조서와 압수한 서류 또는 물건은 증거로 할 수 있다. 제312조(同前) 검사 또는 사법경찰관이 피의자 또는 피의자 아닌 자의 진술을 기재한 조서, 검증 또는 감정의 결과를 기재한 조서와 압수한 서류 또는 물건은 공판준비 또는 공판기일에 피고인 또는 피고인 아닌 자의 진술에 의하여 그 성립의 진정함이 인정된 때에는 증거로 할 수 있다. 단, 검사 이외의 수사기관에서 작성한 피의자의 신문조서는 그 피의자였던 피고인 또는 변호인이 그 내용을 인정할 때에 한하여 증거로 할 수 있다. 제313조 (同前) ① 前二條의 규정 이외에 피고인 또는 피고인이 아닌 자가 작성한 서류 또는 그 진술을 기재한 서류로서 작성 또는 진술한 자의 자필이거나 그 서명 또는 날인 있는 것은 공판준비나 공판기일에 피고인 또는 피고인이 아닌 자의 진술에 의하여 그 성립의 진정함이 증명된 때에는 증거로 할 수 있다. 제

첫째, 다른 사건 혹은 동일 사건에서 법원 또는 법관이 작성한 조서의 증거능력을 무조건 허용하는 제311조는 종전의 조서재판을 연속시키는 의미가 있다. 독일 형사소송법도 일정한 제한 하에 다른 사건 혹은 동일 사건에서 법원 또는 법관이 작성한 조서의 증거능력을 허용하지만 무조건 허용하지는 아니한다. 제311조는 '독일식 직접주의'와 크게 벗어나는 조문이다.

둘째, '사법경찰관 작성 피의자신문조서'(이하 '사경면전 피신조서'로 약칭함)를 "피의자였던 피고인 또는 변호인이 그 내용을 인정할 때에 한하여 증거로 할 수 있"게 한 '제312조 단서는 종전의 조서재판과의 단절을 의미하는가'를 따져보자. 피의자였던 피고인 또는 변호인이 그 내용을 인정하는가 여부와 관계없이 무제한적으로 증거능력이 인정되었던 일제강점기의 상황과 비교하면 단절의 측면이 크지만 연속되는 측면도 없지 않다. 독일

314조(증거능력에 대한 예외) 前二條의 경우에 공판준비 또는 공판기일에 진술을 요할 자가 사망, 질병, 기타 사유로 인하여 진술할 수 없는 때에는 그 조서, 기타 서류 또는 물건을 증거로 할 수 있다. 다만, 그 조서 또는 서류는 그 진술 또는 작성이 특히 신빙할 수 있는 상태 하에서 행하여진 때에 한한다. 제315조(당연히 증거능력이 있는 서류) 다음에 게기한 서류는 증거로 할 수 있다. 1. 호적의 등본 또는 초본, 공정증서등본 기타 공무원 또는 외국공무원의 직무상 증명할 수 있는 사항에 관하여 작성한 문서 2. 상업장부, 항해일지 기타 업무상 필요로 작성한 통상문서 3. 기타 특히 신용할 만한 정황에 의하여 작성된 문서 제316조(증거능력의 제한) 피고인 아닌 자의 공판준비 또는 공판기일에 있어서의 진술이 피고인 아닌 자의 진술을 그 내용으로 하는 것인 때에는 원진술자가 사망, 질병 기타 사유로 진술할 수 없는 때에 한하여 증거로 할 수 있다. 단, 그 진술이 특히 신빙할 수 있는 상태 하에서 행하여진 때에 한한다. 제317조(진술의 임의성) ① 피고인 또는 피고인 아닌 자의 진술이 임의로 된 것이 아닌 것은 증거로 할 수 없다. ② 전항의 서류는 그 작성 또는 내용인 진술이 임의로 되었다는 것이 증명된 것이 아니면 증거로 할 수 없다. ③ 검증조서의 일부가 피고인 또는 피고인 아닌 자의 진술을 기재한 것인 때에는 그 부분에 한하여 전2항의 예에 의한다. 제318조(당사자의 동의와 증거능력) ① 검사와 피고인이 증거로 할 수 있음을 동의한 서류 또는 물건은 진정한 것으로 인정한 때에는 증거로 할 수 있다. ② 피고인의 출정 없이 증거조사를 할 수 있는 경우에 피고인이 출정하지 아니한 때에는 전항의 동의가 있는 것으로 간주한다. 단, 대리인 또는 변호인이 출정한 때에는 예외로 한다."

형사소송법상의 직접주의는 구술주의와 밀접하게 결합되어 있기 때문에 수사서류가 예외적으로 증거로 사용될 수 있는 경우라 할지라도 수사서류는 반드시 먼저 구술증거를 청취한 후에 구술증거를 탄핵하는 탄핵증거로서만 활용된다.40) 그러나 1954년 법 제312조 단서는 이런 제한을 가하지 아니하였다. 더구나 독일 형사소송법이 자백이 포함되어 있는 피신조서는 검면피신조서이든 사경피신조서이든 예외 없이 증거능력을 박탈하고 있는 점을 부가하여 검토하면 1954년 법 제312조 단서는 여전히 후진성을 면할 수 없다. 오히려 한국의 관련조문들의 관심사는 처음부터 '자백이 포함되어 있는 조서'의 증거능력에 있었다.

셋째, 공판정에서 피고인이 성립의 진정을 인정하면 검면피신조서의 증거능력을 인정하는 '법 제312조 본문은 종전의 조서재판과의 단절을 의미하는가'를 따져보자. 공판정에서 피고인이 성립의 진정을 인정하는가 여부와 상관없이 무제한적으로 증거능력이 인정되었던 일제강점기의 상황과 비교하면 단절의 측면이 없지 않지만 '성립의 진정'의 의미를 협소하게 책정할수록 연속의 측면이 생기거나 증가하게 된다. 1995년의 헌재결정41)은, '한국의 검사는 준사법관이므로 문제가 적다'고 암시하고 있지만 독일 형사소송법이 자백이 포함되어 있는 피신조서는 검면피신조서이든 사경피신조서이든 예외 없이 증거능력을 박탈하고 있는 점을 부가하여 검토하면 1954년 법 제312조 단서는 독일식 직접주의와 크게 벗어난 후진적인 조문임을 알 수 있다.

넷째, 공판정에서 원진술자가 '성립의 진정'을 인정하면 참고인진술조서의 증거능력을 허용하는 '법 제313조는 종전의 조서재판과의 단절을 의미

---

40) Mirjan Damaska, "Of Hearsay and Its Analogues" in 76 *Minnesota Law Review*, February, 1992, pp.449~450 이하; 이완규, 검찰제도와 검사의 지위(성민기획, 2005. 8), 319~320면.
41) [헌법재판소 전원재판부 1995. 6. 29. 선고 93헌바45 결정(헌공 제10호)]

하는가'를 따져보자. 공판정에서 원진술자가 '성립의 진정'을 인정하는가 여부와 상관없이 무제한적으로 증거능력이 인정되었던 일제강점기의 상황과 비교하면 단절의 측면이 없지 않지만, 이런 부류의 수사서류가 예외적으로 증거로 사용될 수 있는 경우라 할지라도 수사서류는 반드시 먼저 구술증거를 청취한 후에 구술증거를 탄핵하는 탄핵증거로서만 활용되는 독일 형사소송법상의 직접주의를 비교대상으로 설정하면 '단절의 측면'은 현저히 손상된다. 지금까지 검토한 것은 독일 형사소송법상의 직접주의를 염두에 두고 검토한 '1954년 법의 혁신성 여부'이었다. 비교 대상을 미국 연방법의 전문법칙으로 바꾸면 어떻게 될 것인가?

1954년 법은 '특히 신빙할 만한 정황'(법 제314조, 제315조, 제316조), '당사자의 동의'(법 제318조), '전문진술의 증거능력 제한'(법 제316조) 등 미국식 전문법칙의 용어를 다수 구사하고 있다. 그러나 '특히 신빙할 만한 정황'에 관한 그 후의 대법원 판결이나 학설의 추이를 검토하면 미국식 전문법칙으로부터 한참 비켜가고 있음을 알 수 있다. 더구나 미국의 증거법은 배심재판을 염두에 두고 있기 때문에 구술주의가 철저하다. 미국식 전문법칙의 핵심은 '조서에 관한 증거법'이 아니라 '전문진술에 관한 증거법'이다. 미국의 배심재판에서 배심원에게 서면이 제출되는 사례는 피고인이 자신의 무죄를 주장하는 '피고인의 진술서' 뿐이다. 만약 한국에서처럼 수사기관이 작성한 조서가 증거로 제출되고 반대 당사자가 동의한다면 그 조서가 배심원의 증거조사의 대상이 되겠지만 다수(12명)의 배심원이 그 조서를 공판정에서 일일이 읽는 데 엄청난 시간이 걸릴 것이므로 미국에서 그런 일이 발생할 가능성은 거의 없다고 해도 과언이 아니다. 미국식 가치관에 입각하면 일제강점기의 조서재판은 재판으로서의 품격이 거의 제로에 가까운 것이 될 것이고, '1954년 법의 혁신성'도 그다지 크게 평가될 수 없다. 물론 헌법재판소의 역사주의적 관점, 즉 "전문법칙을 채택할 필요가 있는지 여부 및 과연 전문법칙을 채택할 경우 여러 가지 종류의 전문증거에 대하여 한결같이 동일한 전문법칙을 적용할 것인가, 아니면 증거의 종류에 따라 전문법칙의 내용을 달리 할 것인가 여부의 문제는 오로지 입법형성권을 가지고 있는 입법자가 우리사회의 법현실, 수사관행, 수사기관과 국민의 법의식수준, 수사기관에 의한 인권침해의 실태, 우리 형사재판의 구조 등 제반사정을 종합적으로 판단하여 결정할 성질의 것"이라는 문제의식42)은 정당하다. 그러나 직접주의이든 전문법칙이든 '최소한의 개념 요소'를 무시하면 '법의 변용'(transformation of law)이 아니라 '법의 왜곡'(distortion of law)이 될 수도 있음을 경계하지 않을 수 없다.

VI. 결어

민족 해방 이후 근 80여 년이 경과한 시점에서도 1954년 법의 골격을 유지하고 있는 현행 형사소송법이 "직접주의의 바탕 위에 영미법계의 전문법칙을 받아들여 공판중심주의의 철저를 기하였다."고 높게 평가43)하고 대법원44)도 형사소송법 제161조의2와 제310조의2의 입법취지를 헌법재판소와

---

42) [헌법재판소 전원재판부 1995. 6. 29. 선고 93헌바45 결정(헌공 제10호)]

43) [헌법재판소 1994. 4. 28. 선고 93헌바26 결정]

44) "형사소송법은 제161조의2에서 피고인의 반대신문권을 포함한 교호신문제도를 규정함과 동시에, 제310조의2에서 법관의 면전에서 진술되지 아니하고 피고인에 의한 반대신문의 기회가 부여되지 아니한 진술에 대하여는 원칙적으로 증거능력을 부여하지 아니함으로써, 형사재판에 있어서 모든 증거는 법관의 면전에서 진술·심리되어야 한다는 직접주의와 피고인에게 불리한 증거에 대하여는 반대신문 할 수 있는 권리를 원칙적으로 보장하고 있는바, 반대신문권의 보장은 형식적·절차적인 것이 아니라 실질적·효과적인 것이어야 하므로, 증인이 반대신문에 대하여 답변을 하지 아니함으로써 진술내용의 모순이나 불합리를 드러내는 것이 사실상 불가능하였다면, 그 사유가 피고인이나 변호인에게 책임 있는 것이 아닌 한 그 진술증거는 법관의 올바른 심증형성의 기초가 될 만한 진정한 증거가치를 가진다고 보기 어렵다 할 것이고, 따라서 이러한 증거를 채용하여 공소사실을 인정함에 있어서는 신중을 기하여야 할 것"[대법원 2001. 9. 14. 선고 2001도1550

거의 동일하게 높게 평가하고 있다. 그러나 그런 평가는 '매우 수사적(修辭的)인 평가'이거나 아니면 '지나치게 과장(誇張)된 평가'로 보인다. 1954년 법이든 현행 형사소송법이든 '일제강점기의 조서재판'으로부터 크게 벗어난 것이 아니다. 자자가 보기에는 1995년에 선고된 헌법재판소 결정의 반대의견의 논증45)이 정당한 논증이다. 그런 논증 정신하에서 현행법의 '조서재판적 토대'를 서서히 허물어야 할 때가 왔다. '실체적 진실발견 및 재판의 신속한 진행'을 이유로 종래의 조서재판의 정당성을 변호하려는 논증은 일제강점기의 조선형사령이 '검사와 사법경찰관에게 예심판사에 버금가는 강제처분권을 부여한 논리'를 연상시킨다. 그런 논증이 거듭되기 때문에 '시민의 재판참여' 논의가 촉발되고 있는 것인지 모른다. 그런 의미에서 현대 한국의 '조서재판 해체'의 계기를 '시민의 재판참여'에 설정하는 관점은 역사적 설득력이 있다. 물론 그 하부구조에 경죄(輕罪) 법원과 경죄 검찰청의 설치라는 하드웨어 개편이 수반되어야 성공이 가능할 것이다. 하부구조를 튼튼히 구축하는 일없이 상부구조를 개혁하려는 발상은 성공가능성이 현저히 낮은 발상이다.

판결(공2001, 2296)].

45) "법 제312조 제1항의 규정 전부는 공판중심주의를 현대 형사소송의 원리로 삼고 있는 각국의 입법례에서 찾아보기 드문 규정이며, 신속한 실체적 진실발견에만 치중하여 공정한 실체적 진실발견을 외면한 규정이고 '신속'과 '공정'의 조화를 이루지 못한 규정"으로서 "무죄추정을 받는 피고인의 법정진술보다 우선하여 검사 작성의 '피고인이 된' 피의자신문조서를 믿게 하는 것은 법관에 의한 공정한 재판을 받을 권리의 한 보장으로서의 공판중심주의에 현저히 반"하고, "보다 근본적인 문제는 검사 작성의 피의자신문조서에 대하여 그 피고인의 법정에서의 진술 여하에 불구하고 증거능력을 인정하는 것은 제3의 심판기관인 법관에 의한 재판이 실질적으로는 소추기관인 검사에 의하여 재판이 왜곡될 개연성을 제도적으로 보장하는 셈"이 되며, "수사 및 소추의 주체인 검사로 하여금 특히 수사단계에서의 자백의 확보에 주력하게 함으로써 현실적으로 인권의 침해 가능성을 높이는 것이 결과적으로 헌법의 고문 금지, 불리한 진술거부권 등 명문규정을 형해화할 가능성을 전혀 배제할 수 없다"[헌법재판소 전원재판부 1995. 6. 29. 선고 93헌바45 결정(헌공 제10호)]

제3부
현대한국

제11장 민사의 형사화 현상의 진단과 억제방향*

Ⅰ. 문제의 제기

언제부터인가 현대 한국에서는 법조인들이 '민사의 형사화 경향'이라고
부르는 현상이 정착되어 오래도록 지속되고 있으며 시간이 갈수록 그 현상
이 심화되고 있다. 문제의 심각성에 비추어 볼 때 현재까지 이 문제를 주제
로 삼아 그 원인을 규명하고 그 대책 방안을 논의한 연구논문1)의 수는 의

―――――――――――――――

* 이 논문은 연세대학교 법학연구 17권 4호(2007. 12. 30.)(59~6)에 게재된 문을 수정·증보
　한 것이다.

1) 이시윤, 민사사건의 형사사건화 경향과 민사증거법의 개혁, 판례월보(1993. 2. 통권 276
　호), 5~8면 ; 서울고등검찰청, 검찰항고·고소제도 개선 및 사건처리절차 합리화방안 연
　구(1997) ; 김태은, 민사사건의 형사사건화 경향의 원인·문제점과 그 개선방향에 관한

외로 적다. 정밀한 실증과 분석이 필요한 부분들이 허다하게 남아 있다. 이 글에서는 종래의 논의를 종합하고 향후 더 규명되어야 할 부분이 무엇인지를 모색하는 데 집중하려고 한다. 이 글의 전개 방향은 '한국형 민사불개입의 원칙'('형사사법분야가 민사사법분야에 과도하게 개입하는 현상은 건전하지 못하다')을 구축하여야 한다는 문제의식2)에서 '민사의 형사화 경향' 현상을 바라보고 기존의 논의에 생산적 논평을 덧붙이는 데 있다.

II. '민사의 형사화 경향'의 의미

'민사의 형사화 경향'이라는 용어는 어떤 현상을 지칭하는 것일까?

2005년과 2006년에 발표된 논문에서 어느 검찰 수사관과 검사는 '실무에서 주로 접하는 경우'를 예로 들어 다음과 같이 말하고 있다.

> "고소인은 '피의자로부터 돈을 받을 수 있도록 해 달라'는 요구를 하는 경우가 많이 있다. (고소인은) '고소를 하더라도 피의자에 대한 처벌이 쉽지 않을 것'이라는 사실을 알면서 '돈을 받기 위하여 고소를 하였다'고 하거나, '어떤 권리를 되찾기 위하여 고소를 하였다'고 주장하는 경우를 많이 찾아볼 수 있다. 그리고 자신이 피의자(피고소인)로부터 채권을 변제받으면 고소취하도 쉽게 하고 그 이후에는 형사사건이 어떻게 처리되는 것은 전혀

연구(2000. 2, 서울대 법학석사학위논문, 140면) ; 허일태, 남고소의 해소를 위한 대책, 형사정책, 제17권 제1호(2005. 6.) ; 조광훈, 민사사건의 형사사건화의 원인과 그 대책, 사법행정(2005. 12.), 9~20면 ; 신동운, 민사분쟁형 고소사건의 합리적 해결방안, 형사법의 신경향 제2호(2006. 6.) ; 송길룡, 고소사건 처리의 NEW 패러다임, 형사법의 신경향 제2호(2006. 6.) ; 허일태, 민사사건의 형사화에 대한 억제방안, 비교형사법연구, 제8권 제1호 특집호(2006. 7.), 219~244면. 신동운과 송길룡의 논문은 대검찰청에서 2006. 4. 21. 개최된『민사적 형사분쟁의 합리적 해결방안 모색』공청회의 주제발표 논문들이다.

2) 이 문제의식은 '민사분쟁형 고소사건을 선결문제로 추려내어 형사절차에서 배제', '민사사건의 탈형사화'를 주장하는 신동운(2006)의 문제의식과 기본적으로 성격을 같이 한다.

신경을 쓰지 않는 경우가 대다수이다. 이러한 현상만 보더라도 채권자는 채무자에 대한 처벌보다는 돈을 받기 위하여 형사절차를 이용하려는 심리가 지배하고 있음을 알 수 있다"3)

"대부분의 재산범죄 고소의 경우, 고소인들은 채무불이행거래 상대방으로부터 '돈을 받을 목적으로' 고소하고 있음. 상당수의 고소장에서 '합의가 되지 않으면 처벌을 원한다'는 조건부 처벌의사를 밝히고 있는 점, 고소사건 수사 도중 합의만 이루어지면 고소를 취소하고 처벌을 바라지 않으며 일부 당사자는 고소취소 후 수사에 적극적으로 협조하지 않는 점이 이를 반증하고 있음."4)

단순 채무불이행은 범죄(특히 배임죄)가 아니다. 검찰 수사관과 검사가 이를 모를 리 없다. 그런데도 위의 인용문들에서는 "고소인은 '피의자로부터 돈을 받을 수 있도록 해 달라'는 요구를 하는 경우가 많다."든가 "고소인들은 채무불이행거래 상대방으로부터 '돈을 받을 목적으로' 고소"하고 있다고 말하고 있다. 여기에는 모종의 설명이 생략되어 있다. 위의 인용문의 취지를 좀 더 정확하게 표현하면 다음과 같은 것이 될 것이다.

어떤 위법행위자(피고소인, 광의의 채무자)의 위법행위가 민사책임(계약책임과 불법행위 책임, 부당이득반환책임 등)의 법률요건도 충족시키고 형사책임의 법률요건도 충족시키는 경우에 위법행위의 상대방('광의의 채권자', 피해자)은 민사책임을 묻는 절차를 밟기보다는 먼저 형사고소를 감행하거나 민사소송을 제기함과 동시에 혹은 민사제소 직후에 형사고소를 감행한다. 고소인의 궁극적인 목표는 '채권 변제'를 받는 데 있다. 고소인은 '채권 변제'를 받을 수만 있다면 채무자에게 형사책임을 물을 의사가 없지만 '전략적 계산(그 전략이 무엇인지는 정밀한 분석이 필요한 부분이다)'

---

3) 조광훈(2005), 14면, 각주 7)
4) 송길룡(2006), 42면 본문과 각주 2)

하에 형사책임(예를 들어 사기, 횡령, 배임죄 혐의로 고소)을 묻는 절차를 밟는다. 이와 같은 '채권자의 행동선호(behavioral preference)'가 '민사의 형사화 경향' 현상의 문맥(social context)이다. 한국 채권자의 행동선호가 나날이 심화되어 경찰과 검찰, 특히 수사종결권자(경찰, 검찰)의 업무가 감당할 수 없을 정도로 늘어나 검찰은 '검찰다운 검찰의 기능'을 행사하기가 어려울 정도이다.

저자가 '민사의 형사화 경향'을 '채권자의 행동선호'로 표현하는 이유는 모든 채권자가 그와 같은 모습을 보이는 것이 아니고 채권자 중의 일부가 그런 모습을 보이고, '주변 정황'을 변화시키면 채권자들의 행동 패턴을 바꿀 수 있기 때문이다. 근대사법의 논리구조상 하나의 위법행위가 민사책임의 법률요건(예를 들어 불법행위)도 충족시키고 형사책임의 법률요건(범죄)도 충족시키는 경우에 위법행위의 상대방은 자신의 선택(option)에 따라 자유롭게 민사책임을 묻는 절차를 밟을 수도 있고 형사책임을 묻는 절차를 밟을 수도 있다. 따라서 원리상으로 볼 때 민사의 형사화 경향이 포섭하고 있는 채권자의 행동선호를 비난할 근거는 박약하다.

그러나 '민사의 형사화 경향'이라고 지칭되는 현상은 단순히 위와 같은 '채권자의 행동선호' 현상에 그치지 아니한다. 그 용어에는 '채권자들의 행동선호에 심정적으로 동조하여 온 경찰, 검찰, 법원, 변호사, 더 나아가서는 입법자·언론의 법(사회) 심리학적인 선호심리'까지 포섭되고 있다. 작금의 한국의 경찰과 검찰은 채권자의 행동선호(고소)가 있을 때 피고소인인 채무자를 피의자로 입건하여 끝까지 조사5)하여 왔으므로 '채권자의 행동선

---

5) "고소사건은 고소장 접수 즉시 사건번호를 붙이고 피고소인을 피의자로 입건하게 되어 있어 이 단계에서 수사의 필요성 기준을 적용할 여지가 없음 ○ 입건 후 수사 진행단계-입건되어 사건번호가 부여된 사건은 혐의 유무를 가릴 수 있을 때까지 수사를 끝까지 계속하여야 하는가에 대하여 종래의 실무는 끝까지 수사하여 공소를 제기할 만한 증거가 없으면 혐의없음 처분하였음-이러한 해석론은 형사소송법 제195조에 "검사는 범죄의 혐의가 있다고 사료하는 때에는 수사하여야 한다"고 규정한 것에 근거를 두고 있음."[

호'에 결과적으로 우호적으로 임하여 왔음을 부인할 수 없다.6) 민사법원의
재판부는 민사소송의 원고(채권자)의 수사기록송부촉탁신청이나 수사기록
검증신청을 거부하지 아니하였고 '거부의 명분이 없다'고 생각하여 왔으므
로 민사법원의 재판부도 '채권자의 행동선호'에 우호적으로 임하여 왔음을
부인할 수 없다.7) 변호사 중에는 채권자의 행동선호를 적극적으로 권유하
는 사람도 있고 심지어는 고소장을 대신 작성하여 주는 서비스를 제공(일
본에서는 자필고소장만 수리하므로 변호사·법무사의 고소장 대리작성 서
비스는 제한된다)하고 있으므로 변호사·법무사도 이 대열에 가세하고 있음
을 부인할 수 없다.8) 나아가 위와 같은 "대한민국 채권자의 행동선호가 '고
소왕국'을 초래하였고 '경찰과 검찰의 수사력을 낭비'시키는 주범이므로
제동을 가하자"는 입법운동이 전개되는 경우에 입법자·언론이 흔쾌히 동
조할 것으로 전망되지도 아니한다.9) 사정이 이러하므로 현재의 대한민국에
'민사의 형사화 경향'이 뿌리 깊게 정착되어 안정화 단계를 넘어 심화단계
에 돌입하였음을 부인할 수 없다.

III. 현대 일본국의 경찰·검찰·재판소와 '민사불개입 원칙'

그런데 놀랍게도 현재 일본국에서는 경찰·검찰·재판소 등 형사사법제도
를 운영하는 운영주체들의 심리 내부에 '민사불개입 원칙', '민·형 엄격분
리 원칙'이 확고하게 자리 잡고 있어 일본국에서는 '대한민국의 민사의 형

송길룡(2006), 54면]
6) 허일태(2006), 224~225면.
7) 허일태(2006), 225~226면.
8) 허일태(2006), 226면.
9) 신동운(2006), 30~31면.

사화 경향'(뒤에서 보는 바와 같이 일본에서는 '민지구스레')과 같은 채권자의 행동선호를 용인하는 실무상의 처리관례를 찾아보기 어렵다고 한다. 현재 일본국에서는 오히려 경찰·검찰·재판소 등이 너무 지나치게 민사문제에 간섭하지 않으려는 모습을 보여 시민의 불만이 제기될 정도[10]이다. 이하에서 이 점을 좀 더 상세하게 살펴보자.

저자는 일본의 저명한 형사법학자[11]에게 일본의 사정을 문의하였다. 그는 그가 아는 검사와 변호사에게 문의한 후 자신의 견해를 덧붙여 성실히 응답하여 주었다. 그가 접촉한 일본 동경 법무국의 한 검사((池下 朗)는 다음과 같이 말하고 있다.

"일본에서는 대금업자가 추심(推尋)하는 수단으로 형사 절차를 이용하는 일이 전혀 없습니다. 기록송부촉탁의 대상이 되는 것은 확정기록일 뿐입니다. 대금업자는 상대방의 변제능력(返濟能力)을 심사하여 신중하게 대여하고 있으므로 보통 사기는 있을 수 없습니다. 대금업자의 상대방이 사기로 인정되는 경우도 없습니다. 다중채무자가 호적을 위조하여 이름을 모용하고 업자를 속여 돈을 빌리는 악질적인 경우가 있을 수 있습니다. 그런 자는 물론 예외적으로 사기죄로 처벌됩니다. 민사절차의 재판소로부터 수사기록 송부촉탁이 있는 경우에 그것이 확정기록이라면 검찰청이 응하는 것 같습니다. 교통사고의 손해배상이라든가 범죄피해자에 의한 위자료청구 사건에서 그와 같은 일이 가끔 일어납니다."

---

10) "변호사의 경험에 비추어 볼 때 일본의 경찰은 국민의 고소·고발에 대하여 민사불개입 원칙을 구실로 경찰권의 발동을 거부하는 경우가 많다. 경찰은 민사문제가 관련된 고소·고발을 수리하지 아니함을 실감할 수 있다. 더욱이 문제는 경찰이 민사불개입 원칙을 방패 삼아 경찰권을 발동하지 않았기 때문에 민사분쟁에 폭력단이 개입하고 자주 폭력사건이 발생하는 결과가 되고 있다는 것이다." 야마구찌 구니아끼(山口邦明), 민사불개입의 원칙과 경찰 활동, 법학세미나 증간 총합특집시리즈36, 경찰의 현재(1987. 7, 일본 평론사, 111~112면).

11) 이또 겐스께(伊東硏祐), 慶應義塾大學 大學院 法務硏究科(法科大學院) 교수.

이또 교수가 접촉한 변호사는 다음과 같이 말하고 있다.

"형사사건기록을 민사에서 문서송부촉탁으로 획득하려고 하는 것은 당사자주의가 지배하는 일본 민사소송법의 입장에서 거의 없는 것으로 생각합니다. 원고가 경찰의 수사자료를 입수하려고 하는 것은 불가능합니다. 제소 후에 재판소에 기록을 구하여도 재판소는 응하지 아니합니다. 경험은 없지만. 대여자가 상대방을 사기죄로 고소하는 일은 불가능합니다. 고소인은 상당한 자료를 준비하고 상담한 다음에 고소하여야 합니다. 경찰은 강제수사(그 소명 자료는 고소인이 준비합니다)와 피의자조사까지 진행된 이후가 아니면 고소를 수리하지 아니합니다. 검찰청에 직고(直告)하면 고소인을 소환한 다음 "이것은 민사문제입니다 !"라고 하면서 문전에서 박대합니다. '한국에서 증거를 수집하는 방편으로 고소'한다고 하는데 일본에서 수리될 고소사건이라면 민사재판소에 제소한다 하더라도 증거가 충분한 경우가 보통입니다."

이또 교수는 위에서 소개한 일본 검사와 변호사의 견해를 종합하고 자신의 분석을 가미하여 다음과 같이 응답하였다.

"일본의 검찰은 기본적인 수사를 하지 아니합니다. 경찰이 수사하여 범죄가 있다고 생각되면 송검(送檢)합니다. 추가적인 수사가 필요하다고 판단될 때 검찰이 수사를 하고 있습니다. 만약 일본에서 대금업자가 고소하는 경우가 있다면 통상 경찰에 하여야 합니다. 혹시 대여업자가 사기를 이유로 고소하는 경우가 있을까요? 일본에는 '민사불개입 원칙'이 있기때문에 차주가 상습적인 채무불이행자가 아닌 한 통상 정식 수사는 개시되지 아니합니다. 대금업자가 악질적인 경우(폭력단계인 경우 등)에는 한층 더 수사개시 가능성이 낮을 겁니다.
'예외적으로 수사가 되는 경우에 그것을 어떻게 민사의 채권추심 재판에서 이용하는가'하는 점은 사례가 많지 않아 대답하기 어렵습니다. 절차적으로 수사기록 자체의 제출등을 인정하는 일은 거의 없는 것 같습니다. 과거에 어떠하였는지는 잘 모르지만 현재로는 확인이 불가능합니다. 현재 부대사소를 형사재판에서 인정하려는 방향의 입법 움직임이 있지만 그 시도는 일본의 '민·형 엄격분리'로부터 오는 폐해를 회피하려고 하는 취지일 뿐입니다."

위에서 보는 것처럼 2006년 현재 일본국의 경찰·검찰은 '민사의 형사화' 성향의 고소·고발을 거부하는 이유로 '민사불개입 원칙', '민·형 엄격분리 원칙'을 이용하여 왔다.[12] 일본국의 재판소는 '민사소송의 당사자주의 원칙'을 근거로 형사확정기록을 제외한 수사기록의 송부촉탁신청에 응하지 않고 있으며 일본국의 검찰도 형사확정기록을 제외한 수사기록의 송부촉탁신청에 응하지 않고 있다. 그러면 일본인들이 말하는 '민사불개입 원칙'이란 어떤 내용의 것일까?

> "개인의 재산권의 행사, 친족권의 행사, 민사상의 계약 등은 개인 사이의 사적 관계에 그치고 그 권리의 침해, 채무의 불이행 등에 대한 구제는 오로지 사법권이 담당하는 것이고 경찰권이 관여할 사항은 아니다(경찰권은 차가인의 퇴거를 강제한다든가 대금채권의 추심을 하는 등 민사상의 채권집행에 협력할 권한이 있는 것이 아니다). (중략) 경찰권이 사법권을 대신하여 사인 사이의 권리관계의 존부와 내용을 판단하는 것이 허용되지 아니함은 말할 것도 없다."[13]

> "['민사불개입 원칙'은] '민사상의 법률관계 불간섭의 원칙'이라고도 불리운다. 이것은 전통적인 경찰행정법이론에서 '사생활불가침의 원칙', '사주소 불가침의 원칙'과 함께 이른바 '경찰공공의 원칙'을 구성하는 경찰권의 한계의 하나로 자리매김 되어 왔다."[14]

현대 일본에서 확립된 '민사불개입 원칙'은 독일의 행정법이론에서 시사를 얻은 것이다. 독일의 형법규범과 경찰권의 보충성에 대하여 Goetz는 다

---

12) 야마구찌 구니아끼(1987), 108면.
13) 다나까 지로(田中二郎), (新版)行政法 下卷, 전정2판(弘文堂, 1983), 58~59면.
14) 다나까 지로(1983), 58면.

음과 같이 논하고 있다.

> "개인의 권리가 동시에 공법(형법, 질서위반법, 행정상의 특별법)에 의하여
> 보호되고 있는 경우에 이들 권리를 경찰이 보호하는 것은 벌써 보충적이지
> 아니하다. 이런 사례는 극히 광범위에 걸친다. 많은 형법 규범은 개인적 법
> 익(신체, 생명, 소유권, 재산)의 보호를 그 기초로 하고 있다. 행정법상의 법
> 률은 예를 들어 화재예방, 무기 제도, 방역, 예방접종, 식량감시 분야에서와
> 같이 건강, 생명, 재산을 보호하기 위하여 민법으로부터 완전히 독립된 조
> 치를 알고 있다."[15]

서울고등검찰청이 1997년에 발간한 책자에는 1981년에 초판이 발간된
일본서적[16]을 인용하여 일본에서 고소를 수리하지 아니하는 기준으로 "민
사상 분쟁의 해결을 목적으로 하거나, 관련 민사소송을 유리하게 이끌려는
목적, 상대방의 고소·고발을 견제하려는 목적, 별건으로 수사 혹은 공판 중
인 형사사건을 유리하게 끌고 가려는 목적, 법인이나 단체의 주도권을 장
악하려는 목적, 무고나 중상모략의 목적 등으로 행하여지는 고소·고발의
경우에는 진정한 의미에서의 처벌의사가 결여된 경우가 적지 않으므로 이
와 같은 사안에 대하여는 고소·고발을 철회하도록 유도 하고 있다"[17]는 기
술(記述)을 인용하였다. 그러나 그 책자의 저자는 일본의 그런 '고소불수리
정책'의 배후에서 작동하는 원칙이 '민사불개입 원칙'임을 간파하지 못하
고 있다. 그뿐만이 아니다.

저자는 현재 일본에서 확립된 '민사불개입 원칙'이 독일 행정법이론에서
시사를 얻은 것이라는 점을 확인한 후 한국의 행정법 책자에 이 원칙이 소

---

15) 후지타 도끼야스(藤田宙靖), 민사불개입(쥬리스트, 240면)에서 재인용; Goetz Volkmar,
   Allgemeines Polizei und Ordnungsrecht(Vandenhoeck & Ruprecht, 1990).
16) 마스이 기요히꼬(增井淸彦), [형사법 중점강좌] 이론과 실제 신판 고소·고발[개정판]
   (1998, (增井淸彦)(초판은 1981년, 신판 초판은 1988년), 240~241면.
17) 서울고등검찰청, 검찰항고·고소제도 개선 및 사건처리절차 합리화방안 연구(1997), 199면.

개되어 있는가를 찾아보았다. 저자는 한 행정법 교과서 중에서 위에서 소개한 '사생활 불가침의 원칙', '사주소 불가침의 원칙', '경찰공공의 원칙'과 완전히 동일한 서술[18]을 어렵지 않게 찾을 수 있었다. 한국의 경찰실무를 기술한 책자에는 민사불개입 원칙이 명시되어 있고 경찰관들은 이 원칙을 이론적으로는 알고 있으나 실무에서 실행하지 못하는 상황인 것 같다.

지금까지의 분석으로 대한민국에서는 일본이나 독일과 달리 경찰·검찰·법원 등 형사사법제도의 운영주체들 사이에 '민사불개입 원칙'이라는 문제의식이 대단히 희박하였음이 확인된다. 대한민국의 형사사법제도의 운영주체들은 막연히 원론적으로 '민사의 형사화 경향'이 좋은 것이 아니라는 느낌(후술하는 박상천의 표현에 따르면 검사의 '음성적 기능')을 가지고 있었을 따름이다. 그들은 '민사불개입 원칙'의 문제의식이 박약한 상태에서 시간이 갈수록 점점 더 자신도 모르게 무의식적으로 민사 사안에 깊숙이 개입하는 방향의 운영 모습을 연출하여 온 것이다.

---

18) 예를 들어 홍정선, 행정법원론(하)(2002년판, 제10판), 254면과 317면의 본문에는 일본과 독일 행정법 책자와 거의 동일한 내용이 서술되어 있고 각주1)에는 전거로 'Goetz, Allgemeine Polizei und Ordnungsrecht, RN. 94f' 등의 독일서적이 인용되어 있다 : "개인적 법익의 경찰상 보호에는 다음의 두 가지의 제한이 따른다. ① 사권(예 : 채권)은 기본적으로 경찰이 아니라 민사법원에 의해 보호된다. 여기에서 민사작용과 경찰작용은 구분된다. 경찰에 의한 보호는 경찰의 보호 없이는 사권실현이 불가능하거나 매우 곤란한 경우에 예외적으로만, 그것도 일시적으로만 가능하고(예 : 도주 중인 채무자 발견 시 그 채무자의 주소확인), 종국적인 결정은 행할 수 없다. 물론 그 위험은 사법상 위법한 것이어야 한다. ② 공적 안전은 공공성을 요소로 하는 것이므로 개인적인 법익보호는 공익과 관련되는 한에서 경찰법상 보호된다. 즉 관계자의 사익을 위한 것이라면 경찰에 의한 개입은 인정되지 아니한다. 일반적으로 개인의 생명 건강 자유는 공익성을 가지나 재산은 그러하지 않은 것으로 본다(독일의 연방과 란트의 단일경찰법률표준초안 제1조 참조)."

IV. '민사의 형사화 경향'의 기원

대한민국의 '민사의 형사화 경향'은 언제부터 시작되었을까? 이 문제가 규명되어야 적절한 대응 방안을 모색하고 정책적 우선순위를 설정하는 데도 도움이 된다.

첫째, 2006년에 발표된 논문에서 신동운 교수는 1953년에 발표된 엄상섭의 글[19]에 시사를 얻어 "민사문제에 깊숙이 개입하는 검찰 관행은 귀속재산의 불하(拂下)를 둘러싼 재산분쟁"을 처리하는 과정에서 시작되었으며 귀속재산 불하가 "모두 정리된 이후에도 관성적으로 유지"되어 왔고 그 과정에서 "검찰은 재산분쟁의 효율적 해결사 역할을 자임"하여 왔으며, "그와 같은 검찰 관행에 보조를 맞추어 시민사회는 그러한 관행을 당연한 것으로 여기게 되었고 나아가 일종의 권리로까지 인식하게 되었다. 민사사건의 해결에 국가기관의 역량을 이용하려는 행태는 한국 사회에서 일반 시민의 법률상식으로 자리잡게 되었다."고 진단[20]한다. 그러나 엄상섭의 글은

---

19) "'이권(利權) 있는 곳에 문제없는 일이 없다.'고 하거니와 귀속재산(歸屬財産)을 둘러싸고 일어나는 문제처럼 말썽 많은 것도 없을 것이다. 해방 이래 검찰청에 나타난 고소사건의 대부분이 이 문제에 관한 것이고, 법원에 제기된 소송사건의 통계에 있어서 많은 퍼센티지를 차지하고 있는 것도 이 문제를 중심으로 한 것이었다. 이 때문에 우리 국민들이 일희일비(一喜一悲)하면서 소모한 노력과 경비는 실로 막대한 것이며, 또 이런 까닭에 이루어진 사회적 불안과 경제적 불건전성도 우리가 상상하고 있는 이상이라고 본다. 문제가 이권에 관한 것이기 때문에 붕우(朋友)간의 신뢰도 형제간의 우애도 소실되어 구적(仇敵=원수) 같이 싸우며, 공무원의 결백심도 상실되어 영어(囹圄=감옥)의 신세를 한탄하게 되는 예도 적지 않게나 있다. 필자처럼 귀속재산과는 하등의 관련성도 없는 사람으로서는 실로 괴상망측한 일이지마는, 당사자들로서는 생사를 걸고 하는 중대사이며, 탐관오리(貪官汚吏)들로서는 식자(識者)가 스스로 움직이게 될 만큼 지대한 관심을 가지고 있어서 지금까지도 귀속재산의 불하(拂下)에 따라다니는 문제가 해결되지 못하고 있으니 정말 딱하기도 하다." 엄상섭, 귀속재산불하문제에 대한 관견, 희망, 1953. 12., 50면. 신동운(2006), 8면에서 재인용함.

20) 신동운(2006), 8~9면.

매우 짧고 추상적인 수준에 머물러 있어 1950년대의 상황에 대하여는 자료를 발굴하여 좀 더 상세한 실증적 분석을 수행[21]할 것이 요구된다.

둘째, 1968년『검찰』지에 수록된 박상천(당시 광주지방검찰청 순천지청 검사)의 논문[22]에는 1960년대의 상황에 대하여 중요한 정보를 담고 있어 주목된다. 그는 1960년대에 전개된 한국형 '민사의 형사화' 현상을 수동적으로 관찰하는 관점에 서서 이 논문을 작성하였다. 그는 1960년대의 한국형 '민사의 형사화' 현상을 '검찰 본연의 기능'은 아니지만 1960년대의 한국 사회가 '검찰이 감당할 것을 강요'하는 상황으로 묘사하였다. 그는 '현대 한국의 검찰이 새롭게 감당하여야 할 기능'을 '민사적 기능의 형성=민사법원기능의 침투'로 자리매김하면서 그 성격을 다음과 같이 기술하고 있다. 그 글에서는 한국형 '민사의 형사화' 현상이 선호되는 사회적 법적 문맥이 매우 정교하게 기술되고 있기 때문에 내용이 길지만 상세히 인용할 만한 충분한 가치가 있다.

> "(가) 검사의 범죄 수사에 의하여 민사재판에 필요한 증거가 수집되고 수사과정(특히 구속수사과정) 또는 공소권 행사의 결정단계에서 민사문제가 종국적으로 해결되는 경향을 음성적 기능으로 본다.
> (나) 범죄에는 민사문제가 수반되는 경우가 많다. 어떤 범죄에는 반드시 민사문제가 수반된다. 그러므로 범죄수사에 의하여 민사문제에 관한 증거가 수집되는 것은 수사의 반사적 효과이고 공소권 행사에 앞서 범죄로 인한 피해의 변상(민사문제의 소멸)을 양형기준으로 고려하게 되므로(형법 제51조 제4호) 범인이 피해변상을 서두르게 되는 것은 당연한 일이다. 이것들은

---

21) 예를 들어 문준영, 한국의 형사사법과 민사분쟁형 고소사건-구한말과 일제시대의 경험-, 부산대학교 법학연구소 법학연구 48권 1호(통권 57호) 2007. 8, 그러나 이 연구는 "해방 이후의 상황을 분석할 필요가 있고, 향후의 연구를 위한 선행적 고찰에 불과하다."고 문제를 제기하는 데 그친다.

22) 박상천, 사회의 변천과 검사기능의 확대 : 접근방법의 구상과 검사에 대한 그 적용의 시도, 검찰 8호(1968. 12), 127~140면.

범죄수사와 공소권행사의 간접적 효과로서 이를 검사의 기능이라고 하기는
어렵다.

(다) 그러나 최근 10여 년 동안에 위와 같은 간접적 효과는 확대 변질되어
검사의 민사적 기능이라고 할 음성적 기능을 형성하여 가고 있다. 첫째, 형
사절차에 의하여 민사재판에 관한 증거가 수집되고 민사문제가 해결되는
경우가 현저히 확대되었다. 범죄에 수반되는 대부분의 민사문제는 법원에
서가 아니라 검사의 수사과정에서 해결되고 있다. 둘째, 그것들이 질적으로
변화되었다. 범죄의 피해자는 범인의 처벌보다도 민사문제의 해결을 위하
여 고소하고 형사절차에서 이를 해결하여 줄 것을 요구한다. 즉, 검사를 강
제수사권과 공소권을 가진 직권주의적 민사법원으로 그리고 가장 효과적인
민사집행기관으로 이용하려고 한다.

한편 검사도 이러한 피해자의 요구에 초연할 수 없게 되어 있고 피해자와
피의자를 중개하고 또는 민사문제의 해결을 조정하게 되는 수가 많다. 즉 검
사는 '피해변상'의 형식을 통하여 피해자와 피의자에 대한 중재자(arbitrator)
로서 민사적 기능을 한다. 그리고 이러한 인식은 일반화되어 순수한 민사문
제까지 고소하게 되었다. 이것은 민사법원의 기능이 검사에게 침투한 것으
로 볼 수 있다."[23]

박상천의 진단에 비추어 볼 때 한국형 '민사의 형사화' 현상은 1960년대
에는 이미 확고하게 정착되었음을 알 수 있다. 신동운의 진단이 맞다면 한
국형 '민사의 형사화' 현상의 싹은 1950년대로 소급된다. 그러면 자연스럽
게 '조선시대와 구한말과 일제강점기, 미군정기에는 어떤 현상이 전개되었
는가' 하는 점이 궁금해지고 향후 그 시대의 상황을 정밀하게 추적할 필요
가 있다.

---

23) 박상천(1968), 131~132면.

V. 1997년부터 달라지기 시작한 검찰의 인식

1990년대 말 이후에는 미세하게나마 한국형 '민사의 형사화' 현상에 대한 검찰의 인식이 달라지고 있어 주목된다. 박상천의 글에서는 한국형 '민사의 형사화' 현상에 대하여 검찰이 '초연할 수 없는 상황'이라고 체념·포기하는 논조가 주류를 형성하고 있었다. 그러나 1997년에 출간된 검찰연구자료에서는 한국형 '민사의 형사화' 현상이 '수사력을 분산·낭비시킨다'는 식의 비판적인 논조가 나타나기 시작하고, '고소가 제기되기만 하면 예외 없이 이를 수리하여 수사를 개시하는 현행 사건처리 절차가 과연 불가피한 것인지 재검토하여야 한다'는 식의 논조가 나타나면서 '모종의 적극적인 억제방안'을 진지하게 검토24) 하기 시작한다.

한 걸음 더 나아가 2006년에는 '수사기관이 채권추심 기관화'되었다는 검사의 자조적인 고백25)까지 나타나고 있다. 이것은 다소 과장된 표현이겠

---

24) "고소사건은 다른 사건과는 달리 그 수사처리에 막대한 수사력의 투입이 필요하므로 고소사건의 주류를 이루는 재산범죄의 격증은 정찰업무 폭주의 주원인이 되고 있고 수사력이 분산 낭비되어 진정으로 억울한 범죄피해자의 구제에 수사력을 집중할 수 없게 됨에 따라 결국 국민의 검찰에 대한 불신을 초래하는 상황에까지 이르게 된 것이다. 뿐만 아니라, 민사사건의 형사화 경향은 피고소인으로 하여금 혐의 유무를 불문하고 범죄 피의자로 입건되는 불명예를 감수하도록 하고 있으며, 더 나아가 고소·고발인은 억울한 피해자라는 선입관이 우선하는 사회 분위기 안에서 수사기관의 소환, 조사 등 공권력 행사의 대상이 되어 심리적으로 위축된 상태에서 불리한 조건으로 합의를 종용받는 등 인권침해의 위험이 많은 실정이다. 이러한 폐단을 고려해 보면, 고소가 제기되기만 하면 예외 없이 이를 수리하여 수사를 개시하는 현행 사건처리 절차가 과연 불가피한 것인지 재검토해 보지 않을 수 없다. 특히 사회의 전문화, 다양화 추세로 인해 전통적인 범죄처리방식으로 대응하기에는 부적절한 새로운 유형의 분쟁이 빈발하고 있는 현실에 탄력적으로 대처하기 위해서는 '고소·고발을 통해 사회의 모든 분쟁을 해결할 수 있다'는 고정관념에서 탈피하여야 하며, 이를 통해 여타의 분쟁해결제도를 보다 실효성 있게 재정비하고, 변화하는 사회에 맞는 새로운 분쟁해결 통로를 발전시켜 나가는 계기를 찾을 수 있을 것이다."서울고등검찰청, 검찰항고·고소제도 개선 및 사건처리절차 합리화방안 연구(1997), 193~194면.

지만 '수사기관이 채권추심 기관화'의 경향을 나타내고 있다면 일본과 독일에서 경계되고 있는 '민사불개입 원칙'에 정면으로 반하는 형사사법 운영(민사개입경향)이 노골화되는 것이어서 문제는 매우 심각해진다.

Ⅵ. 1950년대 일본의 '민지구스레'와 일본 검찰의 대응논의

고소인이 "민사상 분쟁의 해결을 목적으로 하거나, 관련 민사소송을 유리하게 이끌려는 목적, 상대방의 고소·고발을 견제하려는 목적, 무고나 중상모략의 목적 등으로 고소하려는 동기"를 갖게 되는 것은 '최소비용으로 최대효과를 달성하려는 경제인(homo economicus)'의 관점에 설 때 자연스러운 현상이다. 민사사법 제도와 형사사법 제도가 병렬적으로 구축되고 그 이용이 피해자의 자유 선택에 일임된 곳에서는 어느 곳에서나 그런 행동선호가 있을 수 있다. 일본의 검찰이 일본 사회에서 발견되는 '민지구스레'(채권자의 한국형 행동선호와 유사한 현상)를 목격하고 어떤 논의를 하였는가 하는 점은 비교법문화적 시각에서 볼 때 흥미로운 주제이다.

---

25) "○ 수사기관의 채권추심기관 또는 조정기관화-대부분의 재산범죄 고소의 경우, 고소인들은 채무불이행거래 상대방으로부터 "돈을 받을 목적으로" 고소하고 있음-이는 고소인을 피고소인보다 상대적으로 우위에 두는 형사사법 제도와 맞물려 민사적 분쟁의 형사화를 부채질하고 있을 뿐만 아니라 - 수사기관도 변제자력 또는 변제의사 등 혐의 확정에 노력을 기울이기보다 당사자간 합의가 사건처리에 보다 용이하다는 점 때문에 합의에 보다 더 관심을 보임으로써 수사기관이 사인의 채권추심기관이나 이해 조정기관화되는 결과 야기. 이와 같은 채권추심기관 또는 조정기관화는 객관적 입장에서 범죄혐의 유무를 규명하여 범죄인을 처벌해야 하는 본래의 임무와는 다소 동떨어진 것으로 이는 결국 국민의 수사기관에 대한 신뢰에도 부정적 영향을 미친다고 할 수 있음."송길룡(2006), 42~43면. 이보다 이전에 검찰의 추심기관설을 언급한 논자는 조광훈(2005), 김태은(2000)이다.

1953년부터 1957년까지 5년 동안 도쿄, 오오사까, 요코하마 등 규모가 큰 검찰청에서는 직고(直告) 사건이 현저히 늘어나는 경향이 발견되었다. 1957년 1월부터 같은 해 6월까지 일본의 전국 지검에서 수리한 직고 사건의 총수는 15,508인이고 그 중 재산범(절도, 강도, 사기, 공갈, 횡령, 장물관계)이 전체의 40%를 점하였고, 그 중 사기는 25%, 횡령이 11%에 달하였다. 종국 처리된 사건은 49%(7,565인), 미제(未濟)가 51%(7,943인)여서 자칫하면 직고 사건이 점차 산적(山積)되는 상황이 연출되었다. 종국 처리된 사건 중 '혐의없음'이 전체의 3할을 차지하였다. 일본의 검찰은 직고 사건 처리의 중압에 골머리를 앓아 고소 수리 억제방안을 구상하게 되었다. 이 문제를 깊이 검토한 검찰 연구회의 연구자는 그 원인을 "일률적으로 말할 수는 없지만 이른바 '민지구스레'(民事崩れ, 일본형 민사의 형사화 현상을 지칭하는 용어이다)등 범죄라고 인정하기 어려운 것이 매우 많이 고소되고 있는 증거로 보이고, 검찰관이 불필요한 노고를 이 문제의 해결에 억지로 소모하고 있는 것이 아닌가 생각된다"[26]고 진단하였다. 1950년대 일본의 '민지 구스레'의 존재를 진단한 일본의 검찰 연구자는 다음과 같은 문제를 제기하였다.

"(이 문제는) 반드시 전국적인 관심이 있는 문제는 아니지만 고소사건, 특히 직고사건의 중압에 헐떡이는 큰 지검에서는 이 문제가 초미의 중요문제가 된 것 같다. 실제로 검사연구의 연구회에서도 '검찰관은 고소(고발)의 수리를 제한할 수 있는가', '수리제한은 법규상 가능한가, 설사 법규상 가능하다 하더라도 이를 실행하는 것이 타당한가' 하는 문제를 제의하였다. (중략) 이것은 '검찰관이 검찰관다운 업무'를 하기 위하여 던지는 질문이다. 사실, 약간이라도 민상사와 관련을 가지는 사건, 혹은 민사재판을 회피하기 위한, 혹은 이미 계속되어 있는 민사재판을 유리하게 이끌기 위한 목적 등으로 고소가 이용되는 경우가 있다. 또 이런 종류의 사건이 복잡난해하기

---

26) 법무연수소, 민상사와 교착하는 형사사건 수사의 제문제, 1957년(소화34년) 1월, 검찰연구특별자료 제24호, 313면.

때문에 경찰은 적극적으로 이것을 드러내려 들지 않는 경향도 있어 검찰청에 직고하는 경우가 많다. 도쿄 지검 직고계에서는 본년(1957년) 8월말 현재 검찰관 1인이 담당하고 있는 사건이 최고 402건, 최저 315건이나 된다. 그리하여 기소가능한 사건을 썩혀 버릴 우려도 있고 간단히 불기소할 수 있는 것까지도 종국처리하지 못하고 헛되이 합의(시담)를 권장하는 안이한 방법을 취하지 않을 수 없다. 이와 같은 상태에 있기 때문에 고소 내지 직고사건의 취급에 대하여 진지하게 반성을 가할 필요가 있다. 이 문제는 요컨대 '검찰의 존재방식'과 관련되는 문제이다"[27]

'고소수리 제한은 법규상 가능한가, 설사 법규상 가능하다 하더라도 이를 실행하는 것이 타당한가' 하는 문제에 대하여 적극설과 소극설이 주장되었으나 1950년대의 일본 검찰은 애매한 절충적 입장을 취하였다. 즉, '법규상 고소수리 억제는 불가능하지만 고소를 수리하기 전에 사실상 수리를 억제하는 것은 가능'[28] 하다는 아주 애매한 입장을 취하였다. 일본의 검찰 연구자는 이 시기에 구상된 수리억제시책(노련한 검찰관을 선발하여 초진계의 역할을 담당하게 한다/사실상 수리를 억제하는 것)이 '현저한 효과를 보지 못할 것'으로 전망[29]하였다.

검사다운 검사기능 수행의 장애물에 봉착한 1960년대의 한국검찰과 1950년대의 일본 검찰은 모두 고소수리 억제방안을 고민하기 시작하였다. 양쪽 모두 고소수리 억제가능성 문제에 대하여 '법규상 불가능하지만 사실상 수리를 억제'하자는 애매한 정책을 선택하였다. '한국형 민사의 형사화 현상'과 '민지 구스레'는 거의 동일한 것이었다. 그러나 이 문제에 대한 양국 검찰의 대응 태도는 매우 다르게 나타나고 있다.

1960년대의 한국 검찰은 "피해자의 요구에 초연할 수 없다."고 생각하여

27) 법무연수소(1957), 315면.
28) 법무연수소(1957), 315~316면.
29) 법무연수소(1957), 316면.

"피해자와 피의자를 중개하고 또는 민사문제의 해결을 조정"하고 "피해변상의 형식을 통하여 피해자와 피의자를 조정·화해시키는 민사적 기능"을 감당하여 왔다. 그러나 1950년대의 일본 검찰은 다음과 같이 정공법으로 대응하였다.

"고소사건도 일반사건과 마찬가지로 형사사건으로 처리한다는 입장에 철저하여야 한다. 그것이 범죄가 되는가 여부의 판정을 최우선과제로 삼아야 한다. 종래처럼 자칫하면 빠지기 쉬운 민사적인 내지 조정 화해적인 입장은 이제 불식시켜야 하는 것은 아닐까? 이것은 합의에 의존하려는 입장과 결별하는 것을 의미한다. 범죄가 되거나 혐의가 없는 경우에는 합의가 있든 없든 불기소하고, 범죄혐의가 있는 경우에 합의는 피해변상 등 정상으로서만 이를 고려하여야 한다. (중략) 고소인과 피의자 사이의 사화, 합의에 너무나 구애되는 것은 잘못이다. 더구나 당초부터 합의의 장려에 골몰할 때는 사안의 본말을 전도 시키게 된다. 어느 정도 민사재판 장기화되고 그 경비가 증가하는 등의 문제가 있는 것이 사실이지만 그런 문제의 시정과 구제는 별도로 고안되어야 한다. 그것을 이유로 검찰관이 그 구제에 나서려고 하는 것은 착각이다. 이처럼 고소사건은 순수하게 형사사건으로 처리하는 입장을 견지하여야 이른바 (남)고소가 현저히 배제될 수 있는 것이 아닐까? 이상의 진술은 너무나 당연한 것이어서 관념적으로 이론이 없는 것이지만 사건이 산적되기 때문에 실무상은 합의처리의 유혹에 떨어지기 쉬운 것 같다. 그러나 근본으로 돌아가지 아니하면 이 문제는 언제까지나 수렁과 같은 상태가 지속될 것임에 틀림없다.
다음에 경찰의 협력과, 경찰에 대한 구체적 지휘의 활발화의 문제가 있다. 송부사건은 본래 검찰관의 구체적 지휘를 전제로 하는 것이다. 직고사건도 또한 그 구체적 지휘를 배제하지 아니한다. 고소사건 수사를 실질적으로 경찰에 위양하여야 비로소 검찰관이 본래 있어야 할 검찰관으로서의 사건수사가 가능하게 된다. 이를 위하여 경찰과의 협조, 실무담당자에 대한 지도 등이 필요하게 된다."[30]

---

30) 법무연수소(1957), 319~320면.

민지 구스레가 늘어나기 때문에 '합의처리의 유혹'에 떨어지기 쉬웠지만 '근본으로 돌아가지 아니하면 이 문제는 언제까지나 수렁과 같은 상태가 지속될 것'이라는 전망 하에 1950년대의 일본 검찰은 당장의 고통을 감수하면서 '피해변상의 형식을 통하여 피해자와 피의자를 조정·화해시키는 민사적 기능'의 감당을 배격하여 왔다. 1950년대의 일본 검찰의 전망은 그 후 한국에서 실현되는 모습을 보여주고 있다. 1960년대의 한국 검찰이 당장의 고통을 감내하지 못하고 안이하게 '피해변상의 형식을 통하여 피해자와 피의자를 조정·화해시키는 민사적 기능'을 감당하기 시작하여 오늘날의 엄청난 상황31)으로 심화된 측면이 없다고 할 수 있을까?

VII. '민사불개입 원칙'의 실질적 근거

'한국형 민사의 형사화 현상'이 억제되고 '검·경의 민사불개입 원칙'이 현재보다는 확대되어야 하는 합리적 이유가 있을까? 이런 질문이 필요한 이유는 다음과 같은 반론을 제기하는 사람들이 있을 수 있기 때문이다.

"'한국형 민사의 형사화 현상'은 대한민국의 실정에 맞는 편리한 현상이므로 굳이 억제할 이유가 없다. '검·경의 민사불개입 원칙'은 독일이나 일본에

---

31) "○ 1999. 형사정책연구원에서 법무부로부터 연구용역을 의뢰받아 고소인과 피고소인을 상대로 직접 조사한 결과 ○ '고소동기'는 ■ 경제적 손실보상 ■ 형사처벌 ■ 민사소송 이용 목적 순이었으며, ○ '고소내용'은 고소인의 70.1%, 피고소인의 60.2%가 재산상 계약을 둘러싼 분쟁이라고 답변 4. 결론 ○ 고소사건의 대부분이 사기, 횡령, 배임 등 재산죄에 집중되어 60%가 재산범죄 고소 ○ 그러나 전체 고소사건 중 절반 이상을 점하고 있는 사기사건은 구공판 4.8%, 구약식 7.4%로서 기소율은 합계 12.2%에 불과하고 기소율도 최하위 ○ 반면, 혐의없음, 공소권없음, 각하 처분율은 사기죄 50.2%, 횡령·배임죄 55.8%를 각 기록 ○ 이와 같이 재산범죄가 전체 고소사건에서 차지하는 비중은 절대적이나 혐의없음 처분율은 전체 범죄 중 가장 높음", 송길룡(2006), 42면.

서 필요한 원칙일지 모르지만 현대 한국의 실정에는 맞지 않는 이론이다."

이런 반론에 적극적으로 대응하는 대응 논리가 있을 수 있는가, 있다면 그 논리는 어떤 것일까? 이 질문은 '검·경의 민사불개입 원칙의 실질적 근거'가 무엇인가 하는 질문이다. 이 질문은 또한 '독일이나 일본의 근현대 초기에도 대중들에게 인기가 없었을 그런 원칙을 독일이나 일본의 근대국가 운영자들은 왜 강력하게 관철시키려고 하였을까' 하는 물음이다.

형사사법 제도는 민사사법 제도에 비하여 상대적으로 많은 자원(resources)의 투입이 필요한 영역[32]이다. 게다가 민사사법제도는 본래가 '사인 사이의 분쟁'을 해결하는 제도이지만 형사사법제도에서 설정되는 분쟁은 '의제(fiction) 분쟁'이고 실질적인 분쟁은 아니다. 경찰과 검찰이 채권자의 채권의 존부를 확인하려고 끝까지 증거를 수집하여 주고 채권추심기관의 기능을 수행한다면 '사회적 비용'(social costs)이 채권자의 개인적 채권실현에 과잉투자되거나 중복투자되는 결과가 된다. 채권자의 개인적 채권실현기구는 민사사법 제도인데 '한국형 민사의 형사화 현상'은 채권자의 개인적 채권실현에 형사사법 자원을 동원하거나 민사사법 제도와 형사사법 제도를 중복이용하려는 현상이고 그만큼 '중대 범죄를 통제하는데 투입되어야 할 형사사법의 운용자원'을 소모시키는 결과를 빚게 된다.

예를 들어 경제활동인구가 줄어들고 출산율이 저하되며 급속히 고령화되어 가는 21세기의 한국 사회에서 성폭행, 가정폭력, 아동학대 분야야말로 그 존부의 확인과 예방을 위하여 경찰과 검찰이 많은 적극적 활동을 하여 줄 것이 요구되는 영역인데 경찰과 검찰이 채권자의 채권의 존부를 확인하

---

32) "형법을 민사 규범을 이행하는 데 사용하면 그 결과는 민법을 왜곡시킬 수 있다(When the criminal law is used to enforce civil law norms that are aspirational in character and deliberately soft-edged, the result may distort the civil law)" John C. Coffee, Jr., "Paradigms Lost : The Blurring of the Criminal and Civil Law Models-And What Can Be Done About It" in *Yale Law Journal* June. 1992, p.1876.

는 데 심혈을 기울이는 현상을 지속하면 '한국 가정과 경제'의 미래는 매우
암울하게 된다.

VIII. 법원에 대한 제언 :
수사기록(불기소처분기록등) 송부촉탁의 자제

민사법원의 재판부는 민사소송의 원고(채권자)의 수사기록송부촉탁신청
이나 수사기록검증신청[33]을 거부하지 아니하여 왔고 '거부의 명분이 없다'
고 생각하여 왔다(II). 그런데 민지구스레를 확인한 1950년대의 일본 검찰
에서 형성된 이 문제와 관련된 논의는 민사의 형사화 현상을 고민하는 대
한민국 법조에 유익할 것으로 보인다.

1950년대의 일본에서도 "고소사건은 민사사건과 병행되어 소송계속되는
경우"가 많았다. 더욱이 그중에는 "민사사건을 견제하거나 그것을 유리하
게 이끌기 위하여 제기된 것으로 인정되는 사건"도 발견되었다. 검사 연구
회에서 "고소사건이 민사사건과 병행되는 경우에 민사재판의 진행 또는 종
결을 기다려 처리하여야 하는가 여부"에 대한 논의가 필요하다는 제안이
제의되었다. 이 문제의 처리에 대한 일본 검찰의 대응은 다음과 같이 낙착
되었다.

---

33) 채권자들이 불기소처분기록을 얻으려고 하는 논리구조는 다음과 같다 ; "채권자들은 형
    사사건이 만일 불기소되더라도 잠재적으로 후일의 민사소송에서 유리한 증거자료를 확
    보하는 일정한 목적을 달성하게 된다. 고소 고발인은 수사가 종료된 후, 민사소송을 제기
    하고 해당 재판부에 문서송부촉탁이나 서증조사를 신청한다. 자신이 많은 노력을 들이지
    않더라도 민사소송절차에서 이용할 수 있는 유리한 증거를 손쉽게 경제적으로 얻을 수
    있다는 장점 때문에 채권자들은 형사절차를 선호하는 것이다" 조광훈(2005년), 15면 ;
    신동운(2006), 29면.

"원칙으로 고소사건은 민사와는 별도로 독자의 입장에 서서 처리하여야 한다. 병행하는 민사사건의 진행 또는 종결을 기다리지 말아야 한다, 다만 고소사건의 범죄의 성부를 결정하는데 관건이 되는 물건의 소유권의 귀속이 민사에서 다투어져 곧 재판이 종결될 전망이 있는 등 특수한 경우에는 잠시 그 결과를 기다려 처리하는 것이 좋은 때도 있겠지만 대체로 민사와는 별도로 독자의 처리를 하여야 한다. 특히 민사를 견제하거나 민사를 유리하게 이끌기 위하여 고소가 행하여졌다고 인정되는 사안에서는 당사자의 지연책에 말리는 일이 생겨서는 아니 된다.

다음에 고소사건이 민사사건과 병행되는 경우에 민사재판소로부터 사건기록의 송부를 요청하는 경우가 있는데 이런 경우 어떻게 할 것인가?

1953년(소화 27년) 2월 2일자 검무3469호 '민사사건의 증거결정에 기초한 불기소 기록의 송부방식에 대하여'라는 제목의 검무국장회답(검찰월보 35호 59면)이 참고된다. 그 회답은 '형소법 제47조에는 (중략) 같은 조 단서의 규정대로 공익상의 필요 기타 사유가 있어 상당하다고 인정되는 경우는 불기소기록 송부요구에 응하여야 한다고 해석된다. 그러나 특정의 불기소기록이 이에 해당하는지 여부의 인정은 서류보관자의 권한에 속하는 것이므로 재판소의 증거결정에 기초하는 등 일응 공익상 필요가 있다고 인정되는 경우에도 다시 일응의 공익상의 필요에 우선하는 특별한 사유(예를 들어 관련사건의 수사에 특히 비밀을 보지할 필요가 있는 경우 등)가 있을 때는 그 요구를 거부할 수 있는 것으로 해석되므로 구체적 사례에 따라 신중하게' 검토하여야 한다.

이론적으로는 위 회답과 같이 하여야 할 것이지만 현실 문제로서 수사상 비밀을 요하는 경우가 많고 또한 그 때문에 각 청(各廳)의 취급도 구구한 것 같으므로 1956년(소화31년) 4월 17일 도쿄 고검 관내 검사정 회동 시에 '민사재판소로부터의 조회에 기초한 불기소기록등의 제출문제'에 대하여 협의가 행하여진 결과 '원칙적으로 이에 응하지 말라. 다만 민사재판상 진실로 필요하다고 인정되고 또한 수사상의 비밀을 해할 우려가 없는 경우에는 필요부분의 조서 사본등을 제출하여 협력하라'는 취지의 합의가 이루어졌다. 전국적인 합의는 아니지만 실무상의 참고가 될 것으로 생각된다"[34]

---

34) 법무연수소(1957), 322~323면.

대한민국의 형소법 제47조[35])의 내용은 일본의 형소법 47조[36])의 내용과 대동소이하다. 법원은 현재의 일본 재판소가 취하고 있는 '당사자주의론'을 근거로 수사기록(불기소처분기록등) 송부촉탁을 거절하여야 하고, 검찰이 보기에 신청 당사자의 의도가 '민사의 형사화 현상'을 부채질하려는 의심이 드는 경우에는 수사기록(불기소처분기록등) 송부촉탁, 기록검증신청의 인용을 신중히 하는 자세가 필요하다.

IX. 검찰에 대한 제언

앞에서 인용한 자료에 의하면 1950년대에는 일본의 경찰이나 검찰 내부에서도 '민사불개입 원칙'이 확고하게 뿌리박은 것 같지 않다. 그러나 적어도 1980년대에는 일본 경찰이 '민사불개입 원칙' 정책을 강력하게 밀고 나간 것 같고[37]) 일본 검찰과 재판소도 일본 경찰의 정책을 소극적으로 용인하여 온 것 같다. 21세기 초반 현재의 사태의 심각성에 비추어 볼 때 한국 검찰이 '고소수리 억제는 법규상 불가능하지만 고소를 수리하기 전에 사실상 수리를 억제하는 것은 가능'하다는 애매한 입장을 취하는 것은 너무 안

---

35) "제47조 (소송서류의 비공개) 소송에 관한 서류는 공판의 개정 전에는 공익상 필요 기타 상당한 이유가 없으면 공개하지 못한다."

36) "제47조 (소송서류의 공개금지) 소송에 관한 서류는 공판의 개정 전에는 공개할 수 없다, 다만 공익상 필요 기타의 이유가 있어 상당하다고 인정되는 경우에는 그러하지 아니하다."

37) "변호사의 경험에 비추어 볼 때 일본의 경찰은 국민의 고소·고발에 대하여 민사불개입 원칙을 구실로 경찰권의 발동을 거부하는 경우가 많다. 경찰은 민사문제가 관련된 고소·고발을 수리하지 아니함을 실감할 수 있다. 더욱이 문제는 경찰이 민사불개입 원칙을 방패삼아 경찰권을 발동하지 않았기 때문에 민사분쟁에 폭력단이 개입하고 자주 폭력사건이 발생하는 결과가 되고 있다는 것이다." 야마구찌 구니아끼(산구방명), 민사불개입의 원칙과 경찰활동, 법학세미나 증간 총합특집시리즈36, 경찰의 현재(1987. 7, 일본평론사, 111~112면)

이한 자세로 보인다. 일본 검찰은 1950년대에 규모가 큰 검찰청에서 발생한 사태에 적극 대응하여 현재와 같은 안정세를 유지하였는데 한국검찰은 1950년대의 일본검찰보다 100배 이상의 심각한 메가톤급 사태에 봉착38)하고서도 여전히 일본 검찰을 따라 '고소수리 억제는 법규상 불가능하지만 사실상 수리를 억제'하는 방안을 논하고 있으니 '민사의 형사화 현상'이 쉽게 잡힐 것 같지 않다. 한국검찰은 '고소=기본권론'39)을 부정하고 과감히 '고소=수사단서론'을 주장하여야 한다. 한국검찰이 종래 사용한 선별수리제도, 수리보류제도40)나, 한때 검토 중인 고소요건 법정, 고소장 표준서식 인터넷 게시, 당사자 동의를 전제로 한 조정의뢰 시범시행(2006. 4.), 쟁점 진술서 활용, '수사불요' 개념 도입, 유책고소인에 대한 절차이용 비용부담제 도입41) 등은 모두 소변통에 해당한다.

현재의 '메가톤급 사태'를 벗어나려면 정면으로 '한국형 민사불개입 원칙'을 구상하여 천명하고 점진적으로 확대 시행하려는 대변통이 필요하다. '민사불개입 원칙'을 정면으로 천명하여야 사법경찰관의 고소접수(송검사건)를 대폭 줄일 수 있고 검찰항고와 헌법소원으로 이어지는 '고소전문 고소광'의 활동에 제동을 가할 수 있다. '민사불개입 원칙'을 정면으로 천명하여 법원과 헌법재판소의 판단을 받는 경로를 준비하면 입법의 어려움을 우회할 수 있을 것이다. 그리고 대변통의 로드맵을 구상할 때는 1968년에 제창된 서정각(당시 검사)의 구상(재산범죄 고소사건부터 시작하자)이 크게 주목할 만하다.

1968년에 고소 억제 방안을 논한 그는 자신의 논문42)에서 다음과 같은

---

38) "(전략) 우리나라의 피고소 인원이 일본의 44.5배이고, 인구 10만명 당 피고소 인원은 우리나라가 1,057.6명으로 일본 8.5명의 124배에 이르고 있는 실정이다." 신동운(2006), 7면, 각주 8)에서 재인용.

39) 서정각(1968), 58면.

40) 서울고등검찰청(1997), 194~202면.

41) 송길룡(2006), 44~59면.

흥미 있는 주장을 전개하였다. 그는 당시 검찰에서 전국적으로 시행하고 있는 억제시책을 '무고죄의 활용'이라고 지적하면서 그 시책의 시행이 곤란하다고 진단[43]하고 다른 방책을 제안하였다. 그에 의하면 1968년 당시의 '무고죄 활용론'자들은 "그 이상의 억제책을 쓰는 것"은 "국민의 기본권을 무시하는 것"이라고 생각하였다. 그는 '무고죄 활용론'을 포함한 '종래의 고소억제책의 단점'으로 "빈한한 하류계층에 대한 고려를 하지 않았다."고 지적하면서 다음과 같이 말하고 있다.

> "그러기 때문에 그 새 안들은 비난의 표적이 되었고 묵살되었다. 그러므로 필자는 특히 이 점에 유의하여 전연 새로운 억제책을 제시하고자 한다. 첫째, 필자가 우선 억제대상으로 삼으려는 것은 모든 고소사건이 아니라 재산죄 고소사건 만이다. 왜냐하면 비재산죄 고소사건까지 규제하려고 하면 이제까지의 풍습 또는 전통적 사고방식에 대하여 지나친 자극을 주는 결과가 되며 즉각적으로 '매를 맞아도 제대로 고소 하나 못하는 세상이 어디 있느냐'는 반발에 직면할 것이다. 그리고 또 현재 가장 고소권이 남용되는 것도 이것이므로 우선 재산죄 고소 만을 규제하는 것이 상책일 상 싶다. 그러면 위와 같은 비난도 고개를 숙일 것이며 다소의 비난이 있더라도 '재산상의 침해를 구제하여 달라고 호소하려면 약간의 경제적 부담을 지더라도 할 수 없는 것이며 이것이 현대 경제체제가 아니냐'고 반박할 수도 있을 것이다. 둘째, 억제책을 쓰는 데 있어 언제나 극빈자에 대한 고려를 아끼지 않아야 하겠다. 그렇게 함으로써 '돈 없는 사람은 고소도 못한다'는 원성을 모면할 수 있을 것이다. 이러한 두 가지 전제하에서 이하 몇 가지 방책을 차례로

---

42) 서정각(당시 서울지방검찰청 부장검사), 남소(濫訴) 억제에 대한 소고, 검찰 3호(1968. 7.), 58~66면.

43) "무고죄의 적용은 그 범죄자체의 성격에서 오는 입증곤란이라는 원래의 험로에다 검찰능력의 취약화(검사남소가 그 중 중대한 그 원인의 하나이며 악순환의 요인이 되고 있다)라는 장애가 상승작용을 하여 사실상 그 실효성을 상실하다시피 되어 있고 또 이러한 실정에 편승하여 남소의 경향은 날로 심해져 가고 있으며 검사들은 되지도 않는 고소사건에 매달려서 그 본래의 기능을 발휘하지 못하고 있다" 서정각(1968), (앞의 책, 59면)

설명키로 한다'44)

서정각은 그 방책으로 필요적 변호제(고소를 하려면 누구나 원칙적으로 변호사에게 위임하여야 한다), 인지제(민사소송인지법에 준하는 인지를 고소사건에도 첨부하게 하자), 보증금납부제(수사를 수행한 결과 고소사실을 인정할 수 없을 때 남소한 것으로 인정하여 이를 몰수한다)를 제안45)하였다. 그런데 그는 필요적 변호제와 관련하여 다음과 같은 흥미 있는 주장을 하고 있다.

> "(다) 무산자 구제 : 재산죄 고소사건은 대체적으로 중산자 이상의 계층에서 일어나기는 하나 그래도 하류층에서도 소소하나마 상당수의 고소가 제기되는 실정이다. 그런데 이러한 무산자들에게도 일률적으로 변호사를 선임하도록 요구한다면 비난을 받을 뿐아니라 그야말로 헌법상의 국민의 기본적 권리를 사실상 박탈하는 결과를 초래할 우려가 있다. 그러므로 호별세 등급 5급 이하의 사람에 대하여는(이밖에도 이에 준할 대상자를 규정할 수 있을 것이다) 무료변호제도가 있어야 할 것이다."46)

서정각의 주장은 실현되지 아니하였지만 저자가 주목하는 부분은 그가 전개하는 논증의 저류에 흐르고 있는 '시대정신'이다. 당시의 시대정신은 '극빈자/무산자/하류층에 대한 배려를 무시할 수 없다'는 온정주의(paternalism)였다. '매를 맞아도 제대로 고소 하나 못하는 세상', '돈 없는 사람은 고소도 못하는 세상'이 되면 "국민의 기본권을 무시하는 것"이라는 사상에서 '한국형 온정주의'가 잘 표현되고 있다.

온정주의는 현재와 같이 빠른 속도로 세계화되는 지구촌 사회에서 불필

---

44) 서정각(1968), (앞의 책, 58~60면)
45) 서정각(1968), (앞의 책, 60~66면)
46) 서정각(1968), (앞의 책, 62면)

요한 과보호를 주는 것이며[47] 도덕적 해이(moral hazard)를 초래한다. 신용공여자는 엄격한 신용조사 후에 대여한 후 추심업자[48]와 민사사법 제도를 이용하여 이윤을 확보하여야 한다. 신용정보의 이용 및 보호에 관한 법률(일부개정 2006. 3. 24. 법률 제7883호)은 신용정보회사에 일정한 채권추심 권한을 부여하였다.

신용공여자들이 비용이 많이 드는 형사사법 자원을 활용하는 것을 용인하기 시작하면 민사사법과 형사사법이 뒤얽히고 자유경쟁과 시장경제가 왜곡되어 국가경제 전체의 최적상태에 도달하는 데 지장을 초래한다.

X. 결어

현대 한국에서 민사의 형사화 경향이 심화된 데에는 경찰과 검찰의 미온적인 대처 외에도 그들이 감당하기 어려운 외부 여건이 존재한다. 조선시대에 존재하지 않았던 근대적 재산범 범주의 도입, 권리의식의 향상, 소송을 불사하는 법문화와 ADR의 미발전, 사기범의 기망에 쉽게 속은 후에 경찰과 검찰의 구제를 기다리는 안이한 시민들의 정신 자세, 합리적인 신용공여 제도의 미비와 합리적인 파산법제의 불비가 문제의 근원이다. 그런 문제들은 하나하나가 모두 방대한 연구주제들이다. 이 글에서는 그런 문제들을 다루지 못하고 사법제도 운영주체들의 대응태도만을 지적하는 데 그쳤다.

'한국형 민사의 형사화 경향'은 경찰과 검찰을 민사문제에 개입시켜 채권추심에 폭력집단이 개입하는 부작용을 막아 온 공적(功績)이 있다. 그러나 그런 부수적인 '명(明)'을 제외하면 대부분이 '암(暗)'적인 모습으로 가

---

47) 신동운(2006), 37면.
48) 신용정보의 이용 및 보호에 관한 법률(일부개정 2006. 3. 24. 법률 제7883호)은 신용정보회사에 일정한 채권추심권한을 부여하였다.

득 차 있다. 대변통(大變通)은 우선 재산범죄 분야에서 '한국형 민사불개입 원칙', '고소=수사 단서론'을 구상하여 천명하고 로드맵을 작성하여 점진적으로 실천하는 데서부터 시작되어야 한다.

제12장 사정의 법적 성격 : 창설적 효력설 비판*

Ⅰ. 문제의 제기

　대략 1965년부터 한국 대법원은 일제강점기 당시에 '조선임야조사령에 근거하여 행하는 행정청의 토지소유자 사정(査定)이 확정(確定)되면 그 사정명의자는 종전에 그 임야에 대한 소유권이 있었거나 없었거나를 불문하고 위 사정의 효력으로써 절대적으로 그 임야의 소유자로 확정되는 반면 종전의 소유자는 이에 따라 그 권리를 상실한다.'고 판시하였다. 그런데 2012년에 발표된 논문에서 윤진수 교수는 "토지1) 및 임야 사정은 (중략) 기존의 소유권을 재확인하는 확인적 행정행위의 성질을 가지는 것일 뿐"이

---

* 이 글은 토지법학 31권 1호(2015. 6.)에 게재(175~205)된 논문을 수정·보완한 것이다.
1) 주로 농경지(農耕地)와 시가지(市街地=宅地)를 지칭하지만 '농경지와 시가지로 둘러싸인 임야'도 포함한다.

며 "사정에 의하여 새로운 '근대적 소유권'이 창설된다고 보는 것은 '사정 전에도 이미 토지소유권이 존재하고 있었다'고 보는 (한국 : 저자첨가) 역사학의 연구와도 배치"되고, 따라서 "토지 및 임야의 사정은 종래의 소유권을 재확인하는 것이라고 보아야 하고, 사정을 받은 자가 소유권을 원시취득한다고 보는 것은 지양되어야 할 잘못된 이론2)"이라며 위 판례의 시정을 주장하였다. 저자는 이 논문에서 윤교수의 주장을 이어받아 '시장경제와 자본주의 체제를 수용하는 시민법학적 전통' 하에서는 종래의 '창설적 효력설'이 시정되어야 할 논증이라는 점을 비교사적 측면에서 논증하려고 한다.

논증의 방법은 일제강점기 조선총독부 시절에 형성된 창설적 효력설의 계보를 추적하여 그 근원을 밝히고, '식민지 조선에서의 사정'에 비견되는 메이지(明治) 일본의 행정행위를 '지조개정처분(地租改正處分)'(이하 '개조처분'으로 약칭함)으로 설정하여 개조처분의 효력에 관한 일본 대심원(大審院)의 자리매김의 추이, 그리고 1945년 후 일본의 하급심이나 최고재판소(最高裁判所)의 자리매김, 이에 관한 현대일본 법학자들의 학설을 추적하여 한국 대법원의 창설적 효력설의 의미를 재검토해 보는 것이다.

먼저 하나의 생생한 가상적 케이스를 상정한 후 논의를 시작하는 것이 이 논문의 논지를 전달하는데 유용할 것이다.

---

2) 윤진수, "토지 및 임야 사정의 법적 성격 : 원시취득론 비판", 서울대학교 법학 53권 1호(통권162호), 2012, 601면.

1. 1965년 대법원판결의 대상이 된 사안3)

1860년대 쯤 A는 선조(先祖)의 묘지로 쓰기 위하여 임야 1필지(이하 'X 임야'로 약칭함)를 매수하여 금양(禁養)4)하고 있었다. 1860년 당시에 임야의 매수는 금양의 주체가 자신을 산주(山主)로 지칭하면서 산지(山地) 명문(明文)을 작성하여 대가를 주고 매수인에게 넘겨주고 매수인이 당해 산지에 대한 금양을 인수하는 방식으로 행하여졌다5). 1906년에 토지가옥증명규칙(土地家屋證明規則), 1908년에 토지가옥소유권증명규칙(土地家屋所有權證明規則)이 공포·시행되었다. 이 규칙들이 시행되기 이전의 토지거래 증명은 '관증(官證)'6)이었다. 이 규칙들은 종전에 관증만 부여하던 증명방식에서 통수(統首)·동장(洞長) 등의 '지역공동체의 증명(證明)'을 덧붙이는 방식의 이중적 인증방식을 도입한 것이다. 그런데 B는 X 임야의 주인으로 자처하는 D[X 임야에 대하여 금양실적이 없는 '참칭산주(僭稱山主)'라고 가정하자]로부터 대가를 주고 X 임야를 매입한 후 그 매입문기를 작성 받아 가지고 있었는데 1906년에 토지가옥증명규칙이 공포·시행되자 그 규칙에 따라 매입증명을 받았다. 1912년부터 1926년에 이르기까지 '조선토지·임야조사사업'(이하 '사업'으로 약칭함)이 시행·완료되었다. 그 후 전국의 모든 토

---

3) 당초 저자는 1965년 선고된 대법원판결만을 확보하고 있고 하급심판결을 확보하지 못하였었는데 토론자인 이순동 교수의 도움을 받아 항소심판결을 입수하였다. 그러나 여전히 정확한 사안을 구성하는 것은 쉽지 않다. 그래서 설명의 편의상 상상력을 동원하여 다소간의 단순화와 상상에 의한 부풀림을 감행하였다. 그러나 이 단순화와 부풀림이 이 논문의 논지를 전개하는 데에는 큰 지장이 없을 것이다.

4) 이 논문에서 사용하는 '금양(禁養)'이란 용어의 의미는 '소유의 의사로 공연하게 임야를 점유하고 나무를 식재(植栽), 육림(育林) 하는 등 현실적으로 임야를 지배하고 있는 상태'를 지칭한다.

5)《유서필지(儒胥必知)》에는 '산지문권(山地文券)'이라는 문서 양식의 샘플이 소개되어 있는데 그 샘플의 문투(文套) 중에 '산지'를 '영영방매(永永放賣)'한다는 문투가 있다. 이것은 조선후기에 산지가 사유(私有)의 대상이 되었다는 증거이다.

6) 관증(官證)의 구체적 방식에 대하여는 박병호, 한국법제사고(법문사, 1974), 36~70면.

지·임야에 대하여 지적도(地籍圖)와 토지대장(土地臺帳)·임야대장(林野臺帳)이 작성되었고 권리관계의 변동은 '토지등기부·임야등기부'에 등재되어 공시되었다. 사업이 시작된 초기에 B(참칭산주로부터 산지를 매입한 제3취득자)는 자신이 X 임야에 대한 소유자라고 신고하여 그 명의로 1913.8.20. 사정을 받았고, 적어도 1920년대에 B는 토지·임야대장이나 토지·임야 등기부에도 소유자로 등재되었을 것이다. 오랜 시간이 흘러 X 임야는 전전(輾轉) 이전(移轉)되어 1960년대에 A측과 C 사이에 소유권귀속 분쟁이 발생할 때쯤에 등기부상 'X 임야'의 최종 소유자는 C로 등재되어 있었다.

　A의 적법한 상속인 A2는 1960년대 초에 C를 상대로 임야소유권 이전등기 말소청구소송을 제기하였다. A의 주장근거를 상상하여 구성하면 대략 다음과 같을 것이다:

　　"구한말 주권국인 대한제국의 소유질서에 비추어 볼 때 B는 참칭소유자 D로부터 'X 임야'를 매입하였으므로 B는 여전히 'X 임야'에 대하여 무권리자이다. 그런데 B는 정당한 원인 없이 '토지가옥증명규칙' 등에 의하여 소유권 증명을 받았다. 이어서 1912년 이후에 B가 자신의 명의로 소유자로서 사정을 받았다 하더라도 구한말의 소유질서상 D, B는 원래 'X 임야'에 대하여 무권리자였으므로 B 명의로의 소유권이전증명, B 명의로의 사정, B 명의로의 토지대장·등기부 등재는 모두 '실체상 권리관계에 합치되지 않는 원인무효'의 것이므로 C 앞으로의 소유권이전등기도 말소되어야 한다."[7]

　A2가 항소심에서 주장과 입증을 잘하였는지 A2는 항소심에서 승소[8]하

───────────

7) 저자가 항소심판결의 요지를 토대로 약간의 상상력을 발휘하여 부풀렸다.

8) 항소심판결의 요지는 다음과 같다. "본건 임야 중 위 931평은 원고가 선대(先代)로부터 상속을 받은 재산임에도 불구하고 피고는 아무런 원인 없이 소유증명을 받아 소유권을 취득한 무권리자로부터 소유권이전등기를 거친 것으로서 피고명의의 소유권이전등기는 실체상 권리에 합치되지 않는 원인무효의 등기이므로 피고는 원고에 대하여 이를 말소하여야 한다."

였다. C가 상고하였다. 대법원은 다음과 같은 입론(立論)으로 항소심판결을 파기환송 하였다.

"그러나 조선임야조사령(1918년 5월 제령 제5호) 제8조에 의하여 임야의 소유자 및 그 경계를 사정하여 그 ⓐ '사정이 확정되었으면 그 사정명의자 는 종전에 그 임야에 대한 소유권이 있었거나 없었거나를 불문하고 위 사 정의 효력으로써 절대적으로 그 임야의 소유자로 확정되는 반면 종전의 소 유자는 이에 따라 그 권리를 상실'하게 되므로 설사 본건 계쟁임야부분이 종전에 원고(A2)의 선대(先代)(A) 또는 원고의 소유이었다고 가정하더라도 조선임야조사령에 의한 소유자 사정의 결과 그 소유자는 B로 확정되고 종 전의 소유자(A)는 그 소유권을 상실하였다. 그렇다면 위 임야사정 이후에 원고가 새로운 원인으로 다시 본건 임야의 소유권을 취득한 사실이 없는 한 소유권 있음을 전제로 한 본건 청구는 이유 없다. 원심판결은 조선임야 조사령에 의한 사정의 효력을 오해하였거나 그렇지 아니하면 조선임야조사 령에 의한 사정 이후 원고가 새로운 원인으로써 본건 임야계쟁부분의 소유 권을 취득한 사실의 유무에 대하여 심리를 다하지 아니한 위법이 있다."[대 법원 1965. 11. 30. 선고 64다1508 판결(임야소유권이전등기말소등)]

그런데 이 대법원판결은 현대의 시민법 이론에 익숙한 사람에게는 잘 납 득이 되지 않는 내용의 판결이다. 왜냐하면 사업당시의 '사정'이란 행정청 [토지사정은 임시토지조사국(臨時土地調査局), 임야사정은 도장관(道長官)] 의 확인적 행정행위일 뿐인데 이 행정행위가 있었다는 점을 이유로 '사인 (私人)의 사법부(司法府)에 대한 사법적(私法的) 재산권의 실체관계의 판정 요청' 자체를 거부시키는 효력을 인정하는 것이기 때문이다. 일제강점기도 아니고 민족이 해방된 지 70년이 경과한 이 시점에서도 대법원이 이런 무 리한 판결을 거듭하는 것은 모종의 선례(先例)나 문헌적 근거가 있을 것처 럼 보인다. 그렇지 않고서는 대법원이 위와 같은 시민법이론의 상식에 어 긋나는 논증을 할 리가 없기 때문이다. 그러므로 사정을 전후한 일제강점

기의 법령과 사업관련 보고서류들을 정밀히 추적하여 그 뿌리를 밝혀 볼
필요가 있다.

II. 사정을 전후한 일제강점기의 법령과 사업관련
보고서류 문헌들

1. 조선토지조사령(1912)과 조선임야조사령(1918)

위 1965년 판결의 사안은 임야소유권의 귀속분쟁이므로 먼저 조선임야
조사령(1918년 5월 제령 제5호)을 보기로 하자. 같은 령 제8조는 "도장관
(道長官=현재는 도지사)은 임야의 소유자와 그 경계를 사정한다. 도장관은
사정상 필요하다고 인정할 때는 다시 임야의 조사와 측량을 할 수 있다. 제
6조와 제7조 제1항 내지 제3항의 규정은 전항의 조사와 측량에 준용한다.
도장관은 제1항의 규정에 의한 사정을 한 때는 30일간 이를 공시한다."고
규정9)할 뿐이다. 그러므로 조선임야조사령만으로는 왜 위와 같은 무리한
대법원판결이 나올 수 있는지 의문이 풀리지 않는다. 그런데 조선임야조사
령에 앞서 공포된 조선토지조사령(1912년 5월 제령 제2호) 제15조와 제16
조에 다음과 같은 규정이 있어 약간의 힌트를 주고 있다:

"[제15조] 토지소유자의 권리는 사정의 확정 또는 재결(裁決)에 의하여 확
정한다. [제16조] 사정으로 확정한 사항 또는 재결을 경유한 사항에 대하여
는 다음의 경우에 사정이 확정되거나 또는 재결이 있는 날로부터 3년 안에
고등토지조사위원회에 재심신청을 할 수 있다. 단 처벌될 만한 행위에 대하
여 판결이 확정된 때에 한한다."

---

9) 朝鮮總督府 農林局, 朝鮮土地調査事業報告書(京城, 1938), 208면.

임야조사사업의 목적은 토지조사사업의 목적과 크게 다르지 않으므로 한국의 법원이 임야 사정의 법적 효과를 판단할 때 토지조사령 제15조, 제16조를 참조하는 것은 그렇게 부자연스러운 태도는 아니다. 그런데 이 조문에서 말하는 '확정' 또는 '재심'이라는 용법은 매우 납득하기 곤란한 용어사용이다. 행정청의 사정은 행정행위 혹은 행정처분에 불과하다. 반면에 '확정'이란 용어는 제1심이나 항소심 법원이 재판을 선고하고 당사자가 상소 없이 상소기간을 경과하거나 당사자가 상소를 포기하거나 최종심의 재판이 선고되었을 때 확정 재판의 구속력과 불가변경력, 불가쟁력을 지칭하는 용어이다. 그런데 제15조는 행정청의 행정행위에 법원의 재판에 육박하는, 심지어는 법원의 재판보다 더 우월한 지위를 인정하고 있다. 또 재심이란 재판이 확정되어 통상의 구제절차로는 확정 재판의 구속력, 불가변경력, 불가쟁력을 다툴 수 없지만 흠이 참을 수 없을 정도로 중대할 때 허용하는 비상구제절차를 의미한다. 확인적 행정행위에 확정력을 인정하려는 발상도 납득할 수 없고, 재심을 인정하되 3년이라는 짧은 신청기한만을 설정하며, 게다가 재심요건에 심각한 제한(처벌될 만한 행위에 대하여 판결이 확정된 때)을 가하고 있는 것이 토지조사령 제16조이다. 근·현대의 시민법학적 법이론에 비추어 볼 때 조선토지조사령(1912년 5월 제령 제2호) 제15조와 제16조는 전혀 납득할 수 없는 입법이다. 모종의 정책을 수행하겠다는 결연한 의지가 배후에 있음을 짐작하게 한다. 다음에 사업에 관한 '공식적인 보고서류'에는 이 쟁점에 대하여 어떤 기술이 있는가를 살펴보자.

2. 1918년의 사업보고서

'조선토지조사사업보고서'(이하 '토지보고서'로 약칭함)는 조선토지조사령 제15조의 '확정'의 의미를 다음과 같이 설명하고 있다 :

"사정은 (1) 사정의 확정에 의하여 절대로 토지소유관계를 확정하므로 사정 전(前)에 법령에 의하여 취득하거나 또는 보장되는 일체의 토지소유권에 우월한 것이 된다. 그러므로 (2) 토지소유권이 사정 또는 재결을 경유하여 확정된 때에는 이와 저촉되는 등기 또는 증명이 있으면 토지소유권자는 그 등기 또는 증명의 말소를 신청할 수 있다. (3) 이미 등기 또는 이미 증명이 있는 토지의 일부에 관하여 사정 또는 재결을 경유하여 확정된 소유권이 등기 또는 증명과 저촉될 때 토지소유권자는 등기 또는 증명의 명의인을 대신하여 토지분할의 등기 또는 증명을 신청할 수 있는 것으로 한다."10)

(1)에서 '사정의 확정에 의하여 절대로 토지소유관계를 확정'한다는 것의 의미를 조선임야조사사업보고는 다음과 같이 설명한다.

"사정 또는 재결은 일반적으로 확정력을 가지므로 누구에게나 대항할 수 있는 반면에 확정판결은 당사자 사이만을 기속(羈屬)하는데 그친다. 양자 (사정·재결과 판결)가 그 내용을 달리하면, 즉 확정판결의 승소자라 하더라도 임야조사령에 기초하여 소정의 절차를 경유하여 사정을 받지 않을 때는 소송의 상대방에 대하여만 판결에 의하여 권리를 주장할 수 있지만 일반적으로 대항할 수는 없다. 따라서 제3자가 신고하고 사정을 받아 불복신청기간을 경과하여 사정이 확정된 때는 확정판결의 승소자는 먼저의 사정명의인에 대하여 권리를 주장할 수 없다. 이것이 사정과 판결의 효력이 다른 점이다."11)

판결은 당사자 사이만을 기속하는 상대적 효력을 가지는 데 비하여 사정에는 대세적(對世的) 효력이 있다는 취지이다. 이 논증은 헌법이 있어도 하위법에서 헌법보다 상위의 효력을 인정하면 그 하위법이 헌법에 우선할 수 있다는 식의 법문언 만능주의의 논증이다. 조선을 '문명개화(文明開化)'시

---

10) 朝鮮總督府 臨時土地調査局, 朝鮮土地調査事業報告書(京城, 1918), 441면.
11) 朝鮮總督府 農林局, 朝鮮林野調査事業報告(京城 : 1938), 76~77면.

킨다는 명목으로 합병한 일제는 사업을 시행하면서 왜 이런 '비문명적(非
文明的)인 논증'을 감행하였을까? 1920년에 조선총독부가 출간한 한 보고
서가 약간의 힌트를 준다. 조선토지조사사업의 실무를 담당했던 와다 이찌
로는 1920년에 출간된 보고서에서 다음과 같이 말한다:

> "사정의 확정에 의하여 (사정명의인이 그 명의로 사정된 토지의 소유권을
> 취득함이 : 역주) 절대로 확정되고 이를 변경할 수 없다. 이에 저촉되는 증
> 명 또는 등기는 신청에 의하여 말소 또는 변경될 수 있다. 이 행정처분으로
> 토지소유권이 확정되는 것으로 하는 것이 조선토지조사의 특색의 하나이
> 다. 대개 다수의 토지분쟁을 해결하고 속(速)히 토지제도를 정리함에 있어
> 가장 기의(機宜)의 방법이다."[12]

근대 시민법적 훈련을 받은 와다 이찌로 자신에게도 '행정처분으로 토지
소유권이 확정되는 것으로 하는 것(토지조사령 제15·16조의 입장)'이 '부자
연스러운 논증'이라는 생각이 들었는지 그는 토지조사령 제15·16조가 '조
선토지조사의 특색의 하나'라고 평하고 있다. 이 비문명적인 논증의 이면
에는 '모종의 정책수행 의도'가 숨어 있는데 그 정책이란, 그렇게 해야 '다
수의 토지분쟁을 해결하고 속히 토지제도를 정리'하는데 '매우 효과적'이
라는 발상이다.

1983년부터 한국 대법원은 한층 더 나아가고 있다. 1983년에 대법원은
"일제강점기 다이쇼(日政 大正) 년도에 있었던 토지의 사정은 소유권의 원
시취득의 효력이 있다."고 판시[13]하였으며 그 후 이 판결은 확고한 판결이

---

12) 和田一郎, 朝鮮土地 地稅 制度調査報告書(京城 : 1920), 884면.
13) "본건 토지는 1915. 10. 20. S 명의로 사정받은 것임을 알 수 있는바, 日政 大正 년도에
   있었던 토지의 사정은 소유권의 원시취득의 효력이 있으므로 위 S는 사정에 의하여 본
   건 토지에 대하여 소유권을 취득하였다. 소론은 피고인의 조부 O가 본건 토지에 그 조부
   의 분묘를 설치하고 위 S에게 명의신탁하여 사정을 받도록 한 것이라고 주장하나 이 점
   을 알아차릴 자료가 없다. 그렇다면 타인의 토지에 선조묘를 설치 관리하였다 하여도

되었다. 그런데 이 입장(원시취득론)은 단순히 법논증의 영역에서만 통용되는, 따라서 아카데믹한 논증에서는 의미가 없는 수사학적(修辭學的) 논증(rhetorical argument)에 그치지 않는다. 사업연구에서 많이 읽히는 저술을 한 한국의 어느 경제사학자는 이 관점을 근거로 사업이 "법적으로는 이전의 토지소유제도와 별개인 새로운 토지소유제도를 창출한 것"이라고 논평14)하고 있다. 이처럼 사정의 효력에 관한 창설적 효력설 혹은 원시취득설은 향후 사업의 역사적 성격을 논의하는 사회과학자나 역사학자에게 그릇된 논증의 기초로 사용될 가능성이 있으므로 철저한 검증이 필요한 법논증이다. 그런데 창설적 효력설 혹은 원시취득설은 한국 대법원의 '정책적 창작'일까 아니면 무언가 '한국 대법원의 논증을 선도한 일본측의 법논증이 있는 것일까' 하는 의문이 제기된다.

3. 1921년 조선에서 출간된 책자 '조선부동산등기의 연혁'

한국 대법원의 논증을 선도한 법논증이 있는 것으로 보인다. '조선부동산등기의 연혁'15)이라는 책이 그것이다. 이 책은 오래전부터 법원도서관에 수장되어 있던 도서이므로 1983년 판결은 바로 이 책의 논증을 참조한 것이 아닌가 하는 추측을 해 볼 수 있다. 이 책의 56페이지 이하에 다음과 같은 기술이 보인다.

"사정은 사권확정(私權確定)의 방법인 행정상의 처분이다. 이 처분은 사법 재판소의 재판과 제도상 전연 그 계통을 달리하는, 독립의 국가기관의 행위

특별한 사정이 없는 본건에 있어서는 그 토지의 소유권을 취득할 수 없다."(대법원 1983. 10. 25. 선고 83도2118 판결)

14) 조석곤, 한국근대 토지제도의 형성(해남 : 2003), 9면, 89면.

15) 早川保次(하야카와 야스지), 朝鮮不動産登記の沿革(이하 '연혁'으로 약칭함)(京城 : 大成印刷社, 1921).

이다. ⓑ 이 처분에 의하여 확정된 소유권은 사법재판소라 하더라도 이를 인정하지 않을 수 없는 절대적인 것으로서 두 가지(사정과 판결 : 역주)가 양립할 수 있는 것이 아니다.(중략) ⓒ 소유권의 존재는 사정에 의하여 비로소 확인·결정되는 것이므로 사정과 사정 전의 소유권의 연락관계는 조금도 물을 필요가 없다. ⓓ (사정은 사정: 저자주) 전의 소유권을 소멸시키고 새로 소유권을 취득시키는, 이른바 원시취득을 시키는 것으로 해석된다. (중략) ⓔ 사정의 확정은 그 원인이 허위신고에 의하거나 또는 신고 또는 통지[通知(官有地의 경우를 말한다 : 저자)의 착오에 기인하거나 또는 사정의 과오에 기초하는 경우라 할지라도 함부로 그 변경을 허용하지 않는다. 다만 재심신청의 길이 있을 뿐이다.(56~57면)”

위 인용문에서 키 워드는 ‘원시취득’이라는 표현이다. 이 표현 때문에 저자는 이 책이 한국 대법원판결을 선도한 것으로 추측한다. 그런데 혹시 사업 당시에 타인의 토지를 자신의 토지라고 속이고 허위신고하거나 또는 위조·변조한 문서를 증거로 제출하여 사정을 받는 사례가 있지 않았을까 하는 질문을 던질 수 있다. 당시에도 이럴 가능성이 있음을 우려하여 1920년 5월 4일자 정무총감(政務總監)의 다음과 같은 관통첩(官通牒)(제256호)이 있다.

“토지조사령 제4조에 의한 신고를 함에 있어 종래 왕왕 소유권을 갖지 않는 자가 타인의 토지를 모인(冒認)하여 허위신고를 하거나 또는 위조·변조한 문서를 증거로 제출함으로 인하여 사정이나 재결에 착오를 초래하여 정당한 권리자에게 불측(不測)의 손해를 입힌 사례가 적지 않다. 그런 경우 그 피해자는 토지조사령 제16조에 의한 재심신청 (하략) 이에 관한 사범(事犯)이 인지되면 용서 없이 속히 이를 고발하고 장래 이 종류의 범죄를 근절시키도록 하여야 한다.(연혁, 58면)”

이 통첩 내용을 이어받아 위 책자는 다음과 같이 기술하고 있다.

“이는 필경 허위신고자를 위갈(威喝)함에 있음은 물론이다. 그러나 일면 사정이 허위신고에 기초한 경우에도 그 확정에 의하여 (사정명의인은 : 저자 첨가) 소유권을 취득하고, 이어서 정당한 권리자에게 손해를 미치는 일이 있음을 표명한 것이라고 해석해도 잘못이 아닐 것이다.”(연혁, 59면)

4. 개조처분의 법적 성격에 대한 1914년의 일본대심원 판결

조선의 사정에 상응하는 행정처분이 일본의 지조개정과정에서도 행하여 졌을 것이고 이에 불복하는 일본 民人들의 訴願이나 提訴도 있었을 것이다. 그러면 개조처분의 법적 성격에 대하여 필시 일본의 재판소도 공권적인 법적 판단을 내렸을 것이다. 이런 문제의식으로 1910년대의 일본대심원판 결을 찾다가 다음과 같은 내용의 일본대심원판결이 있었음을 확인할 수 있다.

일본의 개조과정에서는 과도적으로 地券이 발행되었는데 조선에서는 지 권발행절차가 생략된 채 막 바로 토지 등 대장의 작성과 토지 등 등기부 등재가 행하여졌다. 일본의 지권발행은 토지대장·토지등기부가 마련되기 전에 토지상품화를 촉진하기 위한 과도적 조치였다. 조선의 사업에서는 토 지대장·토지등기부가 급속도로 마련되었기 때문에 굳이 지권발행이라는 과도적 조치를 경유할 필요가 없었다. 따라서 조선의 사정에 상응하는 지 조개정과정에서의 행정처분을 정확히 지목하기는 매우 어렵다. 대체로 농 경지와 택지에 대하여 지권이 발행된 때에는 지권발행, 지권발행대상이 아 닌 임야(森林原野)에 대하여는 官民有區分조치에 이어서 행하여지는 관유 지편입처분이 조선에서의 사정과 매우 유사한 성격의 행정조치로 보인다. 이 시기에 전국의 모든 민유지에 대하여 발행된 지권을 발행받지 못한 자 (그러나 문제되는 어느 필지의 소유자라고 주장하는 자, 그런데 당해 토지 가 官有地로 편입된 상태 토지)의 법적 지위가 문제된 사건에서 1914년에 일본대심원은 다음과 같이 판결하였다.

"지조개정처분은 메이지 6년(1873) 太政官布告 제272호 기타의 법규에 기초하여 행정기관이 행한 공법상의 행위이다. 개조처분으로 어느 토지가 官有로 편입되었을 때에는 설사 행정기관이 자유재량을 잘못하여 관유로 편입되어서는 아니 될 사유의 토지를 관유로 편입시킨 경우라 하더라도 그 처분은 행정처분의 효력을 발생시키고 사인의 소유권은 소멸하여 '국가가 원시적으로 소유권을 취득'하는 것이 된다. (중략) 상고인은, 사권을 존중하는 것이 헌법과 정의의 요청이라고 말하지만 개조처분은 공법상의 행위이므로 이 처분은 함부로 사권을 유린하는 것이 아님이 명백하다(大審 大正3년 제57호 大正3년 12월 10일 민사부판결)(大審民錄 제20집 1121면(大審抄錄 제52권 민사12093면)(評論 제3권 민법 787면)."16)

위 대심원 판결에는 '본래 민유로 인정되어야 할 토지가 행정기관의 착오로 관유로 편입되었다 하더라도 국가가 원시적으로 토지소유권을 취득한다'는 취지가 명시되어 나타나고 있다. 1921년에 조선에서 출간된 책자 '조선부동산등기의 연혁'의 저자는 全篇에 걸쳐 일본과 조선의 재판소·법원이나 행정기관이 發한 공적인 문건들을 편집하였을 뿐 자신의 사건은 단한마디도 덧붙이지 않았다. '조선부동산등기의 연혁'이라는 책자의 원시취득론은 아마도 개조처분(그 중에서도 관유지편입처분)의 법적 성격에 대한 1914년의 일본대심원 판결과 그 판결의 취지를 따르는 판결들, 그런 판결을 유도한 법령들의 문언적 의미를 기초로 응용된 논증으로 보인다. 저자가 이 논증을 '응용된 논증'으로 자리매김하는 이유는, 1914년의 일본대심원 판결은 '관유지편입처분'을 대상으로 하는데 비하여 1965년의 한국 대법원 판결은 어느 민유지를 사유지로 사정한 행정행위를 대상으로 하는 판결이므로 대상에 차이가 있기 때문이다. 아마도 한국 대법원 판결은 사정대상이 국유지나 공유지일 경우에도 동일한 입장을 견지할 것으로 보인다.

---

16) 毛塚五郞, 近代土地所有權—法令·論說·判例(日本加除出版, 1984), 394~395면에서 재인용함.

5. 소결

이상의 검토내용을 요약하면 다음과 같다. 사정의 효력에 관한 '절대적 효력설=창설적 효력설=원시취득설'은 '사업의 결과물인 토지소유권 사정을 종국적인 것으로 간주하여 사업 이후 토지소유권의 귀속과 경계 사정의 실체적 권리관계에의 부합여부에 대한 문제제기를 일체 수리하지 않겠다'는 사업시행 행정당국(조선총독부)의 결연한 정책의지의 산물이고 식민당국의 이 결연한 정책의지를 민족해방 이후에도 한국의 대법원은 '무비판적으로 반복하고 있는 형국'이다.

다음에 '사정(일본의 개조과정에서는 지조개정처분)의 효력'에 관한 '절대적 효력설=창설적 효력설=원시취득설'은 '식민지 조선에 특유한 식민지적 이론'의 측면보다는 '일본의 근대화과정의 특성', '일본지조개정의 조급한 성격' 혹은 일본자본주의의 후진성이 식민지에 그대로 이식된 결과의 측면도 있는 것 같다.

일본은 물론이고 조선에서도 조급한 지조개정·사업으로 인한 최대의 피해자는 농민이었던 것 같다. 그런데 이런 비문명적인 논증이 2차 대전 이후의 현대일본의 판례·학설에서도 지속될 것인지 궁금하다.

III. 현대일본의 판례와 학설

1. 1950~1960년대의 일본에서 발생한 두 개의 사건과 그 귀결

1950년대에 들어 택지조성(宅地造成)을 위한 토지매수(土地買受) 혹은 고속도로개설을 위한 용지매수(用地買受) 등 토지 붐이 야기되거나 혹은 교통 사정의 비약적 발전으로 말미암아 과거에는 오지(奧地)라서 주목되지 않았던 토지의 지가가 급속히 상승하였다. 이런 배경 하에 막번(幕藩) 체제 당시에 자신의 조상(祖上)이 어느 필지에 대하여 마치 현재의 토지소유권 자에 근접한 지배권을 행사하여 사용·수익하여 왔는데 지조개정과정에서 잘못 국유지로 편입되었으니 지금이라도 원래 그 필지의 소유자가 자신의 조상이었음을 확인하여 달라는 취지의 소송이 2건 제기되어 1950~1960년 대에 걸쳐 사회적으로 주목을 받았다. 하나는 도꾜 지방재판소에 제소된 '미타(三田) 용수보통수리조합(用水普通水利組合)' 사건이고 또 하나는 오오 사카 지방재판소에 제소된 '안정조웅(安井朝雄)' 사건이다. 두 사건의 제1 심과 항소심, 그리고 최고재판소는 모두 1914년 대심원판결의 창설적 효력 설=원시취득설을 부인한 듯한 외관을 보인다. 이하에서는 그 내막의 핵심 을 소개하고 싶다.

1) '미타 용수부지 사건'의 개요

1664년에 막부가 백금어전(白金御殿)에 물을 공급하기 위하여 농민으로 부터 토지를 강제수용하여 용수로(用水路)를 개설하였지만 그 어전이 화재 로 소실되자 막부는 1722년 통수(通水)를 종료하고 용수로를 폐지하였다. 그러자 그동안 용수의 잔수(殘水)를 받아 전답(田畑)의 관개용으로 사용하 여 왔던 연안의 농민들이 수리조합을 결성하고 막부에 청원하여 허락을 받 아 1724년부터 지조개정 당시까지 계속하여 수리조합의 구성원들인 농민 들이 용수부지(用水敷地)를 관개용으로 사용하고 있었다. 그런데 지조개정 당시 이 수리조합에 지권이 발행되지 않았다. 1950년대에 이 수리조합은 국가를 상대로 위 '미타 요스이 부지'(이하 '미타 부지'로 약칭함)의 소유권 이 위 수리조합에 있음을 확인하여 달라는 취지의 소유권확인 소송을 도꾜 지방재판소에 제기하였다.

원고 주장의 요지는 "위 수리조합이 1724년 이래 미타 부지를 관개용수로서 관리지배하여 왔으므로 위 수리조합이 막번시대의 소유질서상 소유자였고 따라서 미타 부지의 소유권은 지권의 발행 여부와는 상관없이 메이지 초년의 지조개정단계에서 수리조합에 귀속되었다”는 것이었다. 이 주장에 대항하여 피고('도쿄 都와 국가')측은 앞에서 소개한 1914년의 일본대심원 판결과 그 판결의 취지를 따르는 여러 후속판결들을 인용하여 맞섰다. “지권발행에 근대적 토지소유권을 창설하는 효력이 있는데 원고는 지권발행을 받지 못했고 그 후 관유지로 편입되었고 피고측의 소유권취득은 원시취득이므로 원고의 청구는 이유 없다”는 것이었다.

여기서 잠시 '일본의 지조개정'과 '조선의 토지·임야조사사업'의 성격을 '지권발행(地券發行)' 혹은 '관민유구분(官民有區分) 조치'(일본의 지조개정)와 '사정'(조선의 사업)을 중심으로 전체적으로 조망해 보기로 한다. 이하에서 일본의 지조개정에 대하여는 稻本洋之助·小林春一郞·周藤利一, 日本の土地法(第二版, 成文堂, 2009)[17]에 의존하여 요약 서술한다.

2) 지조개정과 사업의 전체적 조망

메이지 유신 후 토지개혁의 방향에 관하여 여러 견해가 있었다. 왕정복고(王政復古)의 관점에서의 토지공유론(土地公有論)도 있었지만 토지소유의 자유를 인정하고 경제발전을 도모하여야 한다는 사고방식이 정책의 기본이 되었다(위의 책, 4면).

1872년 2월 15일자의 '태정관포고(太政官布告) 50호(號)'는 토지소유에 대한 신분적 제한을 철폐하고, 국가가 일본 전체에 대하여 토지법령을 발령하는 권한을 갖는 것임을 명백히 하여, 근대적 사적토지소유권의 기초를 만들 것을 기도하였다. 이를 위하여 1873년에 지조개정조례(地租改正條例)가 발령되었다. 이 조례는 종래 조세가 통일되지 않았으므로 중의(衆議)를 모아 형평(衡平)에 맞고 전국통일적인 법을 제정하겠다는 취지의 일왕(日

---

17) 이 책의 존재를 알려 준 문준영 교수께 감사드린다.

王)의 포고로 시작하였는데 전답(田畑)에 대하여 종래의 복잡한 토지세제(土地稅制)를 폐지하고 '① 토지소유자에게 지권을 교부하고, ② 그 지권명의인에게 국세인 지조를 매년 부과하고, ③ 그 액수는 지가의 3%로 한다'는 내용을 규정하였다(위의 책, 4~5면).

일본의 지조개정 과정에서는 조선과 달리 '민유지에 대한 지권의 발행'이라는 과도적 조치가 매우 중요하였다. 1872년의 壬申地券에는 ⓐ 地券이 토지소유를 표시하는 증권이라는 점, ⓑ 공익을 위하여 필요한 토지수용을 할 때에는 상당한 보상이 주어진다는 점, ⓒ 외국인에게는 매각 등의 처분을 할 수 없다는 점, ⓓ 토지이용의 방식은 자유라는 점을 명시하는 문언이 기재되었다(위의 책, 5면). 그 후의 지권에는 ⓔ 지가가 추가적으로 기재되었다. 조선과의 비교작업상 저자가 주목하는 부분은 '지권교부 또는 지권불교부가 소유권귀속판정에 미치는 효과'이다. 이 문제에 대하여 위 책은 다음과 같이 기술하고 있다.

"지권발행에 의하여 개개인의 토지사유의 권리가 명확하게 되었다. 한필지 한필지[一筆一筆]의 토지에 대하여 지권을 교부하는 것은 번잡한 작업이었다. 그 요점은 ㉮ 토지조사, ㉯ 소유자의 확정, ㉰ 지가의 결정, ㉱ 지권(地券)·지도(地圖)·대장(臺帳)의 작성이었다. ㉮ 토지조사에서는 매 필지마다 지번(地番)을 붙였다. 현재의 등기부에 사용되는 지번의 대부분은 이 시기의 지번에 유래한다. 토지의 이용상황에 따라 밭(畑), 논(田) 등의 地目을 결정하고 각필의 면적을 측량하였다. 지적(地積)이 크면 지조가 늘어나므로 실제의 면적보다 지권(地券)상의 면적이 적은 사례도 있었다. ㉯ 소유자의 확정에서는, 경작자가 소지(所持)[18]인(人)때에는 경작자에게 지권을 교부하고, 소작지에서는 소작인에게가 아니라 소지인에게 지권이 교부되었다. 질권설정이 있었던 때에는 원칙적으로 질입인(質入人) 일방에게만 지권이 교부되었다. 이리하여 1지양주(一地兩主_는 인정되지 않았고 근대적 토지소

---

18) 여기서 말하는 일본 에도시대의 '소지'는 소유권의 징표로서의 '所持'(gewere)이다.

유권의 단일성이 확립되었다. ㉱ 지권의 소지자는 지가의 3%의 지조를 납세할 의무를 부담하였다. 이 의무를 수행하지 못하면 체납처분에 의하여 토지는 공매(公賣)되었다. 에도시대에 농지에 대한 연공(年貢)은 촌청제도(村請制度)[19]가 있어 촌(村)이 일종의 연대책임을 부담하고 있었다. 그러나 이 촌청 제도는 메이지 시대에 폐지되었다. 이것은 토지에 대하여도 개인소유라고 하는 관념이 강화된 것이다.(위의 책, 5~6면)"

일본의 지조개정과정과 조선의 사업은 지권발행절차를 제외하면 거의 비슷한 절차로 진행된 것임을 알 수 있다. 위 인용문에서 나타나는 '㉱ 소유자의 확정'이 어떤 맥락에서 언급되는 것인지를 좀 더 분명히 할 필요가 있다. 메이지 5年(1872年)2月 24日자 대장성달(大藏省達) 第25号 지권도방규칙(地券渡方規則) 제6조는 '지권은 소지인이 지주임의 확증(確證)'이라고 규정하였을 뿐인데 일본과 조선의 행정과 사법당국을 담당했던 해석자들이 이를 '확정'이라고 해석하는 것으로 보인다. 앞에서 저자가 언급한 'II. 4. 개조처분의 법적 성격에 대한 1914년의 일본대심원 판결'(확정적 효력설=원시취득설)은 법령의 명시적 문언(지주임의 확증)에 입각한 판시가 아니라 '법령의 문언'에 특정의 의미를 추가적으로 더 부여하는 대심원의 해석론으로 보인다. 그러므로 이하에서는 2차 대전(1945년) 이후 '지권의 교부 혹은 관민유구분에 근거한 관유지편입처분'의 효력에 관한 일본의 재판소의 견해와 학설을 추적하여 보자.

3) 확인설(確認說)과 창설설(創設說)

메이지 초년의 토지소유권성립시의 문제가 현대일본에서 소송의 대상이 되는 수가 있다. 그것은 ① (그 당시) 지권이 교부되지 않았지만 메이지 이

---

19) 村請制度(무라우케 세이도)란 日本 近世(主로 江戶時代)의 제도의 하나이다. 연공(年貢)·제역(諸役)을 촌단위(村單位)로 촌 전체의 책임으로 납부하게 한 제도이다. 村請制(무라우케세이)라고도 부른다.

전시기부터 지배(所持)하고 있는 토지에 대하여 소유권이 주장되는 패턴, ② 지권교부로 정하여진 토지경계가 다투어지는 패턴이 있다. 지권발행과정에서 민유지로 판정되어 지권이 발행된 결과 관유지와 민유지의 구별도 또한 명확화 되었다. 일본근대사에서는 이를 관민유구분(官民有區分)이라고 한다. 이 시기의 토지소유권의 판정, 특히 관유지와 민유지의 구별처분이 어떤 법률상의 성격의 것인지에 대하여 확인설(確認說)과 창설설(創設說)의 두 가지 사고방식이 있다.

확인설은, 지권발행, 관민유구분 등의 처분은 여러 법령에 의하여 인정된 소유권을 단지 확인하는 효과를 갖는데 불과한 것이라고 이해한다. 이 설은 에도시대에 (근대적) 토지소유권은 존재하지 않았다 하더라도 당해토지에 관한 많은 권리자·관계자 중에서 가장 현재의 토지소유권에 가까운 권리(所持)가 근대적 소유권으로 높아진 것으로 본다. 따라서 이 설은 (所持人에게 설사) 지권이 교부되지 않았다 하더라도 (所持人이) 토지의 소유권을 상실하지는 않는다고 본다.

이에 반하여 '관민유구분처분을 토지소유권의 귀속을 창설적으로 결정하고, 관유지와 민유지의 소유권의 귀속을 확정하는 행정처분'이라고 이해하는 창설설은 다음과 같이 주장한다.

"소유권은 메이지 정부의 입법정책으로 창설된 것이다. 관민유구분, 환급(下戻)처분 등은 근대적 소유권창설을 위한 창설적 효력을 갖는 처분이다. 이들 처분으로부터 누락된 토지는, 환급법에 의하여, 전부 국유로 귀속되었다."[20]

창설설은, 지조개정에 수반하여, 토지를 관유로 하는 처분이 행하여지면

---

[20] 호우킨 도시아키(寶金敏明), 里道·水路·海浜-法定外公共用物の所有と管理(2003), 稲本洋之助·小林春一郎·周藤利一, 日本の土地法(第二版, 成文堂, 2009), 8면에서 재인용함.

종전에 그 토지를 '支配進退=所持'하던 사람이 있었다 하더라도 당해토지
는 국가소유로 되어버린다고 판단한다.

4) '미타 부지 사건'에 대한 제1심 도쿄 지방재판소의 판결

제1심인 도쿄 지방재판소는 "지권은 그 발행에 의하여 근대적 토지소유
권을 공증하는 것이었지만 그것에 의하여 새로 근대적 토지소유권을 창설
하는 것이 아니었으므로 당해토지에 대한 지권의 불발행 및 지권대장 불등
재(地券臺帳不登載)로부터 곧 그 토지가 관민유구분(官民有區分)에 의하여
관유지가 되는 것이 아니"라는 요지로 다음과 같이 판시하였다.

"(2) (전략) 메이지 정부는 지조개정을 목표로 메이지 4년(1871) 12월 27일
의 태정관포고(太政官布告), (중략) 전국의 사유지 전부에 대하여 그 소유
자에게 지권을 교부하려고 하였다. 이와 같은 지조개정의 단계를 경유하여
앞에 기록한 특질(추상적 관념적인 지배권, 절대적인 지배권, 포괄적 지배
권)을 갖는 근대적 토지소유권제도는 확립되었다. (3) 근대적 토지소유권제
도의 확립에 수반하여 토지소유권의 귀속을 결정하는 것은 무엇인가가 문
제된다. 토지가 영주(領主)의 지배로부터 해방된 것은 앞에서 기재한 대로
이다. 지조개정 시점에서 발행된 지권은, 소유권을 창설하는 효력을 갖는
것이 아니고 토지소유권이 있음을 확인하는 기능을 갖는데 지나지 않는다
[메이지 5년 2월 24일의 대장성달(大藏省達) 제25호 지소매매양도(地所売
買讓渡)에 관한 지권도방규칙(地券渡方規則) 제6조의 지권은 지소지주(地
所持主)임의 확증]. 결국 근대적 토지소유권제도의 도입에 수반하여 ㉮ 토
지소유권을 누구에게 귀속시켜야 하는가에 대하여 직접 규정한 입법은 없
으므로 그때까지 토지에 대하여 가장 강한 지배력을 가지고 있던 자의 기
득권이 존중되지 않으면 안되는 것이 도리(道理)이다. 따라서 도쿠가와(德
川) 시대부터 토지를 소지(所持)=지배진퇴(支配進退) 하여 오고 앞에 기재
한 각 태정관포고 등에 의하여 토지지배에 부착되어 있던 여러 제한이 제
거된 결과 소유권의 내용에 가장 가까운 강력한 지배력을 가지고 있던 자
가 근대적 토지소유권제도의 확립으로 그 토지의 소유권자가 되었다고 해

석하는 것이 상당하다."

이 판결은 1914년의 일본대심원 판결'(확정적 효력설=원시취득설)과 달
리 지권도방규칙(地券渡方規則) 제6조의 규정, 즉 '지권은 지소 지주(地所持
主)임의 확증'이라는 문언을 문리대로 해석한 것이다. 피고(국가와 도쿄都)
측이 항소·상고하였지만 이 항소·상고는 모두 기각되어 제1심판결이 확정
되었다. 이 사건 이후에 제기된 또 하나의 사건('安井朝雄'사건)에서도 이
판결의 취지가 동일하게 원용되어 관철되었으므로 이 사건은 이제 일본에
서 개조처분의 법적 성격에 대한 1914년의 일본대심원 판결이 변경된 것이
아닌가 하는 추측을 가능하게 하였다.

2. 1997년 센다이 고등재판소 판결[21)]

'지조개정 당시 본래 민유지로 판정받아야 할 임야가 관민유구분이 잘못
되어 관림으로 편입되었으니 해당임야의 소유권이 원고에게 있음을 확인
하여 달라'는 취지의 확인소송이 제기되었는데 1997년에 센다이 고등재판
소는 대심원 메이지(明治) 37년 4월 20일 판결(民錄 10輯 458페이지)을 인
용하여 다음과 같이 판결하였다.

"산임원야의 소유권귀속은, 관민유구분처분에 의하여 창설적으로 결정된
것이다. 여기에 모종의 흠이 있어, 민유지로 구분되어야 할 것이 관유지로
구분되었다 하더라도 구소원법(舊訴願法) 1조 1항 5호의 관민유구분에 관
한 사건으로서 소원(訴願)을 신청하고, 다시 행정재판소에 출소(出訴)함이
없이 확정된 이상은, 그 소유권은 국가에 귀속되었다고 해석하는 것이 상당
하다."[22)]

---

21) 이 판결의 존재를 알려 준 문준영 교수께 감사드린다.
22) (日本) 訟務月報 第45卷 2号 267면 이하 참조.

원고가, 앞에서 소개한 미타 요스이 판결이 "창설설의 입장에 선 과거의 대심원판결을 변경한 것"이라고 주장하며 상고하였으나 일본의 최고재판소는 미타 요스이 판결은"본건과 사안을 달리하여 상고이유는 적절하지 않다"며 상고를 기각하였다. 아마도 미타 요스이 판결이 심리한 것은 '개조처분 누락지(脫落地)'를 대상으로 한 것임에 비하여 본 판결의 사안은 '관유지인지 민유지인지 구분이 행하여져 결국 관유지로 편입된 사안'이므로 '개조처분 누락지(탈락지)'와는 사안이 다르다는 취지인 것 같다.

일본에서는 장차 유사한 케이스가 발생하면 미타 요스이 판결을 끌어대야 할 것인지 아니면 센다이 판결을 끌어대야 할 것인지 크게 다투어질 것으로 보인다. 그런데 주의할 것은 센다이 판결이 과거의 미타 요스이 판결을 완전히 번복한 것이 아니라는 점이다. 센다이 판결은 "관유지편입처분에 현저한 흠이 있어 무효로 보아야 할 때를 제외하고"라는 단서를 달아 1950~1960년대의 미타 요스이 판결과 완전히 결별한 것이 아니다.

IV. 소유권 귀속을 판별하는 기준

1. 지조개정 당시의 기준

앞의 도쿄 지방재판소의 판결문에 인용되고 있는 ㉮ 부분의 발상을 제시한 사람은 당시 도쿄대학 법학부 교수였던 와타나베 요죠(渡邊洋三)였다. 그는 재판부에 제출한 감정서(鑑定書)에서 "지조개정은 봉건적인 토지소유제도를 근대적 토지소유제도로 전환시켰다는 의미에서는 확실히 근대적 토지소유권을 창출(創出)한 것"인데 "누구에게 소유권을 부여할 것인가 하는 기준은 현실의 지배사실관계 속에서 구하여졌다. 즉 A에게 소유권이 주어졌다는 것은 A측에 소유권을 인정할 만하다고 간주할 만한 사실이 있다고 인정되었기 때문이고, B에게 소유권이 부여되지 않았다는 것은 그럴만한 사실이 없다고 인정되었기 때문"이라고 말하면서 지권발행을 예로 들어 다음과 같이 주장한다.

"소유권의 유무는 이와 같은 소유권인정의 기준이 되는 사실의 유무에 의하여 정하여졌다고 하는 것을 명백히 해 두는 것이 중요하다. 왜냐하면 (미타 요스이 사건에서) 국가의 주장은 이 사실의 유무를 '지권'의 유무로 대신하여 버렸기 때문이다. 지권이란 소유권이 인정된 결과로서 주어지는 것이지 소유권 인정의 기준이 아니었다. 지권의 유무로 소유권이 정하여지는 것이 아니고, 소유권의 유무가 정하여져야 비로소 지권의 교부가 결정되는 것이다. 소유권의 존부는 지권과 무관하게 정하여졌고 또 정하여지지 않으면 안 된다. 그것은 구체적 지배사실관계에 기초를 두고 있었다. 그러므로 소유의 유무는 실질적으로 어떤 지배사실이 있었는가를 조사하지 않으면 답할 수 없다. 소유라고 평가할 만한 지배사실이 있는데도 지권이 부여되지 않고 관유(官有)로 편입되었다거나 역으로 소유라고 평가할 만한 지배사실이 없는데도 지권이 부여되었다면 그와 같은 조치는 명백히 잘못된 조치로서 취소되지 않으면 안 된다. 지권에 의하여 사실을 변동시키는 것은 불가능하기 때문에 지권과 사실 사이에 불일치가 있을 때는 정정(訂正)되지 않으면 안 된다. 소유의 사실의 실적의 유무를 묻지 않고 단지 지권이 부여되지 않았으므로 사실과 다르다고 생각하는 것은 조금도 반증이 되지 않는다. 관유지라면 지권이 부여되지 않았다고 말할 수 있지만 지권이 부여되지 않으면 관유지라고 말할 수는 없다."[23]

에도(江戸)시대의 토지소유질서는 정치적·공법적인 토지지배권인 '지행(知行)'과 사법적(私法的) 토지지배권인 '소지(所持)'가 구별되어 있는 2원적 질서였다. 다이묘(大名)와 다이묘 가(大名家)의 유력 무사(有力武士)는 지행(知行)을 토대로 일정지역에 대하여 정치적 지배권을 행사하여 조세를 부

---

23) 무라타 아끼라(村田彰), 三田用水事件における渡辺洋三氏の鑑定書(法学部学術研究委員会編 流経法學, 8권 1호, 26~27면.

과하는 권한을 행사하였다. 이 지행(知行)에 기초한 권한은 메이지 유신 후
에 질록처분(秩祿處分) 등에 의하여 정치적으로 해체·소각되었다. 반면 에
도시대의 농민·상인이 토지에 대하여 가지고 있던 소지의 권리가 지조개정
과정에서 근대적 소유권으로 상승된 것이다.[24] 조선의 사업과정에서는 어
떤 기준으로 누구에게 소유권이 있다고 사정이 행하여졌을까?

2. 조선의 사업과정에서의 소유권귀속기준

이 논점에 대하여 법학자, 법사학자들의 치밀한 분석이 필요하지만 아직
까지 법학자, 법사학자들의 분석은 취약하다. 여기서는 이 논점에 대하여
치밀한 연구성과를 낸 국사학자들의 견해를 소개하는 것으로 대신하고 법
사학적 분석은 다음 기회로 미루기로 한다.

1) 배영순 교수의 견해

배영순 교수는 농경지와 택지(시가지)의 소유자 사정사업(토지조사사업)
에서는 "근대 민법의 기준에 따라 지주를 조사"하였고 "다른 어떤 기준도
원칙도 새로 만들 필요는 없었다."고 주장한다. 배교수는 그렇게 판단하는
근거로 "이미 이 시기 조선의 소유관계가 그러한 소유개념을 적용하는 데
이질적인 것이 아니었[다.]"[25]는 점을 들고 있다. 배교수는 토지조사사업을
진행하기 이전에 이미 조선후기의 토지소유권은 추상적·관념적인 지배권,
절대적인 지배권, 포괄적 지배권의 성질을 보유하여 근대적 토지소유권과
크게 다르지 않은 상태에 도달하여 있어 조선인들의 통상적인 소유의식에
비추어 볼 때의 지주이면 사업과정에서 지주로서 사정되었다고 생각하는
것이다. 조선후기와 구한말의 토지소유권발전을 다소 지나치게 높게 평가

---

24) 稻本洋之助·小林春一郞·周藤利一, 日本の土地法(第二版), 成文堂, 2009, 2~3면.
25) 배영순, 한말일제초기의 토지조사와 지세개정, 영남대학교출판부, 2002, 236면.

한 듯한 느낌이 없지 않다. 그러나 배교수의 지적에서 중시하여야 할 점은 지조개정을 단행하기 위하여 창출할 필요가 있다고 일본인들이 설정한 이른바 '근대적 토지소유권 개념'이 구한국 당시의 조선인들에게는 그렇게 낯선 개념이 아니었다는 사실이다.

2) 최원규 교수의 견해

최원규 교수는 농경지와 택지(시가지)의 소유자 사정사업(토지조사사업)에 대하여 다음과 같이 평가한다.

> "지주가 신고한 대로 사정된 경우가 전체 토지의 99.5%나 되었다.(중략) '신고에 따른 사정'이란 원칙 아래 임시토지조사국이 신고서나 통지서를 제출하지 않은 토지에 대하여 실지조사나 측량과정에서 이를 독려한 결과 신고율이 높아지고 신고 대비 사정율도 높아졌다. (중략) 그러나 신고율과 신고 대비 사정률이 대단히 높다 하더라도 실소유자를 사정에 제대로 반영했다고 단정할 수는 없다. 査定公示에 대한 열람과 후속조치에 문제가 있었기 때문이다. 사정공시제도는 사정사항을 소유자가 최종적으로 열람·확인하여 이의가 있으면 불복신청을 하여 소유권을 다시 회복할 수 있도록 한 장치였다. 따라서 사정에서 잘못 처리된 것을 확인하는 열람과정은 대단히 중요한 일이었다. (중략) 그러나 열람율은 그다지 높지 않았다."[26]

최원규 교수는 위 논문에서 사정이 실소유자를 제대로 반영했다고 단정할 수 없는 풍부한 사례를 제시하고 있지만 법학자, 법사학자가 좀 더 정밀한 가공(加工)을 가하여야 그 실상이 보다 실감나게 드러날 수 있다.

---

26) 최원규, 일제 토지조사사업에서의 소유권 사정(査定)과정과 재결(裁決), 한국근현대사연구 제25집, 2003. 6, 285~286면.

V. 조선시대 통상적인 농민의 토지지배는
소유로 볼 수 없는가?

　2008년 10월 2일자 서울 행정법원 판결은 " '사점시장 장 80(私占柴場杖八十)', '산림천택 여민공지(山林川澤與民共之)' 등에서 드러나듯 당시의 토지·임야에 대한 권리는 용익권과 유사한 지배권으로서 근대적 의미의 소유권과는 그 의미가 다르다"[27]고 판시한 바 있고, 대법원 2013. 3. 28. 선고 2009두11454 판결은 조선시대 농경지·시가지 지주의 토지에 대한 지배권을 '그 사정의 기초가 된 옛 법률관계, 혹은 사실상의 소유권'이라는 용어로 표현하고 있어 대한민국의 판사들은 조선시대 농경지·시가지 지주의 토지에 대한 지배권을 '소유'로 대접하는 데 주저하는 것이 아닌가 하는 의심을 하게 만든다. 저자는 지금 조선시대 농경지·시가지 지주의 토지에 대한 지배권이 '근대적 토지소유권'에 육박하는 관념성·추상성을 지니고 있었다고 주장하는 것이 아니다. 저자가 우려하는 것은 조선시대 농경지·시가지 지주의 토지에 대한 지배권은 적어도 '소유'라는 용법에 적합하지 않다는 생각이라면 동의할 수 없다는 취지이다. 앞에서 자세히 검토한 '지조개정 처분'에 창설적 효력을 인정하는 입장에 섰던 과거의 일본 대심원 판결들[28]이 막번(幕藩) 시대의 농민적 토지지배에 대하여 그런 입장(막번 시대의 소지농민의 농경지·시가지에 대한 지배권은 적어도 '소유'라는 용법에

---

27) 서울 행정법원 2008. 10. 2. 선고 2007구합43617 판결, 윤진수, 앞의 논문(2012), 607면에서 재인용함.

28) 2차대전 이전의 일본의 재판례들(하급심 판결포함 28개의 판결)을 종합적으로 분석한 다른 문헌(牛尾洋也·居石正和·橋本誠一·三坂佳弘·矢野達雄, 近代日本における社會變動と法(晃洋書店, 2006) 중 第二章 地租改正と土地所有權(77~100면)에서는 창설설이 대심원의 주류적 입장이라는 이해방식이 실증적 근거를 갖고 있지 않으며, "적어도 대심원이 창설설의 입장을 취했다고 말하는 것은 타당하지 않다"고 주장한다. 이 책의 존재도 문준영 교수로부터 알게 된 것이다.

적합하지 않고 기껏해야 용익권을 가진 것에 불과하다)에 섰다. 따라서 대한민국의 법원이 사정의 효력에 대하여 창설적 효력설을 취하는 한 조선시대 농경지·시가지 지주의 토지에 대한 지배권도 '소유'라는 용법에 적합하지 않다는 생각을 할 수도 있지 않을까[29] 추측된다.

VI. 결어

1. '시장경제와 자본주의 체제를 수용하는 시민법학적 전통' 하에서는 종래의 '창설적 효력설'에서 벗어나야 한다고 생각한다. 저자가 생각하는 '시장경제와 자본주의 체제를 수용하는 시민법학적 전통'이란 서유럽의 시민혁명 이후 국제적으로 통용되는 법원칙, 예를 들어 사유재산권 존중, 시민적 법치국가원리, 적법절차, 소급입법에 의한 재산권박탈 제한, 권위주의적 법이론의 타파, 죄형법정주의의 존중 등이다. '사정'이란 행정청(토지사정은 임시토지조사국, 임야사정은 도장관)의 확인적 행정행위일 뿐인데 이 행정행위가 있었다는 점을 이유로 '사인(私人)의 사법부(司法府)에 대한 사법적 재산권의 실체관계의 판정요청' 자체를 거부시키는 효력을 인정하는 것은 시민법학적 관점에서 수용하기 어려운 논증이다.

지조개정 과정에서는 창설적 효력설이 부정의(不正義)를 양산하였기 때문에 농민측에서 많은 문제제기가 야기되었다. 이를 완화시키기 위하여 일본에서는 1899년(메이지 32년)에 국유토지삼림원야 하려법(國有土地森林原

---

29) 논리적으로 볼 때 (1) 지조개정 이전의 私人의 토지지배권을 소유권 유사의 권리라고 보고 지조개정 및 관민유 구분의 법적 성격을 확인으로 보는 입장, (2) 지조개정 이전의 사인의 토지지배권을 소유권적 성격이 결여된 것으로 보고 지조개정 및 관민유 구분에 의하여 비로소 소유권이 창설된 것이라고 보는 두 가지 입장만이 성립할 수 있는 것이 아니고, (3) 지조 개정 이전의 사인의 토지지배권은 소유권 유사의 권리이지만 지조개정, 관민유구분에 의하여 근대적 소유권이 창설된 것으로 보는 입장도 가능하다(앞의 책, 83면).

野下戻法) [이하 '환급(下戻)법'으로 약칭함]이 제정·공포되었다. 이 법 제1
조는 "지조개정 또는 (중략) 처분에 의하여 관유로 편입되어 현재 국유에
속하는 토지, 삼림, 원야에 대하여 (중략) 그 처분당시 소유 (중략) 자는 이
법률에 의하여 메이지 33년 6월 13일까지 주무대신에게 환급신청을 할 수
있고 전항의 기한을 경과하거나 또는 재판소의 판결을 받은 자는 환급신청
을 할 수 없다."고 규정하고 제4조는 "환급(下戻)을 받은 자는 그 환급으로
인하여 소유 (중략)의 권리를 취득한다."[30]고 규정하였다. 여기서 말하는
재판소란 행정재판소였다.

조선의 사업에서 삽입된 '공시(公示) 후 이의신청·분쟁(紛爭) 제기에 대
한 재결(裁決)과 재심(再審)'이라는 절차는 일본의 환급법의 정신을 소폭
반영한 결과로 보인다. '지권발행(사유인정) 혹은 관민유구분에 의한 관유
지편입'에 불복하는 사람이 소원(訴願)을 경유하여 행정소송으로 다툴 수
있게 한 것이 일본의 환급법이다. 소원법(訴願法)과 행정재판법(行政裁判法)
(明治 23年 법률 106号)을 도입하지 아니한 식민지 조선에서는 환급법의 발
상이 '公示후 이의신청·분쟁제기에 대한 재결과 재심'이라는 약식절차로
둔갑된 것이다. 이것만 보아도 창설설은 적법절차상 큰 하자가 있는 견해
이다. 그런데 창설설의 입장에 서 있는 한 논자(호우킨 도시아끼)의 다음
과 같은 견해는 매우 시사적이다.

> "(창설설은) 민유지로 구분된 토지 안에서의 소유자확정에 대하여까지 창
> 설적이었던 셈은 아니다. 사인간에 있어서의 토지소유권 귀속에 대하여는,
> 지권은 확인적 효과밖에 없다. 그것은 등기부상의 소유자가 반드시 진정한
> 소유자가 아닌 것과 같은 것으로 이해되고 있다."[31]

---

30) 毛塚五郎, 近代土地所有権—法令·論説·判例, 日本加除出版, 1984, 318~319면에서 재
인용함.
31) 호우킨 도시아끼(寶金敏明), 里道·水路·海浜 : 長狹物の所有と管理, 2009. 6 4訂版. 稲
本洋之助·小林春一郎·周藤利一, 日本の土地法(第二版, 成文堂, 2009)에서 재인용함.

지조개정 이후 일본에서 주로 문제된 것은 (1) '민유인가 관유인가'의 문제[이하 '민대관(民對官)의 문제'로 약칭함]였다. 사업이후 조선과 대한민국에서 문제되는 것은 (1) '민대관의 문제'도 있고, (2) 민유지임은 분명한데 이것이 A에게 귀속되어야 하는가 B에게 귀속되어야 하는가의 문제[이하 '민대민(民對民)의 문제'로 약칭함]도 있다.

민대관의 영역에서는 혹 창설설의 입장에 서야 할 공익상의 요청이 크다고 생각할 수도 있겠다. 그러나 적어도 민대민의 영역(이 논문의 앞에서 소개한 1965년 판결의 사안)에서까지 창설설의 입장을 지속시키는 것[32]은 저자가 앞에서 제시한 관점, 즉 '시장경제와 자본주의 체제를 수용하는 시민법학적 전통' 하에서는 수용하기 어려운 입장이다. 창설설이 가장 필요한 영역은 '1전2주[一田兩主]'나 '1전3주(一田三主)'의 모습을 보이는 영역이다. 그럴 경우에는 부득이 어느 하나의 지주만을 남기고 나머지 귀속주체에 대하여는 보상하여 권리를 소각하여야 '일지일주원칙'을 관철할 수 있다.

2. 19세기 이후에 서구에서 발전한 시민법사학, 그리고 그 발상을 유물사관에 용해시킨 칼 마르크스, 독자적인 지배사회학을 제시한 막스 베버, 기타 서양의 법사학자들은 고대 그리이스·로마의 노예주들의 토지지배, 중세 영주의 토지지배와 농노의 토지지배를 모두 '소유 범주'로 파악한다. 그들의 입장에서 소유는 단일한 것이 아니고 여러 가지 패턴이 있다. 가장 대표적으로 그들은 고대적 소유, 중세적 소유, 그리고 근대 자본주의적 소유를 모두 '소유' 범주로 인정한다. '근대 자본주의적 소유만이 소유라는 용어에

---

32) 앞에서 인용한 1920년 5월 4일자 정무총감의 관통첩(제256호)("토지조사령 제4조에 의한 신고를 함에 있어 종래 왕왕 소유권을 갖지 않는 자가 타인의 토지를 모인(冒認)하여 허위신고를 하거나 또는 위조·변조한 문서를 증거로 제출함으로 인하여 사정이나 재결에 착오를 초래하여 정당한 권리자에게 불측의 손해를 입힌 사례가 적지 않다.")의 내용을 인지하고도 '모른 체 하라'는 것은 공산주의나 사회주의 체제에서는 몰라도 '시장경제와 자본주의 체제를 수용하는 시민법학적 전통' 하에서는 수용하기 어려운 정책이다.

적합하고 나머지 것들은 기껏해야 용익물권에 불과하다'는 파악방식은 너무나 낡고 협애하고 자본주의 중심적이다. 아무리 법논증이 수사학적 성격을 지닌다 하더라도 아카데미의 세계와 절연되어 전개되는 논증은 시정되어야 한다.

제13장 관습법상의 분묘기지권 담론의 비판적 고찰*

Ⅰ. 문제의 제기

"㉠ 타인 소유의 토지에 분묘(墳墓)를 설치한 경우에 20년간 평온, 공연하게 분묘의 기지를 점유하면 지상권과 유사한 관습상의 물권인 분묘기지권을 시효로 취득한다는 점은 오랜 세월 동안 지속되어 온 관습 또는 관행으로서 법적 규범으로 승인되어왔고, ㉡ 이러한 법적 규범이 장사법(법률 제6158호) 시행일인 2001. 1. 13. 이전에 설치된 분묘에 관하여 현재까지 유지되고 있다고 보아야 한다."(대법원 2017. 1. 19. 선고 2013다17292 전원

---

* 본장을 축소하여 법과사회 제66호 (발행일 2021년 2월 28일)에 기고하여 심사를 통과하였다. 몇 군데 수정을 요구받아 수정논문을 제출하였다. 정당한 지적 부분은 이 곳에서도 반영하였다. 익명의 심사자에게 감사드린다. 법과사회에 게재될 부분은 원고매수에 제한이 있어 본장의 내용을 대폭 축소한 것이다.

합의체 판결 이하 이 판결은 '2017전합'으로 약칭함)는 판결을 계기로 한국의 민사법학계에 관습법 담론이 불붙고 있다.[1] 특히 주목되고 있는 부분은 ㉠ 부분이다. 종래 대법원이 인정하는 이른바 관습법상의 법정지상권으로서의 분묘기지권 발생의 3유형[2]은 다음의 세 가지이다.

1. 승낙형(承諾型) 분묘기지권

사망한 사람 D의 후손 A가 B의 승낙을 얻어 B 소유 토지에 D의 분묘를 설치하는 경우 분묘설치자인 A와 그 후손들은 D의 분묘 기지에 대하여 관습법상의 법정지상권을 취득한다는 발상이다.[3] 이 경우 분묘기지권의 성립시기, 존속기간, 지료발생 등의 문제는 당사자의 의사에 따라 결정된다고 한다.[4]

2. 무특약형(=양도형) 분묘기지권

자기 소유의 토지에 분묘를 설치하였으나, 매매 등으로 토지 소유자를 달리하게 된 경우이다. 예를 들어 사망한 사람 D의 후손 A가 자신 소유의 임야에 D의 분묘를 설치하였는데 D의 분묘를 포함하는 광역의 임야를 B에게 매도하면서 D의 분묘 기지에 관하여 분묘를 이장하겠다는 특약을 하지 않는 한 A와 그 후손들은 A의 분묘 기지에 대하여 관습법상의 법정지상권

---

1) 노한장, 분묘기지권 시효취득의 관습 존재 유무에 관한 고찰-분묘 관련 판례 및 제도의 연혁적 고찰을 중심으로-, 『일감부동산법학』 18권(2019. 2), 105~132면.

2) 3유형에 관한 서술은 이진기, 분묘기지권의 근거와 효력, 『比較私法』 제23권 제4호; 권철, 분묘기지권의 시효취득에 관한 관습법 인정 여부, 『성균관법학』 30권 3호(2018. 9)를 참조하여 약간의 수정을 가한 것이다.

3) 대법원 1958. 6. 12. 선고 4290민상771 판결, 대법원 2000. 9. 26. 선고 99다14006 판결 등이 있다.

4) 권철, 분묘기지권의 시효취득에 관한 관습법 인정 여부, 『성균관법학』 30권 3호(2018. 9.)

을 취득한다는 발상이다. 이 경우 분묘기지권의 성립 시기, 존속기간, 지료 발생 등의 문제는 앞의 승낙형 분묘기지권의 법리가 유추적용되고, 특히 매매 등 당사자의 의사에 따른 처분행위로 인한 것이라면 그 의사의 해석에 따르게 된다.

3. 시효취득형(時效取得型) 분묘기지권

대법원은 타인 소유의 토지에 소유자의 승낙 없이 분묘를 설치한 경우에도 20년간 평온, 공연하게 그 분묘의 기지를 점유하면 지상권과 유사한 관습상의 물권인 분묘기지권을 시효로 취득하고, 이를 등기 없이 제3자에게 대항할 수 있는 것이 관습(시효취득형)이라고 판시하여왔다.[5] 소유권을 시효취득하는 경우와 유사하게 분묘설치자는 승낙형·양도형의 법정지상권과 유사한 지상권을 시효취득할 수 있다는 발상이다. '2017전합' 판결의 사안은 이 유형에 속한다. 이 사안의 개요는 다음과 같다.

(1) 원고 P가 소유하고 있는 원주시 (주소 생략) 임야 14,257m²(이하 '임야[6]'로 약칭함)에는, ① 1733년 무렵 전주 원씨(元氏) △△파 종중(이하 '종중(宗中)'으로 약칭함)의 시조(始祖)인 O2(사)의 분묘가 안치되었고, ② 1987. 4.경 O2의 증손자인 O3(라)의 분묘, O2의 삼남(三南)인 O4(바)의 분묘, ③ 1989년 봄 무렵 피고1인 D의 증조부인 O5(다)의 분묘, ④ 1990. 11.경 피고2인 D2의 어머니인 O6(나)의 분묘 등 4기의 분묘가 설치되었는데 이 4기의 분묘는 다른 곳에서 이장(移葬)하였거나 새로 설치한 분묘이었다. 위 각 분묘가 설치된 후부터 P가

---

5) 대법원 1957. 10. 31. 선고 4290민상539 판결이 효시이다.
6) 약 4,000평이다. 최근 땅 주변에 혁신도시 개발이 이루어지며 땅값이 올라 시가는 평당 150만 원, 총 60억 원가량으로 추정된다고 한다.

원고로써 D, D2를 피고로 지목하여 위 5기의 분묘 굴이 청구의 소를 제기할 때까지 20년 이상, ① D(피고1)는 위 종중의 종손(宗孫)으로서 O2(사), O3(라), O4(바), O5(다) 분묘를 수호·관리하면서 위 각 분묘와 그 분묘의 기지(基地)를, ② D2(피고2)는 O6(나)의 아들로서 O6(나) 분묘를 수호·관리하면서 위 분묘와 그 분묘의 기지를 각 점유하여 왔다. 원고는 "위 6기의 분묘의 기지(基地)를 명도하고 그 기지에 설치된 망주석, 상석, 비석, 석등 및 문관석 등을 철거하라."고 청구하였다.

(2) 제1심과 항소심은 D는 O2(사), O3(라), O4(바), O5(다) 분묘에 관하여, D2는 O6(나) 분묘에 관하여, "관습법에 의하여 각 해당 분묘기지에 대한 분묘기지권을 시효로 취득하였다."고 판단하여 원고 패소판결을 선고하였다.[7] 원고 P는 "(1) 분묘기지권의 시효취득에 관한 관습법이 존재하지 않고, (2) 설사 그런 관습법이 있었다 하더라도 「장사 등에 관한 법률」 시행 등으로 위 관습법은 소멸[8]하였"으며, "종래의 대법원 판례가 변경되어야 한다."고 주장하면서 상고하였다. 대법원은 재판의 신중을 기하기 위하여 공개변론을 열어 찬반 토론을 경유하였다. 다수의견(8인)은 종래의 판결을 변경할 때가 아니라고 하면서 상고를 기각하였지만 원고 P의 (2)의 주장을 일부 수용하여 "장사법(법률 제6158호) 시행일인 2001. 1. 13. 이후에 설치된 분묘에 관하여는 더 이상 시효취득형 분묘기지권이 인정되지 않는다."고 선언하였다.

---

7) 원고의 청구에 대하여, "피고2는 (나) 분묘를, 피고1은 (다), (라), (바), (사) 분묘를 모두 20년 이상 점유, 관리하여 그 각 분묘의 기지에 대하여 분묘기지권을 취득하였으므로 원고의 청구에 응할 수 없다."고 주장하였다. 한편 피고1은 (마) 분묘에 대하여는 20년 이상 점유하지 않은 사실을 자인하여 이 분묘에 대하여 원고는 승소판결을 받았다.

8) 2001. 1. 13.부터 시행된 장사법은 시효취득형 분묘기지권을 인정하지 않는 명시적 규정을 두었다.

4. 이 논문의 문제의식

첫째, '2017전합'의 다수의견이 논거로 삼은 사항 중 종래의 판결에서 찾아볼 수 없는 주목할 만한 논증이 추가되어 이 논증에 대하여 법사학적 관점에서 논평(V. 2017년 전합 다수의견의 조선후기의 임야지배관계에 관한 역사상)을 가할 필요가 생겼다.

둘째, 종래 한국의 민사법학은 법사학이나 법사학적 방법론에 좀처럼 관심을 기울이지 않았으나 이 판결에 대한 평석에서 법사학적 논고들이나 법사학적 사료가 대량으로 활용되고 인용(引用)되어 내심 반가운 생각이 들기도 하지만 법사학적 논의가 생산적으로 진전되려면 '사료(史料) 구사(驅使)의 논리적 엄밀성'도 구비되어야 한다는 생각에 이 논문에서 민사법학자들의 관습법 담론에 비판적 논평을 덧붙이는 것이 이 논문의 목표이다.

이하의 논구(論究)에서 저자의 입장은 '과거에 어떤 일이 일어났는가(What has happened)'의 규명에 있고, 지금 '어떻게 해야 하는가(What should be done)'에 있지 않다. 저자가 후자의 입장에 서는 순간 전자의 입장의 순수성과 객관성에 손상이 갈 수 있기 때문이다. '지금 어떻게 해야 하는가' 하는 문제는 종래의 민사법학계와 실무계에서 심사숙고할 일이다.

II. 현행 대법원판결과 조선고등법원판결과의 연속성

현행 대법원판결과 조선고등법원판결이 연속(현행 대법원판결은 조선고등법원판결을 답습하고 있다는 측면)되고 있다는 인식은 대부분의 논자들이 명시적·묵시적으로 공유하고 있다. 그러나 과연 그런 것인지 여부는 검증이 필요하다. 무엇보다도 조선고등법원판결이 전제하고 있는 관습·관습법 개념과 2000년대 이후의 대법원판결이 전제하고 있는 관습·관습법 개념이 다르다면 무언가 추가적인 설명이 필요할 것이다.

1. 1927년의 조선고등법원판결(1926年民上第585號)

1927년에 조선고등법원은 승낙형 및 시효취득형 분묘기지권을 명시적으로 인정하는 취지의 판결9)을 하였는데, 민사법학계에서는 일반적으로 이 판결을 분묘기지권에 관한 조선고등법원의 최초의 판결로 보고 있다. 과연 이 '1926년民上第585호' 판결 이후 조선고등법원은 다른 판결에서 이를 인용함으로써 분묘기지권을 인정하는 입장을 그대로 유지하였다.10)

조선고등법원과 대법원이 관습법상의 분묘기지권이라고 인정하는 권리의 내용은 분묘를 수호하고 봉제사하는 목적을 달성하는 데 필요한 범위 내에서 타인의 토지를 사용할 수 있는 권리[이하 이를 '분향권(焚香權)'으로 약칭한다.]를 의미하는데11) 이를 채권의 일종인 차지권(借地權)이라고 하지 않고 굳이 '지상권 유사의 관습상의 물권'12)이라고 하는 이유는 분묘에 분향하려는 후손들에게 임야 소유권의 이전승계인에게도 대항할 수 있는 분향권을 인정하기 위한 것으로 보인다.

그런데 이른바 무특약형의 경우 조선고등법원이나 그 하급심의 판결은 발견되지 않지만 1923년의 함경남도지사의 조회에 대한 조선총독부중추원 서기관장의 회답(후술하는 Ⅲ.[B] 참조)과 1933년의 《민사관습회답휘집 속편고》속의 326호 중추원의장 회답에서 그 연속성을 찾을 수 있다. 한국 대

---

9) 조선고등법원 1927. 3. 8. 선고 1926년民上第585호 판결. 법원도서관,『국역 고등법원판결록』제14권(2011), 민사편 국역 부분 45~48면, 원문 영인 부분은 62~65면을 참조하여 확인하였다.
10) 예를 들어 조선고등법원의 1928. 5. 15. 선고 1928년民上第140호 판결
11) 대법원 2001. 8. 21. 선고 2001다28367 판결 등 참조.
12) 대법원 2007. 6. 28. 선고 2007다16885 판결 등 참조.

법원은 친족·상속이나 물권법 영역에서 조선고등법원판결만 참조하는 것이 아니라 《관습조사보고서》(1911년판, 1912년판, 1913년판이 있다. 이하 《보고서》로 약칭함), 《민사관습회답휘집》(이하 《휘집》으로 약칭함)과 그 《민사관습휘집 속편고(이하 '속편고'로 약칭함)》에 기재되어 있는 회답까지 샅샅이 뒤져 그대로 선고하는 경향이 있음을 알 수 있다. 따라서 현행 대법원판결을 비평하려면 조선고등법원판결만 살펴볼 일이 아니고 《휘집》, 《속편고》, 《사법협회결의(司法協會決議)》(이하 《결의》로 약칭함) 등까지 아울러 검토하여 총체적으로 검토할 필요가 있다.

이렇게 보아오면 현행 대법원판결과 '조선고등법원판결·조회에 대한 회답·사법협회결의' 사이에 연속성을 인정할 수 있는 것처럼 보인다. 그러나 양자의 관습·관습법 개념이 다르다면 연속성 가설은 다소간 손상될 수 있다. 다음은 가장 최신의 '관습법론'이 반영된 헌법재판소의 관습법관(慣習法觀)이다.

> "관습법은 사회의 거듭된 관행으로 생성한 사회생활규범이 사회의 법적 확신과 인식에 의하여 법적 규범으로 승인되고 강행되기에 이른 것을 말하는데, 그러한 관습법은 법원(法源)으로서 법령에 저촉되지 아니하는 한 법칙으로서의 효력이 있는 것이다(대법원 1983. 6. 14. 선고 80다3231 판결 참조). 즉 성문법은 관습법을 폐지할 수 있지만, 관습법은 성문법을 폐지할 수 없고, 관습법은 성문의 법률에 반하지 아니하는 경우에 한하여 보충적인 법원(法源)이 되는 것에 불과하다."(헌법재판소 2020. 10. 29. 선고 2017헌바 208 전원재판부 결정)

위 결정이 전제하고 있는 관습법 개념은 대략 다음과 같은 것이다. 개념상 ① 관습법은 성문법이 없는 영역에서 기능하는 보충적 법원(法源)이다. 따라서 적어도 근대 일본 세력이 조선에 영향을 미치지 못한 1876년 이전의 조선의 관습법을 기록하기로 작정한다면 조선의 성문법이 없거나 성문법이 희미한 영역에서 조사하여야 하는 것이 정도(正道)이다. 1876년 이후 조선에 개화(開化)의 물결이 요동치기 시작하여 새로운 관습이 생성될 가능성이 생겼음을 부인할 수 없다. 그러나 관습법의 개념을 "사회의 거듭된 관행으로 생성한 사회생활규범이 사회의 법적 확신과 인식에 의하여 법적 규범으로 승인되고 강행되기에 이른 것"으로 설정하고, 관습법을 "법원(法源)으로서 법령에 저촉되지 아니하는 한 법칙으로서의 효력이 있는 것"(이 개념이 국제적으로 통용되는 관습법 개념이다)으로 설정하는 한 1876년 이후부터 관습으로 인정할 만한 새로운 규범들이 대량으로 생성될 것이라고 가정하는 것은 지나친 낙관론일 것이다. 또 위 헌법재판소의 관습법 정의에는 "법적 규범으로 승인되고 강행"되기에 이르러야 하는 요건이 부가되어 있는데 일본인들이 조선의 관습을 조사하고 확인할 때 조선의 분쟁 해결에 임한 관원들이 "법적 규범으로 승인되고 강행"된 단계에 이른 것임을 확인하고 조선의 관습으로 확인하였는지 검증이 필요하다. 미리 결론을 말하면 그들은 그런 작업을 하지 않았고 "법적 규범으로 승인되고 강행"된 단계에 이르러야 관습법이라는 발상이 발견되지 않는다.

그런데 《보고서》(1912)와 《휘집》(1909~1933), 《속편고》(1933~1944)를 남긴 일본인들이 생각한 관습법 개념은 위의 개념과 현저히 다른 것이었다. 그들은 조선인들에게 관습법의 개념을 진지하게 전달하려고 하지 못했고, 관습과 관습법을 엄밀히 구분하지도 않았고, 자신들이 탐구하려고 한 관습법의 개념을 일관성 있게 정립하려고 노력하지도 않았다.[13] 예를 들어 1927년의 조선고등법원판결(1926年民上第585號)에는 '관습'이라는 용어도 나오고 '관습법'이라는 용어도 나온다. 이뿐만이 아니다.

어느 순간 일본인들은 서양에 기원이 있는 '관습(customs, usage)'·'관습법(custom, customary law)' 개념 외에 조선의 '구관(舊慣)'이라는 개념을 사

---

13) 이 점에 대하여는 심희기, 동아시아 전통사회의 관습법 개념에 대한 비판적 검토, 『법사학연구』 제46호(2012. 10.)에서 상세히 논하였다.

용하기 시작했지만, 이른바 '구관'이 종래의 '관습'·'관습법' 개념과 어떻게 같고 어떻게 다른지 조선인들에게 알기 쉽게 설명한 바 없다. 그들이 설정한 구관 개념은 조선에서 간행된 문헌에는 나오지 않고 조선보다 5년 앞서 제국 일본의 식민지로 편입된 대만(臺灣)의 관습조사류 문헌에 다음과 같이 제시되었다.

> "구관(舊慣)이란 무엇인가? 입법상의 해석은 없다 하더라도 이를 ㉮ '구정부시대(舊政府時代)에 행하여진 법률'로 해석함이 지당하다. 일방에서는 이를 구시대에 행하여진 관습법에 한정할 필요가 없다. 구시(舊時)에 행하여진 성문법도 역시 이를 포함시키지 않을 수 없다. ㉯ 타방에서 구시의 관습에 해당하는 것도 법률의 효력이 없는 것은 이를 제외하지 않을 수 없다. (중략) 구관의 효력을 인정한 법령에 대하여 일언(一言)을 요하는 것은 이들 ㉰ 법령이 인정한 소위 구관과 ㉱ 내지(內地=日本)의 관습으로서 대만에 계수된 것, 그리고 ㉲ 영대(領臺=대만 복속) 이후 특별히 대만에서 발생한 관습은 명백히 이를 구별함이 필요하다."[14]

조선에 진출한 일본인 법조 관료들은 대만에서 실험된 이 구관 개념을 조선에도 적용한 것으로 보인다.

첫째, ㉮의 명제는 현대 한국의 대법원이나 헌법재판소가 전제하는 관습법 개념(① 관습법은 성문법이 없는 영역에서 기능하는 보충적 법원)의 입장에서는 납득불가능한 명제이다. 그들은 "구시에 행하여진 성문법도 구관"일 수 있고(㉮), 반면에 "구시의 관습에 해당하는 것도 법률의 효력이 없는 것은 이를 제외하지 않을 수 없다."(㉯)고 판단하였다. 설사 그럴 수 있다 하더라도 그걸 누가 어떻게 객관적으로 판정할 수 있겠는가 하는 의문을 제기하지 않을 수 없다.

둘째, "내지(日本)의 관습으로서 대만(혹은 조선)에 계수된 것"이라는 발

---

14) 臨時臺灣舊慣調查會編, 『臺灣私法 第一卷 上』[明治43(1910)], 49면.

상(라)은 '관습법의 계수'를 말하는 것인데 계수의 주체를 민중(民衆)으로 설정하면 관습법의 계수(reception)는 상상하기 어렵다. 계수라는 용어는 성문법에 친한 용어이다.

셋째, 그들은 일본이 대만을 할양받은 후에 특별히 대만에서 발생한 관습이라는 발상을 하고 있는데, 이 발상을 식민지 조선에 응용하면 1876년 강화도 수호조약 체결이나 한일합방(1910) 이후 조선에서 새로 발생한 신관습(마)을 상정할 수 있다. 앞에서 언급한 것처럼 이런 의미의 신관습이 생성될 가능성이 있지만 이른바 신관습이 대량으로 생성될 것이라고 가정하는 것은 지나친 낙관론일 것이다.

요컨대 일본인들이 설정한 관습·관습법 개념은 조선 식민지 민중에게 명확히 설명된 적이 없으며, 슬그머니 등장한 '구관' 개념은 더더욱 식민지 민중을 혼란시켰을 것이다. 그들이 설정한 관습·관습법·구관의 카테고리를 적절히 식별하고 적절히 응용하여 활용할 수 있으려면 초인적(超人的)인 능력의 구비가 불가피하다. 일본인들은 이 어려운 작업을 본국에서는 하지 않고 식민지인 대만과 조선에서 용감하게 실천하였다.

요컨대 조선고등법원판결이 전제하고 있는 관습·관습법·구관 개념과 2000년대 이후의 한국 대법원판결·헌법재판소결정이 전제하고 있는 관습·관습법 개념이 다르므로 현행 대법원판결과 조선고등법원판결이 연속(현행 대법원판결은 조선고등법원판결을 답습하고 있다는 측면)되고 있다는 인식은 수정이 불가피하다.

III. 민법학 논고들 논증의 취약성

이하에서는 《보고서》와 《휘집》을 사료로 활용하는 민법학 논고들 논증의 취약성을 지적하고 싶다.

1. 권철의 논증

권철은 "관습조사보고서(조선총독부중추원, 1912년 관습조사보고서, 이하 '《보고서》'로 약칭함) 제34항15) 또는 조선총독부 등의 민사관습에 대한 회답내용(1923) 등에 분묘기지권을 관습으로 볼 수 있는 내용이 일부 포함16)되어 있다."고 적었다. 그가 전거(典據)로 들고 있는 부분은 아마도 다음의 기술일 것이다.

[A] (승낙형) "(1) 분묘소유를 위한 차지(借地)는 드물게 그 사례가 보이고, 통상 지대를 지불하지 않는 듯하다. (2) 원래 분묘용지는 이를 매수해야 하는 것이지만, 자력이 없는 자는 부득이하게 차지(借地)하여 분묘를 설정하는데 분묘의 차지는 아주 특별한 경우에 속한다. (3) 일단 차지하여 분묘를 설정하면, 분묘설정자가 분묘를 이전하지 않으면 지주(地主)는 해약을 할 수 없다. (4) 또 많은 지방에서는 매장 후 3년을 지나면 개장(改葬)하는 풍습이 있는데, 이 경우에는 3년에 한정하여 지대(地代)를 지급하고 차지한다고 한다."[《보고서》 제34항]

[B] "(무특약형) (X 문장 부분) 갑이 그 조선(祖先)의 분묘 있는 임야를 을에게 매각하면서 그 매도증서에 특히 분묘 구역(莎草內)을 제외하는 취지를 명시하지 않은 경우에 해당 분묘 구역은 당연히 매각지역 중에 포함된 것으로 보는 것이 관습이어서 갑은 사초지 안의 토지소유권을 주장할 수 없다. (Y 문장 부분) 그러나 관습에 의하여 의연 분묘를 존치할 수 있고 을은 갑에게 분묘 굴이를 강요하거나 또는 그 구역을 침해할 수 없는 것이 관습이다. 이는 을이 매수 당시 갑의 조선의 분묘의 존재를 알았든 몰랐든 다르지 않다."[《휘집》 301호(1923년 함경남도지사의 조회에 대한 조선총독부중추원서기관장의 회답)

---

15) 《보고서》 제34항(1908~1910년 조사 결과)
16) 《휘집》 제301항(1923년 함경남도지사의 조회에 대한 조선총독부중추원서기관장의 회답)

승낙형에 대하여《보고서》([A])에서는 "그 사례가 드물게 보이고(1)", "분묘의 차지는 아주 특별한 경우에 속한다(2)."고 기재되어 있다. 그런데도 권철은 이 기재를 근거로 "분묘기지권을 관습으로 볼 수 있는 내용이 포함되어 있다."고 파악(350면)하고 있다.[17] 그러나 무특약형에 대하여《휘집》제301호([B])는 확실하게 '관습'이라는 용어를 사용하였으므로 권철이 그 기재를 근거로 "분묘기지권을 관습으로 볼 수 있는 내용이 포함되어 있다."고 파악(350면)하는 것은 자연스러운 논증이다.

《보고서》나《휘집》은 관습이라는 용어를 엄청나게 사용하면서도 '관습'의 의미를 제시한 바 없다. 어쨌든 '드물게 보이는 사례', '아주 특별한 경우'를 토대로 관습일 수 있다는 논증은 민사법학계에 속하는 다른 연구자들에게도 자주 보이는 논증이어서 특별히 언급하였다.

2. 오시영의 논증[18]

오시영은 1927년 조선고등법원판결(1926년民上第585호 판결[19] 이하 '1927년 판결'로 약칭함), 1923년의 함경남도지사의 조회에 대한 조선총독부중추원서기관장의 회답(이하 '1923년 회답'으로 약칭함)과 반대되는 다음과 같은 회답들을 지적하여 '1927년 판결·1923년 회답'에 비판적이다.

[C] (공주지방법원 홍산(鴻山) 지청의 대정2년(1913) 1월 17일 질의에 대

---

17) 이진기, 앞의 논문(2016), 1716면은 적절하게도 "일부 학자들이 검토·인용한 휘집과 보고서는 분묘기지권에 관한 관습을 증명하는 자료가 되기 어렵다. 관습법은 사회의 거듭된 관행으로 생성한 사회생활규범이 사회의 법적 확신과 인식에 의하여 법적 규범으로 승인·강행되기에 이르른 것이며, 여기에서 '사회'는 대한민국(조선)을 말한다."고 논한다.

18) 오시영, 관습법상의 분묘기지권의 폐지 여부에 대한 고찰, 한국토지법학회『토지법학』제23-1호(2007. 6.), 1~37면.

19) 1918년 조선고등법원판결에도 비슷한 취지의 기술이 있다고 한다. 권철, 분묘기지권의 시효취득에 관한 관습법 인정 여부,『성균관법학』30권 3호(2018. 9), 351면에서 재인용

한 정무총감의 회답) (시효취득형의 부존재 사례) "갑의 소유지인 임야에 을이 투장(偸葬)을 하여 수년이 지난 후 갑이 병에게 임야를 매각한 경우 새로운 소유자인 병이 투장자인 을에게 위 분묘의 굴이를 청구할 수 있는 관습이 있는지 여부"에 대한 조회에 대하여 정무총감은 '새로운 토지 소유자인 병에게 을의 투장분묘에 대한 굴이(掘移)를 청구할 수 없다는 관습이 없다.'고 회답하였다."[20]

[D] [광주지방법원 전주지청의 대정10년(1921년) 11월 1일의 질의에 대한 정무총감의 회답] (시효취득형의 부존재 사례) "약 30년 전에 타인 소유의 임야에 분묘를 설치한 후 소유자로부터 하등의 이의가 없는 경우에 당해 분묘기지 및 분묘 주위 약 4간 부지의 소유권을 취득하는 관습"이 있는지 및 "타인 소유의 임야에 분묘를 설치한 후 평온·공연하게 그 묘지의 점유를 계속해 왔다면 분묘설치 후 수년이 경과한 후에 그 임야에 대한 새로운 소유권을 취득한 자는 당해 분묘의 굴이를 청구하지 못하는 관습"이 있는지 여부에 대한 조회에 대하여 정무총감은 "타인 소유의 산지에 토지 소유자의 승낙을 얻지 않고 분묘를 설치한 후 누구에게도 이의를 받지 않고 30년 이상을 경과한 경우에도 그 분묘의 자손에게는 그 분묘의 소재지 및 주위 약 4간의 부지에 대하여 소유권을 취득하는 관습이 없으며, 타인 소유의 산지에 분묘를 설치하여 평온·공연하게 그 묘지를 점유한 지 몇 년이 지난 이후 토지소유자가 변경된 경우에 새로운 소유자에게는 그 분묘의 굴이를 청구할 수 없는 관습이 없다."고 회답하였다.[21]

사료 [B(1923)(함경남도지사의 조회)]와 사료 [C(1913)(공주지방법원 홍산(鴻山) 지청의 조회)]·사료 [D(1921)광주지방법원 전주지청의 조회)]는 상호 배치되는 내용의 회답이다. B(1923)는 무특약형을 인정하는 사료인 반면

---

20) 대정 2년(1913). 1. 17. 질의에 대한 동년 1. 24. 參 제4호 정무총감 회답,《휘집》, 122면·123면.
21) 대정 10년(1921년). 11. 1. 질의에 대한 같은 해 12. 6. 朝樞 제430호 정무총감 회답,《휘집》, 402면·403면.

C(1913)·D(1921)는 시효취득형을 부인하는 사료이기 때문이다. 오시영은 이와 같이 상호 배치되는 내용의 회답을 목격하고, "개인적으로 판단하기에는 당해 사안을 재판한 조선고등법원은 조선의 대법원에 해당하는 재판부로 그 구성 판사가 대부분 일본인이었기 때문에 조선의 관습에 대하여 잘 알지 못한 상태에서 아마도 대정2년(1913)과 대정10년(1921)에 있었던 정무총감의 첫 번째 및 두 번째의 회신내용을 미처 알지 못한 채 위 재판 일로부터 가장 가까운 세 번째 회신(대정12년)(1923)인 함경남도지사의 질의에 대한 중추원 서기관장의 회신만을 열독한 채 내린 성급한 판결이 아니었나 미루어 짐작"하고 있다. 그런데 1932년에 발령된 조선총독부 재판소령에 '판례와 결의 또는 회답이 상호 다른 경우의 취급방법'이라는 제목으로 다음과 같은 기록이 있다.

> "문 호적학회 발행 호적질의록에 판례는 '당연 행정상의 구속력을 가지는 것이 아니므로 판례와 상반되는 사법성의(司法省議)가 있는 때는 성의에 따라 사무를 취급하여야 한다.'는 취지의 회답이 있지만 조선에서 '고등법원판례와 귀(貴) (사법협회의) 결의가 상위(相違)하는 경우에는 어느 쪽을 따라야 하는가?
>
> 답 판례와 결의 또는 질의응답이 다른 경우에는 구체적 사안에 대하여 각인(各人)의 판단에 응하여 결정하여야 하되, 본회의 결의, 응답은 회원 상호를 위한 학구(學究)상의 의견을 발표함에 지나지 않는다."(11권 12호)[22]

이 사료에서 얻어낼 수 있는 정보는 두 가지이다. 회답은 특정 시점에 회답하는 주체의 학구상의 의견이고, 법원의 재판부는 특정의 회답을 받아

---

22) 司法協會, 『續決議回答輯錄(附: 高等法院參考判決要旨)』[京城, 昭和13(1938)], 672~673면.

들일 수도 있고 배척할 수도 있고 독자적인 정책적 판단을 할 수도 있다(구체적 사안에 대하여 각인(各人)의 판단에 응하여 결정)는 점이다. 따라서 향후에 회답과 판례의 이동(異同) 정도를 정밀히 검토할 필요가 있다. 일반론으로서는 다음과 같이 분석할 수 있다.

일제의 관습조사사업은 근대민법적 지식을 습득한 일본의 법조인들(일부는 행정관료, 일부는 판사, 일부는 변호사)이 주로 조선의 구지배층(전직 양반관료층)에게 질문을 한 다음 얻어진 답변을 토대로 일본어로 정리하는 방식으로 진행되었다. 처음에는 구체적인 사안과 관계없이 사업을 진행하였고 그 결과물이《보고서》였다.23) 그러나 이 자료는 재판하는 데 별 도움이 되지 못하는 자료였다. 한일합방(1910) 후 일본식 재판소(법원)가 설치되고 조선민사령이 본격적으로 시행(1912)된 이후에는 구체적인 사안에서 생성되는 쟁점에 대하여 각급의 법원이 조선총독부 중추원에 조회(照會)하여 그 회답을 얻는 형식으로 진행되었는데 그 결과물이《휘집》(1909~1933. 12.)과《속편고》(1933~1944)이었다.

일본의 법조인들이 이른바 조선의 관습이나 구관(舊慣)을 알아내는 일은 매우 어려운 일이었을 것이고 그들에게 의도적으로 왜곡하려는 의도가 없었다 하더라도 그 결과물 사이에 상호 배치·모순되는 회답이 발생하였을 것이다. 이 현상은 특히 식민지배 초기에 자주 발생하였을 것이다. 한말(1908~1910)의 경성공소원과 경성지방재판소의 민사항소사건 판결원본철에 수록된 판결문을 소재로 판결에서 언급된 관습의 종류와 내용, 관습에 대한 신·구재판의 취급 방식, 구 재판하에서의 관습의 존재양태를 연구한 문준영 교수는 다음과 같은 결론에 도달하였다.

"관습(법) 개념으로 묶을 수 있는 규범의 인식 소재를 '법원(法源)으로 자

---

23) 이승일, 일제의 관습조사와 전국적 관습의 확립과정 연구 -관습조사보고서의 편찬을 중심으로-성균관대학교 대동문화연구원, 『대동문화연구』 67권(2009. 9.)(365~402면)

리매김하고 법원(court)의 판결을 그것에 구속시키는 방식은 바로 이 시기에 등장했다고 할 수 있다. (중략) 새로운 법체계는 법원으로서의 관습의 지위를 확립하고 재판에서도 성문법이 없는 경우에 관습의 존부와 내용을 확인할 것을 요구했다. 하지만 재판에서 관습을 확정하는 일이 그리 간단하지 않았다. 판결서에 언급된 관습들 가운데 어떤 것은 그 존부나 내용을 둘러싸고 당사자들과 재판부의 입장이 확연히 갈리거나 비슷하면서도 의미심장한 차이가 있다. 이 경우 대립하는 견해들을 정확/부정확, 진실/왜곡이라는 이분법적 틀로 재단하는 것은 적실하지 않다. 오히려 한국의 전통적 법질성에서 관습·관행의 존재 양태와 일본인 법률가들이 끌고 들어온 관습(법)의 개념 사이에 미묘한 부조화와 긴장이 존재하고 있었다. 이 시기의 재판에 의해 모호하고 유동적이었던 관습·관행이 새로운 관습(법) 개념에 입각하여 선별·조탁·고정되어 법원으로서 자격을 취득하고 정(正)/부정(不正)의 이분법적 판단을 필요로 하는 재판 실무에서 활용가능한 자질을 갖추게 되었다."24)

그런데 위와 유사한 현상은 유럽 중세에 로마법으로 무장된 학식법률가들이 중세 유럽의 지방적 관습법을 집대성할 때, 유럽인들이 아프리카를 식민지로 지배하고 토착인들의 관습을 문자화할 때에도 발생하였다. 로마법의 패러다임과 유럽 중세의 지방적 관습법의 패러다임이 현격히 달랐기 때문에 불가피하게 발생하는 현상이었다.25) 비슷한 현상이 일본 법조인들이 조선의 관습과 구관을 조사하여 일본 민법의 패러다임과 용어를 구사하여 정리할 때도 일어났을 것이다.《휘집》을 상세히 분석하면 회답 사이의

---

24) 문준영, 한말의 민사분쟁과 식민지 사법권력, 부산대학교 법학연구소『법학연구』52권 4호(2011. 11.)(230~231면)

25) H. Patrick Glenn, "The Capture, Reconstruction and Marginalization of Custom" in The American Journal of Comparative Law, Summer, 1997, Vol. 45, No. 3(Summer, 1997, Oxford University Press), pp.613~620; Derek Asiedu-Akrofi, "Judicial Recognition and Adoption of Customary Law in Nigeria" in The American Journal of Comparative Law, Summer, 1989, Vol. 37, No. 3(Summer, 1989, Oxford University Press), pp.571~593.

상호 모순·배치 현상은 더 많이 발견될 수 있다.

　요컨대 사료 사이의 상호 모순·배치 현상은 '단순한 지(知)·부지(不知)의 문제'가 아니라 일본인들의 조선의 관습과 구관 정리 현상의 '시행착오·진화과정·심화과정'으로 보는 것이 자연스럽다.

3. 《보고서》 상의 지상권 관련 기술

　한국의 민사법학자들은 《보고서》를 참고할 때 그 《보고서》의 분묘기지 관련 기술만에 주목한다. 예를 들어 《보고서》 제34항을 참고한 권철이 그런 모습을 보이고 있다. 그러나 《보고서》 제34항에는 '건물소유를 위하여 하는 차지(借地)' 부분에 다음과 같은 주목할 만한 기술이 있다. 분묘(墳墓)는 지상에 설치된 공작물(工作物)의 일종[26]이다. 그렇다면 타인의 토지상에 지주(地主)의 허락 없이 무단(無斷)으로 설치된 건물에 관한 관습 사례에도 주목해야 한다.

> "ⓐ 조선에서 지상권으로 볼 만한 것은 주로 건물 소유를 위하여 하는 차지(借地)에 있다. 드물게 분묘 기타의 공작물을 소유하기 위한 차지에도 역시 존재하는 것 같고 죽목(竹木) 소유를 위한 차지의 예로서는 드물게 타인의 토지[地所]에 과수(果樹)를 소유하는 것이 있다. 혹은 ⓑ 지상권의 일종으로 볼 만한 것은 아니지만 가옥 기타의 건물을 소유하기 위한 차지는 계약에 근거하는 것으로 십수 년 전까지는 무단으로 타인의 토지에 가옥을 건조하는 자가 왕왕 있었다. ⓒ 이미 건축에 착수한 이상 (이 상태의 시정을 위하여) 소유자는 어쩔 도리가 없다고 한다. ⓓ 이 점은 25문에 기록한 급조가지(給造家地)의 규정과 조가지(造家地)에 대한 관습에 잉태된 악습(惡習)으로서 그 때문에 타인의 토지에 가옥을 건축한 자는 그 토지의 소유권을 획득하는 것으로 오해(誤解)되었다."

---

26) 손경찬, 분묘기지권에 관한 관습, 경북대학교 법학연구원 『법학논고』 61(2018), 232면.

"가옥 기타의 건물을 소유하기 위한 차지는 계약에 근거하는 것으로 십수 년 전까지는 무단으로 타인의 토지에 가옥을 건조하는 자가 왕왕 있다."는 사실을 기록한 부분((ⓑ)에서 이 차지(借地)를 "지상권의 일종으로 볼 만한 것이 아니"라고 논증하고 있다. 매우 흥미 있는 논증이 아닐 수 없다. 왜냐하면 무단으로 설치된 분묘[偸葬, 暗葬, 勒葬]에 관한 관습이 있다면 그 관습은 무단으로 설치된 가옥 기타의 공작물(工作物)에 관한 관습과 비슷하여야 자연스럽기 때문이다. 이 경우 ⓒ와 ⓓ에서는 조선의 지주(地主)가 그 무법상태를 시정할 방도가 없어 "그 때문에 타인의 토지에 가옥을 건축한 자는 그 토지의 소유권을 획득하는 것으로 오해(誤解)되었다."는 논평이 이어지고 있다. 《보고서》 작성자는 "무단으로 타인의 토지에 가옥을 건조하는 자가 왕왕 있는 사실"이 생기는 이유를 "급조가지(給造家地)의 규정과 조가지(造家地)에 대한 관습에 잉태된 악습(惡習)"으로 파악하고 있다. 조선의 성문법전인 《경국대전(經國大典) 호전(戶典)》에 '급조가지'라는 타이틀로 "서울의 가사(家舍) 건축 부지(敷地)는 한성부가 신청인의 신청을 받아 공지(空地) 혹은 만 2년이 되도록 가사를 건축하지 않은 토지로 절급(折給)한다. 만약 출사(出使)하거나 지방에 부임하거나 상(喪)을 당하여 가사를 건축하지 못한 경우에는 절급 신청을 받지 않는다. 대군(大君)과 공주(公主)에게는 30부(負), 왕자군(王子君)과 옹주(翁主)에게는 25부, 1품과 2품 관원에게는 15부, 3품과 4품 관원에게는 10부, 5품과 6품 관원에게는 8부, 7품 이하 및 음관(蔭官)의 자손에게는 4부, 서인(庶人)에게는 2부를 절급한다. 3등전의 자를 사용한다.[27]" 라는 조문이 있다. 이 조문의 존재 이유는 다음과 같은 것이다.

조선후기에 비교적 농경(農耕)이 용이(容易)한 평지에서는 무주지 선점

---

[27] "京中造家地 漢城府聽人狀告 以空地及滿二年未造家之地折給 若因出使·外任·遭喪 未造家者勿聽 大君·公主 三十負, 王子君·翁主 二十五負, 一二品 十五負, 三四品 十負, 五六品 八負, 七品以下及有蔭子孫 四負, 庶人 二負 用三等田尺"

[起耕者爲主]의 원칙이 관철되고 있었다. 그러나 한성부와 같은 도시 지역에서는 가사(家舍)를 지을 부지(敷地, 당시는 이를 '家垈' 혹은 '家基'로 표기하였다)가 부족하여 집을 짓고자 하는 사람은 무주(無主)의 빈터(空垈)를 탐색하여 정부(한성부와 오부)에 신청하면 정부가 무주의 공대임을 확인한 후 가사 건축을 허가하였는데 일단 허가를 받아 가사 건축이 완성되면 그 가사와 그 부지는 건축자의 전유(專有)로 허용되어 매매가능하고 상속 가능한 사유재산(private property)이 되었다. 그런데 민간에서 가사 부지를 넓게 차지하려는 경쟁이 일어나기 때문에《경국대전 호전》에 가사 부지의 규모에 대한 제한 기준을 설정한 것이다. 유사한 경쟁이 임야에 설치되던 분묘에도 발생하여 분묘에 대하여도《대전회통(大典會通) 예전(禮典) 상장(喪葬)》에 설치하려는 분묘(墳墓)의 공간적 규모에 관한 기준이 설정[28]되었다. 그런데 한성부 관내의 부지 분급 제한 규정을 근거로 "무단으로 타인의 토지에 가옥을 건조"하면 그 건축자에게 관습법상의 법정지상권이 발생한다고 말할 수 있을까?

《보고서》작성자는 무단 건축이 행하여진 경우 정당한 토지 소유자는 그것을 "지상권의 일종으로 볼 만한 것이 아니"라고 논증하면서 모종의 권리적 주장을 '악습(惡習)'이라고 논평하고, 그 주장의 논거를 경국대전 등 조선의 성문법의 금조가지 규정이라고 논증하였다.

그런데 후술하는《휘집》과《속편고》작성자는 대상이 건물이 아니라 분묘로 바뀌게 되면 무단으로 분묘를 설치한 자, 즉 투장자(偸葬者) 등의 지위를 다음과 같이 "지상권 유사의 물권"이라고 논증하였다.

   "분묘의 계한(界限)에 대하여《대전회통 예전 상장》조의 주에 '종친(宗親)

---

28) "墳墓定限禁耕牧 宗親, 則一品四面各限一百步, 二品九十步, 三品八十步, 四品七十步, 五品六十步, 六品五十步 文·武官 則遞減一十步, 七品以下及生員·進士·有蔭子弟同六品 女從夫職 ○ 耕墾在葬前者, 勿禁 ○ 京城底十里及人家百步內 勿葬'

즉 1품 4면 각 백보……여종부직(女從夫職)'이라 규정하고《결송유취보 산송》에 '수무보수지인……물허타인입장(강희 병진 수교)'이라 규정하고, 갑오개혁 후에도 광무9년(1905) 법률 제2호 형법(대전)에 종친 1품은 4면 100보……봉중관(封贈官)은 실직자와 같다'는 규정이 있고(동법 제32조와 1922년 12월 8일 임야조사위원회 위원장 조회 같은 해 12월 28일 중추원 서기관장 회답 참조). 이처럼 조선 구시에 위로는 종친(宗親)으로부터 아래로는 서인(庶人)에 이르기까지 각 그 신분에 따라 분묘의 계한이 있고 서인이라 하더라도 분묘의 4면 각 10보로 계한을 삼았다. 당시의 1보는 주척(周尺) 6척이므로 우리(=일본) 간수(間數)로 환산하면 분묘의 4면 각 6간 6분이다(1921년 5월 9일 식산국장 조회 같은 해 8월 29일 중추원서기관장 회답 참조) 형법대전은 전술한 바와 같이 1912년 조선형사령에 의하여 폐지되었지만 그 법의(法意)는 여전히 관습으로서 일반으로 행하여졌다."

일본인들의 조선의 관습·관습법·구관 조사 결과는 적어도 정합성이 떨어지는 것이었거나 초인적인 능력의 소유자가 아니면 할 수 없는 성격의 과감하고 용감한 추리의 결과라고 아니할 수 없다.

IV.《속편고(續編稿)》326호의 내용과 그 논증의 비논리성

지금까지 발표된 한국 민사법학계의 분묘기지권 관련 연구업적들을 모두 일별하여 보았지만 어떤 논고에서도 이 사료를 활용하지 않고 있음[29]을 발견하였다.《휘집》은 1933년 12월에 출간되었고 수록사항은 324개 항목에 달한다.《속편고》는 위 책의 출간 이후에 생성된 회답 17건을 추가로 수록

---

29) 가장 최근에 출판된 노한장, 분묘기지권 시효취득의 관습 존재 유무에 관한 고찰 -분묘 관련 판례 및 제도의 연혁적 고찰을 중심으로-, 『일감부동산법학』 18권(2019. 2. 105~132면)에도《속편고(續編稿)》는 언급되지 않았다.

(1933.11~1945.2, 325호부터 341호까지)한 필사본(筆寫本)이다. 이 《속편고》
가 중요한 이유는 1933년 출간 인쇄본에는 없는 '이유(理由)'가 부가(附加)
되어 있기 때문이다. 마침 《속편고》 326호는 제목이 '분묘기지에 관한 건'
이고 이에 관한 관습·구관을 1923년 회답, 1927년 판결처럼 이론 구성한
이유가 부착되어 있어 흥미롭다. 향후의 조선 관습법 관련 연구자들은 《속
편고》를 주목해야 할 것이다.

1. 326호의 조회사항(1933년 12월 5일 진주지청 조회)

원고 : 경상남도 진주군 금산면 가모리 성호기
피고 : 같은 도 의령군 의령면 동(東)동 이우식

위 원고는 진주군 대고면 와룡리 산212번지에 임야 10정 1반 7묘보를 수백
년 동안 소유하여 왔는데 200년 전 조선(祖先)의 분묘를 설치하여 소유하
고 그 묘소 약 2간(間) 아래에도 위 조선의 비속(卑屬)으로 칭하여지는 분
묘의 기지(基地)가 있다. 원고는 지금부터 28년 전 그 임야를 타인에게 매
도하고 그 후 전전(轉轉)하여 위 임야는 대정(大正)14년(1925년) 10월 중
피고가 매수하여 소유권이전등기를 경유하였다. 원고는 그 임야를 타인에
게 매도할 때 분묘의 환송(環松) 구역의 동서남북 직경 12간 총평수 수백
13평에 대하여 등기를 경유하지 않아도 그 소유권을 유보하여 매도한 것
이라고 주장하지만 그 증명은 불명이다. 피고는 소화(昭和)6년(1931) 중 원
고의 위 조선의 분묘라고 칭하는 분묘의 좌측 약 2척(尺) 거리에 있는 개소
(個所)에 망부(亡父)의 분묘를 신설(도지사의 신설 허가가 있지만 원고의
위 분묘에 접근하여 매장할 수 있다는 허가는 아니다)하였다. 원고는 그 환
송 구역에 대하여 현재 소유권을 주장할 수는 없다고 하더라도 20년간 평
온 공연하게 분묘기지를 점유하려고 하는 때에는 시효로 인하여 그 토지에
대하여 지상권에 유사한 일종의 물권을 취득하는 관습이 있다는 취지로 주
장하고, 피고에게 피고의 위 분묘의 굴이(掘移)를 청구하고 있다. 원고의 위
환송 구역이라 칭하는 구역에 대하여 위 분묘가 있다는 이유로 평소 제단

(祭壇)을 설치하여 제전(祭奠) 등을 행한 형적은 없다. 본 안건에 대하여 원고 주장의 환송 구역을 원고 분묘의 기지가 된다고 해석할 것인가? 피고는 신설한 위 분묘를 굴이(掘移)하지 않으면 안되는 의무가 있는가?

2. 위 조회에 대한 회답(1933년 12월 28일 중추원 의장 회답)

"(X) 종래 조선(朝鮮)에서 조선(祖先)의 분묘가 있는 임야의 소유자가 그 임야를 타인에게 매도하는 경우에 매도인이 그 매도문기에 분묘의 환송내(環松內)를 제외하는 취지를 명시하지 않거나 또는 그 구역의 소유권을 유보하는 취지의 의사표시를 하지 않을 때는 그 구역은 당연히 매매의 목적 중에 포함되는 것으로 보는 것이 관습이다. 그러나 (Y) 매매 당시 매수인이 특히 분묘의 굴이를 요구하지 않을 때 매도인은 의연 그 분묘를 소유하기 위하여 사성내(沙城內)의 토지(사성 없는 분묘인 경우에는 사성에 준하여 제사를 지내는데 필요한 구역)를 사용하는 권리가 있고 이후 그 임야가 전전양도(輾轉讓渡)되는 경우에도 분묘 소유자는 그 권리(기지권 : 저자)를 신소유자에게 대항할 수 있는 것으로 한다."

이 회답은 이른바 무특약형 사례의 경우 '1923년 회답·1927년 이래의 조선고등법원판결' 내용을 따르는 것이다. 이하에서 저자가 분석하고자 하는 부분은 위와 같은 주문(主文) 유사의 부분을 근거지우는 이유 부분 논증의 '논리적 정합성'에 있다.

3. 납득하기 어려운 논증의 연속

이하에서는 이유 부분에서 전개되고 있는 납득하기 어려운 논증을 차례대로 열거하고 논평하겠다.

(1) 첫째, 이유에는 수시로 사실적 증거 없이 어떤 것이 조선의 통례(通例), 일반(一般)의 관습(慣習)[30]이라는 논증이 등장한다. 아래는 그 하나의

예이다.

"조선에서 분묘가 존재하는 임야를 매매하는 경우에 분묘기지권을 유보하려는 때에는 반드시 그 방매문기(放賣文記)에 분묘의 4면의 각 면의 '몇 보(步)를 제외한다'고 표시하는 것이 통례(通例)이기 때문에 특히 이를 문기(文記)에 표시하지 않거나 달리 별단의 의사표시를 하지 않을 때 그 분묘기지는 당연히 매매지역 중에 포함되는 것으로 보는 것이 일반의 관습이다 [1923년 9월 13일 함경남도지사의 조회, 같은 해 10월 15일 중추원서기관 장회답 참조]"31)

위 인용문에서 일본인들이 말하는 '일반의 관습'이란 지역적으로 편중되지 않은 관습으로 전국적인 단위에서 고루 발견되는 관습32)이라는 취지이다. 그러나 적어도 1876년 이전의 문기(文記)에 분묘의 4면의 각 면의 '몇 보(步)를 제외한다'는 표시를 한 문기는 발견되지 않는다. 만약 그런 문기의 실례가 있다면 일본인들이 조선에 진출한 시기 이후에나 있을 수 있는 사례이다. 주자가례(朱子家禮)의 전래와 보급 이후의 조선인들의 조상 숭배 의식에 비추어 1876년 이전의 상황에서 조상의 분산(墳山)이나 분산을 포함하는 임야를 통째로 매각한다는 것은 거의 상상할 수 없는 불효행위이자 배은망덕한 행위였다. 조상의 분산이나 분산을 포함하는 임야를 통째로 매각하는 사례가 발생하였다면 토지의 상품화가 상당히 진전된 이후 시기의

---

30) 19세기 말과 20세기 초 일본인들은 지역적 관습은 사실인 관습(customs), 전국적으로 통용되는 관습을 관습법(custom)으로 파악하였다. 아마도 영국의 common law를 서양적 관습법 개념의 표준으로 설정한 것 같다. 그들의 용어사용법은 엄밀성이 없어 때로는 관습이라는 용어를 쓰면서도 내용은 관습법을 지칭하는 경우도 있으므로 문맥을 잘 살펴야 한다.

31) 이 부분은 [사료 [B](1923)]를 인용한 것이지만 그 내용에 대하여 통례 혹은 일반의 관습이라는 식의 다른 표현을 부가하여 주목된다.

32) 심희기, 동아시아 전통사회의 관습법 개념에 대한 비판적 검토, 『법사학연구』 제46호 (2012. 10.), 234~240면.

사례이다. 조선후기에 임야 매매 사료가 상당수 발견되는 것은 사실이지만 매매대상은 조상의 분묘가 설치된 부분을 제외한 일부를 떼어서 매매하는 경우가 대부분이었다.

조회의 대상이 된 사안에서 원고는 분묘가 존재하는 임야를 매각하였는데 매각문기에 '분묘의 4면의 각 면의 몇 보를 제외한다'는 표시를 하지 않았다. 피고는 이를 근거로 원고의 소유권을 부인하였다. 그러자 원고는 1927년의 조선고등법원판결을 근거로 (Y)처럼 주장하였고 결국 원고는 1927년의 조선고등법원판결에 합치하는 승소판결을 받았을 것이다.

(2) 둘째, 이유에는 《대전회통 예전 상장(喪葬)》, 《대전회통 형전 청리(聽理)》의 본문(本文)과 주(註)를 나열한 후, "조선에서는 고래(古來) 분묘를 중시하여 일단 적법하게 분묘를 설치한 때는 그 존엄을 유지하기 위하여 각기 그 신분에 따라 분묘의 법정 계한(法定界限)이 있고 그 계한 내에는 경목(耕牧), 입장(入葬) 기타 타인의 침해를 허용하지 않는다. 그러나 앞의 대전(大典) 규정은 자기의 금양산(禁養山) 또는 무주공산(無主空山)에 분묘를 설정한 경우에 관한 규정인 것 같다."는 논증이 있다. 이 논증은 그럴듯한 논증이다. 그런데 그 후 갑자기 《대전회통 형전 청리(이하 '청리조'로 약칭한다)》의 '유주산급인가근처투장자금단(有主山及人家近處偸葬者禁斷)'이란 규정과 그 주(註)의 '투장자백일내부득현출 즉허령산주고관계문후 자관굴이(雖一人家舍百步內 毋得入葬. 偸葬者百日內不得現出 則許令山主告官 啓聞後自官掘移)'라는 규정을 인용(引用)하면서 그 조문들을 근거로 "(Y) 타인의 산야(山野)라 하더라도 이를 차수(借受)하거나 소유자의 승낙을 얻어 적법하게 분묘를 설정한 때 분묘의 소유자는 이를 소유하기 위하여 계한 내의 토지를 사용할 수 있어야 하고 또 누구에 대하여도 그 계한을 주장하여 타인의 침해를 배제할 수 있고, 토지 소유자라 하더라도 그 권리를 침해할 수 없다. 소유자 변경의 경우에도 다르지 않다."는 논증을 이끌어 낸다. 청리조는 '투장을 금지하고 투장행위가 입증되면 관(官)에서 굴이한다'는

조문인데 이 조문에서 어떻게 (Y)의 논증을 이끌어낼 수 있는가?

(3) 셋째, 이유에는 "대전회통은 갑오개혁 후 자연히 폐멸(廢滅)되었는데 그 후 분묘에 관하여는 전혀 법령의 근거가 없게 되었다. 그렇다 하더라도 그 관념은 관습으로서 여전히 일반에게 준행(遵行)된 것인지 광무9년(1905) 법률 제2호 형법(대전)에도 대전회통과 거의 동일한 규정(동법 제453조 내지 455조[33] 참조)이 설치되어 있어 분묘 소유자를 보호하였다. 그 형법은 명치45년(1912) 제령(制令) 제2호 조선형사령(朝鮮刑事令)에 의하여 폐지되었지만 그 법의(法意)는 여전히 관습으로서 일반에 행하여져 현시점에도 미치고 있다."는 논증이 이어지고 있다.

조선 최후의 실정법인 대전회통의 규범력이 약화되었지만 '대전회통의 법의가 일반의 관습으로 준행되고 있다'거나 혹은 "형법대전은 조선형사령에 의하여 폐지되었지만 형법대전의 법의는 여전히 관습으로서 일반으로 준행된다"는 식의 자의적인 추리가 과감히 감행되고 있다. 조선의 관습이 실지조사 혹은 관찰에 의하여 목격되는 것이 아니라 조선의 실정법 내용을 수단으로 일본인 관료에 의하여 자의적(恣意的)으로 추리되고 있는 셈이다. 1960년대에 남한에서는 구민법이 폐지되고 신민법이 공포·시행되었다. 그러면 "구민법의 법의가 여전히 관습으로서 일반에 행하여져 현시점에도 미치고 있다."고 할 수 있을까? 수백 년 전 조선의 관습이 조선의 실정법 조문 몇 개의 사변적(思辨的) 분석으로 파악될 수 있을까?

(4) 넷째, 이유에는 "근시(近時) 임야에 대하여 소유권의 관념이 점점 발달하고 특히 임야조사에 의하여 임야 소유권 확정에 수반하여 타인의 소유 지상에 존재하는 분묘에 대하여 구시(舊時)와 같이 광범한 기지(基地)를 인

---

33) "453조 有主墳墓 界限内에나 人家 五十步内에 暗葬혼 者는 懲役 一年이며, 勒葬혼 者는 懲役 三年에 處홈이라. 454조 賜牌를 蒙有ᄒ얏거나 買占혼 文券이 有ᄒ거나 衆所共知로 禁養혼지 年久혼 有主山에 入葬혼 者는 笞 五十에 處홈이라. 455조 本節 諸條의 犯葬혼 塚은 依法掘移호되, 若當該官司가 違혼 者는 笞 八十에 處홈이라."

용(認容)하지 않기에 이른 현시(現時)에는 일반으로 그 분묘의 사역내(砂域內)(사역 없는 분묘가 있는 때에는 사역에 준하여 제사에 필요한 구역)에 한하여 이를 분묘기지로 보기에 이르렀다."는 논증이 이어진다.

조선시대에 전택(田宅)에 대하여는 양안(量案)이라는 공식적인 장부(帳簿)가 작성되어 수세(收稅)자료로 활용되었다. 그러나 훨씬 광대한 지역인 임야에 대하여는 공적 장부가 작성되지 않았고 따라서 임야에 대하여는 과세(課稅)가 행하여지지 않았다. 조선토지조사사업(1912~1918)과 조선임야조사사업(1919~1935)은 지적도(地籍圖)를 만들고 이에 기반하여 토지대장, 가옥대장, 임야대장을 만든 다음 최후로 등기부를 만들어 토지상품화의 기초를 조성한 동시에 조선 전역의 토지에 대하여 지세(地稅) 부과의 기초를 구축한 것이다. 소유권 사정(査定)은 신고주의에 입각하여 진행되었는데 사정 작업이 공정하게 행하여졌는가에 대하여 논쟁이 진행되고 있지만 조선토지조사사업과 조선임야조사사업 완결 후의 토지소유권 보호는 강력한 강제집행 제도가 시행되어 조선시대의 토지소유권 보호보다 보호 정도가 심화되었다고 말할 수 있다. 그런데 그 중 임야 소유권 사정은 조선토지조사사업, 조선임야조사사업 시작 직전의 소유·점유상태를 존중하는 선에서 진행되었다.

조선후기의 상황은 재력 있고 힘 있는 문벌 가문은 조선(祖先)의 분묘를 수호한다는 명목으로 광대한 임야를 점유한 반면, 가난하고 힘없는 일반 서민들은 양친(兩親)이 사망하여도 편안하게 장사를 지낼 땅이 없어 타인의 임야에 몰래 장사지내는 일이 많았다. 이를 당시에는 투장(偸葬)이라고 치부하면서 법제상으로 금지하였다. 강제집행제도가 불비하여 투장 사안에서 승소하더라도 이를 이행하는 것은 매우 어려운 일이었다. 그러나 적어도 규범상 투장은 민사상의 불법행위이자 동시에 형사상의 범죄에 해당하는 행위였다. 투장 사안에서 승소하더라도 이를 이행하는 것이 매우 어려운 현실을 두고 투장자는 분묘기지를 시효취득한다고 말할 수 있을까?

조선후기의 재판사료에는 '투장하였으니 그 묘를 굴이(掘移)하게 해 달라'는 제소가 빈발하였다. 적어도 1876년 이전 시기의 투장에 관련된 재판사료 중 이른바 승낙형, 무특약형, 시효취득형에 가까운 사안 해결은 발견되지 않는다. 다음 사료를 보자.

> "사대부의 분묘는 그 품계에 따라 각각 보수(步數)가 정해져 있다. 금령(禁令)을 위반하여 투장(偸葬)하면 법에 의거하여 분묘를 파내어 옮기게 한다. 다만 먼 조상의 분묘에 대하여 자손이 제사를 폐하였거나 다른 사람이 그 묘역을 침범하여 분묘 쓰는 것을 막지 않은 지 2·3년이 된 뒤에는, 전택(田宅) 관련 소송은 5년이 지난 경우 청리하지 않는다고 한 경국대전의 예에 따라 청리(聽理)하지 않는다. 투장하여 분묘를 침범하면 청리한다. (士大夫墳墓 隨其品秩各有步數. 冒禁偸葬者 依法掘移. 但高玄墳墓子孫廢祭 而或他人侵葬 不爲禁止至于二三年後 則依原典凡訟田宅過五年例勿聽 偸葬犯墳 則不在此限)"(대전통편 형전 청리)

전택(田宅) 관련 소송은 권리침해 현상이 발생한 지 5년이 지나면 청리하지 않는다는 국전의 조문은 출소기한 규정이지 시효 규정이 아니다. 기한까지 제소하지 않으면 관(官)이 권리보호에 협력하지 않겠다는 발상이 출소기한 발상이다. 이에 반하여 시효취득 발상은 무권리자라도 마치 권리자와 같은 이익을 누리는 사실이 오랜 기간 계속되면 사후적으로 관(官)이 권리자와 같은 효과를 부여하겠다는 발상이다. 조선 민사법의 패러다임과 근대 일본민법의 패러다임이 다르므로 출소기한 발상을 시효취득 발상으로 변환하여 이론구성할 수 있지 않느냐 하는 반론이 있을 수 있다. 그러나 "투장하여 타인의 분묘를 침범하면 청리한다."는 조문은 투장자에게 어떤 이익도 부여하지 않겠다는 의사를 강력히 표명한 것이므로 패러다임의 차이로 인한 변환인정을 하기 곤란하다. 요컨대 조선시대의 출소기한 발상에서 시효취득형의 논증을 유추하거나 변환 인정할 여지는 매우 희박하다.[34]

다만 1876년 이후의 재판사료에 승낙형, 무특약형, 시효취득형에 가까운 사안 해결이 발견된다는 보고가 있을 수 있다.[35] 그러나 현재까지 보고된 사료나 관련 정보는 너무나 애매하거나 빈약하여 속시원한 사료로 보기에 충분하지 않다.

(5) 다섯째, 이유의 마지막 부분에는 "(Y) 적법하게 조선(祖先)의 분묘를 설치하여 수호금양(守護禁養)해 온 임야의 소유자가 그 임야를 타인에게 매도할 당시에 분묘의 보존이나 굴이에 대하여 별단의 의사표시가 없는 경우에 분묘 소유자는 그 분묘를 소유하기 위하여 계속하여 그 토지를 사용하는 권리를 보유하여야 하는 것은 당연하므로 그 후 그 임야가 전전양도되어 소유자에 변경이 있는 경우에도 분묘소유자의 권리에 소장(消長)이 없는 것이 관습이라고 인정하는 것이 상당하다." 는 논증이 이어진다.

이 논증은 사실적인 증빙자료에 기초한 논증이라기보다는 미리 결론(토지상품화를 지향하는 X와 분향권을 인정받고자 하는 서민대중의 소망 Y의 결합)을 내려놓고 그런 결론이 나오는 것이 관습에 비추어 '당연'하다는 식의 일방적인 논증이다. 임야를 타인에게 매도할 당시에 분묘의 보존이나 굴이에 대하여 별단의 의사표시가 없는 경우에 분묘 구역의 소유권은 당연히 매각대상에 포함되지만(X), 분향권은 당연히 분묘의 후손에게 유보된다(Y)는 극히 기교적(技巧的)이고 타협적인 논증이 관습·관습법의 이름으로

---

34) 손경찬, 분묘기지권에 관한 관습, 경북대학교 법학연구원 『법학논고』 61(2018. 4.), 242면 참조.

35) 손경찬, 분묘기지권에 관한 관습, 경북대학교 법학연구원 『법학논고』 61(2018. 4.), 233면~236면은 "1895~1945년까지 법원에서 인정한 분묘에 대한 관습을 정리"하여 승낙형과 무특약형의 사례를 탐구하여 제시하려고 하면서 "平理院 및 漢城裁判所에서도 이와 유사한 관습을 판례상 인정하였"다고 적고 있지만 사실관계가 명확하지 않다. 그러나 손교수도 시효취득형에 대하여는 平理院과 漢城裁判所의 사례를 확인하지 못하여 결국 "말하자면 조선고등법원 재판관들은 그들에게 익숙하였던 시효제도를 '원용'하여 한국 전통법제에 존재 여부가 불투명한 시효제도를 '창설'한 것으로도 볼 수 있다."고 결론짓고 있다(손경찬, 위의 논문, 242면)

정당화되고 있다.

근현대 사회에서도 관습이나 관습법이 주목 대상이 되는 이유는 '생성의 불가피성'도 있지만 '민중(民衆)의 법적 확신을 존중하자'는 민중법(Volksgeist) 발상이 우세하기 때문인데 민중이 위와 같이 기교적인 규범(소유권은 매수인에게 분향권은 매도인에게!)을 자연발생적으로 생성시킬 수 있을까?

V. 2017년 전합 다수의견의 조선후기의 임야지배관계에 관한 역사상

2017년 전합 다수의견은 조선후기 임야 지배관계에 대하여 "산림공유(山林共有)의 원칙에 따라 분묘가 주로 설치되던 산림에 대하여는 민간이나 개인의 소유권이 인정되지 않았으므로, 산지(山地)에 분묘가 설치되면 그 분묘가 존속하는 동안에는 이른바 '묘지 점권(占權)' 또는 '분묘 점권'이라는 사적 점유권의 형태로 보호가 이루어졌다."고 묘사하였다. 여기서 '점권'이란 절대성, 포괄성, 물권성을 구비한 '근대적 소유권'을 인정하기 어려운 낮은 수준의 재산권성을 지칭하는 것으로 보인다. 조선시대에 특정 임야의 주인[有主山의 主]은 그 일부를 분할하여 매각하기도 하고 자손에게 상속시키기도 하였고, 그 지위에 기초하여 제소할 수도 있었으므로 그런 의미에서 조선후기의 산주(山主)에게 근대적 소유권에 근접하는 재산권을 인정해도 크게 잘못된 일은 아니다. 그러나 다른 한편 조선 정부는 산주에게 과세(課稅)하지 않았고, 산주에 대한 보호도 강력하지 않았으므로 산주의 재산권성에 취약한 측면이 없지 않았다. 따라서 조선후기 특정 임야 주인의 법적 보호 상태를 '묘지 점권' 또는 '분묘 점권'이라는 '사적 점유권'으로 개념화한 것에 크게 이견(異見)을 제시하고 싶지는 않다. 그러나 조선후기에 임야의 절대적 소유권에 육박하는 사점(私占)화가 진행되었다는 것이 국사학계의 유력한 학설36)이라는 점을 지적하고 싶다.

다음에 "근대적인 의미의 임야소유제도가 형성되면서 타인의 토지 위에 설치된 분묘에 관하여 법률분쟁이 발생하기 시작하였다."는 사실 인식도 자연스러운 사실 인식으로 보인다. 《속편고》326호의 분쟁사례가 그 생생한 사례이다. 그런데 다수의견이 굳이 이 논증을 하는 이유는 무엇인가?

조선 말기까지 임야에 분산(墳山)을 설치한 산주의 분묘에 대한 법적 지위가 근대적인 사적 소유권이 아니라 '묘지 점권' 또는 '분묘 점권'에 불과하였다는 점을 제시한 이유는 무단(無斷)으로 타인의 임야에 분묘를 설치한 후손에게 시효취득형 분묘기지권을 인정해도 임야소유권자는 억울해할 일이 아니라는 취지로 보인다. 임야조사사업 종료 후 임야의 소유자로 사정(査定)받은 산주들의 법적 지위는 조선 말기까지 '묘지 점권' 또는 '분묘 점권'의 취약한 지위에 불과하였는데 임야조사사업 종료 후에는 임야의 절대적 사적 소유자로 상승하였으므로 시효취득형 분묘기지권을 묵인하여도 임야소유자에게 큰 해악을 부여하는 것은 아니므로 크게 반발할 일은 아니라는 취지로도 해석된다.

VI. 일제강점기의 회답·판결이 전승되고
학술적·대중적 지지를 받는 이유

《관습조사보고서》와 《민사관습회답휘집》을 사료로 활용할 때에는 좀 더 세밀한 분석을 하고, 좀 더 많은 사례연구를 하지 않으면 안된다.37) 또 저

---

36) 전경목, 조선후기 산송연구(전북대 박사학위 논문, 1996), 28~46면; 김선경, 조선후기 山林川澤 私占에 관한 연구(경희대 박사학위 논문, 1999), 231~250면.

37) 문준영, 대한제국기 민사재판에서 관습의 규범적 역할, 경북대학교 법학연구원『법학논고』제52집(2015. 11.), 190면은 "관습조사보고서는 일본인 법제·사법관료들이 그 세계의 단면을 '근대 민사법'의 프레임으로 포착하고 그들의 법지식과 감각을 적용하여 때로

자가 보기에 적어도 분묘기지권 분야의 회답과 판결은 결론을 미리 책정해 놓고 관습·관습법을 도구로 삼아 일정한 결론을 조작해 낸 사례로 보인다. 논증은 비약이 심하여 정합적이지 않고 비논리적이다. 그럼에도 불구하고 그 회답과 판결이 현행 대법원판결로 계속 전승(傳承)되고 학술적·대중적 지지[38])를 얻어내고 있는 이유가 무엇일지 궁금하다.

아마도 그 결론이 변화된 한국 근대사회에서 학술적·대중적 지지를 얻어내기에 유리한 모습을 띠고 있기 때문이 아닐까 한다. 1933년에 발생한 《속편고》 326호 사안에 대한 회답 중 (X) 부분은 토지상품화를 촉진하는 방향의 관제(官製) 관습 규범의 창출이다. 반면에 (Y) 부분은 토지상품화를 저해하는 내용의 관제 관습 규범 창출이다. 그런데 (Y) 부분에는 고관대작(高官大爵)과 문벌양반 가문의 산지 광점(山地廣占)으로 말미암아 배제되고 소외되었던 서민 대중, 그리고 도도(滔滔)한 토지상품화의 물결 속에서 도태되는 계층의 최소한의 소망(부득이 임야는 매각했지만 조상에 대한 분향만은 계속하고 싶다는 소망)을 달래주는 측면이 반영되어 있다. (Y) 부분이

는 몰이해와 무시와 개찬을 감행하면서 작성한, 따라서 신중에 신중을 거듭하여 읽어야 할 기록이다."라 적고 있고, "1907년부터 1923년까지 조선에서 사법실무와 관습조사에 종사하였던 오다 미키치로(小田幹治郎)의 주요 조사활동과 그 저작물을 분석"하려고 한 이승일은 "오다 미키치로는 조선인의 친족 및 상속법에 있어서는 한국 관습으로 규율하는 것에 찬성하였으나 관습을 그대로 인정하려는 것이 아니라 일본 민법의 관점에서 재구성하려고 하였다."고 논평하였다. 이승일, 오다 미키치로(小田幹治郎)의 한국 관습조사와 관습법 정책, 『한국민족문화』 46(2013. 2.), 169~170면.

38) 대표적으로 이진기, 분묘기지권의 근거와 효력, 『비교사법』 제23권 제4호(2016), 1742면의 "분묘기지권은 우리의 역사 속에서 우리와 삶과 호흡을 함께 한 제도로서 여전히 우리 속에서 가치를 유지하는 제도이다. 분묘기지권은 - 그 명칭을 묻지 않고- 매장문화의 존속과 사설묘지의 인정, 그리고 분묘신고제가 존재하는 한도에서 그 성립을 막을 수 없는 관습법상 물권이다."; 노한장, 분묘기지권 시효취득의 관습 존재 유무에 관한 고찰-분묘 관련 판례 및 제도의 연혁적 고찰을 중심으로-, 『일감부동산법학 18권』(2019. 2), 127면의 "조선 사회에 분묘기지권의 시효취득에 관한 관습(慣習)이 존재하였다고 것이 타당하다."는 주장을 들 수 있다. 또 '2017년 전합 다수의견'에 대하여 여론조사를 하면 압도적인 다수가 그 결론을 지지할 것이다.

토지상품화를 저해하는 요인으로 작용하지만 (X) 부분의 유용성에 비추어 (Y) 부분의 전근대성은 무시해도 좋을 정도의 저해 요인에 불과하다.

　분묘기지권 외에도 《속편고》의 전편에 걸쳐 거의 옛 조선의 실정법(대전회통 등)과 왕조실록, 승정원일기 등의 연대기 자료에서 뽑아낸 몇 개의 사료를 가지고 과감하게 조선의 관습을 추정해 내는 용감한 논증이 거듭되고 있다. 100년 이상이 지난 현시점에서 일본인들의 관습·구관 추정이 잘못된 것임을 명백한 문자 사료로 입증하는 것은 매우 어려운 일이다. 그러나 《속편고》를 사료로 활용하여 그들의 논증이 얼마나 비약이 심한 것이었는가를 논증하는 일은 가능한 일이고 또 그런 작업이 거듭되어야 한다. 저자는 문제 제기 부분에서 '과거에 어떤 일이 일어났는가'를 규명하는 것에 집중하겠다고 선언한 바 있다. 지금 '어떻게 해야 하는가' 하는 점은 민사법 학자들이나 실무가들이 해야 할 일이고 그들은 지금 그 일을 훌륭하게 해내고 있다. 조선고등법원이 창설한 관제 관습법들이 헌법위반을 이유로 변경되고 재조정되는 현상은 자연스런 현상이다. 관습·관습법의 강점 중 하나는 일정불변한 것이 아니라 사회변화에 수반하여 변화될 수 있는 가변성이 있기 때문이다.

참고문헌

제1장

고창석, 『제주도고문서연구』(세림, 2002)

권이선, "조선시대 결송입안 연구", 한국학 중앙연구원 한국학 대학원 고문헌 관리학 전공 석사학위논문, 2017

권이선, "조선시대 決訟立案의 유형별 특징과 발급양상", 『고문서연구』 제52호(한국고문서학회, 2018. 2)

김경숙, "고문서강독 : 1578년 경주 여주이씨 이준가의 노비결송입안", 『고문서연구』 23호(한국고문서학회, 2003)

임상혁, "1583년 김협, 고경기 소송에서 나타나는 법제와 사회상", 『고문서연구』 43호(한국고문서학회, 2013)

임상혁, "16세기의 결송입안과 소송", 『16세기의 고문서』(아카넷, 2004)

전경목외 옮김, 『유서필지』(사계절출판사, 2006)

정긍식, "1517년 안동부 결송입안 분석", 『법사학연구』 35호(한국법사학회, 2007)

吉川幸次郎·田中謙二, 『元典章の文体』(京都大学 人文科学研究所 元典章研究班, 1964)

제2장

I. 사료

『各司謄錄 京畿道篇3 京畿道各郡訴狀12』

『韓國地方史資料叢書 報牒編 12冊』(1987~1990, 驪江出版社)

『經國大典』;『受敎輯錄』(청년사 譯註, 2001);『新補受敎輯錄』(청년사 역주, 2000);
『續大典』;『大典會通』;『大明律直解』(한국고전번역원 역주, 2018) 丁若鏞,
『牧民心書』(다산연구회 역주, 2018)
內藤吉之助,『朝鮮民情資料牧民編』(1942, 朝鮮印刷株式會社)
卞季良,『春亭集』(한국고전번역원 역주, 1998)

Ⅱ. 연구논저

金甲周, "조선후기 僧侶의 私有田畓",『동국사학』15·16합집, 1981

朴秉濠,『韓國의 傳統社會와 法』(서울대학교 출판부, 1985)

심희기, "朝鮮時代 支配層의 裁判規範과 慣習 -欽欽新書와 牧民心書를 素材로
        한 檢證-",『法曹』2012. 2. 1.(통권 665)(5-38)

심희기, "동아시아 傳統社會의 慣習法 槪念에 對한 批判的 檢討",『法史學硏究』
        제56호(한국법사학회, 2017. 10)

任相爀, 朝鮮前期 民事訴訟과 訴訟理論의 展開(2000, 서울大學校 法學博士學位
        論文)

MAX WEBER, *ECONOMY AND SOCIETY* p.806 n.40(Guenther Roth & Claus
        Wittich eds., Ephraim Fischoh et al. trans., 1968)

滋賀秀三,『淸代中國の法と裁判』(創文社, 1984)

滋賀秀三,『續·淸代中國の法と裁判』(創文社, 2009)

佐立治人, "聽斷は法を以てし、調処は情を以てす－淸代の民事裁判の性格につ
        いての滋賀·寺田說に対する反論－"『關西大學法學論集』64(2)(2014)

寺田浩明, "權利と冤抑—淸代聽訟世界の全体像",『法学』第61卷 第5號, 京都大
        學, 199

제3장

I. 사료

《唐律疏議 斷獄 囚應禁不禁》;《大明律 刑律 越訴》;《大明律 戶典 盜賣田宅》;
《大明律 刑律 告狀不受理》;《大明律 刑律 雜犯 不應爲》;《大明律 名例律 共犯
罪分首從》;《大明律 刑律 老幼不拷訊》;《大明律 刑律 獄囚取服辯》;《經國大典
刑典 推斷》《經國大典 刑典 用律》;《經國大典 刑典 囚禁》《經國大典 刑典 決獄
日限》;《續大典 刑典 用律》;《大典會通 刑典 聽理》;《大典後續錄 刑典 雜令》;
《質禀書 第五百七十六號》;《大淸律 刑律 軍民約會詞訟》

II. 연구논저

김대홍, "조선시대 대명률 불응위(不應爲) 조에 관한 연구", 『법사학연구』 49호
    (한국법사학회, 2014. 4)

박병호, 『전통적 법체계와 법의식』(서울대학교 출판부, 1972)

심희기, "한국형 민사의 형사화 현상의 진단과 억제경향", 『법학연구』 17권 4호
    (연세대학교 법학연구소, 2007. 12)

한상권, "조선시대 詞訟 재판의 두 양태-해남윤씨가 소장 決訟 立案을 중심으
    로-", 『古文書硏究』 제44호(2014. 2.)

제4장

I. 사료

한국정신문화연구원, 『鑛山金氏 烏川古文書』(1992)

한국정신문화연구원, 『古文書集成 65 : 慶州 玉山 驪州李氏 獨樂堂篇 國學振興
    硏究事業推進委員會編』(2003)

한국학중앙연구원 장서각, 『고문서집성 110 : 濟州 於道 晋州姜氏 朝天 金海金氏

        舊左 東萊鄭氏 古文書』(2014)
한국학중앙연구원 장서각,『고문서집성 1 : 禮安 光山金氏 後彫堂篇』(2011)

    Ⅱ. 연구논저

고창석,『제주도고문서연구』(세림, 2002)

김현영, "조선초기의 傳准에 대하여 : 1469년 '田養智妻河氏粘連文記",『고문서
    연구』9·10(한국고문서학회, 1996)

문숙자, "조선전기 무자녀망처재산(無子女亡妻財産)의 상속(相續)을 둘러싼 소송
    사례(訴訟事例)",『古文書研究』, 5권 1호(한국고문서학회, 1994)

문현주, "조선후기 호구단자(戶口單子)와 준호구(準戶口)의 작성과정 연구 -경주
    부(慶州府)의 호구단자와 준호구를 중심으로-",『고문서연구』38권(한국
    고문서학회, 2011. 2)

심희기, "문서와 최량증거 규칙", 박상기외『문서와 범죄』(2017, 집현재)

이시윤,『신민사소송법(제8판)』(박영사, 2014)

전경목 외 옮김,『유서필지』(사계절, 2006)

    제5장

    Ⅰ. 사료

內藤吉之助編『朝鮮民情資料牧民編』(朝鮮印刷株式會社, 1942)

이영훈·김선경외 편,『韓國地方史資料叢書 報牒編』(驪江出版社, 1987~1990)

鄭肯植·任相爀 編著,『十六世紀 詞訟法書 集成』(한국법제연구원, 1999)

鄭肯植·趙志晚·田中俊光 역주,『잊혀진 法學者 申灜 : 譯註大典詞訟類聚』(민속
    원, 2012)

『고문서집성 65 경주 옥산 여주이씨 독락당편』(한국정신문화연구원, 2003)

II. 연구논저

金甲周, "조선후기 僧侶의 私有田畓", 『동국사학』 15·16합집, 1981

신평, "한국의 전통적 사법체계와 그 변형", 『법학논고』 제28집(경북대학교 법학
　　연구원, 2008. 6.)

沈載祐, 『네 죄를 고하여라 : 법률과 형벌로 읽는 조선』(산처럼, 2011)

심희기, "조선시대 詞訟에서 제기되는 문서의 眞正性 문제들", 『古文書研究』 46
　　권(한국고문서학회, 2015. 2.)

김현영, "지방관의 칭념(稱念) 서간을 통해 본 조선말기 사회상 - 1884~1885년에
　　민관식(閔觀植)이 받은 간찰을 중심으로 - ", 『고문서연구』 49권(한국고
　　문서학회, 2016)

전경목, "山訟을 통해서 본 조선후기 司法制度 운용실태와 그 특징", 『법사학연
　　구』 18권(한국법사학회, 1997)

趙允旋, 『조선후기 訴訟 연구』(국학자료원, 2002)

한상권, "조선시대 詞訟에서의 誤決과 再訟", 『古文書研究』 51권(한국고문서학
　　회, 2017. 8.)

Robert M. Marsh, "Weber's Misunderstanding of Traditional Chinese Law" in
　　American Journal of Sociology. Sep. 2000, Vol. 106 Issue 2

Duan LIN and Po-fang TSAI, "Max Weber's Traditional Chinese Law Revisited: A
　　Poly-Contextuality in the Sociology of Law" in *Taiwan Journal of East
　　Asian Studies*, Vol. 10, No. 2(Issue 20), Dec. 2013

Douglas W. Perez, *Paradoxes of Police Work*, 2nd Edition(Cengage Learning, 2010)

David M. Trubek, "Max Weber on Law and the Rise of Capitalism" in *WISCONSIN
　　LAW REVIEW*, 1972 number3

제6장

I. 사료

國史編纂委員會,『各司謄錄27 江原道편1 議送謄書册』

안승준 외 역주,『부안 우반 부안김씨 고문서 역주』(한국학중앙연구원출판부, 2017)

이영훈·오영교·김선경·윤정애편,『韓國地方史資料叢書 民狀篇 제4책 民狀置簿
册(靈光)(奎27609-1)』

이영훈·오영교·김선경·윤정애편,『韓國地方史資料叢書 民狀篇 제9책 詞訟錄(牙
山)(奎想白古349·1035-Sa78)

이영훈·오영교·김선경·윤정애편,『韓國地方史資料叢書 民狀篇 제9책 詞訟錄(燕
岐)(國立한 34-33)(奎古5125-19)』

이영훈·오영교·김선경·윤정애편,『韓國地方史資料叢書 民狀篇 제9책 詞訟錄(鎭
川)(奎古5125-19)』

최윤오 옮김,『재판으로 만나본 조선의 백성 : 충청도 鎭川 사송록』(혜안, 2013)

한국정신문화연구원,『고문서집성 2: 부안 부안김씨편』(1998)

漢城府裁判所편,『漢城府裁判所民事一週內已決成册(奎26427)』, 1899~1900년(광
무3~4)

II. 연구논저

남기정역,『日帝의 韓國 司法府 侵略實話』, 育法社, 1978

노혜경, "조선후기 형정권의 분화 －구류간을 중심으로－",『조선시대사학보』70,
2014

이홍수·田中正身,『日韓文對照 韓國民刑訴訟法註解』 1909, 廣學書鋪

호문혁, "독일 강제집행법에 관한 연구",『법학』 41권 4호(서울대학교 법학연구
소, 2001)

Becky A. Vogt, "STATE V. ALLISON: IMPRISONMENT FOR DEBT IN SOUTH
DAKOTA" in *South Dakota Law Review*, 2001

Jay Cohen, "The history of imprisonment for debt and its relation to the development of discharge in bankruptcy" in *The Journal of Legal History*, 3:2, 153~171(1982)

Jerry White, *Mansions of Misery: Biography of the Marshalsea Debtors' Prison*, The Bodley Head, London, 2016

제7장

I. 인용문헌 약어표

[唐律 주석서]

《소의⇨당률 권차 戶婚 養子捨去 쪽수》: 長孫無忌 官版 唐律疏議(653)

《율연소의⇨율연 쪽수》: 律令硏究會 譯註日本律令(5, 당률소의 역주편1, 1979); (6, 당률소의 역주편2, 1984); (7, 당률소의 역주편3, 1987); (8, 당률소의 역주편4, 1996)

《역주소의⇨역주당률 쪽수》: 譯註 唐律疏議(한국법제연구원, 1994~1998)

[明律주석서]

《율조⇨소의 권차⇨2책(3책) 쪽수》: 張楷, 律條疏議(1467)(양일범편 중국율학문헌 제1집, 흑룡강인민출판사)

《강해 쪽수》: (편자미상) 大明律講解(1510)(서울大學校奎章閣, 2001)

《석의 권차 쪽수》: 應檟, 大明律釋義(1543)

《쇄언 쪽수》: 雷夢麟, 讀律瑣言(1557)

《부례(상)(하) 쪽수》: 舒化,《大明律附例(上)(下)》(1585)(서울대학교 규장각 2001)

《주해 쪽수》: 姚思仁,《大明律附例注解》(1585)

《집설 권차 쪽수》: 馮孜, 大明律集說附例(1591)

《집해 쪽수》: 裵貞吉 高擧 等,《大明律集解附例》(1596)

《전석 권차 쪽수》: 王樵 私箋 王肯堂 集釋,《大明律附例箋釋》(1612)(동경대 소장)(萬曆年間刊行的王樵《讀律私箋》19 王肯堂《律例箋釋》)

《언해 권차 쪽수》 : 榊原篁洲(사까키바라 고슈), 大明律例諺解(1694)(본문 30권
　　　목록1권)

《역의 쪽수》 : 高瀨喜樸(다카세 기보꾸), 大明律例譯義(1720)

《국자해 쪽수》 : 荻生徂徠(오규 소라이), 律例對照定本明律國字解(1720 이후 미상)

《직인 쪽수》 : 明逸名撰(明嘉靖5년간본)(1626)(양일범편 중국율학문헌 제1집 제1
　　　책, 흑룡강인민출판사)

[淸律주석서]

《집주 쪽수》 : 沈之奇, 大淸律輯註(上)(下)(1715)

《존의 권차 쪽수》 : 薛允升/黃靜嘉, 讀例存疑(1905)

[영어번역본]

《TC 쪽수》 : Wallace Johnson, The T'ang Code(1979, 1997)

《GMC 쪽수》 : JIANG YONGLIN, The Great Ming Code(2004)

《GQC 쪽수》 : William C. Jones, The Great Qing Code(1994)

[대명률직해]

《직해》 : 大明律直解

《직해교정》 : 朝鮮總督府中樞院調査課編《校訂 大明律直解》(1936)

《직해법제》 : 법제처 역주본, 大明律直解(1964)

《직해호사》 : 일본 蓬左文庫 소장본. 서울 국립중앙도서관 마이크로필름(M古 3-
　　　1999-10, 11)

《직해만송》 : 고려대 도서관 晩松文庫 소장본(만송 B7-A118B 1-5). 보경문화사
　　　영인(1986)

《직해평양》 : 서울대 규장각 소장본(貴 1909-v.1-4). 서울대학교규장각 영인(2001)

[대명률판본]

《고경》 : 고경박물관 소장《大明律》조선초기 고판본

Ⅱ. 연구논저

『新注無冤錄』, 한국과학기술사자료대계 의약학편 49, 여강출판사, 1988.

『增修無冤錄諺解』, 한국과학기술사자료대계 의약학편 49, 여강출판사, 1988.

『정본흠흠신서Ⅰ』(다산학술문화재단 교감·표점 정본 여유당전서 30 흠흠신서)

高淑姫, 조선시대 중국 실용·전문서적의 전래와 수용: 無冤錄을 중심으로, 『중국소설論叢』, 2014.

金澔, 新註無冤錄과 조선전기의 檢屍, 『法史學研究』 27, 2003.

송철의 외 역주, 『역주 증수무원록언해』, 서울: 서울대학교출판부, 2004.

장윤희, 近代語 資料로서의 증수무원록언해, 『韓國文化』 27, 2001.

정긍식 외 3인편, 『朝鮮後期 受敎資料 集成(Ⅰ)-刑事篇 : 1(2009), Ⅱ(2010)』(奎章閣 所藏本), 서울, 한국법제연구원.

최해별, 송(宋),원(元)시기 검험(檢驗)지식의 형성과 발전: 세원집록(洗冤集錄)과 무원록(無冤錄)을 중심으로, 『中國學報』 69, 2014.

한상돈, 中國 傳統刑律 중의 六殺, 『法史學研究』 15, 1994.

花村美樹, 一人償命, 『조선학보』 48집, 1968.

Derk Bodde and Clarence Morris, *Law in Imperial China: exemplified by 190 Ch'ing Dynasty cases*, Philadelphia: University of Pennsylvania Press, 1973.

Geoffrey MacCormack, *The Spirit of Traditional Chinese Law*, University of Georgia Press, 1996.

M. J. Meijer, "AN ASPECT OF RETRIBUTION IN TRADITIONAL CHINESE LAW", *T'oung Pao*, Vol. LXVI, 4-5, 1980, pp.199~216.

제8장

Ⅰ. 사료

慈利丞 蕭思敬, 律學解頤(최종고 교수 소장복사본)

何廣, 律解辯疑[楊一凡·田濤 主編, 中國珍稀法律典籍續編 제4册, 龍江人民出版社, 2002.

大明律講解(1903年 法部版), 서울大學校 奎章閣 영인, 2001.

長孫無忌, 官版 唐律疏議(653), 律令研究會편, 汲古書院, 1975 영인.

王樵 私箋 王肯堂 集釋,《大明律附例箋釋》, 1612(東京大 소장).

沈之奇, 大淸律輯註(上)(下)(1715)(懷效鋒·李俊 點校, 法律出版, 2000)[이 책은 中国政法大学図書館蔵인데 淸康熙五十四年(1715)에 沈之奇 自刻本을 底本으로 삼은 것].

舒化,《大明律附例》, 서울대학교 규장각 2001, 영인.

고려대학교 도서관 귀중서(고서/연간물) Collection E~고서 '대명률강해 乙亥字多混補字'.

II. 연구논저

박성종, 명률의 변천과 문체, 그리고 『대명률직해』의 저본, 『국어사연구』 17, 국어사학회, 167~196면.

정긍식·조지만, 『해제 대명률강해』, 서울대학교 규장각, 2001.

정긍식, 조선전기 중국법서의 수용과 활용, 『서울대학교 법학』 제50권 제4호, 2009. 12.

정긍식, 조선본 《律學解頤》에 대하여, 『서울대학교 法學』 제54권 제1호, 2013. 3.

田中俊光, '朝鮮刊『大明律講解』について'[『東洋法制史研究会通信』 第28号(2015年 2月)].

黃彰健, 『明代律例彙編』, 中央研究院 歷史語言研究所 專刊 七十五, 1979.

Ta Van Tai, "Vietnam's Code of the Lê Dynasty(1428~1788)", The American Journal of Comparative Law, Vol. 30, No. 3(Summer, 1982), pp.523~554.

제9장

Ⅰ. 사료

吉武繁, 『朝鮮親族相續法要論』, 巖松堂書店, 昭和6(1931)

南雲幸吉, 現行朝鮮親族相續法類集』, 大阪屋號書店, 昭和10年(1935)

『대전회통』

서울대학교 규장각 소장 군군기무처, 『議定存案』

왕현종, 이승일, 채관식 편, 일제의 조선 관습조사 자료 해제 1, 부동산법조사회·
　　　법전조사국 관련 자료(혜안, 2019)

유영익, 『갑오경장연구』(일조각, 1990)

이영학외편, 일제의 조선 관습조사 자료 해제 2, 법전조사국 특별조사서·중추원
　　　관련 자료(혜안, 2019)

최원규외편, 일제의 조선 관습조사 자료 해제 3(혜안, 2019)

일제 조선관습조사 토대 기초연구팀편, 일제의 조선관습조사 종합목록(혜안, 2019)

조선고등법원 서기과 편찬, 『조선고등법원 민사관결록』 제2권

朝鮮總督府, 『慣習調査報告書(1911年版, 1912年版, 1913年版)』

조선총독부 중추원, 『민사관습회답휘집』(1933)

朝鮮總督府中樞院, 『朝鮮舊慣制度調査事業槪要』(1938)

한국사연구회편, 『한국사연구입문』(지식산업사, 1981)

韓國不動産法調査會, 慣習調査問題(1909)

Ⅱ. 연구논저

노대환, "민영익의 사상과 활동", 『동북아』 7호(1998. 7)

문준영, "19세기 후반 지방사회에서 민소(民訴)와 청송(聽訟)실무 - 전라도 영광
　　　군 민장치부책(民狀置簿冊)의 분석 -", 『법학연구』 제60권 제1호·통권99
　　　호(부산대학교 법학연구소, 2019. 2)

배재홍, "조선후기의 서얼허통과 신분지위의 변동"(경북대학교 박사학위논문,
　　　1994. 12)

심희기, "조선시대 지배층의 재판규범과 관습- 흠흠신서와 목민심서를 소재로 한 검증-", 『法曹』 2012·2(Vol. 665)

윤대성, 『한국민사법제사연구 : 일제의 한국관습조사사업과 민사관습법』(한국학술정보, 2009)

이상욱, "한국상속법의 성문화과정"(경북대학교 법학박사학위논문, 1986)

이승일, "조선총독부의 법제정책에 대한 연구"(한양대학교 문학박사학위논문, 2003)

이승일, "오다 미키지로(小田幹治郎)의 한국 관습조사와 관습법 정책", 『한국민족문화』 46(부산대학교 한국민족문화연구소, 2013. 2.)

이영미, "조선통감부에 있어서 法務補佐官 제도와 관습조사사업, 『法學志林』 제98권 제1호~99권 4호(2001~2002)

이호규, "한국전통사회에 있어서의 단체적 소유"(서울대학교 법학석사학위논문, 1987)

정긍식, "일제의 관습조사와 의의", 『국역관습조사보고서』(한국법제연구원, 1992)

정긍식, 『한국근대법제사고』(박영사, 2001)

정긍식, "조선초기 제사승계법제의 성립에 관한 연구"(서울대학교 법학박사학위논문, 1996. 2)

정긍식, "16세기 첩자의 제사승계권", 『사회와 역사』 제53집(1998)

정종휴, 『한국민법전의 비교법적 연구』(創文社, 1989)

홍양희, "植民地時期 相續 慣習法과 慣習 創出", 『법사학연구』 34(한국법사학회, 2006)

Derek Asiedu-Akrofi, "Judicial Recognition and Adoption of Customary Law in Nigeria" in The American Journal of Comparative Law, Summer, 1989, Vol. 37, No. 3(Summer, 1989, Oxford University Press)

H. Patrick Glenn, "The Capture, Reconstruction and Marginalization of Custom" in The American Journal of Comparative Law, Summer, 1997, Vol. 45, No. 3(Summer, 1997, Oxford University Press)

M.B.Hooker, Legal Pluralism, An Introduction to Colonial and Neo-colonial Laws(Clarendon Press, 1975)

Max Weber, Economy and society: an outline of interpretive sociology, edited by

Guenther Roth and Claus Wittich, v. 2.,Bedminster Press, 1968

Marie Seong-Hak Kim, "Law and Custom in the Choson Dynasty and Colonial Korea: A Comparative Perspective" in 66 J. Asian Studies, 2007

제10장

I. 사료

서울중앙지방법원 제24형사부 2004. 3. 30. 선고 2003고합1205 판결

丁若鏞,『欽欽新書』

高等法院 檢事 山澤佐一 編纂,『高等法院檢事長訓示通牒類纂』, 1936년(昭和 11년) 5월

高等法院 檢事 齊藤榮治 編纂,『高等法院 檢事長 訓示通牒類纂』(1942)

小野淸一郎,『刑事訴訟法』, 日本評論社, 昭和 13년(1938)

司法協會,『朝鮮高等法院判例要旨類集』, 昭和 18년(1943)

대한법리연구회,『법률평론』 창간호(1949. 4)

II. 연구논저

대법원,『바람직한 형사사법시스템의 모색 자료집(Ⅲ)』

문준영, 한국검찰제도의 역사적 형성에 관한 연구(2004, 서울대학교 법학박사학위논문)

신동운, 일제하의 형사절차에 관한 연구,『한국법사학논총』(1991, 박영사)

신동운, 일제하의 예심제도에 관하여,『법학』 제27권 제1호(서울대학교 법학연구소, 1986)

신동운, "형사사법개혁의 쟁점과 동향",『21세기 형사사법개혁의 방향과 대국민 법률서비스의 개선방안 Ⅱ』(한국형사정책연구원 연구총서 04-02 형사사법개혁연구, 2004)

신동운, "제정형사소송법의 성립경위",『형사법연구』 제22호(2004 겨울)

車鏞碩, "調書裁判의 問題點과 證人裁判", 법률신문 1791~1793호(1988. 10)
KLAUS GEPPERT, DER GRUNDSATZ DER UNMITTELBARKEIT IM DEUTSCHEN STRAFVERFAHREN, s. 125(1979), Mirjan Damaska, "Of Hearsay and Its Analogues" in 76 *Minnesota Law Review*, February, 1992
Mirjan Damaska, "Of Hearsay and Its Analogues" in 76 *Minnesota Law Review*, February, 1992.
小田中聰樹(오다나까 도시끼), 『刑事訴訟法の歷史的分析』(日本評論社, 1975)

제11장

김성룡, "민사사건의 형사화에 대한 독일적 대응의 효율성", 『법학논고』27(경북대학교 법학연구원, 2007)
김태은, 민사사건의 형사사건화 경향의 원인·문제점과 그 개선방향에 관한 연구 (2000. 2, 서울대 법학석사학위논문)
문준영, "한국의 형사사법과 민사분쟁형 고소사건-구한말과 일제시대의 경험-", 『법학연구』 48권 1호(통권 57호)(부산대학교 법학연구소, 2007. 8.)
문준영, "한말의 민사분쟁과 식민지 사법권력-관습에 관한 재판례를 중심으로-", 『법학연구』 52(4)(부산대학교 법학연구소, 2011. 11.)
문준영, "한말과 식민지시기 재판제도의 변화와 민사분쟁 재판통계의 분석을 중심으로", 『법사학연구』 46(한국법사학회, 2012. 10)
박상천, "사회의 변천과 검사기능의 확대 : 접근방법의 구상과 검사에 대한 그 적용의 시도", 『검찰』 8호(1968. 12)
서울고등검찰청, 『검찰항고·고소제도 개선 및 사건처리절차 합리화방안 연구』(1997)
서정각, "남소억제에 대한 소고", 『검찰』 3호(1968. 7.)
송길룡, "고소사건 처리의 NEW 패러다임", 『형사법의 신경향』 제2호(2006. 6.)
신동운, "민사분쟁형 고소사건의 합리적 해결방안", 『형사법의 신경향』 제2호 (2006. 6.)

이시윤, "민사사건의 형사사건화 경향과 민사증거법의 개혁", 『판례월보』(1993.
　　　2. 통권 276호)

조광훈, "민사사건의 형사사건화의 원인과 그 대책", 『사법행정』(한국사법행정학
　　　회, 2005. 12.)

허일태, "남고소의 해소를 위한 대책", 『형사정책』 제17권 제1호(한국형사정책학
　　　회, 2005. 6.)

허일태, "민사사건의 형사화에 대한 억제방안", 『비교형사법연구』 제8권 제1호
　　　특집호(한국비교형사법학회, 2006. 7.)

John C. Coffee, Jr., "Paradigms Lost : The Blurring of the Criminal and Civil Law
　　　Models-And What Can Be Done About It" in *Yale Law Journal* June. 1992.

法務研修所, "民商事와 交錯하는 刑事事件捜査의 諸問題", 1957년(昭和 34年) 1월,
　　　『檢察研究特別資料』 제24호

제12장

전경목 외 옮김, 『유서필지: 고문서 이해의 첫걸음』(사계절출판사, 2006)

박병호, 『한국법제사고』(법문사, 1974).

배영순, 한말일제초기의 토지조사와 지세개정(영남대학교출판부, 2002).

조석곤, 『한국 근대 토지제도의 형성』(해남, 2003)

최병택, 『일제하 조선임야조사사업과 산림』(푸른역사, 2009)

최원규, "일제 토지조사사업에서의 소유권 査定과정과 裁決", 『한국근현대사연구』
　　　제25집, 2003. 6.

강태헌, "토지조사사업과 임야조사사업을 중심으로 한 근·현대 토지소유제도의
　　　변천과정", 『인권과 정의』 제351호(대한변호사협회, 2005. 11).

윤진수, "토지 및 임야 사정의 법적 성격 : 원시취득론 비판", 『법학』 53권1호(통
　　　권162호)(서울대학교 법학연구소, 2012)

이영훈, "토지조사사업의 수탈성 재검토", 김홍식 외, 『조선토지조사사업의 연구』

(민음사, 1997)

최원규, "19세기 후반 지계제도와 가계 제도", 한국역사연구회 토지대장연구반편, 『대한제국의 토지제도와 근대』(혜안, 2010)

최원규, "대한제국과 일제의 토지권법 제정과정과 그 지향", 한국역사연구회 토지대장연구반편 『대한제국의 토지제도와 근대』(혜안, 2010)

朝鮮總督府 臨時土地調査局, 『朝鮮土地調査事業報告書』(京城 : 1918)

朝鮮總督府 農林局, 『朝鮮林野調査事業報告』(京城 : 1938)

早川保次, 『朝鮮不動産登記の沿革』(京城 : 1921)

毛塚五郎, 『近代土地所有権―法令·論説·判例』(日本加除出版, 1984)

村田彰, "三田用水事件における渡辺洋三氏の鑑定書", 『流経法學』 8권 1호(法学部学術研究委員会編, 2008)

稲本洋之助·小林春一郎·周藤利一, 『日本の土地法(第二版)』(成文堂, 2009)

法務省訟務局(日本國), 『訟務月報』 第45卷 2号(2000).

牛尾洋也·居石正和·橋本誠一·三坂佳弘·矢野達雄, 『近代日本における社会変動と法』(龍谷大学社会科学研究所叢書, 2006)

제13장

Ⅰ. 사료

법원도서관, 『국역 고등법원판결록 민사편』 제14권(2011)

司法協會, 『續決議回答輯錄(附: 高等法院參考判決要旨)』京城, 昭和13(1938)

朝鮮總督府中樞院, 『慣習調査報告書』(1912년)

朝鮮總督府中樞院, 『民事慣習回答彙集』(1933)

朝鮮總督府中樞院, 『民事慣習回答彙集 續編稿』(1944)

臨時臺灣舊慣調査會編, 『臺灣私法 第一卷 上』 明治43(1910)

Ⅱ. 연구논저

권철, "분묘기지권의 시효취득에 관한 관습법 인정 여부", 『성균관법학』 30권 3
　　　호(2018. 9.)

김선경, 조선후기 山林川澤 私占에 관한 연구(경희대 박사학위 논문, 1999)

노한장, "분묘기지권 시효취득의 관습 존재 유무에 관한 고찰-분묘 관련 판례 및
　　　제도의 연혁적 고찰을 중심으로-", 『일감부동산법학』 18권(2019. 2.)

문준영, "한말의 민사분쟁과 식민지 사법권력", 『법학연구』 52권 4호(부산대학교
　　　법학연구소, 2011. 11.)

문준영, "대한제국기 민사재판에서 관습의 규범적 역할", 『법학논고』 제52집(경
　　　북대학교 법학연구원, 2015. 11.)

문준영, "19세기 후반 지방사회에서 민소(民訴)와 청송(聽訟)실무 - 전라도 영광
　　　군 민장치부책(民狀置簿冊)의 분석-", 『법학연구』 제60권 제1호·통권99
　　　호(부산대학교 법학연구소, 2019. 2.)

손경찬, "분묘기지권에 관한 관습", 『법학논고』 61(경북대학교 법학연구원, 2018. 4.)

심희기, "동아시아 전통사회의 관습법 개념에 대한 비판적 검토", 『법사학연구』
　　　제46호(한국법사학회, 2012. 10.)

오시영, "관습법상의 분묘기지권의 폐지 여부에 대한 고찰", 『토지법학』 제23권
　　　1호(한국토지법학회, 2007. 6.)

이승일, "일제의 관습조사와 전국적 관습의 확립과정 연구 -관습조사의 편찬을 중
　　　심으로-" 『대동문화연구』 67권(성균관대학교 대동문화연구원, 2009. 9.)

이승일, "오다 미키지로(小田幹治郞)의 한국 관습조사와 관습법정책", 『한국민족
　　　문화』 46(2013. 2.)

이진기, "분묘기지권의 근거와 효력", 『比較私法』 제23권 제4호(한국비교사법학
　　　회, 2016)

전경목, 조선후기 산송연구(전북대 박사학위 논문, 1996)

Derek Asiedu-Akrofi, "Judicial Recognition and Adoption of Customary Law in
　　　Nigeria" in *The American Journal of Comparative Law*, Summer, 1989,
　　　Vol. 37, No. 3(Summer, 1989, Oxford University Press)

H. Patrick Glenn, "The Capture, Reconstruction and Marginalization of Custom" in *The American Journal of Comparative Law*, Summer, 1997, Vol. 45, No. 3(Summer, 1997, Oxford University Press)

부 록

연습용 사료들

1. 1738년 임천군수(林川郡守)가 충청감영(忠淸監營)에 올린 첩정(牒呈)

발신자 : 朴龍秀(林川郡守)

수신자 : 忠淸監營

발신일 : 戊午十一月初二日(1738년 11월 02일)

출전 : 국사편찬위원회 한국사 데이터베이스(http://db.history.go.kr) 各司謄錄 10, 嘉林
報草 1(524a ~ 527b)

문서분류 : 牒呈

十一月初二日

報巡營

爲相考事。本郡南山面居民徐後京·姜遇伯等三十餘人聯名呈狀內, 矣等所居之地,
處於白馬江下流。甲戌以後, 年年惡水衝擊, 世傳耕食之土三十餘字, 盡爲浦落成江之
故, 己酉量案時, 以永無田形, 不爲懸錄矣。其後漸次泥生于石城北面乙仍于, 至庚子
改量時, 以藏閏餘成歲五字懸錄, 僅僅起耕是白在如中, 石城居民李璇等, 敢生圖占之
計。曾於辛未年分, 始爲起訟, 定查官於韓山, 而韓山官敎是, 石民等帳付結數量給後,
餘數段, 矣等處決給, 受立案是遣, 癸酉年分, 更訟于鴻山縣[縣], 而又爲決得受立案。
無弊耕食者, 已至五十餘年之久是白乎, 石民金鳴夏·崔振昌, 復襲李璇之餘謀, 必
欲攘奪。庚子量案時, 圖差所任, 而盜錄於量案之後, 更起訟端, 定查官於鴻山官, 而
又爲見落是白可, 乃於上年年分時, 逢差所任。矣等所耕藏閏餘三字, 猝然執卜, 暗
錄於日記中是遣, 誣訴同縣, 以王稅不納樣, 報營門後, 矣等捉囚重杖乙仍于, 矣等欲
爲死中求生之計, 虛罔納招, 而適値本郡之空官, 無路卞白是遣, 㤼於官威, 不能拒逆。
同田三稅, 不得已備納爲有矣, 殘弊愚氓, 無處呼訴。含冤度日是白乎, 又於今年,
崔振昌等, 乘其月夜, 多率民人, 暗自都打量執卜以去爲有臥乎所, 此必是又如上年例,
徵稅之擧是白置。今此所爭土地, 石民等前後凡三度起訟, 三度皆見屈, 而癸酉落訟
後, 二十八年之間, 更無一言是白遣, 庚子年分, 又爲落訟, 而落訟之後, 至今十八年
之間, 又不敢復爲一言之計是如可, 年久之後, 不有三度見屈之事。公然起鬧, 抑勒徵
稅, 豈非萬萬無據之甚是乎旀, 況此地旣已載錄於本郡量案, 又爲納稅於本郡, 則一地
兩稅, 豈非天地間至冤至痛之事乎? 玆敢齊聲仰訴爲去乎, 以此辭緣, 論報營門, 以解

刻骨之冤爲只爲, 呈狀爲有去乙, 以此辭緣, 枚擧移文于石城縣爲有如乎, 同縣回移以爲, 上年春間, 定査官于連山縣, 已爲決折是去乙, 貴郡到任畢耳, 只憑奸民之誣訴, 有此論移是如爲乎旀, 徐後京等段, 只憑一張立旨是遣, 已量所無之地, 庚子改量時, 始爲盜錄是如爲臥乎所, 大抵一時爲守令者, 旣不生長此土, 則往前之事, 只憑民訴之外, 無他可驗之道者. 彼此一般是在果, 石城縣旣以郡守爲新到之官, 歸之於只憑奸民之誣訴, 則不可不以前後已成公案, 明其是非之證旀不喩, 今此訟端, 其來已久, 又不可以口舌爭, 只當從文卷施行是乎等以, 本郡民人等, 連三度得決時, 前後文書, 積成卷軸者, 一一考閱, 立案中可據條目, 略陳其槪, 以竢營門之處分爲齊. 康熙三十年辛未, 韓山官踏印決立案中, 有曰林石兩民爭訟事良中, 依關文, 與三邑會同打量爲如乎, 林石兩邑所爭泥生處, 使地方官, 各各參酌丘壟定給, 修成冊報使之意, 分付是如爲有旀, 又曰十三結零段, 石民泥生不足代充給亦, 呼訴爲乎矣, 旣已林民之名, 量付應稅者, 已至多年, 則以郡守淺見, 有難擅便是如爲乎旀, 又曰今番決折後, 若有惹起訟端者是去等, 狀頭刑推定配是良沙, 庶有止訟之端是乎旀, 今年牟麥段置, 事當分半於得決之人是乎等以, 幷以稟報爲去乎, 如許曲折, 參商行下. 題送內, 所爭十三結, 一從已量施行, 林民處산給爲旀, 今番會同打量, 實非泛然, 如有更起訟端, 則刑推定配之意, 嚴明分付. 牟麥分半事段, 未決訟前, 旣已落種耕耘, 則到今分半, 事不得當, 決得者處, 根耕旀許給宜當事. 題送據, 一依營門處決, 決得者處, 長廣尺數及結數後錄爲去乎, 依此執持向事. 立案後錄, 林川南山面民人姜太永·金太俊等, 本面甲量浦落五十結, 已量浦落六結五十三卜四束, 合五十六結五十三卜四束是如爲有旀, 康熙三十三年癸酉, 鴻山官踏印決立案中, 有曰爲牒報事, 林川居姜太永等名, 呈議送內, 節該矣徒等, 世傳帳付之地, 沒數浦落. 泥生於石城北面是乎等以, 呈議送到付於韓山郡, 定訟官推閱. 其中二十八結零段, 旣已推尋爲白有矣, 其餘三十結零, 稱以石城縣元帳付, 平章愛有黎等字是如. 嚴辰方等, 刀改量案, 仍執不許是乎等以, 訟官韓山郡守主敎是, 粘移于戶曹. 本曹上量案謄來比準, 則辰方等奸謀之跡, 明若觀火是乎所, 莫重量案刀改之罪, 依法重治後, 一一推給事呈使. 題辭內, 憑閱狀辭, 明査處決事. 縣監乙, 定訟官是乎味, 議送을 置有亦. 取考各人等原情及戶曹謄來量案, 與石城縣量案爲如乎, 凡田案一字五結爲定式, 則此則不然. 一字結數, 或五六結, 或六七結是乎旀, 次知作者, 多者至十餘旀不喩, 量案中舊時作, 皆是同人. 其間不無可疑之端是乎等以, 前日韓山郡定訟官推閱時, 二十八結零段, 石城縣帳外, 故林民處決給, 而其餘

則帳付元田是如。石民有所稱冤乙仍于, 粘移成給兩隻, 起送于戶曹。本曹上田案謄來
相考, 則今此相訟之地, 一字五結良中, 皆以續陳, 無一作名載錄處是乎所, 觀此田案,
與石城量案, 大相不同。蓋林川甲量中浦落字號, 明白載錄之中, 林民等所納文記, 亦
有可據之端是遣, 石民則他無文卷, 而只憑量案是去乎, 一從戶曹謄來量案。姜太永處
決給爲乒喩, 一依石城縣量案, 嚴重昌處決給爲乒喩, 參商行下事。題送內, 石民旣無
文記, 只憑量案, 而本郡所在, 與戶曹所上相佐, 極爲可怪。一從戶曹田量施行, 有文
卷人等處決給亦教是乎旀, 量案用奸是在都書員, 與嚴仲昌, 至於治罪之境是遣, 其後
新使道更查時, 又以此意論報是乎, 則題辭內, 一依前使時所決施行事題送據, 所爭垈
地。金太俊・姜太永等處決給, 而立案後錄, 石城臨江邊伏在泥生垈地二十八結是如爲
有旀, 庚子十月, 林石兩民, 更爲起訟。定查官於鴻山縣, 論報決折後, 辛丑五月日,
自本郡論報營門內, 石城民人金斗良・朴世華等呈議送據, 使題辭內, 上年秋三邑守令,
同坐定界者, 到今相爭, 誠極痛駭, 詳查重治牒報事。本郡了題送據, 上年秋, 查官鴻
山縣監, 兩邑地方官, 會同打量。南長一千六尺, 廣一千四尺, 四等解卜五十五結五十
五卜內, 四十九結七十五卜零段, 虛實間一依石城縣泥生案所付數, 決給石民後, 其餘
五結七卜九卜九束段, 林民處決給之意, 查官論報, 則題送內, 所報詳明, 依此施行爲
旀, 兩邑良中發關內, 依查官所報, 新量中一一分界懸錄亦是乎等以, 本郡段, 依此擧
行, 而今此林民所耕之地, 無一卜干犯於石民決得處是去乙, 石民金斗良等, 瞰其林民
所耕兩麥之茂盛, 敢生橫奪之慾, 不有查官決折之本意。渠等所推六十餘結之內, 只得
四十九結零是如。誣呈營門, 有此起鬧是在果, 三邑會同, 依數量給林石兩民, 各各推
執, 而林民所耕之處, 十目所觀, 不犯於石民四十九結零之地乙仍于, 石民他無執言之
端, 石城泥生案所無元數六十結, 謂之不得盡推是如, 林民僅得五結之處乙, 石民今又
欲奪之狀, 誠萬萬無據。查官旣已尺量查報決給, 則依此施行之意, 分付兩邑民人等處
爲乎旀, 緣由牒報爲臥乎事。書目題送內, 石民果於新定界限之外, 欲爲橫侵, 則其習
痛愲, 當待同縣查報, 有所處分是如爲有, 則前後五十年之間, 林民連三度得決之跡,
昭然載錄是遣, 最後辛丑年決折後, 到今十七年之間, 石民無一言更起, 林民無一龝耕
食是如可, 至於上年, 遽生無理之慾, 勒奪他矣有量名世傳之地者, 豈非無據之甚是乎
旀, 三度得決之文案, 若是明白, 則石城縣回移中, 所謂林民等, 只憑一張立旨云者, 似
出於未詳委折之致是乎旀, 石民等所爭問道垂拱九字所付量案, 與戶曹謄來量案, 多有
差誤之處是如。前日立案中, 有所云云, 則以此謂之昭然無疑者, 其可謂之公言是乎旀,

回移中所謂林川郡段, 己酉量案, 元無一字載錄之事, 而庚子改量時, 以藏閏餘成歲五字, 載錄於吹笙等字之下者。謂之盜錄是如爲有矣, 此又不詳事實之致, 亦有可卞之端是置。甲戌量所付之地, 己酉量案中, 無懸錄者, 則其所浦落成江可知是遣, 旣已浦落成江, 永無田形, 則未能尺量入錄者, 實由於事勢之固然是置。此非特南山一面爲然, 本郡沿江四五面甲量所付, 而已量時浦落成江者, 擧皆見漏是如可, 至庚子改量時, 處處泥生者甚多乙仍于, 事當通同入錄於新量中是乎矣, 新量與舊量字次相違之故, 不得混錄是乎等以, 其時以此辭緣, 論報營門。泥生都監是如, 別設名號是遣, 甲量所付者, 已量時浦落是如可, 庚量時泥生者乙良, 更以千字塡次, 自南至東, 每於各面量案之末端, 別爲入錄乙仍于, 世道面册末, 天地玄黃宇宙洪荒日月十字入錄是遣, 仁義面册末, 盈昃辰宿列張寒來八字入錄是遣, 白岩面册末, 暑往秋收冬五字入錄是遣, 南山面册末, 藏閏餘成歲五字入錄是乎則, 是豈爲一小民所可盜弄之事乎? 以此執爲疑端, 亦出於未詳事實之致是乎旀, 同縣回移中, 又曰上年分, 定査官于連山縣, 旣已決折是如爲有乃, 辛未·癸酉·庚子三次會同打量決折之事, 捨而不問是遣, 必從連山官一時口談立決之案者, 其果公平底道乎? 雖然兩邑所爭, 俱出於爲民之公心, 非有一毫私意, 則雖極言渴[竭]論, 以無損於隣邑相敬之義是在果, 此事是非, 不在多卞, 只有一言可決者。前後三邑會査, 則至公正也, 三次打量, 則至詳明也。三度得伸, 則訟理之直, 不言可明。毋論田畓·奴婢, 凡訟連三度得伸之後, 則更勿聽理者, 法意有在是去乙, 何可每每起訟, 巡巡打量, 使無息訟之時乎? 本郡之民, 旣已世傳耕食, 應稅於本郡, 則石城民之到今勒奪, 使有一地再稅之弊, 此不過奸民輩好訟之致。如此之類, 若不嚴加懲礪, 則末路爭端, 將無所紀極是乎等以, 如是論列牒報爲去乎, 同石城民人金鳴夏·崔振昌等, 依辛未定式, 刑推定配是遣, 所爭土地段, 以連三度得決例施行, 更勿執卜徵稅, 俾無一地再稅, 窮民呼冤之意, 石城縣良中, 發關分付事, 道以各別參商行下爲只爲。

題辭

果如報狀辭意, 三度得決, 則昨年春何以決給於石城民人是喩, 事極怪訝。此報狀送于石城官, 逐條卞破報來, 以爲處置之地向事。

2. 1761년 예산현감(禮山縣監)이 충청감영(忠淸監營)에 올리는
　전답상송논보(田畓相訟論報)

발신자 : 韓警(禮山縣監)

수신자 : 忠淸監營

발신일 : 辛巳四月十一日(1761년 04월 11일)

출전 : 국사편찬위원회 한국사 데이터베이스(http://db.history.go.kr) 各司謄錄 10, 烏山
　　　　文牒 2(690c ~ 693a)

문서분류 : 牒呈

報巡營

宮差鄭友僑邉需國田畓相訟論報事。

爲牒報事。郡主房庫直鄭友僑, 與洪州邉需國田畓相訟事良中, 鄭友僑呈議送到付
題辭內, 更以禮山縣監, 移定査官, 前題并以往付亦爲有等以, 邉需國身乙, 移文捉來,
兩造始訟, 前後文劵, 一一現納是如乎。此是啓下行會之事, 則事面與他自別, 細究事
實, 反覆參互, 則此是年久相爭之事, 彼此文劵, 積成卷軸, 而原情招辭中吹毛覓疵之
說, 俱難一一取信。比如醫者之看病, 症錄雖多, 不過治其受病處而已, 不必逐症下藥,
故論之以事理, 末乃裁之以法典是齊。宮監則以爲此田畓, 順治十二年乙未, 淑徽公主
房折受收貰是如可。康熙五十五年丙申, 放賣於李玄齡家, 而上年庚辰, 自郡主房, 準
價買得於李哥寡宅是如, 現納其前後買賣文書及折受時御覽成冊是遣, 以邉需國所納
田畓, 本主曹伯彬之靑陽官決得立案, 謂之僞造是如爲乎旀。邉需國間以爲此田畓, 乃
是曹伯彬祖先傳來之物, 而萬歷三十二年甲辰, 伯彬祖父弟和會文書中, 明白載錄, 癸
甲量案中, 亦以曹哥戶奴名字懸錄, 而二去乙未年, 本面居金應立爲名漢, 乘其曹哥亂
後流離, 以無主樣, 告于寅平尉房, 入於折受之中而後, 量案皆以官舍音應立縣錄矣。
康熙二十五年丙寅, 伯彬呈上言覆啓, 行會本道, 定査官於靑陽, 決給立案, 次次轉賣,
今爲衆民世傳之土是如, 曹哥靑陽官決得立案及曹哥決得後放賣文書, 民人等轉賣文
書八十餘張, 并以現納是如乎。大抵此訟肯綮, 專在於立案之僞造與否, 而同立案, 紙
已古而字亦漫漶, 乃是篋中舊物, 而決非倉卒做出者旀不喩, 靑陽官印署, 若是明白,
則文案雖或僞造, 而並與印署, 歸之於僞造, 不成事理是乎旀。曹哥決得之後, 其妻李

氏, 自其年多數放賣, 而其文書或曰, 女矣夫與宮接訟, 未決而死, 女與子代立決訟, 而作本備納之際, 多有負債, 不得已放賣云云, 或曰, 與宮家爭訟決得是在, 某踏放賣 云云, 而證筆明白, 皆是康熙丙寅·丁卯年間文書是如乎. 曹哥若無呈官決得之事, 而 宮家年年收稅, 則居在堰邊之人, 誰肯捐其重貨, 買得宮家折受之地, 而自取來頭無限 困境乎? 渠輩多年耕食, 轉相買賣, 則宮家必無不聞不知之理, 而任其私賣, 終不一言 呵喋, 亦一番呈官而棄置, 三十年之後, 始爲放賣於李玄齡者, 亦不近理. 作者三十餘 人之七十年來轉賣文書, 充箱盈案, 而今乃一併稱之曰, 此皆彼隻之僞造云者, 其果成 說乎? 文案措辭, 不無一二疑晦處. 其時上言, 不載戶曹謄錄, 立案葉作, 又不在靑陽 紙筒是如, 彼隻雖以此爲執頉之端, 而事過一周甲, 則辭證不備, 眞僞易眩, 難以卞別. 故毋論是非曲直, 一併斥退, 不許聽理者, 王府鈞石之典, 豈徒然哉? 自丙寅至于今年, 已爲七十六年之久, 則已過法典所謂大限矣. 其時事實, 不能的知, 文書漏失, 不是異 事, 此亦不足爲僞造之明證是如乎. 相考民人輩前後議送所志, 則此訟之所由來久矣. 曹哥決得後, 數十年無弊耕食矣. 自丁酉年前, 公然橫侵者甚多, 初則朴元澤爲名者來 侵是如可, 見其文券而退歸, 中則李喪人爲稱者來侵是如可, 見其文券, 亦爲退歸. 末 乃李玄齡之父萬胄, 稱以買得受券爲辭, 多率宮奴, 作拏民間, 一年一來, 民不堪其苦, 或呈本官, 或呈議送, 使之捉來對卞, 則同萬胄潛自逃還, 無一次就卞之事. 若使萬胄, 丁寧買得, 則雖無民人之呈訴, 渠自先呈, 決其立落, 事理當然, 而倚勢宮奴, 私自侵 民而已, 不敢出頭於訟庭一步地, 其理屈, 於此可見矣. 於是自知其計之終不可售, 則 戊申年, 乃納之于新生翁主房, 宮差下來推尋, 知其不可, 而仍爲退坐. 數年前又納之 于毓祥宮, 宮差又欲推尋, 知其不可而亦爲退去. 今又納之于郡主房, 有此起訟之擧. 不利于洪州, 則移訟于保寧, 不利于保寧, 則又移訟于禮山. 堂堂郡主, 何等尊貴, 有 錢買土, 何處不可, 而必與海隅之殘民, 區區爭一片之土哉? 此雖是宮奴輩, 利其廉價, 必欲賭勝, 而小民何知, 怨言歸宮, 其貽累於宮家, 爲如何哉? 況於續大典曰, 凡宮 家買田土時, 憑査虛實明白然後, 許令買取. 又曰, 相訟田土, 自願買入于宮家者, 勿 令徑先買賣, 使時執人, 訟卞歸一然後, 許令買賣. 又曰, 事在六十年前, 以時執者爲 主, 勿許聽理. 洋洋金石之典, 炳若日星. 今者宮監, 不辨虛實, 徑先取買, 隱匿訟主, 替當出卞, 揆以法意, 萬萬不當是遣. 以李玄齡言之, 則或納于翁主房, 或納于毓祥宮, 憑藉宮家, 侵撓少民之狀, 已極無據, 而玄齡身死, 只有寡妻, 則代奴呈卞可也, 使其 族薰呈卞, 亦可也, 而不有國典, 又納于宮家, 嗾出宮差, 到處起訟, 以爲僥倖得勝之計者, 亦極痛駭。以訟規言之, 則退斥宮差, 捉致李哥與邉哥, 一處對訟, 李奴勝則田畓自歸於宮家, 邉哥勝則宮差素其價於李家[哥]而已, 固不當干涉於其間是乎㫆。曹哥立案, 雖曰眞箇僞造, 李哥文書, 雖曰眞箇買得是良置, 事在七十六年之前, 則時執耕食之人, 當爲主人, 未知七十年來, 買賣耕食之邉哥輩爲主乎? 稱以四十年前買得是如爲在李哥爲主乎? 主客之辨, 不在多言。今若追提七十年前之事, 以八十餘張久遠明文, 盡歸之於僞造, 而强奪三十餘人給價之土, 一朝屬之于宮家, 則安用續大典爲哉? 揆以事理, 事理如彼, 參以國典, 國典如此, 訟之曲直, 斷然無疑。故以此處決報使之意, 分付於兩隻, 則宮差以爲訟官從公決定, 則亦無奈何。而曹哥立案決給洪荒日月盈昃字陳田畓七結零, 則雖或決給於邉哥輩, 而此外寅平尉房折受破堰庫長六百四十五尺, 大頭浦口廣二百二十八尺, 小頭連陸廣一百八十尺, 合計六等陳田三結三十七卜, 本不入於曹哥決給中, 則非邉哥所可次知, 此則可以還推是如爲臥乎所, 大抵折受成册中, 初書破堰庫長廣尺數, 次書田量所付洪荒日月等六字田畓庫數, 而曹哥決立案中, 初則破堰庫尺數及洪荒等六字結數列書, 而末端則不書破堰, 只曰洪荒等六字幾結零乙, 元告曹伯彬子慶昌處決給云云, 故官差則曰, 洪荒六字外, 別有破堰庫, 此則宮家折受處, 而不入於曹哥決給中, 宮家可以推尋是如爲遣。邉哥則以爲破堰庫, 乃是曹哥決得處, 洪荒字田畓, 乃其地故, 立案中初不區別是如爲乎矣。縣監旣不目睹, 則實難卜別。使本邑都書員, 眼同洪州監色, 持田量, 兩隻所見處, 詳細打量, 先計洪荒等六字結卜, 若有餘地, 則是別有破堰庫也, 毋論多少, 宮家推尋是遣。若無餘地, 則破堰庫, 乃是洪荒等字也, 不可推尋之意, 分付送之。則都書員及兩隻回告內, 洪州田量, 腐破無餘, 只持己庚案而往見, 則堰畓非洪荒字也, 乃外受傳訓等字也, 字號變易, 難以區別, 初不打量而歸云。更考曹哥買賣文書, 則與宮家爭訟決得是在古洪字今受字, 或曰古月字今傳者云云, 此明白田量, 則以洪荒字載錄, 而己庚改量時, 字號變易之致, 而宮監則曰, 決無是理, 量案雖改, 字號豈有變易之道乎? 邉哥只尋洪荒等字而已, 不當干涉於外受等字是遣, 外受等字, 皆以宮舍音應立, 則宮家可以次知是如爲置。當初宮家折受者, 乃是洪荒等字也, 曹哥決得者, 亦是洪荒等字也。其後改量時, 字號雖曰變易, 其田畓則乃是宮與曹哥相爭之處也, 其近處, 若有洪荒字號, 則宮差之執頉, 猶或可也, 而邑內及他面, 有洪荒字, 而本面則無之云云, 宮差之言, 實是抑勒是如乎。縷縷解釋, 終不以爲然, 乃曰, 訟官不立洪荒之爲外受之明證, 而置之落科, 則不願爲訟[訟]云。宮差亦非愚蠢之人也, 非不知其故也, 故爲生梗之計。若此不已,

則枝上生枝, 葛藤層加, 將無究竟之日。旣無田量, 又無可考文書, 他官田畓之字號變
易, 何以覈出乎? 自營門相考甲庚量, 明其字號易置之證, 以破其疑敎是去乃, 分付土
在官, 明査牒報敎是去乃, 於斯兩者, 指一行下爲乎旀。渠旣不欲訟, 則縣監不可冒當,
更爲移定査官, 斯速處決, 毋使農民, 許久留滯於他官爲只爲。

　題辭
　所報明快, 事理當然, 如是處決之後, 宜卽退歸, 推價於李家[哥], 而以不成之說, 終
始硬執宮差事, 誠無狀矣。改量後字號不變之說, 渠豈眞箇不知而然耶? 尤極無據。來
狀所論, 便同決案, 有何加覈更決之端? 宮差十分參酌, 治罪安徐, 諭以事理, 捧其侤
音, 斯速逐送。邉需國等幷卽放送, 着實作農。李哥今旣作故, 追治無可論, 而或有長
成子息是喻, 居住幷以問于宮差或民人等, 牒報向事。

3. 1761년 태안(泰安) 현돌금(玄乭金) 노주변별결사(奴主卞別決辭)

발신자 : 韓警(禮山縣監)

수신자 : 忠淸監營

발신일 : 辛巳十二月 日(1761년 12월)

출전 : 국사편찬위원회 한국사 데이터베이스(http://db.history.go.kr) 各司謄錄 10, 烏山
文牒 2(714b ~ 716b)

문서분류 : 牒呈

辛巳(1761) 十二月 日

報巡營

泰安玄乭金奴主卞別決辭。

泰安居玄乭金, 與藍浦居李廷煥奴主卞別事, 査實牒報。

爲等如, 彼此原情是置有亦。此訟肯綮, 專在於奴主之卞別, 而彼此發明之說, 俱難
一一取信, 只取其可疑之端而劈破之, 末乃以事理法典裁之是齊。李廷煥則以爲, 泰安
婢從伊, 乃是其矣五代祖母崔氏邊衿付者, 而曾祖三娚妹, 去壬申和會時, 衿分於曾祖
名下矣。祖父早孤之後, 曾祖甥姪[侄]安世紀, 偸出文券, 假作己奴, 收貢放賣是如爲
乎旀。南老星則以爲, 其矣外外曾祖母從伊, 則李哥外孫安世紀, 己酉和會時, 衿得於
外家者也, 而從伊子孫, 相繼贖良, 良役隨行, 已至於四五代, 而李哥今乘安哥無后,
橫侵盜賣是如爲遣, 現納其前後文券是如乎。同文券反覆參互, 則康熙二十七年戊辰,
李廷煥之曾祖李衍, 放賣從伊等於眞外六寸崔廷耉處, 背頉於當初崔氏衿分文記中,
而康熙三十一年壬申改和會時, 入錄於自己名下。康熙三十九年庚辰, 安世紀同生世
晩, 與崔廷耉, 相訟此婢於洪州官, 而崔哥理屈落訟, 還索婢價於李家, 李衍之妻李氏,
備給厥價, 墨打背頉, 呈官立旨是如乎。李哥放賣, 在於戊辰, 安哥起訟, 在於庚辰, 則
中間十三年之內, 從伊輩之爲崔廷耉買得之婢自如也。 從伊輩雖不衿付於安哥良置,
李哥旣已放賣[買]之後, 過五年壬申, 更爲衿付云者, 萬不近理是遣, 其時洪州官處決,
未知斷案之如何, 而必也從伊之爲安哥婢, 明白無疑, 故決給於安哥, 而崔哥無一辭落
訟, 李氏亦無一辭婢價還給。其時壬申衿分之文, 若是明白, 則李哥何不以此文呈卞,
崔哥亦何不持此文立證乎? 廷煥以爲, 其時此文記, 安哥偸出隱匿, 僞造他文, 至於得

訟之境云, 而安哥之得訟, 雖謂之僞造文記, 而其時從伊之爲崔哥婢, 則的實無疑矣, 李哥安得以已賣之婢袊, 付於和會乎? 其壬申和會之文, 終涉可疑是遣. 所謂己酉都和會文書, 今不可得見, 則從伊之袊付於何處, 雖未的知, 而從伊則當時生存者也, 豈不知自己之屬於何家而上典之爲何人乎? 果是袊付於李哥, 而安哥潛隱放賣, 則從伊之子與孫, 豈可順受安哥之令, 而捨其眞上典從他人贖其身乎? 此亦必無是理是遣. 廷煥又以爲, 安哥偸文放賣, 而其祖以至親間相訟爲難, 只出立旨一張云, 而其時則雖以敦族之誼, 不欲與之相爭, 其後六十年之間, 兩家之寸數旣遠, 百餘口之奴僕寔繁, 泰安·藍浦所居相近, 何不一言爭卞? 又何不一番推尋? 而今則安哥亡矣, 無一人應之者矣, 吾可以主之矣, 於是猝然出而大唱曰, 汝輩吾家奴也. 此亦不近事理是遣. 廷煥又以爲, 己未年分, 行連·鐵徵輩, 見侵於崔哥, 忽來自現, 花名已納云, 而行連輩, 果有橫侵之事, 則渠輩祖先贖良於安哥明文, 昭然尙在其手, 以此卞別可也, 何必更求上典, 懇乞牌子, 以爲苟且自免之計乎? 況且李哥, 坐受許多奴僕之自現, 則所當卽爲推尋贖良, 而所謂花名, 亦當沒數入籍, 乃是人情之同然, 而只受一番自現而已, 更無推出之擧, 又無入籍之事, 雖曰屢送奴推尋, 而終不知在處云. 而此輩族屬, 或爲官吏, 或爲將官, 瑞泰兩邑之間, 殆過百餘人, 居在不遠之地, 豈有不知在處之理乎? 此亦語不成說是遣. 文書乘夜偸出之說, 尤萬萬巧惡, 觀其方必雲處假名放賣文書, 則錢文一百兩, 依數捧上, 永永放賣是旀. 崇禎本文一張, 壬申和會文記一張, 鴻山官立旨二張, 藍浦還退立旨一張, 一幷許給云云, 而奴婢主李松, 證李廷煥, 書名着署, 官斜明白, 前後文記, 旣已一幷許給, 則所謂偸出者, 更爲別般文記是喩. 廷煥以爲此明文, 亦是奴輩之僞造云云. 而南老星言內, 成文之時, 一村皆見, 一番探問, 可知眞僞旀不喩, 百兩錢受去事, 廷煥無一辭自服, 則彼奴輩, 豈可不立文券, 不受手記, 當此無前之殺年, 徒捐百金之重貨, 拱手而納之于所不知何人乎? 並給和會者, 必也爲此格外之事, 欲做偸出之說, 以實彼輩之罪案, 反覆閃弄, 誣呈營邑, 眩亂訟情, 而人之見之, 如見肺肝, 其所設計, 欲巧反拙是遣. 以事理爭之, 則萬無得訟之理. 故乃以百餘口奴婢, 只定七十金歇價, 暗地圖賣於士夫之家, 私到奴家, 威脅哀乞, 又受一百兩錢, 借名許贖. 奴則一而已矣, 朝賣東家, 則其佉爲主, 夕賣於西家, 則其叔爲主, 換面出沒, 重復放賣. 然而溪壑之慾, 猶以爲不足, 追捕浮雲在山之蹤, 而跪赤脚於鍮鉢之上, 私攎奴輩在田之穀, 而充盍[盡]槖於白日之下, 如此酷刑, 前所未聞. 人之無良, 胡至此極? 噫噫可哀者, 獨悲民乎! 抱此哀怨, 何處告訴? 其祖其父, 納錢贖良於安哥, 以良人行

于世者, 于今六十餘年矣, 嫁女娶婦, 擇于良族, 而一朝上典出矣, 毋論眞假, 其爲累
於身則大矣。呈官爭卞, 固知畢境[竟]自脫, 而聲聞所及, 無面可顯, 寧失百金之財, 不
忍得此名於四隣之間, 俯首沁沁, 惟命是從。李哥曰吾奴也, 唯唯而獻百金之財, 金門
曰吾奴也, 又拜獻二百餘金, 斥土賣牛, 刮盡家藏, 而猶不敢出一言爭之者, 豈樂爲哉?
誠恐陋名之或播也。左贖右贖, 明立契券, 則從此可以安枕, 吾何愛數百金哉? 意外李
哥, 又有橫侵之擧, 是秦之求無已也, 其意必將奴吾輩之身, 婢吾輩之妻, 殫吾輩之廬
而後已也。與其坐而待死, 不若出而自明, 遂有此呈官之擧, 而此亦不得已而應之者,
寧不哀痛也哉。大抵續大典曰, 或稱祖上逃奴婢, 或稱奴良妻所生爭訟, 而非當身現存
者, 用大限, 事在六十年以前則勿聽。又曰, 連二代良役者, 雖自己奴婢, 勿聽橫侵者,
以壓良爲賤之律論。洋洋金石之典, 政爲此輩於今日之設也。從伊雖[誰]曰眞是李婢?
乃是百年前人也。其子孫贖良安哥, 亦過一周甲, 良役隨行, 又過四五代, 則在法不當
聽理是遣。李哥非理好訟重復放賣之罪, 所當依律是乎等以, 如是論列牒報爲去乎, 道
以參商行下爲只爲, 合行。

題辭

所報明白痛快, 令人開豁。揆之事理, 參以法典, 李哥輩所爲, 萬萬無狀, 若不嚴懲,
民將無所措手足。離營在明, 未得究竟, 誠亦可恨。新使聞之, 亦當依法勘處。李松·李
廷煥, 並嚴囚取招, 報使處之向事。

4. 1783년 경기 감사(京畿監司)가 승정원(承政院)에 올리는 산송사계(山訟査啓)

발신자 : 沈頤之(京畿監司)

수신자 : 承政院

발신일 : 癸卯八月初十日(1783년 08월 10일)

출전 : 국사편찬위원회 한국사 데이터베이스(http://db.history.go.kr) 各司謄錄 1, 京畿道 監營狀啓謄錄 1(~)

문서분류 : 狀啓

癸卯八月初十日

山訟査啓

竹山居柳聖惠、與李雲漢山地相訟事、擊錚原情據、查啓關是自乎等以、陽城縣監李斗源、別定查官、使之馳進摘奸、詳査以報矣。該縣監李斗源牒呈內、幼學柳聖惠・李雲漢等所爭山地、在於竹山遠一面、而兩隻俱居竹山乙仍于、馳進山下、兩隻所見處、摘奸尺量、則自柳聖惠墳、至李雲漢妻移殯處、爲六十步、自李雲漢妻前葬處、至移殯處、爲三十二步是乎等以、兩隻處各捧原情爲如乎、李雲漢原情內、矣身爲妻山遷窆、定穴於父墳單青龍至近處、而方欲移葬之際、柳聖惠忽生偸葬之計、於矣身所占處。故矣身卽呈本官、親審摘奸後、以矣身親山單青龍、妻山單案對、地勢壓臨之故、嚴禁柳哥、使不得入葬、則柳哥露棺山上、泣訴本官、請其權厝於山勢最下坐立俱不見之處、則其時本官、哀其奸巧之言、許其權厝於四山外不見之地。故矣身勢孤力弱、不能禁斷是遣、不得已移葬妻山於當初得決之地者、一以慮柳哥日後假廳入室之計、一以保親山青龍之地矣。其後柳哥憑藉權厝之官題、仍爲壓葬於矣身妻山三十步之上、敢生荷杖之計、欲掘矣身妻葬、奔走營邑、經年屢歲、而終不得遂計、則又爲上言、而旣有判下掘移之命。故矣身不勝惶悚、卽日掘移妻山、移葬於穴下坐不見三十餘步之地、則自渠之父塚、至矣身妻葬、背地不見、六十五步之間、於渠少無關係、故仍爲息訟矣。柳哥又生起鬧之心、暗地置塚於矣身得決舊壙之地、矣身呈于營門、卽掘柳哥置塚、以定境界、使兩隻俱不得入葬、其時立案文書、昭昭見在、渠以何說、又有此誣罔之擧、而更起已決之訟乎？奪人之墳山、旣葬其父、又掘先窆之矣妻、以快其心更有何不足、敢又誣罔天聽是乎旀、矣身雖已兩次落訟、不勝冤痛、力卞訟庭、則本官題辭內、前日之兩度落訟侤音、自在勿施之中是如乙仍于、果不掘移矣。其後判下之令下來、故不敢遲

滯, 卽地始役, 而因物力之未備, 半毁封墳矣。柳哥謂之只去一片莎草而已。初不掘移
是如, 誣告留鄉, 至有推捉之擧是乎所, 矣身依法掘移之後, 又被留鄉之推捉者, 不勝
痛悶, 卽以移葬之意, 告于營本官後, 葬於同穴下坐立不見之地, 而初無土殯之事, 則
以旋殯咫尺之說, 搆捏誣訴者實爲孟浪是乎旀, 所謂李世必塚段, 在於矣身葬親之前,
則尤無可論是遣, 且咀呪事段, 矣身雖甚迷劣, 旣有班名, 則與人相較, 猶有不可之心,
豈可以殃及之事, 作罪於幽明之間乎? 以渠陷人之說觀之, 則有一言可破者, 一丈之
木, 揷于墳上, 過去天灰云, 以人力, 半丈封墳, 豈能容易穿過乎? 且害人之謀, 暗自爲
之, 猶或可也。自晝稱人中, 豈可作變於初不爭訟之墳墓乎? 昨年二月親山行祀之時,
逢着無前變怪於柳哥, 旣被法外私刑於柳哥, 自二月病臥, 拖至七月, 單獨一身, 應門
無人, 稱以咀呪之變, 出於三·四月間云, 豈不孟浪乎? 惟願公正處決, 得保親山及妻
塚之地亦爲有旀, 柳聖惠原情內, 矣身山訟顚末, 悉籲於辛丑年上言原情中, 而陽智縣
査問時, 亦無片言隻字之誣罔, 則今番上言原情措語, 亦俱以經官文字, 搆爲一統有減
無加, 則徹天至冤之狀, 不必疊陳是乎矣, 雲漢之多般白活, 或稱先葬, 或稱永葬, 或
稱當禁是乎乃, 矣身開壙四日後, 雲漢頃刻偸葬, 則豈可爲先葬是乎旀, 不壙不灰, 塗
棺以莎, 塋域之周回高廣, 不過一尺, 則永窆之塚, 固如是乎? 今此山訟, 乃是判下處
決之地, 則同岡咫尺之地, 豈可以如干步數之進退, 或掘或不掘乎? 至於咀呪墳上者,
前古所未有之變怪也。特以不得執贓於作變之時, 故將至一年之久, 而未果復讐是乎
乃, 如此陰害之變, 非讐人而孰忍爲之乎? 雲漢以當初兩度掘移, 侤音勿施之意, 本官
題下於矣矣, 狀中是如爲乎乃, 侤音二張, 尙在於矣身。雲漢雖潛自呈官, 只得兩度侤
音勿施六字, 則侤音與狀題, 其爲輕重, 不啻懸殊是乎旀, 以不卽毁殯, 指嗾留鄉, 發
牌推捉是如乎矣, 再發將差而未捉, 三發刑吏而後捉得掘移, 則將差刑吏, 尙今見存,
何敢誣乎? 其不卽毁殯, 明若觀火是如乎, 移殯時不卽禁斷事段, 雲漢掘其妻塚, 置其
棺於壙邊者, 將過五·六日, 不移不動是如可, 猝然移殯於前掘咫尺之地, 而矣身則適
出他不在, 矣身甥侄兄弟, 多般禁抑, 則瞰矣身甥侄之歸家, 乘昏而殯焉, 豈可曰不卽
禁斷乎? 伏乞詳細嚴査, 一以掘雲漢之土殯, 一以覈咀呪之凶變, 以洩幽明之慎, 亦爲
有臥乎所, 今此山訟, 經年閱歲, 爭端甚多, 而已經登聞[登聞], 得蒙判下處分, 則不必
追論是遣, 只就目下所爭者言之, 則李雲漢之葬步數之遠近也, 柳聖惠親山局勢之異
同也。今其步數爲三十二步, 局勢又是一岡上下, 而間無遮障, 則柳哥之欲禁, 理勢似
然是遣, 穴勢起止處, 背負稍高, 立見坐不見之故, 李雲漢則以此執言, 以爲不當禁是
如爲乎乃, 此是柳聖惠父山襯身靑龍之頭, 聖惠之禁葬, 在所不已是乎旀, 李雲漢則謂

之永窆, 柳聖惠則謂之藁葬, 互相爭訟。故其時赴役民人三漢, 捉致査問, 則果不用灰隔橫帶, 猝地成墳是如則, 其托以永窆, 延拖不掘之意, 明若觀火是乎旀, 至於咀呪一款, 柳·李兩人, 已成仇讐, 聖惠之致疑於雲漢, 不是異事, 而不但雲漢之極口發明, 亦不得其眞贓, 則不可勒驅於雲漢之所爲是如乎, 前日判付之下, 掘移於一岡咫尺之地, 謂之奉承朝令者, 誠極可駭是乎等以, 山圖竝以枚擧牒報爲去乎, 參商處置亦爲白有置。蓋此爭山, 考其圖形, 參以邑牒, 李雲漢·柳聖惠等, 父墳相距, 爲二百六十餘步, 而己亥年, 聖惠欲葬其母於其矣父墳穴下, 則雲漢呈官禁斷, 仍卽掘埋其妻於聖惠所占處, 此是聖惠父墳三十步之內也。聖惠以此籲天, 至蒙掘移之判下, 而雲漢屢次逃避, 終不移掘是白如可, 自官推捉督掘之後, 始乃移殯其妻於三十二步之下, 此距聖惠父墳, 爲六十步也。雖以山圖中岡麓體勢觀之, 雲漢當初禁葬, 出於廣占之計, 固已可駭是白如乎, 禁人葬於二百六十餘步之遠, 而在渠則曰當禁, 埋其妻於六十步之近, 而在人則曰不當禁, 卽此一款, 可知其理屈是白遣, 旣有移掘之判下, 則在渠道理, 固當卽地掘去之不暇, 而屢被官督之後, 始乃移殯於同岡三十餘步之間, 判付處分之下, 顯有嘗試觀望之意者, 情狀極爲痛駭。李雲漢妻殯, 使之卽速移葬, 其罪狀各別嚴懲, 以礪頑習爲白乎旀, 至於挿木咀呪一款, 旣無執捉眞贓, 不過因嫌致疑, 則不可勒歸於雲漢所爲是白遣, 柳聖惠段, 以此山訟, 再煩聰聽者, 已極猥越, 而今此上言內辭緣, 專不稱停, 惟事搆捏地主, 揆以官民之分, 不可不嚴懲, 而臣之到界後, 聖惠以此呈訴, 故嚴査督掘之意, 題給其狀矣。初不到付於本邑, 遽先煩籲於天聽。其冒濫之習, 尤極痛惋, 自臣營亦爲嚴處計料, 緣由竝以馳啓爲白臥乎事云云。

癸卯八月初十日

5. 1783년 경기 감사(京畿監司)가 승정원(承政院)에 올리는
광해군 봉사손(光海君奉祀孫) 토지상송(土地相訟) 장계(狀啓)

발신자 : 沈頤之(京畿監司)

수신자 : 承政院

발신일 : 癸卯十月初六日(1783년 10월 06일)

출전 : 국사편찬위원회 한국사 데이터베이스(http://db.history.go.kr) 各司謄錄 1, 京畿道
監營狀啓謄錄 1

문서분류 : 狀啓

癸卯十月初六日

承政院開坼

光海君奉祀孫土地相訟狀啓

節到付戶曹關內節啓下敎, 南部居幼學朴斗漢上言回啓內, 光海君奉祀條田畓中五十二結零, 在於高陽地, 而中間浦落泥生於通津‧金浦, 故推尋收稅矣。年前還爲泥生於本地, 故呈于本官, 依法量尋, 則被罪宦官金性彦, 稱以私買, 白地奪取。泥生處本主推尋, 旣是法典。昨年本曹回啓, 判付辭意, 又極嚴明敎是則, 道臣處決, 必有所以, 而斗漢之復此稱冤, 別有可究是白乎喩, 明査決給之意, 分付時道臣, 何如? 乾隆四十八年八月二十八日, 右副承旨臣安〈聖彬〉次知啓, 依允敎是置。敎旨內辭意, 奉審施行向事關是白乎等以。詳査以報之意, 別定査官, 行移知委爲白有如乎, 節到付高陽郡守金履中牒呈內, 京居幼學朴斗漢, 以內官金性彦所爭泥生土地, 在於本郡松山面獐山里乙仍于, 泥生形止, 馳進摘奸, 彼此文券, 詳細考閱, 査問兩隻, 另加覈實爲如乎, 蓋其田畓泥生處, 乃是沿江草坪之地, 或墾或陳, 已無溝塍境界是白乎所, 兩隻文書, 亦無眞僞可據者是乎所, 朴斗漢文書段, 崇德年間, 光海君房田畓奴婢受賜冊子, 而只以獐山伏在五十二結零載錄, 初無字號犯標是遣, 金性彦文書段, 天地玄黃宇月辰等十三結八十六負廛, 果載於癸卯量案是乎乃, 量主十六人, 無一生存, 今其子孫, 亦無主管, 自作無主之土, 仍爲陳荒之處, 則年前近處民人等, 輕價放賣於和寧翁主房。翁主房又爲轉賣於金性彦, 性彦仍以作主, 竝與大江西南草坪泥生處而賣食是乎所, 朴斗漢所告內, 同五十二結零, 中間浦落泥生於金浦‧通津, 故連爲收稅矣。其後還爲泥生於本地, 渠當次知是如遣, 金性彦所告內, 其矣賣買文書, 自是衆民起墾量付之地, 而字

號犯標, 旣甚昭昭。 又其西南, 則以大江爲限, 買得於和寧翁主房, 朴斗漢之欲爲橫奪, 萬萬冤痛是如, 兩隻互相爭訟是如乎。 朴斗漢所謂五十二結零, 旣無最初收稅及越邊泥生後收稅之文迹, 且還生此邊之時, 又不知自何時從何處之明白證驗。 數百年間水道屢變之後, 持此模糊文書, 而何以推得是乎旀, 設如渠言, 當初泥生於越邊, 今又還生於此邊是良置, 大江通海之處, 水道變改之際, 浦落泥生, 定在一處, 有若符契而節合者, 若是巧妙乎? 本郡量案中, 自天字十五畓, 至二十二畓, 合八作七十餘負塵, 以光海君房奴朴卜只量名載錄者, 處在於獐山西龜山下, 相距數馬場之地, 則五十二結零耳。 亦何爲獨漏於量案是乎喩, 亦涉莽蒼難卜是遣, 金性彦執持之券, 雖有量付字號, 東西犯標, 實未知其泥生處, 爲誰某之物, 而何時泥生, 衆民起墾, 則性彦之自作土地之主, 大江西南一坪, 都執買賣, 亦無所據是乎所, 以此以彼, 年深歲久, 土地屢變, 俱無明的可據之文跡是乎等以, 看審土地, 考閱文記, 枚擧事情, 論列牒報[牒報]爲臥乎所, 牒報[牒報]呈是白置有亦。 蓋此土地, 已於昨秋, 因朴奎漢上言, 前監司臣李亨遠在任時, 交河郡守兪漢敦, 別定査官, 詳覈事實, 論列牒報[牒報], 而其中七十二負七束塵段, 舊量案中, 有光海君房奴名案付者, 故決給於朴奎漢。 其餘段, 朴奎漢·金性彦等文券, 俱無憑據推覈之道, 付之起墾民人之意, 論理狀聞, 已蒙允下矣。 今者高陽郡守金履中所報如此, 故取考昨年交河郡守兪漢敦報牒[牒]及前道臣狀聞內辭緣, 則土地形便及訟理曲直, 兩査官所報, 無甚異同, 而前道臣亦得其事情是白如乎, 藉旬該宮房昔年受賜之地, 數百年見失, 屢易其主, 則必有明白可據之文迹然後, 始可推得, 而今其文券, 只有獐山伏在五十二結八字, 而無字號卜數之明白載案者, 則獐山一坪之內, 從某至某, 將何考據而指的乎? 況旀水陸互換, 地形變遷? 初旣泥生於越邊他邑, 今又還生於此邊本地是如是乎則, 浦落泥生, 本非一朝一夕之故, 江水去來, 亦非限有期之事, 査官所論浦落泥生, 豈定在一處? 有若符契節合云者, 其言亦有理是白遣, 通津·金浦泥生之地, 朴斗漢若如例收稅, 則宜有打量捧稅文迹, 而今無現納收稅之說, 亦難准信是白如乎, 量案中光海君房奴名所付七十二負七束, 依前道臣處決, 付之朴斗漢是白遣, 天地玄黃字月辰等十三結八十六負段, 雖有量案載錄之字號犯標, 其時量主, 無一見存, 今爲陳荒無主之處, 則民人之執持放賣於和寧翁主房, 已是無理之擧。 到今金性彦, 稱以買得於翁主房, 竝與大江西南泥生草坪, 都執發賣, 又是過濫無義之事。 此所以有交河郡守兪漢敦屬公之請, 而畢竟道臣決折, 付之於起墾民人, 其所處置, 實有所據, 則臣之愚見, 亦無異同。 竝依前道臣處決施行之意, 分付兩隻處爲白乎旀, 籲天之擧, 至重至大, 如非奉祀孫, 則宜不敢爲此, 而昨年則以朴奎漢名上言, 今年則以朴斗漢名上言, 兩人換名迭出, 連年呼籲, 其冒濫之習, 誠極駭然。
其罪狀令該曹稟處云云。

　癸卯十月初六日

6. 1784년 安祐의 擊錚을 계기로 京畿監司가 승정원(承政院)에 올린 장계(狀啓)

발신자 : 沈頤之(京畿監司)

수신자 : 承政院

발신일 : 甲辰 四月 初四日(1784년 04월 04일)

출전 : 국사편찬위원회 한국사 데이터베이스(http://db.history.go.kr) 各司謄錄 1, 京畿道
　　　監營狀啓謄錄 5

문서분류 : 狀啓

甲辰四月初四日

承政院開坼

　　節到付刑曹關內節啓下敎曹啓辭內, 前別提安祐, 擊錚於衛外, 所當捧供以入, 而
係是朝官, 令義禁府擧行何如, 傳曰允事傳敎據, 義禁府啓目內, 推考次前別提安祐,
年七十自等, 矣身至微且賤, 焉敢爲驚動天聽之擧乎? 矣身於故相臣申晦家, 爲六世
門下之人, 又何敢爭訟爲哉? 矣身大庄, 在於永宗島, 而積債如山, 以還退次片片割
賣, 矣父瑞莢, 癸亥正月持田畓文券, 請買於故相臣, 則答曰, 吾何以買汝大庄乎? 文
券還爲持去也。矣父曰, 債主之欲奪文券者多, 留此然後可保無失, 仍爲留之, 而其二
月矣父作故, 其後矣身隨往平安監營, 懇乞請買, 則答曰, 吾雖有錢, 何必買汝世傳之
大庄乎? 文券持去, 賣於他處也。申光緝在傍參聽矣。孼子光絢, 中間偸執文券做出,
孟浪之言以爲, 本價銀四千兩內, 二千五百兩先給, 餘數一千五百兩, 以十年秋收穀
每年一百五十石內, 五十石納申家, 一百石則年年計除云, 而四十餘年後, 猝然欲奪,
以四十年前矣亡父片片割賣者乙, 謂之申家之畓, 矣父盜賣云, 世豈有如許無據之人
乎? 光緝身爲家長, 一任光絢之放縱, 締結豊德崔壽彭, 通津李哥, 永宗金向番, 相爲
心腹, 議送巡營, 呈訴本鎭, 誣人旣骨之親, 驅之盜賣之科, 伏乞特令秋曹, 按法行査,
俾蒙再生之恩敎味, 白侤音是白臥乎在亦。觀其所供, 則不過田畓相訟事, 托以爲父
訟冤, 肆然擊錚於駕前, 情狀痛駭, 照法勘處爲白乎旀, 本事段, 非臣府所關, 令該曹
査實〈賣〉稟處, 何如? 乾隆四十九年二月二十一日同副承旨臣洪仁浩次知啓, 依允爲
旀, 此囚乙良, 分揀放送爲良如敎, 判下據曹啓目粘連啓下是白有亦。觀此所供, 則與
申家田畓相訟事, 而干連諸人, 俱在畿邑, 推捉有弊, 令本道詳査啓聞後稟處, 何如?
乾隆四十九年閏三月初四日, 右副承旨臣李時秀次知啓, 依允敎是置。敎旨內辭意,

奉審施行向事關是白乎等以。別定查官, 行移知委爲白有如乎, 節到付仁川府使李遠
培牒呈內, 今此安祜與申光絢庄土相訟事良中, 依關辭各捧原情, 則申光絢所供內,
矣身家因一土地, 爲人構誣, 至被天聽之擧閭門惶隕, 固知攸措。戊午年安祜父瑞莢,
急於他債, 其矣田畓, 請買於矣家, 而定價銀子四千兩, 故拘於顔面, 果以銀子二千五
百兩先給, 而同田畓所付前後文券及踏印量案, 沒數推尋後, 永賣成文, 而零價一千
五百兩段, 猝難變通乙仍子, 賭地穀每年一百五十石內, 五十石段, 矣家取用, 百石
段, 限十年許給, 使之了其零價, 則瑞莢使其子祜, 書給手標是如乎, 親密之間, 信之
無疑, 依渠所願, 因令次知看檢, 則渠亦盡誠收拾矣。過十年後, 所當全數輸給, 而只
恃情誼, 每以五十石穀, 年年輸給是乎乃, 不忍强迫是遣, 時文記段, 丁酉秋見失, 壬
寅年呈出立旨是乎㫆, 渠之所供有曰債主之欲奪文券者多, 故留此然後可保無失云者,
欲巧而反拙也。矣家如無買得之事, 則豈有爲渠避債, 藏匿受置篋笥之理是乎㫆, 且
曰瑞莢之所割賣者, 則文券盡爲他有, 而豈有被人圖奪乎? 若曰片賣異於盡賣, 故文
券見存云, 則文書中豈無墨圈背頉之事是乎㫆, 買得者何不推出本券, 而任其留置於
矣家之理乎? 且曰爲報他債, 則固當抱券廣求斥賣之處是去乙, 不此之爲, 公然留置
於矣家, 過了許多年數, 以至四十年之久乎? 卽此數事, 渠父之斥賣, 矣家之買得, 昭
昭難掩是遣, 安祜之人本鎭接訟, 非止一再, 而及其落訟之時, 逃避不現之故, 以此載
錄於其時文案, 渠何以粧撰說去, 誣罔天聽乎? 此則一番查問, 可以洞燭敎是乎㫆,
渠以此等無憑之說, 驅人於叵測之地者, 誠極無據是如乎, 四十餘年次知看檢之故,
猝然盜賣, 而新買之人, 左右見瞞, 則竟無掩迹之計。乃反誣之於爲父訟冤, 專事誣
飾, 猥煩上達是乎矣, 前後文案, 昭然見存, 一當按查, 立落自判是如爲有㫆, 安祜所供
內, 申光絢所謂買得明文閪失, 故出立旨云者, 尤不成說, 眞有買賣, 而失其明文, 則矣
身不死而生存, 何不更受明文而出立旨乎? 又有一節可以發奸者, 永宗僉使, 聞申宅間
或打作之說, 招問年老作者諸人, 則皆日初無申宅奴一番打作之事, 又無一石租上納申
宅之事, 年年船卜沙工見在, 何敢誣罔乎? 光絢虛妄, 於此尤著是遣, 所謂銀子二千五
百兩之說段, 癸亥七月矣身書納田畓撼錄中, 列書行間申家相公之矣家所負還捧錢一
千三百五十兩, 改以銀字, 其次行今又給錢三千六百五十兩則之則字去之, 改以今又給
銀一千一百五十兩, 合爲二千五百兩是遣, 餘銀一千五百兩, 以秋收百石, 限十年計除
云, 末行書以安祜之筆, 此極可笑。其時書納撼錄件記, 更思而書納爲去乎, 與光絢所
納手標較覽, 則變幻情迹, 何敢欺乎? 文券尙不推來事段, 矣身父子, 必欲賣於申宅, 而
不欲賣於他處者, 非但依仰申宅, 異於他人, 矣身至願, 在監牧官, 故以此希望置而不

推是遣, 申宅則自昔淸貧, 矣家則世有富名, 百餘年來, 矣家錢財之入於申宅者, 不知其幾千萬兩, 而忠州申正郎宅, 捧價錢一萬三千兩, 賣此田畓, 而太半入於申宅酬應中. 辛亥年申正郎喪出後, 其曾孫光迪, 督迫還退, 不敢抗拒, 故斥賣矣家家舍銀七百五十兩, 其人貢物, 濟用監貢物, 各處田畓盡賣而還退. 是時初無申宅錢一分捧用之事, 家力蕩敗, 實由於此是白如乎, 伏乞細細洞燭後, 從公處決亦爲有臥乎所, 今此安申告隻兩造推蔽取招牒報是在果, 取考文券, 則俱有可疑之端. 安祜之供, 片片割賣, 在於渠父生時, 而文書未來申家之前, 則何無墨圈背頉之事是乎旀, 申光絢旣失買得文書, 則何不更受明文於安祜, 而只出立旨是乎旀, 安祜所謂若錢若銀, 旣是申氏報債者, 則何以添入於田畓摠錄之中是乎旀, 申光絢所謂旣受手標, 則何不書年月着姓名, 致使安祜, 有此僞造之說是乎旀, 銀與錢間, 旣過數千, 則係是不少之財, 毋論報價與給價, 安哥之券, 來在申氏之家, 而申氏之財, 去爲安哥之用, 則似近於買賣是乎矣, 旣無時文書, 則券且不實矣. 以此之故, 此則曰偸執, 彼則曰買取, 此則曰僞造, 彼則曰手標, 眞贗難辨, 二說莫憑是如乎, 大抵田畓相訟, 專主文券, 雖曰安哥之庄文券, 近五十年在於申家, 則安祜不可爲有田畓, 雖持本文記, 乃是他人之券, 終無自己買得之明文, 則申光絢亦不可爲有文書矣. 此眞兩處不當之土, 此等兩處不當之物, 自古有屬公之例, 屬之土在官永宗防營, 以補軍需之資, 事甚便當亦, 牒呈是白置有亦. 觀此兩隻所供, 安祜田券, 見在申家, 爲四十七年之久, 大是疑怪之端, 設如渠言致慮於債主之掠奪, 有此藏匿之擧是白置, 申家以門客顔面捧置他矣庄券於篋笥之中, 實是意外之事是白遣, 文券持置申家之前, 安祜之父瑞笑, 已爲割賣, 則時執者何不推出, 文券何不背頉, 而至于今委置於申家是白乙喻, 其父旣令還推去, 則申光絢雖是悖子, 不給價之文券, 以何說中間橫執乎? 光絢公然盜執, 則其時何不言及其父, 卽爲推出是白旀, 一時移藏, 則田畓摠錄, 何爲書納於申家, 而債券土券, 段落各異, 則摠錄行間, 列書銀貨去來, 又是何故? 意在監牧官, 不爲推來是如則, 何其與有慮見奪, 逢授申家, 而其父還給, 其子偸執之說, 前後矛盾也. 欲以申家無一番秋收, 爲不賣之證, 而渠以舊主, 兼以門客, 只給穀物, 不露斥賣之迹, 則作人之不知申家, 事理無怪是白遣, 又以時券之更不受得, 以爲不賣之證, 而十年之間, 渠旣絶迹, 則申家之不得受券, 其勢固也. 而其所爲說, 屢更其端, 或曰慮奪移置, 或曰光絢偸執, 又或曰意在監牧官, 不爲推來, 反覆不一, 情狀疑眩是白乎所, 前道臣李亨逵在任時, 兩隻起訟, 悉其奸狀, 已爲決給申家, 而安祜以年老窮鬼, 敢生僥倖之望, 有此籲天之擧, 冒濫極矣, 猥越甚矣. 以其大體論之, 兩隻之文券去來, 各在其父生存之時, 而將近五十年, 則爲今日訟官者, 惟當執其契券, 從以決折

而已。前道臣處決, 旣甚明的, 依此施行, 似合訟體是白乎等以, 玆敢枚擧馳啓爲白去乎,
令該曹稟處云云。

7. 1867년 위외격쟁인(衛外擊錚人) 이발영(李發永)의 격쟁으로 인한 장계(狀啓)

　　발신자 : 曹錫輿(黃海監司)

　　수신자 : 承政院

　　발신일 : 丁卯三月二十九日(1867년 03월 29일)

　　출전 : 국사편찬위원회 한국사 데이터베이스(http://db.history.go.kr) 各司謄錄 23, 黃海
　　　　　監營狀啓謄錄 16

　　문서분류 : 狀啓

丁卯三月二十九日封

　啓爲推考事。節到付刑曹關內節啓下敎曹啓目內, 今二月初四日動駕敎是時, 衛外擊錚人李發永, 依例刑推取招爲白有如乎, 推考次丁卯二月初七日, 黃海道海州牧幼學李發永年四十一白等, 汝矣身敢於衛外, 肆然擊錚, 驚動天聽之狀, 萬萬痛駭, 辭緣嚴刑現推敎味, 罪人李發永刑問一次。訊杖三十度更推。白等, 矣身與同生弟致玉, 同里居生, 僅保班閥, 以儒爲業是白加尼, 矣弟致玉, 身數不幸, 橫罹冤獄, 昭晰無期, 孔懷之義, 不忍泯默, 不避鈇鉞之誅, 冒萬死鳴籲於法駕之前, 特垂察焉, 矣弟致玉, 去乙丑二月分, 出他歸路, 到御史橋近處, 則隣坊居, 李陽和·尹允汝, 互相起鬧是白如乎, 蓋陽和常人也。允汝班族也, 陽和近改姓貫, 自稱兩班, 而場市稠人之中, 妄言呼爾我於允汝, 則允汝痛其改本, 冒稱班名, 據理責之, 陽和乃忿其摘發斥言, 向尹班擧堂內醜行之說, 極口悖辱, 允汝不勝憤惋, 呼其奴朴仁行, 使之捉待渠家云云。所謂仁行, 素與陽和, 曾有嫌怨, 仁行於此, 舊憾新憤, 一時陡起, 先執陽和之頭髻, 不分要害, 惟意亂打, 捽到尹班家, 陽和遍身受傷, 幾至死境, 其被打傷重, 可以推知是白乎旀, 允汝乃令仁行, 執杖打臀, 擧措危怖, 殺變可慮, 故矣弟爲其允汝之解怨, 使廊屬全允行, 押還陽和於庭下, 欲試笞警, 不意仁行, 瞥眼闖入, 以其自將之杖, 盲杖至連五度, 此專出於允汝之指使, 亦爲出於渠之宿嫌, 則不可任其逞毒, 矣弟忙步下堂, 喝令逐出, 使允行領送陽和矣。其翌日, 聞陽和經夜於允行之廊房, 而允汝使其六寸尹大汝, 指送於陽和處, 看審杖處, 以其刀尖, 裂其臀皮, 以出毒血云云矣。越四日, 陽和不幸致斃是白如乎, 本事顚末, 如斯而已矣, 論以獄情, 自初行兇之朴仁行, 始終指使之尹允汝, 法當代償, 而矣弟不過爲人解忿是白去乙, 反歸於正犯之目, 豈不冤且痛乎? 雖以看證言之, 參看莫過於全允行, 而竝與朴仁行·尹允汝, 知機逃躱, 則初不知頭緖之全允行

母李女, 從何立幟, 而村居愚婦, 惻於其子之抵罪, 隨問隨告, 此果公證乎? 指使者行兇者, 俱已漏網, 獨於無辜之矣弟, 滯繫犴狴, 生出無望是自如乎, 伏乞天地父母, 特令該道, 疏放矣弟致玉, 以爲復見天日, 頌祝盛德之地敎味, 向前罪人李發永亦, 依定式爲先放送是自在果, 爰辭若是稱冤, 令道臣更爲詳査狀聞後, 稟處何如? 同治六年二月初八日, 左承旨臣朴履道次知啓依允事, 判下敎是置. 判付內辭意, 奉審施行爲乎矣, 舉行刑[刑]止, 依例啓聞, 宜當向事. 關是自乎等用良, 上項海州牧殺獄罪人李致玉及應問各人等, 發關上使是自遣, 以延安府使李源一, 平山府使洪愼圭, 別定參查官, 聚會臣營, 眼同推覈後, 原文案及今番行査時各人供招, 竝以依例刪冗, 列錄于後, 尾附臣微見, 以待處分爲白乎旀, 應問各人中屍親李德孝, 間已身死, 干犯朴仁行, 發配未還, 看證全召史, 流離之他, 竝不得取招. 緣由竝以馳啓爲白臥乎事.

丁卯三月二十九日封.

〈後〉

海州牧囚李致玉, 以杖打李陽和兩腿, 第四日致死. 乙丑三月初四日囚, 刑問第九次是白齊.

本州來城坊居李德孝發告內, 其矣子陽和, 居生於泉決坊, 被打於李致玉處致死是如是白齊.

海州判官成赫壽牒報內, 判官以文東堂參試官, 方在試所, 不得行檢事據, 以延安府使韓應弼差定檢驗是白齊.

初檢, 李陽和年可三十八九歲許男人, 口眼開, 手不拳, 傷處段, 仰面胸膛靑黑浮高, 合面左腿靑赤堅硬, 右腿傷痕圍圓, 以官尺三寸七分, 糜爛靑赤, 口中穀道, 釵色不變. 實因段, 以被打致死懸錄, 乙丑三月初一日行檢是白齊.

屍親無役李德孝招內, 矣身與次子陽和各居, 而去二月二十一日, 出往靑丹場云矣. 午時量, 泉決坊朴哲甲來傳, 陽和昨日場市歸路, 有何事端, 同里李喪人致玉處被打, 方在危境云, 故驚駭往見, 則臥在於致玉廊底全召史家, 而血流狼藉, 不得運身, 問其所由, 答曰, 致玉挾憾於班常之別, 結縛亂打是如. 而觀其症勢, 必死乃已, 故奔告本官, 使該坊任, 摘奸報官, 而致玉呼之, 尊位書之, 只以頭破臀傷爲辭矣. 伊後漸劇, 故二十五日更告次, 入邑中路, 矣身堨息, 急傳陽和之身死是乎所, 卽欲發告, 則官家以試官, 方在試所, 故只爲言及於刑吏是乎旀, 矣子年今三十九歲, 素無疾病, 酷被致玉之縛打, 不踰, 四日, 致此殞絕是如是白齊。

屍親良女崔召史招內, 矣家夫李陽和, 去月二十一日, 出往靑丹場, 日暮不還矣。翌日午後, 泉決坊朴哲甲來言, 矣家夫昨日被打於李喪人致玉處, 方在危境云, 而矣媤父及矣子先往, 矣女二十四日始往見之, 則遍身流血, 症勢危劇, 故與媤父告官次入邑矣, 翌日竟爲身死是如。媤妹夫朴汝三來傳, 故卽欲發告, 而官家方在試所, 只爲言及刑吏是乎旀, 得聞全召史之言, 則矣夫重被致玉之毆打是如。而纔過三日, 仍爲殞絕, 惟願斯速代價是如是白齊。

屍親無役李啓成招內, 去月二十一日, 矣父陽和, 往于靑丹場, 日暮不還, 而矣身翌日午後, 出他歸家, 則矣祖父以爲, 汝父昨日被打於泉決坊李致玉處, 方在死境云, 故驚惶急往, 則在於致玉廊底全召史家, 而血流狼藉, 不得運身, 驚問委折, 則全召史答云, 昨日靑丹歸路, 與致玉互爭班常, 致玉使下人捉來毆打, 忿其歇打, 執杖自打云。而矣父頭顱破綻, 兩臀糜爛, 所見危懍, 矣祖父告訴官家, 使面任摘奸馳報矣, 到二十五日曉頭, 病勢漸劇, 矣祖父更告次入邑, 而不移時, 仍爲殞絕是如乎, 惟願斯速償命是如是白齊。

正犯幼學李致玉年二十五招內, 矣身曾無場市出入, 農牛買來次, 去月二十一日, 與同里尹允汝, 偕往靑丹場, 夕陽歸路, 來到御史橋邊, 允汝吸草次, 入于酒店, 李陽和適在, 無端詬辱, 允汝激忿爭詰, 故卽挽允汝出戶, 而以常凌班, 實爲痛惋, 據理責之, 則陽和反有悖惡之說是乎所。允汝請借率來之下人全允行, 捉去陽和, 而矣身追後歸路, 忽逢允汝家下人朴仁行, 傳其見辱事情, 則仁行聞言踴躍而去, 執捉揮曳, 陽和非但凌辱允汝, 悖說轉及於矣身, 故使仁行, 捉待矣家云, 則仁行快聽此言, 捉致庭下, 故使家下人, 欲爲打笞, 則仁行奮臂自願, 不分緊歇, 以杖猛打, 此是有嫌於陽和之故也。矣身知其用嫌, 脫服下庭, 斥却仁行, 自手打臀, 只爲十箇是如是白齊。

看證良女全召史招內, 去月二十一日, 李致玉往于靑丹場, 而矣子全允行及致玉婢夫正孫隨行, 隣居尹班允汝, 亦爲同行矣。乘昏時, 矣子先來, 不移時, 致玉使正孫, 執捉李陽和而來, 故問其委折。則正孫答云, 看市歸路, 李喪人及尹班, 同爲醉酒逢着, 陽和亦爲泥醉, 初與尹班言詰, 李喪人憤其陽和之不恭, 責以常漢, 陽和悖談益甚, 欲爲懲治而捉來是如。而尹·李兩人, 來坐舍廊, 使下人縛致陽和, 猛杖打臀, 終不屈服, 則李喪人責其歇打, 卽脫喪服, 自杖亂打, 幾至死境, 故卽使解縛, 移置於矣女房中而救療矣。至二十五日曉頭, 仍爲致死是如是白齊。

傳訃人無役朴汝三招內, 矣身與李陽和, 爲媤妹間, 而去月二十一日, 往于載寧地是如可, 二十四日還家矣, 翌朝陽和之子啓成來言, 吾父被打於李致玉, 今已身死, 而祖父則死之前告官次入邑, 急往通奇云. 故始知陽和之被打致死, 卽爲發行, 及到東亭, 果逢妻父而傳及是如是白齊.

都尊位幼學朴元孝招內, 矣身去月二十三日入邑回路, 適逢來城坊李德孝, 出付所志, 故詳見題旨, 則德孝之子陽和, 被打於李致玉處, 方在危境云. 該坊任詳細摘奸馳報亦敎是如乎, 心甚驚駭, 與德孝同往, 則陽和臥於致玉廊底全召史房中, 故詳問致玉, 則以爲二十一日靑丹場歸路, 陽和與尹班允汝爭詰, 故責其不恭, 則陽和益肆頑習, 不有班常之分是乎所, 不勝其忿, 果使下人, 捉來杖治云云. 而摘奸傷處, 則項上皮破血流, 兩臀皮綻血癉, 故據實馳報是乎所, 今此屍親所謂致玉呼之, 尊位書之之說, 矣身以短文之致, 臀字問于致玉矣, 愚彼村民, 聞一字之問答, 如是煩告是乎㫆, 二十五日, 得聞陽和之身死, 亦卽報官是如是白齊.

切隣幼學鄭守宅招內, 矣身所居, 與李致玉家, 隔在越岡, 而得聞傳說, 則李致玉·尹允汝·李陽和, 去二十一日靑丹場歸路, 同爲乘醉, 允汝初與陽和, 互爭班常之際, 致玉忿其不恭, 詰責陽和, 則益肆頑習, 致玉忿怒, 捉去而杖責是如是白齊.

切隣無役申君宅招內, 矣身居在御史橋炭幕, 賣酒資生矣. 去月二十一日夕陽時, 李致玉·尹允汝·李陽和, 自靑丹場, 帶醉歸來, 互爭班常, 而尹班初與陽和言詰, 則致玉夤緣起怒, 使其婢夫正孫及廊底人全哥, 捉去陽和之狀, 果爲目覩, 而伊後事, 全然不知是如是白齊.

屍親李德孝更招內, 當初被打, 果未目覩, 而今聞致玉所招, 則矣子縛打時, 使朴仁行執杖云. 仁行與矣子, 果有宿嫌, 必是猛打是乎㫆, 且矣子臨死之言, 吾被兩漢之毒打, 至於死境云, 到今思之, 一是致玉, 一是仁行也, 仁行之同生, 寓居矣里, 時與陽和, 有所言詰, 自洞中若干答警矣. 仁行以此含憾是乎乃, 指使自杖, 俱是李哥, 惟願代償是如是白齊.

屍親崔召史更招內, 伊日往見矣夫, 則運轉不得, 僅作喉語曰, 吾被致玉之縛打, 至於死境云, 而仁行之用嫌, 初不得聞是如是白齊.

屍親李啓成更招內, 伊日矣父委臥於全召史房中, 運轉不得, 故問其委折, 則全召史答云, 汝父與致玉, 互爭班常, 致玉忿其凌辱, 使仁行捉來, 結縛打臀之際, 責其歇打, 脫服下庭, 自杖亂打, 至於此境是如是白齊.

正犯李致玉更招內, 當初不知仁行之有嫌於陽和, 見其打答, 則不分緊歇, 惟意猛打, 故始覺用嫌, 或慮毒打緊處, 矣身果爲脫服下庭, 斥却仁行曰, 笞有當處, 何不打當處而打他處乎? 仍爲自打十箇是如是白齊.

看證全召史更招內, 伊日致玉縛致陽和, 使仁行打臀, 陽和終不知戢, 益肆頑悖, 則致玉忿責仁行曰, 殺此漢, 我亦死, 以常凌班之漢, 如是歇治, 何可懲戢乎? 仍爲脫服下庭, 自杖亂打, 故矣女扶抱挽留, 移置於房中是如乎, 今此致玉, 慮其仁行之緊打, 自手打笞云, 若慮緊打, 則何不停止, 而下庭自打乎? 執此一款, 當場猛歇, 可以辨別是如是白齊.

屍親李德孝三招內, 致玉捉致矣子於渠家, 自手亂打, 不踰四日, 仍爲殞絶是如是白齊.

正犯李致玉三招內, 伊日捉致陽和, 結縛打臀之際, 知其仁行之用嫌猛打, 斥却仁行, 自手打笞, 果慮毒打緊處而然是如是白齊.

看證全召史三招內, 伊日縛打陽和時, 致玉忿其仁行之歇打, 自手亂打, 矣女只切挽留, 未暇計其杖數之幾許是如是白齊.

看證全召史, 正犯李致玉面質招內, 全召史向致玉曰, 杖打陽和之際, 汝不責仁行之歇治, 殺此漢我亦死云. 而脫服下庭, 自手亂打乎? 吾則挽留, 終不聽從, 復騙怨尤乎, 致玉答曰, 汝何曾挽解乎? 汝以幺麽賤女, 何敢驅人於不惻[測]之地乎? 互相呶呶是白齊.

初檢官延安府使韓應弼結辭內, 此獄段, 起鬧始自班常之評品, 行兇乃在指使之不滿, 屍首之右腿杖痕, 分寸闊大, 赤腫堅硬, 肋脅腰眼色赤微硬叱除良, 口眼開, 手不拳等形症, 脗合法文, 故實因段, 以被打致死懸錄爲乎旀, 李致玉段, 蓋此陽和, 分殊班常, 泥醉壚酒, 斥呼爾汝, 及夫允汝之捉去也. 悖說轉加於自己, 則嚴懲雪忿, 常情所同, 招呼朴漢, 縛致庭下, 非但不屈, 酗言亂發, 斥去下人, 自手亂打, 證招之確, 端緒已露, 幸以仁行之逃避, 欲爲嫁禍, 而殺此一漢, 全女之耳聞有據, 打至十箇, 犯者之口供自在, 不待就服, 已獲斷案是乎等以. 正犯段, 以李致玉懸錄爲乎旀, 尹允汝段, 言詰由渠, 捉去亦在於渠家, 揮之不足, 轉送致玉, 朴仁行段, 雖曰爲人之隸, 捽去陽和, 不待更飭, 奮臂自願, 俱係此獄緊犯, 而在逃未捕, 今方譏詗爲乎旀, 全允行·金正孫·朴哲甲等, 亦係緊證, 而竝爲逃避, 不得捧招是如是白齊.

前道臣洪 題辭內, 覆檢狀憑考次, 屍帳捧上事題送是白齊.

覆檢, 傷處段, 仰面, 胸膛心坎, 靑紫堅硬, 合面, 兩腿杖痕狼藉, 左腿正中, 皮圻肉綻, 圍圓四寸一分, 毒氣蓄積, 喉間穀道, 釵色不變, 實因段, 以被打致死懸錄, 乙丑三月初四日行檢是白齊。

　屍親李德孝招內, 矣身與次子陽和各居, 而去月二十一日往見, 則出往靑丹場云矣。
翌日巳時量, 泉決坊居李致玉之雇奴朴哲甲來言, 陽和昨日被打於致玉, 臥在全召史
家是如, 故隨卽來見, 則果不運身, 以爲昨日靑丹場歸路, 適逢尹允汝, 有所言詰, 而
同行之致玉, 謂以以常凌班, 招呼允汝之奴屬朴仁行, 捉去決笞, 而致玉憤其歇杖, 又
爲自打, 以至此境云是乎所。訴官摘奸, 面任泛稱被打, 修報不實, 故二十五日曉, 更
告次入邑矣。矣女壻朴汝三, 踵後來傳矣子之身死, 而官家適在試所, 未卽發告是乎
旀, 閩場光景, 隣居全召史, 始終參看是如是白齊。

　屍親崔召史招內, 家夫李陽和, 去月二十一日, 往于靑丹場, 日暮不還矣, 翌日午後,
泉決坊朴哲甲來言, 汝夫昨日被打於吾洞李致玉處是如。則矣媤父, 與矣子啓成先往,
矣女則二十四日始往見之, 矣夫果爲被打, 臥在全召史家, 症勢甚劇, 二十五日曉, 與
媤父告次入邑, 矣媤妹夫朴汝三追到傳訃, 故卽爲發告是乎旀, 矣夫被打時, 全召史
始終參看是如是白齊。

　屍親李啓成招內, 去月二十一日, 矣父往于靑丹場不還矣。翌日午間, 泉決坊朴哲
甲來言, 汝父被打於李致玉處, 委頓於全召史家云, 故卽往見之, 症勢危重是乎所。詳
問於全召史, 則答以昨日觀市歸路, 汝父與致玉互爭班閩, 而致玉忿其以常凌班, 使朴
仁行捉去決笞, 又爲自打, 以至此境云。而不踰三日, 遽隕一縷, 惟願明査償命是如是
白齊。

　正犯李致玉招內, 矣身去月二十一日買牛次, 往于靑丹場, 與尹允汝同爲還來, 而允
汝燃草次, 歷入御史橋炭幕, 則來城居李陽和先在, 向允汝詬辱曰, 汝是何人, 俄於場
市, 敢爲坐受人事乎? 乃以尹家不美之事, 多般凌辱, 則允汝憤不自勝, 請借矣身率來
之奴屬, 捉去其家, 而適見尹奴朴仁行, 自何而來, 故使之往見是遣, 矣身則追到其家,
允汝已使仁行, 決杖幾度, 而陽和少不知戢, 以矣身借奴屬而捉來是如。又爲辱說, 故
不勝憤慨, 使仁行捉致矣家, 責以無狀, 決笞五度後, 喫飯次入內矣, 仁行素與陽和,
有甚宿嫌, 又添數十箇, 不能運動, 故使之調理於全召史家是如乎, 陽和重被允汝之杖,
又被仁行之嫌毒, 致此死變, 而屍親公然以矣身指斥發告, 則證參諸人, 隨以歸咎, 驅
入罔測之科, 豈不至冤乎, 惟願明査, 俾無橫罹是如是白齊。

　干犯幼學尹允汝招內, 矣身去月二十一日, 與李致玉, 偕往靑丹場, 而來城居李陽
和, 適見矣等, 修其人事, 故坐而受之矣, 日暮歸路, 歷入御史橋酒店, 則陽和先在, 向

矣身凌辱日, 彼輩爲何等兩班, 而俄於場垈, 坐受人事乎? 吾之兩班, 不下汝矣是如.
悖說難形, 故矣身知其醉漢, 退步欲避矣. 在後之致玉, 聞不勝憤慨, 與之相詰, 以爲
此等漢, 不可不懲, 使其廊底全允行・朴仁行捉來, 則陽和少無畏㤼, 轉加辱說, 致玉更
使奴屬, 決笞幾十度, 畢竟渠自執杖行打, 而一向不屈, 則以繩束手, 懸于舍廊道里木,
而亦爲不服, 罵不絶口, 則又以網席, 捲置於舍廊下間, 竟至不省, 曳出全召史家, 使
之調理矣, 仍爲身死是乎所. 矣身逃避者, 屍親輩公然指斥於不當之人, 故果爲謹避是
如是白齊.

干犯私奴朴仁行招內, 去月二十一日觀市歸路, 到御史橋炭幕, 則同里李班致玉招
呼日, 來城居李陽和, 以其常漢, 凌辱李班允汝, 故借吾廊屬, 使之捉去, 汝亦往見云
是乎所. 矣身旣爲尹家奴屬, 且有李班之指揮, 故直向尹家, 則陽和緣何放還, 致玉更
使矣身, 捉去尹家, 欲爲懲治, 尹班以爲醉漢不可與較云爾. 則致玉日, 此等悖漢, 不
可不嚴治是如. 使其奴屬及矣身, 捉去結縛, 初使其奴正孫, 決杖五度, 又使矣身, 決
杖五度, 李班謂以歇治, 自爲執杖亂打, 而陽和終不屈服, 則縛懸於道里木, 又以網席,
裹置於閾外是如乎, 矣身則以日暮之致, 仍卽還家矣. 追後聞之, 移置於全召史家是如
可, 二十五日曉致死云是乎所. 逃避事段, 怵於殺變, 暫爲隱身是如是白齊.

看證全召史招內, 去月二十一日, 李班致玉, 觀市次往于靑丹, 與同里尹班允汝, 同
爲還來, 而路逢來城居李陽和, 初與尹班, 無端起鬧, 辱說備至, 李班不勝憤慨, 使尹
奴朴仁行, 捉致言責, 而少無屈服底意, 反加詬罵, 則使仁行, 折來庭畔樹枝, 決笞幾
十度, 口悖轉甚, 李班憤氣層激, 自爲亂打, 以至不省, 則使奴屬, 曳置於矣家, 而其子
啓成, 來到救療, 矣女則以房窄之致, 留宿隣家, 症勢之如何, 未能詳知是如是白齊.

詞連朴汝三招內, 矣身去月二十一日賣鹽次, 委往載寧, 二十四日夕還家, 則妻娚李
陽和, 與泉決李致玉, 緣何相鬪, 受傷深重, 委頓厥處云矣. 翌曉陽和之子, 泣傳其父
之致死, 而矣妻父告官次入邑云, 故卽爲追到傳訊而已是如是白齊.

都尊位朴允孝招內, 去月二十四日, 因官題, 與陽和之父, 偕往摘奸, 額角與臀腿,
俱有傷痕, 故以此修報是如是白齊.

切隣鄭守宅・申君宅等招內, 守宅矣身段, 與李致玉所居稍間, 起鬧委折, 雖未詳知,
得聞傳說, 則以常凌班云云是乎旀, 君宅矣身段, 去月二十一日, 泉決坊尹汝及李致
玉, 自靑丹場歸路, 尹班與來城坊李陽和, 緣何起鬧, 言辭不恭. 則李班責以無狀, 陽
和反加辱說, 固有紀極, 李班以爲此等之漢, 不可不懲, 使其下人捉去, 而路由於矣家

前, 故如斯見之是如是白齊。

屍親李啓成更招內, 當初與何人起鬧之事, 雖未詳知, 致玉捉致渠家, 初使仁行決杖, 畢竟自打之狀, 全女丁寧言之, 明査復讎是如是白齊。

正犯李致玉更招內, 當初允汝借奴捉去, 施以笞罰之狀, 丁寧目覩, 渠自掉脫, 全然歸咎於矣身, 已是痛歎, 而乃反以猛打懸手等說, 自爲立證, 驅之罔測者, 寧不可冤乎? 李漢之如干懲習, 爲其同類之見辱, 則豈有血心猛杖乎, 全女之質言, 實未知其意, 一番面質, 自可洞悉是如是白齊。

干犯尹允汝更招內, 伊班雖爲見辱於李漢, 醉者不必與較, 故謹欲避之矣。致玉自不勝憤懣, 使其廊屬捉去是如可, 經入矣家, 欲爲懲治, 而因矣身之挽止, 驅去其家, 猛打不已, 甚至於懸之柱木, 褁以網席是如乎, 渠以死中求生之計, 隱然歸咎於矣身者, 豈不痛惋是如是白齊。

干犯朴仁行更招內, 尹班則果無施笞之事, 李班獨自憤懣, 捉去其家, 使矣身決杖五度, 故一從任使而已。豈有因嫌毒打之理乎是如是白齊。

看證全召史更招內, 伊日李班初使仁行亂打, 繼以自手行打之狀, 丁寧目覩是如是白齊。

干犯尹允汝, 正犯李致玉面質招內, 允汝向致玉曰, 伊日吾欲謹避, 而汝乃發忿捉去亂打, 曳置廊戶, 而乃以吾家受笞等說, 隱然歸咎乎, 致玉答曰, 先自汝家而決杖者, 吾旣目覩, 其後因李漢之悖說, 捉來吾家, 只笞五度, 汝敢以虛無之說, 自爲立證乎? 允汝又曰, 吾則初不決杖, 而欲爲構誣嫁禍乎? 汝若決杖五度而止, 則豈至曳置於廊戶是旀, 致死後屍親, 胡爲指斥乎? 致玉又答曰, 爾吾之決杖, 俱是一般, 吾何獨冒此惡名乎, 互相唊唊是白齊。

看證全召史, 正犯李致玉面質招內, 全召史向致玉曰, 伊日先使仁行決杖, 而陽和終不屈服, 則不爲自手猛打乎? 致玉答曰, 使仁行決杖五度, 而已更無他事是去乙, 乃以自杖等說, 如是誣罔乎? 全召史又曰, 伊日光景, 吾所目擊, 而敢爲白賴乎? 致玉又答曰, 汝以虛無之說, 驅人於不測之科, 是可忍爲乎, 互相唊唊是白齊。

覆檢官海州判官成林壽結辭內, 此獄段, 挺身代憤, 自手毒打, 四宿致命, 一辭同招, 屍首之顚右額上, 皮綻汁出, 兩腿胂脈, 杖痕狼藉, 胸膛乳岸, 按指微堅, 心坎中皮脫色紫, 圍長二寸五分, 脅肋後微硬色紫, 圍長二寸九分。手不拳, 肚不脹, 眼開舌出等形症, 吻[脗]合於法文, 故實因段, 以被打致死懸錄爲乎旀, 李致玉段, 旣稱士族, 有異平民, 酩酊之陽和, 爾汝於允汝, 干我甚事, 若己當之, 不思隣鬪閉戶, 反惹頹波助瀾,

歇杖不滿於心, 詬辱不絕于口, 則卸巾經而怒喝, 折樹梢而猛下, 欲懲醉漢, 馴致殺越,
藉曰在渠初無犯手, 其所發號而指使者誰也. 以正犯錄上爲乎旀, 尹允汝段, 當場辱
說, 先及渠身, 使人驅去, 亦在渠家, 恣意捽打, 雖不輸款, 從容處置, 必無是理, 朴仁
行段, 因嫌逞憤, 所犯不輕, 況於變出之後, 經[徑]先逃躱, 參互情實, 似無間於致玉,
而特以發告自有其人, 故以干犯書塡是乎旀, 金正孫·全允行段, 俱是助勢加功者也.
而竝在逃未捕是如白齊.

前道臣洪 題辭內, 凌班斥呼, 雖駭常賤之蔑分, 替人發憤, 全昧禮制之守約, 坐堂
上而命治, 猶未快意, 走庭下而親打, 是何行悖, 縱欲嫁禍於朴漢, 焉道指使之律, 厥
有參看之全女, 敢售掉脫之計, 十箇自杖之說, 凶供旣輸, 一縷臨絕之托, 苦招可哀,
檢驗脗合, 詞證的確, 李致玉段, 難免正犯之目, 兩檢官約日會推, 期於得情是遣, 朴
仁行段, 聽憐班之指揮, 謂此時可乘, 緣洞罰之警責, 認宿嫌必洩, 毒打致死, 宜與正
犯而同律, 尹允汝段, 苟能常時謹飭, 寧遭當日詬辱, 起禍伊始於誰, 行兇自有其人,
竝嚴刑一次, 仍因事題送是白齊.

乙丑四月二十一日初同推時, 正犯李致玉刑問一次, 訊杖三十度招內, 伊時尹允汝,
憤其李陽和之詬辱, 使朴仁行捉致渠家, 仁行因嫌捽打, 幾至死境, 矣身不知仁行之逞
毒, 或恐允汝之猛打, 挽止允汝, 捉來陽和, 略施五度而止. 全允行丁寧目覩, 而因全
女之恐禍及子, 誣齎亂招, 有此橫罹是如白齊.

主推官海州判官成赫壽, 同推官延安府使韓應弼結辭內, 正犯李致玉嚴刑究問是乎
矣. 李陽和打殺情節, 終不直告者, 去益痛惡, 加刑得情, 恐不可已是乎旀, 朴仁行·尹
允汝段, 嚴刑一次仍因是如白齊.

前道臣洪 題辭內, 行兇情節, 一向抵賴, 尤極獰頑, 後旬段, 更加嚴刑, 期於得情是
遣, 尹允汝段, 加刑放送, 朴仁行段, 加刑捧遲晚事題送, 而仁行段, 捧遲晚昭[照]律是
白齊.

前矣到付刑曹關內節啓下敎曹啓目內, 今八月三十日動駕敎是時, 衛外擊錚人李發
永, 依例刑推取招爲白有乎, 推考次乙丑九月初二日, 黃海道海州幼學李發永年三
十九白等, 汝矣身敢於衛外, 肆然擊錚, 驚動天聽之狀, 萬萬痛駭, 辭緣嚴刑現推敎味,
罪人李發永當日刑問一次. 訊杖三十度更推白等, 矣身與同生弟致玉, 同里居生, 僅保
班閥, 以儒爲業是白加尼, 矣弟致玉, 身數不幸, 橫罹冤獄, 昭晰無期, 孔懷之義, 不忍
泯默, 不避鈇鉞之誅, 萬死鳴籲於法駕之前, 特垂察焉. 矣弟致玉, 去二月分, 出他歸
路, 到御史橋近處, 則隣坊居李陽和·尹允汝, 互相起鬧是白乎, 蓋陽和常人也, 允汝

班族也, 陽和近改姓貫, 自稱兩班, 而場市稠人之中, 妄言呼爾我於允汝, 則允汝痛其
改本, 冒稱班名, 據理責之, 則陽和乃忿其摘發斥言, 向允汝擧堂內醜行之說, 極口悖
辱, 允汝不勝憤懣, 呼其奴朴仁行, 使之捉待於渠家云云。所謂仁行, 素與陽和有嫌怨,
仁行於此, 舊憾新憤, 一時陡起, 先執陽和之頭髻, 不分害畏, 惟意亂打, 捽到允汝家,
陽和遍身受傷, 幾至死境, 其被打傷重, 可以推知是白乎旀, 允汝仍令仁行, 執杖打臀,
擧措危怖, 殺變可慮, 故矣弟爲其允汝之解怒, 使廊屬全允行, 押還陽和於庭下, 欲試
笞警, 不意仁行, 瞥眼闖入, 以其自將之杖, 盲杖至連五度, 此專出於允汝之指使, 亦
爲出於渠之宿嫌, 則不可任其逞毒, 矣弟忙步下堂, 喝令逐出, 使允行領送陽和矣。其
翌日, 聞陽和經夜於允行之廊房, 而允汝使其六寸尹大汝, 指送於陽和處, 看審杖處,
以其刀尖, 裂其臀皮, 以出毒血云云矣。越四日, 陽和不幸致斃是白如乎, 本事顚末,
如斯而已矣, 論以獄情, 自初行兇之朴仁行, 始終指使之尹允汝, 法當代償, 而矣弟則
不過爲人解忿是白去乙, 反歸於正犯之目, 豈不痛且冤乎? 雖以看證言之, 看看莫過於
全允行, 而竝與朴仁行尹允汝, 知機逃躱, 則初不知頭緖之全允行母李女, 從何立幟,
而村居愚婦, 恻於其子之抵罪, 隨問隨告, 此果公證乎? 指使者行兇者, 俱已漏網, 獨
於無辜之矣弟, 滯繫犴狴, 生出無望是白如乎, 伏乞天地父母, 特令該道, 疏放矣弟致
玉, 以爲復見天日, 頌祝聖聽[德]之地敎味, 向前李發永亦, 依定式爲先放送是白在果,
本獄姑未登聞, 令本道詳査査狀聞後稟處, 何如? 同治四年九月初二日左副承旨臣尹秉
鼎次知啓依允事, 判下敎是置。判付內辭意奉審施行爲有矣。擧行形止, 依例啓聞亦是
白齊。

乙丑十月十五日行査時, 擊錚人李發永招內, 此獄公證無過於全允行·朴仁行, 而當
場起鬧, 尹允汝也, 追後捉致, 亦在渠家, 藉手打下, 全·朴之犯也。矣弟慮其過打, 奪
歸欲笞之際, 仁行自外猝至, 毒打五度, 故矣弟卽令喝退是乎旀, 全召史聞其被打而留
宿, 允汝使其六寸大汝, 來現[見]傷處, 刀尖砭臀, 破出瘀血云, 矣弟冤抑, 推此可知矣,
惟願明査俾免橫罹是如白齊。

屍親李德孝招內, 當場明證, 只有全召史一人詳聞被打之由, 則以爲李致玉, 始使朴
仁行打臀, 而以打不滿意, 折庭槐而爲杖, 按磨石而結縛, 不揀緊歇, 渾身打下, 體無
完處, 所見悶迫, 挽解擔歸於其房矣。尹大汝自來鍼破, 亦是致玉之指使云是乎所, 打
矣子, 致玉也, 殺矣子, 致玉也。惟願斯速償命是如白齊。

屍親崔召史招內, 伊日聞矣夫被打於李致玉, 臥在全召史家云, 故往問委折後, 與矣
媤父入邑呈訴, 而媤妹夫踵到傳訃是乎, 當初尹允汝·朴仁行之逃躱, 俱是致玉之指

使, 追後還來, 尹則就供, 朴又被謫, 已成斷案, 今不可以暫避執言, 殺矣夫者, 只是致
玉是如是白齊.

屍親李啓成招內, 伊日聞矣父之被打往見, 則渾身傷處, 不忍目見, 詳問於全召史,
則李致玉使朴仁行先打, 慎其歇治, 自將亂打, 呼以必殺, 雖未目擊, 備詳耳聞是乎旀,
四日之內, 竟至致死, 矣身恨不得啖其肉而寢其皮是如是白齊.

正犯李致玉招內, 伊日觀市歸路, 到御史橋店, 則尹允汝·李陽和, 互相爭詰, 允汝
慎陽和之侮班醜辱, 要借下人全允行而捉去矣, 追後過尹之門, 則恐喝毆打, 慮有生事,
捉歸矣家, 欲施笞罰之際, 朴仁行自外猝至, 打下五箇杖, 其勢猛毒, 故矣身喝退, 使
允行放歸矣, 不意伊夜, 仍置允行之房, 及其致命後, 歸咎於矣身是如乎, 陽和之死,
一則允汝之起鬧也, 一則全·朴之乘勢亂打也. 惟願明查處分是如是白齊.

干犯尹允汝招內, 伊日矣身與李致玉, 觀市歸路, 吸草燃火次, 入御史橋店, 則李陽
和在房, 先修人事者, 都無班常之分, 故模糊對答, 則陽和猝然辱說, 非徒矣身, 竝及
致玉, 無別彼此, 致玉怒使全允行捉去, 故從傍解諭, 竟不聽從是如乎, 矣身先行, 全
漢追後捉來, 故開諭放歸矣. 致玉又逢朴仁行, 還捉陽和, 欲入矣家治罪, 因矣身之不
許, 仍往渠家, 使仁行先打, 致玉繼又自打云. 而矣身之八寸大父大汝, 略知醫牛之鍼
砭, 因致玉之所請, 刺臀出血是乎旀, 今番被捉後, 李發永來, 說以好意相看, 參聽之
鄭守宅自在是如是白齊.

詞連朴汝三招內, 矣身以李陽和妹夫之親傳其死由於其父其妻後, 詳探委折, 則陽
和與尹允汝, 橋店是非, 致玉無端替慎, 使全允行·朴仁行, 押捉歸家, 繩縛亂打, 無所
紀極, 畢竟致命是如是白齊.

詞連幼學尹大汝招內, 矣身略知牛醫之鍼刺, 伊時適過李致玉門外, 致玉要矣身鍼
破陽和之傷臀, 故不耐强勸, 只破一處, 問其委折, 則致玉曰, 彼辱可惡, 使隸笞罰是
如是白齊.

都尊位朴元孝招內, 伊日因李陽和父之呈狀查報次, 躬往陽和臥在處, 則傷處緊重,
問其被打根因, 陽和以爲我傷若完, 李致玉·朴仁行之讎, 可報云云. 故矣身從實報官
是如是白齊.

切隣鄭守宅·申君宅等招內, 守宅矣身段, 適往妻家, 不干本事之如何, 而今番查事
更捉之日, 與尹允汝同處矣. 李致玉兄發永, 來言允汝曰, 今則仁行被配, 吾弟爲正犯,
汝輩更無可慮, 勿加惡言, 好意納招云是乎所. 其意思亦難攄得是如是乎旀, 君宅矣身

段, 矣家在御史橋邊, 伊日適見尹允汝·李致玉·朴仁行·全允行等, 互相爭詰, 曰班曰常, 喧囂過去, 所聞所見, 不過如是而已是如是白齊.

初檢刑吏李昕燮招內, 李陽和屍身檢驗時隨參看審, 則仰面頭顱作孔, 心坎皮脫, 按指微堅, 合面左後肋微堅, 兩腿杖痕狼藉, 左腿正中, 皮拆肉綻, 毒氣蓄積, 口中穀道, 釼色不變, 故以被打致死, 懸錄屍帳是如是白齊.

覆檢刑吏崔秉龍招內, 李陽和屍身覆檢時, 隨參看審, 則胸膛心坎, 肉色靑紫, 左腿正中, 皮坼肉綻, 杖痕浪[狼]藉, 毒氣蓄積, 故以被打致死, 懸錄屍帳是如是白齊.

擊錚人李發永更招內, 允行之所犯非輕, 則其母之歸罪矣弟, 事理當然是乎旀, 允汝守宅同坐之席, 好意納招之說, 亦是誣罔, 伏願十分明査, 以爲解冤是如是白齊.

屍親李德孝更招內, 爲子報讐, 豈可結怨於不當之人乎? 鳴金聽天, 矣身之所當先, 而發永以必死之渠弟, 欲圖生出者, 鬼怒神誅, 宜加渠身是如是白齊.

正犯李致玉更招內, 矣身所居村, 卽允汝·仁行奴主族屬盤據之洞也. 屍親旣以矣身發告, 供招若有差錯, 則允行已陷罪科如. 一洞尹·朴之族類, 恐動全女, 則無知村婦, 一從嗾囑, 謀陷矣身, 覆檢後卽離此土, 今若在此, 可以辨質是如是白齊.

干犯尹允汝更招內, 發永之好言納招之托, 參聽有人, 勿言致玉打陽和之囑, 亦發其席, 渠安敢發明是如是白齊.

正犯李致玉三招內, 矣身所居村, 卽一尹村, 尹大汝過門時, 請入鍼臀之說, 皆是誣也, 渠必慮允汝之罹罪, 有此誣供是如是白齊.

切隣鄭守宅, 干犯尹允汝, 擊錚人李發永面質招內, 發永向允汝曰, 吾何曾往見汝矣以好意相看等說囑托乎? 允汝答曰, 汝不發口之說, 吾何納供乎? 守宅聲言於發永曰, 汝不以仁行被配, 汝弟爲正犯, 汝輩更無可慮云乎, 發永答曰, 初不發說者, 何如是構誣乎, 互相呶呶是白齊.

前道臣洪 跂辭內, 此獄段, 已成完決, 屢經訊推是白加尼, 今忽其兄, 變幻事實, 躃路鳴金, 上徹天聽, 啓下行査, 事體嚴重是白在如中, 以其原情蘮緣, 參互應問更招, 則當場行兇, 豈誣全母全子, 暗地嫁禍, 漫引尹主尹奴, 氣焰之危怕, 本非邂逅, 手勢之獰毒, 難免怙終是白去乙, 遂以粧撰之說, 故作掩晦其跡, 長鞭不及馬腹, 直木難成蛇影, 死者之至冤無辜, 凶身之絶悖不法, 縱曰服念而丕蔽, 詎傅罪疑而惟輕, 以臣膚淺之見, 與前無異是白乎矣, 獄體至重, 臣不敢擅便, 令該曹稟處是白齊.

前矣到付刑曹關內節啓下敎, 因本道海州牧殺獄罪人李致玉査啓啓本, 曹啓目粘連啓下是自有亦。此獄段, 班常之分, 縱云截然, 縛打之慘, 胡寧忍斯, 雖欲嫁禍於人, 其奈死者之遺言, 爲乞好意以看, 反遭參聽之直說, 豈但衆口同聲, 渠亦百喙難容, 乃以至悖之囚, 敢生掉脫之計, 變幻事實, 肆然天聽, 究其情跡, 尤極慘愿是自如乎, 同正犯李致玉, 連加訊推, 期於輸款之意, 分付道臣, 何如? 同治五年四月二十四日右副承旨臣口顯岐次知啓依允事, 判下敎是置。判付內辟意, 奉審施行爲有矣, 祗受形止, 依例啓聞, 宜當向事亦是白遣, 連行同推不服是白齊。

推考次丁卯三月十五日, 擊錚人李發永年四十一招內, 今以獄案觀之, 陽和之被打, 不可專委於矣弟, 且以看證言之, 只從全召史之言, 而直驅之正犯之目者, 寧不至冤乎? 全召史, 全允行之母也。當初陽和之所使喚者, 而及其殺變之後, 允行知機逃躱, 則其母或慮其子之陷於重罪, 而虛張立證也, 惟願明査處分是如是白齊。

屍親崔召史招內, 今此李發永之擊錚辭緣, 都是誣罔也。矣夫有何宿嫌於仁行乎, 致玉自手毒打之說, 矣身詳聞於全召史處是如是白齊。

屍親李啓成招內, 今此李發永之飾詐構虛, 奔走京鄉, 必欲眩亂獄情而救出渠弟者, 寧不痛歎乎? 矣父之遍身傷痕, 無非結縛按磨猛杖毒打之痕是去乙, 或謂之仁行之宿嫌, 或謂之允汝之指使者, 尤極狡惡是如是白齊。

正犯李致玉年二十七招內, 矣身之所至冤至痛者, 卽看證全召史也, 以其子掉脫之計, 白晝做謊, 渠何關於此獄, 而有此立幟乎, 或慮其子之罹罪, 每每推諉於矣身是去乙, 前後檢查之庭, 初不諒此事機, 豈不至冤乎? 惟願明査處分是如是白齊。

干犯尹允汝招內, 矣身與致玉同行時, 陽和以醉中之言, 泛稱兩班, 而無數詬辱, 則矣身及致玉, 皆逢此辱, 何曾獨向矣身而辱之乎? 矣身則忍之, 而致玉不勝其忿, 捉去陽和, 故矣身或慮生梗, 中路解紛, 送歸陽和矣, 畢竟致玉, 更使仁行, 捉陽和而去, 其後所打之緊歇, 初不目見是乎㫆, 仁行卽矣身遠族之奴屬, 而謂以矣身之奴屬者, 卽妄言也。尹大汝之鍼刺, 謂以矣身之所指使者, 亦妄言是如是白齊。

詞連朴汝三招內, 陽和被打於致玉之說, 矣身追後聞之, 而未能往見矣。其翌日路逢陽和之子, 則泣說渠父已死, 而欲爲通奇於渠祖及渠母呈官之處, 故矣身果爲通報而已是如是白齊。

都尊位朴元孝招內, 當初傷處摘奸時, 陽和爲言, 我若差完, 則致玉·仁行之讎, 必報云云, 故依其言納招, 而屍親之欲以致玉報讎者, 未知何故是如是白齊。

切隣鄭守宅·申君宅招內, 矣等雖以切隣被捉, 而皆非當場目見, 則何可眞的納招乎是如是白齊。

初檢刑吏李昕燮, 覆檢刑吏崔秉龍招內, 矣等李陽和屍身檢驗時, 詳細看審是乎則, 仰面頭顱作孔, 心坎皮脫, 按指微堅, 合面左後肋, 微堅微紫, 腰眼左右, 微浮微堅, 兩腿杖痕浪[狼]藉, 左腿正中, 皮拆肉綻, 毒氣蓄積, 故實因以被打致死懸錄, 正犯以李致玉歸定是如是白齊。

臣跋辭, 此獄段, 兩檢而諸處傷損, 如彼深重, 再査而各人供招, 無所變幻是白去乙, 何錚顧之一直煩冤, 雖鐵案而屢回審克是白乎則, 五度笞十度笞, 尹哥先李哥後, 安知其尹哥之五度, 不猛於李哥之十度乎? 一可疑也, 頭顱卽要害之部, 而旣云作孔, 何無歇起, 臀腿非速死之處, 而被打雖猛, 豈至遽殞乎, 二可疑也, 冤莫冤於死者, 痛莫痛於其父, 而李德孝之初檢更招, 有曰矣子臨死之言, 吾被兩漢之毒打, 至於死境云, 到今思之, 一是致玉, 一是仁行是如云云。死者之言, 固已模糊, 其父之招, 又何忽圇乎? 三可疑也是白乎矣, 獄且老而奸易生, 證已絶而問無憑分叱不喻, 啓下行査, 事體嚴重, 以臣膚淺, 不敢擅便, 令該曹稟處爲白只爲。

8. 1869년 고성현(固城縣) 춘원면(春元面)의 민변(民變)으로 인한 장계(狀啓)

발신자 : 慶尙監營

수신자 : 承政院

발신일 : 己巳七月(1869년 07월)

출전 : 국사편찬위원회 한국사 데이터베이스(http://db.history.go.kr) 各司謄錄 11, 慶尙監
營啓錄 3

문서분류 : 狀啓

固城縣春元面民變, 定査官行査緣由, 纔已馳啓爲白有在果, 卽到付昌原府使尹永
夏, 泗川縣監吳信默牒呈內, 推考次, 己巳九月十三日, 春元面執綱幼學金鍾律, 年五
十六白等, 號牌現納。卽到巡營門關內, 固城縣春元面民人, 嘯聚徒黨, 殺越燒火事良
中, 府使·縣監, 査官差定, 到卽馳往該縣, 首從諸漢, 無遺跟捕, 本事顚末, 到底嚴覈,
成案報來, 以爲狀聞之地亦敎是置。汝矣面民人, 緣何事何月日聚黨, 恣行殺越, 而又
何至燒屍之擧耶? 汝爲面任, 殺人燒人之變怪, 出於掌內, 本事之所由起, 作變之何樣
擧措, 變在何日, 被殺被燒者之幾人姓名, 一一直告亦, 推問敎是臥乎在亦。矣身今年
四月, 逢差執綱, 而七月初一日, 旋卽見汰, 同月二十一日, 自本邑幼學錢收刷次, 別
有司差紙及傳令來到, 故爲其收刷, 推尋其實數, 成册之際, 同月二十三日, 本邑傳令,
又爲來到, 而各人姓名, 後錄出秩, 故同傳令, 使約正依例謄書, 輪示各洞, 則各洞任
及各人, 或有換姓者, 或有換名者, 或有身死者是如, 初無備納之意。故矣身謂各人曰,
換姓·換名及身死, 一從修成册持來, 則吾當報官釐正云矣, 或爲持來, 或不持來。矣身
不耐官督, 又欲督捧, 則八月初五日, 民所公員李祥吉, 發通各洞, 聚會多民, 謂呈營
門, 來到禦邊亭, 書其狀本, 來示矣身後, 卽爲入呈營門, 則有本邑監色, 持帳籍是遣,
來待題音, 而到付於本邑, 則同月十二日, 監色持帳籍入來, 故受置部官所, 考其相左
之處, 或有以子換父者, 或有以父換祖者, 或有以奴換主者, 或不書其姓, 或書姓而無
名。多民相議曰, 節日迫頭, 第待十六日, 詳考帳籍後, 擇其誤書者, 修成册呈營釐正可
也。仍各散歸。同十六日, 又會部官所, 略考帳籍後, 書狀本入呈題音內, 自營門收單,
使之磨勘亦云, 故各各散去矣, 居無何, 喧呶之聲, 出於受降樓下, 高喊之聲, 往往出
焉。矣身曰, 此何聲也? 卽聞傳言, 則各洞人, 捉致本邑戶籍都監李正權, 其子寅奎, 色
吏金鐸昊, 或爲足踢, 或爲拌曳, 仍卽致命云矣。矣身聞甚惶惻, 果不往見是白乎所, 翌

日十七日, 又聞傳言, 則屍親中, 都監家男子三人, 女子一人, 色吏家女子三人, 抱屍而哭, 以衾裹之, 血漬之土石, 以爲同裹運去, 則多民曰, 本官不爲來檢, 若運去屍身, 則吾輩亦自固城縣捉去也。仍以藁索, 縛其屍身, 曳去于砲粮倉市邊, 而毁撤面舍, 運來材木, 且平貿倉所儲木三千丹, 各持一丹而來, 并爲積峙, 運屍其上, 仍爲燒火, 燼灰掃聚一處是如, 而矣身十九日歸家之路, 目見其燼灰之掃聚一處矣。二十二日, 屍親二人, 來到其處, 所聚之灰, 裹於兩袱而去是遣, 與金鳳石·洪凡九, 同爲被囚之時, 聞其相詰之言, 則凡九謂鳳石曰, 汝於其時, 往于文孝才家, 豈不破其庫鎖, 曳出都監乎? 鳳石曰, 汝丁寧目見耶? 凡九謂鳳石曰, 汝且於禦邊亭, 豈不以扇指揮多民, 謂捉色吏, 上去新上洞耶? 鳳石曰, 汝以曖昧之說, 空然做出, 我死之時, 汝豈生乎是如, 爭詰是乎所, 此外無他所供是去乎, 相考處置敎味白齊。

同日, 約正業武鄭東吉, 年四十六, 號牌現納。直觀金鍾律所招, 則自本縣公錢出秩也, 渠與汝矣, 收捧其錢是如爲置。戶籍都監父子及色吏殺燒之變, 出於汝矣面內, 本事顚末, 汝必詳知。所謂戶籍, 如有差錯, 則呈訴釐正可也, 何至於聚黨而作變也? 監色雖或可痛, 其子抑又何罪? 汝爲面任, 變出掌內, 這間情節, 舍汝誰問? 當初聚黨之由, 來後殺燒之變, 毋隱直告亦, 推問敎是臥乎在亦。矣身今年七月二十日, 逢差約正, 而二十三日, 公錢收刷件記, 自本縣入來, 故請致執綱, 同坐面舍, 相議收刷, 則各洞諸民曰, 或以私錢而入於幼學, 幼學入於私錢, 換父易祖, 換姓無名, 極其乖常。以此由呈于營門, 詳考帳籍後, 錢可當納是如, 衆論朋起。矣身曰, 考籍之事, 量宜爲之, 至於捧錢, 官督甚急矣。如斯說罷是加尼, 追後得聞, 則民所公員李祥吉, 因判行所使, 發通于六十九洞, 八月初五日, 一齊聚會于禦邊亭, 而民所判行洪涉, 公員李祥吉, 使倉洞下隷, 請來執綱及矣身。故果爲偕往, 則各洞多民, 設座而坐, 言于矣等曰, 如此籍弊, 矯正乃已, 當呈營門, 詳考丁卯式帳籍後, 納錢可也, 書給狀本, 卽爲入呈受題, 而民所公員李詳吉[李祥吉], 到付于本官後, 更無所聞矣。十二日, 本邑監色, 持帳籍而來, 故帳籍則置于部官所, 監色則保授營主人, 而翌日十三日, 次第考籍, 則名姓渾錯, 一如民言。多民與監色, 一場對坐, 或有相詰呼漢者, 或有戶籍謄去者, 而至於十四日午後, 多民相議曰, 節日在明, 待十六日更會, 呈訴釐呈可也。仍爲分散矣。十六日, 各洞民一齊來會于部官所, 更爲考籍之際, 所謂戶籍都監, 斂膝趺坐, 則洪凡九, 汝雖兩班, 他人父祖考籍之地, 如是倨傲耶? 扼衿曳出, 則在傍首執事·部官等, 多般挽解後, 更爲呈營受題, 而矣身亦歸面所矣。伊日夕飯後, 有何高喊之聲, 出於南門之外。矣身以面任之故, 爲探事狀, 使下隷急往見之, 則同隷急急回傳, 而本邑戶籍監色及何許一人, 各洞多民, 自營主人家, 捽曳而去是如云矣。不移時, 又聞人言, 則俄者見捉三人, 一時幷命是如, 故心甚惶㥘, 將此事由, 急報本官, 而夜已深矣。與本邑營主人, 持其空石, 急往于其處, 盖覆屍身後, 矣身則歸來面舍, 營主人則使之守直是如乎。翌日十七日, 自上營招致矣身曰, 俄聞本官, 抵到中路, 尙此不來, 汝今出往, 陪而入來。矣身卽爲出去, 則本官主適到大峙, 故提告上營分付, 陪到轅門, 則屍親輩被髮呼哭曰, 倅主若或早來, 屍體不爲燒火云云, 而到于閑味堂, 則矣身同生兄趕步來呼曰, 六十九洞之民, 毀撤面舍, 燒火本邑, 監色之屍體, 今方搜訪面任事甚危懍, 汝勿入焉。矣身將此事由, 告于本官, 仍爲隱避。十八日午後, 始爲入城, 而伊後二十四日, 自營門推捉面任, 故果爲就囚。次次得聞於同囚諸漢, 則戶籍監色曳出人, 卽金鳳石·徐石俊, 而燒屍時運木人, 乃徐學仁也。面舍毀撤材出給人, 亦金鳳石, 而因西橋尊位之通奇, 果爲撤給是如遣。又聞於文孝才, 則十七日二更量, 林子瑞使倉洞監考, 捉致渠矣, 出給屍身, 使之守直, 在傍名不知宋哥及尹福出, 多般恐喝, 故不得已守直是如爲置。此外無他可供是去乎, 相考處置敎味白齊。

同日, 民所判行幼學洪涉, 年六十七白等, 號牌現納。今以約正鄭東吉所招觀之, 戶籍考準次, 汝矣成出通文, 使公員李祥吉, 輪示於各洞是如爲置。所謂通文, 何樣措辭, 而帳籍中如有可考者, 則呈訴釐呈可也, 發通各里, 聚會多民, 是何擧措是旀, 聚黨之後, 籍監父子及色吏, 殺之燒之, 是何變怪? 如無發通, 豈有聚民, 如無聚民, 豈有殺燒之擧乎? 汝於此獄, 實爲禍首。王章莫嚴, 人命至重, 其所犯情節, 無隱直告, 所謂通文, 亦爲現納亦, 推問敎是臥乎在亦。日不記去月初, 所謂面公員, 來言矣身曰, 自本邑, 公錢收刷傳令來到, 故欲爲刷納, 則各洞多民, 謂以帳籍差誤, 欲爲發通各洞。矣身曰, 汝言可也。所謂公員, 發通各洞是加喻, 伊後三四日間, 多民齊會于禦邊亭, 請來矣身。故卽往參之, 則諸民曰, 今觀出秩件記, 則幼學或爲私錢[賤], 私錢[賤]或爲幼學, 父祖相換, 奴主無分, 眩亂莫甚, 以此呈營, 詳考帳籍可也是如, 故果爲書給狀本。而入呈次方向營門之際, 矣身則歸來處所矣面所公員李祥吉, 袖來狀題, 題果善出。同公員以此營題, 到付於本邑, 而還來爲言, 本官行次于巡營, 故狀題付之刑廳而來云矣。六七日後, 得聞傳言, 則丁卯式帳籍, 令左右廳行首及軍官·首執事, 山城中軍·首吏考準云。故矣身果往參見, 則其所差誤, 一如民言。矣身如斯知之, 還來船將廳, 經過節日後, 又入部官所, 因多民所請, 又書狀草, 給付部書寫矣。許多吏校, 考其帳籍, 次次懸註, 修成册

入鑑上營, 而各歸處所矣。伊日午後, 聞路傍喧傳之說, 則固城帳籍監色, 今已死矣。卽
當往見, 而連患血痢, 不能運動, 聞此慘變, 魂不附體。翌朝, 呈由歸家, 同日夕後, 又
聞人言, 則已死之屍, 以火燒之云矣。日不記念間, 自中營捉囚矣身, 故果爲就囚是如
乎, 矣身所聞所見, 不過如斯而已是去乎, 相考處置敎味白齊。

同日, 民所公員業武李祥吉, 年四十三, 號牌現納, 白等, 今以執綱·約正等所招觀
之, 汝矣爲考帳籍, 發通各里, 聚會多民是如爲置。三人殺燒之變, 出於汝矣發通聚民
之後, 汝爲禍首, 不必多問。設令帳籍有所差誤, 監色有所可罪, 何至於殺之燒之, 延及
其子弟? 首犯者爲誰, 助犯者爲誰? 汝旣主張於聚民, 則豈不指揮於殺燒乎? 這間情
節, 無隱直告亦, 推問敎是臥乎在亦。去月初三日, 判行招謂矣身日, 籍政紊亂, 衆民騷
動, 發通釐正可也是如, 書給通文, 故矣身着標分送矣。初五日, 春元面六十九洞, 一齊
來會于禦邊亭, 以帳籍歸正之意, 呈訴營門, 則去式帳籍持是遺, 監色來待事題下, 故
矣身持狀題往付本官, 仍爲還來矣。同月十二日, 戶籍監色, 果爲來待, 故與本面民人,
會于部官所。十四日, 溯考, 則朴或爲金, 金或爲朴, 甚至爲換父易祖, 私錢爲幼學, 閑
良爲正兵, 衆憤沸騰, 而翌日卽名節也。過節後更會詳考, 未爲不可是如, 衆論歸一, 多
民散去。十六日, 又爲來會收議, 以春元一面, 每式年自營修單之意, 呈于營門, 幸得許
題, 矣身奉題音, 輪示各廳, 而適有本面執綱, 贍狀題報官次, 方爲抄出之際, 自南門外,
聞有曳木喧聒之聲, 而戶籍監色, 爲衆民之所打, 仍爲致死。其翌十七日, 屍親中都監
家一男, 色吏家二女, 抱屍痛哭, 收拾血漬之土石, 裹而將往, 衆民曰, 燒屍然後, 可無
後患。毁破面舍, 取其材木, 又奪平貿庫黃石權貿置長斫木, 幷爲積峙, 仍爲燒屍是如
是遺。發通聚民, 只聽判行之指揮, 初非自然, 而部官所考籍時, 各里民人及將校中年
老者, 團坐廳上, 戶籍監色, 亦在座側, 而適其時, 東橋李南俊, 咆喝都監曰, 以汝之故,
籍事混亂, 汝不動念, 有若平人乎? 再三突入, 光景乖常, 座中諸校, 大責挽解之狀, 果
爲目覩是遺。十九日, 往洪凡九家, 則凡九言內, 伊時戶籍都監, 隱伏於文孝才家庫舍
中, 而金鳳石破鎖曳出, 布張大談, 至於燒屍場, 主論者, 乃乞人徐學仁也云云是遺,
鳳石又言于我曰, 吾罪若現發, 則援汝同死是如, 無數嚇喝是如是遺, 轉聞傳說, 則營
吏曳出之場, 徐石俊亦爲同往是遺, 聞千再哲所言, 則監色打殺之際, 新上金英國, 兩
勢合手是如是乎旀。所謂通文, 玆以現納是去乎, 相考處置敎味白齊。

十四日, 固城營主人業武文孝才, 年五十九白等, 號牌現納。約正鄭東吉招內, 去月
十七日二更量, 林子瑞使倉洞監考, 捉致汝矣, 出給屍體, 在傍之名不知宋哥及尹福出,

恐喝不已, 不得已擔着守直是如是遣, 戶籍都監, 隱伏於汝矣家庫舍, 而金鳳石·徐石俊, 同爲曳出是如是遣, 執綱金鍾律招內, 洪凡九謂金鳳石曰, 汝於其時, 往于文孝才家, 豈不破其庫鎖, 曳出都監乎是如爲置。始旣隱伏於汝家, 終又見捉於汝家, 此變之始終參看者汝矣, 而曳出者不是金鳳石·徐石俊二人, 必有助勢隨從之漢是遣, 屍身守直時, 在傍恐喝者, 名不知宋哥及尹福出外, 更無他人是加隱喩, 旣爲守直, 則燒屍時誰某主張, 必當目擊矣。前後所見, 一從事狀, 無隱直告亦, 推問敎是臥乎在亦。矣身今年二月日, 始爲本邑營主人擧行, 而八月十四日, 自部官所, 招入矣身, 故矣身卽爲入去, 則山城中軍及首執事, 依分付謂矣身曰, 今此兩人, 卽本邑去式帳籍監色也, 保授於汝矣家也。矣身問于兩人曰, 日前食主人誰也? 兩人曰, 乃新上申仁祿家也云。故矣身與之偕住于申仁祿家, 使之留接, 而翌日卽名節也。矣家過祭後, 矣身持祭餘酒肉及果, 往慰監色, 旋卽還來矣。其翌日十六日午時量, 出往門外, 則越邊營吏廳門〈內〉外, (則)聚會六十九洞之民, 多般喧聒, 攔入廳上, 捉出營吏二人, 當場光景, 殆同蝟集而鴟張, 勢如縶鳥之受縛, 而如斯之際, 營吏二人, 高聲大呼曰, 固城營主人安在? 矣身聞甚怛惻, 急往其處, 則有何一人, 仰臥橋頭, 項頸垂下。際玆營門下吏金鳳石, 謂矣身曰, 此人卽固城吏也, 而汝旣營主人, 則擔運汝家, 救療可也。矣身抱入于食主人申仁祿家, 臥置房內, 急謂仁錄[仁祿]曰, 此人幾死, 多方試藥也。矣身卽爲還歸, 而未及入門, 望見軍牢房南隅, 則多民圍匝, 而捉得兩人, 謂以主人家藏匿之人, 故矣身急向矣家, 問于矣妻, 則曰家夫出去之後, 自申牌頭家, 有一少二老, 越其中門, 躍入吾家曰, 活人活人。一人超越籬外, 兩人躍入庫房門內曰, 急閉此門, 且堅鎖金吾曰房內有三介空石, 可以藏身, 卽爲鎖門矣。少頃, 有十數諸漢, 趑步入門曰, 俄者有人入此吾曰初無是事云, 則作挐諸漢, 還爲出去矣, 數百黨類, 更爲突入, 破碎庫金, 捉出兩人而去是如, 故矣身不忍恝視, 隨其黨後而去, 才出南門外, 則營使令十數名, 高聲呼固城主人。矣身急急答之, 卽往兵船門前, 則兵房令監, 謂矣身曰, 此二人, 急運於汝家。矣身力不能擔運, 卽辦雇貰二兩, 擧示衆民曰, 今此兩人, 擔移我家, 卽給此錢云爾。則環立諸黨, 無數恐喝曰, 孰能負運? 如有負出者, 卽地打殺可也。如斯之際, 喊聲一出, 自受降樓上, 塊石亂飛, 莫之能禦, 兵房令監, 亦避身而去矣。少間, 有高聲三唱曰, 可登禦邊亭矣。稍稍登去, 故矣身方爲隨去之際, 許多黨類, 捉去矣身, 而禦邊亭上號令曰, 脫衣裸體而坐可也云云。故矣身曰, 吾有何罪? 伸冤之後, 可死則死。一聲長呼, 則所謂林子瑞, 出班號令曰, 固城戶籍都監父子, 在於汝家庫房, 欲爲曳出, 則汝之妻眷, 多般困辱。此

亦汝之罪也, 殺之可也云云。而又曰, 色吏今在何處? 矣身曰, 吾亦在外不知, 色吏則方
在食主人家, 而今已死矣。衆民曰, 渠雖死矣, 三人之屍, 當聚於一處, 使之負來也。矣
身神魂飛越, 不省人事, 而多民或爲運來色吏是加喩, 人旣分散, 日亦暮矣。矣身始爲
歸家, 欲收拾精神, 則無數黨類, 自外攔入, 捉矣身而下去兵船門前, 蹲而坐之, 而所
謂末在鳳, 無限恐喝曰, 今此屍體, 汝可擔當守直也。一有闊失, 當殺汝充數云, 而皆爲
分散。矣身獨在屍傍矣。際玆春元面約正來到, 謂矣身曰, 汝不幸當之, 第爲經夜云, 而
渠則還去, 矣身獨爲守直。及到天明, 求得空石二立, 盖覆屍身, 而伊日夕陽, 屍親入來,
抱屍痛哭。故矣身謂屍親曰, 今此屍體, 面剝被血, 果難分別, 然彼邊之屍, 卽都監隨後
人也。如斯說道而來, 卽訪民所公員, 備言屍身守直之由, 則公員曰, 以此傳道。矣身果
爲傳道於多民, 而歸臥矣家, 數日神疲之餘, 轉成痛崇, 不能出外, 燒火等事, 只爲耳
聞而已。伊日二更量, 有隣人密告曰, 多民今方毁破面舍, 繼及汝家云, 率眷暫避可也。
有頃, 又聞傳言則曰, 夜已深矣, 第待明日, 先撤舍庫, 且毁主人家云, 而各自散去矣。
及至鷄鳴, 面執綱叩門而言曰, 本官入來矣。言未已, 本官徒步入來, 故矣身備告前後
事由是乎所, 此外無他所聞是去乎, 相考處置敎味白齊。

同日, 軍牢申仁祿, 年四十四, 號牌現納。今以文孝才所招觀之, 戶籍監色之當初入
營也, 留接於汝家, 變作之日, 渠矣抱臥幾死之色吏, 申托於汝矣曰, 善爲救療云是如
爲置。監色之保授, 旣在汝家, 監色之被捉, 亦在汝家, 汝以本營官屬, 伊日作牢之類,
盡是一城居生者, 則監色之捉去也, 打殺也, 燒火也, 誰某主張, 誰某助力, 必當詳見
而詳知。査體莫嚴, 情境至慘, 前後事實, 無敢隱諱, 一一直告亦, 推問敎是臥乎在亦。
去月十三日夕後, 固城營主人, 與戶籍監色, 偕到矣家曰, 今日部官所, 招我入來, 保
授兩人, 須爲留接於汝家也。矣身果爲許留矣。翌日十四日夕後, 年少一人, 又爲入來,
而翌日卽節日也。隣居文孝才, 以節祭餘需, 來饋三人, 而矣身則入于番所, 監[都]監父
子及色吏, 與從弟, 俱在廊房。翌日, 朝仕後歸家, 則其人不在。飯後入番, 則諸僚言于
矣身曰, 俄聞各洞多民, 謂捉固城監色, 圍圍汝家是如, 故矣身趕步歸家, 則家無人跡。
色吏之從弟哲甫, 追後而來, 開戶視之, 都監及年少一人不在, 所謂色吏者, 臥在房內,
頭髻盡解, 衣亦裂破, 所見奄奄。哲甫從傍呼兄, 則眼睛微開而已。矣身謂哲甫曰, 汝姑
留此, 多般救療也。矣身卽爲出外搜訪, 問其事端, 則矣妻曰, 俄者數百人, 謂捉監色,
來到吾家之際, 色吏適出門外, 欲逃見捉, 被踢於三街之上, 幾至死境, 則隣家文僉知,
抱而入來, 臥置房內, 而都監與年少, 拓其後門而逃去是如, 故如斯得聞。而際玆一營

擾動, 矣身終日使役, 夕飯次歸家, 則臥房之色吏, 今焉不在。矣身問于矣妻則曰, 何許十數人, 擔舁以去云, 而追後聞之, 則三屍一時火燒是如是去乎, 相考處置敎味白齊。

同日, 西倉洞閑良宋在鳳, 年二十五, 松亭無籍尹福出, 年二十九, 各各白等, 號牌現納。約正鄭東吉招內, 聞文孝才言, 則林子瑞出給屍體, 使之守直, 而汝矣兩人, 恐喝不已是如爲置。見人之死, 非但無惻隱之心, 乃反爲恐喝不已, 如無干涉於殺死之變, 豈有是也? 當初之打殺, 末後之恐喝, 何意? 此變源委, 汝必詳知, 這間事狀, 無隱直告亦, 推問敎是臥乎在亦。宋在鳳, 矣身段, 以濕腫, 長時叫痛, 而爲救身病, 又營兄葬錢兩求乞次, 去月初二日, 乘船往南海等地, 十七日還家, 臥而不起矣。本洞下隸, 招謂矣身曰, 多民方聚會于挽河亭, 汝亦往參云, 故矣母, 以方痛不能寸步樣答之是遣, 戶籍監色, 爲多民所殺之說, 追後得聞, 而文孝才誣引矣身, 實是冤憤。此或以年前睚眦之怨, 至今不言不拜, 含憾而然是乎旀。尹福出, 矣身段, 寄食妹家, 以南草商, 僅僅爲業是乎所, 去月十六日, 本洞下隸, 來言妹家曰, 今會民於洗兵館, 而如有一戶不參, 則當毀家云云, 而妹夫出他, 主張無人。矣身隨他下隸, 則洗兵館寂寂無人, 新上洞有多民屯聚, 故往而見之, 乃文孝才家也。孝才不在, 只有內眷, 而多民中金鳳石·金章信兩人, 突然居先, 責出庫房開金, 怒其靳許, 以手破鎖, 庫中隱伏之都監父子, 并爲曳出, 數百多民, 一齊突入, 捽曳之, 毆打之, 不有餘地, 甚至曳去受降樓下, 衆民共毆, 幾至死境。矣身不忍見之, 仍還妹家, 經宿後翌日, 南草放賣次, 往于南門外, 三屍在於路傍, 故心甚慘然, 掩目而過。此時自民會中, 有高聲呼傳曰, 各持一丹木來。不然則又當毀家云云是去乙, 矣身隨往多民於平貿倉, 則該倉積峙之長斫木, 人各持去, 只餘二箇木而已。故持此而往, 屍方燒火, 火光騰天, 所持之木, 投之衆中, 潛身還來。伊後事狀, 無他聞見是去乎, 竝只相考處置敎味白齊。

同日, 同樂里業武林子瑞, 年四十六白等, 號牌現納。約正鄭東吉招內, 去月十七日二更, 汝矣捉致文孝才, 出給屍體是如之說, 得聞文孝才是如爲置。捉致村人, 出給屍體, 則汝矣之平日威勢, 推可知矣。屍體之出給, 汝旣主張, 則當初殺死, 非汝之所爲, 末後燒火, 汝之所爲。以何心作此變怪是喩, 這間情節, 無或隱諱, 從實直告亦, 推問敎是臥乎在亦。矣身磚石洞戶籍里監擧行, 而去月初六日, 爲其捧單, 設座洞舍, 欲爲收單, 則洞民曰, 昨日面所, 爲斂公錢, 有所通奇旀除良, 且於部官所, 謂以戶籍相左, 方欲釐正云, 吾輩如或以幼學入籍, 畢竟見削, 則何莫如無籍, 全不書給矣。同月十七日, 又聞傳言, 則各洞多民, 聚會於西表樓云, 故矣身方往參之際, 聞路上兒輩之言, 則洪凡九·金鳳石, 空然先唱, 煽動衆民, 左之右之是如是遣, 又聞人言, 則自本邑謂聚多民是如, 故矣身日, 元無事端, 何以聚民如是云云, 而矣身卽爲還家。所供不過如斯是去乎, 相考處置敎味白齊。

同日, 西舊洞射夫千再哲, 年四十四白等, 號牌現納。今以李祥吉所招觀之, 戶籍監色打殺時, 新上洞金英國, 亦爲助虐之狀, 得聞於汝矣是如爲置。助虐云者, 卽打之殺之謂, 金英國之打殺三人, 汝爲目睹也。故有所說道於李祥吉, 則伊時助虐者, 豈獨英國一人哉? 所犯諸漢及行兇節次, 一一直告亦, 推問敎是臥乎在亦。矣身油商爲業是乎所, 去月十六日, 賣油次, 周行各洞, 而適到磚石街, 則尹福出爲名漢, 捽曳人訾, 卽出南門。故矣身心甚恠訝, 隨後而往, 則南門之外, 人多堵立, 而其中奮身作氣者金英國也。以扇打之日, 此漢都監歟, 色吏耶? 或云都監之子, 則在傍一老日, 眞若都監之子, 則問其父所去處, 往而捉得, 踢之毆之猶可也, 而謂以父罪, 毆踢其子, 甚不穩當是如。則衆人皆日, 汝是何老? 甚爲不當是如是遣, 或打或踢。則傍人日, 彼老, 卽桃李洞小木匠也。多人始知其營內之人, 解紛以送矣。矣身暫爲還家, 復過南門外, 則三人之屍, 臥在於受降樓下南草廛, 而際有數十人, 捉來文孝才, 擔責屍體, 則孝才日, 寧死, 不爲擔當。故矣身日, 旣爲主人, 則露在之屍, 覆以空石可也。如斯說道而〈已〉矣, 翌日聞之, 則文孝才, 守直三屍而經夜云矣。越翌日十八日朝飯後, 掠過砲粮倉前, 則火未及燼, 其骨微見。矣身所聞所見, 只此而已是去乎, 相考處置敎味白齊。

同日, 新上洞閑良金英國, 年二十一白等, 號牌現納。今以李祥吉所招觀之, 戶籍監色打殺時, 汝矣助虐之說, 得聞於千再哲是如爲置。戶籍誤錯, 縱日可憤, 釐正之可也, 是豈必殺之讐乎? 汝矣助虐, 萬目所睹, 不須盤問, 而助虐者必有多人是遣, 殺人之事, 甘心爲之, 則燒屍之擧, 何憚而不爲乎? 同犯諸人, 及殺燒情節, 無隱直告亦, 推問敎是臥乎在亦。去月十六日朝飯後, 出往街上, 則數千多民, 聚會于南門內外, 而以戶籍釐正事, 如是聚黨云云是乎所, 多民遮路, 塵埃四起, 呼吸不通, 爲其通氣, 揮扇遮面, 而自然昏仆於衆中, 僅僅拔身而歸家, 則矣身老父危劇, 故汨於侍湯, 不出門外。其後監色之殺之燒之, 初無聞是去乎, 相考處置敎味白齊。

同日, 乞人徐學仁, 年三十二白等, 號牌現納。鄭東吉招內, 燒屍時運木人, 卽汝矣是如是遣, 李祥吉招內, 燒屍時主張者, 乞人徐學仁是如爲置。汝爲乞人, 則必非編籍者也。籍事差誤, 有何可憤之端, 作此慘酷之擧乎? 如非癲狂之性, 必有指使之人, 這間情狀, 無隱直告亦, 推問敎是臥乎亦在亦。矣身去月十六日, 乞飯十里外村, 回還之路, 抵到 東門外, 營底各洞之民, 顧謂矣身曰, 營內方出大事。問其所由, 則乃戶籍紊亂之事也。 南門外數萬百姓, 左右屯聚, 故僅僅拔身, 歸宿倉洞書齋。翌日十七日, 該洞下隸金善 山, 呼傳洞中曰, 各持一丹木來。不然則當殺云云。故矣身曰, 戶籍於我何關云, 則同善 山咆喝矣身, 不有餘地, 怵心大發, 行到南門, 店幕所在長斫木一丹, 不告其主而持來, 暗投於多民會中, 避身而來而已。此外無他可供是去乎, 相考處置敎昧白齊。

同日, 乞人李又連, 年二十七, 金元東, 年二十一白等, 各各號牌現納。汝矣以無恒産 破落之類, 殺人燒人之場, 乘勢助虐, 聽聞所及, 至於自中營捉囚是置。汝矣非編籍之 民, 則籍事誤錯, 於汝何關? 汝矣之於監色, 旣無可怨之端, 而殺之燒之, 參涉助力, 如 無指使, 寧有是也? 所犯情節, 及指使誰某, 簡簡直告亦, 推問敎是臥乎亦在亦。李又連, 矣身段, 去月十六日, 釣魚次, 往于十里許民月里, 十七日朝還家, 則以戶籍事因, 城 人三漢, 昨日打殺之說, 道路喧傳。又聞街上之言, 則今日更會之場, 如有一民不參者, 當爲毀家云云。故矣兄所居, 雖曰斗屋, 暫往運點, 似或無妨, 往于西表樓民會中是如 可, 爲其生涯, 仍往漁釣, 乘暮還家而已, 此外無他可供是乎旀。金元東, 矣身段, 去月 十六日, 乞飯於十里許達牙洞, 夕陽還來之路, 抵到東門外, 各洞多民屯聚之中, 何許 人爲言, 今日營內, 方出大事云云。故如斯聞之, 而翌日十七日, 得聞傳說, 則今日戶籍 監色燒火之場, 雖營底流丐之類, 火木一丹式, 若不持來, 當爲逐出境外是如, 故果持 一丹木, 投之燒屍之中。此外無他可供是去乎, 竝只相考處置敎昧白齊。

十五日, 泉洞幼學徐石俊, 年三十白等, 號牌現納。約正鄭東吉招曰, 聞於同囚之人, 則戶籍監色曳出人, 卽金鳳石·徐石俊是如爲置。汝於監色, 有何讐怨, 而破鎖曳出, 至 於殺之於燒耶? 戶籍誤錯, 卽係多人之事, 則汝獨發憤挺身, 作此變恠, 是豈人情乎? 曳出旣有公證, 殺燒非汝所爲乎? 法綱至嚴, 人命至重, 所犯情節, 無敢隱諱, 從實直 告亦, 推問敎是臥乎在亦。矣身八月十五日, 掃墳次出他, 十六日夕陽還家, 則本洞下 隸, 呼傳洞中曰, 明日禦邊亭民會, 一有不參, 當毀其家是如, 面通輪回, 期於往參云 爾。故矣身未知事端之如何。翌日十七日, 往參于西表樓民會, 則日之夕矣, 聚會多民, 皆爲下去。故矣身亦隨往而來到南門外, 衆民高喊呼謂曰, 今方燒屍, 而各持一丹木來。 若不如言, 則必是固城之漢, 當蹴而擠之於燒屍之中是如, 故矣身以愚迷所致, 果持一 丹木, 追後投之於燒屍之中, 卽爲歸家。此外無他可供是去乎, 相考處置敎昧白齊。

同日, 貞洞幼學金章信, 年三十一白等, 號牌現納。今以尹福出所招觀之, 去月十六日, 衆民之屯聚於新上文孝才家, 而其中金鳳石·金章信, 當先突入, 責出庫房開金, 則孝才之家眷, 蘄而不給。章信·鳳石, 破其鎖金, 曳出隱伏之都監父子, 數百多民, 一齊突入, 捽之踢之, 曳出受降樓下, 衆人共毆是如爲置。戶籍差誤, 乃衆人之供[共]憤也, 汝矣有何必報之讐, 而窮拔曳出, 至於父子并命乎? 都監縱有可罪, 其子抑又何辜? 汝亦具人性情, 忍辦如此擧措乎? 所犯情節, 無敢隱諱, 一一直告亦, 推問敎是臥乎在亦。八月十三日, 聞部官所考籍之奇, 矣身亦爲參往, 考見矣身帳籍, 初無字劃之相左, 故還來番所, 則各洞諸民, 謂以呈營, 一齊入來, 受題而出, 各自散去矣。十六日, 多民屯聚作挐, 而矣身之所掌, 卽火藥庫也。雖尋常無事之時, 不可暫離於直所, 而況民多喧哤之時乎? 所以無隨參之事, 而今者被囚, 要不過尹福出, 引其嫌端, 擠人於坑塹者也。今此同囚中千再哲, 日不記一夕, 以木枕推廳揚言曰, 凶彼尹福出漢, 曳出戶籍都監之子, 獨爲捽踢, 至於殺死, 而某某漢, 亦爲參涉是如之說, 守直諸校, 彼[被]囚諸漢, 丁寧說道, 故矣身亦爲得聞, 而此外更無他所供是去乎, 相考處置敎味白齊。

同日, 平貿倉直黃石權, 年四十七白等, 號牌現納。李詳吉[李祥吉]招內, 三屍燒火之時, 汝之貿置之木, 爲多人取去是如爲置。三千束木, 亦非細物, 則袖手見奪, 必無是理是遣, 力不能拒敵, 至於見奪, 則其時光景, 汝當詳悉。奪木之時, 指使者何人? 一從所見, 無隱直告亦, 推問敎是臥乎在亦。矣身貿木爲業, 而適有母病, 出避救療矣, 十七日, 矣子號哭而來曰, 自何來數千多民, 高喊突入, 所積之木, 盡爲奪去云。故蒼黃來見, 則場中所峙三千丹柴木, 無一見存, 所幸者稚子之保命而已。柴木見失, 不遑暇念, 奪去誰某, 何可探得乎? 所供如斯而已是去乎, 相考處置敎味白齊。同日, 西橋有司能櫓軍金必彦, 年三十七白等, 號牌現納。今此固城戶籍都監父子及色吏被殺燒火事良中, 汝爲作變之同黨, 故自營門捉因是置。殺人燒火, 何等變怪, 而汝何甘心爲之? 聽誰指使而然耶? 這間情節, 無或隱諱, 一一直告亦, 推問敎是臥乎在亦。矣身果是西橋下隷, 而十六日與洞丁十數人, 治道次, 往閑味堂, 昏暮歸來之際, 得聞傳言, 則固城戶籍監色, 被打於多民, 今已死矣云矣。翌日十七日, 得聞傳說, 則方燒監色之屍, 而燒木不足, 毀撤面舍云, 故矣身如斯聞之。此外無他所供是去乎, 相考處置敎味白齊。

同日, 明井洞幼學卓章五, 年四十三白等, 號牌現納。今此春元面殺變事良中, 汝矣被捉於營門, 六十九洞千百人之中, 汝獨見捉, 則其有所犯, 明若觀火。方其聚黨之時, 主張者誰也, 殺燒之場, 參涉者誰也? 法紀至嚴, 神理孔昭, 所犯情狀, 從實直告亦, 推問教是臥乎在果[亦]。去月十二日, 本洞所任, 街上呼傳曰, 丁卯式戶籍, 有語[誤]錯之端, 方自部官所, 考準戶籍, 各持草單, 偕往考準云。故抄出四祖, 往考帳籍, 則果無差誤之端, 故還爲歸家矣。十六日戶籍監官父子及色吏打殺之說, 十七日燒屍之事, 果爲得聞於街上喧傳之說是遣, 被囚之後, 得聞洪凡九·金鳳石相詰之言, 則洪凡九向金鳳石曰, 汝往文孝才家, 欲捉色吏, 破其庫鎖之際, 吾亦目睹云, 則金鳳石答曰, 汝以曖昧之說, 無端發口, 吾死之日, 汝豈不死乎? 如斯聞知是去乎, 相考處置敎味白齊。

　　同日, 東橋閑良金德瑞, 年五十三, 營軍官李允汝, 年四十六, 松亭業武金載玉, 年四十三白等, 各各號牌現納。固城縣戶籍都監父子及色吏被殺燒火事良中, 汝矣等, 自營門捉囚是置。汝矣等旣是見捉, 則抑或參會耶, 助勢耶? 鬧根之所由起, 首倡之爲誰某, 必有聞見, 而人旣被殺, 則燒之又何擧措是㫆, 籍事誤錯, 則監色可慎, 而都監之子, 抑又何辜? 此誠天下之大變怊也。其殺之之由, 燒之之擧, 竝只毋敢呑吐, 一一直告亦, 推問教是臥乎在亦。金德瑞, 矣身段, 行商爲業, 日不在家, 今此被捉, 果未知緣何事端, 而囚至多日, 只聞洪凡九與金鳳石相詰曰, 汝於其時, 不破庫鎖, 吾等必無今日之厄是如云爾, 則鳳石嘿無一言是如爲乎㫆。李允汝, 矣身段, 賣粥資生, 而當初事, 初不聞之, 始於十七日, 聞洞內傳說, 則不出洞會者, 必當毁家。矣身慮其毁家, 果爲出洞現形, 旋卽還家是尼, 今月初六日, 自本營推捉, 故雖爲就囚, 實未知事端之如何。次次得聞, 則同囚中千再哲, 自歎身勢曰, 彼尹福出·金英國, 殺我殺我云。故矣等曰, 汝何言也? 再哲曰, 戶籍監色打殺者, 卽兩漢也, 而吾今陷累, 至於死地是如是遣。又聞於卓章五, 則向日獄中, 洪凡九謂金鳳石曰, 汝若不破庫鎖, 吾等不至厄境是如, 故如斯聞之是如爲乎㫆。金載玉, 矣身段, 父墳在於巨濟屯德里, 而去月十五日, 聞有人偸葬, 故卽往巨濟地, 十七日夕還家, 則日已昏矣, 得聞傳言, 則戶籍監色, 殺而燒矣。如斯聞之矣, 不意今初八日, 被捉就囚, 而同囚之千再哲, 咄歎不已曰, 尹福出, 捉都監之子, 而以我無罪, 致此橫罹是如是遣。又聞洪凡九之言, 則金鳳石曳出都監於營主人家云云, 而鳳石則曰, 汝今空然誣我, 我若橫死, 則當援汝同死是如是去乎, 竝只相考處置敎味白齊。

　　同日, 下洞洞任金鳳石, 年三十三白等, 號牌現納。今以金鍾律所招觀之, 同囚洪凡九, 向言于汝矣曰, 汝於其時, 往于文孝才家, 豈不破其庫鎖, 曳出都監乎? 且於禦邊亭, 豈不以扇指揮, 謂捉色吏, 向往新上洞乎云云是如是遣, 鄭東吉招內, 聞於同囚之人, 則戶籍監色曳出人, 卽金鳳石·徐石俊, 而燒屍時, 面舍材木出給者, 亦是汝矣是如

是遣, 李詳吉所招亦云, 汝矣言于洪凡九日, 吾罪若露, 則援汝同死云是如是遣, 尹福
出所招曰, 汝矣及金章信, 突入文孝才家, 責出庫金, 孝才家眷, 靳持不給, 則汝乃破
鎖, 捉出都監父子, 曳去于受降樓下, 多人共毆, 不忍見之是如是遣, 文孝才招內, 營
吏二人, 如鷟搏雛, 且新上洞三街, 聞固城主人安在之說, 往而見之, 有一人仰臥橋頭,
垂頭橋下, 汝矣曰, 此固城人也, 汝可擔運是如是遣, 李允汝招內, 聞卓章五言, 則洪
凡九向汝矣曰, 汝不破鎖, 吾輩不至於此是如爲置. 汝與監色, 豈無讐怨, 搜之不得, 則
可以休矣, 開庫不許, 則亦可置之, 而期於破鎖, 何其已甚? 曳出父子, 胡寧忍斯? 父
已死矣, 子又何辜? 是父是子, 殺之不足, 又殺色吏, 惟汝一漢, 三人幷命. 殺而又燒,
是何心腸? 古今天下, 爲[奚]有如汝之慘毒乎? 衆招旣備, 眞贓畢露, 雖欲發明, 豈可
得乎? 前後情節, 無敢隱諱, 從實直告亦, 推問敎是臥乎在亦. 矣身營衙前隨役, 已有年
所, 而去月初五日, 路過倉洞前, 則該洞尊位潘俊伊出語曰, 禦邊亭民會, 汝或不往乎?
答云, 吾行不關於汝, 汝煩往焉, 可以往矣. 如斯問答而歸家, 喫飯後, 還入直所. 際兹
主將使道, 領料次, 行次軍倉, 故矣身陪而往之, 禦邊亭上, 多民稠坐, 以戶籍相左事,
方議呈營, 而上座, 有判行·公員·執綱·約正及洪凡九·林興汝·鄭克愼·潘俊伊等, 次
第列坐. 狀本乃判行洪涉作之書者也, 給付多民, 使之入呈受題, 故矣身亦爲見之,
會民各爲散歸, 使道還爲行次, 矣身亦陪還矣. 其後十二日, 判行及公員, 謂以戶籍監
色, 持帳籍來矣, 各洞更會樣, 有所通及, 而身係公門, 須臾難離, 伊時未及往參. 十五
日午後, 始入部官所, 寂寞無人, 只有帳籍, 就而考之, 父祖名姓, 一無差錯. 旋歸經宿,
翌日十六日, 療飢次, 往于新上三街之路, 有何一人, 仰臥路上, 詳細視之, 乃固城去
式戶籍色金哥吏也, 命在頃刻. 心甚慘然, 問于在傍兒童則曰, 俄者數百多民, 捽曳至
此. 適者, 固城主人文孝才, 方爲向來, 故以手招之曰, 此人卽固城戶籍色吏, 汝亦該邑
主人也, 運臥汝房, 善爲救療云爾, 則孝才挾而運之, 往于申仁祿之家. 如斯見之, 上去
土城峙酒店, 沽飲一盃而來矣, 數百多民高喊之聲, 出於禦邊亭上, 往見, 人海中, 有
文孝才, 免冠而坐, 洪凡九亦在其傍矣. 衆人同聲脅之曰, 固城漢, 汝何藏匿? 如是而能
免毀家乎? 矣身謂衆民曰, 孝才同是營人, 何故毀家? 衆人曰, 彼吏漢, 俄者新上, 見
色吏之臥, 招致文孝才, 托以救療, 則無異固城漢也, 同爲打殺可也. 心甚危慄, 從挾門
而逃出, 自磚石街, 卽入處所. 伊日夕後, 得聞面下隸之言, 則戶籍都監父子及色吏, 同
死於受降樓下是如, 故如斯知之是遣, 十七日夕飯時, 自面舍, 有多人喧譁之聲, 又有
面舍毀撤之擧, 聞甚驚惶, 停匙而坐, 忽有下東所任招招之聲, 故出而答之, 則彼曰,

汝其所任乎? 此時夜到二更, 咫尺難分, 問其何狀人則曰, 吾等卽西橋座上公員也。戶
籍監色, 方張燒火, 火木不足, 汝洞面舍所毁之材, 多出洞丁, 急急運致也。矣身曰, 此
面六十九洞, 何必吾洞? 彼曰, 以本洞之故來言也。如斯之際, 倉洞下隷兩漢, 取其材木
而去, 故聞[問]其所由, 則一如西橋座上公員之言。矣身勢不抗拒, 只言此材, 汝等持去,
如有後患, 汝等擔當也。如斯說道, 歸宿處所是遣, 監色燒火之事, 伊後得聞傳言, 而今
聞同囚之千再哲言, 則十六日鬧場, 都監之子, 見父將死, 抱屍爭命, 尹福出爲名漢,
出言衆中曰, 此非都監之子? 捽之曳之, 仍爲致命是遣, 色吏則倉洞下隷金善山, 捉得
曳去于受降樓下多民之中, 人已死矣, 混投於都監父子屍上是如是遣。又聞中營裨將廳
庫子之子姓不知又石之言, 則伊日都監, 爲衆民所困, 昏仆於衆民, 呼吸不通, 命在頃
刻之際, 中營等牌金命必, 見都監之臥, 謂以此漢, 假作死狀, 甚是可痛, 以藁索繫其
腰, 捽曳回回, 不知幾次, 而永爲致死是如是遣。燒火主論, 徐學仁爲之是如, 李祥吉丁
寧說道, 此非矣身之獨自得聞, 傳播衆中, 無人不知是遣。至若洪凡九之兄凡石, 以進
上色吏, 負不少之逋, 徵一廳之僚, 于斯時也, 矣身亡父, 時在頭目, 呈訴汰斥, 而一自
其後, 屢請復案而不得是加尼, 同凡九, 爲報兄怨, 無中做出, 播傳人口, 聞之者增衍
傳益, 入告査庭是乎矣, 矣身亦是吏也。色吏設有可憤之端, 同儕相殺, 豈有是理? 況鬧
端起於籍事, 矣身戶籍, 初無相左, 有何可怨之端, 作此恍惜之擧乎? 色吏旣如是, 都
監又何罪也? 矣身之今日此事, 冤抑莫甚。特爲明査分揀是去乎, 相考處置敎味白齊。

　　同日, 西堂尊位幼學洪凡九, 年五十三白等, 號牌現納。今以約正鄭東吉所招觀之,
去月十六日, 各洞多民, 爲考帳籍, 會于部官所也, 汝矣發怒於都監之歛膝趺坐, 握衿
曳出是如是遣, 金宗律·李祥吉等招內, 戶籍都監父子及色吏曳出之罪, 汝矣則諉之於
金鳳石, 而金鳳石則諉之於汝矣是如爲置。帳籍考準, 始自八月十二日, 連三日爲之,
而初無一人之紛挐者是如可, 及夫十六日部官所會也, 汝手一犯, 衆怒共發, 遂至三人
之逃命而見捉, 被殺而又燒, 握衾[衿]一事, 足爲此獄之斷案。厲之階禍之首, 汝安得辭
是旀, 殺燒際, 汝若無實犯, 焉有金鳳石之推諉乎? 人命至重且嚴, 所犯情節, 無或隱
諱, 一一直告亦, 推問敎是臥乎在亦。去月初五日, 所謂官有司, 通及矣身曰, 去式帳籍,
多有相左, 或有換父易祖者, 或以私賤而爲幼學者, 今方具由呈營次, 議會各洞, 汝亦
來參云。故矣身往參衆會之場, 則上頭所坐, 卽判行·公員及執綱與朴眞汝·金益得等
也。同行主論曰, 帳籍如是相左, 卽當呈營, 仍書狀本, 而矣身則只聞此說而已。于斯
時也, 上營使道, 行次于軍倉, 則所會多民, 入庭呈冤, 得帳籍監色入來之題音云, 故

矣身仍爲還家矣。同十二日食後, 民所判行, 在於部官所, 有所走通, 故矣身爲其洞任
之致, 袖其洞中草, 往于部官所, 則各洞多民, 皆爲入來, 次次考籍, 而矣身以無識所
致, 請在傍書記而抄之。如是者凡三日, 當十五日秋夕, 不爲入城矣。十六日早朝, 民所
判行, 又爲通奇, 欲人來, 故不得已入去, 于時, 各洞之民, 呈狀而出, 各各散去。適逢
民所公員, 則公員以此狀題, 入鑑于中營, 而路人喧傳曰, 兩人死矣。聞極驚惶, 公員歸
於將廳, 矣身欲還矣家, 而適見衆人堵立之中, 所謂文孝才, 方爲見脅於多民。矣身謂
孝才曰, 免冠哀乞於衆人之前可也。孝才免冠, 多般懇乞, 則所謂營衙前金鳳石, 自中
突出大談曰, 此擧之後, 設或代死, 吾可當也, 汝等從我也。各洞多民, 一時趕去于營主
人家矣, 矣身經自西門而歸家。翌日十七日, 因判行通奇, 又上西將臺, 則各洞多民, 又
爲齊會。日未及午, 瘡痛甚急, 歸家委臥, 則三箇屍身, 以火燒之如, 道路傳說, 聞甚
慘酷。矣身所聞, 如斯而已是去乎, 相考處置敎味白齊。

十六日, 中營等牌金命必, 年四十五白等, 號牌現納。金鳳石招內, 去月十六日, 戶籍
都監之被毆也, 汝矣見都監之仆臥, 謂以此漢假作死狀, 甚是可痛, 以藁索繫其腰, 揰
曳回回, 不知幾次, 仍爲致死是如之說, 得聞於姓不知又石兒是如爲置。見人將死, 扶
而救之, 人情固然, 而汝何惡種, 結束垂盡之命, 回回揰之, 見其定死後已乎? 都監不
死他人, 卽死汝手。然則當初毆踢者, 得非汝乎? 翌日燒屍者, 亦安知非汝乎? 情狀已
露, 無敢隱諱, 從實直告亦, 推問敎是臥乎在亦。矣身帶廚任, 而十六日, 汨於舂米之役,
不出門前, 外間事無以知之, 聞三人致死, 而誰某亦未聞之。所謂金鳳石之所招, 實是
孟浪是去乎, 相考處置敎味白齊。

同日, 倉洞尊位閑良潘俊伊, 年五十四, 東橋幼學朴興汝, 年六十, 西橋幼學鄭克愼,
年四十八, 各各白等, 號牌現納。今以金鳳石所招觀之, 戶籍相左事, 去月初五日, 聚民
於禦邊亭也, 汝矣等三人, 在於上座是如爲置。左袒右袒, 曰東曰西, 都在於在上者之
指揮, 此會一發, 三人幷命, 此日此變, 當問於當日在上之人。此會之主張者何人, 多民
之指揮者何人? 要之不過汝矣三人, 這間情節, 無一隱匿, 從實直告亦, 推問敎是臥乎
在亦。潘〈俊〉伊矣身段, 本洞尊位擧行是乎所, 日不記七月晦間, 本洞下隸, 言于矣身
曰, 以戶籍歸正次, 自民所發通各里云, 而本洞則初不來到, 故事甚乖當, 完議洞民曰,
民所之所謂發通, 旣云籍事, 而本洞戶籍, 一無相左, 吾洞誓勿參涉可也。去月初四日,
洞隸還分成册覓來次, 往于部官所, 回告曰, 民所公員, 謂以明將會民於禦邊亭, 汝洞

尊位, 亦爲來參云矣。不得已入于會中, 望見上座, 則判行·執綱·約正及朴興汝·鄭克愼·金益得等, 次第坐矣, 矣身旣無相干, 旋卽還家。十六日朝, 矣身立於洞舍門前, 則下東副尊位金鳳石, 詰責矣身曰, 南門外多民方聚會, 汝何獨不參也? 伊日午後, 往于禦邊亭, 所謂鳳石, 倡言衆中曰, 俄者固城主人家庫房, 戶籍都監隱伏, 故吾已破鎖而拿出是如, 有若誇張者然。洪凡九在傍責之曰, 汝以年少, 何其妄也? 翌日十七日, 民所公員, 謂以今又民會, 汝須來參。矣身答云, 雖毀破吾家, 決不去矣。公員無辭而去是如乎, 監色之打殺燒火, 始終不參, 則何以知得是乎旀? 鄭克愼矣身段, 日不記去月初, 自民所, 謂以帳籍歸正, 發通各里, 故矣身亦以尊位, 往參于禦邊亭, 則判行·執綱·約正及洪凡九, 俱在座上, 其他各里尊位, 三匝四圍, 而判行·公員, 呈訴歸正次, 書出民狀, 指揮多民, 呈于營門, 則以去式監色帳籍持是遣, 來待之意, 有所題下是乎所, 十二日, 自民所, 又爲通奇日, 戶籍監色, 今已來到, 各里一齊入來于部官所, 各考帳籍云爾, 而矣身戶籍, 雖無相左, 以尊位之故, 果爲往參, 如例考籍。至於十四日, 考準未訖, 而翌日十五日, 卽名節也。所聚之民, 各歸其家, 矣身亦爲歸家。十六日, 爲澣周衣, 半日在家, 夕陽始出扉外, 得聞往來人言, 衆民打殺戶籍監色云矣。翌日十七日, 朝飯後, 入來城內, 數百多民, 屯聚市街, 各持長斫木, 將欲燒屍是如, 狼藉喧傳, 矣身則如斯聞之是乎旀。朴興汝矣身段, 去月初五日, 民所判行, 歸正戶籍次, 發通聚民於禦邊亭是如, 故矣身亦以尊位, 伊日午後, 往于民會, 則上座有判行·執綱·約正及洪凡九, 其外數千民, 圍立左右。矣身問其民會之由, 則判行曰, 帳籍淆雜, 一番釐正, 在所不已云。故矣身以事關衆人, 有非一二人所可判斷, 答之。而坐中諸人, 又以鳴冤營門次, 公議已成, 判行書出民狀, 使之入呈, 得承帳籍監來待之題音是乎所, 矣身則爲其洞齋看役, 夕飯時歸來, 其後則汩沒齋役, 抽身無路。十三日考籍之場, 初不入去, 只使使喚, 給送實人口成冊矣, 聞其回告, 戶籍中換姓變名者, 比比有之云。伊後十六日, 又自民所, 請來西將臺, 故往而見之, 或坐或立者, 不知其數, 而所發之論, 不過戶籍事而已。仍爲散歸是加尼, 追後聞之, 戶籍監色, 被打於多民, 仍爲致死云。此外無他可供是去乎, 竝只相考處置敎味白齊。

同日, 泉洞閑良金益得, 年五十八白等, 號牌現納, 卽觀潘俊伊所招, 則去月初五日, 禦邊亭會民之中, 汝在上座是如爲置。會民者未知何事, 上座之人, 必當主論, 所會者何故, 所論者何事? 三人殺燒之變, 出於汝矣一會一論之後, 汝於此變, 不其作俑乎? 所犯情節, 無隱直告亦, 推問敎是臥乎在亦。矣身海蔘都賈爲業, 而去月初五日, 民所判行·公員, 有所走通, 故未知事端之如何, 往參于禦邊亭民會之席, 則多民皆曰, 去式帳籍, 多有相左, 或換姓名, 或換父祖, 呈營釐正可也云云, 而方構狀本, 判行作之, 筆執者莫知其爲誰。際玆上營使道, 行次于軍倉, 則數百諸民, 人呈揮題而出是乎所, 矣身則爲辦亡兄之祭需, 抽身先歸。而同月初十日, 海蔘貿易次, 出往巨濟等地, 二十日還家, 則道路喧傳曰, 去式戶籍監色及何許一人, 被打以死, 至於燒火是如, 只爲耳聞是去乎, 相考處置敎味白齊。

同日, 倉洞下隷閑良金善山, 年四十白等, 號牌現納。今以金鳳石所招觀之, 十六日變出之場, 戶籍色吏, 則倉洞下隷金善山, 從何捉得是喻, 曳去于受降樓下, 其人已死, 混投於都監父子屍上是如爲置。汝與吏, 有何讐嫌, 搜之覓之, 毆之曳之者, 自營內至城外幾帿之地, 其人已絕, 必也投之於都監父子之屍上而後, 始乃甘心乎? 然則殺都監父子者汝也, 燒三屍者亦汝也。指使誰某, 同惡幾人? 幷以一一直告亦, 推問敎是臥乎在亦。矣身自善山, 移寓此土, 差得廛監考, 僅僅保命, 而去月十六日, 自中營春正次招待, 故急於求得其諸具, 行過挽沙亭邊, 戶籍監色, 已爲拿出, 而其中金鳳石, 破碎營主人庫門, 同監色曳之捽之而來, 又以將毀主人家樣, 多般恐喝之聲, 果爲得聞是如乎, 矣身汨於使役, 他人之殺之燒之, 何可參涉乎? 鳳石之招, 實是誣罔是去乎, 相考處置敎味白齊。

同日, 東橋幼學李南俊, 年四十五白等, 號牌現納。今以李祥吉所招觀之, 十六日部官所考籍時, 各里之民, 及年老將校, 圍坐廳上, 監色亦在坐側, 東橋李南俊, 咆喝都監曰, 以汝之故, 籍事紊亂, 而汝不動念, 有若平人乎云是遣, 再三突入, 光景危怖是如爲置。戶籍都監, 卽汝矣邑土班, 而年老者也, 呼汝二字, 已是惡習, 而光景危怖云者, 卽扶接揮曳之謂也。三人殺死之變, 在於汝矣當日行悖之後, 汝於此變, 得非作俑乎? 這間情狀, 從實直告亦, 推問敎是臥乎在亦。十六日, 聞部官所考籍之奇, 卽爲入去, 搜覓自己戶籍, 剝脫一面。矣身謂戶籍都監曰, 有何嫌端, 剝脫戶籍耶? 言記[氣]不恭于時也, 營中各洞之民, 一齊來參, 而洪凡九亦在其傍日, 考籍之地, 都監斂膝趺坐, 甚不穩當。拔去都監之烟竹, 振下趺坐之足。矣身八寸兄祥吉, 責謂矣身曰, 考籍甚急, 若是紛聒, 何以釐正? 推背逐送。故不得參坐, 仍爲還家, 出往于彌助項等地, 踰月後還歸, 則這間事狀, 都不聞見是去乎, 相考處置敎味白齊。

同日, 西橋座上閑良朴又祿, 年四十三, 公員閑良崔必俊, 年四十三, 各各白等, 號牌現納。今以金鳳石所招觀之, 去月十七日, 有面舍毀撤之擧, 故聞甚驚惶, 而已有洞

任出來之聲曰, 吾等卽西橋座上·公員也。戶籍監色, 方張燒火, 火木不足, 汝洞所在面
舍所毀之木, 多出洞丁, 急急運置是如爲置。燒屍之事, 汝必主張, 故辦材之時, 毀撤面
舍, 旣撤之後, 責丁輸運, 汝矣之設心造惡, 雖使汝解說, 何辭發明? 所犯情節, 無隱直
告亦, 推問敎是臥乎·在亦。朴又祿矣身段, 去月十七日夜, 與公員崔必俊, 同往下東金
鳳石處, 謂以燒屍木不足, 請得面舍材次, 果爲言及是如是遣, 崔必俊矣身段, 去月十
六日, 爲看掌內之事, 與洞丁, 往治道路, 還家之路, 聞其傳說, 則何許人殺死云矣。翌
日夜, 上任朴又祿, 招謂矣身曰, 方燒死人, 而燒木不足, 往請面舍材木, 汝亦隨我而
來云, 故果爲隨往是去乎, 相考處置敎味白齊。

同日, 同樂里童蒙金又石, 年十五白等, 號牌現納。今以金鳳石所招觀之, 戶籍都監
之被毆打臥也, 中營等牌金命必, 謂以此漢假作死狀, 以藁索, 繫其腰, 回回捽曳, 不
知幾次云, 而得聞於又石兒傳播之說是如爲置。以汝良性, 必無扶抑, 則命必之當場擧
措, 從所見一一現告亦, 推問敎是臥乎·在亦。矣身去月十六日, 出往南門外, 則多民圍
立之中, 何許人仆臥場上, 血流被面, 而中營等牌金哥, 以藁索, 束縛其一足, 故兒心
生惻, 不能久見, 卽爲還來是去乎, 相考處置敎味白齊。

十七日, 執綱金鍾律年, 更推白等, 汝矣前招日, 十六日, 喧聒之聲, 出於受降樓下,
而得聞傳言, 則本邑戶籍都監李昌權, 其子寅奎, 色吏金鐸昊, 各洞諸人捉去, 捽之踢
之, 仍爲致死是如是遣, 翌日又聞傳言, 則都監家男子三人, 色吏家女子三人, 抱哭其
屍, 以衾裹之血漬之土, 方欲運去, 則多民曰, 本官不爲來撿, 而屍若運去, 則吾輩當
被捉於固城, 以藁索縛屍, 曳去砲粮倉市而燒火是如是遣, 二十二日, 屍親二人, 來到
其處, 裹灰於兩袱而去是如是遣, 同囚之洪凡九謂金鳳石曰, 汝於其時, 往于文孝才家,
都監不爲曳出乎云云之說, 有所得聞是如爲置。大抵此變, 出於大都之中, 有目者皆見,
而汝以面任, 只聞而不見云者, 豈是成說乎? 都監父子及色吏, 旣云打殺, 則必有首犯
之人是遣, 旣云燒火, 則亦當有主張之人是去乙, 糢糊說去, 已是可惡是遣, 屍親之欲
運其屍也, 必有阻遏者是遣, 以藁索縛屍, 亦必有其人是遣, 雖以金鳳石一人, 塞責納
供, 此亦所聞於人者, 而不欲明言是遣, 所謂鳳石, 設有都監捉出之事, 豈獨此一人所
爲是㷨? 初五日會民於禦邊亭也, 汝在上座, 則汝必主論者也。查體至嚴, 人命且重, 無
或如前漫滅, 更良從實直告亦, 推問敎是臥乎·在亦。矣身所懷, 已悉前招是在果, 矣身
守番次入直, 則在外作變之事, 何以目擊是乎㷨, 燒火主張之人, 如或知得, 前招之時,
何不直告, 而至於屢問乎? 果不知之是乎㷨。運屍者之阻遏, 以藁索縛屍者, 以當場不

參之致, 亦不知得是遣, 以金鳳石納供者, 畢竟就囚之後, 同囚之洪凡九與金鳳石, 多般爭詰日, 汝於其時, 不爲拿出都監乎? 此則非但矣身聞之, 諸囚亦皆聞之, 故果爲納供是乎旀. 初五日, 禦邊亭民會之參, 矣身非有所關而去, 際玆主將使道, 行次于軍倉也, 矣身陪後而往, 則禦邊亭民多聚會, 下隷通奇, 故暫爲參席是如乎, 以伊日參會之故, 聲罪矣身, 則固可甘受, 而其他打殺燒火等事, 元不參看是去乎, 相考處置敎味白齊.

同日, 約正鄭東吉年, 更推白等, 汝矣前招內, 文孝才庫房中, 曳出都監父子者, 卽金鳳石·徐石俊, 而運木燒屍者, 乃徐孝仁是如爲置. 今觀金鳳石招, 則十七日, 城底多民, 毁撤面舍, 急促運材, 故抗拒不得, 只言此材汝等持去是如, 而都監之子, 則尹福出捽踢, 色吏則金善山曳去, 主論燒火者, 徐學仁爲之是如是遣, 且觀徐石俊招, 則渠以下戶, 難於恐動, 只以一丹木, 投於燒場, 初無主論是如是遣, 繼觀徐學仁招, 則亦與徐石俊之招, 毫無差爽, 而忙於乞飯, 不遑他顧是如爲置. 汝以面任, 六十九洞中幾百民戶間, 有何厚薄, 戶籍監色之當場致命也, 悖黨雲集, 毒拳雨下, 則豈獨以金鳳石·徐石俊·徐學仁三漢, 斥而目之是旀? 且以金·徐等之招觀之, 與汝所供, 大爲逕庭, 汝以何人, 莫嚴査庭, 扶抑納招者, 究厥情跡, 還極叵測. 這間委折, 更良從實直告亦, 推問敎是臥乎在亦. 矣身所懷, 已悉前招是在果, 金鳳石·徐石俊, 曳出都監父子之說, 丁寧耳聞於在囚之洪凡九是遣, 徐學仁運木燒屍之說, 聞於李祥吉, 則洪凡九對渠說道是如, 故果爲納招是乎所, 矣身雖曰面任, 旣不參席於鬧場, 則初無目擊之事, 而所聞之說, 則言之者的有其人, 焉敢橫竪納告? 兩徐·一金, 更加嚴問, 則自可洞燭是去乎, 相考處置敎味白齊. 同日, 判行洪涉年, 更推白等, 汝矣前招曰, 戶籍釐正事, 發通各里, 因公員之言, 而只日可也是如是遣, 呈營之狀, 果爲書及, 而考籍之場, 雖爲參見, 爲守直所, 還來副將廳是如是遣, 聞路傍喧傳之說, 則固城監色已死云矣, 矣身爲面任, 卽當往見, 而常患血痢, 不能運動而止之是如爲置. 公員之發通, 必請於汝矣者, 以汝矣之足主張是也, 汝矣之答以可也者, 可知其許令發通也. 發通一款, 汝何敢推諉是旀, 須更問戶籍, 果爲相左, 則任掌·頭民, 呈訴足矣, 何至聚六十九洞百千萬人乎? 如無發通, 必無聚民, 如無聚民, 必無此變, 汝雖坐於家中, 此變之所由起, 捨汝伊誰? 讞體至嚴, 人命且重, 無或如前漫泄, 更良這間情節, 一一從實直告亦, 推問敎是臥乎在亦. 矣身所懷, 已悉於前招是在果, 當初發通, 卽因公員之來請也, 書給狀本, 亦識字憂患也. 追後聞之, 則戶籍監色, 已死云云, 故雖欲往觀, 方痛血痢, 不能運動是乎, 矣身亦人耳. 預料此變恠之出, 豈許發通之請, 豈有書給之理乎? 此外無他所供之辭是去乎,相考處置敎味白齊。

同日, 公員李祥吉年, 更推白等, 汝矣前招內, 去月初三日, 判行招謂曰, 籍政紊亂, 衆民搔動, 發通聚會釐正可也。書給通文, 故着署傳送是如是遣, 十六日, 自南門外, 有曳木誼眡之聲, 得聞戶籍監色, 爲衆民打殺是如是遣, 十七日屍親中, 都監家一男, 色吏家二女, 抱屍痛哭, 收拾血漬之土而將往, 則衆民曰, 燒屍然後, 可無後患, 并爲燒之是如是遣, 十九日, 聞於洪凡九則日, 文孝才庫中隱伏之都監, 金鳳石拿出, 燒火場主張者, 乞人徐學仁云是如是遣, 營吏之拿出之時, 徐石俊亦爲同往, 得聞傳說是如是遣, 金榮國及中營等牌名不知金哥, 監色打殺時助虐之說, 得聞於千再哲是如爲置, 發通之說, 雖云判行之指使, 而汝亦民所之任也, 傳送者卽汝矣是遣, 十三日發通, 不由判行, 汝自擅便是如, 判行之招丁寧, 而汝矣則專諉於判行, 是何故也? 通文出我手, 人命至於被殺, 則惶惻不已, 固當往見是遣, 屍親之收屍, 汝旣目觀, 則阻遏其收屍者, 汝當目見, 何不指告是㫆? 文孝才家破碎之人, 非獨金鳳石一人是遣, 燒屍時主論者, 誘而乞人者, 又何故也? 營吏曳出, 非獨徐石俊一人是遣, 監色打殺, 亦豈金英國·名不知金哥而已? 此皆泛稱傳說, 不欲立證, 究厥所爲, 〈殊極〉痛惡。嚴問之下, 焉敢乃已? 無或如前漫漶, 更良從實直告亦, 推問敎是臥乎在亦。矣身所懷, 已悉前招是在果, 所謂民所判行, 關係民事者, 莫不擅便是乎所, 當初發通, 判行指揮, 十二日更通, 雖模倣前通, 判行亦無不知, 非公員可辦是乎㫆。至若殺燒, 初不目見, 何可指告乎? 前招中所論各人, 渠等雖欲隱諱, 對質之場, 豈可免乎? 所供如斯是去乎, 相考處置敎味白齊。

同日, 文孝才年, 更推白等, 汝矣前招內, 籍色之被打昏仆也, 金鳳石謂汝救療是如爲有矣, 今觀李祥吉等招, 則都監父子, 隱匿汝家也, 金鳳石曳出是如爲置。毋論監色, 俱是固城之人也, 汝旣爲固城主人, 則於監於色, 有何愛憎, 色吏受傷之場, 恬若不知, 都監圖命之時, 安以受之是㫆, 惟彼金鳳石, 旣爲籍色而謂救, 則乃何破汝庫金, 曳出都監, 使其父子, 一時幷命者, 抑或有厚薄於其間乎? 勿圖說去, 不欲立證, 可以知矣。前後委折, 毋或呑吐, 從實直告亦, 推問敎是臥乎在亦。矣身所懷, 已悉前招是在果, 色吏被打昏仆時, 金鳳石招謂矣身, 僅僅挾來, 置之於渠之食主人申仁祿家, 以善爲救療之意, 申申付托歸家之路, 才到軍牢房南隅, 則忽聞多民, 將毁矣家, 遑汲之際, 數千之民, 摔曳都監之父子而來日, 此漢在文孝才家, 故破鎖而曳出是如, 衆口同辭, 光景危怖, 故避身而還家矣。伊後殺之燒之之場, 首從之爲誰某, 實無知得是去乎, 相考處置敎味白齊。

　同日, 申仁祿年, 更推白等, 汝矣前招內, 去月十二日夕, 戶籍色來接矣家, 而十三日夕, 固城主人之言, 保授兩人是遺, 十四日夕, 年少一人, 又爲入來是如爲遺, 十六日入番, 朝飯次歸家, 其人不在。飯後又入番所, 聞多民謂捉固城監色, 匝圍矣家之說, 趨步歸家, 則都監及年少不在, 所謂色吏者, 臥在房中, 頭髻盡解, 衣服裂破, 所見奄奄, 而急於使役, 夕時歸家, 則臥房之色吏不在。問于矣妻則曰, 何許十數人, 擡而去之是如爲置。十四日入來之少年, 二三日留連, 則必知爲都監之子是去乙, 動稱一少年, 已是不欲明言, 囫圇說去者是遺。色吏被打之時, 汝以牢隷, 不在家中而不見云者, 雖或可欺, 色吏曳置汝房也, 汝見其目之微開, 其人不死矣, 常情所在, 宜其救護矣。被曳之時, 當先者爲誰, 隨從者爲誰? 毋敢如前漫漶, 更良從實直告亦, 推問敎是臥乎在亦。矣身所懷, 已悉前招是白果, 矣身身係公門, 使役浩繁之故, 只聞監色之擡來矣家, 當初被打, 畢竟被燒, 一無所見是遺。至於追到之年少, 問于都監則曰, 吾家所來者也, 不言其子姪是如乎。色吏曳去也, 首從之爲誰爲某, 如有目擊, 則何敢隱諱於莫嚴之査庭乎? 所懷如斯而已是去乎, 相考處置敎味白齊。

　同日, 宋在鳳年, 更推白等, 汝矣前招內, 去月十七日, 出他還家, 臥而不起, 本洞下隷, 招謂曰, 多民方聚挽阿亭, 汝亦往之, 以身病方痛樣答之是如爲置。色吏之垂頭橋下, 其命將盡也, 汝矣與尹福出, 威喝固城主人, 使之逢授之狀, 文孝才丁寧納告是去乙, 汝矣十七日還家之說, 何若是荒唐也? 汝不在家, 彼孝才, 胡爲乎立證? 而殺死何其酷也, 逢授何其威也? 這間情節, 毋敢如前呑吐, 更良從實直告亦, 推問敎是臥乎在亦。矣身所懷, 已悉前招是白果, 矣身出往海南等地, 十七日還家, 素抱濕揰, 路毒添祟, 及夫洞隷之知委也, 病頓不去, 監色之殺燒, 無一目見。威喝文孝才, 擔責屍身, 豈有是也? 孝才之名字, 今始初聞, 特令同場頭質, 可以卞白是去乎, 相考處置敎味白齊。

　同日, 尹福出年, 更推白等, 汝矣前招內, 去月十六日作鬧之時, 金鳳石 · 金章信, 都監父子, 并爲曳出, 毆之踢之, 至於致死是遺, 二介燒木, 投之於衆中是如矣, 金鳳石所招曰, 聞於同囚之千再哲, 則十六日作鬧之場, 監監[都監]之子, 見父將死, 抱身爭命, 則汝矣曰, 此非都監之子耶? 捽之毆之, 仍爲致命是如遺, 李允汝所招曰, 聞千再哲自歎之言, 則尹福出 · 金英國, 殺我殺我。戶籍監色之打殺, 兩漢所爲是如遺, 千再哲所招曰, 十六日到磚石街, 尹福出捽曳人髻而來, 聚民圍立曰, 此漢都監耶, 色吏耶? 或云都監之子是如爲置。大抵此人, 三人中一人也, 其髻一捽, 其命已斷是遺, 都監之子, 見父將死, 抱身爭命, 自非木石, 必有感動, 而汝矣曰, 此非都監之子, 認以何人而捽之也。二介燒木之投之衆中云者, 亦可見燒屍之參涉也。所犯至此, 汝安敢有辭?
無敢如前粧撰, 更良從實直告亦, 推問敎是臥乎在亦。矣身所懷, 已悉前招是在果, 當
初因洞隸之言, 往于文孝才家, 則衆民堵立之中, 金鳳石·金章信兩人, 破其庫鎖, 曳出
都監父子, 捽曳南門是遣, 緣於衆民之恐喝, 二介之木, 投之衆民之中而已, 燒殺之場,
初無干涉是遣, 至於千再哲之所構誣, 實是孟浪是去乎, 相考處置敎味白齊。

同日, 林子瑞年, 更推白等, 汝矣前招內, 西表樓民會也, 雖爲往參, 南門外殺變事,
只聞傳言是如爲有矣, 表樓之於南門, 不甚相遠, 則旣赴其會, 聞此變恠, 恬然歸家之
說, 推以常情, 萬不近理旀除良, 伊日鬧場, 汝若不參, 汝何恐喝孝才, 使之守直屍體
乎? 禦邊亭上, 捉入文孝才, 以都監父子, 藏之汝家, 汝罪可殺之說, 無數咆喝者, 非汝
伊誰? 無敢如前粧撰, 更良從實直告亦, 推問敎是臥乎在亦。矣身所懷, 已悉前招是在
果, 矣身則初不出於南門之外。抑或如矣身貌色之人, 在於衆中, 孝才錯認而然是乎喻,
果無是事是去乎, 相考處置敎味白齊。

同日, 千再哲年, 更推白等, 汝矣前招內, 南門外磚石街, 籍監之子, 爲尹福出擠推
之狀, 果爲目覩, 而伊後多民, 招致文孝才, 守直屍身也, 汝矣勸之以空石盖覆是如爲
有矣, 戶籍監色打殺之時, 金英國助虐之說, 汝傳於李祥吉是遣, 尹福出捽人出門之狀,
汝亦目覩, 則其始終參涉, 左右恐動, 使氣助勢, 明若觀火。此獄肯緊, 非汝伊誰? 汝矣
伊時, 安知無謂時可乘, 敢肆螫氣, 與金英國·尹福出, 同時作梗者乎? 前後事狀, 更良
從實直告亦, 推問敎是臥乎在亦。矣身所懷, 已悉前招是在果, 賣油歸路, 到磚石街, 則
尹福出爲名人, 捽曳何人之頭髻, 眼幾突出, 曳去南門內。數百多民, 圍立左右, 皆曰此
是都監乎, 都監之子乎, 色吏乎? 疑似之際, 怒拳亂港, 不分緊歇, 故心甚驚惶, 旋卽還
家。而十七日他邑居生之矣兄來 到, 故兄弟相逢, 不出門外是乎所, 所謂金英國者, 伊
日鬧場, 以扇遮面而過矣。所聞所見, 不過如斯是去乎, 相考處置敎味白齊。

同日, 金英國年, 更推白等, 汝矣前招內, 去月十六日, 出往街上, 則數千多民, 遮路
而立, 塵埃四起, 呼吸不通, 揮扇遮面, 見仆於衆中, 僅僅拔身而歸, 泣於父病, 其後監
色殺燒之事, 初無聞見是如爲置。監色打殺時, 汝矣之助虐, 千再哲·李祥吉輩, 丁寧言
之是去乙, 汝以揮扇遮面, 爲父侍湯, 天然說去, 自作無故之人, 設心狡惡, 有浮於當
場所犯。査體至嚴, 焉敢乃已? 更勿如前白賴, 更良從實直告亦, 推問敎是臥乎在亦。矣
身所懷, 已悉前招是在果, 米商爲業, 去十六日, 往米廛之路, 行到南門外, 多民雲會,
道不通涉, 塵埃四起, 呼吸不通, 自分必死, 顚倒還家, 父病方劇, 晝宵侍湯, 念不及他

是乎所, 當場助虐, 千萬意外是去乎, 相考處置敎味白齊。

同日, 徐學仁年, 更推白等, 汝矣前招內, 慉於洞隷之咆喝, 長斫木之一丹, 暗投於民會之中, 避身而來是如爲置。以金鳳石所招言之, 汝矣卽燒屍之主張也。一丹木暗投, 汝亦不諱, 雖欲發明, 其可得乎? 査體至嚴, 毋或如前隱諱, 更良從實直告亦, 推問敎是臥乎在亦。矣身所懷, 已悉前招是在果, 一丹之木, 投之衆中, 果緣下隷之咆喝。數十年流丐, 籍事何關, 而同聲相應乎? 推此一款, 可以洞燭是去乎, 相考處置敎味白齊。

十六日, 李又連年, 金元東年, 更推白等, 李又連, 汝矣前招內, 伊日鬧場, 只聞監色打殺之言, 爲其生活, 果未往參是如是遣, 金元東, 汝矣前招曰, 素以乞飯之致, 恐見逐出, 果指[持]一丹木, 而投於燒場是如爲置。汝矣俱是境內之人, 或慉於毁家, 或畏其出洞, 黽勉隨行, 旣參其境, 則殺之者誰, 燒之者誰? 作頭倡論, 必有其人, 而居先行兇, 亦當目覩, 這間情節, 毋更粧撰, 從實直告亦, 推問敎是臥乎在亦。李又連, 矣身段, 所懷已悉前招, 而伊日釣魚次, 出往外洋, 則監色打殺, 果未參見是乎旀。金元東, 矣身段, 乞食外村, 十六日, 入來營底, 聞人傳言, 則大事出矣, 矣身尋常聽之。翌日十七日夕, 各洞下隷呼傳曰, 如有不參者, 當逐逐云爾, 故矣身果爲往參, 持一丹木, 投諸燒屍之場。此外更無他供是去乎, 竝只相考處置敎味白齊。

同日, 徐石俊年, 更推白等, 汝矣前招內, 燒屍時, 慉於衆論, 果持一丹木, 投於燒場是如爲置。汝與金鳳石, 曳出監色, 發於鄭東吉之招是遣, 營吏拿出之時, 汝之隨往, 發於李祥吉之招是去乙, 全然呑吐, 終不直招, 去益痛惡。所犯情節, 毋敢如前呑吐, 更良從實直告亦, 推問敎是臥乎在亦。矣身所懷, 已悉前招是在果, 監色燒屍之時, 果因下隷之言, 一丹之木, 投之於屍上而已, 無他所犯是乎旀。至於監色曳去, 營吏拿出等事, 初不目擊, 祥吉之構誣, 矣身實是冤抑是去乎, 相考處置敎味白齊。

同日, 金章信年, 更推白等, 汝矣前招內, 今此橫罹, 卽出於尹福出誣引, 伊後被囚也, 千再哲揚言曰, 籍監之子, 爲福出之搾踢, 竟至於死, 某某漢亦爲參涉是如矣, 汝與福出, 設有微嫌, 若無所犯, 豈至於立證是旀? 籍監父子打殺之時, 所謂參涉之某某漢, 汝必詳知, 而不言姓名, 泛稱某某者, 極爲狡譎。更無漫漶, 從實直告亦, 推問敎是臥乎在亦。矣身所懷, 已悉前招是在果, 戶籍監色殺燒之說, 得聞於來往人傳播是遣, 矣身曾與尹福出, 有睚眦之怨, 渠欲乘此時逞憾而然是喩, 若是誣陷, 節節冤鬱是遣, 至於某某參涉等說, 更問於千再哲, 則渠云此說, 吾當入告官庭, 何可私相傳乎? 如斯白賴是去乎, 相考處置敎味白齊。

同日, 黃石權年, 更推白等, 汝矣前招內, 所貿長斫木, 母病救療次, 入城之際, 沒數見奪是如爲有矣, 汝有倉直之名, 又是一營之人, 則許多悖黨, 雖曰無狀, 場邊城內, 何患無薪, 而必奪汝矣所貿之木者, 語不近理。想必汝於其時, 同惡相濟, 致此變怪, 明若觀火。前後事狀, 毋敢粧撰, 從實直告亦, 推問敎是臥乎在亦。矣身所懷, 已悉前招是在果, 矣身亦人耳, 豈可貿給斫木, 使之燒人乎? 今此相濟之目, 千萬曖昧是去乎, 相考處置敎味白齊。

同日, 金必彦年, 更推白等, 汝矣前招內, 以治道, 故戶籍監色殺燒之變, 面舍材木撤去之事, 果未參見是如爲有矣, 汝爲洞隷, 則街童走卒, 詳知此變, 則汝獨不知云者, 可謂求說不得。人命至重, 獄體且嚴, 毋或吞吐, 更爲從實直告亦, 推問敎是臥乎在亦。矣身所懷, 已悉前招, 而戶籍監色致死之說, 聞於道路, 而面舍撤材時, 果未往參是去乎, 相考處置敎味白齊。

同日, 卓章五年, 更推白等, 汝矣前招內, 籍監父子及色吏殺燒之說, 只聞街上傳說, 被囚後因洪凡九·金鳳石相詰, 而粲知其事是如爲有矣, 變出同閈, 三人幷命, 汝亦人耳, 苟有彝性, 則聞此慘酷之說, 恬不往見云者, 究以常情, 萬不近理是遣, 及其被囚也, 旣聞洪·金相詰之言, 則殺籍監父子者誰, 殺色吏者誰, 燒三屍者亦誰, 必當耳聞。毋更如前掩諱, 從實直告亦, 推問敎是臥乎在亦。矣身所懷, 已悉前招是在果, 籍監父子及色吏打殺之事, 以出野之故, 初不參看, 而彼[被]囚後果聞洪·金相詰之言, 則洪凡九謂鳳石曰, 汝以何人, 破其文孝才之庫鎭, 至有今日之變, 而以我無瑕之人, 當此厄會云爾, 則鳳石曰, 汝不的見, 有此的言, 畢竟就死之日, 及汝同死之意, 多般相詰。故如斯聞之是去乎, 相考處置敎味白齊。

同日, 金德瑞年, 李允汝年, 金載玉年, 更推白等, 金德瑞, 汝矣前招內, 被囚後, 聞洪凡九與金鳳石相詰曰, 汝於其時, 不破庫鎭, 必無今日之厄云, 則鳳石默無一言是如是遣, 李允汝, 汝矣前招內, 同囚中千再哲曰, 戶籍監色打殺者, 卽尹福出·金英國等兩漢也。又聞於卓章五言, 則洪凡九謂金鳳石曰, 汝若不破庫金, 吾輩豈至此境是如是遣, 金載玉, 汝矣前招內, 在囚之時, 千再哲咄難不已曰, 尹福出, 拿出籍監之子, 而以我無罪, 致此橫罹是如是遣, 且聞洪凡九之言, 則金鳳石拿出都監於營主人家是如爲有矣, 汝等居在城底, 又有共憤之心, 則當場作梗, 不言可想, 而或稱出他, 或聞相詰云者, 可謂欲巧反拙。鬧場之助勢加功, 丁寧無疑。毋一掩諱, 更爲直告亦, 推問敎是臥乎在亦。矣徒等所懷, 已悉前招是在果, 金德瑞矣身段, 以行商之致, 果不在家, 而監色殺燒之事, 初不聞之是遣, 至於被囚之後, 只聞洪凡九與金鳳石相詰曰, 汝於其時, 不破庫鎖, 吾等必無今日之厄是如, 則金鳳石嘿無一言是乎旀。李允汝矣身段, 聞千再哲所言則曰, 戶籍監色打殺者, 卽尹福出·金英國等兩漢也。又聞卓章五言, 則洪凡九·金鳳石, 丁寧相詰是如, 故如斯聞知是乎旀。金載玉矣身段, 被囚時得聞, 尹福出拿出都監之子是如, 千再哲丁寧發說, 而金鳳石於營主人家, 拿出都監之說, 的實聞之是去乎, 竝只相考處置敎味白齊。

同日, 金鳳石年, 更推白等, 汝矣前招內, 去月初五日, 路過倉洞, 潘俊伊出語曰, 禦邊亭民會, 汝或不往乎? 答云吾行不關於汝是如是遣, 十五日午後, 入部官所考籍, 則父祖名姓, 一無差錯是如是遣, 十六日, 往三街之路, 有一人仰臥路上, 見之乃固城金哥吏也。命在頃刻。心甚慘惻, 問於立傍兒童, 則答云俄者數百多民, 捽曳至此矣。適見固城主人, 矣身以手招之曰, 運臥汝房, 善爲救療是如是遣, 夕陽時, 文孝才, 免冠於衆中, 而衆人脅之曰, 固城漢, 汝何藏之? 如是而能免毁家乎云, 矣身曰, 同是營人, 何故毁家云, 則衆人曰彼吏漢, 欲救療色吏, 無異固城漢也。同爲打殺可也。惻而逃去是如是遣, 面舍材木之運去也, 如有後患, 汝輩擔當云是如爲置。破孝才之庫金, 而拿出都監之父子者誰也? 以扇麾民, 捉色吏, 向往新上洞者誰也? 出給材木, 使之燒屍者誰也? 排衆大談曰, 此擧之後, 如有代殺, 我可當之云者誰也? 對洪凡九曰, 吾罪若發, 與汝同死云者亦誰也? 脅固城主人, 逢授屍體者誰也? 衆證交湊於汝, 雖喙長三尺, 安敢發明乎? 無敢如前粧撰, 更良從實直告亦, 推問敎是臥乎在亦。矣身所懷, 已悉前招是在果, 固城吏民, 便同一室, 監色設有可罪之端, 猶當曲護, 況矣身爲籍之毫無差錯乎? 至於破鎖拿出事段, 矣身之左手, 自前病枯, 使用無路, 則以一箇右手, 何能破堅鎖之庫金是乎旀? 凡九於矣身, 欲報宿怨, 爲此陷人之計, 節節可惡。衆證交湊者, 矣身與凡九相詰之說, 傳聞而傳播, 都歸矣身, 而伊日鬧場, 初無干涉, 追後殺變, 又不參見, 這間事端, 從何知得是乎旀? 民所判行云者, 卽營中大民也, 進退百姓, 皆立於此, 前後曲折, 問於判行, 則自可洞燭是去乎, 相考處置敎味白齊。

同日, 洪凡九年, 更推白等, 汝矣前招內, 金鳳石大談於衆曰, 此擧之後, 如有代殺, 吾可當之云是如是遣, 部官所聚會時, 都監之斂膝趺坐, 是何大段失體, 至於拔去烟竹, 扼衿曳之也? 汝手一犯, 衆怒齊發, 遂至於此, 始終釀禍, 無非汝矣。數千多人中大談者, 必非一人, 而獨言金鳳石者, 抑又何故? 所犯情狀, 及作變諸漢, 無如前掩諱, 更良從實直告亦, 推問敎是臥乎在亦。矣身所懷, 已悉前招是在果, 十六日, 部官所考籍之際, 所謂籍監, 趺坐上席, 則環立人謂都監曰, 汝須避席而下坐。矣身如斯聞之, 而扼衿

拔竹之擧, 初無是事是遣. 伊日作筆於禦邊亭也, 矣身晩後上去, 則衆中金鳳石大談曰,
都監父子, 隱伏於文哥之庫, 故破鎖拿出是如, 故從實納告是如乎, 如有從他可知可聞
之端, 何敢不告乎? 此外無他所供是去乎, 相考處置敎味白齊.

同日, 金命必年, 更推白等, 汝矣前招內, 去月十六日, 汨於舂米之役, 不出門外, 外
間事何以知之? 只聞三人殺死之說, 而三人之謂誰某, 亦未聞之是如爲置. 都監之被毆
仆臥也, 謂以假作死狀, 以藁索係足撑之, 累次回回之狀, 金鳳石聞以知之, 金又石見
而傳之是去乙, 以汨於舂米, 不知外事之說, 敢爲白賴者, 萬萬狡惡. 所犯情節, 無敢如
前呑吐, 更良從實直告亦, 推問敎是臥乎在亦. 矣身所懷, 已悉前招是在果, 十六日, 矣
身急於公役, 不出中營門間, 而今以不見不知之說, 援引矣身, 有此納供, 誠是意外是
去乎, 相考處置敎味白齊.

同日, 潘俊伊年, 朴興汝年, 鄭克愼年, 更推各各白等, 潘俊伊(年), 汝矣前招內, 去
月初五日, 往參禦邊亭會, 旋爲還家, 而考籍之狀, 聚民之通, 判行爲之, 傳通之事, 公
員爲之, 主論之誰某, 初不知得是如遣, 朴興汝, 汝矣前招內, 去月初五日, 果爲往
參於會中, 而問其會民之由, 則判行曰, 帳籍錯雜, 一番釐正, 在所不已云, 如斯見之
是如是遣, 鄭克愼, 汝矣前招內, 日不記去月初, 自民所, 謂以帳籍歸正, 發通各里, 故
果往禦邊亭, 則判行·公員, 書出公狀, 指揮多民, 使之呈營, 而伊後, 殺燒之變, 初不
參見是如爲置. 當日之會, 不過是戶籍事, 而畢竟之事, 至於殺死, 如無素所綢繆, 豈至
若是張大乎? 必有指使和應之漢, 無敢如前掩諱, 竝只更良從實直告亦, 推問敎是臥乎
在亦. 潘俊伊, 矣身段, 所懷已悉前招是在果, 當初發通之時, 以洞任之故, 果爲往參,
而畢竟殺燒之變, 不爲目睹, 只爲耳聞是乎旀. 朴興汝, 矣身段, 因民所判行之通文, 一
番往參禦邊亭後, 方營齋役, 不遑往參民會, 則判行·公員, 書給呈狀, 故果爲呈營受
題, 只爲釐正戶籍. 此外更無所供是去乎, 相考處置敎味白齊.

同日, 金益得年, 更推白等, 汝矣前招內, 以海蔘都買, 出往巨濟地, 回路得聞, 戶籍
監色及何許一人, 殺而燒之是如爲置. 禦邊亭民會之席, 汝旣上坐, 則此事顚末, 汝必
主論, 而今乃以回路得聞之說, 橫竪納招者, 狡謠甚矣. 衆目在被[彼], 查體至嚴, 無敢
如前粧撰, 一一從實直告亦, 推問敎是臥乎遣[在]〈亦〉. 矣身所懷, 已悉前招是在果, 禦
邊亭會民之席, 判行坐於上座, 而戶籍釐正次, 呈狀營門矣. 如斯知之, 旋則歸家, 其間
殺燒之變, 不爲參見是去乎, 相考置處敎味白齊. 同日, 金善山年, 更推白等, 汝矣前招
內, 戶籍監色, 多民拿出, 而就[其]中金鳳石, 破碎營主人庫門, 撑而踢之是如爲有矣,

色吏則汝矣捉曳多民之中, 被毆被踢, 當下致死, 是衆證丁寧, 則汝雖發明, 豈可得免乎? 籍事何關於汝, 而旣已殺之, 又爲燒之, 此何心腸? 汝亦人耳, 是可忍乎? 行兇情節, 同黨誰某, 毋一隱諱, 更良從實直告亦, 推問敎是臥乎在亦。矣身所懷, 已悉前招是在果, 監色捽踢之說, 得聞於男女老少, 而矣身公役甚急, 不遑他事是如乎, 今此問目中, 色吏捉曳, 立證丁寧云者, 實是曖昧是去乎, 相考處置敎味白齊。

同日, 李南俊年, 更推白等, 汝矣前招內, 去月十六日, 聞籍之奇, 往而見之, 汝矣戶籍之紙, 剝脫一面, 洪凡九見都監斂膝而坐, 曳下其足, 拔去烟竹是如爲置。如非汝矣之惹鬧, 豈有凡九之作悖? 雖欲掩諱, 端緖已露, 無或如前粧撰, 更良從實直告亦, 推問敎是臥乎在亦。矣身所懷, 已悉前招是在果, 十六日部官所考籍之際, 只見都監斂膝而坐, 洪凡九曳下其足, 拔其烟竹之狀, 而爲從兄推背, 仍則還家。此外更無可供是去乎, 相考處置敎味白齊。

同日, 朴又祿年, 崔必俊年, 更推白等, 各各, 朴又祿, 汝矣前招曰, 去月十七日夜, 燒屍次, 與公員崔必俊, 同往金鳳石處, 果請面舍所毁之材是如遣, 崔必俊, 汝矣前招內, 上任朴又祿招謂曰, 方燒死人, 燒木不足, 往請面舍所毁之木可也, 汝亦隨我而來云, 故果爲隨往是如爲置。三人殺死, 父子幷命, 殺之已甚, 燒又何忍? 旣作請材之行, 當爲燒屍之議, 此非汝矣二人所爲, 必〈有〉主張隨從之漢, 更良一一直告亦, 推問敎是臥乎在亦。朴又祿, 矣身段, 所懷已悉前招是在果, 伊夜請材之行, 初非矣身之生意, 各洞諸民, 一時驅入之際, 矣身適出門外, 則諸民曰, 彼人何爲逗遛? 從衆以去是如, 故果爲隨往于金鳳石處, 請以面舍毁材是乎旀。崔必俊, 矣身段, 上任朴又祿, 同往請材, 故果爲隨去是去乎, 相考處置敎味白齊。

十九日, 洪涉年, 三推白等, 汝矣前招內, 當初發通, 因公員之來請, 而書給狀本, 亦識字憂患。見都監之死, 不爲往見者, 方痛血痢, 不能運動之故是如爲置。病不運動, 何能發通, 千百其人, 汝獨識字是喩? 發通而民會, 民會而殺人, 殺人而燒火, 苟不發通, 豈有民會殺人燒屍之擧乎? 雖使汝自爲之說, 必曰通文之故也。兩次通文及前後狀本, 竝爲現納爲旀, 所犯情節, 無或如前粧撰, 更良從實直告亦, 推問敎是臥乎在亦。矣身所懷, 已悉前招是在果, 發通可否之間, 公員來議矣身, 故事或無怪, 依其言許之。再次通文, 初無聞見者, 則必也公員之任意行之是乎旀, 狀草出給, 雖因多民之懇請, 難免識字憂患是乎旀, 戶籍一款, 本非掌內, 豈有擅便之理乎? 監色殺燒之時, 血痢方劇, 初不目睹, 只聞傳說, 而通文及狀本之下落何處, 亦未知得是去乎, 相考處置敎味白齊。

同日, 公員李祥吉年, 三推白等, 汝矣前招內, 關係民事者, 判行擅便之故, 當初發通, 因判行之指揮而爲之, 十三日更通, 模倣前通而爲之, 判行亦無不知之理。阻遏屍體, 使不得擔往者, 初不目擊是如爲置。當初發通, 縱云判行之指揮, 而十三日更通, 卽汝矣所爲是如, 判行有所納告是置。汝亦民所之任也, 左之右之, 同心爲之是遣, 屍體阻遏者之不爲目擊云者, 語不近理。瀆體至重, 必覈乃已, 無敢如前呑吐, 更良從實直告爲旀, 狀本與通文, 亦爲現納亦, 推問敎是臥乎在亦。矣身所懷, 已悉於初更招是在果, 判行之民事主張, 一營所共知, 前後發通, 矣身何敢擅便? 無非判行之指揮是乎旀。監色殺燒之場, 元不參看, 屍體之阻遏誰某, 尤何知之乎? 兩次發通, 一則下落於何處, 一則留在於矣身, 故并與狀本一張, 玆以現納是去乎, 相考處置敎味白齊。

同日, 徐學仁年, 三推白等, 汝矣更招內, 果緣洞隸之咆喝, 只投一丹木於衆中是如爲有矣, 其於燒屍之場, 汝爲添薪, 則燒場主論, 非汝伊誰? 雖以汝招言之, 流丐生涯, 助勸成性, 見人狷獗, 卒發虛氣, 符同助勢, 有若勝事之狀, 明若觀火, 而前後査庭, 一直呑吐者, 極爲狡獪。無敢如前漫漶, 更良從實直告亦, 推問敎是臥乎在果[亦]。矣身所懷, 已悉於初更招是在果, 以洞隸咆喝之故, 捉之一束木而已, 殺之燒之, 無一參見, 而鳳石之空然誣罔, 千萬曖昧是乎, 相考處置敎味白齊。

同日, 金英國年, 三推白等, 千再哲在囚自歎曰, 金英國·尹福出, 殺我殺我。監色之打殺者, 此兩人是如是遣, 李祥吉所招, 汝矣助虐云者, 亦此意也是去乙, 敢以遮扇救病等說, 粧撰納招, 去益兇獪。査體至重, 必覈乃已, 無或如前粧撰, 更良從實直告亦, 推問敎是臥乎在亦。矣身所懷, 已悉於初更招是在果, 伊日作鬧時, 往于米廛, 爲多民之遮路, 通涉末由, 僅僅拔身而還家, 則父病危劇, 汨於侍湯, 更不出外, 而今此千再哲自歎之說, 李祥吉助虐之告, 面質則自可分接是去乎, 相考處置敎味白齊。

同日, 文孝才年, 三推白等, 汝矣前招內, 都監父子及色吏之屍體, 一夜守直是如爲置。汝旣逢授, 一夜守直, 則宜其給付屍親, 而三屍之至於燒火, 是何故也? 奪屍而燒之者, 果是何人是喩? 毋或如前糢糊, 更良從實直告亦, 推問敎是臥乎在亦。矣身所懷, 已悉前招是在果, 逢授之三屍, 待渠屍親之入來, 區別誰某, 而擔着歸家, 追後事果不聞知是去乎, 相考處置敎味白齊。

同日, 千再哲年, 三推白等, 汝矣前招內, 尹福出之曳來何人也, 多人曰此是都監乎, 色吏乎, 都監之子乎? 疑似之間, 怒拳亂湊是如爲置。疑似云者, 卽多人團欒之謂也。必有詳見其面目者是去乙, 只以金英國助虐, 傳播於同囚者, 是何意思? 汝矣自歎於獄中, 則所歎者何事? 汝亦作變之同黨也, 作變之主魁, 汝不指告, 作變之罪案, 汝何能免乎? 當場所見, 及在囚而自歎之由, 更良昭詳納告亦, 推問敎是臥乎亦. 矣身所懷, 已悉於初再招是在果, 賣由[油]之路, 只見尹福出捽曳都監之子, 而還家後作變如何, 一無聞見是遣, 至於金英國, 伊日鬧場, 衆中見仆, 以扇遮面之狀, 有所瞥見而已. 作變之首倡同黨, 無以之[知]得是去乎, 相考處置敎味白齊.

同日, 徐石俊年, 三推白等, 汝矣前招內, 以一丹木, 投之屍上是如是矣, 金鳳石曳出都監, 鄭東吉立證, 拿出營吏時, 汝亦隨往, 李祥吉納供. 到此地頭, 有何發明乎? 無敢如前呑吐, 更良從實直告亦, 推問敎是臥乎在亦. 矣身所懷, 已悉前招是在果, 㤼於衆民之咆喝, 一丹木投之而來是遣, 殺燒之場, 初不往參, 而東吉及鳳石, 若是誣陷, 特爲頭質分揀是去乎, 相考處置敎味白齊.

同日, 金章信年, 三推白等, 汝矣前招內, 身在番所, 故不能遷移, 監色殺燒之擧, 只聞傳言, 而尹福出之誣引, 必緣逞憾之致是如爲有矣, 汝若無所犯, 幾百會民之中, 惟福出, 設有微嫌, 豈可目之而破鎭拿出乎? 罪歸作者, 辜不可逭, 無更費辭, 所犯情節, 從實直告亦, 推問敎是臥乎在亦. 矣身所懷, 已悉前招是在果, 在番之校, 不遑於他, 監色殺燒, 豈有目擊? 伊日民鬧之時, 自番所, 遙望禦邊亭, 數萬多民, 如雲如林, 遙望之地, 不知誰某. 所謂福出誣陷, 因嫌端而然, 特爲頭質卞白是去乎, 相考處置敎味白齊.

同日, 金善山年, 三推白等, 汝矣更招內, 監色捽踢之說, 聞於民會之中, 則色吏之謂矣身投役, 實爲曖昧是如爲有矣, 伊日營邸之家, 金鳳石, 破碎庫門, 色吏則汝爲捉得, 投於會中, 被踢致死是如, 立證丁寧是去乙, 托以公役, 始終白賴者, 尤極獰悍獄體至嚴, 人命且重, 行兇情節, 更良從實直告亦, 推問敎是臥乎在亦. 矣身所懷, 已悉前招是在果, 矣身爲人下隷, 救死不贍, 何關籍事, 參涉民變是乎旀, 伊日則汩於春役, 奔走不暇之際, 只聞鳳石破鎭而拿出監色之說而已, 矣身初無所犯是去乎, 相考處置敎味白齊.

同日, 李南俊年, 三推白等, 汝矣前招內, 部官所考籍之時, 只見洪凡九與都監, 相詰之事而已是如爲有矣, 汝於伊時, 若不先事恐動, 惟彼凡九, 豈有作梗之擧乎? 然則凡九之作梗, 由於汝矣之惹鬧, 而多民繼此作變, 則究其情跡, 汝豈非指揮路之悵鬼[倀鬼]乎? 十手所指, 衆目難掩, 所犯情節, 無敢更掩, 從實直告亦, 推問敎是臥乎在亦. 矣身所懷, 已悉前招是在果, 部官所考籍也, 只見凡九之與都監, 振衿拔竹事而已, 矣身則旋出他官, 這間殺燒之事, 無以知得是去乎, 相考處置敎味白齊.

同日, 洪凡九年, 三推白等, 汝矣前招內, 部官所考籍之席, 振衿拔竹之擧, 初無是事, 而禦邊亭民云也, 金鳳石籍監父子拿出之說, 果爲得聞是如爲有矣, 都監之跌坐吸草, 有何損體於考籍之席? 而敢肆孛氣, 振衿曳足, 無憚爲之, 卽汝作傭[傭], 而乃欲嫁禍於金鳳石者, 誠甚狡惡。考籍時惹鬧, 作變場參涉, 人皆目之, 雖有百喙, 焉容一辭? 這間委折, 更良從實直告亦, 推問敎是臥乎亦在亦。矣身所懷, 已悉前招是在果, 部官所會民之時, 矣身在於場中, 自庭上有誰出言曰, 莫重考籍之地, 都監何敢吸草斂膝乎云云。故人海之中, 如斯聞知是遣, 至若金鳳石破鎭拿出等事, 渠若隱諱, 特令對質分揀是乎旀, 監色殺之燒之, 非矣身之所知是去乎, 相考處置敎味白齊。

同日, 金命必年, 三推白等, 都監之被毆也, 謂之此漢假作死狀, 甚是可痛, 以索結腰, 回回摔踢, 死而後已, 是可忍乎? 當場參觀之兒, 猶云生惻, 則其擧措慘酷, 可以想矣是去乙, 以不見不知之說, 敢爲掉脫之計, 誠亦愚矣。獄體至嚴, 焉敢乃爾? 無或如前呑吐, 更良從實直告亦, 推問敎是臥乎亦在亦。矣身所懷, 已悉前後招是在果, 去月十六日, 矣身汩於春役, 不出門前是去乎, 相考處置敎味白齊。

同日, 尹福出年, 三推白等, 汝矣前招內, 初因洞隷之言, 往于文孝才家, 則金鳳石·金章信等, 破其庫鎭, 拿出都監父子, 摔曳南門外, 而緣於多民之恐喝, 二箇木投於衆中而已。至於千再哲之言, 果是誣引是如爲有矣, 摔踢都監之子, 汝獨爲之, 千再哲之口招丁寧縱除良, 金德瑞·金鳳石等, 亦爲立證, 則汝雖欲掉脫, 焉能幸逭? 行兇情狀, 無更呑吐, 從實直告亦, 推問敎是臥乎在亦。矣身所懷, 已悉前招是在果, 初因洞隷之言, 往于文孝才家, 則金鳳石·金章信等, 拿出都監父子, 摔曳於南門外, 矣身果爲目覩是遣, 矣身摔踢都監之子, 實是誣罔, 再哲·章信, 一場面質, 自可卞白是乎旀。二箇木之投於會中, 惻於衆民毁家之論是如乎, 雖死杖下, 無他可供是去乎, 相考處置敎味白齊。

同日, 金鳳石年, 三推白等, 汝矣前招內, 左手自前病枯, 不能使用, 以右手, 何能破堅鎭之庫金? 伊日鬧場, 初無干涉, 追後殺燒, 又不參看是如是遣, 民所判行, 營中之大民也。進退百姓, 皆從此出, 前後曲折, 問之可燭是如爲置。旣慮色吏之或死, 而托以救療, 則橋頭仰臥之時, 何爲曳來, 臥在食主人家時, 亦何爲曳出也? 一臂難以碎金, 則都監父子何爲曳出也? 非汝所爲, 必有其人。三尺至嚴, 衆口莫掩, 毋敢如前粧撰, 更良從實直告亦, 推問敎是臥乎亦在亦。矣身所懷, 已悉前招是在果, 去月十六日公退之路, 適見固城籍色之臥橋頭, 托於文孝才, 使之救護, 無以訑傳, 罪歸矣身, 極爲曖昧是遣, 且以破鎭事言之, 兩手幷全者, 猶不容易, 況一臂受病者乎? 燒木出給事, 果因橋洞洞任之來請施之是如乎, 無良之洪凡九於坑塹同囚諸漢, 一辭和附, 寧有如許人心乎? 伏乞明査, 無至橫罹是去乎, 相考處置敎味白齊。

二十日, 李詳吉[李祥吉]年, 洪涉年, 面質各各白等, 李詳吉[李祥吉]汝矣前招內, 前後發通, 矣身何敢擅便? 無非判行之指揮是如是遣, 洪涉汝矣前招內, 入員[公員]來議發通, 故依其言許施矣, 伊後再通, 必是公員任意爲之是如爲有置。汝矣等所供, 何若是矛盾是隱喻, 面質納招亦, 推問敎是臥乎在亦。李祥吉向洪涉曰, 去月初二日, 汝過吾門前日, 食後出來船將廳云, 故出往該廳, 則汝謂我曰, 以戶籍相左事, 民騷出焉, 不可不發通各洞, 汝其發通。吾曰, 無識奈何? 汝卽構草以給云。故果發通各里, 初五日聚會於禦邊亭, 而汝於其時, 上來參坐, 書議送而不爲呈營乎? 洪涉答曰, 汝以戶籍歸正事, 發通爲言, 而請我以書, 故語涉無妨, 構草以給。而十二日發通之事, 吾所不知是去乙, 何故推諉於我也? 祥吉曰, 通辭, 模倣前通, 而分撥之後, 不爲往告耶? 洪涉曰, 汝於何時, 來言于我也? 竝只面質納招是去乎, 相考處置敎味白齊。

同日, 金又石年, 金命必年, 面質各各白等, 金又石, 汝矣招內, 其時南門外, 聞搖亂之聲, 排人腋納頭, 見之則何許人, 仆臥其中, 血流被面, 而中營等牌金哥, 以藥索縛其足, 故兒心生惻, 卽爲還歸是如爲有矣, 命必汝矣招內, 初無是事是如爲置。汝等所供, 何若是矛盾是隱喻, 面質納招亦, 推問敎是臥乎在亦。又石向命必曰, 汝於其時, 豈不縛死人之足, 而作慘酷之事乎? 命必向又石曰, 汝矣必見如我面人, 而錯認納告也。又石又曰, 我與汝, 同爲使喚於中營, 則豈有誤知之理乎? 命必曰, 兒言妄矣是如, 竝只面質納招是去乎, 相考處置敎味白齊。

同日, 文孝才年, 林子瑞年, 面質各各白等, 文孝才汝矣招內, 伊日作變之時, 許多黨類, 捉去于禦邊亭, 而廳上林子瑞號令曰, 戶籍都監父子, 在汝庫房, 故吾輩欲拿出, 則汝之妻眷, 多般困辱, 此亦汝矣之罪, 汝可殺之云是如是遣, 林子瑞汝矣招內, 實無是事是如爲置。汝矣等所供, 何若是矛盾是隱喻, 面質納招亦, 推問敎是臥乎在亦。文孝才向林子瑞曰, 去月十六日禦邊亭, 汝爲號令曰, 籍監父子, 在汝庫房, 而吾輩欲爲拿出, 則汝之妻眷, 多般困辱, 汝罪可殺之言, 豈不云云乎? 林子瑞曰, 吾於伊日, 初不往參, 而且與汝同居隣里, 以何設心, 號令汝矣乎? 孝才曰, 吾以不分明之事, 何可納招於査庭乎? 子瑞曰, 汝言雖如此, 吾之卞白, 將俟後日是如, 竝只面質納招是去乎, 相考處置敎味白齊。

同日, 金鳳石年, 金善山年, 面質各各白等, 金鳳石汝矣招內, 金善山, 捉得色吏, 曳去于受降樓下多民之中, 其人已死, 混投於都監父子之屍上是如爲有矣, 金善山汝矣招內, 戶籍監色殺死之事, 初不參見是如爲置。汝矣等所供, 何若是矛盾是隱喻, 面質

納招亦, 推問敎是臥乎在亦。金鳳石向金善山曰, 汝之捉色吏曳去之狀, 吾非目見, 聞
於同囚之千再哲, 我見再哲, 當爲言之。善山曰, 若見再哲, 汝果言之乎? 再哲在傍, 問
鳳石曰, 汝有何言? 鳳石曰, 善山曳來色吏之由, 汝不言之乎? 再哲曰, 吾之所言, 只
言善山在於屍傍, 不言色吏之曳去也。鳳石曰, 汝於伊日, 丁寧說道, 在囚諸人, 無不親
聽, 汝何敢隱諱? 再哲曰, 汝誠無據之人也。訛傳之言, 何如是甚也? 善山向再哲曰, 汝
眞見我在屍傍乎? 再哲曰, 我登受降樓, 俯視屍傍, 則汝與名不知啞漢, 不爲同立乎?
善山曰, 伊日則吾不出城門, 汝何見之乎? 再哲曰, 只在屍傍而已。竝只面質納招是去
乎, 相考處置敎味白齊。

同日, 李南俊年, 洪凡九年, 各各白等, 李南俊汝矣招內, 十六日部官所考籍時, 洪
凡九拔去都監之烟竹, 曳下趺坐之足是如爲有矣, 洪凡九汝矣招內, 都監趺坐上席, 則
環立之人謂都監曰, 汝須避席而下坐云云之說, 只爲得聞, 拔竹曳足, 初無是事是如爲
置。汝等所供, 何如是矛盾是隱喻, 面質納招亦, 推問敎是臥乎在亦。李南俊向洪凡九曰,
去月十六日, 部官所考籍時, 汝其不拔去烟竹, 曳足振下乎? 凡九曰, 汝何錯認之甚
也? 我則坐於場上, 都監在於大廳深處, 則其何能拔去烟竹, 曳下趺坐之足乎? 我則初
無是事。南俊曰, 吾於其時, 精神昏迷, 果未知的, 輕先納招是如, 竝只面質納招是去乎,
相考處置敎味白齊。

同日, 千再哲年, 尹福出年, 金英國年, 面質各各白等, 千再哲汝矣招內, 尹福出捽
曳人髻, 直出南門外, 則其中金英國, 或躋[擠]或踢是如爲有矣, 尹福出·金英國, 汝矣
招內, 實無是事云。汝等所供, 何若是矛盾是隱喻, 面質納招亦, 推問敎是臥乎在亦。千
再哲向尹福出曰, 汝於其時, 捽髻曳出于磚石街, 而至南門外, 不爲殺之耶? 福出答曰,
吾雖曳去, 初非吾心, 乃金鳳石之指使也。金英國向千再哲曰, 吾之打殺都監, 汝眞目
覩耶? 再哲曰, 汝於其時, 手扇不爲半張乎? 英國曰, 半張之扇, 打之而殺人乎? 再哲
曰, 一次打之, 吾果見之也。竝只面質納招是去乎, 相考處置敎味白齊。

同日, 洪凡九年, 李詳吉[李祥吉]年, 徐學仁年, 面質, 各各白等, 李祥吉汝矣招內,
變出後往于洪凡九家, 則凡九曰, 燒死主張者, 徐學仁是如㭆, 徐學仁汝矣招內, 因
洞隷咆喝, 不得已一丹木投之衆中是如爲置。汝矣等所供, 何若是矛盾是隱喻, 面質納
招亦, 推問敎是臥乎在亦。李祥吉向洪凡九曰, 去月十九日, 吾往九家, 語及作變之事,
而慮其後患, 則汝曰, 監色之在於文孝才家也, 金鳳石往而拿出樣, 誇張衆人中, 殺之
者卽鳳石也, 燒屍者乞人徐學仁是如, 不以爲言乎? 凡九向祥吉曰, 鳳石拿出監色之

說, 吾果言之。而燒屍段, 或聞路人之言, 乞人主張云, 故吾曰, 乞人徐學仁爲魁, 往問于學仁, 可以知之是如, 不以爲言乎? 祥吉曰, 鳳石之說, 毫無差爽, 燒屍者果以徐學仁爲言, 汝必忘昨日所言。凡九曰, 吾不爲此言, 汝何聞之也? 徐學仁向洪凡九曰, 汝眞目見, 言于祥吉乎? 凡九向學仁曰, 吾聞傳說, 則乞人主張云, 故言于祥吉, 而豈以汝爲主張也? 學仁向祥吉曰, 汝不明聽, 何其輕說乎? 學仁曰, 吾則丁寧得聞於凡九。汝眞曖昧, 問于凡九也。學仁又向凡九曰, 汝言果如是耶? 凡九曰, 吾則耳聞, 豈可的言于祥吉乎? 吾則不爲是也是如, 竝只面質納招是去乎, 相考處置敎味白齊。

同日, 鄭東吉年, 徐石俊年, 洪凡九年, 面質各各白等, 鄭東吉汝矣招內, 戶籍監色曳出人, 卽徐石俊是如是矣, 〈徐石俊〉汝矣招內, 只以一丹木, 投之燒屍中而已, 監色曳出, 實無是事是如爲置。汝矣等所供, 何若是矛盾是隱喻, 面質納招亦, 推問敎是臥乎在亦。徐石俊向鄭東吉曰, 我之曳出都監之事, 汝其目觀乎? 耳聞乎? 東吉答曰, 我實不見, 只聞凡九之傳播也。凡九向東吉曰, 我於日前, 金鳳石破碎庫舍之說, 有所相詰, 汝或得聞是喻? 徐石俊曳出都監之事, 初不聞見, 何以說道乎? 東吉答曰, 我實誤聽而誣告是如, 竝只面質納招是去乎, 相考處置敎味白齊。

同日, 尹福出年, 金章信年, 面質各各白等, 尹福出汝矣招內, 多人之入於文孝才家也, 金章信突出, 責出庫金而不得, 則破碎而拿出都監父子是如爲有矣, 金章信汝矣招內, 初無是事云。汝等所供, 何如是矛盾是隱喻, 面質納招亦, 推問敎是臥乎在亦。金章信向尹福出曰, 去月十六日, 文孝才家拿出都監之時, 吾立門前, 破其庫金, 汝眞目見耶? 尹福出答曰, 汝於其時, 雖不破碎拿出, 汝其不來見耶? 章信曰, 汝眞目見, 則吾之所着衣何樣? 答曰, 汝不着周衣耶? 章信曰, 營門軍制, 入番之校, 決不着周衣也。福出曰, 汝雖來參, 汝則無罪, 何必深慮也? 章信曰, 罪之有無, 姑舍。吾果不去, 而汝則見之云, 汝何橫竪納告? 福出俛而不答。竝只面質納招是去乎, 相考處置敎味白齊。

同日, 尹福出年, 洪凡九年, 潘俊伊年, 金善山年, 金鳳石年, 面質各各白等, 尹福出・洪凡九汝矣等招內, 金鳳石之破碎庫門, 曳出都監父子之狀, 丁寧目觀是如是遣, 潘俊伊汝矣招內, 金鳳石大言于家中曰, 固城主人家庫房隱伏之監色, 破碎拿出云, 而有若誇張之狀, 丁寧目觀是如是遣, 金善山汝矣招內, 金鳳石破碎庫門, 捽其監色, 而又云將毀主人之家, 咆喝不已之狀, 丁寧耳聞是如爲有矣, 金鳳石汝矣招內, 初無是事云。汝等所供, 何若是矛盾是隱喻, 面質納招亦, 推問敎是臥乎在亦。尹福出向金鳳石曰, 汝於十六日, 拿出都監之子於文孝才庫房內, 方張[將]曳下之際, 逢我脅之曰, 汝亦統

營之民也, 何不同我曳去? 又以所捉都監之子, 傳授我手而謂之曰, 卽卽拿出於南門之
意, 汝不爲言乎? 鳳石曰, 汝拿汝曳, 吾何捉授於汝手乎? 吾臂病矣, 何可破碎而拿出
是旀, 入番之吏, 又何可往參乎? 汝欲嫁禍於我, 雖出此言, 人何信之? 洪凡九向金鳳
石曰, 十六日, 見汝於南門外, 則吾囊有錢, 各沽一盃可也, 故往于酒家, 各飮一盃後,
上于禦邊亭。而汝扼腕撓房而言曰, 籍監·籍色, 在於文孝才家庫房, 卽爲破碎拿出, 給
于多民是如, 故吾在傍答曰, 如此稠人中, 汝何發說之輕也? 汝爲大談曰, 說或代殺,
吾果當之意, 不以爲言乎? 鳳石曰, 汝丁寧耳聞耶? 汝之此說, 誠是誤聽。吾於其時,
不得色吏被打於新上洞, 吾已救護而來歟? 凡九日, 潘俊伊亦聞之, 吾何誤聽? 鳳石
曰, 汝以前嫌, 欲構誣我殺耶? 潘俊伊曰, 伊日汝發說之時, 凡九在階上, 我在階下, 丁
寧得聞, 汝何發明? 鳳石曰, 汝不參會, 而只聞凡九之言, 謀議殺人耶? 金善山向金鳳
石曰, 汝破碎孝才之庫房, 拿出監色。又毁主人家之說, 汝不爲之耶? 鳳石答曰, 吾不言
之, 汝從何得聞? 善山曰, 上任潘俊伊, 耳聞而說道, 故吾丁寧聞知。鳳石曰, 汝矣四漢,
共相謀議, 陷人不測之地, 誠是無據。竝只面質納招是去乎, 相考處置敎味白齊爲等亦,
各人等招辭是置有亦。盖夫殺越之變, 從古何限? 未有慘酷之極, 如今爲甚。發通初非戕
殺, 擧狀實出規正, 由於誤籍之愼, 始乃如雲而集, 忉於毁家之說, 莫不望風而靡。噫,
彼三人之命, 便同一介物, 左擠右曳, 如報不戴之讐, 甲打乙犯, 自忘罔赦之罪。子毆
[救]父打, 有合倫常, 而胡乃幷命? 妻褰夫屍, 理所惻隱, 而又何迫逐? 看之則豈非無
知沒情之輩? 論之則可謂窮天極地之痛。夫何餘憤未解, 必將無屍後已? 曳索於數馬之
場, 積柴於賣魚之市, 臨風縱火, 恐或後先之不參, 迫吏撤舍, 實因禁斷之末由。哀彼三
筒冤軀, 化成一掬飛灰, 變之怪矣, 筆亦慘矣。第念査體克愼克審, 庶免斯民橫死橫生,
首倡誰某, 寧容漏網之魚? 躬犯眞僞, 莫掩斷泥之獸。有或援證於盤詰之間, 亦自綻露
於廉察之中, 一招二招至三招, 渠雖不服, 此證彼證及他證, 更無容嘴。證之不明, 則歸
於面質, 質之不服, 則事在言外。如此然後庶可免殺無辜之罪乙仍于, 分等臚列爲如乎。
民所判行洪涉段, 當初發文製狀, 亶出於釐正帳籍, 實無作變戕害之心是如, 極口稱冤
是乎乃, 旣爲衆民之頭領, 製通製狀, 渠自爲之, 則發通故聚民, 聚民故作變, 何敢免
首倡之目是乎旀? 金鳳石段, 前後供招, 無非死中求生之道, 而打破庫金, 曳出籍監,
尹福出之面證分明, 代死吾可當之, 高聲唱言於挽沙亭衆會之中者, 洪凡九之對質的
實, 焉敢免先犯之罪是乎旀? 尹福出段, 驅曳籍監, 至於南門之外, 衆民圍立之中, 無
數毆打之狀, 千再哲之證質明的, 則更無可疑之端。參量當時光景, 則初與金鳳石, 破

鎭曳出, 明若觀火是乎矣, 渠敢以嫁禍自免之計, 先告鳳石, 晏然若無犯是乎乃, 罪不自逃, 至於三招抵賴之後, 千再哲援證自發, 無辭而服, 何敢免同犯之律是乎旀? 金命必段, 見籍監之幾死僅甦, 當此之時, 惻然不忍, 人心當如是是去乙, 以何兇獰心腸, 謂以此漢, 猶有回甦之道, 以藁索係足, 翻覆曳地云者, 童蒙又石之證質分明是乎乃, 渠之所告, 以春役無暇出往是如是乎旀。林子瑞段, 禦邊亭聚會時, 招致文孝才, 屈於堂下, 渠則高坐, 而責之以隱匿戶籍監色之罪, 其所擧措, 類同作俑是乎乃, 文孝才面質之場, 極口發明, 不可歸之於作俑之地是乎旀。李南俊段, 都監考籍之場, 見籍紙之剝脫, 謂之割肉祛皮, 無數咆喝, 數三突入, 至有傍人之解紛, 跡其所爲, 極爲痛惡是乎旀。洪凡九段, 考籍之時, 拔都監之竹, 振都監之足, 扼都監之衿, 渠雖發明, 李南俊之立證分明, 安敢自賴是乎旀? 金章信段, 與鳳石, 同往作梗之說, 尹福出援證自在, 而渠之所告, 則以入番料校, 火藥庫守直, 適在伊日, 全然不參是如是乎乃, 依渠言全然不參作拏之場, 豈有爲人所持[指]之理是乎旀? 金英國段, 以扇先打之說, 出於千再哲之援證, 渠亦自服是乎乃, 袖中之扇, 本非殺人之物, 隨衆一打, 亦非戕殺之心是乎旀。李詳吉[李祥吉]段, 渠以民所公員, 所謂發通, 雖諉於判行傳通者, 渠矣則自有首從之別是乎旀。執綱金鍾律段, 收議參涉於會民之場, 及其變出作撓之境, 或避身於公廳, 隱匿於私第, 自恤於爲身謀免, 無意於臨時解撓, 烏在其面置執綱之本意乎? 跡其所爲, 難免嚴勘是乎旀。朴又祿段, 稱以燒木之不足, 至有請材之行, 非渠獨辦, 實是可惡是乎旀。徐學仁·金元東·李又連等段, 以流丐之類, 雖云恤於被逐, 燒場投木, 所爲乖悖, 不可無懲是乎旀。宋在鳳·千再哲等段, 色吏屍身, 渠爲逢授於營主人也。擧措至此, 亦不可無警是乎旀。徐石俊段, 鬧場助虐, 雖云諸供, 對質盤問之場, 終沒把捉是乎旀。金善山段, 捉來色吏, 雖有鳳石之招, 與再哲面質之場, 竟無眞跡是乎旀。餘外各人, 別無可論之端, 并枷囚于統中營獄爲乎旀, 緣由并以牒報爲臥乎所, 牒呈是白置有亦。籍政紊亂, 雖曰該色之罪, 轅門作挐, 可見頑民之習。聚各洞而助其勢, 吁亦兇矣, 殺三人而投之火, 是可忍也? 查報之邑案纔到, 梟警之統移繼至, 一律成案, 三囚伏法, 則自臣營無容更議是白遣, 今此查事, 待畢查修啓後, 諸罪人竝押付統營事, 有政府關飭乙仍于, 同罪人等, 文移該營, 已爲押付是白乎等以, 緣由竝以馳啓爲白臥乎事。

9. 1899년 치사남인 화상 소비옥 초검문안(致死男人華商蕭丕玉 初檢文案)

光武三年(1899) 二月日 利川郡 長面 毛古洞 致死男人 華商 蕭丕玉 獄事囚徒成册

출전 : 국사편찬위원회 한국사 데이터베이스(http://db.history.go.kr) 京畿道來去案 2(39a ~
69a) 各司謄錄 1, 京畿道來去案 2(~)

屍親, 華商 劉長延。
執綱, 幼學 朴載應。
詞連, 良人 朱聖甫。
良人 崔京文。
切隣, 良人 金順甫。
良人 李興云。
被告人, 李聖立。
初檢官, 陰竹郡守 李秉德。

光武三年二月日 利川郡 長面 毛古洞 致死男人 華商 蕭丕玉 獄事 初檢文案

初檢官, 陰竹郡守爲檢驗事。利川郡長面毛古洞致死男人蕭丕玉獄事아이屍親劉長
延, 不在檢所ᄒ야 難以擅檢之由로 已有所報告矣러니, 本月十九日寅時量, 到付指
令內開에, 報辭ᄂᆞ閱悉인바 淸商屍親劉長延를 立卽起送ᄒᆞᆯ事로 英公使에게 知照ᄒ
엿더니 現接該照覆ᄒᆞᆫ즉, 劉長延이가 自漢城으로 本日發行ᄒᆞ야 明日에 可到毛古
洞이라ᄒᆞ니 到卽開檢成案ᄒᆞ야 火速分報ᄒᆞ미 可ᄒᆞᆯ事, 等因이시온바, 登時奉應參
各人等이고 自官門으로 馳往于北距五十里許, 利川郡이온즉 日已昏黑ᄒᆞ야 不能前
進. 故로 仍爲止宿ᄒᆞ고 其翌二十日卯時量에 西距十里許, 該郡長面毛古洞致死男人
蕭丕玉停屍處에 馳往ᄒᆞ와 到彼對衆에 依例檢前先捧招ᄒᆞ다온 推考次, 光武三年二
月二十日, 發告屍親劉長延, 年二十八, 白等。今此致死男人華商蕭丕玉獄事아에 外
部訓令內開에 汝以屍親으로 懸載, 則汝於死者에 爲何許親屬이며 何日月에 緣何事

致命於何處이고 被打는 在何要害, 而參證은 果爲誰某이며 生前에 有何嫌怨, 而身上에 有何瘢痕이고 痛臥時用何藥物, 而未死前有何遺言이며 年歲은 今爲幾許, 而行兇器仗은 果爲拾置인지 一從問目內辭意ᄒᆞ야 從實納招ᄒᆞ라 推問ᄒᆞ온즉 所招內에 死者蕭丕玉은 卽矣身妹夫也. 去陰曆戊戌十月分, 物貨交易次, 擔負槓子를 往于利川等地, 以爲興販矣러니, 轉聞傳說, 則矣妹夫丕玉이, 上年臘月初十日에 毛古洞李聖立家에 投宿이다가 致死이다. 故로 聞甚驚駭ᄒᆞ야 同月十三日, 奔往問之, 則該店主聖立言內, 華商來宿이 初無是事, 則致死委折을 果所不知이다이올기 心甚疑訝ᄒᆞ야 搜到後庭, 則矣妹夫所負槓子를 以草席藁草等物로 覆蓋隱置ᄒᆞ니 此是執贓也, 心知其必有委折ᄒᆞ야 據理責之, 則然後店漢, 不能抵賴ᄒᆞ고 推諉於得病暴死, 故不勝痛迫ᄒᆞ야 問其屍在處, 則答以爲吾旣埋瘞, 不可率爾掘見이다. 故로 他鄕孤踪, 勢無奈何, 同月十七日分에 利川邑書記廳에 來ᄒᆞ야 言其事實ᄒᆞ고 官隷四人으로 偕往掘見, 則眉角脅肋에 果有傷痕ᄒᆞ니 被打致死가 的實無疑이올기 卽爲上京ᄒᆞ야 公使員大人에게 稟請ᄒᆞ와 副領事로 毛古洞에 再到ᄒᆞ야 矣妹夫屍體傷痕與否을 摘奸ᄒᆞ온후 屍身을 更爲權埋ᄒᆞ옵고 槓子物貨을 隨所存推覓ᄒᆞ와 該郡書記廳에 照數任置이온바 矣妹夫之死가 在於猝然, 則參證誰某와 用藥與否와 未死前有何遺言을 果未暇知得이오며 身上에 初無瘢痕ᄒᆞ고 生前에 亦無嫌怨, 而年歲今爲三十三이오며 行兇器仗은 亦未拾置, 而謀財害命, 的然無疑ᄒᆞ니 依法償命ᄒᆞ야 俾雪幽明之冤, 恭俟處分이다ᄒᆞ오며.

同日, 執綱幼學朴載應, 年五十五, 白等. 今此致死男人蕭丕玉獄事아에 汝以毛古洞執綱擧行, 則夫執綱者, 一洞綱領之謂也, 事有大小, 罪有輕重, 則隨其事機ᄒᆞ야 告官決處가 理所妥當이올거늘 殺越이 果何等重大, 而蕭旣被打致死, 則何不登時告官, 以待決處이고 使之任渠擅埋가 是何委折인지 必不無隱情而然이라. 自初至終으로 毋敢隱諱ᄒᆞ고 從實納招ᄒᆞ라 推問ᄒᆞ온즉 所招內, 矣身이 果以洞任擧行이온바 矣洞之於該店에 相距稍遠, 則雖云一洞이나 便是他洞이라. 去月二十二日僧夕에 越店居李聖立, 來言矣洞曰, 昨日에 適爲出他라가 乘暮還家, 則華商一人, 欲爲投宿, 而日前室人이 雖爲解娩이나 顔面所在에 不得恝斥ᄒᆞ야 仍爲許宿矣러니, 朝后出見, 則同華商이 命已絶矣. 不得已隣人에게 懇乞ᄒᆞ야 已爲出埋이다 爲言, 故李哥之不告擅埋가 有所違例라 數言責之, 而事旣到此에 勢無奈何, 渠矣同類華商處에 速卽

通奇ᄒ라ᄒ엿ᅀᆞᆸ더니 同聖立이 午川居崔京文으로 本郡邑內留住華商等處에 果爲
通奇이다이오며, 追後聞之, 則去月十四日에 蕭丕玉이 華商數三人으로 本郡邑底居
朱聖甫家에서 有所爭詰之事이다이올더니 或有被毆, 而轉到李店ᄒ야 竟爲身死이
온지 果未詳知이오니 此外에 無他所達이라ᄒ오며.

同日, 詞連, 良人朱聖甫, 年四十, 白等. 今此致死男人蕭丕玉獄事아에 毛古洞執
綱朴載應所招內, 去月十四日에 蕭丕玉이 華商二三人으로 汝矣家에서 有所言詰之
事, 而同月二十一日李聖立家에 轉到ᄒ야 竟爲身死이다. 즉 雖非准信之言이나 蕭
也果有言詰之事, 而言詰時或有被毆之擧이던지 毋敢隱諱ᄒ고 從實納招ᄒ라 推問
ᄒ온즉 所招內, 矣身이 居在邑底中村ᄒ야 以店爲業에 華商名不知張·趙·劉三姓人,
果爲留住이온바 去月十四日, 華商等이 與新來華商蕭姓人으로 同爲來到矣家ᄒ야
有所緣醉이던지 果有言詰, 而新來蕭商이 荷斧逐張. 故로 矣身與劉商으로 挽執奪
斧, 而雖爲爭詰이나 初無毆打之擧이온바 數日留宿後, 龍仁郡金陽市로 物貨興販次
以去後에 同蕭丕玉段은 更不來到이오며 蕭商之矣家留宿數日에 善喫飮食, 亦無疾
病, 則出去後, 有何事端而致死이온지 果未詳知이오니 此外에 無他可達之辭이온바
相考處置이라ᄒ오며.

同日, 詞連, 良人崔京文, 年四十一, 白等. 今此致死男人蕭丕玉獄事아에 毛古洞
執綱朴載應所招內, 華商蕭丕玉이가 李聖立家에 投宿致死之言을 利川邑內留住華
商等處에 通奇者ᄂ 卽本郡午川洞居崔京文이오니 詳細推問이다ᄒ두. 汝矣가 旣爲
通奇, 則必不無所聞所見이니 蕭丕玉致死根因과 李聖立毆打事狀을 毋敢隱諱ᄒ고
從實納招ᄒ라 推問ᄒ온즉 所招內, 矣身이 以商爲業, 而去月二十三日, 卽本邑市日
也, 伊日興販次로 適到毛古洞이온즉 該店主李聖立言內, 華商一人이 投宿吾家라가
不幸身死ᄒ니 邑內留住華商等處에 爲我通奇이다. 故로 以其觀市之急으로 答以爲
汝當往言이거늘 何以要我送言고 聽而不聞ᄒ고 仍往觀市矣러니, 以此之故로 至於
此境이오니 此外에 無他可達이다이오며.

同日, 切隣, 良人金順甫, 年四十五, 白等. 今此致死男人蕭丕玉獄事아에 汝以切
隣現捉, 則夫切隣者ᄂ 在傍知情之謂也. 今此獄事가 疑然存焉ᄒ니 一則蕭之瞥然致
死요 一則李之經先擅埋가 死必有委折이요 埋必有事端이라. 汝旣比隣接屋, 則必無
不聞不知之理니 這間事實을 從實納招ᄒ라 推問ᄒ온즉 所招內, 去月二十二日朝에

隣居李聖立이 來言日, 昨夜에 華商一人이 留宿吾家라가 今爲身死호야, 而吾家適有解娩호니 屍身不可暫留라. 爲我出埋爲言故로 其在隣誼에 不忍牴斥호야 與同里李興云으로 果爲出埋이다온 斂屍時見之, 則屍身眼胞右頰에 似有微傷痕, 而尋常看過에 果不詳探이오며 埋屍還來, 則李聖立以酬勞之功으로 屍身物貨中, 洋鏡一, 囊刀一, 洋絲一, 太羅木腰帶五介, 囊纓四介, 當錢九兩四錢五分, 有所給之. 故로 物件則置諸家中호고 錢文則與李興云으로 同往飲酒이다온 以此之故로 至於此境호니 雖死杖下나 此外에 無他所達이오니 恭俟處分이다호오며.

同日, 切隣, 良人李興云, 年五十, 白等. 今此致死男人蕭丕玉獄事아에 蕭丕玉은 素是華商이오 李聖立은 本束店漢이라 商之留店이 自是例也. 而李之平日에 有何嫌冤호야 深夜不知에 竟作此變인지 汝與李漢으로 旣爲比隣, 則比隣之事를 必無不聞不知之事니 這間事狀을 毋敢隱諱호고 從實納招호라 推問호온즉 所招內, 矣身與李聖立으로 姓是同本이오 居是同閈이라. 去月二十二日李聖立家에 果有華商致死이다. 急爲出埋之意로 同聖立이 有所來懇. 故로 不得牴斥호야 與金順甫로 同爲出埋, 而問其事實, 則李哥言內, 昨日出他還家, 則華商一人이 善喫夕飯호고 投宿外房, 而房突甚寒이다. 有所火炭求請. 故로 依請施之矣러니, 翌朝出見, 則昨日無故之華商이 夜間에 猝然身死가 實所異常이다이오며, 矣身所居가 不過三家孤店, 而自前或有路邊僵屍, 則自店村埋瘞가 誠是例也. 故로 愚昧所至에 果不通奇于大洞호고 徑先埋瘞于家後李召史田畔이오며 斂屍時見之, 則右顋頰有爪傷痕跡, 而知以尋常이오며 埋瘞還來, 則聖立이 多般致謝호고 屍身物貨中, 木腰帶五介, 洋鏡一介, 唐木絲一, 太乃囊纓四介, 囊刀一介, 錢文九兩四戔五分을 以酬勞給之故로 錢則同往飲酒호고 物則置諸家藏矣러니, 事至張大호야 淸商等이 有所來往摘奸. 故로 不勝驚怯호야 同持來物件을 還給摘奸華商等이온바 此外無他所達이다호오며,

同日, 被告人, 李聖立, 年三十三, 白等. 今此致死男人蕭丕玉獄事아에 屍親劉長延所招內, 渠矣妹夫蕭丕玉이 物貨販賣次, 去月二十一日, 轉到毛古洞李聖立家호야 投宿致死之說을 轉便에 得聞호고 立卽奔往問之, 則汝矣가 初欲掩跡, 堅不吐說타가 及其執贓호야 不能抵賴호고 始以得病暴死에 渠旣埋瘞이다호두. 人命致死가 非同少可라 設或蕭丕玉, 得病暴死라도 死在汝店, 則其在審愼에 立卽告官檢埋가 理所安當이거늘 私自擅埋가 情跡이 可疑쩐더러 物貨掩置와 屍身傷損이 必有多少

事端이니 自初至終을 毋敢呑吐ᄒ고 從實納招ᄒ라 推問ᄒ온즉 所招內, 矣身이 果以店幕生涯이온바 去月二十一日, 有所觀事, 入于本邑이올다가 乘暮還家, 則曾所知面之華商蕭丕玉, 投宿次在于外房, 而家適有産故라。責之矣妻曰, 出胎之翌日에 外人留宿, 是何故耶爲言, 則矣妻言內에 以店爲業ᄒ니 其在顔厚에 何以超斥고 不得禁止이다ᄒ두。聽其言에 容或無怪ᄒ야 置之勿問, 夕飯後, 往遊隣家라가 少頃還來, 則蕭商貌樣이 甚有寒戰之氣。故로 火爐出給, 使之禦寒이고 矣身則旋卽入宿ᄒ고 其翌朝出見, 則蕭商이 臥而不起。故로 心甚疑訝ᄒ야 手撫其身, 則冷已久矣라。産故之餘에 其所不精이 莫過於此。故로 愚昧所使에 未及告官ᄒ고 急請隣人金順甫·李興云ᄒ야 使之趁速出埋于家後李召史田畔이올고 二十三日, 卽本邑市日也, 午川居崔京文이 觀市次過去矣店。故로 略言其事狀ᄒ고 邑內留住華商等處에 通奇之意로 有所申託矣러니, 追後聞之, 則崔京文이 急於觀市而然이던지 不爲通信이다이오며, 同日黃昏時에 華商劉長延, 與同商二人으로 來到矣家ᄒ야 問其委折。故로 矣身所答이 蕭書房이 果爲投宿吾家이다가 得暴疾而然인지 夜間身死는 吾亦不知, 而吾家適有産故之致로 已爲出埋이다 爲言, 則華商等이 責其不趁卽通奇後에 仍卽去矣러니, 同月二十八日, 劉長延兄이 與本邑官隸數人으로 偕來ᄒ야 掘見摘奸後에 本月七日에 清大人一員이 劉長延과 通辭一人으로 眼同本邑官隸, 再次摘奸이올고 同蕭商之物貨는 亦爲照數以去이온바 矣身之私自掩埋는 寔出於愚迷, 而別無他故이오며 貨物掩置一款은 果是華商에 欲爲執頉之計이온즉 實是曖昧이오며 蕭屍出埋時, 金·李兩人이 不無其勞。故로 就其物貨中當錢九兩四戔五分과 物貨數種을 有所分給은 果是矣身之罪也라。嚴問之下에 實難發明이오나 亦無他意이오며 厄會所至에 竟遭此變ᄒ오니 恭俟處分이오며 此外無他所達之辭이다ᄒ오며,

　同日, 開檢節次, 蕭丕玉屍體를 李召史田畔에 旣爲埋瘞。故로 發掘行檢ᄒ다온 四方形標段, 東至岸四十五尺, 西至溪二十尺, 南至畔二十四尺, 北至畔四十七尺이라。初覆屍網席一立, 次外結屍藁索五條, 次靑木赤古里一, 次冠套二, 次靑木袴一, 次靑木行纏一, 次掌甲二, 次唐木手巾二, 次木腰帶一, 次三升囊一, 次草匣一, 次挾囊一, 次靑木周衣二, 次洋木襪子一, 屍身露出, 北頭南足仰臥, 男人年可三十三四歲, 頭髮長三尺, 身長四尺五寸, 兩手不拳, 兩脚伸直이졔 地形傾側ᄒ야 難以行檢。故로 移置光明場畔, 使作作使令鄭士江을 소아 相當法物之飜轉洗罨, 親手按摩ᄒ다온 仰

面段은 自項心至頭顱, 額角如常ᄒ고 左眼胞如常而晴全, 右眼胞微傷色靑에 晴微突ᄒ고 左顋頰全, 右顋頰微浮色紫에 有皮脫痕二處, 形如細生棗葉, 自兩耳로 至耳竅如常ᄒ고 鼻梁全, 鼻準微縮, 鼻竅流血, 自人中至頷頦如常, 自兩盆骨, 至兩手腕, 間間變動色, 手指甲縫如常. 兩乳全, 胸膛에 有蹴痕一處ᄒ니 圍圓長四寸, 形如始生蓮葉, 色紫黶, 自心坎至臍肚, 色靑黑, 摩之微硬ᄒ고 右肋全, 左肋에 有踢痕一處, 圍圓長九寸, 形如半月樣, 色紫黶, 按指緊硬ᄒ고 兩脅色靑黑ᄒ고, 莖物腎囊段은 腎頭有皮脫痕一處ᄒ고 右囊微紫而縮ᄒ고 自兩胯로 至兩腿如常ᄒ고 右膝全左膝에 有磨擦痕間間皮脫ᄒ고 自兩臁腮, 至足指甲縫如常. 合面段은 自腦後로 至兩臀間間變動ᄒ고, 穀道糞出, 自兩腿至足趾如常, 銀釵上下試探色不變, 實因段, 以被踢致死的實이제 屍體을 李聖立家舍廊에 運入掩覆ᄒ다온 初屍床板一, 次裹頭唐木褓一, 次靑木赤古里一, 次靑木袴一, 次洋木襪子二件, 次靑木行纏二, 次掌甲二, 次唐木手巾二, 次木腰帶一, 次三升囊一, 次草匣一, 次挾囊一, 次靑木周衣一, 次冠套二, 次結屍唐木七條, 西頭東足, 四方形標段은 自屍傍, 南至壁八寸, 東至壁一尺二寸, 北至壁七尺, 西至壁八寸이요 次網帘一, 次灰封五處踏印ᄒ고 次沙大接五, 立房門二處內, 一處은 內封, 一處은 外封, 踏印鎖金이고.

同日, 守直軍金學奉, 年三十七, 白等, 今此致死男人蕭丕玉屍體을 初檢後, 矣身逢授守直ᄒ오되 若有疎虞之弊여든 矣身處當推敎[蒙]事.

同日, 律生書記, 金弘鎭, 年三十二。

刑房書記, 金健相, 年二十九。

作作使令, 鄭士江, 年四十七。

發告屍親華商, 劉長延, 年二十八。

執綱, 幼學朴載應, 年五十五。

詞連, 良人朱聖甫, 年四十。

良人崔京文, 年四十一。

切隣, 良人金順甫, 年四十五。

良人李興云, 年五十。

被告人李聖立, 年三十三。

各各白等, 今此致死男人蕭丕玉屍體을 矣徒等이 隨參看檢ᄒ슬거온 傷損處增減

施行이슬거나 造飾錄上이슬거나 不直檢驗이슬다가 日後現發이슬거든 矣徒等處,
各各伏罪홀事。

同日, 屍親華商劉長延年、 更推白等, 汝矣初招有曰, 李聖立之屍體暗埋와 物貨隱
置가 現係謀財害命이니 立速依法償命이다ᄒ두。 今以李聖立所招觀之, 則多有不然
之端ᄒ니 蕭商投宿時에 察其氣色, 則寒慄滿面터니 緣此致死인지 實所難知이오니
蕭之致死後, 私自埋瘞ᄂᆫ實出於産故不精이오며 別無他意이오며 崔京文便言通寄ᄂᆫ亦
有其事, 而崔之不傳ᄂᆫ非我之故, 而貨物掩置一事ᄂᆫ果是萬萬曖昧이다ᄒ두。以此觀
之, 然疑多端이라。 或者蕭之平日에 有何疾病, 而猝然致死歟아? 又或有與他被毆라
가 轉至伊店而致死歟아? 於病於毆에 毋敢隱諱ᄒ고 更良從實納招ᄒ라 推問ᄒ온즉
所招內, 矣身所懷ᄂᆫ 已悉於前招, 而蕭商이 旣爲身死, 則趂卽通寄ᄒ야 以爲斂屍가
係是安當, 而不此之爲ᄒ고 私自擅埋가 果是理外요 以橫子言之라도 覆蓋隱置라가
竟致搜覓, 則有難發明이거늘 稱以屢屢推去爲告者가 亦是構捏이라。其所謀財害
命이 的然이온즉 依法處置ᄒ야 俾雪幽冤을 伏俟이오니 此外無他更達之辭이다
이오며,

同日, 執綱朴載應年, 更推白等, 蕭丕玉之致死가 厥疑有三ᄒ니 一則私自掩埋요
一則痕損有據요 一則貨物掩置라。汝爲洞任ᄒ야 凡於洞事에 無論巨細ᄒ고 必當詳
知, 而初招之不知納告者가 是誠何說고 蕭丕玉之致死根因과 李聖立之行兇情跡을
毋敢如前呑吐ᄒ고 更良從實納招ᄒ라 推問ᄒ온즉 所招內에 矣身所懷ᄂᆫ 已悉於初
招이올건과, 蕭之致死之說을 追後得聞於李聖立所傳, 而以相距稍遠之致로 這間事
狀을 果未詳知이오니 今於嚴問之下에 若有別般所聞이오면 豈有隱諱之理乎잇가?
恭俟處分이오니 此外無他更達이라ᄒ오며,

同日, 詞連, 良人朱聖甫年, 更推白等, 汝矣初招가 何其糢糊說去乎아? 蕭商이 汝
矣家에서 爭詰이다 則說往說來에 必不無混鬪毆打之擧이거늘 只云言爭에 初無被
毆가 係是理外라 或者汝矣家가 簡中有甚隱情而然인지 毋敢如前呑吐ᄒ고 更良從實
納招ᄒ라 推問ᄒ온즉, 所招內, 矣身所懷ᄂᆫ 已悉於前招이올건과, 華商之在矣家爭
詰時, 雖有些少言端이나 初無大段惹鬧, 則誰之行悖와 誰之被毆을 果無是事이오며
爭詰後蕭商이 數日矣家에 留宿할ᄃᆡ에 善喫飮食에 別無他故이다가 興販次出去,
則伊後事端은 果未詳知이오니 此外無他更達之辭라ᄒ오며,

同日, 詞連, 良人崔京文年, 更推白等, 汝矣初招有曰, 觀市過路에 雖聞李聖立所言이나 以悤擾所致로 果不傳言이다ᄒ두. 此不成說이라。人命致死가 何等緊關, 而所幹雖忽이나 其在相孚에 豈有聞言不傳之理며 旣云華商致死, 則這間에 必不無多般酬酢等說이거늘 豈可以不聞知等說로 模糊說去乎아? 前招除良, 更良從實納招ᄒ라 推問ᄒ온즉 所招內, 矣身所懷ᄂᆫ 已悉於初招이올견과, 矣身이 居在午川, 而欲觀邑市, 則相距爲二十里許라 每多晩後之歎, 而右日에 轉到該毛古洞店, 則日已晩矣라。其在心急時緩에 雖聞李聖立之迭言이나 豈暇有銘心聽之乎잇가? 以過耳之言으로 付之尋常ᄒ고 悤忙中答以爲汝當往言이어늘 何以要我爲言乎아? 聽而不聞ᄒ고 仍卽入邑觀市에 果不傳言이온바 此外無他更達之辭라ᄒ오며,

同日, 切隣, 良人金順甫年, 更推白等, 試汝思之ᄒ라 深夜孤店에 無故人死가 豈非異常, 而接墻者惟是汝家요 埋瘞者惟是汝矣。則汝與聖立으로 安知其不爲共謀戕命乎? 這間事狀을 毋敢如前隱諱ᄒ고 從實更良[更良從實]納招ᄒ라 推問ᄒ온즉 所招內, 矣身所懷ᄂᆫ 已悉於初招, 而隣誼所在에 只信李哥之言ᄒ고 與李興云으로 同爲埋瘞外에ᄂᆫ 別無他事이오니 今於嚴覈之下에 雖死杖下라도 所達不過如斯이온바 恭俟處分이오니 此外無他更達이다ᄒ오며,

同日, 切隣, 良人李興云年, 更推白等, 汝與李聖立으로 雖是異家나 便同一門이라。設使蕭丕玉이 得病暴死라도 人之將死에 必不無叫痛之聲이니 其在隔墻之地에 豈有不聞不知之事며 蕭是華商이요 李是同伴, 則喜亦喜怒亦怒, 人之常情이라。李聖立之若有眞犯, 則其所助虐者, 非汝伊誰乎아? 自初至終을 毋敢如前呑吐ᄒ고 更良從實納招ᄒ라 推問ᄒ온즉 所招內, 矣身所懷ᄂᆫ 已悉於初招, 而矣身雖與李聖立으로 比隣居生이오나 華商之緣何致死를 果所未知, 而聖立이 以産故不精으로 同蕭屍을 不留時出埋之意로 來懇, 則不得已與金順甫로 果爲同埋이온바 不告而擅埋가 罪在聖立이요 非矣身所犯이오며, 矣身則只從李漢之指揮ᄒ야 埋屍後略干物件, 以酬勞로 果有所受이오나 別無他事이오니 此外에 無他更達之辭이다ᄒ오며,

同日, 被告人李聖立年, 更推白等, 汝矣初招內, 屍體之私自掩埋ᄂᆫ 雖出於愚昧, 而物貨之掩置一款ᄂᆫ 實是曖昧이다이고 就其物貨中, 酬勞次擅自分給은 果是矣身之罪이오나 亦出於私情, 而別無他故이오니 恭俟處分이다ᄒ두。汝矣所招가 事不近理에 語不成說이라。設或有路邊僵屍라도 宜卽告官이거든 況此華商致死가 在於汝店,

而擅自私埋가 是爲難脫之案이요, 以物貨言之라도 何不趁卽通奇ᄒ야 以爲出給이
고, 於後庭에 用草覆蓋가 是何亂行인지 此亦爲難脫之案이요, 李·金之出埋酬勞를
何必以商貨施給인지 物各有主라 況死人之物乎아? 於此一款에 其謀財을 可知, 則
此亦爲難脫之案이라. 有此三證ᄒ니 汝雖喙長三尺이나 焉敢乃已리요? 行兇情節을
毋敢如前呑吐ᄒ고 更良從實納招ᄒ라 推問ᄒ온즉 所招內, 矣身所懷ᄂ 已悉於初招,
而屍體之私自埋瘞와 物貨之擅自酬給은 果是矣身失魂抵死之秋, 而至有此犯ᄒ니
實無發明이오나 至於橫子掩覆一款은 實是曖昧라. 去月二十三日에 逢着劉商ᄒ야
據實說明後, 屢屢推去之意, 有所言及, 而竟不推去라가 今以矣身掩置樣으로 告于
京部者가 果所抑鬱이온바, 矣身이 今當此厄ᄒ니 昭脫無憑이오나 箇中亦不無疑然
之端ᄒ니 蕭商이 雖死於矣店이나 事在深夜에 證據無人이라. 或者蕭商이 得病而
暴死이온지 平日之或有與他被毆라가 到店猝死이온지 矣身則初無所犯이오니 今
於嚴鞫之下에 豈敢抵賴乎잇가? 所達이 不過如此ᄒ니 此外에 無他可達之辭이다
ᄒ오며,

　同日, 屍親華商劉長延年, 三推白等, 詞連朱聖甫所招에 有曰去月十四日, 渠矣家
留宿華商趙·張·劉三姓人이 與蕭商으로 有所取醉爭詰之事, 甚至於蕭商荷斧逐張에
擧措危凜이다ᄒ두, 蕭商平日에 旣有與他爭鬨, 則安知其伊日被打라가 轉到李店ᄒ
야 冒風觸傷에 瞥然身死인지 汝與蕭商으로 非徒同伴이라. 旣是娚妹, 則平日行爲
을 必不無不聞不知之理, 而汝矣初再招에 初無此等說話, 只以李聖立處에 被打致死
樣으로 納招者가 無乃憑藉然疑에 欲爲嫁禍逞憾乎아? 獄體審愼에 法律至嚴이라.
毋敢隱諱ᄒ고 更良從實納招ᄒ라 推問ᄒ온즉 所招內, 矣身所懷ᄂ 已悉於初再招이
올건과, 去月十四日, 朱聖甫家에서 雖有些少言詰이나 不過是酒債酬給에 醉爭後先
이요 初無鬧端이오며 設或其時에 有所被傷, 則七八日之間에 何以擔負行販乎아?
此是中間託說이라. 若有此擧면 神明在上ᄒ온듸 豈有俯昻於這間乎잇가? 李聖立處,
被打致死가 丁寧無疑이오니 依法償命을 恭俟處分이다ᄒ오며,

　同日, 被告人李聖立年, 三推白等, 殺人者死ᄂ 古今常典이라. 汝以死中求生之計
로 一向粧撰이 雖是兇身之例習이나 汝試思之ᄒ라 無故猝死도 果是乖常之事요 私
自擅埋도 實非尋常之擧라. 驟看外面에 雖云曖昧나 細究裡許ᄒ면 難掩情跡이니
此則不期然而然이요 莫之爲而爲也라. 三尺莫嚴에 一縷難貸, 從頭至尾을 毋敢如前

呑吐ᄒ고 更良從實納招ᄒ라 推問ᄒ온즉 所招內, 矣身所懷ᄂ 已悉於初再招이올건
과, 矣身雖云曖昧나 屍帳痕損이 非徒如是顯著라 私埋屍身과 酬給錢貨가 旣有證案
ᄒ니 自顧所犯이無辭遲晩이오니 如法處置이다ᄒ오며,

爲等如, 各人等招辭이두유여 大抵世之殺越何限? 而情景之慘, 莫如此獄이요 冤
身之獨, 亦莫如此獄이라. 豈可以死之故, 而歸諸可死며 以生之故, 而傳於可生고?
今此蕭조玉屍體을 翻轉仰合ᄒ야 如法行檢이다온 雖是冬月이나 奄經一朔에 屍體
變動ᄒ야 難以細檢。故로 用醋糟等物ᄒ와 親手按摩이온즉 沿身上下, 諸般痕損은
係是被毆時, 微傷者, 則不足深求이오되 就其中仰面之胸膛左肋에 踢痕二處이 俱是
色紫黯, 按指堅硬에 圍經且闊ᄒ야 宛然如在ᄒ고 心坎肚腹臍肚色靑黑, 摩之微硬ᄒ
니 此是受傷致命之根因也라. 謹按無冤錄有曰, 胸膛脅肋, 俱是必死之處라ᄒ옵고
又曰凡打着에 分寸深重, 毒氣紫黑, 卽時向裡, 可以當下身死라ᄒ오며 踢痕方圓, 或
著靴鞋, 間有微損, 其痕周市, 有癮他物亦同이라ᄒ온바, 今此屍帳痕損이 沕合於法
文中이온들노 錄上實因段, 以被踢致死로 懸錄於本郡玄字號屍帳에 勘合書塡上使
ᄒ오며, 哀此蕭조玉쟌은 擔荷爲商, 自有兩橫之物이요 流落投店에 便是獨木之橋라
深夜遇難ᄒ니 村三家而地僻이오, 孤軍無援ᄒ니 身獨渠而影弔라 呼天而天高無聽
ᄒ고 叩地而地卑無應ᄒ니 已矣殘燈遇風에 哀哉, 病葉悲秋라. 以若壯年, 竟作冤魂
ᄒ니 其死也慼, 其情也慘이오며, 李聖立段은 驟看外面, 雖似可疑나 細究裡詐, 實
難發明인디起憾於不疑ᄒ고 求生於當死가 係是死囚之例習이니 還不足呶呶深究이
오되 施威嚴問, 極口稱冤者가 冤且獨矣이온바 第伏念按獄이 不過曰情法이니 情有
可究며 法亦宜察이라, 李聖立之難爲昭脫者, 厥有數條證案ᄒ니 一則屍帳痕損이요,
一則屍身徑埋요, 一則擅犯該貨요, 一則旋匿該物이라. 以公眼看之ᄒ고 公心料之컨
디有此四證, 難貸一縷, 雖使渠自爲之解說이라도 發明無辭쁜아닌지 況㐌冤身自歎
之招有日, 犯其貨埋其屍가 俱是失魂抵死니, 自顧所爲,無辭遲晩等說, 便同謀財, 則
言語之間에 事脈多端ᄒ고 彼此之際에 本色漸露라 論其情則莫之爲而爲요 究其跡
則不期然而然, 正犯之目을 在所難逃이오되 困獸之噬, 情雖可惡이나 隣鷄之攘, 跡
旣不明이올기, 李聖立段은 以被告人으로 懸錄ᄒ오며, 蕭商之曾有爭詰이 雖出於洞
任供招이오나 溯其事本에 無異鑿空이오 究諸情跡에 便同架虛라 別無可據之端이
오며, 執綱朴載應段은 雖是洞任이나 別無可問之端이오며, 朱聖甫·崔京文段은 旣

出於朴載應招辭, 故로 以詞連懸錄, 而亦無可問之端이오며, 金順甫·李興云段은 既
經埋屍, 則證據가 莫過於此, 而其所埋瘞가 只從李聖立之指揮요 別無看涉之事, 而
與該店으로 係是比隣, 故로 以切隣懸錄호오나 亦無可究之端, 故로 上項五人은 竝
以再招擧行호오며, 蕭商物貨段은 大淸國副領事吳雲樵摘奸時, 照數推覓호야 該郡
書記廳에 任置, 故로 件記를 粘後上送호오며, 行兇器仗段은 屍親이 初不現納, 故
로 不得圖畫호오며, 屍體段은 既經掘檢에 覆檢前擅埋가 有所違格, 故로 李聖立家
外房에 移運灰封호와 使之守直호오며, 應問各人段은 具格牢囚該郡後, 囚徒成冊을
修正上送호오며, 覆檢官段은 竹山郡守金弘秀를 文移請來호오며, 郡守은 仍卽還官
之由을 玆에 報告호오니 査照호시믈 伏望.

光武三年二月二十三日卯時

初檢官 陰竹郡守 李秉德 　　

外部大臣 閣下

檢案은 閱悉인바 本道裁判所에서 正當호律例를 適用홀지나 李聖立의 被告懸錄
이 不無疑端事.

二十五日.

仰面

頂心, 偏左偏右, 顖門, 頭顱, 額角, 兩太陽穴, 兩眉, 眉叢. 如常.

兩眼胞, 眼睛. 左眼胞如常而睛全, 右眼胞微傷色靑에 睛微突.

兩顋頰. 左顋頰全, 右顋頰微浮色紫에 有皮脫痕二處, 形如細棗葉.

兩耳, 耳輪, 耳垂, 耳竅. 如常.

鼻梁. 全.

鼻準. 微縮.

鼻竅. 流血.

人中, 上下脣吻, 如常,

銀釵探試, 色不變.

上下牙齒, 舌, 頷頰, 咽喉, 食氣顙. 如常.

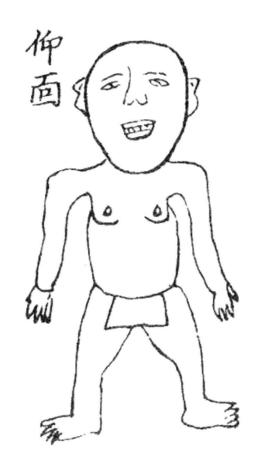

兩血盆骨, 兩肩胛, 兩腋朕, 兩胎膊, 兩胕胅, 兩手腕。間間變動色。

手心, 手指, 手指肚, 手指甲縫。如常。

胸膛。有踢痕一處하니 圍圓長四寸, 形如始生, 蓮葉色紫黯。

兩乳。全。

心坎, 肚腹。色靑黑, 摩之微硬。

兩肋。右肋全, 左肋에 有踢痕一處, 圍圓長九寸, 形如半月樣, 色紫黯, 按指緊硬。

兩脅, 臍肚。色靑黑。

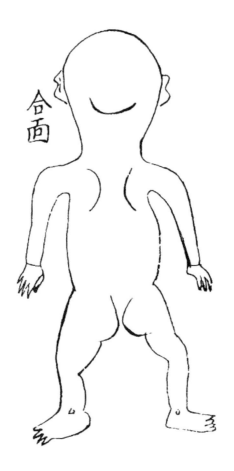

兩胯。如常。

莖物腎囊。腎頭有皮脫痕一塵하고 右囊微紫而縮。

兩腿。如常。

兩膝。右膝全, 左膝有磨擦痕, 間間皮脫。

兩臁肕, 兩脚腕, 兩脚面, 足趾, 足趾甲。如常。

合面

腦後, 髮際, 兩耳根, 項頸, 兩臂膊, 兩肔肘, 手腕, 兩手背, 手指, 手指甲, 脊背, 脊
膂, 兩後肋, 兩後脅, 腰眼, 兩臀。間間變動。

穀道。糞出, 銀釵探試, 色不變。

兩腿, 兩胭脓, 兩腿肚, 兩脚踝, 脚跟, 兩脚心, 足肚, 足肚肚, 足肚甲縫。如常。

光武三年二月十九日辰時量, 自官門北距六十里許, 利川郡長面毛古洞致死男人華
商蕭丕玉停屍處, 到彼對衆檢驗後, 實因段은 被踢致死, 懸錄於本郡玄字號屍帳良中,
勘合書塡是乎事。

物貨件記

白銅釵三介。

黃銅釵七介。

粉六盒。

白鐵銅串五介。

梳治介五介。

黃銅足支介十三介。

面鏡四介, 又掛鏡一介。

唐石硫黃五竹。

琉璃眼鏡七介。

烟竹六介。

木腰帶四竹五件。

肥陋四介。

倭蠟十張。

粉帖四介。

石油燈盞十一介。

卷烟一匣半。

草匣四介。

針九包。

面梳二十二介。

大小囊六介。

洋絲四他乃。

端衽三十九條。

大小囊纓五十四條。

唐記十一條。

手巾二件。

各色染色七半桶。

金鷄蠟半瓶。

10. 1904년(光武八年) 양근군수(楊根郡守)가 외부대신(外部大臣)에게 올린 보고

발신자 : 李範奭(楊根郡守)
수신자 : 外部大臣
발신일 : 光武八年十二月十九日(1904년 12월 19일)
출전 : 국사편찬위원회 한국사 데이터베이스(http://db.history.go.kr) 各司謄錄 1, 京畿道來去案 3
문서분류 : 報告

陰曆十月二十九日, 本郡西始面蹄灘居民金夫抑釗訴告內槪에 去甲午年分에 三斗落畓을 價折當文二千兩, 而買得於張九龍處이온바 問其該土之裏許, 則曰此畓은 本是趙都事宅畓, 而許給於朴乭石者也라。我有所捧錢於朴乭石處, 而此畓文券을 以債報坪으로 朴哥가 任置於我也니 勿慮買得云爾。故로 錢二千兩을 計給于張哥ᄒᆞ고 仍爲買得이 于玆十餘年에 無弊耕食矣러니, 不意日前에 京居安官石爲名人이 稱以朴議官家委人이 來言曰, 現有詳考事ᄒᆞ니 朴乭石許, 所買畓三斗落文券을 持來之意로 威脅毆打, 則不耐其苦ᄒᆞ와 該文券二張을 暫爲持給, 則稱有後考事라ᄒᆞ고 仍卽執留에 欲爲上京ᄒᆞ오니 豈有如許虛罔冤抑之事乎잇가? 捉致安哥, 而明査處辨이다이옵기 聞甚駭然이기로 卽爲捉入安·方兩人ᄒᆞ와 査問ᄒᆞ온즉 安官石所供內에 去辛丑年冬間에 本郡西始面蹄灘居朴乭石이 來言於鑄洞朴議官慶浩處曰, 我有三斗落畓, 而方有錢政之窘急ᄒᆞ니 永買此畓이 似好云爾이오나 不無疑慮ᄒᆞ야 推諉思量之際에 朴慶浩之舍音은 卽同面居趙班伯三也라。來以懇請曰, 朴哥之畓券이 丁寧無疑ᄒᆞ니 買得無妨云云。故로 給錢四千兩, 而推券永買矣러니, 其後數年之秋收는 無弊輸來이고 至於今年, 則終是不來가 事甚訝惑ᄒᆞ야 朴慶浩가 委送矣身, 而使之探其裏許故로 矣身이 下來探知, 則朴乭石이 該畓三斗落은 已於癸巳年分에 權賣於隣居張九龍處, 而張哥則仍爲轉賣於金夫抑釗處이다이온바, 矣身이 欲考其賣買文券於金漢, 則金漢이 知機喫㤼, 而該文券을 移置于隣居李都事宅云爾故로 矣身이 卽往于李宅而說明, 則自右宅으로 該文券二張을 卽地出給이올기 這間轉相賣買之裏許와 文券之眞贋을 欲問于證筆處, 而仍執該券ᄒᆞ고 姑爲留連이올다가 至登此訴ᄒᆞ와 被

捉來待이다이살고, 方京元所供內에 矣身所懷는 與安官石之所供으로 一而二也, 則無他所供之辭이다이옵기 卽其地解送安·方兩人이옵고, 朴乭石은 不容不査徵其一土重賣之訟案故로 拘因本獄이옵더니 居未幾日에 安官石이 再爲下來ᄒᆞ야 稱以朴慶浩之代言人이라ᄒᆞ고 金夫抑釗畓券을 推給之意로 告訴이살기, 原被告와 看證諸人, 竝同裁判ᄒᆞ온즉 先後之別과 眞僞[贋]之形이 昭然可辦故로 畓歸于金夫抑釗ᄒᆞ옵고 錢歸于朴慶浩處이옵던지 安官石이 藉恃敎勢ᄒᆞ고 詬罵官長을 固有紀極ᄒᆞ오니, 此等弊瘼을 因循置之면 遐鄕殘民이 無以保生이요 行政官吏가 無以執法이옵기, 原被告供辭와 該洞之報을 抄付報告ᄒᆞ오니 査照ᄒᆞ신 後, 一面으로 法公館에 知照ᄒᆞ시고 一面으로 鍾峴敎堂에 公函ᄒᆞ시와 該敎民朴慶浩·安官石에 不法行爲을 嚴重處斷케ᄒᆞ심을 伏望.

光武八年十二月十九日

楊根郡守 李範奭

議政府贊政外部大臣 閣下

指令 第一號

朴·安兩民의 藉敎凌官이 雖屬駭惋이나 敎民도 亦我民이라. 如有不法情事면 應由我官懲辦이거늘 何可交涉外使ᄒᆞ야 自損治民之權乎아? 嗣後에 遇有此等頑習이거든 自行處治ᄒᆞᆷ이 爲可.

二十一日.

光武八年十二月日判決書

原告楊根西始面蹄灘洞居 金夫抑釗.

被告京鑄洞居 朴慶浩代言人 安官石, 方京元.

本郡西始面蹄灘里居金夫抑釗口訴內槪에 去甲午年分에 三斗落畓을 價折當文二千兩, 而買得於張九龍處이온바 問其該土之裏許, 則曰此畓은 本是趙都事宅畓, 而許給於朴乭石者也라. 我有所捧錢於朴乭石處, 而此畓文券을 以債報坪으로 朴哥가 任置於我니 勿慮買得云爾. 故로 錢二千兩을 計給於張哥ᄒᆞ고 仍爲買得이 于今十餘年에 無弊耕食矣러니, 不意日前에 京居安官石爲名人이 稱以朴議官家委人而來言曰, 現有詳考事ᄒᆞ니 朴乭石許所買畓三斗落文券을 持來之意로 威脅毆打, 則不

耐其苦ᄒ와 該文券二張을 暫爲持給, 則稱有後考事라ᄒ고 仍卽執留에 欲爲上京ᄒ오니 豈有如許虛罔冤抑之事잇가? 捉致安哥而明査處辦이다이슬졔.

被告安官石을 捉入官庭ᄒ야 郡守問曰, 汝以京人으로 因何事端, 而金夫抑釗之三斗落畓券을 奪以不給乎아? 供曰, 去辛丑年冬間에 本郡西始面蹄灘居朴乭石이 來言於鑄洞朴議官慶浩處曰, 我有三斗落畓, 而方有錢政之窘急矣니 永買此畓이 似好云爾이오나 不無疑慮ᄒ야 推諉思量之際에 朴慶浩之舍音은 卽同面居趙班伯三也라. 來以懇請曰, 朴哥之畓券이 丁寧無疑ᄒ니 買得無妨云云. 故로 給價四千兩, 而推券永買矣러니, 其後數年之秋收은 無弊輪來이고 至於今年, 則終是不來가 事甚訝惑ᄒ야 朴慶浩가 委送矣身, 而使之探其裏許. 故로 矣身이 下來探知, 則朴乭石이 該畓三斗落은 已於癸巳年分에 權賣於隣居張九龍處, 而張哥則仍爲轉賣於金夫抑釗處이다이온바, 矣身이 欲考其賣買文券於金漢, 則金漢이 知機喫怵, 而該文券을 移置於隣居李都事宅云爾. 故로 矣身이 卽往于李宅而說明, 則自右宅으로 該文券二張을 卽地出給이올기 這間轉相賣買之裏許와 文券之眞贗을 欲問于證筆處, 而仍執該券ᄒ고 姑爲留連이올다가 至登此訴ᄒ와 被捉來待이다이슬졔.

郡守謂安官石曰, 事果如此면 何不擧公ᄒ고 鄕曲愚氓을 威脅敺打에 欲奪畓券ᄒ니 是何悖習인지 固當懲治이되 姑恕出途이건과 朴京浩[朴慶浩]家買得文券을 現納然後에야 可以爲質査處辦ᄒ리라.

郡守謂朴乭石曰, 汝有此等事乎아? 供曰, 矣身於張九龍處에 曾有船債錢所報條, 而報償無路故로 去癸巳年分에 三斗落畓을 價折二千兩ᄒ와 以權賣例로 新文券二張을 成給於張哥處, 而以報債錢矣러니, 張哥가 仍爲永賣該畓於金夫抑釗處가 于玆十餘年이온바 該畓三斗落을 以二千兩債坪으로 永爲見奪이 事甚冤抑, 故로 去辛丑年冬間에 此等事狀을 往言于朴京浩[朴慶浩]家舍音趙班伯三러니, 趙班이 朴京浩[朴慶浩]處에 居間興成ᄒ와 當文四千兩을 捧食, 而其後壬寅·癸卯兩年秋收租, 挪引他租, 而輸送于朴京浩[朴慶浩]處이올고 今年秋收租은 姑未輪送矣러니, 自朴慶浩家로 委送差人ᄒ와 現方査探其裏許之際에 至登金漢之呈訴ᄒ와 被捉來待이다이슬졔.

光武八年十二月十日.

京居朴慶浩에 訴狀內開에 矣身이 辛丑年分에 治下西始面蹄灘所在畓三斗落를

折價四千兩, 而買得於朴乭石處러니, 今年分에 同里居金夫抑釗爲名漢이 以僞造文券二張으로 買得於古邑面張哥處云ᄒᆞ고 無端是非에 誣訴官庭ᄒᆞ오니 豈非冤抑乎잇가? 本文券은 京草洞趙參判宅의잇ᄉᆞᆸ기 該文券一張을 玆以粘聯ᄒᆞ오니 査實歸正伏望이다이ᄉᆞᆯ제。

趙參判手蹟。

楊根蹄灘所在畓三斗落, 業已永爲許給於朴乭石矣, 本文記則闖失久矣。設有來後得出이라도 以勿施爲定事。

甲辰月日草洞趙參判押章。

郡守謂朴慶浩代言人安官石曰, 朴慶浩之買畓於朴乭石時에 雖新文記一張, 宜其授受이거늘 胡爲乎只給畓價, 而不受文券ᄒᆞ고 今以舌端으로 稱買者, 無乃糢糊乎아? 安供曰, 當初買畓時에 只信舍音趙伯三之言ᄒᆞ고 出給該錢於趙伯三ᄒᆞ야 使之轉給朴乭石, 而連督文券推納이오나 趙·朴兩人이 此頉彼頉ᄒᆞ고 只納兩年秋收이다가 今年秋收不納故로 將欲歸正ᄒᆞ와 有此起訟이옵고 文券段은 該畓舊主趙參判之手蹟을 添付訴狀ᄒᆞ여ᅀᆞ오니 此非舊券乎잇가? 郡守曰, 趙參判之手蹟이 非年久之文蹟이요 乃是今年에 成給ᄒᆞᆫ 文蹟이니 此則事出之後에 圖囑受來之形이 昭然可知니 何可以此爲舊券乎아? 安椒然無供이ᄉᆞᆯ제。

郡守謂金夫抑釗曰, 今此三斗落畓을 汝旣爲買得於張九龍處云爾, 則新文記는 昭然, 而舊文記는 紙墨이 似糢糊ᄒᆞ니 曷故也오? 供曰, 當初買得時舊券즉 自舊畓主趙參判宅으로 闖失云, 而只給徐輔國宅欲賣不賣之券一張及新文記一張竝二張을 給之이옵기 矣身이 蔑識愚氓으로 信之無疑ᄒᆞ옵고 無弊耕食十餘年이라가 至於近日에 朴乭石이 此畓을 將ᄒᆞ야 教人을 符同ᄒᆞ고 勒奪ᄒᆞ랴다가기에 愚昧ᄒᆞᆫ 所見으로 果然來歷文書一張을 書入이오나 該舊券之眞贗은 似不必深究이옵고 新文一張에 張九龍에 手蹟이 分明ᄒᆞ옵고 證人崔自然에 着名이 分明ᄒᆞ오니 以此憑准ᄒᆞ시믈 伏望이다이ᄉᆞᆯ제。

郡守謂張九永曰, 汝有此畓賣買等事乎아? 供曰, 矣身亡兄九龍이 於朴乭石處에 曾有所捧錢當文五千兩故로 連加督促, 則乃於甲午年分에 朴漢이 三斗落畓券二張을 持來이온즉 矣身兄曰, 此畓을 從他斥賣, 而債錢을 備報云矣러니, 際玆金夫抑釗가 欲買此畓ᄒᆞ와 該文券二張을 推去於朴漢處이옵고 該畓價二千兩은 矣身兄, 以

朴漢處所捧錢坪으로 推來而已이다이슬제.

郡守謂崔自然曰, 朴乬石與金夫抑釗가 三斗落賣買時, 汝爲文券中參證乎아? 供曰, 矣身이 朴·金兩漢之三斗畓賣買時에 以同閈之誼로 果有立證於新文券中이슬제. 又問曰, 汝旣立證이면 永賣乎아, 權賣乎아? 崔供曰, 以永賣로 立證이슬제.

郡守謂趙班伯三曰, 汝爲朴慶浩家舍音, 而朴乬石處에 三斗落畓賣買事을 汝爲强勸興成云ᄒ니 汝旣居在該洞ᄒ야 明知該畓之已爲金夫抑釗之畓, 而何乃居間於朴慶浩乎아? 供曰, 生이 朴慶浩家庄土을 果爲幹檢, 而去辛丑年冬間에 朴慶浩가 言於生曰, 宅之隣居朴乬石에 三斗落畓을 給錢四千兩而買得矣니 一體善幹云. 故로 認以過之而已요 初無勸買居間之事이다이슬제.

郡守謂安官石曰, 爾旣以該畓價四千兩을 出付于舍音趙伯三ᄒ야 使之轉給朴乬石이라ᄒ더니, 今此趙伯三供內, 初無是事라ᄒ니 爾供이 無乃眩幻乎아? 安椵然無供이슬제.

郡守告示于該洞大小民人曰, 今此朴乬石·金夫抑釗畓訟에 對ᄒ야 朴稱權賣라ᄒ고 金稱永賣라ᄒ야 兩供이 矛盾ᄒ니 自該洞으로 會同大小民人ᄒ야, 博採前後事狀ᄒ야 從實馳報이되 如或有愛憎於其間ᄒ야 絲毫不公之端이면 該執綱頭民은 斷當嚴懲ᄒᆯ 事. 該洞大小民人牒報曰, 卽伏見告示下者, 則朴漢乬石三斗落畓段, 本以京居趙承旨宅件, 許給于右漢者也. 而本文記有無, 非洞民之所共詳知也. 往在甲午年分, 朴漢負債於張哥者不少, 故以二張文記, 謂趙氏宅所來, 推給于張哥, 則彼張哥가 以錢政之急, 移給于此金漢夫抑釗者也. 金漢初以班宅物件置疑矣, 旣以自張所來, 則有何不信之心乎? 文券則永永放賣云ᄒ고 秋收者, 則十餘年于玆矣. 今聞彼朴漢, 得債於京居朴議官家時, 誣托以爲有退覓者, 三斗落畓捧納之意相約云, 而于今三年前兩年, 以自家租包代入矣. 金哥許尙無一早白矣, 以至于今年, 有此萬萬不意之擧是乎則, 假令朴漢, 有分明當退文記, 則何無一言於金漢, 而以自家租代入以來乎? 朴漢之非理做事, 民等之所共聞知也. 大抵經緯所在, 以有文記有土地之金漢, 空然見奪於無文記無土地之朴議官家之理乎? 蔽一言, 朴漢之左右請囑, 從中幹旋, 不問可知也. 民等據實仰訴, 洞燭後捉致金·朴兩漢, 從公決處之地, 伏望, 等因이다이슬제.

郡守謂朴乬石曰, 參互原被告所供, 則汝爲一土再賣ᄒ니 罪當何居오? 供曰, 矣身所懷은 已悉於前日所供, 則更無他供之辭이온바 一土再賣은 雖緣於事勢之不得已

이오나 綻露至此에 焉敢容喙乎잇가, 伏俟處分이다이슬제.

據查金夫抑釗은 買得秋收가 爲十一年之久, 而文券이 昭然ᄒ고 證筆崔自然과 轉賣之張九龍供辭가 確實ᄒ고 該洞大小民人之牒報가 確係共公之論이니 更無疑眩也요, 朴慶浩은 買得이 爲三年云, 而無文券一張ᄒ고 價錢出給時, 亦無證參ᄒ고 該洞大小民人之報辭가 亦云非理라ᄒ얏스니, 朴慶浩之三年前買得該畓云者가 實是模糊者也라. 設或實有買得之事라도 卽是朴乬石之一土重賣者也. 考其年條ᄒ즉 金先而朴後요 辨其眞僞ᄒ즉 金實而朴虛也. 且況朴乬石이 一土重賣로 服之供辭가 分明ᄒ니 該畓은 歸于金夫抑釗가 宜當이요 至若朴慶浩에 四千兩條와 今年秋收條은 朴乬石에게 推尋홈미 可할 事.

光武八年十二月十八日

楊根郡守 李範奭

11. 1926년 치안유지법 위반 피의자신문조서 (제8회)

문서철명 : 李鳳洙(治安維持法違反)
문서제목 : 被疑者 全政琯 訊問調書(第八回)
문서작성자 : 司法警察吏道巡査 大森秀雄
작성일 : 1926년 07월 20일
출전 : 국사편찬위원회 한국사 데이터베이스(http://db.history.go.kr) 국내항일운동 자료
경상지방법원 검사국 문서

被疑者全政琯

右治安維持法違反被疑事件ニ付大正十五年七月二十日京城鍾路警察署ニ於テ司
法警察吏道巡査大森秀雄ヲ立會セシメ前回ニ引續キ被疑者ニ對シ訊問ヲ爲スコト
左ノ如シ。

問 : 汝ハ 全政琯テアルカ。

答 : 左樣テアリマス。

問 : 汝カ共産運動ニ從事シタル經路ヲ述ヘヨ。

答 : 前々回供述シタ通テアリマス。

問 : 汝カ露國ヨリ入鮮シタル動機及使命ヲ述ヘヨ。

答 : 私ハ昨年十一月 浦塩ニ於テ同志曺奉岩ト協議ノ上中央部ノ姜達永ノ許ニ派
遣セラルヽコトヽナリ旅費五十円受取間島會寧清津ヲ經テ郷里ニ歸リ約三ケ月
間滯在シ本年三月初メ入京シマシタ
宿所ハ府内貫鐵洞百二十四番地ニ下宿シ約一週間後三角町二十八番地姜達永方ヲ
尋ネテ行キマシタ其ノ時私ハ曺奉岩カラ命ヲ承ケ入京シタ旨ヲ告ケタラ姜ハ私ニ

對シ君ハ京城ニテ共産運動ヲヤツテ貫フコトニナツテ居ルト云ハレタノテアリマス。

問 : 汝ハ前回ニハ　金夏錫カラ使命ヲ受ケ入京シタト云フテ居ルテハナイカ。

答 : 實ハ　曹奉岩テアリマシタ。金夏錫ハ知ツテ居ルカラ左様ニ申シマシタ。

問 : 汝カ入京後ノ行動ヲ述ヘヨ。

答 : 京城ニ來テカラハ表面運動ニハ從事セス單ニ黨員トシテノ行動ヲ取ツタ丈テアリマス。

問 : 汝ト共ニ露國ヨリ入京シタル者ハ誰々乎。

答 : 私ト一緒ニ來タ者ハアリマセヌカ前後シテ入鮮シタ同志ハ　金石駿二十七年位(咸北鏡城)高光洙二十三年位(咸南以下不詳)李智鐸、朴珉英、張鎮洙二十五年位、盧尚烈二十五年位(咸鏡道以下不詳)趙昌熙二十六年位(忠清道以下不詳)咸翊柱二十六年位(咸鏡道以下不詳)韓仁甲二十五年位(咸北慶源)及金某等テアリマス。

問 : 之等ノ者ハ如何ニセシヤ。

答 :
一、金石駿ハ正友會ニ
一、高光洙ハ府内授恩洞舊朝鮮勞働黨ニ
一、李智鐸ト朴珉英ハ中央(京城)ニテ黨員教養係ニ
一、張鎮洙ハ時代日報配達夫ニ
一、盧尚烈ハ全南順天ノ勞又ハ團体ニ
一、趙昌烈ハ群山ノ商店使役人ニ

一、咸翊柱ハ仁川ノ時代日報支局ニ

一、韓仁甲ハ曺奉岩カ滿洲部ヲ組織スル補助員トシテ浦塩ニ

一、金某ハ姜達永カ晋州ニ送ル

以上ノ通各入京ト同時ニ配置ニナリマシタ。

問 ： 朴珉英、李智鐸其他同志ノ動靜ヲ知ルカ。

答 ： 朴珉英、李智鐸ハ本年六月事件ニテ逮捕サレマシタ
金石駿ハ正友會カラ所在ヲ晦マシタ其レハ約一ケ月前ノコトテアリマス其他ノ
者ハ各配置セラレタ通リ在住スルモノト思ヒマス。

問 ： 其後如何ニセシヤ。

答 ： 私ハ本年五月日不詳　洪南杓、李準泰、李鳳洙、權五卨、姜達永及私ト金鋹洙ト
七人カ姜達永方ニ集リ六月事件(李王殿下國葬ニ際シ運動ヲ爲スコト)ニ付協議シ
マシタ。

問 ： 如何ナヲルコトヲ協議シタカ。

答 ： 會議ノ席上　姜達永カ李王カ薨去セラレ朝鮮人民心ハ非常ニ動搖シテ居ルカ
ラ六月十日國葬ニハ大正八年萬歲騷キ以來ノ人ノ集リテアル此ノ機ヲ利用シテ
吾々運動ヲ爲サゞルヘカラスト協議シタノテ權五卨モ大ニ贊成シ多人數テスル
時ハ發覺ノ虞レカアルカラ如何ナル方法手段ニ依リ如何ナル運動ヲ爲スコトモ
誰カ一人ヲ指定シ全部ノコトヲ其ノ者ニ一任スルコトニ決定シマシタソレカラ
協議ノ結果權五卨カ其ノ任ニ當ルコトニナリマシタ。同時ニ他ノ者ハ絕對ニ干涉
シナイコトニ申合セマシタ。

問 ： 其ノ計劃ハ如何ナルコトニ進行シタカ。

答 ： 本運動ヲ爲セハ必ス騷擾カ起キルカラ其時ハ犧牲者ヲ出サネハナラヌ
カラ可成中央幹部ヤ黨員中カラ犧牲者ヲ出サヌ樣ニ吾々密カニ避ケテ居リ
マシタ。

問 ： 其レカラ如何ニセシヤ。

答 ： 權五卨カ檢擧セラレ中央幹部ノ內李準泰、李鳳洙、洪南杓等モ共ニ檢擧サレ
マシタノテ姜達永カ明日カラ新聞社ニ出動スルコトカ出來ナクナリタル日ノ晚
三角町姜達永方ニ金鍐洙ト私カ集マリマシタ。其ノ時私等ハ六月事件ノ爲メ同志
カ多數檢擧セラレ活動スル人物カナイカラ權五卨等カ豫審決定シ平靜ニナルマ
テ黨務ヲ休止シ平靜ニ歸シタル後再ヒ繼續スルコトニ決定シマシタ
姜達永ハ所在ヲ晦マシタカ連絡ハ光化門一九二四ノ電話テ金甲淳ヲ尋ネテ居ル
處ヲ聞ケト云シマシタ。

問 ： 金甲淳ハ如何ナル人物カ。

答 ： 金鍐洙ノコトテアリマス。

問 ： 六月事件ハ共産黨ノ仕事ニ相違ナキカ。

答 ： 共産黨テ遂行スルコトニ決定シテ前述ノ通リ。權五卨ニ一任シタ次第テア
リマス。

問 ： 汝ハ何時組織部ノ幹部ニナツタカ。

答 ： 組織部ニ更ニ調査部カ附設シテアリマスカ 李鳳洙カ組織部專務テ私ハ專ラ
調査部ヲ擔任スルコトニナリマシタ。組織部トシテノ責任ハ李鳳洙ト二人テアリ
マスカラ數次相談ヲシテヤリマシタ。

問：汝ヤ 李鳳洙ハ組織部ノ如何ナル仕事ヲシタカ。

答：細胞組織ヤ人員配置ニ付テハ 李鳳洙ト相談ノ上李鳳洙カ全部實行シタノテアリマス。

問：李鳳洙カ細胞組織ヲ爲シタルモノハ如何ナルモノカ。

答：私ヤ 李鳳洙等ノ組織部員及秘書部ノ姜達永ト相談ノ上各細胞ノ組織乃チ黨員三人以上アル團体ヲ細胞ニスルコトニシテ姜達永ニ於テ實施スルユトニシテアリマス。

問：京城ニハ細胞カ幾ツアルカ。

答：火曜會ノ一二部朝鮮日報,時代日報,職工勞農總同盟學生漢陽靑年聯盟及無所ニテ特別細胞ノ九ツノ細胞ハ組織部員ニ於テ決定シ秘書部ニ於テ決定シタルモノテアリマス。
フユトヲ散會(탈초자주 ： 원문내용이나 成文이 안됨)
其ノ人員ノ配置モ亦秘書部員ニ於テシタルモノテアリマス。

問：宣傳部ノ幹部ハ誰レカ。

答：權五尙,洪南杓,金錣洙ノ三人テアリマス。

問：黨員ノ候補期間ハ如何。

答：其レハ秘書部テ施行スルノテ私ハ知リマセン。

問：候補期間ハ過キテ入黨手續ヲ如何ニスルカ。

答 ： 其ノ期間中ハ候補黨員ニハ全然話ヲシナイテ其ノ行動ヲ監視シ期間カ過クレバ　朝鮮共産黨ノ內容ヲ或程度マテ打明ケテ話ヲ致シマス其時カ黨員ニナツタ時テアリマスカラ改メテ通知スルト云フモノハアリマセヌ。

問 ： 黨則ヲ制定シタ者誰カ。

答 ： 權五鼎ト李鳳洙カ規則ヲ作ツタト聞イテ居リマス。

問 ： 黨則ハ各自カ携帶スルノカ幹部丈携帶スルカ。

答 ： 其レハ秘書部テスルコトテ克ク知リマセヌ細胞ノ代表者等カ持ツテ居ル樣テアリマス。

問 ： 本年五月中旬頃　三角町二十八番地姜達永方ニ李鳳洙、李準泰、金鎰洙、洪南杓、權五鼎及汝ト集合シタル際李鳳洙カラ新義州ニ出張シタル事實ヲ報告シタコトカアルカ。

答 ： 其ノ事ハ五月二十日頃テアリマシタ。六月事件ニ付協議ヲシタ時　李鳳洙カ新義州ニ出張シ金丹治ト會見シ協議シタル事實及金丹治カラ金二百二十圓(百二十圓ト云フタカカ克ク覺ヘヌ)ヲ連動費トシテ受取リ來リタルカ其ノ金李準泰ニ於テ黨ノ爲メニ使用シタト云フテ李準泰カ報告シマシタ。

問 ： 二百二十圓中三十圓ハ　李鳳洙カ旅費トシテ費消シ其ノ殘金ヲ李準泰カ使用シタト云フタカ。

答 ： 李鳳洙ノ旅費ノコトハ覺カアリマセヌカ鳳洙カ丹治カラ受取リタル金ヲ李準泰カ使ツタコトハ確實ナ報告テアリマシタ。

問 ： 李鳳洙ハ金丹治ト聯絡ヲ取ル爲メ新義州ニ行ツテ來タト云ツタカ。

答 : 聯絡ヲ執ル爲メニ行ツタトハ申シマセンテシタカ無論其ノ爲メテアリマス。

問 : 李鳳洙ハ金丹冶ト會見シタ顚末ヲ報告シタ筈如何。

答 : 朝鮮共産黨ノ運動ハ民族運動團體ト連絡シ大ニ助ケテ共ニ實行スルノ必要カアルト云フコトハ報告シテ居リマシタカ金丹冶ト相談シテ來タト云フ意味テハナカッタ樣ニ思ヒマス。

問 : 其他ニ付報告シタコトハナイカ。

答 : 權五卨ト李鳳洙カラ規則ノ訂正カ來タ出來テ居ラヌト云フコト云ヲ報告シマシタカ其外ニハアリマセヌ。

問 : 洪南杓カラ金燦ノ通信ノコトニ付何カ報告ハナカツタカ。

答 : 覺カアリマセヌ。

問 : 本年五月 京城テ共産黨大會ヲ開ク筈テアツタカ。

答 : 五月末頃大會ヲ開ク豫定テアリマシタカ六月事件ノ準備ノ爲メ忙ハシクテ延期シタノテアリマス。

問 : 其ノ大會ノ議案作成ニ汝ト 李鳳洙カ選ハレタカ。

答 : 左樣テアリマス私ト 李鳳洙ト二人テ議案ヲ作成委員ニ選ハレタコトヲ姜達永方ニ六月事件ニ付會合ノ際姜達永カ通知ヲ受ケ承諾シマシタ。

問 : 議案ノ內容ハ如何。

答 ： 輪廓ハ政治經濟問題、民族問題、勞働問題、農民問題、靑年問題、少年問題、女性問題、衡平問題、思想問題等ニテ此ノ事ニ付　李鳳洙ト協議シマシタカ同人ハ權五高ニ賴マフテハナイカト云ヒマスノテ私モ贊成シ權五高ニ作成方依願シタノテアリマス。

問 ： 權五高ハ議案ヲ書イタ乎。

答 ： 彼モ六月事件ノ準備ニ忙シイノテ遂ニ書カナカツタノテアリマス。

問 ： 北風會、火曜會、朝鮮勞働黨無産者同盟ノ四ケ團體カ合同シテ正友會ヲ組織スル時汝ハ干係シタカ。

答 ： 月日ハ覺ヘヌ本年春(五月末)中央幹部會ノ決議ニ依リ　權五高カ四ケ團體合同ノ宣言書ラ作ツテ來ルコトニナツテ居ルカラ其レカ來タナラ私ニ檢閱セヨト姜達永カラ命セラレマシタカ權五高カ作成セヌノテ檢閱ノ要モナカツタノテアリマス四ケ團體合同ニ付テハ其レ丈テアリマス。

問 ： 汝カ本年春細胞會議ニ出席シタコトカアルカ。

答 ： 本年四月頃テアリマシタ。翠雲亭(嘉會洞)ノ山中テ朴一秉、吳義善私ト三人集リマシタカ他ノ者カ來タノテ流會ニナリマシタ。
其後五月初旬慶雲洞ノ具然欽方テ各細胞ノ代表會議ヲ開キ出席者鄭達憲具然欽私ト三人集リ黨員義務金ヲ出スコトヲ協議シ無職者ハ毎日十錢月給生活者ハ月給ノ百分ノ三宛ヲ出スコトヲ決議シマシタカ約一時間ニシテ散會シマシタ。

問 ： 汝ハ何細胞付テアルカ。

答 ： 火曜第一細胞付テアツテ代表者ハ朴一秉テアリマス。

問 : 其他,責任者ヲ持ツタコトハナイカ。

答 : 私ハ 京城部、副幹部ニ指定サレタカ中央部ノ幹部テアルカラ二ケ所ノ幹部ハ出來ヌカラ斷リマシタ。

問 : 京城部、幹部ハ誰々カ。

答 : 洪惠祐カ責任祕書テ吳義善ト閔昌植カ副幹部テアリマス。

問 : 京城部ノ責任ハ如何ナルモノカ。

答 : 府内ニアル各細胞ノ總轄機關テアリマシテ中央幹部ニ故障ヲ來シタ時府内細胞ヲ指揮スル地位ニアリマス。

問 : 朝鮮共産黨ト高麗共産靑年會トノ關係ハ如何。

答 : 互ニ聯絡ヲ爲ス兄弟ノ干係テアリマス。

問 : 朝鮮共産黨トソウル靑年會トノ干係ハ如何。

答 : ソウル系最高思想團體 前進會ト正友會ト合同セシメルノテアルカ從來ノ干係ニテ合同カ容易ニ出來タカラ朝鮮共産黨カ合同政策ヲ取ツテ居リマス。
右通事ヲ介シテ本人ニ讀聞カセタルニ相違ナキ旨申立署名拇印セシム

供述者全政琯
大正十五年七月二十日
京城鍾路警察署

司法警察官 道警部今津金太郎
立會人兼通事司法警察吏朝鮮總督府巡査大森秀雄

12. 2010년 조봉암 간첩 등 확정된 유죄판결 재심개시판결
(대법원 2010. 10. 29.자 2008재도11 전원합의체 결정)

피고인 : 조봉암
재심청구인 : 피고인 조봉암의 자 재심청구인 1외 3인
변호인 : 법무법인 양재 담당변호사 최병모외 3인
재심대상판결 : 대법원 1959. 2. 27. 선고 4291형상559 판결

주 문
재심대상판결 중 피고인 조봉암에 대한 유죄 부분에 관하여 재심을 개시한다.

이유
1. 재심대상판결과 그에 이르기까지의 경과
국가기록원장이 송부한 형사사건기록 및 판결 사본 등을 조사한 결과, 아래와 같은 사실을 인정할 수 있다.
가. 피고인은 1958. 1. 13. 진보당의 정강정책, 특히 평화통일론의 이적성에 대한 내사를 벌인 서울특별시경찰국에 의하여 진보당 간부들과 함께 구속되었다. 또한, 피고인은 1958. 2. 19.부터 1958. 3. 2.까지 육군특무부대에서 그 소속 수사관들로부터 육군첩보부대(HID) 공작 경로를 이용하여 남북한을 왕래하며 물자교역을 하던 공동피고인 1을 통해 북한 괴뢰집단의 지령 및 자금을 수령하고 위 공동피고인 1에게 진보당 관련 문건 등을 교부였다는 혐의에 대하여 조사를 받았다.

나. 피고인은 1958. 2. 8.부터 같은 해 4. 8.까지 사이에 3회에 걸쳐 서울지방검찰청 검사로부터 서울지방법원에 간첩, 간첩방조, 구 국가보안법 위반 및 법령 제5호 위반 등으로 공소가 제기되었는바, 그 공소사실의 요지는 다음과 같다.
(1) 피고인은 진보당을 결정함에 있어 북한 괴뢰집단과 호응하여 그 산하 조국통일구국투쟁위원회 김약수에게 밀사를 파견하여 북한 괴뢰집단이 지령하

는 목적사항을 협의 내지 실천하여 구 국가보안법(1948. 12. 1. 법률 제10호로 제정되어 1958. 12. 26. 법률 제500호로 폐지제정되기 전의 것, 이하 '구 국가보안법'이라고 한다) 제3조(목적사항의 실행 협의 등)를 위반하고, 간첩 박정호, 정우갑 등과 밀회하여 형법 제98조 소정의 간첩 내지 간첩방조행위를 하였다(이하 '제1 공소사실'이라 한다).

(2) 피고인은 1956. 11. 10. 서울특별시 중구 소재 시공관에서 공동피고인 2 등 공동피고인들 및 80여 명과 회합하여 북한 괴뢰집단의 주장과 같은 평화통일을 정강정책으로 하는 진보당을 결당함으로써 대한민국을 변란할 목적으로 결사를 구성함과 동시에 그 중앙위원장에 취임함으로써 수괴에 임하고, 4회에 걸쳐 진보당이 목적하는 실행사항을 협의하여 구 국가보안법 제1조(결사 등 구성), 제3조(목적사항의 실행 협의 등)를 위반하였다(이하 '제2 공소사실'이라 한다).

(3) 피고인은 당국의 허가 없이 권총 1정, 실탄 50발을 불법소지하여 군정 법령 제5호를 위반하였다(이하 '제3 공소사실'이라 한다).

(4) 피고인은 공동피고인 1을 통하여 '현재 북에서는 조봉암과 합작할 용의가 있다, 남한의 현 정권을 전복시키기 위하여 평화통일이란 공동목표로 합작하자, 자금이 필요하면 원조하겠다'는 북한 괴뢰집단의 지령을 받아 이에 호응하여, 북한 괴뢰집단에 선거자금, 진보당 기관지 인수비용 등의 원조를 요청하여 공동피고인 1을 통해 십 수회에 걸쳐 합계 3,900만 환 및 미화 620불의 금품을 수수하고, 제반 남한정세 및 진보당 중앙당위원 명단 등 문건을 북한 괴뢰집단에 제보 내지 제공하여 형법 제98조 소정의 간첩행위를 하였다(이하 '제4 공소사실'이라 한다).

다. 서울지방법원은 위 각 사건[서울지방법원 단기 4291년 형공(刑公) 제524, 752, 772, 907, 980, 1440, 2168, 2235호]을 병합 심리한 후, 1958. 7. 2. 피고인에 대하여, 간첩죄로 공소가 제기된 제4 공소사실에 대해서 구 국가보안법 제3조 위반에 해당한다고 보아 제3 공소사실과 함께 각 유죄를 인정하여 징역 5년을 선고하고, 나머지 공소사실에 대해서는 무죄를 선고하였다.

라. 위 판결에 대하여 피고인과 검사가 항소하였다. 서울고등법원은 1958. 10. 25. 피고인에 대하여, 제1 공소사실에 대한 검사의 항소를 기각하였으나, 제2, 제4 공소사실에 대한 검사의 항소를 받아들여 제1심과는 달리 제2 공소사실에 대해서는 구 국가보안법 제1조, 제3조 각 위반죄, 제4 공소사실에 대해서는 형법 제98조의 간첩죄로 인정하여 사형을 선고하였다[서울고등법원 단기 4291년 형공(刑控) 제958호, 이하 '원심판결'이라 한다].

마. 위 판결에 대하여 피고인이 상고하였다. 대법원은 1959. 2. 27. 원심판결 중 피고인에 대한 부분을 파기하고 직접판결을 하기로 하여, 제2, 3, 4의 각 공소사실은 다음과 같은 이유로 각 유죄를 인정하여 피고인에 대하여 사형을 선고하고, 제1 공소사실에 대해서는 무죄를 선고하였다[대법원 단기 4291년 형상(刑上) 제559호, 이하 '재심대상판결'이라 한다].
(1) (제2 공소사실 부분) 진보당의 강령정책은 헌법에 위배되지 아니하고, 평화통일에 관한 주장도 언론자유의 한계를 일탈하였다고 볼 수 없음이 자명하나, 피고인은 제4 공소사실과 같이 진보당을 결당할 당시는 물론 그 결당을 추진하던 도중에 북한 괴뢰집단의 지령을 받고 북한 괴뢰집단과 합작하여 평화통일의 구호 아래 대한민국을 변란할 목적으로 진보당을 구성하여 그 수괴인 중앙위원장에 취임한 사실이 인정되고, 이는 구 국가보안법 제1조 위반죄에 해당한다.
(2) (제3 공소사실 부분) 군정 법령 제5호 제2조 위반죄에 해당한다.
(3) (제4 공소사실 부분) 공동피고인 1의 검찰, 제1심 공판정에서의 진술이 임의로 된 것임은 기록상 명백하고, 달리 위 공동피고인 1이 불법감금, 협박, 회유, 유도 및 기망 등으로 허위자백하였다는 주장은 받아들이기 어려우며, 검사가 제출한 증거에 의하여 피고인에 대한 간첩죄(형법 제98조)는 유죄로 인정된다.

바. 그 후 피고인은 1959. 5. 5. 재심대상판결에 대하여 무죄를 인정할 명백한 증거가 새로 발견되었고, 그 공소의 기초된 수사에 관여한 육군특무부대 수사

관들의 공동피고인 1에 대한 불법감금, 독직가혹행위 등으로 형사소송법 제
420조 제5호, 제7호에 정한 재심사유가 있다고 주장하면서 재심을 청구하였으
나, 대법원은 1959. 7. 30. 이를 기각하였고(대법원 단기 4292년 재1호), 피고인
은 그 다음날 사형이 집행되었다.

2. 재심청구이유의 요지

이 사건 공소의 기초된 수사에 관여한 육군특무부대 수사관들이 일반인에 대
한 수사권한 없이 피고인과 공동피고인 1 등을 조사하였고, 그 조사과정에서
위 공동피고인 1을 불법체포·감금하였을 뿐만 아니라, 그에게 약물을 투여하
여 가혹행위를 하는 등 그 직무에 관한 죄를 범하였다. 이러한 육군특무부대
수사관들의 행위는 구 헌병과 국군정보기관의 수사한계에 관한 법률 제3조
위반, 구 형법(1995. 12. 29. 법률 제5057호로 개정되기 전의 것, 이하 '구 형
법'이라고 한다) 제123조의 타인의 권리행사방해, 형법 제124조의 불법체포·
감금, 형법 제125조의 독직가혹행위의 각 죄에 해당한다. 한편, 위 각 범죄에
대하여 공소시효가 완성되었으나 증거자료에 의하여 그 사실이 증명되었다고
할 것이므로, 재심대상판결 중 피고인에 대한 부분에는 형사소송법 제420조
제7호, 제422조에 의한 재심사유가 있다.

3. 재심청구의 이유에 대한 판단

가. 기록에 의하면, 다음과 같은 사실이 인정된다.

육군특무부대는 1957. 12.경 공동피고인 1이 북한을 왕래하면서 간첩행위를
하고, 피고인과 접선을 꾀한다는 제보에 따라 수사에 착수하여 1958. 2. 8. 공
동피고인 1을 연행하였고, 위 부대 소속의 육군 중령 공소외 1과 육군 문관
공소외 2는 위 공동피고인 1이 군부대 주둔지, 영내 등에서의 간첩행위에 관
한 구 국방경비법(1948. 7. 5. 남조선과도정부 법률 번호미상으로 제정되어
1962. 1. 20. 법률 제1004호로 폐지된 것, 이하 같다) 제33조를 위반하였다는
혐의로 1958. 2. 13.부터 같은 해 3. 2.까지 위 공동피고인 1에 대하여 12회에
걸쳐 피의자신문을 진행하였다. 또한, 위 공소외 1과 공소외 2는 이미 구 국가

보안법 위반의 공소사실로 구속 기소된 피고인에 대하여도 구 국방경비법 제33조를 위반하였다는 혐의에 관하여 1958. 2. 19.부터 같은 해 3. 2.까지 8회에 걸쳐 서울형무소 내지 위 부대에서 피의자신문을 진행하였다. 그 후 육군특무부대장은 피고인과 위 공동피고인 1의 행위가 구 국방경비법 제33조에 해당한다는 공소외 1의 의견에 따라 1958. 3. 17. 기소의견으로 서울지방검찰청 검사장에게 사건을 송치하였다.

한편, 당시 피고인은 군인이나 군속이 아닌 일반인이었고, 위 공동피고인 1도 인천 소재 육군첩보부대(HID)의 공작 경로를 이용하여 남북한을 왕래하면서 물자교역에 종사하였으나 그 신분은 일반인이었을 뿐 달리 군인이나 군속은 아니었다. 또한, 피고인이 위 공동피고인 1과 만나거나 그에게 진보당과 관련된 문건 등을 수수하고, 금전을 교부받은 장소는 서울 시내에 소재한 음식점이나 태평로 등 노상이거나 광주시 소재 남한산성 등이었고 군부대의 주둔지나 숙사 혹은 진영은 아니었다.

나. 관련 법령

(1) 구 국방경비법 제33조는 조선경비대의 여하한 요새지, 주둔지, 숙사 혹은 진영 내에서 간첩으로서 잠복 또는 행동하는 여하한 자든지 고등군법회의에서 이를 재판하며, 유죄로 인정되는 때에는 사형에 처한다고 규정하고 있다. 또한, 구 헌병과 국군정보기관의 수사한계에 관한 법률(1949. 12. 19. 법률 제80호로 제정되어 1962. 1. 20. 법률 제1004호로 폐지된 것, 이하 같다)에 의하면, 헌병은 군인, 군속의 범죄에 대한 수사를 전행(專行)하고, 군사 또는 군인, 군속의 범죄에 관련 있는 일반인의 범죄에 대하여는 형사소송법의 규정에 의하여 이를 수사할 수 있으되 긴급구속은 할 수 없고(제1조), 국군정보기관의 소속원과 방첩원은 군인, 군속의 범죄만을 수사할 수 있으며, 이 경우 헌병과 동일한 권한을 가지지만(제2조), 만일 헌병이 직권을 남용하여 일반인을 수사하거나 헌병 이외의 국군기관이 일반인의 범죄에 대하여 수사를 행한 때에는 1년 이상 10년 이하의 징역에 처한다고 규정되어 있다(제3조).

(2) 육군특무부대는 육군의 방첩에 관한 사항과 법령의 규정에 의하여 그 소

관에 속하는 범죄수사를 관장하고, 그 부대장은 육군참모총장의 명을 받아 부대업무를 통할하고 소속대원을 지휘·감독한다[구 육군특무부대령(1957. 11. 21. 대통령령 제1316호로 제정되어 1960. 7. 20. 국무원령 제36호로 개정되기 전의 것, 이하 같다) 제1조, 제4조]. 따라서 육군특무부대는 헌병과는 달리 육군의 방첩업무 등을 담당하는 국군정보기관에 해당하고, 구 헌병과 국군정보기관의 수사한계에 관한 법률 제2조에 의하여 그 소속원과 방첩원은 군인이나 군속의 범죄를 수사할 수 있으나, 이들은 군인이나 군속이 아닌 일반인에 대해서는 수사권을 가지지 않는다.

다. 판단

(1) 피고인과 공동피고인 1에 대한 혐의는 군부대의 요새지, 주둔지, 숙사 혹은 진영 내에서 간첩으로서 잠복하거나 또는 행동한 것에 대한 것이 아니므로 구 국방경비법 제33조의 적용 대상이 되지 않는다. 그리고 피고인과 위 공동피고인 1은 군인이나 군속이 아닌 일반인이므로 국군정보기관인 육군특무부대에서 이들을 수사할 권한이 없다. 따라서 육군특무부대 소속 육군 중령 공소외 1과 육군 문관 공소외 2 등이 피고인과 위 공동피고인 1을 구 국방경비법 제33조의 간첩 혐의로 입건하여 피의자로 신문한 행위는 구 헌병과 국군정보기관의 수사한계에 관한 법률 제3조를 위반한 죄에 해당할 뿐만 아니라, 공무원이 직권을 남용하여 사람으로 하여금 의무 없는 일을 하게 한 경우로서 구 형법 제123조의 타인의 권리행사방해죄를 구성하고, 이들 범죄는 모두 형사소송법 제420조 제7호 소정의 사법경찰관의 직무에 관한 죄에 해당한다.

(2) 한편, 피고인과 공동피고인 1이 육군특무부대에서 조사받은 것은 1958. 2. 8.부터 같은 해 3. 2.까지인데, 구 헌병과 국군정보기관의 수사한계에 관한 법률 제3조 위반죄는 그 법정형이 1년 이상 10년 이하의 징역으로서 공소시효가 7년이고[구 형사소송법(2007. 12. 21. 법률 제8730호로 개정되기 전의 것) 제249조 제1항 제3호, 형사소송법 부칙(2007. 12. 21.) 제3조], 구 형법 제123조의 타인의 권리행사방해죄는 그 법정형이 '5년 이하의 징역과 10년 이하의 자격정지'로서 공소시효가 5년이므로[구 형사소송법(2007. 12. 21. 법률 제8730

호로 개정되기 전의 것) 제249조 제1항 제4호, 형사소송법 부칙(2007. 12. 21.) 제3조], 위 각 죄에 대한 공소시효가 완성되었음은 역수상 명백하다. 따라서 위 각 죄에 대하여는 유죄판결을 얻을 수 없는 사실상, 법률상의 장애가 있는 경우로서 형사소송법 제422조 소정의 '확정판결을 얻을 수 없는 때'에 해당한다.

(3) 결국 재심대상판결의 범죄사실 중 제4 공소사실에 대한 부분과 제4 공소사실의 일부를 인용하여 유죄로 인정한 제2 공소사실에 대한 부분은 그 공소의 기초된 수사에 관여한 사법경찰관이 그 직무에 관한 죄를 범하였고 그러한 사실이 증명되었다고 할 것이므로, 나머지 재심청구의 이유에 대하여 살펴볼 것도 없이, 재심대상판결에는 형사소송법 제420조 제7호에 정한 재심사유가 있다. 그리고 경합범 관계에 있는 수개의 범죄사실을 유죄로 인정하여 1개의 형을 선고한 불가분의 확정판결에서 그 중 일부의 범죄사실에 대하여 재심청구의 이유가 있는 것으로 인정된 경우에는 형식적으로는 1개의 형이 선고된 판결에 대한 것이어서 그 판결 전부에 대하여 재심개시의 결정을 하지 않으면 안 된다(대법원 1996. 6. 14. 선고 96도477 판결 참조).

4. 결론
그렇다면 이 사건 재심청구는 이유 있으므로 형사소송법 제435조 제1항에 의하여 관여 대법관의 일치된 의견으로 주문과 같이 결정한다.

재판장 대법원장 이용훈
　대법관 양승태
주심 대법관 박시환
　대법관 김지형
　대법관 이홍훈
　대법관 김능환
　대법관 전수안
　대법관 안대희

대법관 차한성

대법관 양창수

대법관 신영철

대법관 민일영

대법관 이인복

13. 2018년 일제 강제동원 피해자의 일본기업을 상대로 한 손해배상청구 사건
(대법원 2018. 10. 30., 선고 2013다61381 전원합의체 판결)

【원고, 피상고인】 망

【피고, 상고인】 신일철주금 주식회사(소송대리인 변호사 주한일 외 2인)

【환송판결】 대법원 2012. 5. 24. 선고 2009다68620 판결

【주 문】 상고를 모두 기각한다. 상고 비용은 피고가 부담한다.

【이 유】

상고이유(상고이유서 제출기간이 지난 후에 제출된 상고이유보충서 등 서면들의 기재는 상고이유를 보충하는 범위 내에서)를 판단한다.

1. 기본적 사실관계

환송 전후의 각 원심판결 및 환송판결의 이유와 환송 전후의 원심이 적법하게 채택한 증거들에 의하면 다음과 같은 사실을 알 수 있다.

가. 일본의 한반도 침탈과 강세동원 등

일본은 1910. 8. 22. 한일합병조약 이후 조선총독부를 통하여 한반도를 지배하였다. 일본은 1931년 만주사변, 1937년 중일전쟁을 일으킴으로써 점차 전시체제에 들어가게 되었고, 1941년에는 태평양전쟁까지 일으켰다. 일본은 전쟁을 치르면서 군수물자 생산을 위한 노동력이 부족하게 되자 이를 해결하기 위하여 1938. 4. 1. '국가총동원법'을 제정·공포하고, 1942년 '조선인 내지이입 알선 요강'을 제정·실시하여 한반도 각 지역에서 관(官) 알선을 통하여 인력을 모집하였으며, 1944. 10.경부터는 '국민징용령'에 의하여 일반 한국인에 대한 징용을 실시하였다. 태평양전쟁은 1945. 8. 6. 일본 히로시마에 원자폭탄이 투하된 다음, 같은 달 15일 일본 국왕이 미국을 비롯한 연합국에 무조건 항복을 선언함으로써 끝이 났다.

나. 망 소외인과 원고 2, 원고 3, 원고 4(이하 '원고들'이라 한다)의 동원과 강제노동 피해 및 귀국 경위

(1) 원고들은 1923년부터 1929년 사이에 한반도에서 태어나 평양, 보령, 군산

등에서 거주하던 사람들이고, 일본제철 주식회사(이하 '구 일본제철'이라 한다)는 1934. 1.경 설립되어 일본 가마이시(釜石), 야하타(八幡), 오사카(大阪) 등에서 제철소를 운영하던 회사이다.

(2) 1941. 4. 26. 기간(基幹) 군수사업체에 해당하는 구 일본제철을 비롯한 일본의 철강생산자들을 총괄 지도하는 일본 정부 직속기구인 철강통제회가 설립되었다. 철강통제회는 한반도에서 노무자를 적극 확충하기로 하고 일본 정부와 협력하여 노무자를 동원하였고, 구 일본제철은 사장이 철강통제회의 회장을 역임하는 등 철강통제회에서 주도적인 역할을 하였다.

(3) 구 일본제철은 1943년경 평양에서 오사카제철소의 공원모집 광고를 냈는데, 그 광고에는 오사카제철소에서 2년간 훈련을 받으면 기술을 습득할 수 있고 훈련 종료 후 한반도의 제철소에서 기술자로 취직할 수 있다고 기재되어 있었다. 망 소외인, 원고 2는 1943. 9.경 위 광고를 보고, 기술을 습득하여 우리나라에서 취직할 수 있다는 점에 끌려 응모한 다음, 구 일본제철의 모집담당자와 면접을 하고 합격하여 위 담당자의 인솔하에 구 일본제철의 오사카제철소로 가서, 훈련공으로 노역에 종사하였다.

망 소외인, 원고 2는 오사카제철소에서 1일 8시간의 3교대제로 일하였고, 한달에 1, 2회 정도 외출을 허락받았으며, 한 달에 2, 3엔 정도의 용돈만 지급받았을 뿐이고, 구 일본제철은 임금 전액을 지급하면 낭비할 우려가 있다는 이유를 들어 망 소외인, 원고 2의 동의를 얻지 않은 채 이들 명의의 계좌에 임금의 대부분을 일방적으로 입금하고 그 저금통장과 도장을 기숙사의 사감에게 보관하게 하였다. 망 소외인, 원고 2는 화로에 석탄을 넣고 깨뜨려서 뒤섞거나 철 파이프 속으로 들어가서 석탄찌꺼기를 제거하는 등 화상의 위험이 있고 기술습득과는 별 관계가 없는 매우 고된 노역에 종사하였는데, 제공되는 식사의 양이 매우 적었다. 또한 경찰이 자주 들러서 이들에게 '도망치더라도 바로 잡을 수 있다'고 말하였고 기숙사에서도 감시하는 사람이 있었기 때문에 도망칠 생각을 하지 못하였는데, 원고 2는 도망가고 싶다고 말하였다가 발각되어 기숙사 사감으로부터 구타를 당하고 체벌을 받기도 하였다.

그러던 중 일본은 1944. 2.경부터 훈련공들을 강제로 징용하고, 이후부터 망 소외인, 원고 2에게 아무런 대가도 지급하지 않았다. 오사카제철소의 공장은 1945. 3.경 미합중국 군대의 공습으로 파괴되었고, 이때 훈련공들 중 일부는 사망하였으며, 망 소외인, 원고 2를 포함한 나머지 훈련공들은 1945. 6.경 함경도 청진에 건설 중인 제철소로 배치되어 청진으로 이동하였다. 망 소외인, 원고 2는 기숙사의 사감에게 일본에서 일한 임금이 입금되어 있던 저금통장과 도장을 달라고 요구하였지만, 사감은 청진에 도착한 이후에도 통장과 도장을 돌려주지 아니하였고, 청진에서 하루 12시간 동안 공장건설을 위해 토목공사를 하면서도 임금을 전혀 받지 못하였다. 망 소외인, 원고 2는 1945. 8.경 청진공장이 소련군의 공격으로 파괴되자 소련군을 피하여 서울로 도망하였고 비로소 일제로부터 해방된 사실을 알게 되었다.

(4) 원고 3은 1941년 대전시장의 추천을 받아 보국대로 동원되어 구 일본제철의 모집담당관의 인솔에 따라 일본으로 건너가 구 일본제철의 가마이시제철소에서 코크스를 용광로에 넣고 용광로에서 철이 나오면 다시 가마에 넣는 등의 노역에 종사하였다. 위 원고는 심한 먼지로 인하여 어려움을 겪었고 용광로에서 나오는 불순물에 걸려 넘어져 배에 상처를 입고 3개월간 입원하기도 하였으며 임금을 저금해 준다는 말을 들었을 뿐 임금을 전혀 받지 못하였다. 노역에 종사하는 동안 처음 6개월간은 외출이 금지되었고, 일본 헌병들이 보름에 한 번씩 와서 인원을 점검하였으며 일을 나가지 않는 사람에게 꾀를 부린다며 발길질을 하기도 하였다. 위 원고는 1944년이 되자 징병되어 군사훈련을 마친 후 일본 고베에 있는 부대에 배치되어 미군포로감시원으로 일하다가 해방이 되어 귀국하였다.

(5) 원고 4는 1943. 1.경 군산부(지금의 군산시)의 지시를 받고 모집되어 구 일본제철의 인솔자를 따라 일본으로 건너가 구 일본제철의 야하타제철소에서 각종 원료와 생산품을 운송하는 선로의 신호소에 배치되어 선로를 전환하는 포인트 조작과 열차의 탈선방지를 위한 포인트의 오염물 제거 등의 노역에 종사하였는데, 도주하다가 발각되어 약 7일 동안 심한 구타를 당하며 식사를 제공받지 못하기도 하였다. 위 원고는 노역에 종사하는 동안 임금을 전혀 지급받지 못하였고, 일체의 휴가나 개인행동을 허락받지 못하였으며, 일본이 패

전한 이후 귀국하라는 구 일본제철의 지시를 받고 고향으로 돌아오게 되었다.

다. 샌프란시스코 조약 체결 등

태평양전쟁이 끝난 후 미군정 당국은 1945. 12. 6. 공포한 군정법령 제33호로 재한국 일본재산을 그 국유·사유를 막론하고 미군정청에 귀속시켰고, 이러한 구 일본재산은 대한민국 정부 수립 직후인 1948. 9. 20.에 발효한 「대한민국 정부 및 미국 정부 간의 재정 및 재산에 관한 최초협정」에 의하여 대한민국 정부에 이양되었다.

미국 등을 포함한 연합국 48개국과 일본은 1951. 9. 8. 전후 배상문제를 해결하기 위하여 샌프란시스코에서 평화조약(이하 '샌프란시스코 조약'이라 한다)을 체결하였고, 위 조약은 1952. 4. 28. 발효되었다. 샌프란시스코 조약 제4조 (a)는 일본의 통치로부터 이탈된 지역의 시정 당국 및 그 국민과 일본 및 그 국민 간의 재산상 채권·채무관계는 위 당국과 일본 간의 특별약정으로써 처리한다는 내용을, 제4조(b)는 일본은 위 지역에서 미군정 당국이 일본 및 그 국민의 재산을 처분한 것을 유효하다고 인정한다는 내용을 정하였다.

라. 청구권협정 체결 경위와 내용 등

(1) 대한민국 정부와 일본 정부는 1951년 말경부터 국교정상화와 전후 보상문제를 논의하였다. 1952. 2. 15. 제1차 한일회담 본회의가 열려 관련 논의가 본격적으로 시작되었는데, 대한민국은 제1차 한일회담 당시 '한·일 간 재산 및 청구권 협정 요강 8개항'(이하 '8개 항목'이라 한다)을 제시하였다. 8개 항목 중 제5항은 '한국법인 또는 한국자연인의 일본은행권, 피징용한국인의 미수금, 보상금 및 기타 청구권의 변제청구'이다. 그 후 7차례의 본회의와 이를 위한 수십 차례의 예비회담, 정치회담 및 각 분과위원회별 회의 등을 거쳐 1965. 6. 22. 「대한민국과 일본국 간의 기본관계에 관한 조약」과 그 부속협정인 「대한민국과 일본국 간의 재산 및 청구권에 관한 문제의 해결과 경제협력에 관한 협정」(조약 제172호, 이하 '청구권협정'이라 한다) 등이 체결되었다.

(2) 청구권협정은 전문(前文)에서 "대한민국과 일본국은, 양국 및 양국 국민의

재산과 양국 및 양국 국민 간의 청구권에 관한 문제를 해결할 것을 희망하고, 양국 간의 경제협력을 증진할 것을 희망하여, 다음과 같이 합의하였다.”라고 정하였다. 제1조에서 ‘일본국이 대한민국에 10년간에 걸쳐 3억 달러를 무상으로 제공하고 2억 달러의 차관을 행하기로 한다’고 정하였고, 이어서 제2조에서 다음과 같이 규정하였다.

1. 양 체약국은 양 체약국 및 그 국민(법인을 포함함)의 재산, 권리 및 이익과 양 체약국 및 그 국민 간의 청구권에 관한 문제가 1951년 9월 8일에 샌프란시스코시에서 서명된 일본국과의 평화조약 제4조(a)에 규정된 것을 포함하여 완전히 그리고 최종적으로 해결된 것이 된다는 것을 확인한다.

2. 본조의 규정은 다음의 것(본 협정의 서명일까지 각기 체약국이 취한 특별조치의 대상이 된 것을 제외한다)에 영향을 미치는 것이 아니다.
(a) 일방 체약국의 국민으로서 1947년 8월 15일부터 본 협정의 서명일까지 사이에 타방 체약국에 거주한 일이 있는 사람의 재산, 권리 및 이익
(b) 일방 체약국 및 그 국민의 재산, 권리 및 이익으로서 1945년 8월 15일 이후에 있어서의 통상의 접촉의 과정에 있어 취득되었고 또는 타방 체약국의 관할하에 들어오게 된 것

3. 2.의 규정에 따르는 것을 조건으로 하여 일방 체약국 및 그 국민의 재산, 권리 및 이익으로서 본 협정의 서명일에 타방 체약국의 관할하에 있는 것에 대한 조치와 일방 체약국 및 그 국민의 타방 체약국 및 그 국민에 대한 모든 청구권으로서 동일자 이전에 발생한 사유에 기인하는 것에 관하여는 어떠한 주장도 할 수 없는 것으로 한다.
(3) 청구권협정과 같은 날 체결되어 1965. 12. 18. 발효된 「대한민국과 일본국 간의 재산 및 청구권에 관한 문제의 해결과 경제협력에 관한 협정에 대한 합의의사록(Ⅰ)」[조약 제173호, 이하 ‘청구권협정에 대한 합의의사록(Ⅰ)’이라 한다]은 청구권협정 제2조에 관하여 다음과 같이 정하였다.

(a) "재산, 권리 및 이익"이라 함은 법률상의 근거에 의거하여 재산적 가치가 인정되는 모든 종류의 실체적 권리를 말하는 것으로 양해되었다.

(e) 동조 3.에 의하여 취하여질 조치는 동조 1.에서 말하는 양국 및 그 국민의 재산, 권리 및 이익과 양국 및 그 국민 간의 청구권에 관한 문제를 해결하기 위하여 취하여질 각국의 국내조치를 말하는 것으로 의견의 일치를 보았다.

(g) 동조 1.에서 말하는 완전히 그리고 최종적으로 해결된 것으로 되는 양국 및 그 국민의 재산, 권리 및 이익과 양국 및 그 국민 간의 청구권에 관한 문제에는 한일회담에서 한국 측으로부터 제출된 "한국의 대일청구요강"(소위 8개 항목)의 범위에 속하는 모든 청구가 포함되어 있고, 따라서 동 대일청구요강에 관하여는 어떠한 주장도 할 수 없게 됨을 확인하였다.

마. 청구권협정 체결에 따른 양국의 조치

(1) 청구권협정은 1965. 8. 14. 대한민국 국회에서 비준 동의되고 1965. 11. 12. 일본 중의원 및 1965. 12. 11. 일본 참의원에서 비준 동의된 후 그 무렵 양국에서 공포되었고, 양국이 1965. 12. 18. 비준서를 교환함으로써 발효되었다.

(2) 대한민국은 청구권협정에 의해 지급되는 자금을 사용하기 위한 기본적 사항을 정하기 위하여 1966. 2. 19.「청구권자금의 운용 및 관리에 관한 법률」(이하 '청구권자금법'이라 한다)을 제정하였고, 이어서 보상대상이 되는 대일 민간청구권의 정확한 증거와 자료를 수집함에 필요한 사항을 규정하기 위하여, 1971. 1. 19.「대일 민간청구권 신고에 관한 법률」(이하 '청구권신고법'이라 한다)을 제정하였다. 그런데 청구권신고법에서 강제동원 관련 피해자의 청구권에 관하여는 '일본국에 의하여 군인·군속 또는 노무자로 소집 또는 징용되어 1945. 8. 15. 이전에 사망한 자'만을 신고대상으로 한정하였다. 이후 대한민국은 청구권신고법에 따라 국민들로부터 대일청구권 신고를 접수받은 후 실제 보상을 집행하기 위하여 1974. 12. 21.「대일 민간청구권 보상에 관한 법률」(이하 '청구권보상법'이라 한다)을 제정하여 1977. 6. 30.까지 총 83,519건에 대하여 총 91억 8,769만 3,000원의 보상금(무상 제공된 청구권자금 3억 달러의 약

9.7%에 해당한다)을 지급하였는데, 그중 피징용사망자에 대한 청구권 보상금
으로 총 8,552건에 대하여 1인당 30만 원씩 총 25억 6,560만 원을 지급하였다.
(3) 일본은 1965. 12. 18.「재산 및 청구권에 관한 문제의 해결과 경제협력에 관
한 일본국과 대한민국 간의 협정 제2조의 실시에 따른 대한민국 등의 재산권
에 대한 조치에 관한 법률」(이하 '재산권조치법'이라 한다)을 제정하였다. 그
주된 내용은 대한민국 또는 그 국민의 일본 또는 그 국민에 대한 채권 또는
담보권으로서 청구권협정 제2조의 재산, 이익에 해당하는 것을 청구권협정일
인 1965. 6. 22. 소멸하게 한다는 것이다.

바.   대한민국의 추가 조치
(1) 대한민국은 2004. 3. 5. 일제강점하 강제동원 피해의 진상을 규명하여 역사
의 진실을 밝히는 것을 목적으로「일제강점하 강제동원피해 진상규명 등에
관한 특별법」(이하 '진상규명법'이라 한다)을 제정하였다. 위 법률과 그 시행
령에 따라 일제강점하강제동원피해진상규명위원회가 설치되어 '일제강점하강
제동원 피해'에 대한 조사가 전면적으로 이루어졌다.
(2) 대한민국은 2005. 1.경 청구권협정과 관련한 일부 문서를 공개하였다. 그
후 구성된 '한일회담 문서공개 후속대책 관련 민관공동위원회'(이하 '민관공
동위원회'라 한다)에서는 2005. 8. 26. '청구권협정은 일본의 식민지배 배상을
청구하기 위한 협상이 아니라 샌프란시스코 조약 제4조에 근거하여 한일 양
국 간 재정적·민사적 채권·채무관계를 해결하기 위한 것이었으며, 일본군 위
안부 문제 등 일본 정부와 군대 등 일본 국가권력이 관여한 반인도적 불법행
위에 대해서는 청구권협정으로 해결된 것으로 볼 수 없고 일본 정부의 법적
책임이 남아 있으며, 사할린동포 문제와 원폭피해자 문제도 청구권협정 대상
에 포함되지 않았다'는 취지의 공식의견을 표명하였는데, 위 공식의견에는 아
래 내용이 포함되어 있다.
○ 한일협상 당시 한국 정부는 일본 정부가 강제동원의 법적 배상·보상을 인
    정하지 않음에 따라, "고통 받은 역사적 피해사실"에 근거하여 정치적 보
    상을 요구하였으며, 이러한 요구가 양국 간 무상자금산정에 반영되었다고

보아야 함

○ 청구권협정을 통하여 일본으로부터 받은 무상 3억불은 개인재산권(보험, 예금 등), 조선총독부의 대일채권 등 한국 정부가 국가로서 갖는 청구권, 강제동원 피해보상 문제 해결 성격의 자금 등이 포괄적으로 감안되었다고 보아야 할 것임

○ 청구권협정은 청구권 각 항목별 금액결정이 아니라 정치협상을 통해 총액 결정방식으로 타결되었기 때문에 각 항목별 수령금액을 추정하기 곤란하지만, 정부는 수령한 무상자금 중 상당 금액을 강제동원 피해자의 구제에 사용하여야 할 도의적 책임이 있다고 판단됨

○ 그러나 75년 우리 정부의 보상 당시 강제동원 부상자를 보호대상에서 제외하는 등 도의적 차원에서 볼 때 피해자 보상이 불충분하였다고 볼 측면이 있음

(3) 대한민국은 2006. 3. 9. 청구권보상법에 근거한 강제동원 피해자에 대한 보상이 불충분함을 인정하고 추가보상 방침을 밝힌 후, 2007. 12. 10. 「태평양전쟁 전후 국외 강제동원희생자 등 지원에 관한 법률」(이하 '2007년 희생자지원법'이라 한다)을 제정하였다. 위 법률과 그 시행령은, ① 1938. 4. 1.부터 1945. 8. 15. 사이에 일제에 의하여 군인·군무원·노무자 등으로 국외로 강제동원되어 그 기간 중 또는 국내로 돌아오는 과정에서 사망하거나 행방불명된 '강제동원희생자'의 경우 1인당 2,000만 원의 위로금을 유족에게 지급하고, ② 국외로 강제동원되어 부상으로 장해를 입은 '강제동원희생자'의 경우 1인당 2,000만 원 이하의 범위 안에서 장해의 정도를 고려하여 대통령령으로 정하는 금액을 위로금으로 지급하며, ③ 강제동원희생자 중 생존자 또는 위 기간 중 국외로 강제동원되었다가 국내로 돌아온 사람 중 강제동원희생자에 해당하지 못한 '강제동원생환자' 중 생존자가 치료나 보조장구 사용이 필요한 경우에 그 비용의 일부로서 연간 의료지원금 80만 원을 지급하고, ④ 위 기간 중 국외로 강제동원되어 노무제공 등을 한 대가로 일본국 또는 일본 기업 등으로부터 지급받을 수 있었던 급료 등을 지급받지 못한 '미수금피해자' 또는 그 유족에게 미수금피해자가 지급받을 수 있었던 미수금을 당시 일본 통화 1엔

에 대하여 대한민국 통화 2,000원으로 환산하여 미수금지원금을 지급하도록 규정하였다.

(4) 한편 진상규명법과 2007년 희생자지원법이 폐지되는 대신 2010. 3. 22.부터 제정되어 시행되고 있는「대일항쟁기 강제동원 피해조사 및 국외강제동원 희생자 등 지원에 관한 특별법」(이하 '2010년 희생자지원법'이라 한다)은 사할린지역 강제동원피해자 등을 보상대상에 추가하여 규정하고 있다.

2. 상고이유 제1점에 관하여

환송 후 원심은 그 판시와 같은 이유를 들어, 망 소외인, 원고 2가 이 사건 소송에 앞서 일본에서 피고를 상대로 소송을 제기하였다가 이 사건 일본판결로 패소·확정되었다고 하더라도, 이 사건 일본판결이 일본의 한반도와 한국인에 대한 식민지배가 합법적이라는 규범적 인식을 전제로 하여 일제의 '국가총동원법'과 '국민징용령'을 한반도와 망 소외인, 원고 2에게 적용하는 것이 유효하다고 평가한 이상, 이러한 판결 이유가 담긴 이 사건 일본판결을 그대로 승인하는 것은 대한민국의 선량한 풍속이나 그 밖의 사회질서에 위반하는 것이고, 따라서 우리나라에서 이 사건 일본판결을 승인하여 그 효력을 인정할 수는 없다고 판단하였다.

이러한 환송 후 원심의 판단은 환송판결의 취지에 따른 것으로서, 거기에 상고이유 주장과 같이 외국판결 승인요건으로서의 공서양속 위반에 관한 법리를 오해하는 등의 위법이 없다.

3. 상고이유 제2점에 관하여

환송 후 원심은 그 판시와 같은 이유를 들어, 원고들을 노역에 종사하게 한 구 일본제철이 일본국 법률이 정한 바에 따라 해산되고 그 판시의 '제2회사'가 설립된 뒤 흡수합병의 과정을 거쳐 피고로 변경되는 등의 절차를 거쳤다고 하더라도, 원고들은 구 일본제철에 대한 이 사건 청구권을 피고에 대하여도 행사할 수 있다고 판단하였다.

이러한 환송 후 원심의 판단 역시 환송판결의 취지에 따른 것으로서, 거기에 상고이유 주장과 같이 외국법 적용에 있어 공서양속 위반 여부에 관한 법리를 오해하는 등의 위법이 없다.

4. 상고이유 제3점에 관하여

가. 조약은 전문·부속서를 포함하는 조약문의 문맥 및 조약의 대상과 목적에 비추어 그 조약의 문언에 부여되는 통상적인 의미에 따라 성실하게 해석되어야 한다. 여기서 문맥은 조약문(전문 및 부속서를 포함한다) 외에 조약의 체결과 관련하여 당사국 사이에 이루어진 그 조약에 관한 합의 등을 포함하며, 조약 문언의 의미가 모호하거나 애매한 경우 등에는 조약의 교섭 기록 및 체결 시의 사정 등을 보충적으로 고려하여 그 의미를 밝혀야 한다.

나. 이러한 법리에 따라, 앞서 본 사실관계 및 채택된 증거에 의하여 알 수 있는 다음과 같은 사정을 종합하여 보면, 원고들이 주장하는 피고에 대한 손해배상청구권은 청구권협정의 적용대상에 포함된다고 볼 수 없다. 그 이유는 다음과 같다.

(1) 우선 이 사건에서 문제 되는 원고들의 손해배상청구권은, 일본 정부의 한반도에 대한 불법적인 식민지배 및 침략전쟁의 수행과 직결된 일본 기업의 반인도적인 불법행위를 전제로 하는 강제동원 피해자의 일본 기업에 대한 위자료청구권(이하 '강제동원 위자료청구권'이라 한다)이라는 점을 분명히 해두어야 한다. 원고들은 피고를 상대로 미지급 임금이나 보상금을 청구하고 있는 것이 아니고, 위와 같은 위자료를 청구하고 있는 것이다.

이와 관련한 환송 후 원심의 아래와 같은 사실인정과 판단은 기록상 이를 충분히 수긍할 수 있다. 즉 ① 일본 정부는 중일전쟁과 태평양전쟁 등 불법적인 침략전쟁의 수행과정에서 기간 군수사업인 일본의 제철소에 필요한 인력을 확보하기 위하여 장기적인 계획을 세워 조직적으로 인력을 동원하였고, 핵심적인 기간 군수사업체의 지위에 있던 구 일본제철은 철강통제회에 주도적으로 참여하는 등 일본 정부의 위와 같은 인력동원정책에 적극 협조하여 인력을 확충하였다. ② 원고들은 당시 한반도와 한국민들이 일본의 불법적이고 폭

압적인 지배를 받고 있었던 상황에서 장차 일본에서 처하게 될 노동 내용이
나 환경에 대하여 잘 알지 못한 채 일본 정부와 구 일본제철의 위와 같은 조
직적인 기망에 의하여 동원되었다고 봄이 타당하다. ③ 더욱이 원고들은 성년
에 이르지 못한 어린 나이에 가족과 이별하여 생명이나 신체에 위해를 당할
가능성이 매우 높은 열악한 환경에서 위험한 노동에 종사하였고, 구체적인 임
금액도 모른 채 강제로 저금을 해야 했으며, 일본 정부의 혹독한 전시 총동원
체제에서 외출이 제한되고 상시 감시를 받아 탈출이 불가능하였으며 탈출시
도가 발각된 경우 혹독한 구타를 당하기도 하였다. ④ 이러한 구 일본제철의
원고들에 대한 행위는 당시 일본 정부의 한반도에 대한 불법적인 식민지배
및 침략전쟁의 수행과 직결된 반인도적인 불법행위에 해당하고, 이러한 불법
행위로 인하여 원고들이 정신적 고통을 입었음은 경험칙상 명백하다.

(2) 앞서 본 청구권협정의 체결 경과와 그 전후 사정, 특히 아래와 같은 사정
들에 의하면, 청구권협정은 일본의 불법적 식민지배에 대한 배상을 청구하기
위한 협상이 아니라 기본적으로 샌프란시스코 조약 제4조에 근거하여 한일
양국 간의 재정적·민사적 채권·채무관계를 정치적 합의에 의하여 해결하기
위한 것이었다고 보인다.

① 앞서 본 것처럼, 전후 배상문제를 해결하기 위하여 1951. 9. 8. 미국 등 연
   합국 48개국과 일본 사이에 체결된 샌프란시스코 조약 제4조(a)는 '일본의
   통치로부터 이탈된 지역(대한민국도 이에 해당)의 시정 당국 및 그 국민과
   일본 및 일본 국민 간의 재산상 채권·채무관계는 이러한 당국과 일본 간
   의 특별약정으로써 처리한다'고 규정하였다.

② 샌프란시스코 조약이 체결된 이후 곧이어 제1차 한일회담(1952. 2. 15.부터
   같은 해 4. 25.까지)이 열렸는데, 그때 한국 측이 제시한 8개 항목도 기본
   적으로 한·일 양국 간의 재정적·민사적 채무관계에 관한 것이었다. 위 8개
   항목 중 제5항에 '피징용한국인의 미수금, 보상금 및 기타 청구권의 변제
   청구'라는 문구가 있지만, 8개 항목의 다른 부분 어디에도 일본 식민지배
   의 불법성을 전제로 하는 내용은 없으므로, 위 제5항 부분도 일본 측의 불
   법행위를 전제로 하는 것은 아니었다고 보인다. 따라서 위 '피징용한국인

의 미수금, 보상금 및 기타 청구권의 변제청구'에 강제동원 위자료청구권
까지 포함된다고 보기는 어렵다.

③ 1965. 3. 20. 대한민국 정부가 발간한 '한일회담백서'(을 제18호증)에 의하
면, 샌프란시스코 조약 제4조가 한·일 간 청구권 문제의 기초가 되었다고
명시하고 있고, 나아가 "위 제4조의 대일청구권은 승전국의 배상청구권과
구별된다. 한국은 샌프란시스코 조약의 조인당사국이 아니어서 제14조 규
정에 의한 승전국이 향유하는 '손해 및 고통'에 대한 배상청구권을 인정받
지 못하였다. 이러한 한·일 간 청구권 문제에는 배상청구를 포함시킬 수
없다."는 설명까지 하고 있다.

④ 이후 실제로 체결된 청구권협정문이나 그 부속서 어디에도 일본 식민지배
의 불법성을 언급하는 내용은 전혀 없다. 청구권협정 제2조 1.에서는 '청구
권에 관한 문제가 샌프란시스코 조약 제4조(a)에 규정된 것을 포함하여 완
전히 그리고 최종적으로 해결된 것'이라고 하여, 위 제4조(a)에 규정된 것
이외의 청구권도 청구권협정의 적용대상이 될 수 있다고 해석될 여지가
있기는 하다. 그러나 위와 같이 일본 식민지배의 불법성이 전혀 언급되어
있지 않은 이상, 위 제4조(a)의 범주를 벗어나는 청구권, 즉 식민지배의 불
법성과 직결되는 청구권까지도 위 대상에 포함된다고 보기는 어렵다. 청구
권협정에 대한 합의의사록(Ⅰ) 2.(g)에서도 '완전히 그리고 최종적으로 해
결되는 것'에 위 8개 항목의 범위에 속하는 청구가 포함되어 있다고 규정
하였을 뿐이다.

⑤ 2005년 민관공동위원회도 '청구권협정은 기본적으로 일본의 식민지배 배
상을 청구하기 위한 것이 아니라 샌프란시스코 조약 제4조에 근거하여 한
일 양국 간 재정적·민사적 채권·채무관계를 해결하기 위한 것이다'라고
공식의견을 밝혔다.

(3) 청구권협정 제1조에 따라 일본 정부가 대한민국 정부에 지급한 경제협력
자금이 제2조에 의한 권리문제의 해결과 법적인 대가관계가 있다고 볼 수 있
는지도 분명하지 아니하다.

청구권협정 제1조에서는 '3억 달러 무상 제공, 2억 달러 차관(유상) 실행'을

규정하고 있으나, 그 구체적인 명목에 대해서는 아무런 내용이 없다. 차관의 경우 일본의 해외경제협력기금에 의하여 행하여지는 것으로 하고, 위 무상 제공 및 차관이 대한민국의 경제발전에 유익한 것이어야 한다는 제한을 두고 있을 뿐이다. 청구권협정 전문에서 '청구권 문제 해결'을 언급하고 있기는 하나, 위 5억 달러(무상 3억 달러와 유상 2억 달러)와 구체적으로 연결되는 내용은 없다. 이는 청구권협정에 대한 합의의사록(Ⅰ) 2.(g)에서 언급된 '8개 항목'의 경우도 마찬가지이다. 당시 일본 측의 입장도 청구권협정 제1조의 돈이 기본적으로 경제협력의 성격이라는 것이었고, 청구권협정 제1조와 제2조 사이에 법률적인 상호관계가 존재하지 않는다는 입장이었다.

2005년 민관공동위원회는, 청구권협정 당시 정부가 수령한 무상자금 중 상당 금액을 강제동원 피해자의 구제에 사용하여야 할 '도의적 책임'이 있었다고 하면서, 1975년 청구권보상법 등에 의한 보상이 '도의적 차원'에서 볼 때 불충분하였다고 평가하였다. 그리고 그 이후 제정된 2007년 희생자지원법 및 2010년 희생자지원법 모두 강제동원 관련 피해자에 대한 위로금이나 지원금의 성격이 '인도적 차원'의 것임을 명시하였다.

(4) 청구권협정의 협상 과정에서 일본 정부는 식민지배의 불법성을 인정하지 않은 채, 강제동원 피해의 법적 배상을 원천적으로 부인하였고, 이에 따라 한일 양국의 정부는 일제의 한반도 지배의 성격에 관하여 합의에 이르지 못하였다. 이러한 상황에서 강제동원 위자료청구권이 청구권협정의 적용대상에 포함되었다고 보기는 어렵다.

청구권협정의 일방 당사자인 일본 정부가 불법행위의 존재 및 그에 대한 배상책임의 존재를 부인하는 마당에, 피해자 측인 대한민국 정부가 스스로 강제동원 위자료청구권까지도 포함된 내용으로 청구권협정을 체결하였다고 보이지는 않기 때문이다.

(5) 환송 후 원심에서 피고가 추가로 제출한 증거들도, 강제동원 위자료청구권이 청구권협정의 적용대상에 포함되지 않는다는 위와 같은 판단에 지장을 준다고 보이지 않는다.

위 증거들에 의하면, 1961. 5. 10. 제5차 한일회담 예비회담 과정에서 대한민국 측이 '다른 국민을 강제적으로 동원함으로써 입힌 피징용자의 정신적, 육체적 고통에 대한 보상'을 언급한 사실, 1961. 12. 15. 제6차 한일회담 예비회담 과정에서 대한민국 측이 '8개 항목에 대한 보상으로 총 12억 2,000만 달러를 요구하면서, 그중 3억 6,400만 달러(약 30%)를 강제동원 피해보상에 대한 것으로 산정(생존자 1인당 200달러, 사망자 1인당 1,650달러, 부상자 1인당 2,000달러 기준)'한 사실 등을 알 수 있기는 하다.

그러나 위와 같은 발언 내용은 대한민국이나 일본의 공식 견해가 아니라 구체적인 교섭 과정에서 교섭 담당자가 한 말에 불과하고, 13년에 걸친 교섭 과정에서 일관되게 주장되었던 내용도 아니다. '피징용자의 정신적, 육체적 고통'을 언급한 것은 협상에서 유리한 지위를 점하려는 목적에서 비롯된 발언에 불과한 것으로 볼 여지가 크고, 실제로 당시 일본 측의 반발로 제5차 한일회담 협상은 타결되지도 않았다. 또한 위와 같이 협상 과정에서 총 12억 2,000만 달러를 요구하였음에도 불구하고 정작 청구권협정은 3억 달러(무상)로 타결되었다. 이처럼 요구액에 훨씬 미치지 못하는 3억 달러만 받은 상황에서 강제동원 위자료청구권도 청구권협정의 적용대상에 포함된 것이라고는 도저히 보기 어렵다.

다. 환송 후 원심이 이와 같은 취지에서, 강제동원 위자료청구권은 청구권협정의 적용대상에 포함되지 않는다고 판단한 것은 정당하다. 거기에 상고이유 주장과 같이 청구권협정의 적용대상과 효력에 관한 법리를 오해하는 등의 위법이 없다.

한편 피고는 이 부분 상고이유에서, 강제동원 위자료청구권이 청구권협정의 적용대상에 포함된다는 전제하에, 청구권협정으로 포기된 권리가 국가의 외교적 보호권에 한정되어서만 포기된 것이 아니라 개인청구권 자체가 포기(소멸)된 것이라는 취지의 주장도 하고 있으나, 이 부분은 환송 후 원심의 가정적 판단에 관한 것으로서 더 나아가 살펴볼 필요 없이 받아들일 수 없다.

5. 상고이유 제4점에 관하여

환송 후 원심은, 1965년 한일 간에 국교가 정상화되었으나 청구권협정 관련 문서가 모두 공개되지 않은 상황에서 청구권협정으로 대한민국 국민의 일본 국 또는 일본 국민에 대한 개인청구권까지도 포괄적으로 해결된 것이라는 견해가 대한민국 내에서 널리 받아들여져 온 사정 등 그 판시와 같은 이유를 들어, 이 사건 소 제기 당시까지도 원고들이 피고를 상대로 대한민국에서 객관적으로 권리를 행사할 수 없는 장애사유가 있었다고 봄이 상당하므로, 피고가 소멸시효 완성을 주장하여 원고들에 대한 채무의 이행을 거절하는 것은 현저히 부당하여 신의성실의 원칙에 반하는 권리남용으로서 허용될 수 없다고 판단하였다.

이러한 환송 후 원심의 판단 또한 환송판결의 취지에 따른 것으로서, 거기에 상고이유 주장과 같이 소멸시효에 관한 법리를 오해하는 등의 위법이 없다.

6. 상고이유 제5점에 관하여

불법행위로 입은 정신적 고통에 대한 위자료 액수에 관하여는 사실심법원이 제반 사정을 참작하여 그 직권에 속하는 재량에 의하여 이를 확정할 수 있다 (대법원 1999. 4. 23. 선고 98다41377 판결 등 참조).

환송 후 원심은 그 판시와 같은 이유로 원고들에 대한 위자료를 판시 액수로 정하였다. 환송 후 원심판결 이유를 기록에 비추어 살펴보면, 이 부분 판단에 상고이유 주장과 같이 위자료 산정에 있어서 현저하게 상당성을 결하는 등의 위법이 없다.

7. 결론

그러므로 상고를 모두 기각하고, 상고비용은 패소자가 부담하도록 하여, 주문과 같이 판결한다. 이 판결에는 상고이유 제3점에 관한 판단에 대하여 대법관 이기택의 별개의견, 대법관 김소영, 대법관 이동원, 대법관 노정희의 별개의견이 각 있고, 대법관 권순일, 대법관 조재연의 반대의견이 있는 외에는 관여 법관의 의견이 일치되었으며, 대법관 김재형, 대법관 김선수의 다수의견에 대한 보충의견이 있다.

8.   상고이유 제3점에 관한 판단에 대한 대법관 이기택의 별개의견

가.   이 부분 상고이유 요지는, 원고들이 주장하는 피고에 대한 손해배상청구권은 청구권협정의 적용대상에 포함되고, 청구권협정에 포함된 청구권은 국가의 외교적 보호권뿐만 아니라 개인청구권까지 완전히 소멸한 것으로 보아야 한다는 것이다.

이 문제에 관하여 이미 환송판결은 '원고들의 손해배상청구권은 청구권협정의 적용대상에 포함되지 아니하고, 설령 포함된다고 하더라도 그 개인청구권 자체는 청구권협정만으로 당연히 소멸하지 아니하고 다만 청구권협정으로 그 청구권에 관한 대한민국의 외교적 보호권이 포기되었을 뿐이다'라고 판시하였고, 환송 후 원심도 이를 그대로 따랐다.

상고심으로부터 사건을 환송받은 법원은 그 사건을 재판할 때에 상고법원이 파기이유로 한 사실상 및 법률상의 판단에 기속된다. 이러한 환송판결의 기속력은 재상고심에도 미치는 것이 원칙이다. 따라서 환송판결의 기속력에 반하는 위와 같은 상고이유 주장은 받아들일 수 없다. 구체적으로 살펴보면 다음과 같다.

나.   법원조직법 제8조는 "상급법원 재판에서의 판단은 해당 사건에 관하여 하급심을 기속한다."라고 규정하고 있고, 민사소송법 제436조 제2항은 "사건을 환송받거나 이송받은 법원은 다시 변론을 거쳐 재판하여야 한다. 이 경우에는 상고법원이 파기의 이유로 삼은 사실상 및 법률상 판단에 기속된다."라고 규정하고 있다. 따라서 상고법원으로부터 사건을 환송받은 법원은 그 사건을 재판할 때에 상고법원이 파기이유로 한 사실상 및 법률상의 판단에 기속된다. 다만 환송 후 심리과정에서 새로운 주장이나 증명이 제출되어 기속적 판단의 기초가 된 사실관계에 변동이 생긴 경우에는 예외적으로 기속력이 미치지 아니할 수 있다(대법원 1988. 3. 8. 선고 87다카1396 판결 등 참조).

이 사건에서 만약 환송 후 원심의 심리과정에서 새로운 주장이나 증명을 통

해 환송판결의 이 부분 판단의 기초가 된 사실관계에 변동이 생겼다고 평가
할 수 있다면, 기속력이 미치지 아니한다고 볼 수 있다.

그러나 우선 다수의견이 적절히 설시한 것과 같이, 환송 후 원심에서 피고가
추가로 제출한 증거들에 의하여 알 수 있는 제5차 및 제6차 한일회담 예비회
담 과정에서의 대한민국 측의 발언 내용들만으로는, 도저히 '원고들의 손해배
상청구권은 청구권협정의 적용대상에 포함되지 아니한다'라는 환송판결의 기
속적 판단의 기초가 된 사실관계에 변동이 생긴 경우라고 보기 어렵다.

또한 환송판결의 가정적 판단, 즉 '개인청구권 자체는 청구권협정만으로 당연
히 소멸하지 아니하고 다만 청구권협정으로 그 청구권에 관한 대한민국의 외
교적 보호권이 포기되었을 뿐이다'라는 부분도 그 판단의 기초가 된 사실관계
에 변동이 생겼다고 보기 어렵기는 마찬가지이다. 이와 관련하여 환송 후 원
심에서 새로 제출된 증거들은 주로 청구권협정의 해석에 대한 각자의 견해를
밝힌 것에 불과하여 '사실관계'의 변동이라고 평가하기도 어렵다.

다. 환송판결의 기속력은 환송 후 원심뿐만 아니라 재상고심에도 미치는 것
이 원칙이다(대법원 1995. 8. 22. 선고 94다43078 판결 등 참조).

다만 대법원 2001. 3. 15. 선고 98두15597 전원합의체 판결은 "대법원은 법령
의 정당한 해석적용과 그 통일을 주된 임무로 하는 최고법원이고, 대법원의
전원합의체는 종전에 대법원에서 판시한 법령의 해석적용에 관한 의견을 스
스로 변경할 수 있는 것인바(법원조직법 제7조 제1항 제3호), 환송판결이 파
기이유로 한 법률상 판단도 여기에서 말하는 '대법원에서 판시한 법령의 해석
적용에 관한 의견'에 포함되는 것이므로 대법원의 전원합의체가 종전의 환송
판결의 법률상 판단을 변경할 필요가 있다고 인정하는 경우에는, 그에 기속되
지 아니하고 통상적인 법령의 해석적용에 관한 의견의 변경절차에 따라 이를
변경할 수 있다고 보아야 할 것이다."라고 하여, 환송판결의 기속력이 재상고
심의 전원합의체에는 미치지 아니한다는 취지로 판시한 바 있다.

그러나 위 98두15597 전원합의체 판결의 의미를 '전원합의체에서 판단하는
이상 언제라도 환송판결의 기속력에서 벗어날 수 있다'는 것으로 이해하여서

는 아니 된다. '환송판결에 명백한 법리오해가 있어 반드시 이를 시정해야 하는 상황이거나 환송판결이 전원합의체를 거치지 아니한 채 종전 대법원판결이 취한 견해와 상반된 입장을 취한 때와 같은 예외적인 경우에 한하여 기속력이 미치지 아니한다'는 뜻으로 새겨야 한다. 이렇게 보지 아니할 경우 법률에서 환송판결의 기속력을 인정한 취지가 무색하게 될 우려가 있기 때문이다. 실제로 위 98두15597 전원합의체 판결의 사안 자체도, 환송판결에 명백한 법리오해의 잘못이 있었을 뿐만 아니라 환송판결이 전원합의체를 거치지도 아니한 채 기존 대법원판결에 저촉되는 판단을 한 경우였다.

이러한 법리에 따라 이 사건에 돌아와 살펴보면, 청구권협정의 효력과 관련하여 환송판결이 설시한 법리에 명백한 오류가 있다거나 종전 대법원판결에 반하는 내용이 있었다고는 보이지 않는다. 따라서 이 사건을 전원합의체에서 판단한다고 하더라도 쉽사리 환송판결이 설시한 법리를 재심사하거나 뒤집을 수 있다고 볼 수는 없다.

라. 결국, 어느 모로 보나 이 부분 상고이유 주장은 환송판결의 기속력에 반하는 것으로서 받아들일 수 없다.

한편 앞서 본 상고이유 제1, 2, 4점에 관한 판단 부분에서 '환송 후 원심의 판단이 환송판결의 취지에 따른 것으로서 상고이유 주장과 같은 위법이 없다'고 판시한 것은, 위와 같은 환송판결의 기속력에 관한 법리에 따른 것으로 볼 수 있으므로, 이 부분 판단에 대해서는 다수의견과 견해를 달리하지 아니한다는 점을 덧붙여 두고자 한다.

이상과 같은 이유로, 상고를 기각하여야 한다는 결론에서는 다수의견과 의견을 같이하지만 상고이유 제3점에 관하여는 다수의견과 그 구체적인 이유를 달리하므로, 별개의견으로 이를 밝혀 둔다.

9. 상고이유 제3점에 관한 판단에 대한 대법관 김소영, 대법관 이동원, 대법관 노정희의 별개의견

가. 청구권협정에도 불구하고 원고들이 피고를 상대로 강제동원 피해에 대한

위자료청구권을 행사할 수 있다는 점에 관해서는 다수의견과 결론을 같이한
다. 다만 그 구체적인 이유에서는 다수의견과 견해를 달리한다.

다수의견은 '원고들이 주장하는 피고에 대한 손해배상청구권은 청구권협정의
적용대상에 포함된다고 볼 수 없다'는 입장을 취하고 있다. 그러나 청구권협
정의 해석상 원고들의 손해배상청구권은 청구권협정의 적용대상에 포함된다
고 보아야 한다. 다만 원고들 개인의 청구권 자체는 청구권협정으로 당연히
소멸한다고 볼 수 없고, 청구권협정으로 그 청구권에 관한 대한민국의 외교적
보호권만이 포기된 것에 불과하다. 따라서 원고들은 여전히 대한민국에서 피
고를 상대로 소로써 권리를 행사할 수 있다.

이렇게 보아야 하는 구체적인 이유는 다음과 같다.

나. 우선 조약의 해석 방법에 관하여 다수의견이 밝힌 법리에 관하여는 견해
를 달리하지 않는다. 이러한 법리에 따라, 환송 후 원심에서 비로소 제출된 증
거들(을 제16 내지 18, 37 내지 39, 40 내지 47, 50, 52, 53, 55호증)까지 포함하
여 원심이 적법하게 채택·조사한 증거들에 의하여 알 수 있는 사실관계를 살
펴보면, 다수의견과 달리, 원고들의 피고에 대한 손해배상청구권은 청구권협
정의 적용대상에 포함된다고 보는 것이 타당하다.

(1) 환송 후 원심에서 제출된 증거들을 비롯한 채택 증거들에 의하여 알 수
있는 청구권협정의 구체적인 체결 과정은 다음과 같다.

(가) 앞서 보았듯이, 1952. 2. 15. 개최된 제1차 한일회담 당시 대한민국은 8개
항목을 제시하였는데, 이후 일본의 역청구권 주장, 독도 및 평화선 문제에 대
한 이견, 양국의 정치적 상황 등으로 제4차 한일회담까지는 8개 항목에 관한
논의가 제대로 이루어지지 못하였다.

(나) 제5차 한일회담에서부터 8개 항목에 대한 실질적인 토의가 이루어졌는
데, 제5차 한일회담에서는 아래와 같은 논의가 있었다.

① 1961. 5. 10. 제5차 한일회담 예비회담 일반청구권소위원회 제13차 회의에
   서 대한민국 측은 8개 항목 중 위 제5항(한국법인 또는 한국자연인의 일본
   은행권, 피징용한국인의 미수금, 보상금 및 기타 청구권의 변제청구)과 관

런하여 '강제징용으로 피해를 입은 개인에 대한 보상'을 일본 측에 요구하였다. 구체적으로 '생존자, 부상자, 사망자, 행방불명자 그리고 군인·군속을 포함한 피징용자 전반에 대하여 보상을 요구하는 것'이라면서 '이는 다른 국민을 강제적으로 동원함으로써 입힌 피징용자의 정신적·육체적 고통에 대한 보상을 의미한다'는 취지로 설명하였다. 이에 일본 측이 개인의 피해에 대한 보상을 요구하는 것인지, 대한민국에서 한국인 피해자에 대한 구체적인 조사를 할 용의가 있는지 등에 대하여 묻자, 대한민국 측은 '나라로서 청구하는 것이며, 피해자 개인에 대한 보상은 국내에서 조치할 성질의 것'이라는 입장을 밝히기도 하였다.

② 일본 측은 대한민국 측의 위와 같은 개인 피해 보상요구에 반발하면서 구체적인 징용·징병의 인원수나 증거자료를 요구하거나 양국 국교가 회복된 뒤에 개별적으로 해결하는 방안 등을 제시하는 등 대한민국 측의 요구에 그대로 응할 수 없다는 입장을 피력하였다.

③ 제5차 한일회담의 청구권위원회에서는 1961. 5. 16. 군사정변에 의해 회담이 중단되기까지 8개 항목의 제1항부터 제5항까지 토의가 진행되었으나, 근본적인 인식의 차이를 확인하였을 뿐 실질적인 의견 접근을 이루는 데는 실패하였다.

(다) 제6차 한일회담이 1961. 10. 20. 개시된 후에는 청구권에 대한 세부적 논의가 시일만 소요될 뿐 해결이 요원하다는 판단에서 정치적 측면의 접근이 모색되었는데, 아래와 같은 협상 과정을 거쳐 제7차 한일회담 중 1965. 6. 22. 마침내 청구권협정이 체결되었다.

① 1961. 12. 15. 제6차 한일회담 예비회담 일반청구권소위원회 제7차 회의에서 대한민국 측은 일본 측에 8개 항목에 대한 보상으로 총 12억 2,000만 달러를 요구하면서, 강제동원에 대한 피해보상으로 생존자 1인당 200달러, 사망자 1인당 1,650달러, 부상자 1인당 2,000달러를 기준으로 계산한 3억 6,400만 달러(약 30%)를 산정하였다.

② 1962. 3.경 외상회담에서는 대한민국 측의 지불요구액과 일본 측의 지불용의액을 비공식적으로 제시하기로 하였는데, 그 결과 대한민국 측의 지불요

구액인 순변제 7억 달러와 일본 측의 지불용의액인 순변제 7,000만 달러 및 차관 2억 달러 사이에 현저한 차이가 있음이 확인되었다.

③ 이러한 상황에서, 일본 측은 당초부터 청구권에 대한 순변제로 하면 법률관계와 사실관계를 엄격히 따져야 될 뿐 아니라 그 금액도 적어져서 대한민국이 수락할 수 없게 될 터이니, 유상과 무상의 경제협력의 형식을 취하여서 금액을 상당한 정도로 올리고 그 대신 청구권을 포기하도록 하자고 제안하였다. 이에 대하여 대한민국 측은 청구권에 대한 순변제로 받아야 하는 입장이나 문제를 대국적 견지에서 해결하기 위하여 청구권 해결의 테두리 안에서 순변제와 무상조 지불의 2개 명목으로 해결할 것을 주장하다가, 후에 다시 양보하여 청구권 해결의 테두리 안에서 순변제 및 무상조 지불의 2개 명목으로 하되 그 금액을 각각 구분하여 표시하지 않고 총액만을 표시하는 방법으로 해결할 것을 제의하였다.

④ 이후 김종필 당시 중앙정보부장은 일본에서 이케다 일본 수상과 1차, 오히라 일본 외상과 2차에 걸쳐서 회담을 하였는데, 오히라 외상과 한 1962. 11. 12. 제2차 회담 시 청구권 문제의 금액, 지불세목 및 조건 등에 관하여 양측 정부에 건의할 타결안에 관한 원칙적인 합의를 하였다. 그 후 구체적 조정 과정을 거쳐 제7차 한일회담이 진행 중이던 1965. 4. 3. 당시 외무부 장관이던 이동원과 일본의 외무부 대신이었던 시이나 에쓰사부로오 사이에 '한·일 간의 청구권 문제 해결 및 경제협력에 관한 합의'가 이루어졌다.

(2) 앞에서 본 것처럼, 청구권협정 전문은 "대한민국과 일본국은, 양국 및 양국 국민의 재산과 양국 및 양국 국민 간의 청구권(이하 '청구권협정상 청구권'이라 한다)에 관한 문제를 해결할 것을 희망하고, 양국 간의 경제협력을 증진할 것을 희망하여, 다음과 같이 합의하였다."라고 전제하고, 제2조 1.은 "양 체약국은 양 체약국 및 그 국민(법인을 포함함)의 재산, 권리 및 이익과 양 체약국 및 그 국민 간의 청구권에 관한 문제가 1951. 9. 8.에 샌프란시스코시에서 서명된 일본국과의 평화조약 제4조(a)에 규정된 것을 포함하여 완전히 그리고 최종적으로 해결된 것이 된다는 것을 확인한다."라고 정하였다.

또한 청구권협정과 같은 날 체결된 청구권협정에 대한 합의의사록(Ⅰ)은 위

제2조에 관하여 "동조 1.에서 말하는 완전히 그리고 최종적으로 해결된 것으로 되는 청구권협정상 청구권에 관한 문제에는 한일회담에서 한국 측으로부터 제출된 '한국의 대일청구요강'(소위 8개 항목)의 범위에 속하는 모든 청구가 포함되어 있고, 따라서 동 대일청구요강에 관하여는 어떠한 주장도 할 수 없게 됨을 확인하였다."라고 정하였는데, 8개 항목 중 제5항에는 '피징용한국인의 미수금, 보상금 및 기타 청구권(이하 '피징용 청구권'이라 한다)의 변제청구'가 포함되어 있다.

이러한 청구권협정 등의 문언에 의하면, 대한민국과 일본 양국은 국가와 국가 사이의 청구권에 대해서뿐만 아니라 일방 국민의 상대국 및 그 국민에 대한 청구권까지도 협정의 대상으로 삼았음이 명백하고, 청구권협정에 대한 합의의사록(Ⅰ)은 청구권협정상 청구권의 대상에 피징용 청구권도 포함됨을 분명히 하고 있다.

(3) 청구권협정 자체의 문언은 제1조에 따라 일본이 대한민국에 지급하기로 한 경제협력자금이 제2조에 의한 권리문제의 해결에 대한 대가인지에 관하여 명확하게 규정하고 있지는 아니하다.

그러나 앞에서 본 것처럼, ① 대한민국은 1961. 5. 10. 제5차 한일회담 예비회담 일반청구권소위원회 제13차 회의에서 피징용 청구권 관련하여 '생존자, 부상자, 사망자, 행방불명자 그리고 군인·군속을 포함한 피징용자 전반에 대한 보상'을 요구하며 '다른 국민을 강제적으로 동원함으로써 입힌 피징용자의 정신적·육체적 고통에 대한 보상'까지도 적극적으로 요청하였을 뿐만 아니라, 1961. 12. 15. 제6차 한일회담 예비회담 일반청구권소위원회 제7차 회의에서 강제동원으로 인한 피해보상금을 구체적으로 3억 6,400만 달러로 산정하고 이를 포함하여 8개 항목에 대한 총 보상금 12억 2,000만 달러를 요구하였고, ② 제5차 한일회담 당시 대한민국이 위 요구액은 국가로서 청구하는 것이고 피해자 개인에 대한 보상은 국내에서 조치할 것이라고 주장하였으나 일본은 구체적인 징용·징병의 인원수나 증거자료를 요구하여 협상에 난항을 겪었으며, ③ 이에 일본은 증명의 곤란함 등을 이유로 유상과 무상의 경제협력의 형식을 취하여 금액을 상당한 정도로 올리고 그 대신 청구권을 포기하도록 하는 방안을 제안하였고, 대한민국은 순변제 및 무상조 등 2개 명목으로 금원을 수령하되 구체적인 금액은 항목별로 구분하지 않고 총액만을 표시하는 방법을 다시 제안함에 따라, ④ 이후 구체적인 조정 과정을 거쳐 1965. 6. 22. 제1조에서는 경제협력자금의 지원에 관하여 정하고 아울러 제2조에서는 권리관계의 해결에 관하여 정하는 청구권협정이 체결되었다.

이러한 청구권협정의 체결에 이르기까지의 경위 등에 비추어 보면, 청구권협정상 청구권의 대상에 포함된 피징용 청구권은 강제동원 피해자의 손해배상청구권까지도 포함한 것으로서, 청구권협정 제1조에서 정한 경제협력자금은 실질적으로 이러한 손해배상청구권까지 포함한 제2조에서 정한 권리관계의 해결에 대한 대가 내지 보상으로서의 성질을 그 안에 포함하고 있다고 보이고, 양국도 청구권협정 체결 당시 그와 같이 인식하였다고 봄이 타당하다.

(4) 8개 항목 중 제5항은 피징용 청구권과 관련하여 '보상금'이라는 용어만 사용하고 '배상금'이란 용어는 사용하고 있지 않다. 그러나 그 '보상'이 '식민지배의 적법성을 전제로 하는 보상'만을 의미한다고 보기는 어렵다. 위와 같이 협상 과정에서 양측이 보인 태도만 보더라도 양국 정부가 엄밀한 의미에서의 '보상'과 '배상'을 구분하고 있었다고는 보이지 않는다. 오히려 양국은 '식민지배의 불법성을 전제로 한 배상'도 당연히 청구권협정의 대상에 포함시키는 것으로 상호 인식하고 있었다고 보인다.

(5) 그뿐 아니라 대한민국은 청구권협정에 의해 지급되는 자금을 사용하기 위한 기본적 사항을 정하기 위하여 청구권자금법 및 청구권신고법 등을 제정·시행하여, 일본에 의하여 노무자로 징용되었다가 1945. 8. 15. 이전에 사망한 자의 청구권을 청구권협정에 따라 보상하는 민간청구권에 포함시켜 그 피징용사망자에 대한 신고 및 보상 절차를 마쳤다. 이는 강제동원 피해자의 손해배상청구권이 청구권협정의 적용대상에 포함되어 있음을 전제로 한 것으로 보인다.

그리고 청구권협정 관련 일부 문서가 공개된 후 구성된 민관공동위원회도 2005. 8. 26. 청구권협정의 법적 효력에 관하여 공식의견을 표명하였는데, 일본국 위안부 문제 등 일본 정부와 군대 등 일본 국가권력이 관여한 반인도적 불법행위에 대해서는 청구권협정으로 해결되었다고 볼 수 없다고 하면서도, 강제동원 피해자의 손해배상청구권에 관하여는 '청구권협정을 통하여 일본으로부터 받은 무상 3억 달러에는 강제동원 피해보상 문제 해결 성격의 자금 등이 포괄적으로 감안되었다'고 보았다.

나아가 대한민국은 2007. 12. 10. 청구권자금법 등에 의하여 이루어진 강제동원 피해자에 대한 보상이 불충분하였다는 반성적인 고려에서 2007년 희생자지원법을 제정·시행하여, 1938. 4. 1.부터 1945. 8. 15.까지 사이에 일제에 의하여 노무자 등으로 국외로 강제동원된 희생자·부상자·생환자 등에 대하여 위로금을 지급하고, 강제동원되어 노무를 제공하였으나 일본 기업 등으로부터 지급받지 못한 미수금을 대한민국 통화로 환산하여 지급하였다.

이와 같이 대한민국은 청구권협정에 강제동원 피해자의 손해배상청구권이 포함되어 있음을 전제로 하여, 청구권협정 체결 이래 장기간 그에 따른 보상 등의 후속 조치를 취하였음을 알 수 있다.

(6) 이상의 내용, 즉 청구권협정 및 그에 관한 양해문서 등의 문언, 청구권협정의 체결 경위나 체결 당시 추단되는 당사자의 의사, 청구권협정의 체결에 따른 후속 조치 등의 여러 사정들을 종합하여 보면, 강제동원 피해자의 손해배상청구권은 청구권협정의 적용대상에 포함된다고 봄이 타당하다.

그럼에도 이와 달리, 원고들의 피고에 대한 손해배상청구권이 청구권협정의 적용대상에 포함되었다고 보기 어렵다고 본 환송 후 원심의 이 부분 판단에는, 조약의 해석에 관한 법리 등을 오해한 잘못이 있다.

다.   그러나 위와 같은 잘못에도 불구하고, '원고들의 개인청구권 자체는 청구권협정만으로 당연히 소멸한다고 볼 수 없고, 다만 청구권협정으로 그 청구권에 관한 대한민국의 외교적 보호권이 포기됨으로써 일본의 국내 조치로 해당 청구권이 일본 내에서 소멸하여도 대한민국이 이를 외교적으로 보호할 수단을 상실하게 될 뿐이다'라는 환송 후 원심의 가정적 판단은 아래와 같은 이유에서 이를 수긍할 수 있다.

(1) 청구권협정에는 개인청구권 소멸에 관하여 한일 양국 정부의 의사합치가

있었다고 볼 만큼 충분하고 명확한 근거가 없다.

과거 주권국가가 외국과 교섭을 하여 자국국민의 재산이나 이익에 관한 사항을 일괄적으로 해결하는 이른바 일괄처리협정(lump sum agreements)이 국제분쟁의 해결·예방을 위한 방식의 하나로 채택되어 왔던 것으로 보이기는 한다. 그런데 이러한 협정을 통해 국가가 '외교적 보호권(diplomatic protection)', 즉 '자국민이 외국에서 위법·부당한 취급을 받은 경우 그의 국적국이 외교절차 등을 통하여 외국 정부를 상대로 자국민에 대한 적당한 보호 또는 구제를 요구할 수 있는 국제법상의 권리'를 포기하는 것에서 더 나아가, 개인의 청구권까지도 완전히 소멸시킬 수 있다고 보려면, 적어도 해당 조약에 이에 관한 명확한 근거가 필요하다고 보아야 한다. 국가와 개인이 별개의 법적 주체라는 근대법의 원리는 국제법상으로도 받아들여지고 있는데, 권리의 '포기'를 인정하려면 그 권리자의 의사를 엄격히 해석하여야 한다는 법률행위 해석의 일반 원칙에 의할 때, 개인의 권리를 국가가 나서서 대신 포기하려는 경우에는 이를 더욱 엄격하게 보아야 하기 때문이다.

그런데 청구권협정은 그 문언상 개인청구권 자체의 포기나 소멸에 관하여는 아무런 규정도 두고 있지 않다. 이 점에서 연합국과 일본 사이에 1951. 9. 8. 체결된 샌프란시스코 조약 제14조(b)에서 "연합국은 모든 보상청구, 연합국과 그 국민의 배상청구 및 군의 점령비용에 관한 청구를 모두 포기한다."라고 정하여 명시적으로 청구권의 포기(waive)라는 표현을 사용한 것과 구별된다. 물론 청구권에 관한 문제가 '완전히 그리고 최종적으로 해결된 것이 된다'는 표현이 사용되기는 하였으나, 위와 같은 엄격해석의 필요성에 비추어 이를 개인청구권의 '포기'나 '소멸'과 같은 의미로 보기는 어렵다.

앞서 든 증거들에 의하면, 청구권협정 체결을 위한 협상 과정에서 일본은 청구권협정에 따라 제공될 자금과 청구권 간의 법률적 대가관계를 일관되게 부인하였고, 청구권협정을 통해 개인청구권이 소멸되는 것이 아니라 국가의 외교적 보호권만이 소멸된다는 입장을 견지하였다. 이에 대한민국과 일본 양국은 청구권협정 체결 당시 향후 제공될 자금의 성격에 대하여 합의에 이르지 못한 채 청구권협정을 체결한 것으로 보인다. 따라서 청구권협정에서 사용된

'해결된 것이 된다'거나 주체 등을 분명히 하지 아니한 채 '어떠한 주장도 할 수 없는 것으로 한다'는 등의 문언은 의도적으로 사용된 것으로 보아야 하고, 이를 개인청구권의 포기나 소멸, 권리행사제한이 포함된 것으로 쉽게 판단하여서는 아니 된다.

이러한 사정 등에 비추어 보면, 청구권협정에서 양국 정부의 의사는 개인청구권은 포기되지 아니함을 전제로 정부 간에만 청구권 문제가 해결된 것으로 하자는 것, 즉 외교적 보호권에 한정하여 포기하자는 것이었다고 봄이 타당하다.

(2) 앞서 본 것처럼, 일본은 청구권협정 직후 일본국 내에서 대한민국 국민의 일본국 및 그 국민에 대한 권리를 소멸시키는 내용의 재산권조치법을 제정·시행하였다. 이러한 조치는 청구권협정만으로는 대한민국 국민 개인의 청구권이 소멸하지 않음을 전제로 할 때 비로소 이해될 수 있다. 즉 앞서 본 바와 같이 청구권협정 당시 일본은 청구권협정을 통해 개인청구권이 소멸하는 것이 아니라 국가의 외교적 보호권만 포기된다고 보는 입장이었음이 분명하고, 협정의 상대방인 대한민국도 이러한 사정을 잘 알고 있었다고 보인다. 따라서 양국의 진정한 의사 역시도 외교적 보호권만 포기된다는 점에서 일치하고 있었다고 보는 것이 합리적이다.

대한민국이 1965. 7. 5. 발간한 '대한민국과 일본국 간의 조약 및 협정 해설'에는 청구권협정 제2조에 관하여 "재산 및 청구권 문제의 해결에 관한 조항으로 소멸되는 우리의 재산 및 청구권의 내용을 보면, 우리 측이 최초에 제시한 바 있는 8개 항목의 대일청구 요강에서 요구한 것은 모두 소멸케 되는바, 따라서 피징용자의 미수금 및 보상금, 한국인의 대일본 정부 및 일본 국민에 대한 각종 청구 등이 모두 완전히 그리고 최종적으로 소멸케 되는 것이다."라고 되어 있다. 이에 따르면, 당시 대한민국의 입장이 개인청구권까지도 소멸되는 것이었다고 볼 여지도 없는 것은 아니다. 그러나 위와 같이 당시 일본의 입장이 '외교적 보호권 한정 포기'임이 명백하였던 상황에서 대한민국의 내심의 의사가 위와 같았다고 하여 청구권협정에서 개인청구권까지 포기되는 것에 대한 의사의 합치가 있었다고 볼 수는 없다. 더욱이 이후 대한민국에서 청구권자금법 등 보상입법을 통하여 강제동원 피해자에 대하여 이루어진 보상 내역이 실제 피해에 대비하여 극히 미미하였던 점에 비추어 보더라도, 대한민국의 의사가 청구권협정을 통해 개인청구권까지도 완전히 포기시키겠다는 것이었다고 단정하기도 어렵다.

(3) 일괄처리협정의 효력 및 해석과 관련하여 국제사법재판소(ICJ)가 2012. 2. 3. 선고한 독일 대 이탈리아 주권면제 사건(Jurisdictional Immunities of the State, Germany v. Italy: Greece intervening)이 국제법적인 관점에서 논의되고 있다. 그러나 다른 많은 쟁점은 차치하더라도, 1961. 6. 2. 이탈리아와 서독 사이에 체결된「특정 재산 관련, 경제적·재정적 문제의 해결에 관한 협정(Treaty on the Settlement of certain property-related, economic and financial questions)」및 「나치의 박해를 받은 이탈리아 국민들에 대한 보상에 관한 협정(Agreement on Compensation for Italian Nationals Subjected to National-Socialist Measures of Persecution)」이 체결된 경위, 그 내용이나 문언이 청구권협정의 그것과 같지 아니하므로 청구권협정을 이탈리아와 서독 사이의 위 조약과 단순 비교하는 것은 타당하지 아니하다.

라.   결국, 원고들의 피고에 대한 손해배상청구권이 청구권협정의 적용대상에 포함되지 않는다고 한 다수의견의 입장에는 동의할 수 없지만, 청구권협정에도 불구하고 원고들이 피고를 상대로 강제동원 피해에 대한 손해배상청구권을 행사할 수 있다고 본 환송 후 원심의 결론은 타당하다. 거기에 이 부분 상고이유 주장과 같이 청구권협정의 효력, 대한민국 국민의 일본 국민에 대한 개인청구권의 행사가능성에 관한 법리 등을 오해한 잘못이 없다.

10.   대법관 권순일, 대법관 조재연의 반대의견
가.   대법관 김소영, 대법관 이동원, 대법관 노정희의 별개의견(이하 '별개의견2'라고 한다)이 상고이유 제3점에 관하여, 청구권협정의 해석상 원고들의 손해배상청구권이 청구권협정의 적용대상에 포함된다는 입장을 취한 데 대해서는 견해를 같이한다.

그러나 별개의견2가 청구권협정으로 대한민국의 외교적 보호권만이 포기된 것에 불과하다고 보아 원고들이 대한민국에서 피고를 상대로 소로써 권리를 행사할 수 있다고 판단한 것은 동의하기 어렵다. 그 이유는 다음과 같다.

나. 청구권협정 제2조 1.은 "… 양 체약국 및 그 국민 간의 청구권에 관한 문제가 … 완전히 그리고 최종적으로 해결된 것이 된다는 것을 확인한다."라고 규정하고 있다. 여기서 '완전히 그리고 최종적으로 해결된 것이 된다'라는 문언의 의미가 무엇인지, 즉 청구권협정으로 양 체약국이 그 국민의 개인청구권에 관한 외교적 보호권만을 포기한다는 의미인지 또는 그 청구권 자체가 소멸한다는 의미인지, 아니면 양 체약국 국민이 더 이상 소로써 청구권을 행사할 수 없다는 의미인지는 기본적으로 청구권협정의 해석에 관한 문제이다.

(1) 헌법에 의하여 체결·공포된 조약과 일반적으로 승인된 국제법규는 국내법과 같은 효력을 가진다(헌법 제6조 제1항). 그리고 구체적 사건에서 당해 법률 또는 법률조항의 의미·내용과 적용 범위를 정하는 권한, 곧 법령의 해석·적용 권한은 사법권의 본질적 내용을 이루는 것으로서, 이는 대법원을 최고법원으로 하는 법원에 전속한다(대법원 2009. 2. 12. 선고 2004두10289 판결 참조). 청구권협정은 1965. 8. 14. 대한민국 국회에서 비준 동의되어 1965. 12. 18. 조약 제172호로 공포되었으므로 국내법과 같은 효력을 가진다. 그러므로 청구권협정의 의미·내용과 적용 범위는 법령을 최종적으로 해석할 권한을 가진 최고법원인 대법원에 의하여 최종적으로 정하여질 수밖에 없다.

(2) 조약의 해석은 1969년 체결된 '조약법에 관한 비엔나협약(Vienna Convention on the Law of Treaties, 이하 '비엔나협약'이라 한다)'을 기준으로 한다. 비엔나협약은 대한민국에 대하여는 1980. 1. 27., 일본에 대하여는 1981. 8. 1. 각각 발효된 것이기는 하나, 그 발효 이전에 이미 형성되어 있던 국제관습법을 규정한 것이므로 청구권협정을 해석할 때 비엔나협약을 적용하더라도 시제법상 문제는 없다.

비엔나협약 제31조(해석의 일반규칙)에 의하면, 조약은 전문 및 부속서를 포함한 조약문의 문맥 및 조약의 대상과 목적에 비추어 그 조약의 문언에 부여되는 통상적 의미에 따라 성실하게 해석하여야 한다. 여기에서 조약의 해석상 문맥이라고 할 때에는 조약문 외에 조약의 체결과 관련하여 당사국 사이에 이루어진 그 조약에 관한 합의 등을 포함한다. 그리고 비엔나협약 제32조(해석의 보충적 수단)에 의하면, 제31조의 적용으로부터 도출되는 의미를 확인하기 위해 또는 제31조에 따라 해석하면 의미가 모호해지거나 또는 애매하게 되는 경우, 명확하게 불합리하거나 또는 부당한 결과를 초래하는 경우에는 그 의미를 결정하기 위해 조약의 준비작업 또는 조약 체결 시의 사정을 포함한 해석의 보충적 수단에 의존할 수 있다.

(3) 청구권협정 전문은 "양국 및 양국 국민의 재산과 양국 및 양국 국민 간의 청구권에 관한 문제를 해결할 것을 희망하고"라고 전제하고, 제2조 1.은 "양 체약국은 양 체약국 및 그 국민(법인을 포함함)의 재산, 권리 및 이익과 양 체약국 및 그 국민 간의 청구권에 관한 문제가 … 평화조약 제4조(a)에 규정된 것을 포함하여 완전히 그리고 최종적으로 해결된 것이 된다는 것을 확인한다."라고 규정하고 있으며, 제2조 3.은 "… 일방 체약국 및 그 국민의 타방 체약국 및 그 국민에 대한 모든 청구권으로서 … 어떠한 주장도 할 수 없는 것으로 한다."라고 규정하였다. 또한 청구권협정에 대한 합의의사록(Ⅰ)은 청구권협정 제2조에 관하여 "동조 1.에서 말하는 완전히 그리고 최종적으로 해결된 것으로 되는 양국 및 그 국민의 재산, 권리 및 이익과 양국 및 그 국민 간의 청구권에 관한 문제에는 한일회담에서 한국 측으로부터 제출된 '한국의 대일청구요강'(소위 8개 항목)의 범위에 속하는 모든 청구가 포함되어 있고, 따라서 동 대일청구요강에 관하여는 어떠한 주장도 할 수 없게 됨을 확인하였다."라고 정하였고, 대일청구요강 8개 항목 중에는 '피징용한국인의 미수금, 보상금 및 기타 청구권의 변제청구'가 포함되어 있다.

위와 같은 청구권협정 제2조, 청구권협정에 대한 합의의사록(Ⅰ) 등의 문언, 문맥 및 청구권협정의 대상과 목적 등에 비추어 청구권협정 제2조를 그 문언에 부여되는 통상적 의미에 따라 해석하면, 제2조 1.에서 '완전히 그리고 최종적으로 해결된 것'은 대한민국 및 대한민국 국민의 일본 및 일본 국민에 대한 모든 청구권과 일본 및 일본 국민의 대한민국 및 대한민국 국민에 대한 모든 청구권에 관한 문제임이 분명하고, 제2조 3.에서 모든 청구권에 관하여 '어떠한 주장도 할 수 없는 것으로 한다'라고 규정하고 있는 이상, '완전히 그리고 최종적으로 해결된 것이 된다'라는 문언의 의미는 양 체약국은 물론 그 국민도 더 이상 청구권을 행사할 수 없게 되었다는 뜻으로 보아야 한다.

(4) 국제법상 국가의 외교적 보호권(diplomatic protection)이란, 외국에서 자국민이 위법·부당한 취급을 받았으나 현지 기관을 통한 적절한 권리구제가 이루어지지 않을 경우에 최종적으로 그의 국적국이 외교절차나 국제적 사법절차를 통하여 외국 정부를 상대로 자국민에 대한 적당한 보호 또는 구제를 요구할 수 있는 권리이다. 외교적 보호권의 행사 주체는 피해자 개인이 아니라 그의 국적국이며, 외교적 보호권은 국가 사이의 권리의무에 관한 문제일 뿐 국민 개인의 청구권 유무에 직접 영향을 미치지 아니한다.

그런데 앞서 살펴본 것처럼, 청구권협정 제2조는 대한민국 국민과 일본 국민의 상대방 국가 및 그 국민에 대한 청구권까지 대상으로 하고 있음이 분명하므로 청구권협정을 국민 개인의 청구권과는 관계없이 양 체약국이 서로에 대한 외교적 보호권만을 포기하는 내용의 조약이라고 해석하기 어렵다. 또한 청구권협정 제2조 1.에서 규정한 '완전히 그리고 최종적으로 해결된 것'이라는 문언은 청구권에 관한 문제가 체약국 사이에서는 물론 그 국민들 사이에서도 완전하고도 최종적으로 해결되었다는 뜻으로 해석하는 것이 그 문언의 통상적 의미에 부합하고, 단지 체약국 사이에서 서로 외교적 보호권을 행사하지 않기로 한다는 의미로 읽히지 않는다.

(5) 일본은 청구권협정 체결 이후 청구권협정으로 양 체약국 국민의 개인청구권이 소멸하는 것이 아니라 양 체약국이 외교적 보호권만을 포기한 것이라는 입장을 취해 왔다. 이는 일본 정부가 자국 국민에 대한 보상의무를 회피하기 위하여 '재한청구권에 대하여 외교적 보호권을 포기하였다'는 입장을 취한 데에서 비롯된 것이다. 그러나 아래에서 보는 바와 같이 대한민국은 처음부터 대일청구요강 8개 항목을 제시하면서 강제징용 피해자에 대한 보상을 요구하였고, 청구권자금의 분배는 전적으로 국내법상의 문제라는 입장을 취하였으며, 이러한 입장은 청구권협정 체결 당시까지 유지되었다.

앞서 본 사실관계 및 기록에 의하면 다음과 같은 사실을 알 수 있다. 즉, ①
대한민국 측은 1952. 2. 15. 제1차 한일회담에서부터 8개 항목을 일본 측에 제
시하였고, 1961. 5. 10. 제5차 한일회담 예비회담 일반청구권소위원회 제13차
회의에서 8개 항목 중 제5항과 관련하여 '강제징용으로 피해를 입은 개인에
대한 보상'을 일본 측에 요구하였으며, 개인의 피해에 대한 보상을 요구하는
것인지에 대한 일본 측의 질의에 대하여 '나라로서 청구하는 것이며 피해자
개인에 대한 보상은 국내에서 조치할 성질의 것'이라는 입장을 밝혔다. ②
1961. 12. 15. 제6차 한일회담 예비회담 일반청구권소위원회 제7차 회의에서
대한민국 측은 일본 측에 8개 항목에 대한 보상으로 총 12억 2,000만 달러를
요구하면서 그중 강제동원에 대한 피해보상금을 3억 6,400만 달러로 산정하여
제시하였다. ③ 청구권협정 체결 직후인 1965. 7. 5. 대한민국 정부가 발간한
'대한민국과 일본국 간의 조약 및 협정 해설'에는 "재산 및 청구권 문제의 해
결에 관한 조항으로 소멸되는 우리의 재산 및 청구권의 내용을 보면, 우리 측
이 최초에 제시한 바 있는 8개 항목의 대일청구요강에서 요구한 것은 모두 소
멸케 되는바, 따라서 … 피징용자의 미수금 및 보상금, … 한국인의 대일본 정
부 및 일본 국민에 대한 각종 청구 등이 모두 완전히 그리고 최종적으로 소멸
케 되는 것이다."라고 기재되어 있다. ④ 1965. 8. 장기영 경제기획원장관은 청
구권협정 제1조의 무상 3억 달러는 실질적으로 피해국민에 대한 배상적인 성
격을 가진 것이라는 취지의 발언을 하였다. ⑤ 청구권협정 체결 후 대한민국
은 청구권자금법, 청구권신고법, 청구권보상법, 2007년 및 2010년 희생자지원
법 등을 제정하여 강제징용 피해자에 대한 보상금을 지급하였다. 2010년 희생
자지원법에 따라 설치된 '대일항쟁기 강제동원 피해조사 및 국외강제동원희
생자 등 지원위원회'의 결정(전신인 '태평양전쟁 전후 국외 강제동원희생자
지원위원회'의 결정을 포함한다)을 통하여 2016. 9.경까지 지급된 위로금 등의
내역을 살펴보면, 사망·행방불명 위로금 3,601억 원, 부상장해 위로금 1,022억
원, 미수금지원금 522억 원, 의료지원금 1인당 연 80만 원 등 5,500억 원가량
이 된다.
이러한 사실을 종합하여 보면, 청구권협정 당시 대한민국은 청구권협정으로

강제징용 피해자의 개인청구권도 소멸되거나 적어도 그 행사가 제한된다는 입장을 취하였음을 알 수 있다. 그러므로 청구권협정 당시 양국의 진정한 의사가 외교적 보호권만을 포기한다는 데에 일치하고 있었던 것도 아니다.

(6) 한편 국제법상 전후 배상문제 등과 관련하여 주권국가가 외국과 교섭을 하여 자국국민의 재산이나 이익에 관한 사항을 국가 간 조약을 통하여 일괄적으로 해결하는 이른바 '일괄처리협정(lump sum agreements)'은 국제분쟁의 해결·예방을 위한 방식의 하나로서, 청구권협정 체결 당시 국제관습법상 일반적으로 인정되던 조약 형식이다.

일괄처리협정은 국가가 개인의 청구권 등을 포함한 보상 문제를 일괄 타결하는 방식이므로, 그 당연한 전제로 일괄처리협정에 의하여 국가가 상대국으로부터 보상이나 배상을 받았다면 그에 따라 자국민 개인의 청구권은 소멸되는 것으로 처리되고, 이때 그 자금이 실제로 피해국민에 대한 보상 용도로 사용되지 아니하였다고 하더라도 마찬가지이다[국제사법재판소(ICJ)가 2012. 2. 3. 선고한 독일 대 이탈리아 주권면제 사건(Jurisdictional Immunities of the State, Germany v. Italy: Greece intervening), 이른바 '페리니(Ferrini) 사건' 판결 참조]. 청구권협정에 관하여도 대한민국은 일본으로부터 강제동원 피해자의 손해배상청구권을 포함한 대일청구요강 8개 항목에 관하여 일괄보상을 받고, 청구권자금을 피해자 개인에게 보상의 방법으로 직접 분배하거나 또는 국민경제의 발전을 위한 기반시설 재건 등에 사용함으로써 이른바 '간접적으로' 보상하는 방식을 채택하였다. 이러한 사정에 비추어 볼 때, 청구권협정은 대한민국 및 그 국민의 청구권 등에 대한 보상을 일괄적으로 해결하기 위한 조약으로서 청구권협정 당시 국제적으로 통용되던 일괄처리협정에 해당한다고 볼 수 있다. 이 점에서도 청구권협정이 국민 개인의 청구권과는 관계없이 단지 양 체약국이 국가의 외교적 보호권만을 포기하기로 하는 합의를 담은 조약이라고 해석하기는 어렵다.

다. 　청구권협정 제2조에서 규정하고 있는 '완전하고도 최종적인 해결'이나 '어떠한 주장도 할 수 없는 것으로 한다.'라는 문언의 의미는 개인청구권의 완전한 소멸까지는 아니더라도 '대한민국 국민이 일본이나 일본 국민을 상대로 소로써 권리를 행사하는 것은 제한된다'는 뜻으로 해석하는 것이 타당하다.

(1) 청구권협정은 그 문언상 개인청구권 자체의 포기나 소멸에 관하여는 직접 정하고 있지 않다. 이 점에서 샌프란시스코 조약 제14조(b)에서 "연합국은 모든 보상청구, 연합국과 그 국민의 배상청구 및 군의 점령비용에 관한 청구를 모두 포기한다."라고 정하여 명시적으로 청구권의 포기(waive)라는 표현을 사용한 것과 구별된다. 그러므로 청구권협정에 따라 개인청구권이 실체법적으로 완전히 소멸되거나 포기되었다고 보기 어렵다는 데에는 별개의견2와 견해를 같이한다.

(2) 청구권협정 제2조 1.은 청구권에 관한 문제가 '완전히 그리고 최종적으로 해결된 것이 된다는 것을 확인한다.'라고 규정하고 있고, '완전하고도 최종적인 해결'에 이르는 방식은 제2조 3.에서 규정하고 있는 '어떠한 주장도 할 수 없는 것으로 한다.'라는 문언에 의하여 실현된다. 즉 '어떠한 주장도 할 수 없는 것'이라는 방법을 통하여 청구권 문제의 '완전하고도 최종적인 해결'을 기하고 있다. 그런데 '어떠한 주장도 할 수 없는 것으로 한다.'라는 문언의 의미는 앞서 살펴본 것처럼 청구권에 관한 대한민국의 외교적 보호권만을 포기한다는 뜻으로 해석할 수 없고, 그렇다고 청구권 자체가 실체법적으로 소멸되었다는 의미라고 단정하기도 어렵다. 그렇다면 '어떠한 주장도 할 수 없는 것으로 한다.'라는 문언의 의미는 결국 '대한민국 국민이 일본이나 일본 국민을 상대로 소로써 권리를 행사하는 것이 제한된다'는 뜻으로 해석할 수밖에 없다.

(3) 앞서 본 것처럼 대한민국은 청구권협정 체결 후 청구권보상법, 2007년 및 2010년 희생자지원법 등을 제정하여 강제징용 피해자들에게 보상금을 지급하였다. 이는 청구권협정에 따라 대한민국 국민이 소송으로 청구권을 행사하는 것이 제한된 결과 대한민국이 이를 보상할 목적으로 입법조치를 한 것이다. '외교적 보호권 한정 포기설'에 따르면 대한민국이 위와 같은 보상 조치를 취할 이유를 찾기 어렵다.

라. (1) 별개의견2가 대한민국에서 청구권자금법 등 보상입법을 통하여 강제

동원 피해자에 대하여 이루어진 보상 내역이 실제 피해에 대비하여 매우 미흡하였다는 점을 들어 청구권협정의 효력을 해석하는 근거로 삼는 것도 받아들이기 어렵다. 앞서 본 것처럼 '일괄처리협정(lump sum agreements)'에 따라 국가가 보상이나 배상을 받았다면 그 국민은 상대국 또는 그 국민에 대하여 개인청구권을 행사할 수 없는 것이고, 이는 지급받은 자금이 실제로는 피해국민에 대한 보상 용도로 사용되지 않았더라도 달리 볼 수 없기 때문이다.

(2) 일제강점기에 일본이 불법적인 식민지배와 침략전쟁 수행을 위해 강제징용 피해자들에게 가한 고통에 비추어 볼 때, 대한민국이 피해자들에게 한 보상이 매우 미흡한 것은 사실이다. 대한민국은 2006. 3. 9. 청구권보상법에 근거한 강제동원 피해자 보상이 불충분함을 인정하고 추가보상 방침을 밝힌 후 2007년 희생자지원법을 제정하였고, 이후 2010년 희생자지원법을 추가 제정하였다. 그러나 이러한 추가적인 보상조치에 의하더라도 국내강제동원 피해자는 당초부터 위로금 지급대상에 포함되지 않았고, 국외강제동원 생환자에 대하여는 2007년 희생자지원법 제정 당시 국회에서 1인당 500만 원의 위로금을 지급하는 내용의 법안이 의결되었으나, 추가적인 재정부담 등을 이유로 대통령이 거부권을 행사하여 결국 그들에 대한 위로금 지급은 이루어지지 않았다.

(3) 일본 정부가 청구권협정의 협상 과정에서 식민지배의 불법성을 인정하지 않고 있던 상황에서 대한민국 정부가 청구권협정을 체결한 것이 과연 옳았는지 등을 포함하여 청구권협정의 역사적 평가에 관하여 아직도 논란이 있는 것은 사실이다. 그러나 청구권협정이 헌법이나 국제법을 위반하여 무효라고 볼 것이 아니라면 그 내용이 좋든 싫든 그 문언과 내용에 따라 지켜야 하는 것이다. 청구권협정으로 개인청구권을 더 이상 행사할 수 없게 됨으로써 피해를 입은 국민에게 지금이라도 국가는 정당한 보상을 하여야 한다. 대한민국이 이러한 피해국민에 대하여 지는 책임은 법적 책임이지 이를 단순히 인도적·시혜적 조치로 볼 수는 없다. 대한민국은 피해국민의 소송 제기 여부와 관계없이 정당한 보상이 이루어지도록 할 책무가 있으며 이러한 피해국민에 대하여 대한민국이 소송에서 그 소멸시효 완성 여부를 다툴 것도 아니라고 본다.

마. 결국, 대한민국 국민이 일본 또는 일본 국민에 대하여 가지는 개인청구권은 청구권협정에 의하여 바로 소멸되거나 포기되었다고 할 수는 없지만 소송으로 이를 행사하는 것은 제한되게 되었으므로, 원고들이 일본 국민인 피고를 상대로 국내에서 강제동원으로 인한 손해배상청구권을 소로써 행사하는 것 역시 제한된다고 보는 것이 옳다.

이와 다른 취지로 판시한 원심의 판단에는 청구권협정의 적용 범위 및 효력 등에 관한 법리를 오해한 잘못이 있고, 원심이 근거로 삼은 환송판결의 청구권협정에 관한 견해 역시 이에 배치되는 범위 내에서 변경되어야 한다.

이상과 같은 이유로 다수의견에 반대한다.

11. 대법관 김재형, 대법관 김선수의 다수의견에 대한 보충의견

가. 원고들이 주장하는 피고에 대한 손해배상청구권, 즉 '강제동원 위자료청구권'이 청구권협정의 대상에 포함되지 않는다고 하는 다수의견의 입장은 조약의 해석에 관한 일반원칙에 따른 것으로서 타당하다. 그 구체적인 이유는 다음과 같다.

나. 조약 해석의 출발점은 조약의 문언이다. 당사자들이 조약을 통해 달성하고자 하는 의도가 문언으로 나타나기 때문이다. 따라서 조약의 문언이 가지는 통상적인 의미를 밝히는 것이 조약의 해석에서 가장 중요한 일이다. 그러나 당사자들이 공통적으로 의도한 것으로 확정된 내용이 조약 문언의 의미와 다른 경우에는 그 의도에 따라 조약을 해석하여야 한다.

이때 문언의 사전(辭典)적인 의미가 명확하지 않은 경우에는 문맥, 조약의 목적, 조약 체결 과정을 비롯한 체결 당시의 여러 사정뿐만 아니라 조약 체결 이후의 사정도 종합적으로 고려하여 조약의 의미를 합리적으로 해석하여야 한다. 다만 조약 체결 과정에서 이루어진 교섭 과정이나 체결 당시의 사정은 조약의 특성상 조약을 해석하는 데 보충적으로 고려해야 한다.

한편 조약이 국가가 아닌 개인의 권리를 일방적으로 포기하는 것과 같은 중대한 불이익을 부과하는 경우에는 약정의 의미를 엄격하게 해석하여야 하고,

그 의미가 불분명한 경우에는 개인의 권리를 포기하지 않는 것으로 보아야 한다. 개인의 권리를 포기하도록 조약을 체결하고자 한다면 이를 명확하게 인식하고 조약의 문언에 포함시킴으로써 개개인들이 그러한 사정을 알 수 있어야 하기 때문이다.

1969년에 체결된 비엔나협약은 대한민국에 대해서는 1980. 1. 27., 일본에 대해서는 1981. 8. 1. 발효되었기 때문에, 이 협약은 1965년에 체결된 청구권협정 해석의 기준으로 곧바로 적용할 수는 없다. 다만 조약 해석에 관한 비엔나협약의 주요 내용은 기존의 국제관습법을 반영한 것이라고 볼 수 있으므로, 청구권협정을 해석하는 데도 참고할 수 있다. 조약의 해석기준에 관한 다수의견은 비엔나협약의 주요 내용을 반영한 것으로서, 조약 해석에 관한 일반원칙과 다르지 않다. 다만 비엔나협약이 청구권협정에 직접 적용되는 것은 아니므로, 청구권협정을 해석할 때 비엔나협약을 문구 그대로 따라야 하는 것은 아니다.

다. 이 사건의 주된 쟁점은 청구권협정 전문과 제2조에 나오는 '청구권'의 의미를 어떻게 해석할 것인지이다. 구체적으로는 위 '청구권'에 '일본 정부의 한반도에 대한 불법적인 식민지배·침략전쟁의 수행과 직결된 일본 기업의 반인도적인 불법행위를 전제로 하는 강제동원 피해자의 일본 기업에 대한 정신적 손해배상청구권', 즉 '강제동원 위자료청구권'이 포함되는지 여부가 문제된다.

청구권협정에서는 '청구권'이 무엇을 뜻하는지 따로 정하고 있지 않다. 청구권은 매우 다양한 의미로 사용될 수 있는 용어이다. 이 용어에 불법행위에 기한 손해배상청구권, 특히 이 사건에서 문제 되는 강제동원 위자료청구권까지 일반적으로 포함된다고 단정할 수 없다.

그러므로 청구권협정의 문맥이나 목적 등을 함께 살펴보아야 한다. 우선 청구권협정 제2조에서 샌프란시스코 조약 제4조(a)를 명시적으로 언급하고 있으므로, 샌프란시스코 조약 제4조가 청구권협정의 기초가 되었다는 것에는 별다른 의문이 없다. 즉 청구권협정은 기본적으로 샌프란시스코 조약 제4조(a)에서 말하는 '일본의 통치로부터 이탈된 지역(대한민국도 이에 해당)의 시정 당국·국민과 일본·일본 국민 간의 재산상 채권·채무관계'를 해결하기 위한 것이다. 그런데 이러한 '채권·채무관계'는 일본 식민지배의 불법성을 전제로 하는 것이 아니고, 그러한 불법행위와 관련된 손해배상청구권이 포함된 것도 아니다. 특히 샌프란시스코 조약 제4조(a)에서는 '재산상 채권·채무관계'에 관하여 정하고 있기 때문에, 정신적 손해배상청구권이 포함될 여지는 없다고 보아야 한다. 샌프란시스코 조약을 기초로 열린 제1차 한일회담에서 한국 측이 제시한 8개 항목은 다음과 같다. '① 1909년부터 1945년까지 사이에 일본이 조선은행을 통하여 대한민국으로부터 반출하여 간 지금(地金) 및 지은(地銀)의 반환청구, ② 1945. 8. 9. 현재 및 그 이후 일본의 대(對) 조선총독부 채무의 변제청구, ③ 1945. 8. 9. 이후 대한민국으로부터 이체 또는 송금된 금원의 반환청구, ④ 1945. 8. 9. 현재 대한민국에 본점, 본사 또는 주사무소가 있는 법인의 재일(在日) 재산의 반환청구, ⑤ 대한민국 법인 또는 대한민국 자연인의 일본은행권, 피징용한국인의 미수금, 보상금 및 기타 청구권의 변제청구, ⑥ 한국인의 일본국 또는 일본인에 대한 청구로서 위 ① 내지 ⑤에 포함되지 않은 것은 한일회담 성립 후 개별적으로 행사할 수 있음을 인정할 것, ⑦ 전기(前記) 여러 재산 또는 청구권에서 발생한 여러 과실(果實)의 반환청구, ⑧ 전기(前記) 반환 및 결제는 협정성립 후 즉시 개시하여 늦어도 6개월 이내에 완료할 것'이다. 위 8개 항목에 명시적으로 열거된 것은 모두 재산에 관한 것이다. 따라서 위 제5항에서 열거된 것도 가령 징용에 따른 노동의 대가로 지급되는 임금 등 재산상 청구권에 한정된 것이고 불법적인 강제징용에 따른 위자료청구권까지 포함된 것으로 볼 수는 없다. 더욱이 여기에서 말하는 '징용'이 국민징용령에 따른 징용만을 의미하는지 아니면 원고들과 같이 모집방식 또는 관 알선방식으로 이루어진 강제동원까지 포함되는지 명확한 것도 아니다. 또한 제5항은 '보상금'이라는 용어를 사용하고 있는데, 이는 징용이 적법하다는 전제에서 사용한 용어로서 불법성을 전제로 한 위자료가 포함될 수 없음은 명백하다. 당시 대한민국과 일본의 법제는 '보상'은 적법한 행위로 인한 손실을 전보하는 것이고 '배상'은 불법행위로 인한 손해를 전보하는 것으로 명확하게 구별하여 사용하고 있었다. 청구권협정 직전에 대한민국 정부가 발간한 '한일회담 백서'에서도 '배상청구는 청구권 문제에 포함되지 않는다.'고 설명하였다. '기 타'라는 용어도 앞에 열거한 것과 유사한 부수적인 것이라고 보아야 하므로, 강제동원 위자료청구권을 포함한다고 보는 것은 지나친 해석이다.

청구권협정에 대한 합의의사록(Ⅰ)에서는 청구권협정에서 완전히 그리고 최 종적으로 '해결되는 것으로 되는' 청구권에 8개 항목의 범위에 속하는 모든 청구가 포함된다고 정하고 있지만, 위와 같이 위 제5항의 '피징용한국인의 미 수금, 보상금 및 기타 청구권의 변제청구'가 일본 식민지배의 불법성을 전제 로 한 것으로 볼 수 없으므로, 강제동원 위자료청구권이 여기에 포함된다고 볼 수 없다.

결국, 청구권협정, 청구권협정에 대한 합의의사록(Ⅰ)의 문맥, 청구권협정의 목적 등에 비추어 청구권협정의 문언에 나타난 통상적인 의미에 따라 해석할 경우 청구권협정에서 말하는 '청구권'에 강제동원 위자료청구권까지 포함된 다고 보기는 어렵다.

라. 위와 같은 해석 방법만으로는 청구권협정의 의미가 분명하지 않아 교섭 기록과 체결 시의 여러 사정 등을 고려하여 그 의미를 밝혀야 한다고 하더라 도, 위와 같은 결론이 달라지지 않는다.

우선 청구권협정 체결 당시 양국의 의사가 어떠하였는지를 살펴볼 필요가 있 다. 일반적인 계약의 해석과 마찬가지로 조약의 해석에서도, 밖으로 드러난 표시에도 불구하고 양국의 내심의 의사가 일치하고 있었다면 그 진의에 따라 조약의 내용을 해석하는 것이 타당하다. 만일 청구권협정 당시 양국 모두 강 제동원 위자료청구권과 같은 일본 식민지배의 불법성을 전제로 하는 청구권 도 청구권협정에 포함시키기로 하는 의사가 일치하고 있었다고 볼 수 있다면, 청구권협정에서 말하는 '청구권'에 강제동원 위자료청구권도 포함된다고 볼 수 있다.

그러나 일본 정부가 청구권협정 당시는 물론 현재까지도, 강제동원 과정에서 반인도적인 불법행위가 자행되었다는 점은 물론 식민지배의 불법성에 대해서도 인정하지 않고 있음은 주지의 사실이다. 또한 청구권협정 당시 일본 측이 강제동원 위자료청구권을 청구권협정의 대상으로 삼았다고 볼 만한 자료도 없다. 당시 강제동원 위자료청구권의 존재 자체도 인정하지 않고 있던 일본 정부가 청구권협정에 이를 포함시키겠다는 내심의 의사를 가지고 있었다고 볼 수 없다.

이는 청구권협정 당시 대한민국 정부도 마찬가지였다고 보는 것이 합리적이다. 다수의견에서 본 것처럼, 청구권협정 체결 직전인 1965. 3. 20. 대한민국 정부가 발간한 공식 문서인 '한일회담백서'에서는 샌프란시스코 조약 제4조가 한·일 간 청구권 문제의 기초가 되었다고 명시하고 있고, 나아가 '위 제4조의 대일청구권은 승전국의 배상청구권과 구별된다. 대한민국은 샌프란시스코 조약의 조인당사국이 아니어서 제14조 규정에 의한 승전국이 향유하는 손해와 고통에 대한 배상청구권을 인정받지 못하였다. 이러한 한·일 간 청구권 문제에는 배상청구를 포함시킬 수 없다.'는 설명까지 하고 있다.

한편 위와 같은 청구권협정 체결 당시의 상황 외에 체결 이후의 사정도 보충적으로 조약 해석의 고려요소가 될 수 있는데, 이에 따르더라도 청구권협정에서 말하는 '청구권'에 강제동원 위자료청구권이 포함된다고 볼 수 없다는 점이 뒷받침된다. 청구권협정 이후 대한민국은 청구권자금법, 청구권신고법, 청구권보상법을 통해 1977. 6. 30.까지 피징용사망자 8,552명에게 1인당 30만 원씩 총 25억 6,560만 원을 지급하였다. 이는 위 8개 항목 중 제5항의 '피징용한국인의 미수금, 보상금 및 기타 청구권의 변제청구'가 청구권협정의 대상에 포함됨에 따른 후속조치로 보일 뿐이므로, 강제동원 위자료청구권에 대한 변제라고 보기는 어렵다. 더욱이 그 보상 대상자도 '일본국에 의하여 군인·군속 또는 노무자로 소집 또는 징용되어 1945. 8. 15. 이전에 사망한 자'로 한정되어 있었다. 또한 이후 대한민국은 2007년 희생자지원법 등을 통해 이른바 '강제동원희생자'에게 위로금이나 지원금을 지급하기는 하였으나, 해당 법률에서 그 명목이 '인도적 차원'의 것임을 명시하였다. 이러한 대한민국의 조치는, 청구권협정에 강제동원 위자료청구권은 포함되어 있지 않고 대한민국이 청구권협정 자금으로 강제동원 위자료청구권자에 대하여 법적인 지급의무를 부담하지 않음을 전제로 하는 것으로 볼 수밖에 없다.

마. 국가 간 조약을 통해서 국민 개개인이 상대국이나 상대국의 국민에 대해서 가지는 권리를 소멸시키는 것이 국제법상 허용된다고 하더라도, 이를 인정하기 위해서는 해당 조약에서 이를 명확하게 정하고 있어야 한다. 더욱이 이 사건과 같이 국가와 그 소속 국민이 관여한 반인도적인 불법행위로 인한 손해배상청구권, 그중에서도 정신적 손해에 대한 위자료청구권의 소멸과 같은 중대한 효과를 부여하고자 하는 경우에는 조약의 의미를 더욱 엄격하게 해석하여야 한다.

샌프란시스코 조약 제14조가 일본에 의해 발생한 '손해와 고통'에 대한 '배상청구권'과 그 '포기'를 명확하게 정하고 있는 것과 달리, 청구권협정은 '재산상 채권·채무관계'만을 언급하고 있을 뿐이고, 청구권협정의 대상에 불법행위로 인한 '손해와 고통'에 대한 '배상청구권'이 포함된다거나 그 배상청구권에 대한 '포기'를 명확하게 정하고 있지 않다.

일본 정부의 한반도에 대한 불법적인 식민지배와 침략전쟁의 수행과 직결된 일본 기업의 반인도적인 불법행위로 강제 동원되어 인간으로서의 존엄과 가치를 존중받지 못한 채 온갖 노동을 강요당했던 피해자인 원고들은 정신적 손해배상을 받지 못하고 여전히 고통 받고 있다. 대한민국 정부와 일본 정부가 강제동원 피해자들의 정신적 고통을 지나치게 가볍게 보고 그 실상을 조사·확인하려는 노력조차 하지 않은 채 청구권협정을 체결한 것일 수도 있다. 청구권협정에서 강제동원 위자료청구권에 관하여 명확하게 정하지 않은 책임은 협정을 체결한 당사자들이 부담해야 하는 것이고 이를 피해자들에게 전가해서는 안 된다.

이상과 같은 이유로 다수의견의 논거를 보충하고자 한다.

대법원장 김명수(재판장) 김소영(주심) 조희대 권순일 박상옥 이기택 김재형 조재연 박정화 민유숙 김선수 이동원 노정희

14. 2011년 헌법재판소 부작위 위헌확인 사건
(전원재판부 2006헌마788, 2011. 8. 30. 결정)

[당사자]
청구인 이○수 외 63인
대리인 변호사 차지훈 외 14인
피청구인 외교통상부 장관
대리인 법무법인 화우 담당변호사 김성식 외 3인

[주문]
청구인들이 일본국에 대하여 가지는 일본군위안부로서의 배상청구권이 '대한
민국과 일본국 간의 재산 및 청구권에 관한 문제의 해결과 경제협력에 관한
협정' 제2조 제1항에 의하여 소멸되었는지 여부에 관한 한·일 양국 간 해석상
분쟁을 위 협정 제3조가 정한 절차에 따라 해결하지 아니하고 있는 피청구인
의 부작위는 위헌임을 확인한다.

[이유]
1. 사건개요 및 심판대상
가. 사건개요
(1) 청구인들은 일제에 의하여 강제로 동원되어 성적 학대를 받으며 위안부로
서의 생활을 강요당한 '일본군위안부 피해자'들이다. 피청구인은 외교, 외국과
의 통상교섭 및 그에 관한 총괄·조정, 국제관계 업무에 관한 조정, 조약 기타
국제협정, 재외국민의 보호·지원, 재외동포정책의 수립, 국제정세의 조사·분
석에 관한 사무를 관장하는 국가기관이다.
(2) 대한민국은 1965. 6. 22. 일본국과의 사이에 '대한민국과 일본국 간의 재산
및 청구권에 관한 문제의 해결과 경제협력에 관한 협정'(조약 제172호, 이하
'이 사건 협정'이라 한다)을 체결하였다.
(3) 청구인들은, 청구인들이 일본국에 대하여 가지는 일본군위안부로서의 배
상청구권이 이 사건 협정 제2조 제1항에 의하여 소멸되었는지 여부에 관하여,

일본국은 위 청구권이 위 규정에 의하여 모두 소멸되었다고 주장하며 청구인들에 대한 배상을 거부하고 있고, 대한민국 정부는 청구인들의 위 청구권은 이 사건 협정에 의하여 해결된 것이 아니라는 입장이어서, 한·일 양국 간에 이에 관한 해석상 분쟁이 존재하므로, 피청구인으로서는 이 사건 협정 제3조가 정한 절차에 따라 위와 같은 해석상 분쟁을 해결하기 위한 조치를 취할 의무가 있는데도 이를 전혀 이행하지 않고 있다고 주장하면서, 2006. 7. 5. 이러한 피청구인의 부작위가 청구인들의 기본권을 침해하여 위헌이라는 확인을 구하는 이 사건 헌법소원심판을 청구하였다.

나. 심판대상

이 사건 심판대상은, 청구인들이 일본국에 대하여 가지는 일본군위안부로서의 배상청구권이 '대한민국과 일본국 간의 재산 및 청구권에 관한 문제의 해결과 경제협력에 관한 협정' 제2조 제1항에 의하여 소멸되었는지 여부에 관한 한·일 양국 간 해석상 분쟁을 위 협정 제3조가 정한 절차에 따라 해결하지 아니하고 있는 피청구인의 부작위가 청구인들의 기본권을 침해하는지 여부이다.

이와 관련된 위 협정의 내용은 다음과 같다.

[관련 규정]

○ 대한민국과 일본국 간의 재산 및 청구권에 관한 문제의 해결과 경제협력에 관한 협정(조약 제172호, 1965. 6. 22. 체결, 1965. 12. 18. 발효)

대한민국과 일본국은, 양국 및 양국 국민의 재산과 양국 및 양국 국민 간의 청구권에 관한 문제를 해결할 것을 희망하고, 양국 간의 경제협력을 증진할 것을 희망하여, 다음과 같이 합의하였다.

제1조

1. 일본국은 대한민국에 대하여,

(a) 현재에 있어서 1천 8십억 일본 원(108,000,000,000원)으로 환산되는 3억 아메리카합중국 불($300,000,000)과 동등한 일본 원의 가치를 가지는 일본국의 생산물 및 일본인의 용역을 본 협정의 효력발생일로부터 10년 기간에 걸쳐 무상으로 제공한다. 매년의 생산물 및 용역의 제공은 현재에 있어서 1백 8억 일본 원(10,800,000,000원)으로 환산되는 3천만 아메리카합중국 불($30,000,000)과 동등한 일본 원의 액수를 한도로 하고, 매년의 제공이 본 액수에 미달되었을 때에는 그 잔액은 차년 이후의 제공액에 가산된다. 단, 매년의 제공 한도액은 양 체약국 정부의 합의에 의하여 증액될 수 있다.

(b) 현재에 있어서 7백 20억 일본 원(72,000,000,000원)으로 환산되는 2억 아메리카합중국 불($200,000,000)과 동등한 일본 원의 액수에 달하기까지의 장기 저리의 차관으로서, 대한민국 정부가 요청하고, 또한 3의 규정에 근거하여 체결될 약정에 의하여 결정되는 사업의 실시에 필요한 일본국의 생산물 및 일본인의 용역을 대한민국이 조달하는 데 있어 충당될 차관을 본 협정의 효력발생일로부터 10년 기간에 걸쳐 행한다. 본 차관은 일본국의 해외경제협력기금에 의하여 행하여지는 것으로 하고, 일본국 정부는 동 기금이 본 차관을 매년 균등하게 이행할 수 있는데 필요한 자금을 확보할 수 있도록 필요한 조치를 취한다. 전기 제공 및 차관은 대한민국의 경제발전에 유익한 것이 아니면 아니된다.

2. 양 체약국 정부는 본조의 규정의 실시에 관한 사항에 대하여 권고를 행할 권한을 가지는 양 정부 간의 협의기관으로서 양 정부의 대표자로 구성될 합동위원회를 설치한다.

3. 양 체약국 정부는 본조의 규정의 실시를 위하여 필요한 약정을 체결한다.

제2조
1. 양 체약국은 양 체약국 및 그 국민(법인을 포함함)의 재산, 권리 및 이익과 양 체약국 및 그 국민간의 청구권에 관한 문제가 1951년 9월 8일에 샌프란시

스코시에서 서명된 일본국과의 평화조약 제4조 (a)에 규정된 것을 포함하여 완전히 그리고 최종적으로 해결된 것이 된다는 것을 확인한다.

2. 본조의 규정은 다음의 것(본 협정의 서명일까지 각기 체약국이 취한 특별 조치의 대상이 된 것을 제외한다)에 영향을 미치는 것이 아니다.

(a) 일방체약국의 국민으로서 1947년 8월 15일부터 본 협정의 서명일까지 사이에 타방체약국에 거주한 일이 있는 사람의 재산, 권리 및 이익

(b) 일방체약국 및 그 국민의 재산, 권리 및 이익으로서 1945년 8월 15일 이후에 있어서의 통상의 접촉의 과정에 있어 취득되었고 또는 타방체약국의 관할 하에 들어오게 된 것

3. 2의 규정에 따르는 것을 조건으로 하여 일방체약국 및 그 국민의 재산, 권리 및 이익으로서 본 협정의 서명일에 타방체약국의 관할 하에 있는 것에 대한 조치와 일방체약국 및 그 국민의 타방체약국 및 그 국민에 대한 모든 청구권으로서 동일자 이전에 발생한 사유에 기인하는 것에 대하여는 어떠한 주장도 할 수 없는 것으로 한다.

제3조

1. 본 협정의 해석 및 실시에 관한 양 체약국 간의 분쟁은 우선 외교상의 경로를 통하여 해결한다.

2. 1.의 규정에 의하여 해결할 수 없었던 분쟁은 어느 일방 체약국의 정부가 타방 체약국의 정부로부터 분쟁의 중재를 요청하는 공한을 접수한 날로부터 30일의 기간 내에 각 체약국 정부가 임명하는 1인의 중재위원과 이와 같이 선정된 2인의 중재위원이 당해 기간 후의 30일의 기간 내에 합의하는 제3의 중재위원 또는 당해 기간 내에 이들 2인의 중재위원이 합의하는 제3국의 정부가 지명하는 제3의 중재위원과의 3인의 중재위원으로 구성되는 중재 위원회에 결정을 위하여 회부한다. 단, 제3의 중재위원은 양 체약국 중의 어느 편의 국민이어서는 아니 된다.

3. 어느 일방 체약국의 정부가 당해 기간 내에 중재위원을 임명하지 아니하였을 때, 또는 제3의 중재위원 또는 제3국에 대하여 당해 기간 내에 합의하지

못하였을 때에는 중재위원회는 양 체약국 정부가 각각 30일의 기간 내에 선
정하는 국가의 정부가 지명하는 각 1인의 중재위원과 이들 정부가 협의에 의
하여 결정하는 제3국의 정부가 지명하는 제3의 중재위원으로 구성한다.
4. 양 체약국 정부는 본조의 규정에 의거한 중재위원회의 결정에 복한다.

제4조
본 협정은 비준되어야 한다. 비준서는 가능한 한 조속히 서울에서 교환한다.
본 협정은 비준서가 교환된 날로부터 효력을 발생한다.

2. 당사자들의 주장
가. 청구인들의 주장 요지
(1) 일본국이 청구인들을 성노예로 만들어 가한 인권유린행위는 '추업을 행하
기 위한 부녀자 매매 금지에 관한 조약', '강제노동금지협약{국제노동기구
(ILO) 제29호 조약}' 등의 국제조약에 위배되는 것으로서, 이 사건 협정의 대
상에는 포함된 바 없다. 이 사건 협정에 의하여 타결된 것은 우리 정부의 국
민에 대한 외교적 보호권만이고, 우리 국민의 일본국에 대한 개인적 손해배상
청구권은 포기되지 않은 것이다.
그런데, 일본국은 이 사건 협정 제2조 제1항에 의하여 일본국에 대한 손해배
상청구권이 소멸하였다고 주장하며 청구인들에 대한 법적인 손해배상책임을
부인하고 있고, 이에 반하여, 우리 정부는 2005. 8. 26. 일본군위안부 문제와
관련하여 일본국의 법적 책임이 이 사건 협정 제2조 제1항에 의하여 소멸하
지 않고 그대로 남아있다는 사실을 인정하여, 한·일 양국간에 이에 관한 해석
상의 분쟁이 존재한다.
(2) 이 사건 협정 제3조는 협정의 해석 및 실시에 관한 한·일 양국간의 분쟁
이 있을 경우 외교상 경로나 중재절차에 의한 해결방법을 규정함으로써, 체약
국에게 위 협정의 해석과 관련한 분쟁해결의무를 부담시키고 있으므로, 우리
정부에게는 위와 같은 이 사건 협정의 해석과 관련한 분쟁의 해결을 위한 작
위의무가 있다.

(3) 또한, 우리 정부로서는 대한민국 임시정부의 법통을 계승하였음을 명시하고 있는 헌법 전문, 인간의 존엄과 가치 및 국가의 기본적 인권 보장의무를 선언하고 있는 헌법 제10조, 재산권의 보장에 관한 헌법 제23조 및 이 사건 협정의 체결 당사자로서 행정상 신뢰보호의 원칙에 입각한 작위의무가 있고, 헌법 제37조 제1항 소정의 열거되지 않은 기본권인 외교적 보호권에 대응한 외교적 보호의무가 있다.

(4) 그런데도 우리 정부는 청구인들의 기본권을 실효적으로 보장할 수 있는 외교적 보호조치나 분쟁해결수단의 선택 등 구체적인 조치를 취하지 아니하고 있는바, 이러한 행정권력의 부작위는 위의 헌법규정들에 위배되는 것이다.

나. 피청구인의 의견 요지

(1) 행정권력의 부작위에 대한 헌법소원은 공권력의 주체에게 헌법에서 유래하는 작위의무가 특별히 구체적으로 규정되어 이에 의거하여 기본권의 주체가 행정행위를 청구할 수 있음에도 불구하고 공권력의 주체가 그 의무를 해태하는 경우에 허용되는 것인바, 청구인들은 피청구인의 부작위로 인하여 침해된 자신들의 기본권이 무엇인지를 적시하지 않고 있다. 청구인들에 대한 불법행위와 그 책임의 주체는 일본 정부이고 우리 정부가 아니며, 정부의 외교행위는 넓은 재량이 허용되므로 이 사건 협정에 따른 분쟁해결을 위한 국가의 구체적 작위의무는 인정될 수 없다.

또한, 우리 정부는 청구인들의 복지를 위하여 힘닿는 대로 노력하고 있고, 국제사회에서 이 문제를 지속적으로 제기하여 온 바 있으므로, 이 사건 협정 제3조 제1항에 따른 작위의무의 불이행이 있었다고 볼 수 없다.

(2) 청구인들이 주장하는 외교적 보호권은 국제법상 다른 나라의 불법행위로 인하여 자국민이 입은 피해와 관련하여 그 국민을 위하여 국가가 자신의 고유한 권한으로 취하는 외교적 행위 또는 그 밖의 평화적 해결방식을 말하는 것으로서, 그 귀속주체는 '국가'일 뿐 '개인'이 자국 정부에 대해 주장할 수 있는 권리가 아니므로, 헌법상 기본권이라 할 수 없다.

나아가, 이러한 외교적 보호권의 행사 여부 및 행사방법에 관해서는 국가의 광범위한 재량권이 인정되고, 이 사건 협정 제3조의 해석상으로도 일방 체약국이 협정의 해석과 실시에 관한 분쟁을 반드시 중재위원회에 회부하여야 할 의무를 부담하는 것은 아니므로, 이 사건 협정에 따른 분쟁해결수단의 선택은 국가가 국익을 고려하여 외교적으로 판단할 문제이고, 구체적인 외교적 조치를 취하여야 할 법적 의무가 있다고는 할 수 없다.

3. 이 사건의 배경

이 사건에 관한 판단을 하기 위한 전제로서, 이 사건의 배경 및 전체적 경위를 먼저 살펴보기로 한다.

가. 이 사건 협정의 체결경위 및 그 후의 보상처리과정

(1) 해방 후 한국에 진주한 미군정 당국은 1945. 12. 6. 공포한 군정법령 제33호로써 재한 구 일본재산(在韓 舊 日本財産)을 그 국유·사유를 막론하고 미군정청에 귀속시켰고, 이러한 구 일본재산은 대한민국 정부 수립직후인 1948. 9. 20.에 발효한 '한미간 재정 및 재산에 관한 최초협정'으로 한국 정부에 이양되었다.

(2) 한편, 1951. 9. 8. 샌프란시스코에서 체결된 연합국과 일본국과의 평화조약에서는 한국에게 일본에 대하여 배상을 청구할 수 있는 권리가 인정되지 않았고, 다만, 위 조약 제4조 a항에 일본의 통치로부터 이탈된 지역의 시정 당국 및 주민과 일본 및 일본 국민 간의 재산상 채권·채무관계는 이러한 당국과 일본 간의 특별약정으로써 처리한다는 것을, 제4조 b항에 일본은 전기 지역에서 미군정 당국이 일본 및 일본인의 재산을 처분한 것을 유효하다고 인정한다는 것을 각 규정하였다.

(3) 위 조약 제4조 a항의 취지에 따라 대한민국 및 대한민국 국민과 일본국 및 일본 국민 간의 재산상 채권·채무관계를 해결하기 위하여, 1951. 10. 21. 예비회담 이후 1952. 2. 15. 제1차 한·일회담 본회의가 열려 우리나라와 일본의 국교정상화를 위한 회담이 본격적으로 시작된 이래, 7차례의 본회의와 이에 따른 수십 차례의 예비회담, 정치회담 및 각 분과위원회별 회의 등을 거쳐, 1965. 6. 22. 이 사건 협정과 어업에 관한 협정, 재일교포의 법적 지위 및 대우

에 관한 협정, 문화재 및 문화협력에 관한 협정 등 4개의 부속협정이 체결되기에 이르렀다.

(4) 피청구인이 제출한 '청구권 관계 해설자료'에 의하면, 제1차 한·일회담 (1952. 2. 15.~4. 25.)시 우리 정부는 '한·일간 재산 및 청구권 협정 요강 8개 항'(이하 '8개 항목'이라 한다)을 제시하였는데, 이는 1. 한국에서 반출된 고서적, 미술품, 골동품, 그 외 국보, 지도원판 및 지금, 지은을 반환할 것, 2. 1945. 8. 9. 현재, 일본 정부의 대 조선총독부 채무를 변제할 것, 3. 1945. 8. 9. 이후, 한국에서 이체 또는 송금된 금액을 반환할 것, 4. 1945. 8. 9. 현재, 한국에 본사 또는 주 사무소가 있는 법인의 재일 재산을 반환할 것, 5. 한국법인 또는 자연인의 일본 및 일본국민에 대한 일본국채, 공채, 일본은행권, 피징용 한국인의 미수금, 그 외 한국인의 청구권을 변제할 것, 6. 한국 법인 또는 한국 자연인 소유의 일본 법인 주식 또는 그 외 증권을 법적으로 인정할 것, 7. 전기 재산 또는 청구권에서 발생한 과실을 반환할 것, 8. 전기 반환 및 결제는 협정 성립 후 즉시 개시하고 늦어도 6개월 이내에 종료할 것의 8개 항목이다.

(5) 그러나 제1차 회담은 위 8개 항목의 청구권 주장에 대응한 일본 측의 대한·일본인재산청구권 주장으로 결렬되었고, 이후 독도 문제 및 평화선 문제에 대한 이견, "일본에 의한 36년간의 한국통치는 한국에 유익한 것이었다." 는 일본 측 수석대표 구보타(久保田) 망언 및 양국의 정치적 상황 등으로 제4차 한·일회담까지는 청구권 문제에 관한 실질적 논의가 이루어지지 않았다.

(6) 그 뒤 8개 항목에 대한 실질적 토의가 이루어진 것은 제5차 한·일회담 (1960. 10. 25.~1961. 5. 15.)이었는데, 8개 항목 각 항에 대한 일본 측의 입장은 대체로, 제1항과 관련하여서는, 지금 및 지은은 합법적인 절차에 의하여 반출한 것이므로 반환의 법적 근거가 없고, 제2, 3, 4항과 관련하여서는, 한국이 소유권을 주장할 수 있는 것은 미군정법령 제33호가 공포된 1945. 12. 6. 이후의 것에 한하며, 제5항과 관련하여서는 한국 측이 개인의 피해에 대한 보상 문제를 들고 나오는 것에 강하게 반발하면서 한국 측에 철저한 근거의 제시를 요구, 즉, 구체적인 징용, 징병의 인원수나 증거자료를 요구하는 것이었다. 이처럼 제5차 회담의 청구권 위원회에서는 1961. 5. 16. 군사정변에 의해 회담이

중단되기까지 8개 항목의 제1항부터 제5항까지 토의가 진행되었으나 근본적인 인식의 차이를 확인하였을 뿐, 실질적인 의견 접근을 이루는 데는 실패하였다.

(7) 이에 1961. 10. 20. 제6차 한·일회담이 재개된 후에는 청구권에 대한 세부적 논의는 시일만 소요될 뿐 해결이 요원하다는 판단 하에 정치적 측면의 접근이 모색되었다. 1961. 11. 22. 박정희·이케다 회담 이후 1962. 3. 외상회담에서는 한국 측의 지불요구액과 일본 측의 지불용의액을 비공식적으로 제시하기로 하였고, 그 결과 한국 측의 순변제(純辨濟) 7억 불에 대하여 일본 측의 순변제 7만 4천불 및 차관 2억 불이라는 차이가 확인되었다.

(8) 이러한 상황에서, 일본 측은 당초부터 청구권에 대한 순변제로 하면 법률관계와 사실관계를 엄격히 따져야 될 뿐 아니라 38선 이남에 국한되어야 하며 그 금액도 적어져서 한국 측이 수락할 수 없게 될 터이니, 유상과 무상의 경제협력의 형식을 취하여 금액을 상당한 정도로 올리고 그 대신 청구권을 포기하도록 하자고 제안하였다. 이에 대하여 한국측은 청구권에 대한 순변제로 받아야 하는 입장이나 문제를 대국적 견지에서 해결하기 위하여 청구권 해결의 테두리 안에서 순변제와 무상조 지불의 2개 명목으로 해결할 것을 처음에 주장하였고, 그 후에 다시 양보하여 청구권 해결의 테두리 안에서 순변제 및 무상조 지불의 2개 명목으로 하되 그 금액을 각각 구분 표시하지 않고 총액만 표시하는 방법으로 해결할 것을 제의하였다.

(9) 이후 김종필 당시 중앙정보부장은 일본에서 이케다 일본 수상과 1차, 오히라 일본 외상과 전후 2차에 걸쳐서 회담하고, 오히라 외상과의 1962. 11. 12. 제2차 회담시 청구권 문제의 금액, 지불세목 및 조건 등에 관하여 양측 정부에 건의할 타결안에 관한 원칙적인 합의를 하였고, 구체적 조정과정을 거쳐 제7차 한·일회담이 진행 중이던 1965. 4. 3. 당시 외무부 장관이던 이동원과 일본의 외무부 대신이었던 시이나 간에 '한·일 간의 청구권 문제 해결 및 경제협력에 관한 합의'가 이루어졌으며, 1965. 6. 22. 명목을 구분표시하지 않고 일본이 대한민국에게 일정 금액을 무상 및 차관으로 지불하되, 양 체약국 및 그 국민(법인을 포함함)의 재산, 권리 및 이익과 양 체약국 및 그 국민간의 청

구권에 관한 문제를 완전히 그리고 최종적으로 해결하는 것을 내용으로 하는 이 사건 협정이 체결되었다.

(10) 그 후 우리 정부는 1966. 2. 19. '청구권자금의운용및관리에관한법률' (1982. 12. 31. 법률 제3613호로 폐지)을 제정하여 무상자금 중 민간보상의 법률적 근거를 마련하였고, 이후 1971. 1. 19. '대일민간청구권신고에관한법률' (1982. 12. 31. 법률 제3614호로 폐지)을 제정하여 보상신청을 받았으나, 그 대상은 일제에 의해 강제로 징용·징병된 사람 중 사망자와 위 회담 과정에서 대일 민간청구권자로 논의되어 알려졌던 민사채권 또는 은행예금채권 등을 가지고 있는 민사청구권 보유자에 한정되었고, 그 뒤 1974. 12. 21. '대일 민간 청구권 보상에 관한 법률'(1982. 12. 31. 법률 제3614호로 폐지)을 제정하여 1975. 7. 1.부터 1977. 6. 30.까지 합계 91억 8,769만 3천원을 지급하였다.

(11) 일본군위안부 문제는 이 사건 협정체결을 위한 한·일 국교정상화 회담이 진행되는 동안 전혀 논의되지 않았고, 8개 항목 청구권에도 포함되지 않았으며, 이 사건 협정 체결 후 입법조치에 의한 보상대상에도 포함되지 않았다.

나. 일본군위안부 문제의 제기와 진행

(1) 1990. 11. 16. 한국정신대문제대책협의회의 발족과 1991. 8. 일본군위안부 피해자인 김○순(1997. 12. 사망)의 공개기자회견을 통하여 일본군위안부 피해자 문제가 본격적으로 제기되었다.

(2) 일본 정부는 그에 관한 책임을 완전히 부인하면서 군위안부를 민간의 접객업자가 군을 따라다니며 데리고 다닌 '매춘부'라고 인식하고 있음을 시사하는 발언을 하였으나, 당시 중앙대학 교수이던 요시미 요시아키(吉見義明)가 1992. 1. 일본방위청 방위연구소 도서관에서 일본군이 군위안부 징집에 직접 관여한 관계공문서 6점을 찾아내자, 그 입장을 대폭 수정하지 않을 수 없게 되었다.

(3) 피해자의 출현과 관련 자료의 발굴 및 안팎의 여론에 밀려 진상 조사에 착수한 일본 정부는, 1992. 7. 위안부 문제에 대한 정부의 관여는 인정하였으나 강제연행을 입증하는 자료는 없다는 1차 조사결과를 공표하였다가, 1993.

8. 4. 제2차 정부조사결과와 함께 일본군 및 관헌의 관여와 징집·사역에서의 강제를 인정하고, 문제의 본질이 중대한 인권 침해였음을 승인하며 사죄하는 내용의 고노 관방장관의 담화를 발표하였다.

(4) 위안소는 1932년 상해사변시 구 일본군 병사에 의해 강간사건이 다발하면서 현지인들의 반발과 성병 등의 문제로 이어지자 그 방지책으로서 일본해군이 설치한 것이 최초였다. 일본군은 1937. 7.부터 중일전쟁으로 병력을 중국으로 다수 송출하면서 점령지에 군위안소를 설치했는데, 1937. 12. 남경대학살 이후 그 수가 증가되었다. 이에는 군인들에게 '정신적 위안'을 제공함으로써 언제 끝날지 모르는 전쟁에서 이탈하려는 군인들의 사기를 진작시키고 불만을 유화시키며, 특히 일본어를 할 줄 모르는 식민지 여성들을 '위안부'로 '고용'함으로써 군의 기밀이 새어 나갈 수 있는 가능성을 줄이겠다는 의도도 포함되어 있었다.

1941년부터 아시아태평양전쟁 중 일본군은 동남아시아, 태평양지역의 점령지역에서도 군위안소를 설치했다. 공문서에 의해 확인된 군위안소설치지역으로는 조선, 중국, 홍콩, 마카오, 필리핀 등 일본이 침략한 지역이다. 일본군위안부의 수는 8만에서 10만 혹은 20만 정도로까지 추정되고 있으며, 그 중 80%는 조선 여성들이었고, 그 외 일본군위안부 피해자의 국적은 필리핀, 중국, 대만, 네덜란드 등이다.

(5) 이에 우리 정부는 1993. 6. 11. '일제하 일본군 위안부에 대한 생활안정지원법(법률 제4565호)'을 제정하여 일본군위안부 피해자들에게 생활지원금을 지급하기 시작하였지만, 일본 정부는 일본군위안부 피해자에 대한 보상은 이 사건 협정으로 이미 모두 해결된 상태라서 새롭게 법적 조치를 취할 수 없다는 입장을 고수하면서, 1994. 8. 31. 군위안부 피해자들의 명예와 존엄 훼손에 대한 도의적인 책임으로 인도적 견지에서 개별적인 위로금이나 정착금을 지급할 수 있고 정부 차원이 아닌 민간 차원에서 아시아여성발전기금의 조성 등을 모색하겠다는 입장을 밝혔다.

(6) 한국, 대만 등지의 일본군위안부 피해자들과 지원단체들은 아시아여성발전기금의 본질이 일본 정부의 책임회피라고 판단하고, 일본군위안부 피해자

들을 정당한 배상의 대상이 아닌 인도주의적 자선사업의 대상으로 보는 기금에 일찌감치 반대 입장을 표명하였으며, 우리 정부는 일본 정부를 상대로 아시아여성기금의 활동을 중단할 것을 요구하였으나 받아들여지지 않자, 위 기금에서 돈을 받지 않는다는 조건으로 정부예산과 민간모금액을 합쳐 위 기금이 지급하려 한 4,300만 원을 피해자들에게 일시금으로 지급하였다.

(7) 한편, 김○순을 비롯한 9명의 일본군위안부 피해자들은 1991. 12. 6. 일본을 상대로 아시아태평양전쟁희생자 보상청구를 하였으나, 2004. 11. 29. 최고재판소에서 상고가 기각되면서 패소로 막을 내렸다. 위 소송과정에서 항소심인 도쿄고등재판소는 원고들이 안전배려의무 및 불법행위에 근거한 손해배상채권을 취득하였을 가능성이 있으나, 이는 이 사건 협정 제2조 제3항의 재산, 권리 및 이익에 해당하여 모두 소멸하였다고 판시하였다. 또한 1992. 12. 25. 제기된 부산 군대성노예 여자근로정신대 공식사죄 등 청구소송에서도 1심에서 일부 승소하였으나 항소심에서 파기되었고, 최고재판소에서 2003. 3. 25. 상고불수리결정이 내려졌다. 나아가 재일한국인 송신도 등이 1993. 4. 5. 제기한 군대성노예 사죄보상소송도 2003. 3. 28. 최고재판소에서 최종 기각되는 것으로 종결되었다.

(8) 이에 우리 정부는 2004. 2. 13. 한·일회담 관련 문서의 공개를 명하는 판결에 따라 관련문서가 공개되자, 국무총리를 공동위원장으로 하고 피청구인을 정부위원으로 하는 '민관공동위원회'의 2005. 8. 26. 결정을 통해, 이 사건 협정은 샌프란시스코 조약 제4조에 근거하여 한·일 양국 간의 재정적·민사적 채권·채무관계를 해결하기 위한 것이었고, 일본군 위안부 문제 등과 같이 일본 정부 등 국가권력이 관여한 '반인도적 불법행위'에 대해서는 이 사건 협정에 의하여 해결된 것으로 볼 수 없으므로 일본 정부의 법적 책임이 인정된다는 입장을 밝혔다.

그러나 일본 정부는 아래에서 보는 미 하원의 결의안 채택, 2008년 유엔인권이사회 정기검토회의의 '위안부' 문제의 해결을 촉구하는 각국의 권고와 질의를 담은 실무그룹 보고서의 정식 채택에 맞서서, ① 고노 담화를 통한 사과, ② 이 사건 협정을 통한 법적 문제의 해결, ③ 아시아여성기금의 활동 등을 통해 일본군위안부 관련 문제가 완결되었다고 주장하였다.

(9) 위와 같은 일련의 일본 정부의 조치 및 태도는 피해자들은 물론이고 국제 사회로부터도 수용되지 못했다.

　유엔 인권소위원회는 일본군위안부 문제에 대하여 지속적인 연구활동을 수행하여 왔는바, 그 첫 번째 보고서인 1996. 1. 4.자 '쿠마라스와미 보고서'에서는, 2차 대전 때 강제연행된 일본군위안부에 대한 일본국의 인권침해는 명백히 국제법 위반이라는 점을 확인하고, 일본에 대하여 국가차원의 손해배상, 책임자 처벌, 정부 보관중인 모든 자료의 공개, 서면을 통한 공식사죄, 교과서 개정 등을 권고하는 6개 항의 권고안을 제시하였으며, 1996. 4. 19. 제52차 유엔 인권위원회에서 위 보고서의 채택결의가 있었다.

　또한 1998. 8. 12. 유엔 인권소위원회(차별방지 소수자 보호 소위원회)에서는 위 쿠마라스와미 보고서의 내용이 보강된 특별보고관 게이 맥두걸의 일본 정부의 법적 배상책임, 책임자 처벌을 골자로 하는 보고서가 발표되어 채택되었다. 위 '맥두걸 보고서'에서는 ① 위안부제도가 성노예제라는 것을 분명히 하고, 위안소를 강간센터(rape center, rape camp)로 규정하여 강제성을 부각하였고, ② 일본의 책임자 처벌문제를 강조하면서 생존 전범의 색출을 주장하였으며, ③ 유엔사무총장은 일본 정부로부터 최소한 연 2회 이상 진행사항을 보고받고, 유엔 인권위원회 고등판무관은 일본 정부와 협력하여 책임자의 처벌 및 적절한 배상을 위한 패널을 구성하는 등 유엔의 적극적인 개입을 요구하였고, ④ 생존자들이 고령인 점을 고려하여 긴급하고 신속하게 일본 정부의 배상이 이루어져야 한다는 점이 강조되었다.

(10) 이후 고이즈미, 아베 정권 등 일본의 보수우경화로 일본군위안부 문제를 교과서에서 삭제하고 고노 담화마저 수정하려는 움직임이 일자, 아래에서 보는 바와 같이 개별국가에서도 이에 대하여 단호하게 대처하기 시작하였다.

　미국 하원은 2007. 7. 30. 만장일치로 일본군위안부 결의안을 채택하였는데, 그 주요내용은 ① 일본 정부는 1930년대부터 제2차 세계대전 종전에 이르기까지 아시아 국가들과 태평양 제도를 식민지화하거나 전시에 점령하는 과정에서 일본 제국주의 군대가 강제로 젊은 여성들을 위안부로 알려진 성의 노예로 만든 사실을 확실하고 분명한 태도로 공식 인정하면서 사과하고 역사적인 책임을 져야 한다. ② 일본 정부는 일본군들이 위안부를 성의 노예로 삼고 인신매매를 한 사실이 없다는 어떠한 주장에 대해서도 분명하고 공개적으로 반박하여야 한다. ③ 일본 정부는 국제사회가 제시한 위안부 권고에 따라 현세대와 미래세대를 대상으로 끔찍한 범죄에 대한 교육을 해야 한다는 것 등이다.

그 후 네덜란드 하원(2007. 11. 8.), 캐나다 연방의회 하원(2007. 11. 28.), 유럽의회(2007. 12. 13.)가 20만 명 이상의 여성들을 위안부로 강제동원해 저지른 만행에 대한 일본 정부의 공식사과와 역사적·법적 책임의 인정, 피해자들에 대한 보상, 위안부 강제동원 사실을 현재와 미래의 세대들에게 교육시킬 것 등을 포함한 결의안을 순차로 채택하였다.

(11) 유엔인권이사회는 2008. 6. 12. 일본 인권상황 정기검토를 통해 일본군위안부 문제에 대해 각국의 권고와 질의를 담은 실무그룹보고서를 정식으로 채택하였으며, 유엔 B규약인권위원회는 2008. 10. 30. 제네바에서 일본의 인권과 관련된 심사보고서를 발표하고, 일본 정부에 대해 처음으로 일본군위안부 문제의 법적 책임을 인정하고 피해자 다수가 수용할 수 있는 형태로 사죄할 것을 권고했다.

(12) 우리나라에서도 2008. 10. 27. 일본군위안부 피해자 명예회복을 위한 공식사과 및 배상촉구 결의안이 전체 의원 261명 중 260명의 찬성으로 국회 본회의를 통과했고, 2009. 7. 대구광역시의회를 시작으로 2011. 3. 현재 46개에 이르는 전국 기초광역의회에서 일본군위안부 문제 해결을 촉구하는 결의를 채택하였다. 또한 대한변호사협회와 일본변호사협회는 2010. 12. 11. 일본군위안부 문제에 대하여 ① 이 사건 협정의 완전 최종 해결 조항의 내용과 범위에 관한 양국 정부의 일관성 없는 해석·대응이 피해자들의 정당한 권리 구제를 방해하고 피해자들의 불신감을 조장해 왔다는 것을 확인하고, ② 사죄 및 금전보상을 포함한 일본군위안부 문제의 해결을 위한 입법이 일본 정부 및 국회에 의해 신속하게 이루어져야 함을 확인하는 내용의 공동성명을 발표하였다. 그 결의들 및 성명은 한 사람의 피해자라도 더 살아 있을 때 일본 정부가

입법을 통해 문제를 해결할 것을 촉구하고 있으며, 한국 정부에도 보다 적극적인 외교정책을 취할 것 등을 요구하고 있다.

4. 적법요건에 대한 판단

가. 행정부작위에 대한 헌법소원

행정권력의 부작위에 대한 헌법소원은 공권력의 주체에게 헌법에서 유래하는 작위의무가 특별히 구체적으로 규정되어 이에 의거하여 기본권의 주체가 행정행위 내지 공권력의 행사를 청구할 수 있음에도 공권력의 주체가 그 의무를 해태하는 경우에만 허용된다(헌재 2000. 3. 30. 98헌마206, 판례집 12-1, 393, 393-393).

위에서 말하는 "공권력의 주체에게 헌법에서 유래하는 작위의무가 특별히 구체적으로 규정되어"가 의미하는 바는, 첫째, 헌법상 명문으로 공권력 주체의 작위의무가 규정되어 있는 경우, 둘째, 헌법의 해석상 공권력 주체의 작위의무가 도출되는 경우, 셋째, 공권력 주체의 작위의무가 법령에 구체적으로 규정되어 있는 경우 등을 포괄하고 있는 것으로 볼 수 있다(헌재 2004. 10. 28. 2003헌마898, 판례집 16-2하, 212, 219).

나. 피청구인의 작위의무

만약 공권력의 주체에게 위와 같은 작위의무가 없다면 헌법소원은 부적법하게 되므로, 이 사건에서 피청구인에게 위와 같은 작위의무가 존재하는지를 살핀다.

이 사건 협정은 헌법에 의하여 체결·공포된 조약으로서 헌법 제6조 제1항에 따라 국내법과 같은 효력을 가진다. 그런데 위 협정 제3조 제1항은, "본 협정의 해석 및 실시에 관한 양 체약국 간의 분쟁은 우선 외교상의 경로를 통하여 해결한다.", 같은 조 제2항은, "1.의 규정에 의하여 해결할 수 없었던 분쟁은 어느 일방 체약국의 정부가 타방 체약국의 정부로부터 분쟁의 중재를 요청하는 공한을 접수한 날로부터 30일의 기간 내에 각 체약국 정부가 임명하는 1인의 중재위원과 이와 같이 선정된 2인의 중재위원이 당해 기간 후의 30일의 기간 내에 합의하는 제3의 중재위원 또는 당해 기간 내에 이들 2인의 중재위원이 합의하는 제3국의 정부가 지명하는 제3의 중재위원과의 3인의 중재위원으로 구성되는 중재위원회에 결정을 위하여 회부한다.”라고 각 규정하고 있다.

위 분쟁해결조항에 의하면, 이 사건 협정의 해석에 관하여 우리나라와 일본 간에 분쟁이 발생한 경우, 정부는 이에 따라 1차적으로는 외교상 경로를 통하여, 2차적으로는 중재에 의하여 해결하도록 하고 있는데, 이것이 앞에서 본 ‘공권력 주체의 작위의무가 법령에 구체적으로 규정되어 있는 경우’에 해당하는지를 본다.

청구인들은 일제에 의하여 강제로 동원되어 성적 학대를 받으며 위안부로서의 생활을 강요당한 ‘일본군위안부 피해자’들로서, 일본국에 대하여 그로 인한 손해배상을 청구하였으나, 일본국은 이 사건 협정에 의하여 배상청구권이 모두 소멸되었다며 청구인들에 대한 배상을 거부하고 있는 반면, 우리 정부는 앞에서 본 바와 같이 청구인들의 위 배상청구권은 이 사건 협정에 의하여 해결된 것이 아니어서 아직까지 존속한다는 입장이므로, 결국 이 사건 협정의 해석에 관하여 한·일간에 분쟁이 발생한 상태이다.

우리 헌법은 제10조에서 “모든 국민은 인간으로서의 존엄과 가치를 가지며, 행복을 추구할 권리를 가진다. 국가는 개인이 가지는 불가침의 기본적 인권을 확인하고 이를 보장할 의무를 진다.”고 규정하고 있는데, 이 때 인간의 존엄성은 최고의 헌법적 가치이자 국가목표규범으로서 모든 국가기관을 구속하며, 그리하여 국가는 인간존엄성을 실현해야 할 의무와 과제를 안게 됨을 의미한다. 따라서 인간의 존엄성은 ‘국가권력의 한계’로서 국가에 의한 침해로부터 보호받을 개인의 방어권일 뿐 아니라, ‘국가권력의 과제’로서 국민이 제3자에 의하여 인간존엄성을 위협받을 때 국가는 이를 보호할 의무를 부담한다.

또한 헌법 제2조 제2항은 “국가는 법률이 정하는 바에 의하여 재외국민을 보호할 의무를 진다.”라고 규정하고 있는바, 이러한 재외국민 보호의무에 관하여 헌법재판소는 “헌법 제2조 제2항에서 규정한 재외국민을 보호할 국가의 의무에 의하여 재외국민이 거류국에 있는 동안 받는 보호는 조약 기타 일반적으로 승인된 국제법규와 당해 거류국의 법령에 의하여 누릴 수 있는 모든 분야에서의 정당한 대우를 받도록 거류국과의 관계에서 국가가 하는 외교적 보호와 국외거주 국민에 대하여 정치적인 고려에서 특별히 법률로써 정하여 베푸는 법률·문화·교육 기타 제반영역에서의 지원을 뜻하는 것이다."라고 판시함으로써(헌재 1993. 12. 23. 89헌마189, 판례집 5-2, 646), 국가의 재외국민에 대한 보호의무가 헌법에서 도출되는 것임을 인정한 바 있다.

한편, 우리 헌법은 전문에서 "3·1운동으로 건립된 대한민국임시정부의 법통"의 계승을 천명하고 있는바, 비록 우리 헌법이 제정되기 전의 일이라 할지라도 국가가 국민의 안전과 생명을 보호하여야 할 가장 기본적인 의무를 수행하지 못한 일제강점기에 일본군위안부로 강제 동원되어 인간의 존엄과 가치가 말살된 상태에서 장기간 비극적인 삶을 영위하였던 피해자들의 훼손된 인간의 존엄과 가치를 회복시켜야 할 의무는 대한민국임시정부의 법통을 계승한 지금의 정부가 국민에 대하여 부담하는 가장 근본적인 보호의무에 속한다고 할 것이다.

위와 같은 헌법 규정들 및 이 사건 협정 제3조의 문언에 비추어 볼 때, 피청구인이 위 제3조에 따라 분쟁해결의 절차로 나아갈 의무는 일본국에 의해 자행된 조직적이고 지속적인 불법행위에 의하여 인간의 존엄과 가치를 심각하게 훼손당한 자국민들이 배상청구권을 실현할 수 있도록 협력하고 보호하여야 할 헌법적 요청에 의한 것으로서, 그 의무의 이행이 없으면 청구인들의 기본권이 중대하게 침해될 가능성이 있으므로, 피청구인의 작위의무는 헌법에서 유래하는 작위의무로서 그것이 법령에 구체적으로 규정되어 있는 경우라고 할 것이다.

나아가 특히, 우리 정부가 직접 일본군위안부 피해자들의 기본권을 침해하는 행위를 한 것은 아니지만, 위 피해자들의 일본에 대한 배상청구권의 실현 및 인간으로서의 존엄과 가치의 회복을 하는 데 있어서 현재의 장애상태가 초래된 것은 우리 정부가 청구권의 내용을 명확히 하지 않고 '모든 청구권'이라는 포괄적 개념을 사용하여 이 사건 협정을 체결한 것에도 책임이 있다는 점에 주목한다면, 피청구인에게 그 장애상태를 제거하는 행위로 나아가야 할 구체적 작위의무가 있음을 부인하기 어렵다.

다. 공권력의 불행사

피청구인은, 우리 정부가 우선 '외교상의 경로'를 통하여 분쟁을 해결하기로 하면서 여러 가지 외교상의 방식 중 일본 정부에 대한 금전적 배상책임은 묻지 않는 대신, 우리 정부가 위안부 피해자들에 대하여 경제적 지원 및 보상을 해주는 한편, 일본 정부에 대해서는 보다 중요하고 근본적 문제인 철저한 진상규명, 공식적인 사죄와 반성, 올바른 역사교육의 실시 등을 지속적으로 요구하며 국제사회에서 지속적으로 위안부에 관한 문제를 제기하는 방식을 택하였는바, 이는 우리 정부에 폭넓게 인정되는 외교적 재량권을 정당하게 행사한 것이고 이 사건 협정 제3조 제1항의 '외교상의 경로'를 통한 분쟁해결조치에 당연히 포함되는 것이므로 공권력의 불행사가 아니라고 주장한다.

그러나 이 사건에서 문제되는 공권력의 불행사는 이 사건 협정에 의하여 일본군위안부 피해자들의 일본에 대한 배상청구권이 소멸되었는지 여부에 관한 해석상의 분쟁을 해결하기 위하여 이 사건 협정 제3조의 분쟁해결절차로 나아갈 의무의 불이행을 가리키는 것이므로, 일본에 대한 위 피해자들의 배상청구권 문제를 도외시한 외교적 조치는 이 사건 작위의무의 이행에 포함되지 않는다. 또한, 청구인들의 인간으로서의 존엄과 가치를 회복한다는 관점에서 볼 때, 가해자인 일본국이 잘못을 인정하고 법적 책임을 지는 것과 우리 정부가 위안부 피해자들에게 사회보장적 차원의 금전을 제공하는 것은 전혀 다른 차원의 문제이므로, 우리 정부가 피해자들에게 일부 생활지원 등을 하고 있다고 하여 위 작위의무의 이행으로 볼 수는 없다.

피청구인의 주장에 의하더라도, 우리 정부는 1990년대부터 일본 정부에 대해서 금전적인 배상책임은 묻지 않는다는 방침을 정하였고, 한·일협정 관련 문서의 전면공개가 이루어진 후에도 2006. 4. 10. "일본 측과 소모적인 법적 논쟁으로 발전될 가능성이 크므로 이와 관련되어 일본 정부를 상대로 문제해결을 위한 조치를 하지 않겠다."고 관련단체에 회신한 바 있으며, 이 사건 청구가 제기된 이후 제출한 서면에서도 이 사건 협정의 해석과 관련한 분쟁에 대해서는 아무런 조치를 취하지 않겠다는 의사를 거듭 밝힌 바 있다.

한편, 우리 정부는 앞서 본 바와 같이 2005. 8. 26. '민관공동위원회'의 결정

을 통해 일본군위안부 문제는 이 사건 협정에 의하여 해결된 것으로 볼 수
없다고 선언한 바 있는데, 이것이 이 사건 협정 제3조의 외교상 경로를 통한
분쟁해결조치에 해당된다고는 보기 어렵고, 가사 해당된다고 보더라도 이러
한 분쟁해결노력은 지속적으로 추진되어야 하고 더 이상 외교상의 경로를 통
하여 분쟁을 해결할 수 있는 방법이 없다면 이 사건 협정 제3조에 따라 중재
회부절차로 나아가야 할 것인데, 피청구인은 2008년 이후 일본군위안부 문제
를 직접적으로 언급하지도 않을 뿐만 아니라 이를 해결하기 위한 별다른 계
획도 없다는 것이므로, 어느 모로 보더라도 작위의무를 이행한 것이라고는 할
수 없다.

라. 소결

　그렇다면 피청구인은 헌법에서 유래하는 작위의무가 있음에도 이를 이행하
지 아니하여 청구인들의 기본권을 침해하였을 가능성이 있다.

　따라서, 이하에서는 본안에 나아가 피청구인이 위와 같은 작위의무의 이행
을 거부 또는 해태하고 있는 것이 청구인들의 기본권을 침해하여 위헌인지
여부에 관하여 살펴보기로 한다.

5. 본안에 대한 판단

가. 이 사건 협정 관련 해석상 분쟁의 존재

(1) 이 사건 협정 제2조 제1항은 "양 체약국은 양 체약국 및 그 국민(법인을
포함함)의 재산, 권리 및 이익과 양 체약국 및 그 국민간의 청구권에 관한 문
제가 1951년 9월 8일에 샌프란시스코시에서 서명된 일본국과의 평화조약 제4
조 (a)에 규정된 것을 포함하여 완전히 그리고 최종적으로 해결된 것이 된다
는 것을 확인한다."고 규정하고 있다. 이와 관련하여 합의의사록 제2조 (g)항
은 위 제2조 제1항에서 말하는 "완전히 그리고 최종적으로 해결된 것으로 되
는 양국 및 그 국민의 재산, 권리 및 이익과 양국 및 그 국민 간의 청구권에
관한 문제에는 한·일회담에서 한국측으로부터 제출된 '한국의 대일 청구 요
강'(소위 8개 항목)의 범위에 속하는 모든 청구가 포함되어 있고, 따라서 동

대일청구요강에 관하여는 어떠한 주장도 할 수 없게 됨을 확인하였다.”고 기재되어 있다.

(2) 이 사건 협정 제2조 제1항의 해석과 관련하여, 앞서 본 바와 같이, 일본국 정부 및 사법부의 입장은 일본군위안부 피해자를 포함한 우리 국민의 일본국에 대한 배상청구권은 모두 포괄적으로 이 사건 협정에 포함되었고 이 사건 협정의 체결 및 그 이행으로 포기되었거나 그 배상이 종료되었다는 것이며, 반면, 우리 정부는 2005. 8. 26. ‘민관공동위원회’의 결정을 통해, 일본군 위안부 문제 등과 같이 일본 정부 등 국가권력이 관여한 ‘반인도적 불법행위’에 대해서는 이 사건 협정에 의하여 해결된 것으로 볼 수 없으므로 일본 정부의 법적 책임이 인정된다는 입장을 밝힌 바 있다.

(3) 피청구인은 이 사건 헌법소원심판과정에서도, 일본은 이 사건 협정에 의해 일본군위안부 피해자의 일본에 대한 배상청구권이 소멸되었다는 입장인 반면 우리 정부의 입장은 일본군위안부 피해자의 배상청구권은 이 사건 협정에 포함되지 않았다는 것이어서 이에 대하여는 양국의 입장 차이가 있고, 이는 이 사건 협정 제3조의 ‘분쟁’에 해당하는 것이라고 반복하여 확인하였다.

또한 이 사건 변론 후 제출한 2009. 6. 19.자 참고서면에서도 “우리 정부가 우선 ‘외교상의 경로’를 통하여 분쟁을 해결하기로 하면서, 여러 가지 외교상의 방식 중 … 방식을 택한 것은 우리 정부에 폭넓게 인정되는 재량권을 정당하게 행사한 것으로, 이 역시 이 사건 협정 제3조 제1항의 ‘외교상의 경로’를 통한 분쟁해결조치에 당연히 포함되는 것”이라고 하여 이 사건 협정의 해석상 분쟁이 존재함을 전제로 주장을 전개하였다.

(4) 따라서 이 사건 협정 제2조 제1항의 대일청구권에 일본군위안부 피해자의 배상청구권이 포함되는지 여부에 관한 한·일 양국 간에 해석 차이가 존재하고, 그것이 위 협정 제3조의 ‘분쟁’에 해당한다는 것은 명백하다.

나. 분쟁의 해결절차

이 사건 협정 제3조 제1항은 ‘본 협정의 해석 및 실시에 관한 양 체약국의 분쟁은 우선 외교적인 경로를 통하여 해결한다’고 규정하고, 제2항은 제1항의 규정에 의하여 해결할 수 없는 분쟁은 중재에 의하여 해결하도록 규정하고 있다. 즉, 위 규정들은 협정체결 당시 그 해석에 관한 분쟁의 발생을 예상하여 그 해결의 주체를 협정체결 당사자인 각 국가로 정하면서, 분쟁해결의 원칙 및 절차를 정한 것이다.

그러므로 피청구인은 위 분쟁이 발생한 이상, 협정 제3조에 의한 분쟁해결 절차에 따라 외교적 경로를 통하여 해결하여야 하고, 그러한 해결의 노력이 소진된 경우 이를 중재에 회부하여야 하는 것이 원칙이다. 따라서, 이러한 분쟁해결절차로 나아가지 않은 피청구인의 부작위가 청구인들의 기본권을 침해하여 위헌인지 여부를 검토하기로 한다.

다. 피청구인의 부작위의 기본권 침해 여부

(1) 선례와의 구별

헌법재판소는 이 사건 협정 제3조 제2항에 따라 중재요청을 하지 않은 부작위가 위헌이라고 주장한 사건(헌재 2000. 3. 30. 98헌마206 중재요청불이행 위헌확인사건)에서 "이 사건 협정 제3조의 형식과 내용으로 보나 외교적 문제의 특성으로 보나, 협정의 해석 및 실시에 관한 분쟁을 해결하기 위하여 외교상의 경로를 통할 것인가 아니면 중재에 회부할 것인가에 관한 우리나라 정부의 재량범위는 상당히 넓은 것으로 볼 수밖에 없고, 따라서 이 사건 협정당사자인 양국 간의 외교적 교섭이 장기간 효과를 보지 못하고 있다고 하여 재일한국인 피징용 부상자 및 그 유족들인 청구인들과의 관계에서 정부가 반드시 중재에 회부하여야 할 의무를 부담하게 된다고 보기는 어렵고, 마찬가지로 청구인들에게 중재회부를 해달라고 우리나라 정부에 청구할 수 있는 권리가 생긴다고 보기도 어려우며, 국가의 재외국민보호의무(헌법 제2조 제2항)나 개인의 기본적 인권에 대한 보호의무(헌법 제10조)에 의하더라도 여전히 이 사건 협정의 해석 및 실시에 관한 한·일 양국 간의 분쟁을 중재라는 특정 수단에 회부하여 해결하여야 할 정부의 구체적 작위의무와 청구인들의 이를 청구할 수 있는 권리가 인정되지 아니한다."고 판시한 바 있다.

위 결정은 피청구인이 이 사건 협정 제3조 제2항의 '중재회부에 의한 분쟁해결' 방식을 취할 의무가 있는지에 관한 것으로서, 제3조 제1항에서 우선적으로 외교상의 통로를 통한 문제해결을 모색하도록 하고 있음에도 이를 제쳐두고 제3조 제2항의 '중재회부방식에 의한 분쟁해결'을 도모할 피청구인의 의무를 곧바로 도출할 수 있는지가 문제되었다.

그러나 이 사건에서의 쟁점은, 피청구인이 이 사건 협정 제3조 제1항, 제2항에 의한 분쟁해결로 나아가야 할 의무를 지는가 하는 점이고, 특히 제3조 제1항에서는 특정방식이 아닌 광범위한 외교상의 경로를 통한 해결을 규정하고 있으므로, 이 사건 협정의 해석에 관한 한·일 양국 간의 분쟁이 발생한 현 시점에서 피청구인이 이 사건 협정의 해석에 관한 분쟁을 해결하기 위하여 우선적으로 외교상의 경로를 통하여 해결을 모색하고 외교상의 경로를 통하여 해결을 하지 못하는 경우 중재회부로 나아가야 할 헌법적 작위의무가 있는지 여부이다.

즉 이 사건의 쟁점은, 피청구인이 이 사건 협정의 해석에 관한 분쟁을 해결하기 위한 다양한 방법 중 '특정 방법을 취할 작위의무'가 있는지 여부가 아니고, '이 사건 협정의 해석에 관한 분쟁을 해결하기 위하여 위 협정의 규정에 따른 외교행위 등을 할 작위의무'가 있는지 여부이므로, 위 선례의 사안과는 구별된다고 할 것이다.

(2) 피청구인의 재량

외교행위는 가치와 법률을 공유하는 하나의 국가 내에 존재하는 국가와 국민과의 관계를 넘어 가치와 법률을 서로 달리하는 국제환경에서 국가와 국가 간의 관계를 다루는 것이므로, 정부가 분쟁의 상황과 성질, 국내외 정세, 국제법과 보편적으로 통용되는 관행 등을 감안하여 정책결정을 함에 있어 폭넓은 재량이 허용되는 영역임을 부인할 수 없다.

그러나, 헌법상의 기본권은 모든 국가권력을 기속하므로 행정권력 역시 이러한 기본권 보호의무에 따라 기본권이 실효적으로 보장될 수 있도록 행사되어야 하고, 외교행위라는 영역도 사법심사의 대상에서 완전히 배제되는 것으로는 볼 수 없다. 특정 국민의 기본권이 관련되는 외교행위에 있어서, 앞서 본

바와 같이 법령에 규정된 구체적 작위의무의 불이행이 헌법상 기본권 보호의
무에 대한 명백한 위반이라고 판단되는 경우에는 기본권 침해행위로서 위헌
이라고 선언되어야 한다. 결국 피청구인의 재량은 침해되는 기본권의 중대성,
기본권침해 위험의 절박성, 기본권의 구제가능성, 진정한 국익에 반하는지 여
부 등을 종합적으로 고려하여 국가기관의 기본권 기속성에 합당한 범위 내로
제한될 수 밖에 없다.

(3) 부작위로 인한 기본권 침해 여부
(가) 침해되는 기본권의 중대성
   일본군위안부 피해는, 일본국과 일본군에 의해 강제로 동원되고 그 감시 아
래 일본군의 성노예를 강요당한 것에 기인하는 것으로, 달리 그 예를 발견할
수 없는 특수한 피해이다.
   일본군위안부 피해의 특수성은 국제사회는 물론이고 일본의 재판소에 의해
서도 확인되었다. 1994. 9. 2. 발표된 유엔의 NGO 국제법률가위원회의 보고서
와 1996. 2. 6. 공표된 유엔 인권위원회 '여성에 대한 폭력 특별보고자' 쿠마라
스와미의 보고서는 이를 "군사적 성노예"라고 정의했다. 1998. 8. 12. 공표된
유엔 인권소위 '전시 성노예제 특별보고자' 게이 맥두걸의 보고서는, 일본군
위안부를 강요한 행위는 '인도에 대한 죄'에 해당하는 범죄행위라고 단언했
다. 2007. 7. 미국 하원이 채택한 일본군위안부 결의안도 일본군위안부를 "일
본 정부에 의한 강제 군대 매춘제도이자 잔학성과 규모면에서 20세기 최대의
인신매매 범죄"로 규정하였다. 그리고 1998. 4. 27. 일본군위안부 문제에 관한
입법부작위책임을 인정하여 손해배상을 명한 일본의 야마구찌 지방재판소 시
모노세키 지부 판결은, 그 피해를 "철저한 여성차별·민족차별사상의 표현이
며, 여성의 인격의 존엄을 근저에서부터 침해하고, 민족의 긍지를 유린하는
것"이라고 판단하였다.
   일본국에 의하여 광범위하게 자행된 반인도적 범죄행위에 대하여 일본군위
안부 피해자들이 일본에 대하여 가지는 배상청구권은 헌법상 보장되는 재산
권일 뿐 아니라, 그 배상청구권의 실현은 무자비하게 지속적으로 침해된 인간

으로서의 존엄과 가치 및 신체의 자유를 사후적으로 회복한다는 의미를 가지는 것이므로, 그 배상청구권의 실현을 가로막는 것은 헌법상 재산권 문제에 국한되지 않고 근원적인 인간으로서의 존엄과 가치의 침해와 직접 관련이 있다(헌재 2008. 7. 31. 2004헌바81, 판례집 20-2 상, 91, 100~101 참조).

(나) 기본권 침해 구제의 절박성

1991년경부터 최근까지 일본군위안부 피해자들이 일본의 법정에서 진행해온 3차례의 소송은 일본군위안부 피해자들의 배상청구권이 이 사건 협정에 의하여 소멸하였다는 등의 이유로 패소 확정되었다.

이제 일본의 법정을 통한 일본군위안부 피해자의 사법적 구제, 또는 일본 정부의 자발적 사죄 및 구제조치를 기대하는 것은 사실상 불가능하게 되었다. 일본에 의하여 군대성노예로 내몰렸던 2차 세계대전이 끝난 지도 60여년이 훨씬 넘었고, 피해자들이 일본을 상대로 소송을 시작한지도 20년 남짓 흘렀다.

한편, 2006. 3. 13. 기준으로 '일제하 일본군위안부에 대한 생활안정지원법'의 적용대상자 225명 중 생존자는 125명이었으나, 이 사건 심판청구의 심리 중에도 잇따라 사망하여, 2011. 3. 현재 정부에 등록된 일본군 위안부 피해 생존자는 75명에 불과하고, 이 사건 청구인들은 본래 109명이었으나, 그 사이에 45명이 사망하고 64명만이 생존해 있다. 나아가 현재 생존해 있는 일본군위안부 피해자들도 모두 고령이어서, 더 이상 시간을 지체할 경우 일본군위안부 피해자의 배상청구권을 실현함으로써 역사적 정의를 바로세우고 침해된 인간의 존엄과 가치를 회복하는 것은 영원히 불가능해질 수 있다.

(다) 기본권의 구제가능성

청구인은 중재회부절차로 나아갈 경우의 결과의 불확실성 등을 고려하여 우리 정부가 일본군위안부 피해자들에 대하여 경제적 지원 및 보상을 해주는 대신 일본에게 금전적인 배상책임을 묻지 않기로 한 것이라고 주장한다.

침해되는 기본권이 중대하고 그 침해의 위험이 급박하다고 하더라도 구제가능성이 전혀 없는 경우라면 피청구인의 작위의무를 인정하기가 어려울 것이다. 그러나 구제가 완벽하게 보장된 경우에만 작위의무가 인정되는 것은 아니고, 구제가능성이 존재하는 것으로 족하다 할 것이며, 이때 피해자들이 일본 정부에 대한 배상청구가 최종적으로 부인되는 결론이 나올 위험성도 기꺼이 감수하겠다고 한다면 피청구인으로서는 피해자들의 의사를 충분히 고려하여야 한다.

2006년 유엔 국제법위원회에 의해 채택되고 총회에 제출된 '외교적 보호에 관한 조문 초안'의 제19조에서도, 외교적 보호를 행사할 권리를 가진 국가는 중대한 피해가 발생했을 경우에 특히 외교적 보호의 행사가능성을 적절히 고려하여야 하고, 가능한 모든 경우에 있어서, 외교적 보호에의 호소 및 청구될 배상에 관한 피해자들의 견해를 고려해야 함을 권고적 관행으로 명시하고 있다.

그런데 청구인들은 이 사건 심판청구를 통하여 피청구인의 작위의무의 이행을 구하고 있으므로 피해자들인 청구인들의 의사는 명확하다 할 것이고, 앞서 살펴 본 이 사건 협정의 체결 경위 및 그 전후의 상황, 여성들에 대한 유례없는 인권침해에 경악하면서 일본에 대하여 공식적 사실인정과 사죄, 배상을 촉구하고 있는 일련의 국내외적인 움직임을 종합해 볼 때, 피청구인이 이 사건 협정 제3조에 따라 분쟁해결절차로 나아갈 경우 일본국에 의한 배상이 이루어질 가능성을 미리 배제하여서는 아니된다.

(라) 진정으로 중요한 국익에 반하는지 여부
피청구인은 이 사건 협정 제3조에 의한 분쟁해결조치를 취하면서 일본 정부의 금전배상책임을 주장할 경우 일본 측과의 소모적인 법적 논쟁이나 외교관계의 불편을 초래할 수 있다는 이유를 들어 청구인들이 주장하는 구체적 작위의무의 이행을 하기 어렵다고 주장한다. 그러나, 국제정세에 대한 이해를 바탕으로 한 전략적 선택이 요구되는 외교행위의 특성을 고려한다고 하더라도, '소모적인 법적 논쟁으로의 발전가능성' 또는 '외교관계의 불편'이라는 매우 불분명하고 추상적인 사유를 들어, 그것이 기본권 침해의 중대한 위험에

직면한 청구인들에 대한 구제를 외면하는 타당한 사유가 된다거나 또는 진지
하게 고려되어야 할 국익이라고 보기는 힘들다.

　오히려, 과거의 역사적 사실 인식의 공유를 향한 노력을 통해 일본 정부로
하여금 피해자에 대한 법적 책임을 다하도록 함으로써 한·일 양국 및 양 국민
의 상호이해와 상호신뢰가 깊어지게 하고, 이를 역사적 교훈으로 삼아 다시는
그와 같은 비극적 상황이 연출되지 않도록 하는 것이 진정한 한·일관계의 미
래를 다지는 방향인 동시에, 진정으로 중요한 국익에 부합하는 것이라고 할
것이다.

(마) 소결
피청구인의 이 사건 부작위는 청구인들의 중대한 헌법상 기본권을 침해하고
있다고 할 것이다.

라. 소결론
　헌법 제10조, 제2조 제2항 및 전문과 이 사건 협정 제3조의 문언 등에 비추
어 볼 때, 피청구인이 이 사건 협정 제3조에 따라 분쟁해결의 절차로 나아갈
의무는 헌법에서 유래하는 작위의무로서 그것이 법령에 구체적으로 규정되어
있는 경우라 할 것이고, 청구인들의 인간으로서의 존엄과 가치 및 재산권 등
기본권의 중대한 침해가능성, 구제의 절박성과 가능성 등을 널리 고려할 때,
피청구인에게 이러한 작위의무를 이행하지 않을 재량이 있다고 할 수 없으며,
피청구인이 현재까지 이 사건 협정 제3조에 따라 분쟁해결절차를 이행할 작
위의무를 이행하였다고 볼 수 없다.

　결국, 피청구인의 이러한 부작위는 헌법에 위반하여 청구인들의 기본권을
침해하는 것이다.

6. 결론
　그렇다면 이 사건 심판청구는 이유 있으므로 이를 인용하기로 하여, 아래
7.과 같은 재판관 조대현의 인용보충의견, 아래 8.과 같은 재판관 이강국, 재

판관 민형기, 재판관 이동흡의 반대의견을 제외한 나머지 관여 재판관 전원의 일치된 의견으로 주문과 같이 결정한다.

7. 재판관 조대현의 인용보충의견

청구인들은 일제에 의하여 강제 동원되어 일본군위안부 생활을 강요당한 피해자로서 일본국에 대하여 손해배상청구권을 가지는데, 한일청구권협약에 의하여 그러한 손해배상청구권을 행사하기 어렵게 되었다고 주장한다. 그러한 손해배상청구권의 존부와 범위가 법원의 재판절차에 의하여 확정되지 않았다는 이유로 청구인들의 손해배상청구권의 침해를 주장하는 헌법소원심판을 거부할 수는 없다.

국가는 일본군위안부들이 일본국에 대하여 가지는 손해배상청구권을 확인하고 기본권으로 보장하여야 한다(헌법 제10조 후문). 그런데도 대한민국 정부는 1965. 6. 22. 한일청구권협정을 체결하여 일본국으로부터 3억 달러를 무상으로 받고, 양국 및 그 국민간의 청구권에 관한 문제가 완전히 최종적으로 해결된 것임을 확인하고, 그러한 청구권에 관하여 어떠한 주장도 할 수 없는 것으로 한다고 약정하였다.

그리고 일본국 재판소는 이러한 한일청구권협정에 의하여 청구인들은 일본국에게 일본군위안부에 관한 손해배상을 청구할 수 없다고 판단하고 있다. 이러한 협정에 의하여 청구인들의 일본국에 대한 손해배상청구권이 소멸된 것인지 여부에 대하여는 견해가 나뉘어져 있다. 만일 한일청구권협정이 청구인들의 일본국에 대한 손해배상청구권을 소멸시키는 것이라면, 청구인들의 재산권을 보장할 의무를 지는 국가가 청구인들의 재산권을 소멸시키는 조약을 체결한 셈이 된다. 그리고 한일청구권협정이 청구인들의 일본국에 대한 손해배상청구권을 소멸시키는 것이 아니라고 하더라도, 청구인들은 일본국에 대한 손해배상청구권을 행사하는 것이 한일청구권협정에 의하여 저지되고 있다. 그러므로 대한민국은 청구인들의 일본국에 대한 손해배상청구권 행사가 한일청구권협정에 의하여 방해되는 위헌적인 사태를 해소시키기 위하여 한일청구권협정 제3조에 따라 일본국을 상대로 외교적 교섭이나 중재절차를 추진할 의무를 진다고 봄이 상당하다.

그리고 이와 같이 대한민국이 일본국과 체결한 한일청구권협정이 청구인들의 일본국에 대한 손해배상청구권의 행사를 가로막고 있는 이상, 그러한 조약은 청구인들의 기본권을 침해하는 것이라고 볼 수도 있지만, 일본국의 식민통치로 인하여 대한민국 국민들이 일본국에 대하여 가지는 청구권을 일괄적으로 타결하기 위하여 대한민국 정부가 일본국으로부터 3억 달러를 받아서 국민들의 일본국에 대한 청구권을 대신 보상하고자 한 것이라고 이해한다면, 그러한 조약이 헌법 제37조 제2항에 위반된다고 단정하기도 어렵다. 다만, 그렇게 선해하더라도, 대한민국 정부는 한일청구권협정을 체결하여 일본국으로부터 무상자금 3억 달러를 받고 국민들이 일본국에 대하여 손해배상청구권을 행사하지 못하게 협정함으로써 일본국에 대하여 손해배상청구권을 행사할 수 없게 된 국민들에 대하여 그 손해를 보상할 의무를 진다고 보지 않을 수 없다.

대한민국은 일본국으로부터 무상자금 3억 달러를 받은 다음 1966. 2. 19. '청구권자금의 운용 및 관리에 관한 법률'을 제정하였지만, 피징용 사망자만 보상하였을 뿐 청구인들과 같은 일본군위안부는 보상대상에 포함되지 않았다. 그리고 1993. 6. 11. '일제하 일본군위안부에 대한 생활안정지원법'을 제정하여 일본군위안부에게 생활안정지원을 위한 일시금과 월지원금을 지급하고, 임대주택의 우선 임대, 생계급여, 의료급여, 간병인 등을 지원하여 왔지만, 청구인들의 일본국에 대한 손해배상청구권을 온전히 만족시킬 정도로 충분히 보상하였다고 보기 어렵다.

따라서 대한민국은 한일청구권협정 제3조에 따라 일본국을 상대로 외교적 교섭이나 중재절차를 추진하여 한일청구권협정의 위헌성을 제거할 의무가 있을 뿐만 아니라, 한일청구권협정으로 인하여 청구인들이 일본국에 대한 손해배상청구권을 행사할 수 없게 된 손해를 완전하게 보상할 책임을 진다고 선언하여야 한다.

그리고 일본국을 상대로 한 외교적 교섭이나 중재절차에 의하여 청구인들의 일본국에 대한 손해배상청구권 행사의 장애가 해소될 가능성은 희박하고 청구인들에게 헛된 소망과 그것이 빚어내는 좌절과 절망의 고통만 안겨줄 우려가 크기 때문에, 대한민국이 청구인들의 일본국에 대한 손해배상청구권을 완전하게 보상할 의무가 있음을 더욱 강조할 필요가 있다. 더구나 청구인들이 모두 고령이기 때문에 청구인들에 대한 국가의 보상 조치는 시급하게 실시될 필요가 있다.

8. 재판관 이강국, 재판관 민형기, 재판관 이동흡의 반대의견

　우리는 다수의견과 달리, 우리 헌법상의 명문 규정이나 어떠한 헌법적 법리에 의하더라도 '청구인들에 대하여 피신청인이 이 사건 협정 제3조에서 정한 분쟁해결절차로 나아가야 할 작위의무'가 있다고 할 수 없어, 청구인들의 이 사건 헌법소원은 부적법하다고 보므로, 아래와 같이 반대의견을 개진한다.

가. 헌법재판소법 제68조 제1항에 의하면 공권력의 행사뿐 아니라 공권력의 불행사도 헌법소원의 대상이 될 수 있는 것이지만 그 공권력의 불행사로 말미암아 기본권을 침해받은 자가 위 헌법소원을 제기할 자격이 있는 것이므로, 행정권력의 부작위에 대한 헌법소원은 공권력의 주체에게 헌법에서 유래하는 작위의무가 특별히 구체적으로 규정되어 이에 의거하여 기본권의 주체가 행정행위 내지 공권력의 행사를 청구할 수 있음에도 공권력의 주체가 그 의무를 해태하는 경우에 한하여 허용된다(헌재 1991. 9. 16. 89헌마163, 판례집 3, 505, 513 ; 2000. 3. 30. 98헌마206, 판례집 12-1, 393, 401 등 참조).

또한 여기서 말하는 "공권력의 주체에게 헌법에서 유래하는 작위의무가 특별히 구체적으로 규정되어"가 의미하는 바가, 헌법상 명문으로 작위의무를 규정하고 있거나, 헌법의 해석상 작위의무가 도출되거나, 법령에 구체적으로 작위의무가 규정되어 있는, 3가지 경우를 포괄하고 있음도 역시 우리 재판소의 확립된 판례이다(헌재 2004. 10. 28. 2003헌마898, 판례집 16-2하, 212, 219 참조). 그런데 여기서 유념해야 할 것은, 헌법의 명문규정상, 헌법해석상, 법령상 도출되는 공권력 주체의 구체적 작위의무는 '기본권의 주체인 국민에 대한' 의무라야 한다는 것이다. 그래야만 "이에 의거하여 기본권의 주체가 행정행위 내지 공권력의 행사를 청구할 수 있음에도 공권력의 주체가 그 의무를 해태하여 헌법상 보장된 기본권을 침해받은 자"로서 그 침해의 원인이 되는 행정

권력의 부작위를 대상으로 헌법소원을 청구할 수 있기 때문이다.

다수의견은 헌법 제10조, 제2조 제2항, 헌법 전문(前文) 중 "3·1운동으로 건립된 대한민국임시정부의 법통을 계승"한다는 부분, 이 사건 협정 제3조의 문언을 종합하여, 이 사건 피청구인의 작위의무가 "헌법에서 유래하는 작위의무로서 그것이 법령에 구체적으로 규정되어 있는 경우"에 해당한다고 판단하고, 나아가 피청구인이 부담하는 구체적 작위의무의 내용을 "이 사건 협정 제3조에 따라 분쟁해결의 절차로 나아갈 의무"라고 보았는바, 과연 이러한 해석이 타당한 것인지 이하에서 구체적으로 살펴본다.

나. 우선, 헌법 제10조, 제2조 제2항, 전문의 규정 자체 또는 그 해석에 의하여 '헌법에서 유래하는 구체적 작위의무'가 도출될 수는 없다.

국가와 국민의 권리와 의무관계를 규정한 헌법의 조항들 중에는 구체적이고 명확한 의미로 국민의 기본권 기타 권리를 부여하는 조항들도 있지만, 개방적·추상적·선언적인 문구로 규정되어 있어서 헌법해석이나 구체적 법령 등이 매개되어야만 국가와 국민간에 구속적인 권리의무를 발생시키는 조항들도 있다. 그런데 '국민의 불가침의 인권을 확인하고 이를 보장할 의무'를 규정한 헌법 제10조, '법률이 정하는 바에 의하여 재외국민을 보호할 의무'를 규정한 헌법 제2조 제2항은 후자의 경우에 해당하는 것으로서, 국가가 국민에 대하여 기본권 보장 및 보호의무를 부담한다는 국가의 일반적·추상적 의무를 규정한 것일 뿐 그 조항 자체로부터 국민을 위한 어떠한 구체적인 행위를 해야 할 국가의 작위의무가 도출되는 것은 아니다. "3·1운동으로 건립된 대한민국임시정부의 법통을 계승"한다는 헌법 전문(前文)의 문구 또한 마찬가지다. 비록 헌법 전문(前文)이 국가적 과제와 국가적 질서형성에 관한 지도이념·지도원리를 규정하고 국가의 기본적 가치질서에 관한 국민적 합의를 규범화한 것으로서 최고규범성을 가지고 법령해석과 입법의 지침이 되는 규범적 효력을 가지고 있긴 하지만, 그 자체로부터 국가의 국민에 대한 구체적인 작위의무가 나올 수는 없다.

이처럼 헌법 제10조, 제2조 제2항, 헌법 전문으로부터 국가의 구체적 작위의무와 그러한 작위의무를 청구할 수 있는 국민의 권리가 도출되지 않는다는 점은 우리 재판소의 확립된 판례이기도 하다(헌법 제10조, 제2조 제2항에 관하여는 헌재 2000. 3. 30. 98헌마206, 판례집 12-1, 393, 402~403 ; 1998. 5. 28. 97헌마282, 판례집 10-1, 705, 710, 헌법 전문에 관하여는 헌재 2005. 6. 30. 2004헌마859, 판례집 17-1, 1016, 1020~1021 참조).

따라서, 아무리 이 사건 청구인들의 기본권 침해상태가 중대하고 절박하다 하더라도, 헌법 제10조, 제2조 제2항, 헌법 전문만에 기하여서는 청구인들에 대하여 국가가 어떤 행위를 하여야 할 구체적인 작위의무를 도출해 낼 수는 없고, 결국 '구체적인 작위의무가 규정되어 있는 법령'이 존재하여야 이를 매개로 국가의 청구인들에 대한 구체적 작위의무를 인정할 수 있을 것이다.

다. 그렇다면 다음으로, 이 사건 협정 제3조에 규정된 분쟁해결절차에 관한 조항이 위에서 말하는 '법령에 구체적으로 작위의무가 규정되어 있는' 경우에 해당하여 '헌법에서 유래하는 작위의무'가 도출될 수 있는지에 관하여 본다. (1) 먼저, 법령에 구체적으로 작위의무가 규정되어 있는 경우에서의 '법령에 규정된 구체적 작위의무'란 "국가가 국민에 대하여 특정의 작위의무를 부담한다"는 내용이 법령에 기재된 경우를 의미한다고 보아야 한다. 왜냐하면, 행정권력의 부작위에 대한 헌법소원을 청구하기 위해서는, 규정된 작위의무에 의거하여 '기본권의 주체가 행정행위 내지 공권력의 행사를 청구할 수 있음에도 공권력의 주체가 그 의무를 해태하는 경우'에 한하여 허용되는 것이므로(헌재 2000. 3. 30. 98헌마206, 판례집 12-1, 393), 법령에 규정되는 구체적 작위의무는 '기본권의 주체인 국민에게 국가에 대하여 특정 작위의무의 이행을 요구할 수 있는 권리를 부여하는 내용'이어야 하기 때문이다. 이는 국가가 위와 같은 구체적 작위의무를 이행하지 않음으로 인하여 기본권을 침해당하였다고 주장하는 헌법소원에 있어서 기본권침해가능성 내지 인과관계를 인정하기 위해서도 당연히 요구되는 전제라 할 것이다.

기본적으로 국회가 제정하는 법률이나, 국민에 대하여 구속력을 가지는 행정법규에 구체적인 권리를 국민에게 부여하는 내용이 있다면 이는 '법령에 구체적으로 작위의무가 규정된 경우'에 해당한다고 볼 수 있다. 현재까지 우리 재판소에 제기된 행정권력의 부작위에 대한 헌법소원심판은 거의 모두가 국내 법령에 국가의 청구인에 대한 구체적인 작위의무가 규정되어 있는지, 그 의무에 대한 부작위가 있는지가 쟁점인 사건들이었으며, 해당 법령에 문제된 구체적 작위의무가 행정권력의 국민에 대한 기속행위로 규정되어 있거나, 재량행위로 규정되어 있지만 공권력 불행사의 결과 청구인에 대한 기본권 침해의 정도가 현저하다는 등의 사유로 기속행위로 해석해야 할 경우에는 구체적 작위의무가 인정되었고(전자에 관하여는, 헌재 1998. 7. 16. 96헌마246, 판례집 10-2, 283 ; 2004. 5. 27. 2003헌마851, 판례집 16-1, 699, 후자에 관하여는, 헌재 1995. 7. 21. 94헌마136, 판례집 7-2, 169 참조), 반대로 순수한 행정청의 재량행위로 규정되어 있는 경우에는 청구인에 대한 구체적 작위의무가 인정되지 않는다고 판시하기도 하였다(헌재 2005. 6. 30. 2004헌마859, 판례집 17-1).

하지만, 이 사건 협정과 같은 조약 기타 외교문서에서, 체약국이 서로 어떠 어떠한 방식으로 분쟁을 해결하자는 내용과 절차가 규정되어 있다면 이는 기본적으로 체약국 당사자 사이에서 체약상대방에 대하여 부담할 것을 전제로 마련된 것이므로, 일정한 의무사항이 기재되어 있다 하더라도 체약국 당사자가 상대방 국가에 대하여 요구할 수 있을 뿐이다. 따라서 '조약에 근거하여 자국이 상대방 국가에 대하여 취할 수 있는 조약상 권리의무를 이행하라'고 자국 정부에 요구할 수 있기 위해서는, '그러한 요구를 할 수 있는 권리를 자국 국민에게 부여하는 내용'의 구체적 문구가 해당 조약에 기재되어 있어야 할 것이다. 조약에 그러한 내용의 명시적 문구가 없는 이상, 해당 조약이 국민의 권리관계를 대상으로 한다는 이유만으로 조약상 정해진 절차상 조치를 취할 것을 자국 정부에 요구할 권리는 발생하지 않는다고 보아야 한다.

이 사건 협정은 양국 간 또는 일국 정부와 타국 국민 간, 양국 국민 상호간의 '재산, 권리, 이익, 청구권'에 관한 문제를 대상으로 하였는바(이 사건 협정 제2조 제1항), 이 사건 청구인들과 같은 위안부피해자들에 대한 일본국의 배상책임문제는 위 협정의 대상에 포함되었는지 여부가 분명치 아니할 정도로 일반적이고 추상적인 문구로 기재하고 있어, 그 결과 실제로 양국 간의 입장

차이로 인하여 청구인들의 권리문제에 관하여 이 사건 협정의 해석 및 실시에 관하여 '분쟁'이 발생한 상태라고는 볼 수 있다. 하지만, 나아가 이 사건 협정에서 관련국 국민에게 이 사건 협정 제3조상의 분쟁해결 절차에 나아갈 것을 요구할 수 있는 권리를 부여하고 있지 않은 이상, 청구인들의 기본권이 관련되어 있다는 이유만으로는 위 조약상 분쟁해결절차를 이행하라고 자국 정부에 대하여 요구할 구체적 권리가 인정될 수는 없다 할 것이다.

따라서 이 사건 협정 내용에 기하여 다수의견이 인정한 바와 같은 국가의 구체적 작위의무를 도출해 낼 수는 없다. 이 사건 협정 제3조의 분쟁해결 절차에 나아가라고 자국 정부에 대하여 요구할 수 있는 권리를 해당국 국민에게 부여하는 내용의 문구가 이 사건 협정 어디에도 규정되어 있지 않기 때문이다. 그렇다고 헌법 제10조, 제2조 제2항, 헌법 전문에 의하여 위와 같은 구체적 작위의무가 직접 인정될 수도 없으므로, 결국 이 사건 협정과 위 헌법 규정을 종합하더라도 이 사건 청구인들에 대한 국가의 구체적 작위의무는 도출될 수 없다.

(2) 다음으로, 이 사건 협정 제3조가 규정하고 있는 내용 자체에 비추어 볼 때 다수의견이 말하는 "이 사건 협정의 해석에 관한 분쟁을 해결하기 위하여 제3조의 규정에 따른 외교행위를 할 작위의무"라는 것이 '구체적인' 행위를 해야 하는 '의무'라고 볼 수도 없다.

(가) 이 사건 협정 제3조는, "본 협정의 해석 및 실시에 관한 양 체약국간의 분쟁은 우선 외교상의 경로를 통하여 해결한다."(제1항), "1.의 규정에 의하여 해결할 수 없었던 분쟁은 어느 일방 체약국의 정부가 타방 체약국의 정부로부터 분쟁의 중재를 요청하는 공한을 접수한 날로부터 …… 로 구성되는 중재위원회에 결정을 위하여 회부한다"(제2항)고 규정하고 있다. 어느 조항에도, 분쟁이 있으면 '반드시' 외교적 해결절차로 나아가야 한다거나 외교적 해결이 교착상태에 빠질 경우 '반드시' 중재절차를 신청해야 한다는 '의무적' 내용은 기재되어 있지 않다. "외교상의 경로를 통하여 해결한다"는 문구는 외교적으로 해결하자는 양 체약국 사이의 외교적 약속 이상을 의미하는 것으로 해석

될 수 없다. "중재위원회에 결정을 위하여 회부한다"는 것 역시 "중재를 요청하는 공한이 접수되면" 회부되는 것인데, 어느 문구에도 중재를 요청하여야 한다는 '의무적' 요소가 들어 있다고 해석할 만한 근거는 발견할 수 없다. 결국 제3조 제1항, 제2항 어디에서도 외교상 해결절차로 나아가야 할 '의무', 외교상 해결이 안되면 중재절차로 나아가야 할 '의무'가 있다고 해석해 낼 수는 없다.

그런데 다수의견은, 이러한 해석상 의문점에 대하여는 아무런 언급도 없이, 침해되는 청구인들의 기본권의 중대성, 기본권 침해 구제의 절박성에만 근거하여 "피청구인에게 이러한 작위의무를 이행하지 않을 재량이 있다고 할 수 없으며"라고 판시하고 있는데, 국가간 조약에 기재된 의무성조차 없는 문구를, 그로 인하여 사실상 영향을 받는 국민이 절박한 사정에 처해 있다는 이유만으로 일방 체약국의 정부인 피청구인에 대하여 조약상 행위를 강제할 수 있는 '의무'조항이라고 해석해 버린 것은 지나친 논리의 비약이 아닐 수 없다.

오히려 이 사건 협정 제3조에 기재된 분쟁해결절차에 나아가는 행위는 규정의 형식과 내용으로 볼 때 양 체약국의 '재량행위'라고 보는 것이 타당하다 할 것이다. 이 사건 협정 제3조를 근거로 재일 한국인 피징용 부상자들의 일본국에 대한 보상청구권에 관한 다툼을 중재에 회부해야 할 구체적인 작위의무가 국가에 있다고 주장하면서 청구한 헌법소원사건에서, 우리 재판소 역시 이를 재량행위라고 해석한 바 있고, 그 내용은 아래와 같다.

『이 사건 협정 제3조는 이 사건 협정의 해석 및 실시에 관한 양국간의 분쟁은 우선 외교상의 경로를 통하여 해결하고, 외교상의 경로를 통하여 해결할 수 없었던 분쟁은 일방체약국의 정부가 상대국 정부에 중재를 요청하여 중재위원회의 결정에 따라 해결하도록 규정하고 있는데, "위 규정의 형식과 내용으로 보나, 외교적 문제의 특성으로 보나, 이 사건 협정의 해석 및 실시에 관한 분쟁을 해결하기 위하여 외교상의 경로를 통할 것인가 아니면 중재에 회부할 것인가에 관한 우리나라 정부의 재량범위는 상당히 넓은 것으로 볼 수밖에 없고", 따라서 이 사건 협정당사자인 양국간의 외교적 교섭이 장기간 효과를

보지 못하고 있다고 하여 재일 한국인 피징용 부상자 및 그 유족들인 청구인
들과의 관계에서 정부가 반드시 중재에 회부하여야 할 의무를 부담하게 된다
고 보기는 어렵고, 마찬가지 이유로, 청구인들에게 중재회부를 해 달라고 우
리나라 정부에 청구할 수 있는 권리가 생긴다고 보기도 어렵다』(헌재 2000. 3.
30. 98헌마206, 판례집 12-1, 393, 402)

다수의견은, 위 선례는 제3조 제1항의 '외교적 해결의무'를 제쳐 두고 제2
항의 '중재절차회부의무'를 이행하지 않음을 근거로 헌법소원을 제기한 것이
기에 '제3조 전체에 기한 분쟁해결절차 이행의무'를 문제삼고 있는 이 사건에
서는 결론을 달리할 수 있다는 전제에서, 위 선례와 이 사건은 차별된다고 하
였다. 그러나 이는 위 선례의 취지를 오해한 것이다. 위 선례에서 구체적인 작
위의무를 인정하지 않은 주된 근거는 위에서 본 바와 같이 이 사건 협정 제3
조에 기한 '외교적 해결'이나 '중재절차회부' 모두 '의무사항'이 아니고 우리
나라의 외교적 '재량사항'이라는 데에 있었다고 보는 것이 타당할 것이다.

(나) 나아가 이 사건 협정 제3조가 규정하고 있는 '외교적 해결', '중재절차회
부'에 어떤 의무성이 있다고 본다 하더라도, 그것이 '구체적인' 작위를 내용으
로 하는 것이라고 보기도 어렵다.

'외교상의 경로를 통하여 해결할 의무'란 국가의 기본권 보장의무, 재외국
민 보호의무, 전통문화의 계승·발전과 민족문화의 창달에 노력할 국가의 의
무, 신체장애자 등의 복지향상을 위하여 노력해야 할 국가의 의무, 보건에 관
한 국가의 보호의무나 마찬가지로, 국가의 일반적·추상적 의무 수준에 불과
할 뿐이다. 이러한 국가의 일반적·추상적 의무란 그 자체가 '구체적인' 작위
의무가 아니므로 비록 헌법에 명시적인 문구로 기재되어 있다 하더라도 국민
이 국가에 대하여 그 의무의 이행을 직접 구할 수 있는 '구체적인' 작위의무
로 탈바꿈되지 않는다. 국민과 국가의 규범적 관계를 규율하는 근본규범인
'헌법'에 명시하고 있더라도 이를 근거로 국가에 대하여 그 의무의 이행을 구
할 수 없는데, 하물며 헌법보다 하위규범인 '조약'에 명시되어 있을 뿐인데도

이를 근거로는 조약의 당사자도 아닌 국민이 국가에 대하여 의무의 이행을 구할 수 있는 '구체적인' 작위의무로 탈바꿈된다고 해석할 수는 없는 것이다.

또한 '외교적 해결을 할 의무'란 그 이행의 주체나 방식, 이행정도, 이행의 완결 여부를 판단할 수 있는 객관적 판단기준을 마련하기도 힘들고, 그 의무를 불이행하였는지 여부의 사실확정이 곤란한 고도의 정치행위 영역에 해당하므로, 헌법재판소의 사법심사의 대상이 되기는 하지만 권력분립원칙상 사법자제가 요구되는 분야이다. 이 사건 협정만 보더라도, 국내 위안부피해자 문제의 심각성과 이에 반하여 한일간 교류와 협력을 지속해야 하는 한일 간의 미묘한 외교관계에 비추어 볼 때, 어느 정도 외교적 노력을 다해야 이행했다고 할 수 있을 것인지, 이 사건 협정이 체결된 지 현재까지 40여년이 지났는데 초기에 외교적 해결노력을 하다가 현재 노력을 하지 않고 있다거나 청구인들이 만족할 만한 노력을 하지 않고 있다고 하여 외교적 해결의무를 불이행한 것으로 되는 것인지, 제2항의 중재절차회부의무는 그러면 언제쯤 발생한다고 보아야 할 것인지 등 그 이행여부를 판단할 아무런 명확한 기준을 발견할 수 없다. 과연 이러한 실질을 가지는 '외교상 의무'를 국민이 국가에 대하여 그 이행을 요구할 수 있는 '구체적인' 작위의무라고 말할 수 있겠는가 하는 것이다. 그리고 이행내용이 구체적인지 여부는 불문하고 조약에 기재되어 있다는 이유만으로 헌법재판소가 정부에 막연히 '외교적 노력을 하라'는 의무를 강제적으로 부과시키는 것은, 헌법이 정치적, 외교적 행위들에 관한 정책판단, 정책수립 및 집행에 관한 권한을 담당하고 있는 행정부에 부여하고 있는 권력분립원칙에 반할 소지도 있다는 점에서 더욱 문제가 아닐 수 없다.

라. 소결

따라서 헌법 제10조, 제2조 제2항, 헌법 전문의 규정, 이 사건 협정 제3조에 기하여서는 이 사건 청구인들에 대하여 국가가 이 사건 협정 제3조에 정한 분쟁해결절차에 나아가야 할 구체적인 작위의무가 발생한다고 볼 수 없으므로, 피청구인이 위 분쟁해결절차에 나아가지 않고 있는 부작위로 인하여 청구인들의 기본권이 침해당하였다고 주장하는 이 사건 헌법소원심판청구는 부적법하여 각하하여야 할 것이다.

　일본에 의하여 강제로 위안부로 동원된 후 인간으로서의 삶을 송두리째 박탈당하고 그 가해자인 일본국으로부터 인간적 사과마저 얻어내지 못하고 있는 이 사건 청구인들의 절박한 심정을 생각한다면, 대한민국 국민으로서 누구든 공감하지 않을 수 없고, 어떻게든 우리 정부가 국가적 노력을 다해 주었으면 하는 바람은 우리 모두 간절하다. 하지만 헌법재판소는 기본적으로 헌법과 법률에 의하여 재판을 하여야 하는 것이므로, 재판당사자가 처해 있는 상황이 아무리 국가적으로 중대하고 개인적으로 절박하다 하더라도 헌법과 법률의 규정 및 그에 관한 헌법적 법리를 뛰어넘어 설 수는 없는 것이다. 이 사건 청구인들이 처해 있는 기본권구제의 중요성, 절박성을 해결할 수 있는 법적 수단을 헌법이나 법령, 기타 헌법적 법리에 의하여도 발견해 낼 수 없다면, 결국 이들의 법적 지위를 해결하는 문제는 정치권력에 맡겨져 있다고 말할 수밖에 없고, 헌법과 법률, 헌법해석의 한계를 넘어서까지 헌법재판소가 피청구인에게 그 문제 해결을 강제할 수는 없는 일이다. 그것이 권력분립의 원칙상 헌법재판소가 지켜야 하는 헌법적 한계인 것이다.

2011. 8. 30.

[별지 1]
청구인 목록 생략
1. 이○수 외 63명

[별지 2]
청구인 대리인 목록
　1. 변호사 차지훈
　2. 변호사 한택근
　3. 변호사 김진
　4. 법무법인 정평

담당변호사 심재환
5. 법무법인 동서남북
담당변호사 장유식
6. 법무법인 자하연
담당변호사 원민경
7. 법무법인 창조
담당변호사 김학웅
8. 법무법인 해마루
담당변호사 이민종
9. 법무법인 덕수
담당변호사 이석태
10. 법무법인 동화
담당변호사 조영선
11. 법무법인 시민
담당변호사 한경수
12. 법무법인 신문고
담당변호사 조재현
13. 법무법인 한결
담당변호사 박주민
14. 변호사 김강원
15. 법무법인 삼일
담당변호사 최봉태, 이춘희, 오충현, 송해익, 김인석, 주경태, 임성우, 권영규

15. 2021년 일본군의 종군위안부에게 손해배상을 명령한 판결
(서울중앙지방법원 2021. 1. 8. 선고 2016가합505092 판결)

원고 : 1. A, 2. B, 3. C, 4. D, 5. E, 6. F, 7. G, 8. H, 9. I, 10. J의 소송수계인 K, 11.
L, 12. M

피고 : 일본국
변론종결 2020. 10. 30.
판결선고 2021. 1. 8.

주문
1. 피고는 원고들에게 각 100,000,000원을 지급하라.
2. 소송비용은 피고가 부담한다.
3. 제1항은 가집행할 수 있다.
청구취지
주문과 같다.〈각주1 : 판결원본에는 붙어 있으나 본서를 편집하는 시점에서는 각주 내용이
파악되지 않아 표시만 해 둔다.〉

이유
[1. 기초 사실]
[가. 일본제국〈각주2〉의 한반도 침탈, 조선인 강제 동원 및 전쟁의 종결]
1) 일본제국은 1910. 8. 22. 대한제국과 사이에 한일합병조약을 체결한 후 조
선총독부를 통하여 한반도를 지배하였다. 일본제국은 1931년 만주사변, 1937
년 중일전쟁을 일으켰고, 그로 인하여 동아시아 지역이 전시체제에 들어가게
되었다. 일본제국은 1941년 태평양전쟁을 일으켰고 전선은 동아시아를 넘어
남양군도 및 남태평양 일대까지 확대되었다.
2) 일본제국은 이러한 전쟁으로 인하여 인력과 물자가 부족해지자 이를 해결
하기 위하여 1937. 8.경 '국민정신총동원 실시요강'을 마련하였으며, 1938. 4.
1.「국가총동원법」을, 1939. 7. 8.「국민징용령」을 제정·공포하였고, 1941. 11.경
에는「국민근로보국협력령」에 의하여 14세 이상 25세 미만 미혼여성들에게 1

년 중 30일 이내 국민근로보국대에 협력하도록 하였다.〈각주3〉 1930년대 말부터는 일본제국이 점령 중이던 한반도 내에서 남녀를 포괄하고 보도, 의료, 근로 등 여러 분야에서 '정신대'를 동원하여 왔는데 1944. 8. 23. 일왕(日王)은 '여자정신근로령'을 칙령으로 공포하여 위 '정신대'를 공식화하였다. 1939. 9.부터는 '모집형식'에 의하여, 1942. 2.부터는 '관(官) 알선방식'에 의하여, 1944. 9.경부터 '징용령 방식'에 의하여 정신대 등 조선인 동원이 이루어졌다.

3) 일본제국이 일으킨 태평양전쟁은 1945. 8. 6. 히로시마에, 같은 달 9. 나가사키에 원자폭탄이 투하된 다음, 같은 달 15. 낮 12시 N이 미국을 비롯한 연합국에 무조건적인 항복을 선언함으로써 종결되었다.

[나. '위안부'〈각주4〉 동원 과정]

1) 일본제국의 위안소 설치 및 '위안부'의 동원

가) 위안소 설치

'위안소'는 1932년 상해사변 시 일본군 병사에 의하여 강간사건이 다발적으로 발생하면서 현지인들의 반발과 성병 등의 문제로 이어지자 그 방지책으로 일본해군이 설치한 것이 최초였고, 중일전쟁이 전면적으로 개시된 후 일본제국은 전선의 확대와 더불어 군인들의 관리를 위하여 '위안소'를 설치할 필요성이 있다고 판단하였다. 이에는 군인들에게 정신적 위안을 제공함으로써 언제 끝날지 모르는 전쟁에서 이탈하려는 군인들의 사기를 진작시키고 불만을 유화시키며, 특히 일본어를 할 줄 모르는 식민지 여성을 '위안부'로 둠으로써 군의 기밀이 새어나갈 수 있는 가능성을 줄이고자 하는 의도도 포함되어 있었다. 1937년경부터 일본군이 점령 중이었던 중국 등 전쟁지역에 위안소가 본격적으로 설치되기 시작하였고, 1941년 이후 일본군이 점령하는 지역이 확대됨에 따라 동남아시아, 남태평양 지역까지 군위안소가 설치되었다.

일본제국 육군은 1937. 9. 29. 육달(陸達) 제48호로 물품판매소 규정인 「야전주보규정(野戰酒保規程)」을 개정하여 군 영내 주보(전쟁 중 군 영지 내에 군인, 군속 등에게 물품을 판매하는 매점)에 위안소를 설치할 수 있도록 하였고, 1943. 7. 18. 「영외시설규정」에서 중대 이상의 주둔지로서 군인·군속 전용의 특수위안소를 군 영외에 설치할 수 있되 위탁경영하는 것으로 정함으로써, 군 영내·외에 위안소를 설치할 근거를 마련하기도 하였다. 일본군이 1938. 5. 펴낸 「전시복무제요」에서는 "성병에 대한 적극적 예방법을 강구하고 위안부 위생시설을 완비함과 동시에, 군이 지정한 이외의 매춘부 및 지역의 사람들과의 접촉을 금한다."는 내용이 기재되기도 하였다.

나) 위안부 동원

일본제국은 자국 및 점령지의 여러 국가들의 여성을 대상으로 하여 여러가지 방식으로 전장지에 설치된 위안소에 '위안부'들을 동원하였는데, ① 여성들을 폭행, 협박, 납치하여 강제로 동원하는 방식, ② 지역 유지, 공무원, 학교 등을 통하여 모집하는 방식, ③ '취직시켜 주겠다, 많은 돈을 벌 수 있다'고 기망하여 모집하는 방식, ④ 모집업자들에게 위탁하는 방식, ⑤ 근로정신대, 공출 제도를 통한 동원방식 등을 이용하였다.

2) '위안부' 수송 및 위안소 운영 과정에서의 일본제국의 역할

일본군 사령부는 모집된 '위안부'들을 한반도 밖으로 이송하는 과정에서 원활한 수송을 위하여 '위안부'들에게 무료 도항증, 국외 이동을 위한 신분증명서를 발급해 주는 등 민간업자들의 '위안부' 수송에 편의를 제공하거나, 일본군인이나 일본경찰들이 직접 '위안부'들을 전선으로 수송하는 업무를 맡아 이행하였다. 위안소의 관리는 일본군이 직접 하거나 일본제국 정부로부터 위탁받은 민간업자들이 하였다. 민간업자에게 위탁할 경우 일본군은 민간업자의 개업 여부, 설비 마련, 개업 시간, 이용요금, 이용자의 피임기구 사용 의무 등을 정하는 방식으로 위안소의 설치와 관리에 관여하였다. '위안부'들의 건강관리(다만 이는 성병의 예방, 진단과 치료 등에만 국한되었다)는 주로 일본군 군의(軍醫)들에 의하여 이루어졌다. '위안부'가 도주하는 경우 일본군이 직접 추격하여 도주한 '위안부'를 다시 위안소로 끌고 오거나 사살하기도 하였다.

3) 원고 등의 개인별 '위안부' 동원 과정 및 위안소 생활

가) 원고 A는 1923년 경북 성주군 R에서 출생하여 19세에 대구로 이사하였는

데, 1941. 10.경 친구의 집에 40세 가량의 일본인과 조선인〈각주5〉 남자들이 찾아와 원고 A에게 "서울로 취직시켜 주겠다."고 권유하였다. 원고 A는 서울에서 취직하여 가난하고 불우한 가정에서 벗어나 자립하고자 그들을 따라가게 되었다. 원고 A가 서울에 도착한 뒤로 조선인 남자는 취직할 곳이 서울이 아니라면서 서울역에서 위 원고를 기차에 태웠고, 위 원고는 중국 삼강성(三江省)에 있는 일본군 위안소로 가게 되었다.

원고 A는 위안소에서 27명 정도의 한국인 '위안부'들과 지내면서 제대로 된 식사도 하지 못한 채 평일에는 5~6명, 주말과 공휴일에는 15~16명의 일본군에 의하여 성행위를 강요당하였다.

나) 원고 B는 1926년 강원도 정선군에서 출생하여 철원으로 이주한 후 'S'로 창씨개명 하였는데, 1942년 심부름을 가던 중 길에서 군인 복장을 한 남자에 의하여 강제로 끌려가 차에 태워졌다. 원고 B는 그 길로 중국 길림성(吉林省) 혼춘(春)에 있는 일본군 위안소로 가게 되었다.

원고 B는 위안소에서 주 1회 산부인과 검진을 받으면서 많을 때는 하루에 40여 명의 일본군인들로부터 성행위를 강요당하는 '위안부' 생활을 하였다. 위안소에서는 군인들로부터 종종 폭행을 당하였는데, 이로 인하여 귀의 고막이 파열되는 상해를 입기도 하였다.

다) 원고 C은 1928년 상주시에서 출생하였다. 1943년 일본군이 '처녀 공출을 한다', '보국대를 뽑는다'는 소문을 듣고 어머니 친구집으로 피해 있다가 돌아오는 길에 일본인 순사들이 집으로 찾아와 원고 C의 이름이 기재된 징용문서를 전해주고 갔고, "베짜는 곳으로 간다."고 하는 말을 듣고 어디로 가는지 알지 못한 상태에서 트럭 뒷좌석에 실려 고향을 떠나게 되었다.

원고 C은 'T'라는 이름으로 창씨개명 후 중국 심양으로 이동하였다가 중국 장춘에 있는 일본군 위안소에서 정기적으로 성병 예방주사를 맞으면서 하루에 7~8명의 일본군을 상대하는 '위안부' 생활을 하게 되었다. 원고 C이 있던 위안소는 일본군의가 정기적으로 산부인과 검진을 하였고, 일본군 간부의 부인이라는 일본인 여자가 위안소를 전체적으로 관리하였다.

원고 C은 이곳에서 군인들에게 머리카락이 제대로 나지 않을 정도로 정수리

부분을 맞는 등 갖은 폭행을 당하였다. 원고 C은 당시 10대 중반으로 어리고 몸이 약하여 자주 열이 나고 아팠는데 일본군인들은 원고 C이 다른 사람에게 병을 옮기면 안 된다며 산에 유기하고 불태워 죽이려고도 하였다.

라) 원고 D(주민등록상 1928년생)은 1927년 부산에서 출생하였는데 1942. 7.경 심부름을 다녀오는 길에 모르는 남자들에게 강제로 끌려가 중국으로 가게 되었다.

원고 D은 중국 길림성(吉林省) 연길(延吉)에 도착한 이후 쇠창살이 설치된 수용소에 수용되어 이름을 'U'로 바꾸고 일본군이 사용하던 비행장을 확대하는 공사에 동원되어 일을 하였는데, 공사장에는 인부들이 도망하지 못하도록 전기가 통하는 철조망이 설치되어 있었다. 그 와중에 여러 차례 일본군인들으로부터 강간과 폭행을 당하였다. 얼마 후 일본군인들이 원고 D을 인근의 위안소로 보냈고 원고 D은 위안소에 수용되어 하루에 30~40명에 이르는 일본군인을 상대하는 '위안부' 생활을 하게 되었다. 원고 D이 일본군인들의 성적인 요구를 제대로 수행하지 못하면 그들로부터 흉기를 이용한 심각한 폭행을 당하기도 하였다.

결국 원고 D은 매독이라는 성병을 앓게 되었고 606호 주사〈각주6〉를 정기적으로 맞아도 잘 낫지 않자 수은을 사용하는 극단적인 치료를 받게 되었는데 그 치료 이후로는 임신을 할 수 없게 되었다. 원고 D은 위안소에서 탈출하다가 일본군에 의하여 위안소로 다시 끌려와 온 몸이 피투성이가 될 때까지 폭행을 당하기도 하였다. 이 때 귀를 얻어맞아 귓병을 앓게 되었으나 치료를 받지 못하여 귀가 잘 들리지 않게 되었다.

마) 원고 E은 1924년 경남 밀양에서 출생하였고 1941년 친구가 "중국 바느질 공장에 들어갈래?"라고 제안하자 당시 빈한한 가사를 돕기 위하여 친구와 함께 중국에 있는 공장으로 가는 줄 알고 '위안부' 모집책을 따라 기차를 타고 중국으로 가게 되었다.

원고 E을 포함한 조선여성들이 탄 기차가 중국에 도착한 이후 위 원고는 군인들의 인솔에 따라 중국 흑룡강성(黑龍江省) 목릉(穆綾) 인근의 위안소로 가게 되었다. 그 곳에서 주 1회 일본군의로부터 산부인과 검진을 받고 606호 주사를 맞으면서 하루에도 15명 이상의 군인들을 상대하는 '위안부' 생활을 하여야 했고, 위안소를 관리하는 관리인들과 군인들로부터 수시로 폭행을 당하기도 하였으며, 시간이 날 때면 군인들의 의복을 빨고 바느질하는 등의 일을 하였고, 일본군 부상병들을 위문하기 위한 노래 공연을 하기도 하였다. 원고 E은 위안소에서 아프거나 병에 걸려 사망하거나 '위안부' 생활을 견디지 못하여 위안소를 탈출하는 '위안부'들을 목격하기도 하였다.

바) 원고 F은 1922년 평양에서 출생하였고, 20세 때 "공장으로 가면 돈을 벌수 있다."는 말을 듣고 '위안부' 모집책을 따라 중국 흑룡강성(黑龍江省) 동녕(東寧)으로 가게 되었으며, 그곳의 위안소에 수용되었다. 위안소의 관리인은 조선인이었으나 위안소를 이용하는 사람들은 모두 일본군인이었다. 일본군인들은 위안소 관리인으로부터 '표'를 사서 입장하였고, 그 표를 '위안부'에게 주면 '위안부'들이 이를 관리인에게 가져가서 계산을 하는 방식이었다. 주 1회 일본군의로부터 산부인과 검진을 받았고, 군인들을 적게 상대하거나 병이 나서 일본군의 성적 욕구를 채워주지 못하면 관리인 등으로부터 체벌을 받았다.

'위안부' 생활 중 원고 F은 임신을 하게 되었고, 일본군 장교가 빚을 갚아줄 테니 집으로 돌아가라고 하여 동녕의 위안소를 나오게 되었다. 원고 F은 출산 이후에 아이를 키울 수 없어 중국인에게 맡기게 되었고 또다시 팔려갈까 두려운 마음이 들어 어쩔 수 없이 석문자(石門子) 위안소로 들어가게 되었다. 그곳에서 다시 임신을 하게 되어 위안소를 나오게 되었다. 원고 F은 위안소에서 견디지 못하고 자살을 시도하거나 도망한 '위안부'들을 목격하기도 하였다.

사) 원고 G은 1929년 아산시에서 출생하여 1943. 11.경 강제징용을 피하기 위하여 혼인을 하였으나, 남편이 혼인 다음 날 강제징용을 당하였고, 원고 G도 그로부터 2~3일 후에 일본순사에 의하여 강제로 기차를 타게 되었다. 부산에서 일본 시모노세끼(下關市)로 이동한 후 '도구다이' 부대에 도착하여 의복으로 군복을 지급받았고, 이후 하루에도 20~30명에 이르는 일본군인들을 상대하는 '위안부' 생활을 시작하였다. 낮에는 방공호로 도망하였다가 밤에는 위안소로 돌아오는 등 불안정한 생활을 하다가, 군함으로 이동하게 되었는데 그

곳에서도 '위안부' 생활을 지속하게 되었다. 위안소에서는 옷이 칼로 찢겨나 가거나 흉기로 폭행을 당하였고, 그로 인한 상처가 영구적으로 남게 되었다.

아) 원고 H은 1930년 충북 제천에서 출생하여 1945. 2.경 "일본으로 유학을 가게 되었다."는 말에 전교생의 축하를 받으며 일본으로 떠났다. 오까야마 비행기 군수 물자공장으로 동원되어 그곳에 수용되었으며, 이 때 일본군인들의 '위안부' 생활을 하게 되었다.

자) 원고 I(주민등록상 1916년생)는 1926년〈각주7〉 전북 임실군 V에서 출생하여 1943년경 일본군들이 소녀들을 잡아들인다는 소문에 지인의 집에 숨어 지내다가 동네 공무원이 "어디(광목 공장)로 가면 밥도 잘 먹고 한다."고 말하면서 끌고 가자 억지로 따라 나서게 되었고, 기차와 배를 갈아타면서 '야스시마' 남양군도의 위안소로 가게 되었다. 일본군인들이 위안소에 찾아왔고, 원고 I가 울면 그들로부터 폭행을 당했다.

차) J은 1929년 안동시에서 출생하였는데 1943년경 일본순사들에 의하여 강제로 끌려가 일본 북해도로 가게 되었다. J은 그곳에서 'W'라고 이름을 바꾸고 공장으로 가는 것으로 알고 갔으나 군대 영내에서 100여 명의 여성들이 단체로 생활하면서 군인들의 밥과 빨래 등 허드렛일을 하고 수차례 성폭행을 당하였으며, 이를 피하면 군인들로부터 심한 폭행을 당하였고, 폭행으로 다리가 부러지는 상해를 입기도 하였다.

카) 원고 L(주민등록상 1930년생)은 1927년 대구에서 태어났는데, 1944. 10.경 일본군인으로부터 취직 권유를 받았다. 원고 L이 이를 거절하였음에도 강제로 끌려가 중국 만주의 위안소로 가게 되었고, 그곳에서 일본군인들의 '위안부' 생활을 강요당하였다.

타) 원고 M는 1922년 경남 남해군에서 출생하였는데 1938년경 사촌과 함께 바닷가에서 조개를 캐던 중 일본군인에게 강제로 끌려가 일본 나고야로 가게 되었다. 그곳에서 중국 만주로 보내져 만주에 있는 일본군 소대 앞 위안소에서 20여 명의 '위안부'들과 함께 생활하게 되었고, 공휴일에는 여러 명의 일본군인을 상대하는 '위안부' 생활을 강요당하였다. 원고 M가 있던 위안소는 일본군 여군들이 관리하였고, '위안부'들이 위안소에서 도주하는 경우 잡히면

총살을 당하였다.

파) 원고 A, B, C, D, E, F, G, H, I, L, M 및 J(이하에서는 '원고 등'이라고 칭한다)은 위안소라는 단체숙소에서 각자 하나의 방을 배정받았고, 하루에 한 두 끼니 정도의 배식을 받았으며, 일주일에 한 번 일본군의들로부터 성병에 걸렸는지 여부 등 산부인과 검사를 받았다. 성병 등 산부인과 질환이 있을 경우에는 치료를 받을 수 있었으나 그 외의 질병은 전혀 치료를 받을 수 없었고, 이질 등 전염병에 걸린 '위안부'들은 격리되거나 유기되었다.

식사는 매우 부실하여 풀을 뜯거나 콩깻묵을 섞어 밥을 해먹었고, 군인들이 입다 낡은 군복 등을 세탁하여 입었다. 하루에도 여러 차례 군인들의 성적 욕구의 대상이 되었고 주말은 더 많은 군인들이 찾아왔으며 그들의 요구를 제대로 들어주지 않았을 때에는 그들로부터 무참히 폭행을 당해 심각한 상해를 입기도 하였다.

위안소에는 관리인이 있어서 '위안부'들이 도주하지 못하도록 감시하였으며, '위안부'들이 아프거나 반항하여 일본군인들의 성적인 요구를 제대로 들어주지 않을 경우 '위안부'들을 폭행하기도 하였다. '위안부'들이 도주할 경우 일본군이 그들을 추격하여 살상하거나 다시 위안소로 끌고 들어왔으며, 도주에 성공한 '위안부'가 있으면 남은 '위안부'들에 대한 감시가 더욱 엄격해졌다. 원고 등은 위안소 관리인 등으로부터 별다른 임금을 지급받지 못하였으며, 돈을 지급받았다고 하더라도 의미가 없을 정도의 소액이었다.

[다. 종전 이후의 원고 등의 생활]

1) 종전이 되자 일본군은 '위안부'들을 위안소에 그대로 두고 퇴각하였다. 원고 등은 종전 여부를 제대로 모르는 상태에서 위안소 근처 지역에서 헤매다가 전투상황을 고스란히 겪거나, 맨몸으로 생계를 부지하기 위하여 갖은 일을 할 수 밖에 없었다. 원고 등은 대부분 곧바로 고향으로 귀국하지 못하고 중국이나 일본 등지에서 떠돌아다니는 생활을 하기도 하였다.

2) 원고 등은 혼인을 하지 못하거나, 혼인을 하더라도 원만한 혼인생활을 영위하지 못하였으며, 고향에 돌아온 경우에도 부모나 가족들이 이들을 부끄럽

다고 여기곤 하여 사회생활을 제대로 하지 못하였다. 이들 스스로도 자신들의 과거를 떳떳하게 말할 수 없어 남편이나 자녀들에게도 '위안부' 생활에 관한 과거에 대하여 함구하여 온 경우가 많았다. 혼인 후 남편에게 "왜 결혼 전에 '위안부'였다는 사실을 말하지 않았느냐."며 질책을 당한 원고도 있었다.

3) 원고 등은 육체적으로는 위안소에서 당한 상해나 질병, 성병의 후유증을 겪어 건강을 해쳤고, 육체적 고통 외에도 정신적으로 심각한 고통을 겪었으며 정상적 범주의 사회생활에 적응하지 못하여 제대로 된 직업을 갖지 못하고 대체로 빈곤하게 생활하였다.

[라. 일본제국이 종전 무렵까지 가입한 국제협약 등]

1) 육전의 법 및 관습에 관한 협약

1907년 헤이그 평화회의에서 '육전의 법 및 관습에 관한 협약'[Convention with Respect to the Laws and Customs of War on Land, 이하 '헤이그 육전협약'이라고 한다]이 체결되었는데, 일본제국은 1911. 12. 13. 위 협약을 비준하였다. 위 협약 제3조는 '부속서상의 의무를 위반한 교전 당사자는 손해를 배상하여야 한다. 교전당사자는 개별전투원의 모든 행위에 대하여 책임을 부담한다(A belligerent party which violates the provisions of the said Regulations shall, if the case demands, be liable to pay compensation. It shall be responsible for all acts committed by persons forming part of its armed forces)'고 규정하고 있으며, 부속서 제46조에는 '가족의 명예와 권리는 존중되어야 한다(Family honour and rights, the lives of persons, and private property, as well as religious convictions and practice, must be respected)'라고 규정되어 있다.

2) 백인노예매매의 억제를 위한 국제조약

일본제국이 1925년 비준한 '백인노예매매의 억제를 위한 국제조약(International Convention for the Suppression of the White Slave Traffic)〈각주8〉에서는 '누구든지 다른 사람들의 욕정을 만족시키기 위하여 미성년의 여성 또는 소녀를 부도덕한 목적을 위하여 모집, 권유 또는 유괴한 사람은 그의 동의가 있다고 하더라도, 범죄를 구성하는 각각의 행위가 다른 국가들에 의하여 저질러졌다고 하더라도 처벌되어야 한다'고 규정하고 있다.

3) 여성과 아동의 인신매매금지 조약 및 노예협약

국제연맹은 1921. 9. 30. '여성과 아동의 인신매매금지 조약'(International Convention for the Suppression of the Traffic in Women and Children)을 채택하였는데, 일본제국은 위 조약을 1925년경 비준하였다(다만, 이 때 식민지인 한반도 지역, 대만 지역, 요동반도 이남 조차지에 대한 적용을 유보하였다). 위 조약에 의하면, 타인의 욕망을 충족시키기 위한 성 산업의 목적으로 미성년(21세 이하) 여성을 설득, 유혹, 납치하는 어떤 행위도, 당사자의 동의가 있더라도, 범죄가 된다.

또한 국제연맹은 1926. 9. 25. '노예협약(Slavery convention)을 채택하고, 1927. 3. 9. 이를 공표하였는데, 위 협약은 '노예'를 '소유권에 수반하여 일부 또는 모든 권한이 행사되는 자의 지위 또는 상태'라고 정의한 다음 노예 해방, 노예거래 금지, 강제근로 금지를 규정하고 있고, 이는 국제관습법으로 발전하였다.

4) 강제노동에 관한 협약

국제노동기구(ILO)는 1930년 '강제노동에 관한 협약(ILO Convention 29)을 채택하였고, 일본제국은 1932. 11. 21. 위 협약을 비준하였다. 위 협약에 의하면 강제노동을 단기간 내에 폐지하고 폐지할 때까지 과도기라고 하더라도 여성은 전적으로 제외하여야 하며, 근로기간과 시간을 한정하고 상당한 보수 및 산업재해를 보상하며 건강한 조건을 보장하도록 하고 있다.

5) 일본제국의 구 형법

일본제국의 국내 및 한일합병조약에 따라 당시 한반도에 적용된 형법(일본제국법률 제45호, 1907년 제정, 이하 '피고의 구 형법'이라고 한다) 제226조에서는 '국외 이송 목적 약취·유인·매매죄'에 대하여 규정하고 있었다.〈각주9〉

[마. 피고의 성립]

태평양전쟁 종전 이후 1946. 11. 3. 일본국 헌법이 공포되었고, 현행 피고가 성립되었다.

[바. 종전 이후 대한민국과 피고 간의 전쟁 문제에 관한 합의 사항]

1) 샌프란시스코 조약의 체결

태평양전쟁 종전 후 미국, 영국 등을 포함한 연합국과 피고는 1951. 9. 8. 미국 샌프란시스코시에서 전후 배상문제를 해결하기 위하여 평화조약(이하 '샌프란시스코 조약'이라고 한다)을 체결하였는데, 위 조약 제4조 (a)는 "대한민국을 포함한 위 조약 제2조에 규정된 지역에 존재하는 피고 및 그 국민의 재산, 그리고 위 지역의 통치 당국 및 그 국민을 상대로 한 청구권과 피고에 존재하는 위 지역의 통치 당국 및 그 국민 소유의 재산, 그리고 위 지역의 통치 당국 및 그 국민의 피고 및 피고의 국민들에 대한 청구권의 처리는 피고와 위 지역의 통치 당국 간의 특별 협정이 규정하는 바에 따른다."고 정하였다.

2) 대한민국과 피고 간 국교정상화를 위한 조약과 부속협정의 체결

샌프란시스코 조약이 체결된 후 대한민국 정부와 피고 정부 사이에 1965. 6. 22. '국교정상화를 위한 대한민국과 일본국 간의 기본관계에 관한 조약과 그 부속협정의 하나로 '대한민국과 일본국 간의 재산 및 청구권에 관한 문제의 해결과 경제협력에 관한 협정'(이하 '청구권협정'이라고 한다)이 체결되었는데, 청구권협정은 제1조에서 "피고가 대한민국에 10년간에 걸쳐 3억 달러를 무상으로 제공하고 2억 달러의 차관을 행하기로 한다."고 정하고, 제2조에서는 "양 체약국은 양 체약국 및 그 국민(법인을 포함함)의 재산, 권리 및 이익과 양 체약국 및 그 국민 간의 청구권에 관한 문제가 1951년 9월 8일 샌프란시스코시에서 서명된 일본국과의 평화조약 제4조 (a)에 규정된 것을 포함하여 완전히 그리고 최종적으로 해결된 것이 된다는 것을 확인한다."고 정하였다. 청구권협정은 1965. 8. 14. 대한민국 국회에서 비준 동의되고, 1965. 11. 12. 일본 중의원 및 1965. 12. 11. 일본 참의원에서 비준 동의된 후 그 무렵 양국에

서 공포되었고, 양국이 1965. 12. 18. 비준서를 교환함으로써 발효되었다.

3) 청구권협정 이후 대한민국의 조치

대한민국은 청구권협정에 의해 지급되는 자금을 사용하기 위한 기본적 사항을 정하기 위하여 1966. 2. 19.「청구권자금의 운용 및 관리에 관한 법률」을 제정하였고, 이어서 보상대상이 되는 대일 민간청구권의 정확한 증거와 자료를 수집함에 필요한 사항을 규정하기 위하여, 1971. 1. 19.『대일 민간청구권 신고에 관한 법률』(이하 '청구권신고법'이라고 한다)을 제정하였다. 청구권신고법에서 정한 신고대상은 '1947. 8. 15.부터 1965. 6. 22.까지 일본국에 거주한 일이 있는 자를 제외한 대한민국 국민이 1945. 8. 15. 이전에 피고 및 일본국민에 대하여 가졌던 청구권 중 피고에 의하여 군인·군속 또는 노무자로 소집 또는 징용되어 1945. 8. 15. 이전에 사망한 자'만으로 한정하였고 '위안부' 피해자들은 그 신고대상이 되지 않았다.

[사. 피고의 공식 담화]

1993. 8. 4. X은 다음과 같은 내용의 담화문을 발표하였다.

[아. 대한민국과 피고의 추가 조치]

1) 대한민국은 1993. 6. 11.「일제하 일본군 위안부에 대한 생활안정지원법」〈각주10〉을 제정하여 '위안부' 피해자들에게 생활안정지원금을 지급하기 시작하였다.

2) 피고는 1994. 8. 31. Y를 통하여 피고 정부는 군 '위안부' 피해자들의 명예와 존엄 훼손에 대한 도의적인 책임으로 인도적 견지에서 개별적인 위로금이나 정착금을 지급할 수 있고 정부 차원이 아닌 민간 차원에서 아시아여성발전기금의 조성 등을 모색하겠다는 입장을 밝혔다.

3) 대한민국은 2005. 1.경 청구권협정과 관련한 일부 문서를 공개하였다. 그후 구성된 '한일회담 문서공개 후속대책 관련 민관공동위원회'(이하 '민관공동위원회'라고만 한다)에서는 2005. 8. 26. '청구권협정은 일본의 식민지배 배

상을 청구하기 위한 협상이 아니라 샌프란시스코 조약 제4조에 근거하여 한일 양국 간 재정적·민사적 채권채무 관계를 해결하기 위한 것이었으며, 일본군 '위안부' 문제 등 일본 정부와 군대 등 일본 국가권력이 관여한 반인도적 불법행위에 대해서는 청구권협정으로 해결된 것으로 볼 수 없고 일본 정부의 법적 책임이 남아 있으며, 사할린 동포 문제와 원폭 피해자 문제도 청구권협정 대상에 포함되지 않았다'는 취지의 공식 의견을 표명하였는데, 위 공식의견에는 아래 내용이 포함되어 있다.

[자. 2015년 일본군 '위안부' 피해자 문제 관련 합의]
1) 대한민국 정부와 피고 정부는 2015. 12. 28. 한일 외교장관회담 공동기자회견을 통하여 일본군 '위안부' 피해자에 관하여 다음과 같은 내용의 합의가 있었다는 발표를 하였다.
2) 2016. 7. 28. 피고의 예산으로 전액 출연한 돈을 사용하여 화해·치유재단이 설립되었으며, 출연금 중 일부가 생존 피해자 또는 사망 피해자의 유가족 중 각 신청자에게 지원금으로 지급되었다.

[차. 원고 등의 위안부피해자법에 따른 생활안정지원대상자 결정·등록]
원고 등은 1993년경부터 2001년 경까지 사이에 위안부피해자법에 의하여 심의위원회의 심의를 거쳐 여성가족부장관에 의하여 생활안정지원대상자로 결정·등록되었다.

[카. 일부 원고 등의 사망 및 일부 소송수계]
이 사건 소송계속 중 원고 A는 2014. 6. 8.에, 원고 B는 2017. 7. 23.에, 원고 F은 2018. 12. 5.에, 원고 G은 2016. 7. 10.에, 원고 H은 2018. 2. 14.에, J은 2015. 6. 11.에, 원고 M는 2016. 12. 6.에 각 사망하였고,〈각주11〉J의 자녀인 원고 K이 그 소송절차를 수계하였다.
[인정 근거] 갑 제2, 4, 5 내지 7호증, 13 내지 23호증(가지번호 있는 것은 가지번호 포함, 이하 같다)의 각 기재, 이 법원에 현저한 사실, 변론 전체의 취지

[2. 원고들의 주장]

원고 등은 일본제국이 침략전쟁 중에 조직적이고 계획적으로 운영하였던 '위안부' 제도의 피해자들이다. 일본제국은 제2차 세계대전 중 침략전쟁 수행을 위하여 '위안부' 제도를 마련하여 운영하였고, '위안부'가 필요해지자 당시 식민지로 점령 중이었던 한반도에 거주하던 원고 등을 유괴하거나 납치하여 한반도 밖으로 강제 이동시킨 후 위 안소에 감금한 채로 상시적 폭력, 고문, 성폭행에 노출시켰다. 그 과정에서 원고 등에게 제대로 된 임금이나 수당을 지급하지 않았음은 물론이다. 이와 같은 일련의 행위(이하 '이 사건 행위'라고 통칭한다)는 불법행위임이 명백하고, 이로 인하여 원고 등이 심각한 육체적, 정신적 고통에 시달렸으므로, 일본제국의 후신으로서 동일성이 있는 피고에게 그 위자료의 일부로서 각 100,000,000원의 지급을 구한다.

[3. 재판권 유무(국가면제의 적용 여부)에 관한 판단]

[가. 국가면제에 관한 국제법 이론의 흐름]

1) 국가면제에 관한 전통적 국제법 이론

국가면제 또는 주권면제(이하 '국가면제'로 통칭한다)는 국내법원이 외국국가에 대한 소송에 관하여 재판권을 갖지 않는다는 국제관습법으로서 국가는 그의 행위와 재산에 관하여 외국의 재판권에 강제되지 아니하는 것으로 설명되고 있는바, 이는 주권을 가지는 모든 국가들은 서로 평등하며 독립적이라는 국가의 기본적 원리 또는 '대등한 자는 다른 대등한 자에 대해 지배권을 갖지 못한다'(par in parem non habet imperium)는 원칙 등에 근거하고 있다. 국가면제 개념은 주권평등원칙의 귀결로서 상호주의 관점에서 외국의 권위를 인정해 줌으로써 국가가 우호관계를 계속 유지할 필요가 있다는 점 등의 이유로 19세기 말까지 널리 지지되었다.

2) 제한적(상대적) 국가면제 이론의 대두

국가면제 개념은 19세기 말부터 서서히 제한되면서 다수의 국가에서는 사법적(私法的)·상업적 행위 등에 대하여는 국가면제가 적용되지 않는다는 내용의 국내법을 마련하거나 조약에 가입하고 있다. 여기에 반인륜적·반인권적 범죄 행위에 대한 소송이 제기되는 경우 국가면제를 인정하여서는 아니 된다는 학설도 제기되고 있다.

[나. 이 사건 행위가 사법적 행위로서 대한민국 법원에 재판권이 있는지 여부에 관한 판단]

1) 관련 법리

가) 대법원 판결

국제관습법에 의하면 국가의 주권적 행위는 다른 국가의 재판권으로부터 면제되는 것이 원칙이라 할 것이나, 국가의 사법적(私法的) 행위까지 다른 국가의 재판권으로부터 면제된다는 것이 오늘날의 국제법이나 국제관례라고 할 수 없다. 따라서 우리나라의 영토 내에서 행하여진 외국의 사법적 행위가 주권적 활동에 속하는 것이거나 이와 밀접한 관련이 있어서 이에 대한 재판권의 행사가 외국의 주권적 활동에 대한 부당한 간섭이 될 우려가 있다는 등의 특별한 사정이 없는 한, 외국의 사법적 행위에 대하여는 당해 국가를 피고로 하여 우리나라의 법원이 재판권을 행사할 수 있다고 할 것이다(대법원 1998. 12. 17. 선고 97다39216 전원합의체 판결, 대법원 2011. 12. 13. 선고 2009다 16766 판결 등 참조).

나) 헌법재판소 결정

국제관습법상 국가의 주권적 활동에 속하지 않는 사법적(私法的) 행위는 다른 국가의 재판권으로부터 면제되지 않는다(헌법재판소 2017. 5. 25. 선고 2016헌바388 전원재판부 결정 참조).

2) 판단

원고들은 일본제국의 이 사건 행위로 인하여 원고 등이 입은 손해의 배상을 구하고 있는바, 우선 이 사건 행위가 재판권이 면제되지 않는 사법적(私法的) 행위인지 여부에 관하여 살펴본다.

원고들이 주장하는 이 사건 행위 중 일부에 민간업자들이 관여하였고, 그에 따라 일부분 그들의 상업적 이익으로 돌아갈 여지가 있었을 것으로도 보이나, 원고들이 주장하는 바에 따르더라도 이 사건 행위는 다음과 같은 성질을 가지고 있으므로, 이를 사법적, 상업적 행위라고 보기는 어렵고, 주권적 행위라고 봄이 상당하다.〈각주12〉

① 이 사건 행위로 인하여 일본제국이 달성하려던 목적은 일본군인들의 신체적·정서적 안정, 군대의 효율적인 통솔과 통제 등으로 보이며, 군대의 보유와 지휘는 국가의 행위 중 가장 권력적 행위 중 하나에 해당한다.

② 원고들이 주장하는 이 사건 행위에는 군대 외에도 여러 국가기관들이 관여하였는바, 위와 같은 국가기관들이 사경제주체로서의 이익달성 등을 목적으로 상대방과 동등한 지위에서 이 사건 행위들을 자행한 것은 아니라고 할 것이다.

③ 이 사건 행위의 배경에는 당시 일본제국 정부의 정책적 판단에 기한 법령의 정비, 예산의 배정 등이 있었다.

[다. 주권적 행위에 대한 재판권 유무에 관한 판단]

1) 논의의 전제

대한민국 성문법에 의하여 국가면제의 예외 사유를 정하지 아니하였고, 대한민국이 유효하게 비준한 국제조약이나 피고와 사이에 체결한 조약이 없는 이상 일본제국의 주권적 행위에 대하여 대한민국 법원에 재판권이 존재하는지 여부는 국제관습법에 의하여 판단할 수밖에 없다. 이에 국가면제에 관한 국제적인 흐름을 먼저 검토한 다음 이를 판단하기로 한다.

2) 국가면제에 관한 국제협약 및 각 국의 입법 동향 등

가) 국가면제에 관한 국제협약

유럽공동체의 국가들은 1972. 5. 16. '국가면제에 관한 유럽협약'(European Convention on State Immunity, 이하 '유럽협약'이라고 한다)을 체결하였고, UN 총회는 UN 국제법위원회(ILC)의 논의결과를 바탕으로 2004. 12. 2. '유엔국가

면제협약'(United Nations Convention on Jurisdictional Immunities of States and Their Property, 이하 '유엔협약'이라고 한다)을 채택하였는데, 유럽 협약〈각주 13〉 및 유엔협약〈각주14〉에서는 예외적인 경우에 국가면제를 부인하는 사유를 규정하고 있다.

나) 각 국의 입법동향

미국은 1976년 「외국주권면제법」(Foreign Sovereign Immunities Act, FSIA)을 제정하였는데 위 법률에서는 상업적 활동, 국제법에 위반하여 취득된 재산과 관련된 소송, 상속 또는 증여에 의하여 취득된 미국 내의 재산에 대한 권리 또는 미국 내에 소재하는 부동산에 대한 권리에 관한 소송, 외국에 의하여 또는 외국이 고용한 직원의 직무수행과정에서 취하여진 불법의 작위 또는 부작위가 원인이 되어 미국 내에서 발생한 인적 피해 또는 사망에 대하여 그 외국을 상대로 금전배상이 청구되는 경우,〈각주15〉외국 소유의 선박을 상대로 제기된 해사소송으로서 그 외국의 상업적 활동과 관련된 경우 등에 있어서는 국가면제가 적용되지 않는다고 규정하고 있다. 그 외에도 영국은 1978년 「국가면제법」(State Immunity Act)을 제정하였고, 일본도 2009년 「외국 등에 대한 우리나라의 민사재판권에 관한 법률」(外国等に対する国の民事裁判権に関する法律)을 제정하였으며, 싱가포르도 1979년 「국가면제법」(State Immunity Act)을 제정하였는데, 위 각 법률에서는 예외적으로 국가면제가 배제되는 경우를 제한적으로 열거하고 있다. 남아프리카공화국, 호주, 캐나다, 아르헨티나 등 여러 국가에서도 국가면제의 예외를 정한 법률을 제정하였다.

다) 유엔국제사법재판소(International Court of Justice, 이하 'ICJ'라고 한다) 판결 등

(1) 이탈리아인 AC는 1944. 8. 4. 독일군에 체포되어 독일의 군수공장에서 1945. 4. 20.까지 강제노역을 하였으나 전쟁포로의 지위를 인정받지 못하자 1998년에 이탈리아 Arezzo 지방법원에 독일을 상대로 손해배상청구의 소를 제기하였고, 위 법원은 독일의 국가면제 원용 주장을 인정하여 소를 각하하였

으며, 항소심법원도 원고의 항소를 기각하였다. 그러나 이탈리아 대법원은 2004. 3. 11. 강행규범을 위반하는 국제범죄에 해당하는 국가의 행위에는 국가면제를 적용할 수 없다며 원심을 파기하였고, 이에 하급심법원은 원고 승소판결을 선고하였다.

(2) 독일은 2008. 12. 23. 위 AC 판결 이후에도 이탈리아 내에서 독일을 상대로 제기된 다수의 사건에서 같은 취지의 판결이 거듭되자 '독일이 국제법상 누리는 국가면제를 존중하지 않는 이탈리아의 재판 실행에 의한 국제법상의 의무 위반'을 이유로 이탈리아를 ICJ에 제소하였는데, ICJ는 2012. 2. 3. 독일과 이탈리아 사이에서는 유럽협약과 유엔협약이 적용되지 아니하므로 국제관습법에 의하여 이탈리아에게 독일에 대한 재판권이 있는지 여부를 판단하여야 할 것임을 전제로, '국가면제는 UN헌장 제2조 제1항이 천명하여 국제법 질서의 기본적인 원칙의 하나인 국가의 주권평등원칙에서 유래한 것으로서 현재의 국가실행에 깊숙이 자리 잡은 국제관습법의 일반원칙으로 채용되었다'고 판단하였다. 즉, ICJ는 국가면제에 관한 국제관습법은 무력충돌 상황에서 국가의 무장병력 및 관련 기관에 의한 개인의 생명, 건강, 재산 침해에 관한 민사소송절차에서도 적용되므로, 독일에 대한 재판권의 면제를 부인한 이탈리아 법원의 결정은 정당화될 수 없다고 하였다.

또한 ICJ는 국가면제 원칙은 절차적인 요건으로서 국제인권법이나 무력충돌에 관한 법 위반사실이 중요하다는 실체적 주장에 의하여 면제를 박탈할 수는 없다고 하였으며, 한 국가가 다른 국가로부터 재판을 면제받을 권리는 그 국가가 국제적인 책임을 지는지 여부 및 배상의무가 있는지 여부와 분리되는 문제로서 국가면제가 배상의 확보를 위한 대안이 존재하는지 여부에 따라 결정된다고 할 수 없다고 판단하였다.

(3) ICJ 판결 이후 이탈리아 헌법재판소는 2014. 10. 22. 국가면제의 국제관습법은 인간의 존엄과 가치 및 사법에의 접근권을 근간으로 하는 이탈리아 헌법 질서의 기본적 가치를 침해하는 것으로서 국내법 질서에 수용될 수 없다는 취지의 판단을 하였다.

3) 판단

국가의 주권적 행위는 다른 국가의 재판권으로부터 면제되는 것이 원칙이라는 국가면제의 국제관습법에 의하더라도 위 국제관습법이 국가의 모든 행위에 대하여 재판권이 면제되므로 주권을 가진 국가라면 예외 없이 타국의 재판권의 행사에서 면제되어야 한다고 볼 수는 없고, 일정한 경우에는 그 예외가 인정되어야 할 것인데, 위 기초사실에 앞서 본 각 증거 및 변론 전체의 취지를 종합하여 인정되는 아래와 같은 사정들에 비추어 보면, 이 사건 행위는 위 기초 사실 및 아래의 제5항에서 보는 바와 같이 당시 일본제국에 의하여 계획적, 조직적으로 광범위하게 자행된 반인도적 범죄행위로서 국제 강행규범을 위반한 것이며, 당시 일본제국에 의하여 불법점령 중이었던 한반도 내에서 우리 국민인 원고 등에 대하여 자행된 것으로서, 비록 이 사건 행위가 국가의 주권적 행위라고 할지라도 국가면제를 적용할 수 없고, 예외적으로 대한민국 법원에 피고에 대한 재판권이 있다고 봄이 타당하다.

① 헌법 제27조 제1항은 "모든 국민은 헌법과 법률이 정한 법관에 의하여 법률에 의한 재판을 받을 권리를 가진다."고 규정하여 재판청구권을 국민의 기본권으로 보장하고 있다. 이러한 재판청구권은 기본권이 침해당하거나 침해당할 위험에 처해 있을 때 그에 대한 구제 또는 예방을 요청할 수 있는 권리라는 점에서 다른 기본권의 보장을 위한 기본권이라는 성격을 가진다[헌법재판소 2018. 12. 27. 선고 2015헌바77, 2015헌마832(병합) 전원재판부 결정]. 권리구제의 실효성이 보장되지 않는다면 이는 헌법상 재판청구권을 공허하게 만드는 것이므로, 재판받을 권리는 다른 실체적 기본권과 더불어 충분히 보호되고 보장받아야 할 기본권이다. 또한 1948. 12. 10. UN 총회에서 선포된 '세계인권선언'에서도 제8조에서 '모든 사람은 헌법과 법률이 보장하는 기본권을 침해당하였을 때, 해당 국가 법원에 의해 효과적으로 구제받을 권리가 있다'고 규정하고 있다. 위와 같은 기본권 규정에 비추어 보면, 기본권의 보장을 위한 실효적인 권리인 재판받을 권리를 제한함에 있어서는 지극히 신중하여야 한다.

② 국가면제는 실체판단에 들어가기 이전에 재판권이 있는지 여부에 관한 판

단에서 적용되는 이론으로서 절차적 요건에 관한 것이기는 하다. 그러나 절차법은 실체법상의 권리와 상태를 가장 잘 구현하도록 구축되고 해석되어야 한다. 절차법은 실체법질서를 구현하는 수단으로서 의미를 갖기 때문이다. 절차법이 불충분하여 실체법상의 권리 실현이 제한되거나 실체법질서가 어느 정도 변용되는 경우는 있을 수 있으나, 그로 인해 실체법상의 권리나 질서가 형해화되거나 왜곡되어서는 안 되는 것이다(대법원 2018. 10. 18. 선고 2015다232316 전원합의체 판결 참조).

③ 국가면제 이론은 항구적이고 고정적인 가치가 아니다. 국제질서의 변동에 따라서 계속하여 수정되고 있으며, 이는 유럽협약, 유엔협약 등 국제협약에서 절대적 국가면제 이론에서 벗어나 일정한 경우 국가에 대한 재판권을 면제하지 아니하고 있으며, 미국의 「외국주권면제법」, 영국의 「국가면제법」, 일본의 「외국 등에 대한 우리나라의 민사재판권에 관한 법률」, 싱가포르의 「국가면제법」 등 여러 국가의 국내법에서 국가면제가 인정되지 않는 예외사유를 정하고 있는 것에 비추어 보아도 그러하다. 이러한 변천은 국제법 체계가 개인의 권리를 보호하는 방향으로 이행한 것을 반영하는 것으로 보인다.

④ 국가면제 이론에서는 '무력분쟁(전쟁) 수행 중'에는 예측불가능한 손해 발생이 예정되어 있으므로 이때에 행하여진 행위에 대하여는 재판권이 면제되어야 한다고 보고 있으나, 태평양전쟁의 전선은 중국, 동남아시아, 남양군도 등이었고 당시 한반도는 전쟁의 장소가 아니었다. 따라서 일본제국이 '위안부' 동원을 위하여 원고 등을 기망, 납치, 유괴한 행위는 '무력분쟁 수행 과정 중'에 발생한 것이라고 보기도 어렵다.

⑤ 1969년 체결된 '조약법에 관한 비엔나협약' 제53조는 '일반 국제법의 절대규범은 그 이탈이 허용되지 아니하며, 동일한 성질을 가진 일반 국제법의 추후의 규범에 의해서만 변경될 수 있는 규범으로, 전체로서의 국제공동사회가 수락하여 인정하는 규범'이라고 규정하고 있고, 위와 같은 국제사회의 합의에 비추어 보면 국제법규에도 상위규범인 '절대규범'과 하위규범 사이에 구별이 있으며, 하위규범은 절대규범을 이탈하면 아니 된다고 할

것이다. 이때 절대규범의 예로서 ILC의 2001년 '국제위법행위에 대한 국가
책임 협약 초안(Draft Articles on Responsibility of States for Internationally
Wrongful Acts)'해설에서 거시한 침략금지, 노예제 및 노예무역 금지, 제노
사이드(genocide, 집단학살) 금지, 인종차별 및 인종분리 금지, 고문금지, 무
력충돌 시 국제인도법의 기본원칙, 민족자결권 등을 들 수 있겠다.

⑥ 법을 해석·적용할 때에는 그 결과를 고려하여야 할 것인데, 해석의 결과
심히 불합리하거나 부당한 결론이 도출된다면 그러한 해석을 배제하는 방
안을 강구해야 한다. 통상 이를 위하여 논리적·체계적 해석, 역사적 해석,
목적론적 해석 등 여러 해석방법이 동원되고, 이러한 해석방법이 헌법 규
정과 법의 원리에 부합하고 이를 최대한 실현하는 합헌적 해석이라고 할
것이다. 피고가 된 국가가 국제공동체의 보편적인 가치를 파괴하고 반인
권적 행위로 인하여 피해자들에게 극심한 피해를 가하였을 경우까지도 이
에 대하여 최종적 수단으로 선택된 민사소송에서 재판권이 면제된다고 해
석하는 것은 다음에서 보는 바와 같이 불합리하고 부당한 결과가 도출된
다고 할 것이다.

㉮ 관습법이란 사회의 거듭된 관행으로 생성한 사회생활규범이 사회의 법
적 확신과 인식에 의하여 법적 규범으로 승인·강행되기에 이른 것을 말
하고, 그러한 관습법은 법원(法源)으로서 법령에 저촉되지 아니하는 한
법칙으로서의 효력이 있는 것이고, 또 사회의 거듭된 관행으로 생성한
어떤 사회생활규범이 법적 규범으로 승인되기에 이르렀다고 하기 위하
여는 헌법을 최상위 규범으로 하는 전체 법질서에 반하지 아니하는 것
으로서 정당성과 합리성이 있다고 인정될 수 있는 것이어야 하고, 그렇
지 아니한 사회생활규범은 비록 그것이 사회의 거듭된 관행으로 생성된
것이라고 할지라도 이를 법적 규범으로 삼아 관습법으로서의 효력을 인
정할 수 없다(대법원 2005. 7. 21. 선고 2002다1178 전원합의체 판결 등
참조). 국가면제가 관행으로 정착된 국제관습법이라고 하더라도, 피고가
인도에 반하는 중대한 불법행위를 저지른 경우까지 피고에 대한 재판권
을 면제한다는 내용의 관습법을 적용하게 되는 경우, 어느 국가가 다른

국가의 국민에 대하여 인도에 반하는 중범죄를 범하지 못하도록 한 여러 국제협약에 위반됨에도 이를 제재할 수 없게 되고, 이로 인하여 인권을 유린당한 피해자들은 헌법에서 보장한 재판받을 권리를 박탈당하여 자신의 권리를 제대로 구제받지 못하는 결과를 초래하여 불합리하며, 헌법을 최상위 규범으로 하는 법질서 전체의 이념에도 부합하지 아니하여 정당성이 없으므로, 그와 같은 경우까지도 국가면제를 적용하는 국제관습법으로서의 효력을 인정할 수는 없다고 할 것이다.

⑭ 태평양전쟁 종전 이후에도 원고 등 '위안부' 피해자들의 피해는 드러나지 아니한 채 한일 양국간 배상이나 보상의 대상이 되지 아니하였다. 그러다가 1990년대에 들어서 '위안부' 피해자들이 스스로 입을 열어 피고의 사과와 배상을 요구하면서부터 논의의 쟁점이 되었고, 피고는 X 담화를 통하여 공식적으로 일본군이 '위안부' 제도를 운영하였음을 인정하고 이에 대하여 정부 차원에서 사과를 하는 데에 이르렀다. 그럼에도 불구하고 피해자 개개인에 대한 보상 혹은 배상은 거의 이루어지지 않았는데, 이에 '위안부' 피해자들은 피고의 법원에 여러 차례 민사소송을 제기하였으나 모두 기각되거나 각하되었고, 미국 등 다른 나라의 법원에 제기한 소송의 결과 또한 같았다. 대한민국 정부와 피고 정부 간의 청구권협정과 2015년 일본군위안부 피해자 문제 관련 합의 또한 피해를 입은 개인에 대한 배상을 포괄하지 못하였다. 협상력이나 정치적인 권력을 가지지 못하는 개인에 불과한 원고들로서는 이 사건 소송 외에 구체적인 손해를 배상받을 방법이 요원하다.

⑦ 국가면제 이론은 주권국가를 존중하고 함부로 타국의 재판권에 복종하지 않도록 하는 의미를 가지는 것이지, 절대규범(국제 강행규범)을 위반하여 타국의 개인에게 큰 손해를 입힌 국가가 국가면제 이론 뒤에 숨어서 배상과 보상을 회피할 수 있도록 기회를 주기 위하여 형성된 것은 아닐 것이므로, 이러한 경우 국가면제에 관한 국제관습법의 해석에는 예외를 허용해야 함이 상당하다.

[4. 국제재판관할권 유무에 관한 판단]

[가. 관련 법리]

국제사법 제2조 제1항에서 "법원은 당사자 또는 분쟁이 된 사안이 대한민국과 실질적 관련이 있는 경우에 국제재판관할권을 가진다. 이 경우 법원은 실질적 관련의 유무를 판단함에 있어 국제재판관할 배분의 이념에 부합하는 합리적인 원칙에 따라야 한다."고 규정하고, 제2항에서 "법원은 국내법의 관할규정을 참작하여 국제재판관할권의 유무를 판단하되, 제1항의 규정의 취지에 비추어 국제재판관할의 특수성을 충분히 고려하여야 한다."고 규정하고 있으므로, 당사자 간의 공평, 재판의 적정, 신속 및 경제를 기한다는 기본이념에 따라 국제재판관할을 결정하여야 하고, 구체적으로는 소송당사자들의 공평, 편의 그리고 예측가능성과 같은 개인적인 이익뿐만 아니라 재판의 적정, 신속, 효율 및 판결의 실효성 등과 같은 법원 내지 국가의 이익도 함께 고려하여야 하며, 이러한 다양한 이익 중 어떠한 이익을 보호할 필요가 있을지 여부는 개별 사건에서 법정지(法庭地)와 당사자의 실질적 관련성 및 법정지와 분쟁이 된 사안과의 실질적 관련성을 객관적인 기준으로 삼아 합리적으로 판단하여야 할 것이다(대법원 2010. 7. 15. 선고 2010다18355 판결, 대법원 2012. 5. 24. 선고 2009다22459 판결 등 참조), 이 때 예측가능성은 피고와 법정지 사이에 상당한 관련이 있어서 법정지 법원에 소가 제기되는 것에 대하여 합리적으로 예견할 수 있었는지를 기준으로 판단해야 한다(대법원 2019. 6. 13. 선고 2016다33752 판결 참조). 또한 국제재판관할에 관하여 조약이나 일반적으로 승인된 국제법상의 원칙이 아직 확립되어 있지 않고 이에 관한 우리나라의 성문법규도 없는 이상 우리나라 민사소송법의 토지관할에 관한 규정 또한 위 기본이념에 따라 제정된 것이므로 기본적으로 위 규정에 의한 재판적이 국내에 있을 때에는 섭외적 사건에 관한 소송에 관하여도 우리나라에 재판관할권이 있다고 인정함이 상당하다(대법원 1992. 7. 28. 선고 91다41897 판결 등 참조).

[나. 판단]

앞서 본 각 증거 및 변론 전체의 취지를 종합하여 인정되는 다음과 같은 사정, 즉 ① 원고들의 이 사건 청구는 동아시아와 남양군도에 이르기까지 침략전쟁을 벌이고 있던 일본제국이 그 군대의 운영상 필요를 충족시키기 위하여 당시 불법적으로 점령 중이던 한반도의 대한민국 국민들을 강제로 납치하거나 또는 유인, 기망하여 '위안부' 생활을 강요한 행위를 불법행위로 규정하고 이에 대한 손해를 배상하여 달라는 취지로서, 기본적으로 대한민국 민법에 근거하여 피고에게 그 책임을 묻고 있는 점, ② 위와 같은 일련의 불법행위 중 일부가 대한민국 영토인 한반도 내에서 이루어진 점, ③ 피해자들인 원고 등이 대한민국 국민이고 현재 대한민국에서 거주하고 있는 점, ④ 이 사건 행위가 이루어진 위안소 등의 물적 증거는 시간의 경과와 전쟁 등으로 거의 소실되었고, 위안소 운영자 혹은 이용자들의 인적 증거 또한 거의 남아있지 아니하며, 앞서 본 X 담화의 기초자료, UN 인권위원회에서의 조사보고서 등의 자료가 이미 발표되었으므로 피고 현지 등에서의 증거 조사가 반드시 필요한 사건이라고 보기 어려운 점, ⑤ 원고 등 외에 여러 '위안부' 피해자들은 피고의 국내 법원, 미국의 법원 등 세계 여러 국가의 법원에 위와 같은 일본제국의 불법행위를 주장하면서 손해배상을 줄곧 청구하여 왔는바, 원고들의 생활근거지인 대한민국 법원에 이 사건 소를 제기하리라는 것을 피고가 전혀 예상하지 못했을 것이라고 보기 어려운 점, ⑥ 국제재판관할권은 배타적인 것이 아니라 병존할 수 있으므로, 이 사건이 피고와 긴밀한 관련성이 있다고 하더라도 대한민국 법원의 국제재판관할권이 당연히 배제된다고 볼 수 없는 점, ⑦ 달리 소송당사자의 공평 내지 재판의 적정, 증거수집의 용이성이나 소송수행의 부담 정도 등 구체적인 사정을 고려할 때 피고에게 그 응소를 강제하는 것이 민사소송의 이념에 비추어 보아 심히 부당한 결과에 이르게 될 만한 특별한 사정이 존재한다고 볼 수도 없는 점 등을 앞서 본 법리에 비추어 보면, 대한민국은 이 사건의 당사자들 및 분쟁이 된 사안과 실질적 관련성이 있다고 할 것이고, 따라서 대한민국 법원은 이 사건에 대하여 국제재판관할권을 가진다고 할 것이다.

[5. 본안에 관한 판단]

[가. 손해배상책임의 발생]

1) 준거법의 결정

이 사건에서 불법행위에 기한 손해배상청구권이 성립하는지 여부를 판단하는 기준이 되는 준거법은 법정지인 대한민국에 있어서 외국적 요소가 있는 법률관계에 적용될 준거법의 결정에 관한 규범(이하 '저촉규범'이라고 한다)에 의하여 결정되어야 하는데, 앞서 본 인정 사실에 따르면 피고의 불법행위와 그로 인한 손해의 발생 등의 법률관계는 구 섭외사법(1962. 1. 15. 법률 제996호로 제정된 것, 이하 같다)이 시행된 1962. 1. 15. 이전에 발생하였다. 구 섭외사법 제정 이전에 발생한 법률관계에 적용되는 대한민국의 저촉규범은 1912. 3. 28.부터 일왕(日王)의 칙령 제21호에 의하여 우리 나라에 의용(依用)되어 오다가 군정법령 제21호를 거쳐 대한민국 제헌헌법 부칙 제100조에 의하여 현행 법령으로서 대한민국 법질서에 편입된 일본의 법례(法例)(1898. 6. 21. 법률 제10호)이다. 원고 등의 청구권이 성립한 시점에 적용되는 위 법례에 의하면, 불법행위로 인한 손해배상청구권의 성립과 효력은 불법행위 발생지의 법률에 의하는데(제11조), 이 사건 불법행위지는 대한민국과 중국, 피고, 남양군도 등에 걸쳐 있으므로 불법행위로 인한 손해배상청구권을 판단할 준거법은 대한민국법, 중국법, 일본법 등이 될 것이다. 그런데 이 사건에서 원고들은 대한민국법을 준거법으로 하여 피고의 불법행위책임을 묻고 있음을 명백히 하고 있으므로, 피고의 불법행위에 기한 손해배상청구권이 성립하는지 여부는 대한민국법을 준거법으로 하여 판단하기로 한다(대법원 2012. 5. 24. 선고 2009다22549 판결 참조).

나아가 제정 민법이 시행된 1960. 1. 1. 이전에 발생한 사건이 불법행위에 해당하는지 여부의 판단에 적용될 대한민국법은 제정 민법 부칙 제2조 본문에 따라 '구 민법(의용 민법)'이 아닌 '현행 민법'이다.

2) 이 사건 행위가 불법행위인지 여부에 관한 판단

가) 앞서 본 기초 사실 및 변론 전체의 취지를 종합하면, 일본제국은 중일전

쟁과 태평양전쟁 등 침략전쟁의 수행과정에서 군인들의 사기 진작 및 민원 발생의 저감, 군인들에 대한 효율적 통솔을 추구하기 위하여 이른바 '위안부'를 관리하는 방법을 고안해내고, 이를 제도화하여 법령을 정비하고 군과 국가 기관에서 조직적으로 계획을 세워 인력을 동원, 확보하였고, 역사에서 전례를 찾아볼 수 없는 '위안소'를 운영하였다.

10대 초중반에서 20세에 불과하여 미성년이거나 갓 성년이 된 원고 등은 빈한한 가사를 돕기 위하여 "공장에서 돈을 벌 수 있다"는 등 민간업자 또는 일본제국의 공무원들의 기망에 속아서 지원하거나, 강제로 납치되거나 위 제도를 정확히 이해하지 못한 부모나 주위 사람들의 권유로 '위안부'로 동원되었다. '위안부'로 동원된 이후 원고 등은 일본제국의 조직적이고 직·간접적인 통제 하에 본인의 의사와는 관계없이 강제로 군인들의 성적 행위의 대상이 되었고, 그 횟수도 하루에 수십 차례에 이르렀을 만큼 참혹하였다. 어린 나이의 원고 등과의 성행위를 위하여 원고 등이 수용된 방에 군인들이 줄을 섰고, 이에 이용시간의 제한이 있을 정도였다. 원고 등은 가혹한 성행위 그 자체로 인한 상해뿐만 아니라 늘 성병과 원치 않은 임신의 위험을 감수하여야 했고 안정성이 제대로 보장되지 않은 산부인과 치료를 받아야 하기도 하였다. 그 외에도 상시적 폭력에 노출되었고 제대로 된 의복과 식사를 보급받지도 못한 상태에서 최소한의 자유도 제압당하고 감시 하에 생활하였다.

나) 피고의 현행 헌법(1946. 11. 3. 공포) 제98조 제2항에 의하면 '피고가 체결한 조약 및 확립된 국제법규는 성실히 준수하여야 하는데 현행 헌법 제정 전이라고 하더라도, 위 조항은 새로운 의무를 부과하는 것이 아니라 국가로서의 당연한 의무를 선언한 것으로 보이므로 현행 헌법 성립 전의 일본제국 또한 조약 및 국제법규를 성실하게 준수할 의무가 있다고 할 것이다. 그런데 이 사건 행위는 일본제국이 그 당시까지 비준하였던 ① 헤이그 육전협약 제3조, 부속서 제46조상의 '가족의 명예와 권리를 존중하여야 할 교전당사자의 의무'를 위반하여 가족의 구성원인 여성의 성적 자기결정권을 심각하게 침해하여 그 명예와 권리를 존중하여야 할 의무를 이행하지 아니한 것이며, ② '백인노예 매매의 억제를 위한 국제조약'에서 금지한 성매매 및 성매매를 목적으로 한

납치, 인신매매를 금지하는 조항〈각주16〉을 위반하였고, ③ '여성과 아동의 인신매매금지조약상 미성년 여성을 기망, 납치하는 행위를 한 것이며, ④ 국제연맹의 '노예협약'상 노예해방규정(국제연맹 하의 임시 노예제위원회에서는 노예를 '소유권에 수반하여 일부 또는 모든 권한의 행사가 제한되는 자의 지위 또는 상태'라고 보고 있기는 하나, 앞서 본 UN 인권소위원회의 Q 보고서에서는 '위안부'를 '성노예'로 보고 있으며, 당시 '위안부'는 일본군에 의하여 일부 또는 모든 권한의 행사가 제한되어 있었으므로 이들을 '성적인 노예'로 보는 견해가 다수 있다)을 위반한 것이고, ⑤ ILO의 '강제노동에 관한 협약'에서 여성의 강제노동을 즉시 폐지하기로 한 조항을 위반하였으며, ⑥ 당시 일본제국의 공무원들은 피고의 구 형법 제226조 등을 위반하였고 일본제국 정부는 이를 적극적으로 조장하거나 방조하였다.

다) 1946. 1. 19. 공표된 극동국제재판소 헌장(일명 도쿄재판소 헌장) 제5조 (c)에서는 노예화 등 비인간적인 행위들을 인도에 반한 범죄로 규정하고 있고,〈각주17〉 이를 범한 전쟁범죄자들을 소급하여 처벌하였으며 1945. 11.에 시작된 뉘른베르크 국제군사재판헌장 제6조 (c)에도 같은 규정이 있다.〈각주18〉

라) 위 인정 사실에 이 사건 행위 당시의 국제조약, 일반적인 국제관습법과 일본제국의 국내법, 전후 전쟁범죄에 관한 국제형사재판소의 헌장 및 변론 전체의 취지를 종합하면, 앞서 인정한 이 사건 행위는 당시 일본제국의 한반도와 한국인에 대한 불법적인 식민지배 및 침략전쟁의 수행과 직결된 반인도적인 불법행위에 해당한다고 봄이 상당하다.

3) 소결론

앞서 본 일본제국의 불법행위로 인하여 원고 등이 정신적 고통을 입었음은 경험칙상 명백하다고 할 것이다. 따라서 일본제국의 후신으로서 동일성이 인정되는 피고는 특별한 사정이 없는 한, 위와 같은 불법행위로 인하여 원고 등이 입은 정신적 고통을 금전으로나마 배상할 의무가 있다.

[나. 손해배상책임의 범위]

과거 일본제국은 한반도에 대한 불법적인 식민지배 및 침략전쟁의 수행을 위한 강제적인 인력 동원 정책을 적극 추진하기 위하여 원고 등을 기망하거나 강제로 연행하여 '위안부'로서의 생활을 강요하였고, 특히 원고 등은 나이 어린 여성들임에도 가족과 헤어져 거주이전의 자유 등을 박탈당한 채 위험하고 혹독한 환경에서 성행위를 강요당하였다. 원고 등은 그 과정에서 수없이 폭행당하였고, 기아와 상해, 질병 외에도 수시로 찾아오는 죽음의 공포에 시달려야 했다. 종전 이후에도 '위안부'이었다는 전력은 피해를 입은 당사자에게 불명예스러운 기억으로 남아 두고두고 큰 정신적 상처가 되었으며, 이로 인하여 원고 등은 이후의 삶을 정상적으로 이끌어나갈 수 없었다. 더구나 위와 같은 경험은 피해자 본인뿐만 아니라 그 가족들에게도 씻지 못할 회한으로 남았음이 명백하다.

이러한 가해행위의 불법성의 정도와 원고 등의 당시 연령 및 '위안부'로 고통받은 기간, 당시의 환경과 자유 억압의 정도 등 원고 등이 입은 피해의 정도, 원고 등이 귀국 후에 겪은 사회적, 경제적 어려움, 불법 행위 이후 상당한 기간 피해복구가 전혀 이루어지지 아니한 점, 기타 이 사건 변론에 나타난 제반 사정 등을 종합하여 보면, 피고가 지급하여야 할 위자료는 적어도 원고 등에 대하여 각 100,000,000원 이상이라고 봄이 타당하다.〈각주19〉

[다. 소결론]

따라서 피고는 원고들에게 각 100,000,000원을 지급할 의무가 있다(다만, 원고들이 이 사건 청구 시 지연손해금을 구하고 있지 아니하므로, 지연손해금에 대하여는 별도로 판단하지 아니한다).

[라. 보론 - 청구권 소멸 여부에 관한 판단〈각주20〉]

1) 청구권협정에 의한 청구권 소멸 여부

가) '위안부'로 동원된 한국인들의 보상금 및 기타 청구권이 위 청구권협정의 대상에 포함되어 있어 청구권협정의 체결로 소멸하였는지 여부에 관하여 살

펴본다.

나) 앞서 본 각 증거 및 변론 전체의 취지를 종합하여 인정되는 아래와 같은
사정에 비추어 보면, 원고들이 주장하는 피고에 대한 손해배상청구권은 청구
권협정의 적용대상에 포함된다고 볼 수 없으므로(대법원 2018. 10. 30. 선고
2013다61381 전원합의체 판결 등 참조), 청구권협정에 의하여 원고들의 피고
에 대한 손해배상청구권이 소멸하였다고 할 수 없다.

① 원고들은 피고를 상대로 미지급 임금이나 보상금을 청구하고 있는 것이
  아니고, 일본제국의 한반도에 대한 불법적인 식민지배 및 침략전쟁의 수
  행과 직결된 반인도적인 불법행위를 전제로 위자료를 청구하고 있다.

② 청구권협정의 체결 경과와 그 전후 사정에 의하면, 청구권 협정은 일본제
  국의 불법적 식민지배에 대한 배상을 청구하기 위한 협상이 아니라 기본
  적으로 샌프란시스코 조약 제4조에 근거하여 한일 양국 간의 재정적·민사
  적 채권채무 관계를 정치적 합의로 해결하기 위한 것이었다고 판단된다.

③ 청구권협정 제1조에 따라 피고가 대한민국 정부에 지급한 경제협력자금이
  제2조에 의한 권리문제의 해결과 법적인 대가관계가 있다고 볼 수 있는지
  도 분명하지 아니하다.

④ 청구권협정의 협상 과정에서 피고는 일본제국의 식민지배의 불법성을 인
  정하지 않은 채, '위안부' 피해자들에 대한 법적인 배상을 원천적으로 부
  인하였고, 이에 따라 한일 양국의 정부는 일본제국의 한반도 지배의 성격
  에 관하여 합의에 이르지 못하였다. 이러한 상황에서 '위안부' 피해자들의
  위자료청구권이 청구권협정의 적용대상에 포함되었다고 보기는 어렵다.

⑤ 대통령이나 관계 행정부서의 의견이 사법부의 판단을 구속할 수는 없으며,
  국가가 조약을 체결하여 외교적 보호권을 포기함에 그치지 않고 국가와는
  별개의 법인격을 가진 국민 개인의 동의 없이 국민의 개인청구권을 직접
  적으로 소멸시킬 수 있다고 보는 것은 근대법의 원리와 상충되고, 국가가
  조약을 통하여 국민의 개인청구권을 소멸시키는 것이 국제법상 허용될 수
  있다고 하더라도 국가와 국민 개인이 별개의 법적 주체임을 고려하면 조
  약에 명확한 근거가 없는 한 조약 체결로 국가의 외교적 보호권 이외에 국

민의 개인청구권까지 소멸하였다고 볼 수는 없을 것인데, 청구권협정에 개인청구권의 소멸에 관하여 한일 양국 정부의 의사 합치가 있었다고 볼 만큼 충분한 근거를 찾기 어렵다.

⑥ 민관공동위원회는 2005. 8. 26. 일본의 국가권력이 관여한 반인도적 불법행위나 식민지배와 직결된 불법행위로 인한 손해배상청구권은 청구권협정에 의하여 해결된 것으로 볼 수 없다는 견해를 밝히기도 하였다.

2) '2015년 일본군위안부 피해자 문제 관련 합의'에 의한 청구권 소멸 여부에 관한 판단

앞서 본 각 증거 및 변론 전체의 취지를 종합하여 인정되는 아래와 같은 사정에 비추어 보면, 원고들이 주장하는 피고에 대한 손해배상청구권은 위 합의의 적용대상에 포함된다고 볼 수 없으므로, 위 합의에 의하여 원고들의 피고에 대한 손해배상청구권이 소멸하였다고 할 수 없다.

① 외교부는 2017. 7. 31. 장관 직속으로 '한·일 일본군 위안부 피해자 문제 합의 검토 태스크포스'(위원장 1명, 부위원장 2명, 민간위원 3명, 외교부 위원 3명)를 설치하여, 위 합의에 대한 평가를 실시하였는데, 2017. 12. 27. 위 태스크포스에서 발표한 보고서에서는 위 합의에 대하여, '양국 외교장관 공동 발표와 정상의 추인을 거친 공식적인 약속이며, 그 성격은 조약이 아니라 정치적 합의'라고 보았다.

② 위 합의가 양국 외교장관의 공동 발표와 정상의 추인을 거친 공식적인 약속이기는 하지만 서면으로 이루어지지 않았고, 통상적으로 조약에 부여되는 명칭이나 주로 쓰이는 조문 형식을 사용하지 않았으며, 합의의 효력에 관한 양 당사자의 의사가 표시되어 있지 않을 뿐만 아니라, 구체적인 법적 권리·의무를 창설하는 내용을 포함하고 있지 않다.

③ 헌법 제60조 제1항에서 "국회는 상호원조 또는 안전보장에 관한 조약, 중요한 국제조직에 관한 조약, 우호통상항해조약, 주권의 제약에 관한 조약, 강화조약, 국가나 국민에게 중대한 재정적 부담을 지우는 조약 또는 입법사항에 관한 조약의 체결·비준에 대한 동의권을 가진다."고 규정하고 있으

며, 헌법 제73조는 대통령에게 조약체결권을 부여하고 있고, 헌법 제89조 제3호에서 조약안은 국무회의의 심의를 거치도록 규정하고 있는데, 위 합의는 한일 양국 간 첨예한 갈등이 존재하는 문제이자 국민의 기본권과 관련되어 있는 일본군 '위안부' 피해자의 피해 회복에 관한 문제를 다루면서도 국무회의 심의나 국회의 동의 등 헌법상의 조약체결 절차를 거치지 않았고, 간이 한 내용의 조약으로서 관행에 따라 처리되는 고시류조약과 같이 조약번호를 부여하거나 고시하지도 않았으며, 이 점은 피고도 마찬가지이다.

④ 위 합의는 '위안부' 피해자들의 민사상 손해배상청구권의 행사 여부를 대한민국 정부에 위탁한 바 없는 상태에서 이루어진 것으로서, 별도의 위임이나 법령의 규정 없이 개인의 권리를 국가가 처분할 수 없으므로 위 합의에 의하여 원고들의 손해배상청구권이 최종적, 불가역적 해결을 맞았다고 단정할 수 없다.

⑤ 위 합의는 한일 양국간 '위안부' 문제에 관하여 국가 대 국가로서의 정치적 합의가 있었음을 선언하는 데 그친 것이라고 보인다.

[6. 결론]
그렇다면 원고들의 이 사건 청구는 모두 이유 있으므로 이를 인용하기로 하여, 주문과 같이 판결한다.

판사 김정곤(재판장) 김경선 전경세

16. 구 관습법 위헌소원 (헌법재판소 2020. 10. 29. 2017헌바208 결정)

청구인 : 차○○ 대리인 법무법인 호성
담당변호사 : 김율, 이승량
당해사건 : 대법원 2016다231358 손해배상(기)

주문
분묘기지권에 관한 관습법 중 "타인 소유의 토지에 소유자의 승낙 없이 분묘를 설치한 경우에는 20년간 평온·공연하게 그 분묘의 기지를 점유하면 지상권과 유사한 관습상의 물권인 분묘기지권을 시효로 취득하고, 이를 등기 없이 제3자에게 대항할 수 있다."는 부분 및 "분묘기지권의 존속기간에 관하여 당사자 사이에 약정이 있는 등 특별한 사정이 없는 경우에는 권리자가 분묘의 수호와 봉사를 계속하는 한 그 분묘가 존속하고 있는 동안은 분묘기지권은 존속한다."는 부분은 헌법에 위반되지 아니한다.

이유
1. 사건개요
가. 청구인은 1990. 4. 20. ○○시 (주소 생략) 임야 8,926㎡(이하 '이 사건 임야'라 한다)를 아버지 차ㅁㅁ으로부터 증여받아 1990. 4. 28. 이에 관한 소유권이전등기를 마쳤다. 이 사건 임야에는 조선후기 황○○과 그의 부인 여산송씨의 합장묘(이하 '이 사건 분묘'라 한다)가 설치된 이래 황○○의 후손들에 의해 관리되다가 1957년경 황ㅁㅁ의 아버지가 이를 관리하기 시작하였고 이어 황ㅁㅁ이 관리해 왔는데, 이 사건 분묘는 ○○의 역사·문화유산으로 지정되기도 하였다.

나. 청구인은 이 사건 임야에 존재하는 이 사건 분묘를 포함한 11기의 분묘에 대해 '장사 등에 관한 법률'(이하 '장사법'이라 한다) 제27조에 의해 무연분묘 개장공고를 하고, 2014. 6. 25. 위 분묘들에 대한 연고자를 찾을 수 없다는 이

유로 분묘개장 허가 신청을 하여 그 허가를 받은 후, 2014. 7. 7. 이 사건 분묘를 굴이하여 화장하고 유골을 전북 무주에 있는 재단법인 ㅁㅁ에 봉안하여 두었다.

다. 이에 황ㅁㅁ은 2014. 9. 30. 청구인을 상대로 손해배상을 구하는 소를 제기하였고(서울중앙지방법원 2014가단5272181), 위 법원은 2015. 11. 13. 황ㅁㅁ이 이 사건 임야 중 254㎡ 부분에 관하여 분묘기지권을 취득하였고 청구인이 이 사건 분묘를 굴이한 것은 불법행위에 해당하므로 청구인은 황ㅁㅁ에게 원상회복 비용 1,080만 원과 위자료 500만 원 합계 1,580만 원의 손해를 배상하라는 판결을 선고하였다.

라. 청구인은 위 판결에 항소하였으나 2016. 6. 10. 항소가 기각되었고(서울중앙지방법원 2015나66600), 이에 상고하여 상고심 계속 중 분묘기지권의 시효취득에 관한 관습법 등에 대해 위헌법률심판제청신청을 하였으나, 대법원은 2017. 3. 30. 이를 각하하고(대법원 2017카기1003) 같은 날 상고를 기각하였다(대법원 2016다231358). 이에 청구인은 2017. 5. 2. 위 관습법에 대한 위헌확인을 구하는 이 사건 헌법소원심판을 청구하였다.

2. 심판대상

이 사건 심판대상은 분묘기지권에 관한 관습법 중 "타인 소유의 토지에 소유자의 승낙 없이 분묘를 설치한 경우에는 20년간 평온·공연하게 그 분묘의 기지를 점유하면 지상권과 유사한 관습상의 물권인 분묘기지권을 시효로 취득하고, 이를 등기 없이 제3자에게 대항할 수 있다."는 부분 및 "분묘기지권의 존속기간에 관하여 당사자 사이에 약정이 있는 등 특별한 사정이 없는 경우에는 권리자가 분묘의 수호와 봉사를 계속하는 한 그 분묘가 존속하고 있는 동안은 분묘기지권은 존속한다."는 부분(이하 통칭하여 '이 사건 관습법'이라 한다)이 헌법에 위반되는지 여부이다.

[관련조항]

구 장사 등에 관한 법률(2000. 1. 12. 법률 제6158호로 전부개정되고 2007. 5. 25. 법률 제8489호로 전부개정되기 전의 것)

제17조(분묘의 설치기간) ① 제12조의 규정에 의한 공설묘지 및 제13조의 규정에 의한 사설묘지에 설치된 분묘의 설치기간은 15년으로 한다.

제23조(타인의 토지 등에 설치된 분묘의 처리 등) ① 토지 소유자(점유자 기타 관리인을 포함한다. 이하 조에서 같다)·묘지 설치자 또는 연고자는 다음 각호의 1에 해당하는 분묘에 대하여 당해 분묘를 관할하는 시장·군수·구청장의 허가를 받아 분묘에 매장된 시체 또는 유골을 개장할 수 있다.

1. 토지 소유자의 승낙없이 당해 토지에 설치한 분묘

③ 제1항 각호의 1에 해당하는 분묘의 연고자는 당해 토지 소유자·묘지 설치자 또는 연고자에 대하여 토지 사용권 기타 분묘의 보존을 위한 권리를 주장할 수 없다.

장사 등에 관한 법률 부칙(2000. 1. 12. 법률 제6158호)

제2조(적용례) 제17조 및 제23조 제3항의 개정규정은 이 법 시행후 최초로 설치되는 분묘부터 적용한다.

3. 청구인의 주장

이 사건 관습법은 토지 소유자의 승낙 없이 분묘를 설치한 경우에도 20년간 평온·공연하게 그 분묘의 기지를 점유하였다는 사실만으로 지상권과 유사한 분묘기지권의 시효취득을 인정하고 분묘의 수호와 봉사를 계속하는 한 분묘기지권의 계속 존속을 인정하고 있어, 악의의 무단점유인 경우에도 아무런 보상 없이 사실상 영구·무상의 분묘기지권을 인정하는 것과 다름없다. 따라서 이러한 관습법은 토지 소유자의 재산권을 본질적으로 침해하여 헌법에 위배된다.

4. 판단

가. 이 사건 관습법의 헌법소원 대상성

관습법은 사회의 거듭된 관행으로 생성된 사회생활규범이 사회의 법적 확신과 인식에 따라 법적 규범으로 승인되고 강행되기에 이르러 법원(法源)으로 기능하게 된 것이다. 법원(法院)은 여러 차례 심판대상인 분묘기지권의 시효취득 및 분묘기지권의 존속기간에 관한 관습이 우리 사회에서 관습법으로 성립하여 존재하고 있음을 확인하고 재판규범으로 적용하여 왔는바(대법원 1957. 10. 31. 선고 4290민상539 판결, 대법원 1982. 1. 26. 선고 81다1220 판결, 대법원 1996. 6. 14. 선고 96다14036 판결, 대법원 2007. 6. 28. 선고 2005다44114 판결 등 참조), 이 사건 관습법은 형식적 의미의 법률은 아니지만 실질적으로는 법률과 같은 효력을 갖는다.

한편 헌법 제111조 제1항 제1호, 제5호 및 헌법재판소법 제41조 제1항, 제68조 제2항은 위헌심판의 대상을 '법률'이라고 규정하고 있는데, 여기서 '법률'이라고 함은 국회의 의결을 거친 형식적 의미의 법률뿐만 아니라 법률과 같은 효력을 갖는 조약 등도 포함된다. 이처럼 법률과 동일한 효력을 갖는 조약 등을 위헌심판의 대상으로 삼음으로써 헌법을 최고규범으로 하는 법질서의 통일성과 법적 안정성을 확보할 수 있을 뿐만 아니라, 헌법에 합치하는 법률에 의한 재판을 가능하게 하여 국민의 기본권 보장에 기여할 수 있다. 그렇다면 법률과 같은 효력을 가지는 이 사건 관습법도 헌법소원심판의 대상이 되고, 단지 형식적 의미의 법률이 아니라는 이유로 그 예외가 될 수는 없다(헌재 2013. 2. 28. 2009헌바129; 헌재 2016. 4. 28. 2013헌바396등 참조).

나. 쟁점 및 심사기준
이 사건 관습법에 따라 분묘기지권이 성립·존속하는 경우 해당 토지의 소유자는 분묘의 수호·관리에 필요한 상당한 범위 내에서 분묘기지가 된 토지 부분에 대한 소유권의 행사를 제한받을 수밖에 없으므로, 이 사건 관습법이 과잉금지원칙을 위반하여 토지소유자의 재산권을 침해하는지를 심사한다.

이 사건 관습법은 분묘의 수호와 봉사를 위한 토지의 사용관계를 규율하고 토지 소유자와 분묘기지권자 사이의 이해관계를 조정하는 것이므로, 헌법 제23조 제1항 제1문에 의한 사적 재산권의 보장과 함께 같은 조 제2항의 재산권의 사회적 제약의 양 법익이 균형을 이루어야 한다. 그런데 이 사건 관습법의 재산권 침해 여부를 판단함에 있어서는 관습법 성립 전후의 역사적 배경과 관습법으로서 수행해 왔던 역할 및 재산권의 대상인 토지의 특성을 고려하여야 한다.

　우선 이 사건 관습법은 임야에 대한 개인의 소유권이 인정되기 훨씬 전부터 임야에 분묘를 설치하는 것이 용인되었던 관습이 법적 지위를 획득하게 된 것으로, 역사적으로 먼저 존재하였던 관습에 따른 분묘 설치자와 근대적 의미의 임야소유제도가 형성되면서 생겨난 소유권에 따른 임야 소유자 사이의 상반된 이해관계를 조정하는 역할을 수행하여 왔다는 점을 고려할 필요가 있다.

　다음으로 재산권 행사의 대상이 되는 토지(임야)가 지니는 사회적 연관성과 사회적 기능이 고려되어야 한다. 임야는 공급이 제한되어 있고 사적 소유권의 대상이 된 역사가 상대적으로 짧은 반면 분묘 설치를 위한 임야의 수요는 컸고 어느 임야에든 분묘를 설치하는 것에 대해 문제를 삼지 않던 역사가 상대적으로 길었다는 점, 매장 문화 및 분묘와 관련된 조상숭배의 정신이 많이 감소하였다고는 하나 여전히 존재하고 있는 점 등을 종합하여 보면, 분묘가 설치되어 있는 임야는 그 이용이나 처분이 그 소유자 개인의 생활영역을 넘어서서 상당한 정도의 사회적 연관성과 사회적 기능을 가지는 재산임을 알 수 있다. 또한 헌법 제9조는 "국가는 전통문화의 계승·발전과 민족문화의 창달에 노력하여야 한다."고 규정하고 있고 우리의 전통적인 효 사상 및 조상숭배사상은 헌법 제9조의 전통문화로서 보호를 받으므로, 이 사건 관습법의 위헌 여부를 심사함에 있어 이러한 전통문화를 통해 오랫동안 유지·보호되어 온 우리 공동체의 이익을 적절히 고려하는 것도 필요하다.

　이상의 점들을 종합하면, 이 사건 관습법이 토지 소유자의 재산권을 침해하는지 여부를 심사함에 있어서는 완화된 심사기준이 적용된다고 할 것이다.

다. 이 사건 관습법이 토지 소유자의 재산권을 침해하는지 여부
(1) 목적의 정당성 및 수단의 적합성
　이 사건 관습법은 매장문화에 관한 전통사상을 존중하고 분묘의 설치 및

그 기지의 사용관계를 둘러싼 입증곤란의 구제 및 법적 안정성을 도모하기 위한 것으로서, 이러한 목적은 정당하다. 타인 소유의 토지에 분묘를 설치하고 20년간 평온·공연하게 그 분묘의 기지를 점유한 경우 분묘기지권의 시효취득을 인정하고 분묘의 수호와 봉사가 계속되는 한 분묘기지권의 존속을 인정하는 것은 위와 같은 목적을 달성하기에 적합한 수단이다.

(2) 피해의 최소성
(가) 매장문화의 존속 및 분묘에 대한 보호 필요성
  비록 오늘날 유교사상의 영향력이 감소하고, 생활 근거지의 잦은 이동 및 교통의 발달, 장례 업체의 이용 및 화장률 증가 등으로 전통적인 장사방법이나 장묘문화에 대한 사회 구성원들의 의식에 일부 변화가 생겼다고 하더라도, 여전히 우리 사회에 분묘기지권의 기초가 된 매장문화가 자리 잡고 있고 사설묘지의 설치가 허용되고 있으며, 이 사건 관습법에 대한 사회 구성원들의 법적 확신도 남아 있다(대법원 2017. 1. 19. 선고 2013다17292 전원합의체 판결 참조). 현행 장사법도 이러한 점들을 반영하여 매장을 장사의 한 방법으로 보고 매장 및 분묘에 관한 규율을 하고 있다. 타인의 토지 위에 분묘를 설치하였다 하더라도 이 사건 관습법에 따라 그러한 분묘의 수호 및 봉사를 위해 필요한 토지 사용권을 보호해야 할 필요성은 여전히 존재한다.
  최근 임야의 경제적 가치가 커지면서 토지 소유자가 이를 사용·수익하지 못해 입게 되는 손실이 커진 것은 사실이다. 그러나 국토개발 등으로 분묘가 설치된 토지의 경제적 가치가 상승하였다는 이유로 분묘설치 기간을 제한하고 이장을 강제한다면 이는 분묘를 모시는 자손들에게 그 비용의 부담이라는 경제적 손실 차원을 넘어 분
  묘를 매개로 형성된 정서적 애착관계 및 지역적 유대감의 상실로 이어질 수밖에 없고, 누구라도 타인의 분묘를 존엄한 장소로서 존중하고 함부로 훼손하여서는 안 된다는 우리의 전통문화에도 배치된다.
  토지 소유자의 입장에서도 자신의 토지에 임의로 분묘가 설치된 경우 시효기간이 진행하는 20년이라는 긴 세월 동안 언제든지 소유권자로서의 권리를

행사할 수 있고, 민법 제247조 제2항에서 준용하는 민법 제168조 내지 제177조에 의하여 분묘 소유자에게 분묘의 굴이를 구하거나 그 점유 부분의 인도를 구하는 등의 방법으로 시효를 중단시킬 수 있기 때문에 이 사건 관습법으로 인해 토지 소유자에 대한 보호가 미흡하다고 볼 수도 없다(대법원 2017. 1. 19. 선고 2013다17292 전원합의체 판결 참조).

(나) 분묘기지권의 특수성에 따른 시효취득 요건

이 사건 관습법은 '분묘기지권자로서의 점유'를 그 요건으로 삼지 아니함으로써 '지상권자로서의 점유'를 요건으로 하는 민법상 점유취득시효제도에 비하여 시효취득의 요건을 완화하고 있다. 그로 인해 민법상 지상권의 경우 시효취득이 인정되기 위해서는 시효취득을 주장하는 자가 지상권을 설정하려는 의사로 해당 토지를 점유하여 왔음을 입증하여야 하나(대법원 1996. 12. 23. 선고 96다7984 판결 참조), 이 사건 관습법에 의하면 그러할 필요가 없으므로 결과적으로 분묘기지권에 대한 시효취득이 더 용이하게 인정되고 있는 것은 사실이다.

그러나 관습법을 법원(法源)으로 인정하는 이상 그 내용이 실정법 및 그에 대한 해석과 다른 경우가 생기는 것은 자연스러운 일이다. 분묘기지권은 토지를 분묘라는 특수한 용도로 점유·사용한 경우에만 성립하고 분묘의 존재 여부는 그 형태의 특수성으로 쉽게 알 수 있다는 점에서 다른 재산권 시효취득과 구별되기도 한다. 만약 분묘기지권자로서의 점유를 분묘기지권의 시효취득 요건으로 하고, 타인 소유의 토지에 소유자의 승낙이 없다는 사실을 잘 알면서 무단으로 분묘를 설치한 경우에는 분묘기지권자로서의 점유에 해당하지 않는다고 보아 분묘기지권의 시효취득을 허용하지 않는다면, 이는 사실상 분묘기지권의 시효취득을 허용하지 않는 것과 다르지 않다.

위와 같은 분묘기지권의 특성과 함께 분묘기지권을 시효취득하기 위해서는 법률상 용인될 수 없는 강포행위를 쓰지 아니하는 '평온'한 점유와 은비의 점유가 아닌 '공연'한 점유가 요구되어 법률상 도저히 용인할 수 없는 방법으로 분묘를 설치한 경우에는 분묘기지권의 시효취득이 배제될 수 있는 점을 고러하면, 분묘기지권의 시효취득에 '분묘기지권자로서의 점유'를 요건으로 하지 않는다는 이유만으로 형평에 반하거나 부당한 결과가 생긴다고 보기는 어렵다.

(다) 재산권 제한 범위의 한정성

분묘기지권을 시효취득 하더라도 분묘의 수호·관리에 필요한 상당한 범위 내에서만 분묘기지권이 인정되고, 분묘의 수호와 봉사가 중단되거나 분묘가 더 이상 존재하지 아니하는 경우에는 분묘기지권 역시 소멸한다. 뿐만 아니라 2000. 1. 12. 법률 제6158호로 전부개정된 장사법에서 그 시행일인 2001. 1. 13. 이후에 설치된 분묘부터 분묘기지권의 시효취득을 부정한 이래(제23조 제3항, 부칙 제2조) 장사법은 일관되게 같은 날 이후 설치된 분묘의 분묘기지권 시효취득을 인정하지 아니하고 있는 점에 비추어 보면, 분묘기지권 시효취득에 따른 토지 소유자의 재산권 제한은 그 범위가 적절히 한정되어 있다.

물론 분묘기지권을 시효취득하는 경우 분묘기지권자는 원칙적으로 지료지급의무가 없다고 해석되고(대법원 1995. 2. 28. 선고 94다37912 판결 참조), 이 사건 관습법은 시효취득된 분묘기지권의 존속기간은 민법의 지상권에 관한 규정에 따를 것이 아니라 당사자 사이에 약정이 있는 등 특별한 사정이 있으면 그에 따르며, 그러한 사정이 없는 경우에는 권리자가 분묘의 수호와 봉사를 계속하며 그 분묘가 존속하고 있는 동안은 분묘기지권이 존속한다고 정하고 있으므로, 그 만큼 토지 소유자의 재산권이 더 제한될 수 있다.

그러나 만약 토지 소유자의 재산권이 제한된다고 하여 시효취득된 분묘기지권에 일정한 지료 및 존속기간을 인정한다면 지료 연체를 이유로 분묘기지권의 소멸을 청구하거나 기간 만료를 이유로 분묘의 이장을 요구할 수 있게 되므로 분묘기지권 보장 수준이 그만큼 후퇴할 수밖에 없고, 이는 분묘기지권을 둘러싼 법률관계를 복잡하게 하고 분묘기지권자의 경제적·정서적 이익에 중대한 침해를 가할 뿐 아니라 분묘를 존엄 시 해온 우리 사회의 미풍양속에도 어긋나는 결과를 초래한다.

따라서 분묘기지권을 시효취득한 경우에 원칙적으로 지료지급의무가 없다거나 분묘기지권의 존속기간에 제한이 없다는 사정만으로, 이 사건 관습법이 필요한 정도를 넘어서는 과도한 제한이라고 보기 어렵다.

(3) 법익 균형성

이 사건 관습법으로 인하여 토지 소유자가 자신이 소유하는 토지 일부에 대한 사용·수익권을 제한당하기는 하지만, 앞서 살펴본 바와 같이 그 범위는 제한적이다. 반면, 분묘기지권은 조상숭배사상 및 부모에 대한 효사상을 기반으로 오랜 세월 우리의 관습으로 형성·유지되어 왔고 현행 민법 시행 이후에도 대법원 판결을 통해 일관되게 유지되어 왔는바, 이 사건 관습법을 통해 달성할 수 있는 전통문화의 보호 및 법률질서의 안정이라는 공익은 매우 중대하다.따라서 이 사건 관습법은 법익의 균형성에 위배되지 아니한다.

(4) 소결

이상의 점들을 종합하면, 이 사건 관습법이 과잉금지원칙에 위배되어 토지 소유자의 재산권을 침해한다고 볼 수 없다.

5. 결론

이 사건 관습법은 헌법에 위반되지 아니하므로 주문과 같이 결정한다. 이 결정은 아래 6.과 같은 재판관 이은애, 재판관 이종석의 반대의견을 제외한 나머지 관여 재판관 전원의 일치된 의견에 따른 것이다.

6. 재판관 이은애, 재판관 이종석의 반대의견

우리는, 이 사건 관습법은 헌법재판소법 제68조 제2항에 의한 헌법소원심판의 대상이 되지 않는다고 판단하므로, 다음과 같이 의견을 밝힌다.

가. 법원의 제청에 의한 위헌법률심판 또는 헌법재판소법 제68조 제2항에 따른 헌법소원심판의 대상이 되는 '법률'에는 국회의 의결을 거친 이른바 형식적 의미의 법률은 물론이고 그 밖에 형식적 의미의 법률은 아니나 국회의 동

의를 얻어 체결되고 법률과 같은 효력을 가지는 조약 등 '형식적 의미의 법률과 동일한 효력'을 갖는 규범들도 모두 포함된다(헌재 1995. 12. 28. 95헌바3; 헌재 1999. 4. 29. 97헌가14; 헌재 2001. 9. 27. 2000헌바20; 헌재 2013. 3. 21. 2010헌바70등 참조). 이때 '형식적 의미의 법률과 동일한 효력'이 있느냐 여부는 그 규범의 명칭이나 형식에 구애받지 않고 법률적 효력의 유무에 따라 판단하여야 한다(헌재 2013. 3. 21. 2010헌바70등).

한편 '형식적 의미의 법률과 동일한 효력'이 있어 헌법재판소의 위헌심사의 대상이 되는 규범인지 여부를 판단함에 있어서는 ① 위헌법률심판 또는 헌법재판소법 제68조 제2항에 따른 헌법소원심판의 기능이 국회 등 국가기관의 입법권 남용을 통제함과 동시에 국회의 입법권 존중을 통해 대의민주주의 원칙을 존중하고, 3권 분립이 요구하는 권력 간의 견제와 균형의 정신을 살리는 데 그 취지가 있는 점, ② 헌법의 규정에 의하여 규범서열상 국회가 제정한 법률과 동일한 효력을 부여받은 법규범이 있다면, 국회의 입법권 존중과 동일한 정도로 그 규범을 제정한 국가기관의 입법작용도 존중되어야 하므로 헌법재판소가 규범통제를 할 필요가 있는 점, ③ 헌법의 구체적 규범통제와 관련한 관할권 분배체계에서 형식적 의미의 법률과 같은 효력이 부여되고 유사한 기능을 행하는 규범의 통제권은 헌법재판에 대한 전문성이 있는 헌법재판소에 부여되어 있다고 보는 것이 합리적이며 헌법재판소의 위헌결정에는 모든 국가기관을 구속하는 기속력이 부여되어 있는 점 등을 고려할 수 있다.

관습법은 사회의 거듭된 관행으로 생성한 사회생활규범이 사회의 법적 확신과 인식에 의하여 법적 규범으로 승인되고 강행되기에 이른 것을 말하는데, 그러한 관습법은 법원(法源)으로서 법령에 저촉되지 아니하는 한 법칙으로서의 효력이 있는 것이다(대법원 1983. 6. 14. 선고 80다3231 판결 참조). 즉 성문법은 관습법을 폐지할 수 있지만 관습법은 성문법을 폐지할 수 없고, 관습법은 성문의 법률에 반하지 아니하는 경우에 한하여 보충적인 법원(法源)이 되는 것에 불과하다. 민법 제1조는 "민사에 관하여 법률에 규정이 없으면 관습법에 의하고 관습법이 없으면 조리에 의한다."고 규정하는데, 민법의 제정 경위 및 법원 판례에 비추어 볼 때, 민법 제1조의 '법률'은 민사관계를 규율하고 재판을 통하여 분쟁을 해결할 때 그 재판의 준거(準據) 내지 심판 기준으로서의 성문법(법률, 명령, 조약, 자치법규 등)을 의미하므로 형식적 의미의 법률에 국한되지 않지만, 앞서 본 바와 같이 관습법의 효력이 법률과 대등하다고 보기는 어렵다.

 이와 같이 관습법의 성립에는 국회의 관여가 전혀 없을 뿐만 아니라 관습법이 헌법의 규정에 의하여 국회가 제정한 법률과 동일한 효력을 부여받은 규범이라고 볼 수 없고, 관습법에 형식적 의미의 법률과 동일한 효력이 인정된다고 보기도 어렵다. 따라서 관습법은 헌법재판소의 위헌법률심판이나 헌법재판소법 제68조 제2항에 따른 헌법소원심판의 대상이 될 수 없는 것이다.

나. 선례의 다수의견은, 헌법을 최고규범으로 하는 법질서의 통일성과 법적 안정성을 확보하기 위하여 관습법을 헌법재판소의 위헌법률심판이나 헌법재판소법 제68조 제2항에 따른 헌법소원심판의 대상이 된다고 하였다(헌재 2016. 4. 28. 2013헌바396등 참조). 위헌법률심판 또는 헌법재판소법 제68조 제2항에 따른 헌법소원심판의 기능에 국회의 입법권 남용 통제 및 국회의 입법권 존중과 권력 간의 견제와 균형 도모 이외에, 규범의 위헌 여부에 대하여 헌법재판기관인 헌법재판소로 하여금 전속적으로 판단하게 함으로써 법질서의 통일성 및 법적 안정성을 확보하는 한편, 구체적인 법적 분쟁에서 법률적 효력이 있는 법규범을 포괄적으로 통제하는 기능이 있다는 점은 중요하다. 그러나 관습법의 성립과 소멸을 포함한 관습법의 규범으로서의 특수성도 함께 고려하여야 하며, 법질서의 통일성과 법적 안정성의 요청이 획일적으로 적용되어서는 안 된다.

 관습법이 존재하는지 여부, 즉 사회적 관행의 지속성과 확실성 및 법적 구속력을 가진다는 사회의 법적 확신이 있는지 여부는 사실인정이 전제되어야 한다. 뿐만 아니라 원래 관습법이란 고정된 것이 아니고, 계속 진화하며 변화하는 것이어서 법원이 관습법의 존재는 물론 관습법의 변화를 파악하여 관습법을 발전시킬 수도 있다. 종래 사회적 관행이 관습법으로 승인되었다고 하더라도 점차 사회 구성원들이 그러한 관행의 법적 구속력에 대하여 확신을 갖지 않게 되었다면, 법원은 그러한 종래의 관습법에 대하여는 법적 규범으로서의 효력을 부정할 수밖에 없다(대법원 2005. 7. 21. 선고 2002다1178 전원합의체 판결 등 참조).

또한 법원이 사회의 거듭된 관행으로 생성된 어떤 사회생활규범이 법적 규범인 관습법으로 승인되기에 이르렀다고 선언하기 위하여는, 헌법을 최상위 규범으로 하는 전체 법질서에 반하지 아니하는 것으로서 정당성과 합리성이 있다고 인정될 수 있는 것이어야 한다(대법원 2003. 7. 24. 선고 2001다48781 전원합의체 판결 등 참조). 이 때 법원(法院)은 보충적 법원(法源)으로서의 관습법이 존재하는지 여부를 확인하는 것이므로 헌법을 최상위 규범으로 하는 전체 법질서에의 부합 여부 및 정당성과 합리성은 법원(法源)으로서의 관습법이 존재하는지가 문제되는 시기의 법질서가 기준이 되어야 할 것이다.

만일 관습법의 성립 혹은 존재 여부를 확인하는 것과 구별하여 사후적 규범통제로서의 위헌심사가 문제될 수 있다면, 즉 법원에 의하여 관습법의 존속 시기에 대응하는 법질서를 기준으로 할 때 정당성과 합리성이 인정되었으나, 현행 헌법을 기준으로 헌법에 합치하는지를 별도로 판단해야 할 사건이 있다면, 헌법재판소가 행하는 구체적 규범통제의 심사기준은 원칙적으로 헌법재판을 할 당시에 규범적 효력을 가지는 헌법이므로(헌재 2013. 3. 21. 2010헌바70등), 헌법재판소가 그 위헌 여부를 심사하는 것이 적절하고 또 필요하다고 볼 여지가 있다.

그러나 이러한 경우가 아닌 통상의 경우라면, 법원이 관습법을 발견하고 법적 규범으로 승인되었는지 여부를 결정할 뿐 아니라 관습법이 헌법을 최상위 규범으로 하는 전체 법질서에 반하지 아니하는 것으로서 정당성과 합리성을 갖추었는지에 대하여도 판단하므로, 법적 확신에 의하여 뒷받침되는 관습법이 이후 사회의 변화나 전체 법질서의 변화로 위헌적인 것으로 변한 경우 법원이 그 효력 상실을 확인할 권한이 있다고 보는 것이 자연스럽다. 사회의 거듭된 관행으로 생성된 관습법은 사회의 자율성과 사적 자치를 보장하는 의미가 있으므로 애초에 헌법재판소가 그에 대한 위헌심사를 통하여 법질서의 통일성 및 법적 안정성을 확보해야 할 필요성이 크지 않다는 점까지 고려하면,

헌법재판소가 헌법을 최고규범으로 하는 법질서의 통일성과 법적 안정성을 확보하기 위하여 혹은 법규범을 포괄적으로 통제하기 위하여 관습법에 대한 위헌심사를 할 필요성이 있다고 보기 어렵다.

다. 한편 일반법원의 재판에 대한 헌법소원을 통해서 관습법에 대한 규범통제가 가능한 독일과 달리, 우리나라는 재판소원 제도가 인정되지 않으므로 위헌적인 관습법에 대한 위헌선언을 통해 국민의 기본권 보장이라는 헌법재판소의 임무를 다하게 된다는 주장이 가능하다. 그러나 법원이 심급구조를 취하고 관습에 규범력을 인정함에 있어 당해 관습이 헌법을 최상위 규범으로 하는 전체 법질서에 부합하는지 여부를 함께 판단함으로써 법원 내부의 규범통제가 이루어지고 있는 점, 법원이 관습법으로 승인되기에 이르렀다고 선언함에 있어 헌법질서에 부합하는지 여부를 이미 심사한 이상 헌법재판소가 이를 중복하여 심사하는 것이 법원의 잘못된 판단, 즉 위헌적인 관습법 인정 및 적용에 대한 통제의 측면에서 그 필요성이 어느 정도 있는지 현재로서는 가늠하기 어려운 점 등을 고려하면, 우리 법제상 재판소원이 인정되지 않아서 법원 판결에 대한 통제가 불가능한 측면이 있다고 하더라도, 이것이 관습법의 위헌심사 대상성을 인정하는 논거가 될 수는 없다.

라. 이 사건 관습법에 대하여 살펴본다. 민법 제정으로 폐지된 구 상속관습법 등과 달리, 분묘기지권은 오늘날에도 유지되고 있는 점이 대법원에 의하여 인정되었다. 즉 대법원은 이 사건 관습법 성립 이후 2001. 1. 13.부터 시행된 '장사 등에 관한 법률'에서 법 시행 후 설치된 분묘에 관하여 분묘의 설치기간을 제한하고 분묘기지권의 시효취득을 인정하지 않는 내용의 규정을 두어 토지소유권을 강화하는 등 묘지에 관한 법적 규율에 변화가 있었지만, 위 법률 시행 전후를 포함하여 분묘기지권에 관한 관습법이 인정된 후 현재까지 사이에 전체적인 법질서 체계와 함께 사회 구성원들의 인식·태도나 그 사회적·문화적 배경 등에 의미 있는 변화가 뚜렷하게 있는 것이 아니라고 판시하였다(대법원 2017. 1. 19. 선고 2013다17292 전원합의체 판결 참조). 이로써 대법원이

분묘기지권에 관한 관습법은 그 성립 당시부터 현재까지 헌법을 최상위 규범
으로 하는 전체 법질서에 반하지 않는다고 판단한 것이므로, 과거의 관습법에
대하여 현행 헌법에 따라 위헌심사가 필요한 경우가 아니며, 달리 형식적 의
미의 법률과 동일한 효력이 인정되지 않고, 국회의 입법권 존중 혹은 3권분립
을 위하여 헌법재판소에 의한 위헌심사가 요구되는 것도 아닌 이 사건 관습
법에 대하여 헌법재판소법 제68조 제2항에 의한 헌법소원심판의 대상으로 삼
아야 하는 이유를 찾을 수 없다.

마. 그러므로 이 사건 관습법은 헌법재판소법 제68조 제2항에 의한 헌법소원
심판의 대상이 되지 않으므로 이 사건 심판청구는 각하하여야 한다.

재판관 유남석(재판장) 이선애 이석태 이은애 이종석 이영진 김기영 문형배
이미선

17. 2003년 상속회복청구에 관한 건

(대법원 2003. 7. 24. 선고 2001다48781 전원합의체 판결)

원고, 상고인 : 서분이 외 3인(소송대리인 변호사 여한수 외 1인)
피고, 피상고인 : 윤ㅇㅇ
원심판결 : 대구지법 2001. 6. 20. 선고 2000나11858 판결

주문
원심판결을 파기하고, 사건을 대구지방법원 본원 합의부에 환송한다.

이유
상고이유를 판단한다.
1. 원심은, 그 채택 증거들을 종합하여 판시사실을 인정한 다음, 원고들이 이
사건 각 토지의 진정한 상속인임을 전제로 하여 소외 서정숙, 서정복, 김미화,
서상우, 서상희, 서수경이 허위의 호적부상 기재와 호적정정허가결정에 터잡
아 상속을 원인으로 하여 이 사건 각 토지 중 4,050분의 2,100 지분에 관하여
각 소유권이전등기를 마친 후 그 지분에 관하여 피고에게 소유권이전등기를
하였으므로, 피고 명의의 위 소유권이전등기가 원인무효라고 주장하면서 피
고에 대하여 진정명의회복을 원인으로 한 소유권이전등기절차의 이행을 구함
에 대하여, 서정숙의 아버지인 소외 서길수가 소외 서선춘의 사후양자로 입양
된 사실이 없음에도 서선춘의 처인 장만산이 생존 중에 서길수를 사후양자로
선정한 것처럼 사후양자로 입양신고가 되어 이 사건 각 토지의 피상속인인
소외 장만산의 호적에 양자로 입적되었고, 당시 장만산에 대한 사망신고가 되
어 있지 아니하여 호적부상 장만산이 생존한 것으로 되어 있어 결과적으로
장만산의 딸 및 외손자인 원고들과 함께 이 사건 각 토지를 공동상속한 것으
로 오인될 만한 외관을 갖추게 되자, 서길수의 상속인들인 서정숙, 서정복, 김
미화, 서상우, 서상희, 서수경이 장만산의 상속인이라고 참칭하여 상속재산인
이 사건 각 토지의 일부 지분에 관하여 상속을 원인으로 하여 소유권이전등
기까지 마치게 된 것이므로, 서정숙, 서정복, 김미화, 서상우, 서상희, 서수경

은 참칭상속인에 해당하고, 따라서 원고들이 위와 같이 상속재산인 이 사건 각 토지의 진정한 상속인임을 전제로 하여, 재산상속으로 인한 소유권 또는 지분권 등 재산권의 귀속을 주장하면서 참칭상속인 서정숙, 서정복, 김미화, 서상우, 서상희, 서수경으로부터 이 사건 각 토지를 전득한 피고를 상대로 이 사건 각 토지 중 피고의 지분에 해당하는 부분에 관하여 진정명의회복을 원인으로 하여 소유권이전등기절차의 이행을 구하는 이 사건 소는, 그 소유권 또는 지분권의 귀속을 내세우는 주장이 위와 같이 상속을 원인으로 하는 것인 이상 그 청구원인 여하에 불구하고 민법이 정하는 상속회복청구의 소에 해당한다고 보아야 할 것이라고 판단한 다음, 장만산의 실제 사망일은 민법 시행 전이므로 민법 시행 전의 상속회복청구권의 소멸기간에 관한 관습법이 적용되어야 하고, 그에 따르면 상속회복청구권은 상속이 개시된 날로부터 20년이 경과하면 소멸되었다고 보아야 할 것인데, 그 상속이 개시된 6·25 사변 무렵으로부터 20년이 경과한 후 이 사건 소가 제기되었고, 가사 장만산의 사망일을 호적에 기재된 1974. 4. 16.로 보더라도 민법상 상속회복청구권의 제척기간인 10년이 이미 경과한 뒤인 1998. 3. 18. 이 사건 소가 제기되었으므로, 이 사건 소는 부적법하다는 이유로 이를 각하하였다.

2. 가. 관습법이란 사회의 거듭된 관행으로 생성한 사회생활규범이 사회의 법적 확신과 인식에 의하여 법적 규범으로 승인·강행되기에 이른 것을 말하고, 그러한 관습법은 바로 법원(法源)으로서 법령과 같은 효력을 가져 법령에 저촉되지 아니하는 한 법칙으로서의 효력이 있는 것인바(대법원 1983. 6. 14. 선고 80다3231 판결 참조), 사회의 거듭된 관행으로 생성한 어떤 사회생활규범이 법적 규범으로 승인되기에 이르렀다고 하기 위하여는 그 사회생활규범은 헌법을 최상위 규범으로 하는 전체 법질서에 반하지 아니하는 것으로서 정당성과 합리성이 있다고 인정될 수 있는 것이어야 하고, 그렇지 아니한 사회생활규범은 비록 그것이 사회의 거듭된 관행으로 생성된 것이라고 할지라도 이를 법적 규범으로 삼아 관습법으로서의 효력을 인정할 수 없다고 할 것이다.

그런데 제정 민법(1958. 2. 22. 법률 제471호로 공포되어 1960. 1. 1.부터 시행된 것)이 시행되기 전에 존재하던 관습 중 "상속회복청구권은 상속이 개시된 날부터 20년이 경과하면 소멸한다."는 내용의 관습은 이를 적용하게 되면 위 20년의 경과 후에 상속권 침해행위가 있을 때에는 침해행위와 동시에 진정상속인은 권리를 잃고 구제를 받을 수 없는 결과가 되므로 진정상속인은 모든 상속재산에 대하여 20년 내에 등기나 처분을 통하여 권리확보를 위한 조치를 취하여야 할 무거운 부담을 떠안게 되는데, 이는 소유권은 원래 소멸시효의 적용을 받지 않는다는 권리의 속성에 반할 뿐 아니라 진정상속인으로 하여금 참칭상속인에 의한 재산권침해를 사실상 방어할 수 없게 만드는 결과로 되어 불합리하고, 헌법을 최상위 규범으로 하는 법질서 전체의 이념에도 부합하지 아니하여 정당성이 없으므로, 위 관습에 법적 규범인 관습법으로서의 효력을 인정할 수 없다고 할 것이다.

그럼에도 불구하고, 위 관습에 법적 규범인 관습법으로서의 효력을 인정하고 이를 적용하여 원고들의 이 사건 청구가 상속개시일로부터 20년이 경과됨으로써 소멸되었다고 판단한 원심판결에는 관습법에 관한 법리를 오해하여 판결에 영향을 미친 위법이 있다고 할 것이다.

이와 달리, 위 관습을 법적 규범인 관습법으로서의 효력이 있는 것으로 보아 이를 적용할 수 있다고 판시한 대법원 1981. 1. 27. 선고 80다1392 판결, 1991. 4. 26. 선고 91다5792 판결, 1998. 4. 24. 선고 96다8079 판결 등은 이 판결의 견해에 배치되는 범위 내에서 이를 모두 변경하기로 한다.

나. 나아가 헌법재판소는 2001. 7. 19. 선고 99헌바9·26·84, 2000헌바11, 2000헌가3, 2000헌가23(병합) 결정에 의하여, 구 민법(2002. 1. 14. 법률 제6591호로 개정되기 전의 것) 제999조 제2항 중 "상속이 개시된 날부터 10년" 부분과 구 민법(1990. 1. 13. 법률 제4199호로 개정되기 전의 것) 제999조에 의하여 준용되는 제982조 제2항 중 "상속이 개시된 날로부터 10년" 부분은 헌법에 위반된다는 결정을 하였는바, 헌법재판소의 위헌결정의 효력은 위헌제청을 한 당해 사건, 위헌결정이 있기 전에 이와 동종의 위헌 여부에 관하여 헌법재판소에

위헌여부심판제청을 하였거나 법원에 위헌여부심판제청신청을 한 경우만이 아니라 따로 위헌제청신청은 하지 아니하였지만 당해 법률 또는 법률의 조항이 재판의 전제가 되어 법원에 계속중인 사건과 위헌결정 이후에 위와 같은 이유로 제소된 일반 사건에도 미치는 것이다(대법원 1993. 1. 15. 선고 92다12377 판결, 1994. 2. 22. 선고 93다58295 판결, 1996. 3. 12. 선고 95다40755 판결, 2000. 2. 25. 선고 99다54332 판결, 2001. 8. 24. 선고 2000다17605 판결 등 참조).

그럼에도 불구하고, 원심은 위헌결정으로 효력을 상실한 구 민법 제999조 제2항 중 "상속이 개시된 날로부터 10년" 부분을 이 사건에 적용하여 판단하고 있으니 이러한 원심 판단 역시 위법하다고 할 것이다. 이 점을 지적하는 상고이유의 주장은 이유 있다.

3. 그러므로 다른 상고이유에 대한 판단을 생략한 채 원심판결을 파기하고, 사건을 다시 심리 $판단하게 하기 위하여 원심법원에 환송하기로 주문과 같이 판결하는바, 이 판결에 대하여는 대법관 서성, 조무제, 유지담, 윤재식, 배기원의 반대의견이 있는 외에는 관여 대법관들의 의견이 일치되었다.

4. 다수의견에 대한 대법관 서성, 조무제, 유지담, 윤재식, 배기원의 반대의견은 다음과 같다.
가. 관습법이란 다수의견이 지적한 바와 같이 사회의 거듭된 관행으로 생성한 사회생활규범이 사회의 법적 확신과 인식에 의하여 법적 규범으로 승인 강행되기에 이른 것으로 바로 법원(法源)으로서 법령과 같은 효력을 갖고 법령에 저촉되지 않는 한 법칙으로서의 효력이 있는 것이므로, 법원으로서는 관습법이 다른 법령에 의하여 변경·폐지되거나 그와 모순·저촉되는 새로운 내용의 관습법이 확인되기 전까지는 이에 기속되어 이를 적용하여야 하고, 만일 관습법이 헌법에 위반된다면 그 이유로 이를 적용하지 아니할 수 있을 뿐이지 막연히 불합리하다거나 정당성이 없다는 등의 사유를 이유로 판례변경을 통하여 그 적용을 배제할 수는 없다 할 것이다.

　민법의 시행 전에 "상속회복청구권은 상속이 개시된 날로부터 20년이 경과
하면 소멸한다."는 내용의 관습(이하 '이 사건 관습'이라 한다)이 존재하였음
은 다수의견도 인정하는 바이고, 법원은 대법원 1981. 1. 27. 선고 80다1392 판
결에 의해 이 사건 관습이 사회의 법적 확신과 인식에 의하여 법적 규범으로
승인·강행되기에 이르러 관습법으로 성립하여 존재하고 있음을 확인·선언한
이래 여러 차례에 걸쳐 이를 재확인하여 왔으며, 한편 민법 시행 전의 폐지된
조선민사령은 상속에 관한 사항은 관습에 의한다고 규정하였고, 민법은 부칙
제25조 제1항에서 "이 법 시행 전에 개시된 상속에 관하여는 이 법 시행일 후
에도 구법의 규정을 적용한다."라고 규정하였으며, 1977. 12. 31. 법률 제3051
호로 개정된 민법 부칙 제5항 및 1990. 1. 13. 법률 제4199호로 개정된 민법
부칙 제12조 제1항에서도 각각 같은 내용의 경과규정을 두고 있으므로, 위 관
습법이 다른 법령에 의하여 변경·폐지되거나 그와 모순·저촉되는 새로운 내
용의 관습법이 확인되지 아니한 이상 법원으로서는 민법 시행 전에 있어서의
상속에 관한 법률관계에 해당하는 상속회복청구에 대하여 위 관습법을 적용
할 수밖에 없다고 할 것이다. 그럼에도 불구하고, 이 사건 관습이 불합리하고,
헌법을 최상위 규범으로 하는 법질서 전체의 이념에도 부합하지 아니하여 정
당성이 없어 법적 규범인 관습법으로서의 효력을 인정할 수 없다고 하여 이
사건 관습을 법적 규범인 관습법으로 확인·선언한 판례들을 변경하는 방법으
로 위 관습법의 효력을 부인하여 이를 적용하지 아니하고자 하는 다수의견에
는 찬성할 수 없다. 그리고 조선민사령이 상속에 관한 사항은 관습에 의한다
고 규정하고, 민법 부칙이 민법 시행 전에 있어서의 상속에 관한 법률관계에
관하여 민법 시행일 후에도 구법의 규정을 적용한다고 규정하고 있는 것은
민법 시행 전에 있어서의 상속에 관한 법률관계에 관하여 적용할 관습이 존
재하고, 그것이 법적 규범인 관습법으로서의 효력이 있음을 전제로 하고 있다
고 할 것이므로, 다수의견이 이 사건 관습이 민법 시행 전에도 불합리하고 정
당성이 없어 법적 규범인 관습법으로서의 효력을 인정할 수 없다고 하는 것
이라면 이는 민법 부칙의 규정 취지에 정면으로 반하는 것이어서 받아들일
수 없고, 이 사건 관습에 대하여 민법 시행 후 어느 시점부터 법적 규범인 관

습법으로서의 효력을 인정할 수 없다고 하는 것이라면, 이 또한 민법 부칙이 민법 시행 전에 있어서의 상속에 관한 법률관계에 관하여 민법 시행 후에도 구법의 규정을 적용한다고 규정하고 있는 점에 비추어 민법 부칙의 규정 취지에 반하는 것이라 할 것이어서 찬성할 수 없다.

나. 다수의견이 이 사건 관습이 불합리하고 정당성이 없어 법적 규범인 관습법으로서의 효력을 인정할 수 없다고 판단한 것은 개정 전의 민법 제999조 제2항(이하 '개정 전 조항'이라 한다)의 "상속이 개시된 날로부터 10년" 부분을 위헌이라고 한 헌법재판소의 결정을 염두에 둔 것으로 보인다.

그러나 헌법재판소가 개정 전 조항을 위헌으로 판단한 것은 개정 전 조항이 10년이라는 너무 짧은 기간을 제척기간으로 규정하여 진정상속인의 권리를 심히 제한함으로써 오히려 참칭상속인을 보호하는 역할을 하고 있음을 그 기본적인 전제로 하고 있다 할 것인바{ 헌법재판소 2001. 7. 19. 선고 99헌바9·26·84, 2000헌바11, 2000헌가3, 2001헌가23(병합) 결정 참조}, 이 사건 관습에 의하면 상속회복청구권은 상속이 개시된 날로부터 20년이 경과한 때에라야 시효로 인하여 소멸하게 되므로 그 기간이 2배나 되어 개정 전 조항과 같이 진정상속인의 권리를 심히 제한하고 있다고 보기 어려울 뿐더러(개정 전 조항의 기간이 제척기간인 데 비하여 이 사건 관습상의 기간은 소멸시효 기간인 점도 상속인에게 유리한 것이다), 민법이 시행된지 이미 40여 년이 경과하여 이 사건 관습을 적용하여야 할 경우는 거의 없는 반면에 이를 적용하지 아니할 경우 오히려 뒤에서 보는 바와 같이 거래의 안전을 해하는 등의 부작용만이 더 커질 우려가 있다고 보이는 점을 감안하면, 헌법재판소가 개정 전 조항을 위헌이라고 결정하였다고 하여 이 사건 관습도 똑같은 위헌성이 있다고 볼 필요나 이유가 있는지 의문이 생기지 않을 수 없다. 그리고 다수의견은 이 사건 관습을 적용하게 되면 위 20년의 기간이 경과한 후에 상속권 침해행위가 있을 때에는 침해행위와 동시에 진정상속인은 권리를 잃고 구제를 받을 수 없는 결과가 되므로 진정상속인은 모든 상속재산에 대하여 20년 내에 등기나 처분을 통하여 권리확보를 위한 조치를 취하여야 할 무거운 부담을 떠

안게 되는데, 이는 소유권은 원래 소멸시효의 적용을 받지 않는다는 권리의 속성에 반할 뿐 아니라 진정상속인으로 하여금 참칭상속인에 의한 재산권침해를 사실상 방어할 수 없게 만드는 결과로 되어 불합리하고, 헌법을 최상위 규범으로 하는 법질서 전체의 이념에도 부합하지 아니하여 정당성이 없다고 하나, 일반적으로 상속제도나 상속권의 구체적 내용은 입법자가 입법 재량의 범위 내에서 입법정책적으로 결정할 사항인 점, 다른 나라의 입법례를 보더라도 독일의 경우 상속회복청구권은 일반의 채권과 같이 30년의 소멸시효에 걸리는 것으로 하고 있고, 스위스나 프랑스 민법상의 상속회복소권은 일반 소권과 마찬가지로 30년의 경과로 소멸시효가 완성되는 것으로 하고 있으며, 일본 민법은 상속회복청구권이 상속개시의 때로부터 20년의 경과로 소멸시효가 완성되는 것으로 규정하고 있는 점, 진정한 소유자라도 일정한 경우 취득시효의 반사적 효과로서 그 소유권을 상실하는 결과에 이를 수 있는 것인바, 상속회복청구권은 상속이 개시된 날로부터 20년이 경과하면 소멸한다는 이 사건 관습 역시 그와 유사한 성질의 것으로 볼 수 있는 점, 상속인이 상속에 기한 소유권을 주장하는 모든 경우에 있어서가 아니라 참칭상속인에 대하여 상속에 기한 소유권을 주장하는 한정된 경우에 있어서 상속에 관한 법률관계를 조속히 확정시켜 거래의 안전을 도모한다고 하는 공익적 목적을 달성하기 위하여 상속재산을 침해당한 진정한 상속인의 상속재산에 대한 추급권의 행사를 기간의 면에서 제한한다 하더라도 위에서 본 바와 같이 그 기간이 합리적이라고 볼 수 있는 정도의 기간인 점 등을 감안하여 보면, 이 사건 관습을 적용할 경우 위 20년의 기간이 경과한 후에 상속권 침해행위가 있을 때에는 침해행위와 동시에 진정상속인이 권리를 잃게 되는 결과가 된다 하더라도 이 사건 관습이 소유권의 속성에 반하고 진정한 상속인으로 하여금 참칭상속인에 의한 권리침해를 사실상 방어할 수 없게 만든다는 이유로 불합리하다거나 정당성이 없다고 할 수는 없을 것이다.

다. 민법이 상속회복청구권의 제척기간을 규정한 취지는, 조속한 기간 내에 상속재산에 관련된 법률관계의 불안을 해소하고 거래의 안전을 도모하려는

데 있으므로(대법원 1994. 10. 21. 선고 94다18249 판결 참조), 민법 시행 후 장구한 세월이 경과한 지금에 이르러 새삼스럽게 이 사건 관습을 관습법으로 승인하기 어렵다고 보아 법적 규범으로서의 효력을 부정하게 되면 민법 시행 전에 개시된 상속재산에 관한 분쟁을 장기간의 세월에 걸쳐 행하는 것을 용인하는 결과가 되고, 위 관습법에 따라 상속회복청구권이 이미 소멸된 것을 전제로 하여 이루어진 모든 법률관계를 복멸시킴으로써 거래의 안전이 심각하게 훼손되는 부당한 결과를 피할 수 없게 되어 민법이 상속회복청구권에 대하여 제척기간을 두고 있는 취지에 배치되는 것이 될 것이라는 점에서도 다수의견은 선뜻 수긍할 수 없다.

라. 뿐만 아니라 과거의 법률에 대한 위헌 여부의 심사가 가능하다 하더라도 그 법률에 기초하여 일정한 법률관계가 형성되어 그것이 오랜 세월이 지나는 동안 사회적 승인을 얻어 하나의 법적 질서로서 확립되었을 경우에는 이미 형성된 과거의 법률관계에 대한 판단을 위하여 그 법률에 대한 위헌 여부를 심사하는 것은 신중을 기하여야 할 것이다. 예컨대, 대한민국의 헌법이 제정 공포된 이후에도 민법의 시행 이전의 상속에 관한 법률관계에 대하여는 구 관습법의 적용이 있게 되고, 구 관습법에 의하면 장자 상속으로 되어 있으나 이는 헌법상의 평등의 원칙에 위배된다고 할 것인바, 만일 민법 시행 이전의 상속에 관한 법률관계에 대한 판단을 함에 있어 위 구 관습법에 대하여 지금의 잣대로 재단하여 그것이 위헌이라는 이유로 이를 적용하지 아니할 경우를 상정하여 본다면 그 부당함은 명백하다 할 것이다.

마. 나아가 원심이 인정한 사실관계에 의하면, 피상속인 장만산은 6·25 사변 무렵에 사망하였고 그 상속재산인 이 사건 토지에 관하여 사후양자로 호적상 등재되었던 서길수의 상속인들의 명의로 재산상속을 원인으로 한 소유권이전 등기가 경료된 것은 1994. 4. 6.이라는 것이므로 그사이에 40여 년 이상이 경과하였고, 서길수를 장만산의 사후양자로 입양신고한 것은 장만산의 딸로서 공동상속인 중의 1인인 서길남이었으며, 한편 이 사건 토지에 관하여는 이미

장만산이나 서길수의 상속인들과는 관계없는 피고 앞으로 소유권이전등기가 경료되어 있음을 알 수 있는바, 사정이 이와 같다면 장만산의 상속인인 원고들로 하여금 상속회복청구를 할 수 있도록 허용하는 것이 과연 구체적 타당성에 부합하는 것인지도 의문이라고 하지 않을 수 없다.

바. 결국, 이 사건 상속회복청구권이 상속개시일로부터 20년이 경과함으로써 소멸되었다고 한 원심의 판단은 정당한 것으로 수긍이 가고, 이를 탓하는 상고이유는 받아들일 수 없으므로, 원고들의 상고는 모두 기각되어야 할 것이며, 다수의견이 변경하려는 판결들은 그대로 유지되어야 마땅하다 할 것이다.

5. 대법관 조무제의 반대의견에 대한 보충의견은 다음과 같다.

이 의견은 대법원 1981. 1. 27. 선고 80나1392 판결, 1991. 4. 26. 선고 91다5792 판결, 1998. 4. 24. 선고 96다8079 판결 등이 변경될 수 없다는 반대 견해의 논거를 보충하고자 한다. 관습법은 성문법률을 보충하는 효력을 가지는 것이기는 하지만 법률의 효력을 가지는 것이어서, 그러한 관습법에 위헌적 요소가 있는 경우, 우리의 성문법률 위헌심사제도 아래에서는 헌법재판소를 통한 위헌선언이 이루어질 길이 없고 법원에 의하여 위헌성이 판정되고 그의 적용이 배제되어야 할 터이므로 그렇게 되면 실질상 위헌법률선언과 같은 결과를 낳을 것인 바, 그 경우에는 헌법상의 법치주의 원칙에서 나온 법적 안정성 내지 신뢰보호원칙에 바탕을 둔 위헌결정의 불소급효원칙(헌법재판소법 제47조 제2항)의 정신에 따라 그 선언이 있는 날 이후로만 그 관습법의 효력이 상실되도록 함이 상당하다 .

다수의견도 판시하다시피, 관습법은 사회의 거듭된 관행으로 생성된 사회생활 규범이 사회의 법적 확신에 의하여 법적규범으로 승인, 강행되기에 이른 것을 말하므로, 관습법이 법원으로서 성립, 존속하기 위하여는 사실인 관습의 생성, 존속이라는 요건 외에 법적 확신의 구체적 표현 방법으로서의 법원의 판결이 필수적인 요건이 되기에, 그러한 판결이 처음부터 없었거나 있었더라도 후에 그 판결의 효력이 부정되면 그 사실인 관습의 존속이라는 요건만 남게 될 뿐 법적인 확신의 존속이라는 요건이 흠결되어 그 관습법은 성립, 존속의 근거를 잃게 되고 만다. 이러한 결과는 특정한 성문법상의 법리에 관한 대법원의 판결이 사후에 변경되었을 경우와는 달라서 판결의 존속이 법규 자체의 성립존속과 직결되는 관습법 존립상의 특수성에 기인하는 것이라 하겠다. 따라서 "상속회복청구권은 상속이 개시된 날로부터 20년이 경과되면 소멸한다."는 사실인 관습은 그에 법적 확신을 부여한 위의 판결들이 선고 존속됨으로써 관습법으로서 성립 존속되어 왔는데, 그 판결들이 변경된다면 이제부터 그 관습법은 소급적으로 존재하지 아니하는 결과로 되어 법적 안정성 내지 신뢰보호의 원칙을 해치게 되는 것이다.

이 사건에서, 그 관습에 위헌적 요소가 있음이 확인된다고 하더라도 향후로는 그에게 법적 확신을 부여하지 아니하기로 판단하는 것만으로도 다수의견이 의도하는 바의 그 관습법에 관한 법적 처리는 달성되는 것이지, 더 나아가 그 관습법을 생성시킨 그 판결들의 효력을 모조리 상실시켜 종래의 그 관습법의 성립근거를 소급적으로 박탈하는 결과까지 낳게 하여서는 안될 것이다. 결국, 그 관습법의 존립의 근거가 된 그 판결들은 위헌법률불소급효원칙의 정신에 비추어 변경됨이 없이 그대로 유지되어야 옳다고 하겠다.

재판장 대법원장 최종영　대법관 서성　대법관 조무제　대법관 변재승
대법관 유지담　대법 윤재식　대법관 이용우　대법관 배기원
주심 대법관 강신욱　대법관 이규홍　대법관 손지열　대법관 박재윤
대법관 고현철

찾아보기

유민총서 09

판례·사료로 읽는 한국법사강의

초판 1쇄 발행   2021년   3월 30일
초판 2쇄 발행   2022년 10월 11일

지 은 이 심희기
편   찬 홍진기법률연구재단
주   소 서울특별시 종로구 동숭3길 26-12 2층
전   화 02-747-8112   팩스 : 02-747-8110
홈페이지 http://yuminlaw.or.kr

발 행 인 한정희
발 행 처 경인문화사
편 집 부 김지선 유지혜 한주연 이다빈 김윤진
마 케 팅 전병관 하재일 유인순
출판번호 제406-1973-000003호
주   소 파주시 회동길 445-1 경인빌딩 B동 4층
전   화 031-955-9300 팩 스   031-955-9310
홈페이지 www.kyunginp.co.kr
이 메 일 kyungin@kyunginp.co.kr

ISBN   978-89-499-4950-5 93360
값 43,000원